上海市科委科技攻关计划
上海市文教结合"高校服务国家重大战略出版工程"
资助项目

主编
包起帆 郑伟安

上海新横沙
成陆和建港技术研究

SHANGHAI XINHENGSHA
CHENGLU HE JIANGANG JISHUYANJIU

上海科学技术出版社

内 容 提 要

《上海新横沙成陆和建港技术研究》是《上海新横沙开发和建港前瞻研究》的姊妹篇。在上海市科委的资助下，华东师范大学国际航运物流研究院联合上海、北京、南京等多家大专院校和科研单位开展了"新横沙成陆开发和深水新港规划可行性关键技术研究"。课题组充分发挥了各自在城市规划、城市管理、产业经济、生态环境、现代物流、港口航运、河口海岸和数值模拟等学科上的综合优势，围绕长江口疏浚土综合利用、横沙新陆域形成、上海深水新港规划等关键技术，进行了更为深入的研究，取得了实质性的进展。

本书综合介绍了有关上海新横沙成陆和深水新港规划技术研究的详情，可供从事城市规划、交通运输、港口航道工程、水利工程等相关领域的专家学者及政府管理人员参考。

图书在版编目(CIP)数据

上海新横沙成陆和建港技术研究 / 包起帆，郑伟安主编. —上海：上海科学技术出版社，2018.2
ISBN 978－7－5478－3903－4

Ⅰ.①上⋯　Ⅱ.①包⋯　②郑⋯　Ⅲ.①港口建设－研究－上海　Ⅳ.①U65

中国版本图书馆 CIP 数据核字(2018)第 015451 号

上海新横沙成陆和建港技术研究
包起帆　郑伟安　主编

上海世纪出版(集团)有限公司 出版、发行
上海科学技术出版社
(上海钦州南路71号　邮政编码200235　www.sstp.cn)
上海盛通时代印刷有限公司印刷
开本 889×1194　1/16　印张 28　插页 12
字数 750 千字
2018 年 2 月第 1 版　2018 年 2 月第 1 次印刷
ISBN 978－7－5478－3903－4/U・62
定价：280.00 元

本书如有缺页、错装或坏损等严重质量问题，请向工厂联系调换

课题组部分活动回顾

- 课题组总顾问、交通运输部总工程师徐光（左一）和课题组总顾问、交通运输部水运局局长宋德星（左二）共同出席课题组于2012年12月1日召开的"2020年后的上海海洋新城和深水新港"高层论坛和2014年6月21日召开的"面向2040年的上海城市发展新空间及深水新港"学术研讨会。

- 2017年4月7日，上海市政府参事室主任王新奎（右一）考察新横沙吹填成陆现场并出席课题组召开的项目汇报会。

- 课题组领衔人、中国工程院院士、华东师范大学教授陈吉余出席2012年12月1日召开的"2020年后的上海海洋新城和深水新港"高层论坛，并做题为《上海海洋城和深水大港建设的展望》的专题报告。

- 课题组共同组长、上海市政府参事、华东师范大学国际航运物流研究院院长包起帆于2012年1月12日在上海市政协十一届五次会议上做题为《关于开展上海港新港区选址及其建设机制研究的建议》的专题报告。

· 2012年12月1日，华东师范大学与中国工程院《中国工程科学》杂志社联合召开"2020年后的上海海洋新城和深水新港"高层论坛。

· 2014年6月21日，华东师范大学召开"面向2040年的上海城市发展新空间及深水新港"学术研讨会。

· 2016年3月1日，课题组召开"上海2040城市规划与横沙开发"学术研讨会。

中国工程院和中国科学院院士、
原建设部副部长周干峙

中国工程院院士、
交通运输部教授级高工梁应辰

中国工程院院士、
北京交通大学教授徐寿波

中国科学院院士、
大连理工大学教授邱大洪

中国工程院院士、
武汉大学教授级高工郑守仁

中国科学院院士、
清华大学教授王光谦

中国科学院院士、
国家海洋局教授级高工苏纪兰

中国科学院院士、
同济大学教授汪品先

中国工程院院士、
南京水利科学研究院院长张建云

• 周干峙、梁应辰、徐寿波、邱大洪、郑守仁、王光谦等院士出席了2012年12月1日的高层论坛，梁应辰、徐寿波、郑守仁、邱大洪、苏纪兰、汪品先等院士出席了2014年6月21日的学术研讨会。张建云院士出席了课题组2016年3月1日举办的"上海2040城市规划与横沙开发"学术研讨会等。

国家发展和改革委员会交通运输司副司长任虹出席课题组高层论坛。

交通运输部科技司司长赵冲久出席课题组高层论坛。

交通运输部总工程师姜明宝出席课题组学术研讨会。

交通运输部规划研究院总工程师张小文出席课题组高层论坛。

中国国际工程咨询公司交通产业部主任佘湘耘出席课题组高层论坛。

交通运输部水运科学研究院副院长贾大山出席课题组高层论坛。

中国国际工程咨询公司交通产业部总工彭振武出席课题组高层论坛。

课题组共同组长、中交水运规划设计院总工、全国水运工程勘察设计大师吴澎。

课题组共同组长、南京水利科学研究院总工程师窦希萍。

· 课题组共同组长、中交上海航道局原董事长宗源远在课题组研讨会上做专题报告。

· 上海市科学技术委员会主任寿子琪在课题组召开的高层论坛上讲话。

· 课题组共同组长、上海市水务局局长白廷辉在听取项目研究进展情况介绍。

· 上海市科学技术委员会副主任秦文波（右一）考察横沙岛疏浚土利用情况。

· 课题组共同组长、中交上海航道勘察设计研究院院长、全国水运工程勘察设计大师周海（左一）同课题组成员、中交上海航道勘察设计研究院副院长季岚（左二）在学术研讨会期间交流讨论项目情况。

· 上海市科学技术委员会社会发展处处长郑广宏（左一）和条件财务处副处长俞清（左二）出席课题组学术研讨会。

· 上海市规划和国土资源管理局局长庄少勤（左一）和课题组共同组长、规土局副巡视员李俊豪（左二）接待课题组成员到访并开展课题交流。

· 课题组共同组长、上海市交通委员会原主任孙建平（左二）出席课题组研讨会。

· 2012年12月1日，华东师范大学党委书记童世骏出席课题组举办的"2020年后的上海海洋新城和深水新港"高层论坛并致辞。

· 2012年4月12日，华东师范大学校长俞立中出席《上海港新港区选址及其建设机制研究》课题论证会并讲话。

· 华东师范大学副校长汪荣明（左二）、科技处处长张文（左一）出席课题组研讨会。

· 课题组共同组长、原上海市交通运输和港口管理局巡视员朱建华（左一）与共同组长、国家特聘教授、华东师大国际航运物流研究院院长郑伟安在项目研讨中。

· 课题组共同组长、中交第三航务工程勘察设计院院长王祥（左一）和共同组长、上海同盛投资（集团）有限公司董事长周赤出席课题组研讨会。

· 课题组共同组长、交通运输部长江口航道管理局副局长任舫在课题组研讨会上发言。

· 课题组共同组长、中交上海航道局董事长侯晓明（左一）参加课题组考察活动。

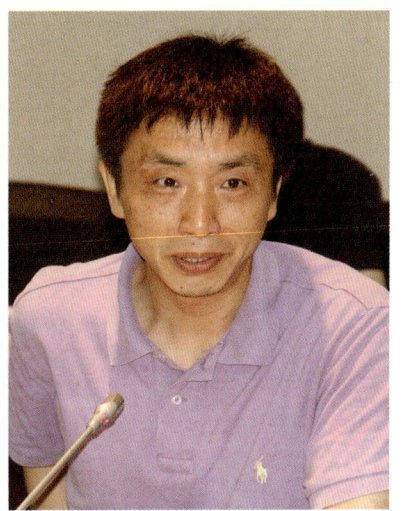

· 课题组共同组长、上海市发展改革研究院副院长齐峰（左图）和共同组长、上海市环境科学研究院副院长林卫青（右图）在课题组研讨会上。

· 课题组共同组长、上海河口海岸科学研究中心总工吴华林（左一）和上海市水务局、上海市海洋局滩涂海塘处处长张海燕在课题组组织的参观航道局疏浚展示馆活动中。

· 课题组共同组长、上海市城市规划设计研究院副院长钱少华（左图），共同组长、上海市城乡建设和交通发展研究院副院长薛美根（右图左一），共同组长、上海市水务规划设计研究院副院长徐贵泉（右图左二）在课题组研讨会上。

· 课题组办公室成员在上海新横沙愿景规划模型前（左起：徐一孚、任国华、姚逸云、徐德麟、楼飞、孟舒、江霞、彭德艳）。

- 本项目在开展过程中,得到了一批老专家的关心、支持,他们多次参加课题组的研讨会,为课题研究提供宝贵的意见和建议。左图为交通运输部长江口航道管理局原副局长金镠(左一)和上海社会科学院原常务副院长左学金,右图为洋山深水港工程建设指挥部港口分指挥部指挥归墨(左一)、上海市滩涂造地有限公司原董事长王苏忠。

- 课题组考察浙江台州吹填工程现场留影。

- 课题组考察珠海横琴新区围海造陆工地现场。

・2012年4月,部分共同组长在一起谋划研究工作。

・2012年5月9日,课题组首次登上横沙大道考察圈围工程。

・2016年12月15日,课题组在南京水利科学研究院查看项目中的物理模型。

・2017年4月7日,现场考察和项目汇报会后,课题组成员和嘉宾在横沙东滩圈围工程项目部前合影。

课题研究单位

承担单位： 华东师范大学

参与单位： 中交上海航道勘察设计研究院

　　　　　　中交上海航道局

　　　　　　中交第三航务工程勘察设计院

　　　　　　中交第三航务工程局

　　　　　　南京水利科学研究院

　　　　　　中交水运规划设计院

　　　　　　上海市发展改革研究院

　　　　　　上海市城市规划设计研究院

　　　　　　上海市环境科学研究院

　　　　　　上海市水务(海洋)规划设计研究院

　　　　　　上海城乡建设和交通发展研究院

　　　　　　上海河口海岸科学研究中心

支持单位： 交通运输部长江口航道管理局

　　　　　　上海市交通委员会

　　　　　　上海市水务局

立项单位： 上海市科学技术委员会

课题组成员名单

课题组总顾问：
徐　光（交通运输部总工程师）
宋德星（交通运输部水运局局长）

课题组领衔：
陈吉余（中国工程院院士、华东师范大学教授）

课题组共同组长：
包起帆（上海市政府参事、华东师范大学国际航运物流研究院院长）
宗源远（中交上海航道局原董事长、高级经济师）
朱建华（原上海市交通运输和港口管理局巡视员、高级经济师）
孙建平（上海市交通委员会原主任、高级经济师）
李俊豪（上海市交通委员会总工程师、高级工程师）
侯晓明（中交上海航道局董事长、教授级高工）
白廷辉（上海市水务局局长、教授级高工）
任　舫（交通运输部长江口航道管理局副局长）
周　海（中交上海航道勘察设计研究院院长、全国水运工程勘察设计大师）
王　祥（中交第三航务工程勘察设计院原院长、教授级高工）
窦希萍（南京水利科学研究院总工程师、教授级高工）
吴　澎（中交水运规划设计院副院长、全国水运工程勘察设计大师）
齐　峰（上海市发展改革研究院副院长、教授级高工）
钱少华（上海市城市规划设计研究院副院长、教授级高工）
林卫青（上海市环境科学研究院副院长、教授级高工）
徐贵泉（上海市水务规划设计研究院副院长、教授级高工）
薛美根（上海市城乡建设和交通发展研究院副院长、教授级高工）
吴华林（上海河口海岸科学研究中心总工程师、研究员）
郑伟安（华东师范大学国际航运物流研究院院长、"千人计划"国家特聘教授）

课题组成员：

徐德麟（华东师范大学国际航运物流研究院特聘研究员、教授级高工）
姚逸云（中交上海航道勘察设计研究院原党委书记、高级政工师）
何业钢（华东师范大学国际航运物流研究院特聘研究员、高级经济师）
任国华（华东师范大学国际航运物流研究院副教授）
彭德艳（华东师范大学国际航运物流研究院办公室主任、助理研究员）
江　霞（华东师范大学国际航运物流研究院院长助理、高级工程师）
孟　舒（华东师范大学国际航运物流研究院项目主管、中级经济师）
周　敏（华东师范大学国际航运物流研究院项目主管）
徐一孚（上海起帆科技有限公司董事长、高级工程师）
季　岚（中交上海航道勘察设计研究院副院长、教授级高工）
楼　飞（中交上海航道勘察设计研究院高级工程师）
唐　臣（中交上海航道勘察设计研究院高级工程师）
曹慧江（中交上海航道勘察设计研究院高级工程师）
王大伟（中交上海航道勘察设计研究院工程师）
顾　勇（中交上海航道局副局长、教授级高工）
沈达怡（中交上海航道局总工程师室主任、高级工程师）
王丽华（中交上海航道局技术部高级工程师）
黄明毅（中交第三航务工程勘察设计院副总工程师、高级工程师）
邵荣顺（中交第三航务工程勘察设计院原总工程师、教授级高工）
孙士勇（中交第三航务工程勘察设计院主任、高级工程师）
刘广红（中交第三航务工程勘察设计院工程师）
孙骁帆（中交第三航务工程勘察设计院工程师）
俞　灵（中交第三航务工程勘察设计院工程师）
曹民雄（南京水利科学研究院河流海岸研究所副所长、教授级高工）
徐　群（南京水利科学研究院河流海岸研究所教授级高工）
王红川（南京水利科学研究院河流海岸研究所教授级高工）
罗小峰（南京水利科学研究院河流海岸研究所教授级高工）
路川藤（南京水利科学研究院河流海岸研究所高级工程师）
曹凤帅（中交水运规划设计院科技处高级工程师）
刘晓玲（中交水运规划设计院科技处工程师）
薛晓晓（中交水运规划设计院科技处工程师）
王　桃（中交水运规划设计院科技处助理工程师）
屠　烜（上海市发展改革研究院城市区域经济研究所所长、高级经济师）
詹水芳（上海市发展改革研究院高级经济师）

张璞玉(上海市发展改革研究院经济师)
梅圣洁(上海市发展改革研究院经济师)
许菁芸(上海市城市规划设计研究院区域分院副院长、高级工程师)
张璐璐(上海市城市规划设计研究院工程师)
任千里(上海市城市规划设计研究院工程师)
李耀鼎(上海市城市规划设计研究院高级工程师)
卢士强(上海市环境科学研究院环境规划所所长、教授级高工)
吴建强(上海市环境科学研究院生态所副所长、高级工程师)
矫吉珍(上海市环境科学研究院环境规划研究所高级工程师)
沙晨燕(上海市环境科学研究院工程师)
李玉中(上海市水务规划设计研究院高级工程师)
徐　健[上海市水务(海洋)规划设计研究院工程师]
夏雪瑾[上海市水务(海洋)规划设计研究院高级工程师]
唐迎洲[上海市水务(海洋)规划设计研究院高级工程师]
王　祥(上海市城乡建设和交通发展研究院交通规划室主任、高级工程师)
汤月华(上海市城乡建设和交通发展研究院工程师)
逄　莹(上海市城乡建设和交通发展研究院工程师)
李文正(交通运输部长江口航道管理局高级工程师)
戚定满(上海河口海岸科学研究中心研究员)
顾峰峰(上海河口海岸科学研究中心副研究员)
贾　晓(上海河口海岸科学研究中心副研究员)
高　敏(交通运输部长江口航道管理局研究员)
朱剑飞(交通运输部长江口航道管理局教授级高工)
张俊勇(交通运输部长江口航道管理局高级工程师)
张海燕(上海市水务规划设计研究院副院长、高级工程师)
赵立明(上海市水务局综合规划处副处长、高级工程师)
金　一(上海市交通运输和港口管理局主任科员)
时蓓玲(中交第三航务工程局副总工程师、教授级高工)
郭　颖(中交第三航务工程局科技处处长、高级工程师)

＊ 以上排名不分先后

前　言

1　由来

2012年7月3日，上海《东方早报》刊登了市政府相关部门回复政协委员对横沙岛开发的意见，定位横沙岛为生态特色的"休闲度假岛"。为此课题组成员给时任上海市委书记俞正声同志提交了一份参事工作专报，提出了要"从规划层面进一步开展横沙新港开发研究"的建议，提出了利用长江疏浚土吹填新横沙的建议。俞书记批复："横沙岛不宜现在就认定为'休闲度假岛'，而应是上海未来发展的预留地，有多种使用的可能性。应开展前期工作，并切实加强利用疏浚土陆域围填的领导。包起帆同志的意见应重视，陈吉余同志也当面向我讲了十分恳切的意见。"时任上海市市长韩正同志批示："从长计议。"为了落实市领导的意见，华东师范大学国际航运物流研究院牵头，在国家"千人计划"和上海市科技攻关计划资助下，成立了"上海城市发展新空间和深水新港战略研究"课题组，联合上海、北京和南京众多专业单位，组织科研人员，通过产学研用结合，充分发挥多学科、高层次、独有的综合优势，运用长江口物理模型、数学模型和生态评价模型，对上海新横沙的发展战略和空间布局、上海深水新港的规划选址进行了研究和论证，研究取得了良好的成效，于2015年5月通过了上海市科委的验收，出版了《上海新横沙开发和建港前瞻研究》一书。

2015年7月，上海市科委予以持续关心和支持，将"新横沙的成陆开发和深水新港建设可行性关键技术研究"课题列入上海市重大科研计划。课题对新横沙成陆与建港的可行性、功能定位、空间布局、生态环境、河势稳定与航道整治等关键技术进行了研究，并于2017年4月通过了上海市科委的验收，本书是《上海新横沙开发和建港前瞻研究》的姊妹篇。

2　新背景

上海未来城市亟须解决发展空间问题。在国家重大战略中，"一带一路"、长江经济带和自由贸易区战略都与上海密切相关，上海正处于创新转型攻坚期、"四个中心"建设冲刺阶段，但上海城市面临的土地资源短缺、交通拥堵、环境污染等问题不断加剧。2015年全市建设用地达到3140 km²，开发强度已超过46%，距《上海市城市总体规划（2017—2035）》提出的全市建设用地至2035年控制在3200 km²的上限只有60 km²，上海土地资源紧约束长期客观存在，仅靠占补平衡的办法难以为继。

面对上述困境和城市发展所遇到的问题，上海要想发挥好中央要求的"改革开放排头兵，创新发展先行者"的作用，就必须从长计议，为上海未来的城市发展谋划新的空间。

《上海市城市总体规划（2017—2035）》提出了上海市城市发展在转型过程中要实现"多情景规划策略、空间留白机制和动态调整机制"。总规提出的"空间留白机制"是动态管理的过程，是决策层面的思考。在新横沙开发的操作层面，许多事情还没有看清楚，许多问题还没有想明白，目前"留白"是正确的。

课题是为决策层面提供前瞻性服务的科学研究，成果将为未来领导的决策提供科学支撑。所以课题研究与空间"留白"是两个不同层面的问题，不是互相排斥，而是互相支持的，预留发展空间首先要留下土地。

对新横沙成陆的决心取决于对新横沙未来发展前景的预估，课题研究的新横沙成陆是上海城市未来发展十分宝贵的稀缺性资源，也是一项规模十分宏大的工程。在深入学习和理解上海市整体规划空间"留白"机制的同时，考虑到新横沙的成陆需要至少30年的时间跨度，前瞻性地开展这方面的研究，既能为当前新横沙成陆"留白"提供技术支撑，也可为今后长远的开发利用提供基础条件。

面临新形势、新要求、新挑战，课题研究与时俱进，按照党的十八届五中全会确定的五大发展理念，对接国家"一带一路"、长江经济带、自由贸易区三大发展战略和《上海市城市总体规划（2017—2035）》，根据上海市对崇明、长兴和横沙三岛未来发展的总体思路和要求，充分发挥课题组在城市规划、城市管理、产业经济、生态环境、现代物流、河口海岸和数值模拟等专业人士的学科优势，坚持问题导向、需求导向、目标导向，从研究关键技术着手，对新横沙的成陆与"留白"进行了前瞻研究。

3　难点及思路

社会各界对新横沙成陆在认识上存在多样性，需要达成共识。

在目前很多问题还没有明确以前，"留白"是最佳决策，但"留白"的基础是留下土地。本研究恰逢《上海市城市总体规划（2017—2035）》修编，社会各界普遍认为：横沙归属于崇明，所以应与崇明同步。如何在新的规划中体现成陆与"留白"？为此，课题组通过各种途径曾多次向规划修编办公室提交研究成果和建议。

在新横沙成陆中，有诸多技术难题需要回答，如新横沙成陆将对长江口生态环境和青草沙水源地、长江口河势和周边重大工程产生何种影响等。为了消除社会各界的疑虑，课题对此做出了专业性研究和评价，运用目前国内外在课题研究领域的先进技术和方法，针对新横沙成陆涉及的主要关键性技术和技术难点，从几个方面开展了深入的研究和论证：

（1）新横沙成陆开发和深水新港建设与国家战略和相关规划的关系。

（2）新水沙条件下，新横沙的形成及横沙深水新港规划建设对长江口河势、深水航道、生态环境和水源地的影响。

（3）长江口深水航道疏浚土资源综合利用相关技术深化研究。

（4）新水沙条件下，横沙浅滩成陆技术研究。

（5）波浪、潮流、泥沙、台风等极端环境条件对横沙深水新港及航道的影响。

（6）横沙深水新港的规划选址、功能定位、运量安排（预测）和总平面布置。

（7）横沙深水新港江海直接中转运输价值研究。

4　成果

上海位于国家"一带一路"和长江经济带发展战略的交汇点，肩负着当好"全国改革开放排头兵、创新发展先行者"的重任。在发展过程中，最大的瓶颈是土地资源短缺，把老横沙由"休闲度假岛"转变为新横沙成陆与"留白"是最佳选项，可为上海未来发展和追求成为卓越的全球城市留下不可多得的规划"留白"新空间。

课题组在国内首次提出了"新横沙"的概念，即把原有的横沙本岛 50 km² 和利用长江口疏浚土吹填成陆的 480 km² 的新陆域有机结合，整合为相当于原浦东新区规模的土地面积，集"区位、土地、航道、深水岸线"等资源于一体，可成为上海城市未来发展十分宝贵的稀缺性资源。

在深入学习和理解上海市整体规划空间"留白"机制的同时，考虑到新横沙的成陆需要一定的时间跨度,课题组前瞻性地开展了新横沙成陆推进的方案和时序研究,科学论证了以-5 m等深线为界的新横沙成陆边界。2020年将完成成陆面积106 km^2,2021—2045年可规划成陆面积303 km^2,还预留了南侧坝田开发区域71 km^2,可适时成陆。经过30年的努力,一张480 km^{2}土地的"白纸"将留给子孙后代。

课题组利用全国最大规模且独有的长江口物理模型、数学模型和生态评价模型,首次全面论证了横沙具备大规模成陆的相应条件,为新横沙未来的成陆和"留白"提供了科学论据:① 论证了新横沙的形成对长江口总体河势以及周边工程设施的影响甚小;② 论证了新横沙的形成对长江口深水航道泥沙回淤的影响可控;③ 初步论证新横沙的形成和开发利用对长江口生态系统的健康评价处于中上水平;④ 初步评价新横沙成陆对长江口水源地和生态敏感目标不会造成大的影响。

研究表明,新横沙成陆机不可失,时不再来。近年来,长江口来沙逐年减少,水沙变化加剧,疏浚土量也在逐年减少,长江滩涂和岸线处于淤涨与侵蚀的临界点,如果不能持之以恒地加快新横沙成陆进度,将会丧失机遇,"留白"极有可能"留空"。

5 成效

课题研究引起上海市和交通部领导及相关部门的高度重视,时任上海市委书记俞正声同志和韩正同志、时任市长杨雄同志,交通部部长杨传堂等主要领导对课题组递交的6份专题报告先后给予了5次批示,为新横沙成陆与"留白"奠定了基础。

研究成果被上海市规划部门采纳,新横沙首次纳入城市发展空间的视野。在《上海市城市总体规划(2017—2035年)》的编制工作中,有关土地资源利用、生态底线控制、上海国际航运中心建设等方面,吸纳了课题研究的众多成果。例如:"国土资源利用"章节的"广域空间统筹"中提到"预留横沙东滩滩涂围垦资源作为城市长远发展的战略空间";"建设更开放的国际枢纽门户"章节的"优化完善港口功能布局"中提到"上海港形成以洋山深水港区、外高桥港区为核心,杭州湾、崇明三岛等港区为补充的格局……加强对横沙等海洋战略资源的保护和控制"。

研究成果被市政府土地部门采纳,加快了新横沙吹填成陆的进度。2016年市政府启动了全国规模最大的吹填造陆工程——横沙东滩七期、八期工程,总投资110多亿元,计划到2020年综合利用长江口疏浚土约2.1亿 m^3,可为上海新增土地56 km^2,目前工程已正式开工,5年造地规模将比以往18年累计造地还多6 km^2。

课题组提出的创新长江口疏浚土利用管理模式的建议被市政府采纳。市政府专门成立了由市政府(副)秘书长牵头的市滩涂造陆综合利用长江口航道疏浚土协调推进指挥部,促进了交通部和上海市有关长江口疏浚土利用合作共赢机制的落地和完善,吸引了新组建的中交疏浚集团的总部落户上海。

6 致谢

本书是集体智慧的结晶,华东师范大学对本课题的研究给予了大力支持和帮助,课题组成员奉献了聪明才智。为了表示答谢之情,同时也为了向社会各界介绍最新的研究成果,特编著此书。

在编著过程中,华东师范大学国际航运物流研究院孟舒同志和任国华同志组织了具体的文字和照片编排工作,彭德艳和江霞同志给予了帮助,上海科学技术出版社的相关编辑对本书的编辑和出版做了大量的工作,在此表示诚挚的感谢。

本书即将付印之时,课题组领衔人、中国工程院院士、华东师范大学教授陈吉余先生不幸辞世。陈院士生前对课题组的工作给予了积极的支持和指导,九十高龄之时还多次亲临会场参加学术研讨。谨以此书纪念陈吉余院士。

目 录

第1章 主题报告

1.1 新横沙成陆和建港研究的背景 ··· 3
    1.1.1 上海经济发展面临的新形势 ··· 3
    1.1.2 上海经济发展面临的新挑战 ··· 5

1.2 新横沙成陆和建港研究内容及关键技术 ··· 6
    1.2.1 成陆和建港与国家战略和相关规划的关系 ·· 6
    1.2.2 新水沙条件下,成陆和建港对长江口河势、深水航道、生态环境和水源地的影响 ········ 8
    1.2.3 长江口深水航道疏浚土资源综合利用相关技术 ··· 26
    1.2.4 新水沙条件下,横沙浅滩成陆技术 ··· 28
    1.2.5 波浪、潮流、泥沙、台风等极端环境条件对横沙深水新港及航道的影响 ················ 30
    1.2.6 横沙深水新港的规划选址、功能定位、运量安排(预测)和总平面布置 ················ 34
    1.2.7 横沙深水新港江海直接中转运输价值 ·· 37

1.3 新横沙成陆和建港研究成果 ··· 41
    1.3.1 长江口深水航道疏浚土综合利用和新横沙成陆推进的方案和时序 ······················ 41
    1.3.2 以−5 m 等深线为界的新横沙成陆边界 ··· 41
    1.3.3 新横沙的形成对长江口总体河势以及周边工程设施的影响 ································ 41
    1.3.4 新横沙的形成对长江口深水航道泥沙回淤的影响 ·· 41
    1.3.5 新横沙的形成和开发利用对长江口生态系统的健康评价 ···································· 41
    1.3.6 新横沙的形成和开发利用对长江口水源地和生态敏感目标的影响 ······················ 42
    1.3.7 横沙深水新港规划港址、功能定位和总平面布置 ·· 42
    1.3.8 波浪、潮流、泥沙及台风等极端天气条件对横沙深水新港及航道泥沙回淤的影响 ··· 42
    1.3.9 上海港江海直接中转运输方式的经济性 ·· 42

1.4 新横沙成陆和建港研究取得的实效 ··· 42
    1.4.1 新横沙浅滩围填成陆的紧迫性 ··· 42
    1.4.2 上海市领导和相关部门的关注 ··· 43

1.4.3 研究成果被市规划部门采纳 ··· 43
　　1.4.4 长江口疏浚土资源的有效利用 ·· 43
　　1.4.5 交通部和上海市在长江口疏浚土利用方面的合作 ······································ 43
　　1.4.6 "中交疏浚"落户上海 ··· 44
1.5 **新横沙成陆和建港的下一步研究工作** ··· 44
　　1.5.1 横沙滩涂资源保护和成陆科学研究 ·· 44
　　1.5.2 长江口横沙水域的地形、水文泥沙、波浪、地质勘察观测等资料的采集和研究 ······· 44
　　1.5.3 横沙大道延伸(26 km)工程提前实施的可能性和可行性 ································· 44
　　1.5.4 新建物理模型对长江口总体河势的深化研究 ·· 44
　　1.5.5 新横沙成陆规划及国家相关专项规划 ·· 45

第2章　相关专报及领导批示

对建设上海国际航运中心的建议(上海市参事工作专报)···································· 包起帆　49
对《上海市城市总体规划(2015—2040)纲要概要》和横沙开发的意见和建议
　(上海市参事工作专报)·· 包起帆　51
建议充分重视长江下泄沙量骤减对上海土地资源带来的影响(上海市参事工作专报)······ 包起帆　56
关于推进横沙大道外延确保横沙滩涂资源战略预留的建议(上海市参事工作专报)······ 王新奎,包起帆　62
关于谋划上海横沙深水新港规划的建议(交通运输部专家委员会个人建言专报)········ 包起帆　67
有关推动长江口航道疏浚土资源长效利用的建议(交通运输部专家委员会个人建言专报)······ 包起帆　76

第3章　研 究 论 文

新横沙开发和布局与国家三大战略及上海城市发展的关系研究
　··· 齐峰,屠炬,詹水芳,张璞玉,姜静,吴启明,梅圣洁,李凌月　83
区域视角下横沙岛陆域新空间发展设想 ····································· 钱少华,许菁芸,张璐璐　95
2020年后长江口深水航道疏浚土处置方案研究 ················ 宗源远,姚逸云,王恒宾,唐臣,楼飞　101
长江口航道疏浚土综合利用相关技术的深化研究
　······························· 周海,唐臣,季岚,王恒宾,楼飞,应铭,居尧,许兵　108
新水沙条件下横沙浅滩成陆对长江口影响关键技术研究
　······························· 罗小峰,曹民雄,窦希萍,徐群,赵晓冬,韩玉芳,路川藤　118
长江口横沙浅滩成陆顺序对周边滩槽水沙输运影响研究
　································· 宗源远,曹慧江,王大伟,楼飞,郭超硕　131

横沙大道延伸和浅滩成陆对长江口深水航道影响和对策研究
.... 吴华林,顾峰峰,王巍,贾晓,沈淇　142
长江口 12.5 m 深水航道回淤量潮周期内分布研究 .... 顾峰峰,万远扬,沈淇,王巍,孔令双　153
基于非结构网格的长江口横沙东滩新陆域数值模拟 .... 路川藤,罗小峰,徐群,张功瑾　162
Resource Utilization of Dredged Sediment and Its Influence to the Environment of Yangtze
　　Estuary .... Jia Xiao, Lu Chuanteng, Gu Fengfeng, Cheng Haifeng, Huang Huacong　171
上海沿江海支流排水对长江口杭州湾水质的影响 .... 夏雪瑾,徐健,陈元卿,李琦　178
上海横沙新港建设对长江口滩槽水动力的影响 .... 罗小峰,路川藤,窦希萍,曹民雄,徐群　184
横沙深水新港或将美梦成真 .... 江霞,孟舒,任国华,何业钢　195
横沙新港潜在的功能作用 .... 陈婧超,朱建华,彭德艳　199
上海横沙新港建设的水流泥沙条件分析 .... 张功瑾,路川藤,罗小峰　204
横沙深水新港功能定位、总平面位置研究
　　——以深水航道视角对横沙新港的选址、功能定位和总平面布置研究
.... 周海,楼飞,季岚,曹凤帅,曹慧江,王大伟,车军　216
横沙深水新港功能定位和总平面布置研究 .... 杨晖,孙骁帆,邵荣顺,王祥,王红伟,黄明毅　230
上海横沙新港规划方案研究 .... 薛晓晓,周玉华,刘晓玲,曹凤帅　245
上海港口规划布局对城市交通的影响研究 .... 薛美根,王祥　250
长江黄金水道运输格局与横沙深水新港江海直转经济性分析
.... 刘晓玲,吴澎,曹凤帅,王桃,刘健　258
上海横沙深水港集装箱江海直转价值研究 .... 史济辰,俞灵　273
上海横沙深水新港江海直转港区总体布置研究 .... 薛晓晓,曹凤帅,刘晓玲　280
新形势下横沙深水新港货运需求分析 .... 吴澎,刘晓玲,王海霞,曹凤帅,王桃,刘健　287
横沙深水新港突发溢油对长江口水源地影响和对策研究 .... 徐健,夏雪瑾,冯文静,李琦,陆东燕　299
波浪、潮流及台风等不利条件对横沙建港泥沙回淤关键技术研究
.... 窦希萍,曹民雄,徐群,罗小峰,王红川,路川藤　306
波浪、潮流、泥沙及台风等极端环境条件对横沙新港航道影响及关键技术研究
.... 吴华林,顾峰峰,王巍,贾晓,沈淇　322

第 4 章　数学模型和物理模型研究

波浪和潮流泥沙数学模型 .... 中交上海航道勘察设计研究院　335
横沙大道延伸和浅滩成陆对长江口深水航道的影响和对策研究 .... 上海河口海岸科学研究中心　370
长江口横沙浅滩成陆物理模型水动力试验研究报告 .... 南京水利科学研究院　407

第1章　主题报告

(执笔人：包起帆　徐德麟)

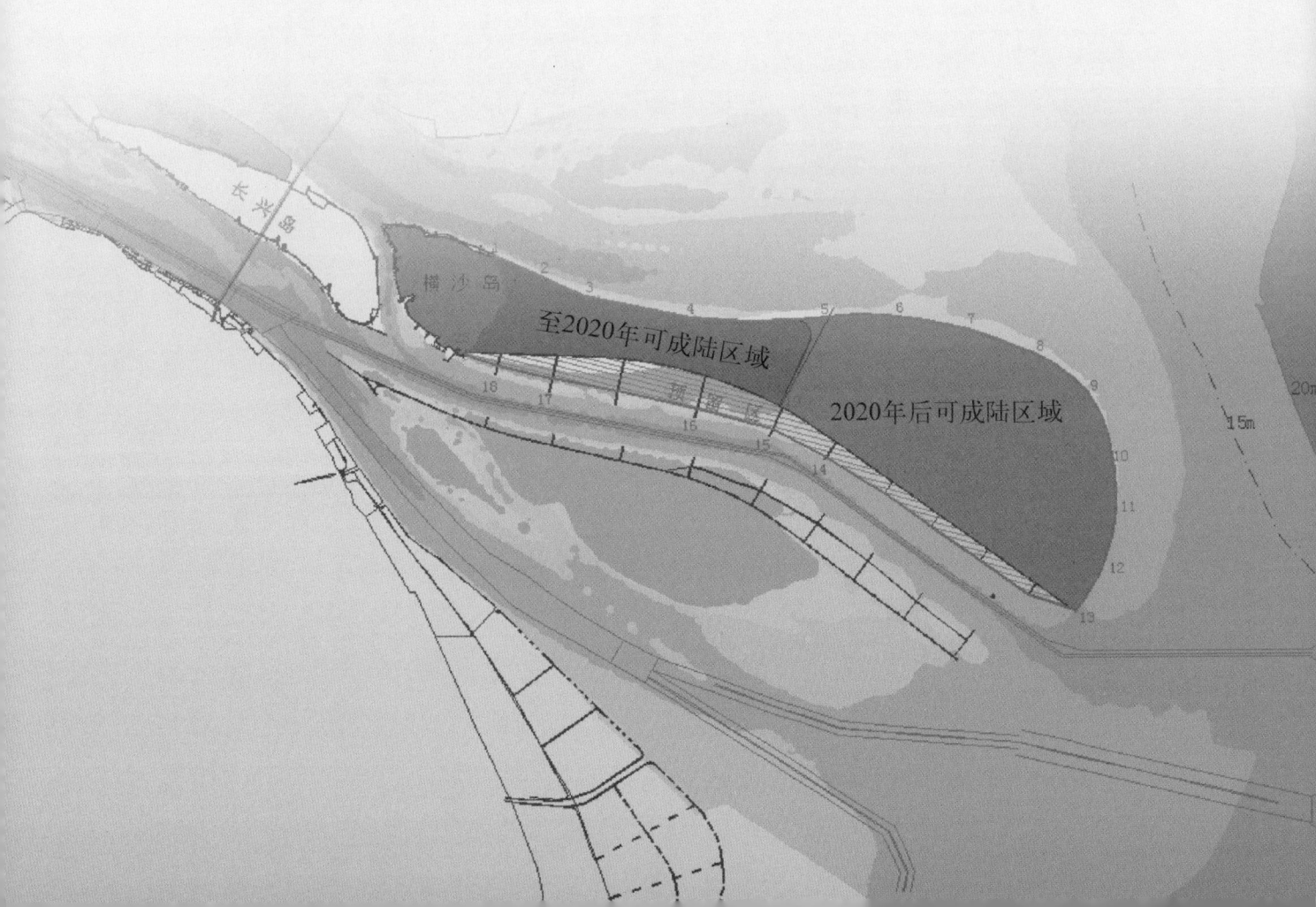

1.1 新横沙成陆和建港研究的背景

2013年,在上海市科委的支持下,华东师范大学牵头开展了"上海城市发展新空间和深水新港战略研究"课题(以下简称"上一轮课题")研究。该课题对上海新横沙(文中的"新横沙"包括横沙本岛、横沙东滩和横沙浅滩,总面积约为530 km²)的发展战略和空间布局、上海深水新港的规划选址进行了战略性的研究和论证。课题研究取得了良好的成效,于2015年5月通过了上海市科委的验收。

2015年7月,上海市科委对课题研究予以持续关心和支持,"新横沙的成陆开发和深水新港建设可行性关键技术研究"课题(以下简称"本课题")列入上海市重大科研计划,本课题的研究在上一轮课题研究的基础上,对新横沙的成陆和开发利用以及横沙深水新港的规划建设的若干关键技术展开深入的研究。

自上一轮课题研究开展以来,国际与国内形势都发生了深刻的变化。习近平总书记在2015年10月召开的党的十八届五中全会上做的关于《中共中央关于制定国民经济和社会发展第十三个五年规划的建议》的说明中提出:由于我国经济进入"新常态",谋划"十三五"时期经济社会发展,必须确立新的发展理念。"创新、协调、绿色、开放、共享"五大发展理念是"十三五"乃至更长时期我国发展思路、发展方向、发展着力点的集中体现,也是改革开放三十多年来我国发展经验的集中体现,反映出我们党对我国经济发展规律的新认识。习近平总书记提出新的五大发展理念,对我国现行的经济运行和"十三五"乃至更长远时期的经济发展,包括对上海的经济社会发展提出了新的和更高的要求。在此期间国务院制定的《国民经济和社会发展第十三个五年规划纲要》和《长江三角洲城市群发展规划》以及上海市制定的《上海市国民经济和社会发展第十三个五年规划纲要》和《上海市城市总体规划(2017—2035)》等一系列国民经济和社会发展的重要文件的相继颁发,使上海的经济社会发展面临新形势、新要求和新挑战。

1.1.1 上海经济发展面临的新形势

1) 国际环境复杂多变,竞争与合作相互交织

当前,世界经济正处于新旧增长动能转换的关键阶段,经济全球化进程遭遇逆风,新一轮科技革命仍处于酝酿之中,传统和非传统安全风险相互交织,政治不确定性上升进一步增加了世界经济前景的变数。全球呈现出"五大变化":

(1) 世界经济增长格局新变化。以美国为首的发达经济体复苏带动全球经济恢复性增长。发展中国家和新兴经济体增速仍将快于发达经济体,但面临传统增长动力衰减、新兴增长动力不足和结构性改革的难题。

(2) 全球贸易投资格局新变化。全球贸易投资总体呈现平稳增长态势。全球服务贸易和服务业领域跨国投资规模将继续扩大。在TPP、TTIP、TISA等推动下,新一轮高标准国际投资贸易规则体系加速重构。

(3) 全球产业分工格局新变化。新科技革命和产业变革孕育突破,带动制造模式、产业形态、组织方式等深刻变革。产业链、创新链、价值链在全球范围内布局重构,未来产业布局将更多地贴近市场需求。

(4) 全球能源资源格局新变化。全球能源供应格局发生重大调整。页岩气、油砂等非常规油气资

源开采技术和供应能力大幅提升,美国、加拿大等国将成为油气供应新中心。

(5)国际地缘政治环境新变化。全球地缘政治风险正在聚集,局部地区的政治冲突和领土纠纷频发,出现了经济问题政治化、政治问题社会化、内部问题外部化甚至局部军事化的新趋势。

2)我国将以新一轮改革开放培育新结构和新动力

未来五至十年是我国适应把握引领经济发展新常态的关键时期,面临以改革开放培育新结构、强化新动力的要求。我国仍处于大有可为的重要战略机遇期,经济长期向好的基本面没有变,经济发展动力转换、结构深度调整、提质增效升级的阶段特征更加明显,以开放促改革、促发展、促创新的时代要求更加迫切。

(1)经济新常态特征更加明显。以速度变化、结构优化、动力转换为特征的新常态更加明显,向形态更高级、分工更优化、结构更合理阶段演化的趋势更加明显,新的经济增长动力正在加快形成并不断蓄积力量。

(2)供给侧结构性改革加速推进。以供给侧结构性改革为主线,扩大有效供给,满足有效需求,进一步提高供给体系质量和效率,加快形成引领经济发展新常态的体制机制和发展方式。

(3)区域协同发展战略深入推进。"一带一路"建设、长江经济带建设积极推进,长三角城市群建设深入推进,开放共赢、良性互动的区域发展格局正在形成。

(4)更高层次开放型经济加速形成。以"一带一路"建设为抓手的全面开放新格局深入打造,对标国际高标准规则、适应国内改革发展新要求的对外开放新体制正在形成;以构筑面向全球的高标准自由贸易区网络为重点的经济外交新空间不断拓展。

3)上海以全面创新为城市注入新能量

上海"四个中心"建设进入冲刺阶段,创新转型进入攻坚期;追求成为卓越的全球城市,未来发展任重而道远。

(1)上海要在2020年基本建成"四个中心"。2016年上海市颁发的《上海市国民经济和社会发展第十三个五年规划纲要》指出:"'十三五'时期上海经济社会发展的奋斗目标是:到2020年,形成具有全球影响力的科技创新中心基本框架,基本建成国际经济、金融、贸易、航运中心和社会主义现代化国际大都市。"

(2)上海要在2035年建成卓越的全球城市。2018年发布的《上海市城市总体规划(2017—2035)》指出:"上海在2020年基本建成'四个中心'的基础上,到2035年将上海建设成为卓越的全球城市,国际经济、金融、贸易、航运、科技创新中心和国际文化大都市。"

(3)2016年5月11日国务院常务会议通过的《长江三角洲城市群发展规划》,提出到2030年以上海为中心城市,把长三角城市群(范围包括江苏、浙江、安徽和上海三省一市)建设成与世界级的五大城市群(美国东北大西洋沿岸城市群、北美五大湖城市群、日本东海道城市群、欧洲西北部城市群、英国中南部城市群)并肩的具有全球影响力的世界级城市群。上海要在长三角城市群的发展中发挥中心城市的引领作用,使长三角城市群成为我国高水平发展的经济增长极。

上海位于国家"一带一路"和长江经济带发展战略的交汇点,肩负着建设卓越的全球城市,引领长三角世界级城市群参与全球竞争,当好全国改革开放排头兵、科学发展先行者,实现中华民族伟大复兴的历史使命。任务既宏伟又艰巨,任重而道远。

(1)更高层次开放向全球城市迈进。随着世界多极化、经济全球化进一步发展,以服务贸易为重点的全球自由贸易投资进程不断深化,带动了新一轮国际劳动分工和全球经济空间重组,为上海进一步融入经济全球化、推进"四个中心"建设、打造全球城市、在更高层次更宽领域汇聚全球资源要素、在不断深化开放合作中拓展发展新空间提供了重要机遇。

(2) 全面深化改革寻求发展新活力。随着新一轮改革的深入推进,上海围绕着当好全国改革开放排头兵、创新发展先行者的战略使命,以上海自贸试验区建设为引领,经济体制、政府职能转变等重要领域和关键环节的改革将不断深化,便利化、法治化、国际化营商环境将更加成熟,发展动力和活力也将更加充分。

(3) 新一轮科技革命催生新动力。新一轮科技革命表现出以信息技术的突破性应用为主导驱动社会生产力变革、以信息(数据)为核心投入要素提高社会经济运行效率、以智能制造为先导构造现代产业体系、以追求范围经济为导向不断创新社会分工形态等特征。

(4) 区域发展新格局拓展新空间。"一带一路"倡议有利于上海构建全方位对外开放新格局、发展更高层次的开放型经济、提升国际国内资源高效配置和国际国内市场深度融合的枢纽功能。长江经济带战略有利于上海加快建成"四个中心",全面提升服务长三角、服务长江经济带、服务全国的能力与水平。

1.1.2 上海经济发展面临的新挑战

1) 经济稳定增长的压力仍较大

受国际、国内经济环境以及上海自身转型发展阶段的影响,上海经济近期总体保持稳定态势,很大程度上来自股市、房市的轮番带动,但工业的持续下滑为未来经济增长带来了较大压力。

2) 资源环境约束底线更加趋紧

上海资源紧约束和环境紧约束将进一步突现。人口规模增长对城市承载力提出了巨大挑战,截至 2015 年年底,上海市常住人口为 2415 万人,距《上海市城市总体规划(2017—2035)》要求上海常住人口到 2035 年控制在 2500 万左右的调控目标已经十分接近。上海人口规模持续增长趋势仍将持续,交通疏导能力、城市空间承载能力接近上限,资源短缺、交通拥堵、环境恶化等问题将会加剧,并给公共设施、社会服务配套等方面带来巨大压力,控制人口规模的压力仍然较大。上海土地资源紧约束长期客观存在,建设用地规模已近极限。2015 年全市建设用地达到 3140 km^2,开发强度已超过 46%,距 2020 年 3185 km^2 的建设用地红线仅有 45 km^2 的空间,距《上海市城市总体规划(2017—2035)》提出的全市建设用地至 2035 年控制在 3200 km^2 的空间更小,只有 60 km^2,建设用地控制难度大。未来上海将逐年减少每年新增建设用地规模,主要依靠盘活存量土地满足发展需要。

3) 超大城市治理水平提升任务重

上海作为超大型城市在城市治理能力和治理水平现代化方面有待进一步改善。公共安全方面,上海面临的风险具有突出的密集性、流动性、叠加性、圈域性等特征,保障城市安全运行的压力日渐加大。城市交通方面,职住分离现象突出,交通拥堵问题还比较严重,交通网络亟待健全。诚信法治环境方面还有很大提升空间,未来需要在法律规则规范化、标准化、透明度、可操作、持续性方面提升突破。市民文明方面,城市发展的软环境仍待改善,市民素质和城市文明程度需要提高。

当前,上海正处于创新驱动发展、经济转型升级的关键时期,面临新形势、新要求、新挑战,本课题研究与时俱进,按照党的十八届五中全会确定的五大发展理念,根据国务院编制的《国民经济和社会发展第十三个五年规划纲要》和《长江三角洲城市群发展规划》以及上海市编制的《上海市国民经济和社会发展第十三个五年规划纲要》,对接国家"一带一路"、长江经济带、自由贸易区三大发展战略和《上海市城市总体规划(2017—2035)》,根据上海市对崇明、长兴和横沙三岛未来发展的总体思路和要求,在上一轮课题对新横沙成陆和开发利用以及横沙深水新港规划建设研究所取得的成果的基础上,充分发挥课题组在城市规划、城市管理、产业经济、生态环境、现代物流、港口航运、河口海岸和数值模拟等学科的团队综合优势,坚持问题导向、需求导向、目标导向,从研究关键技术着手,对新横沙的形成和开发利用以及横沙深水新港规划建设进行更深入的研究和拓展,重点研究解决新横沙形成的相关技术难题,把上一轮课题进行的战略层面的研究深化为可行性关键技术层面的研究,夯实开发利用和规划建设的前期基础研究,为进一步实施新横沙的成陆并为未来更好地对其进行开发利用和规划建设横沙深水新港提供技术支撑。

1.2 新横沙成陆和建港研究内容及关键技术

1.2.1 成陆和建港与国家战略和相关规划的关系

本课题在上一轮课题研究的基础上,运用目前国内外在课题研究领域的先进技术和方法,对新横沙的形成和开发利用以及横沙深水新港规划建设涉及的相关问题和主要的关键性技术、技术难点以及关键性问题(为了便于表述,以下把研究所涉及的关键性技术、技术难点和关键性问题统称为关键技术)开展了深入的研究和论证,从七个方面开展专题研究,取得了丰硕的成果。

研究得到总的结论是:新横沙的形成和开发利用以及横沙深水新港的规划研究是上海贯彻落实"五大发展理念",服务和对接国家三大发展战略("一带一路"、长江经济带和自由贸易区),实施《长江三角洲城市群发展规划》和《上海市城市总体规划(2017—2035)》的需要。新横沙的形成可为上海新增 480 km² 土地,这是上海城市未来发展的宝贵的稀缺性资源,为上海实施创新驱动、经济转型升级发展战略创造新的机遇和发展空间,有利于疏解上海中心城区人口、交通和环境压力;有利于弥补上海建设用地紧缺的短板;有利于上海产业布局调整和新产业的发展;有利于上海城市总体布局规划的调整;有利于上海在 2020 年后进一步提升国际航运中心的能级;有利于上海在 2035 年建成卓越的全球城市。

1.2.1.1 对国家三大发展战略和上海城市发展的意义

新横沙的形成将为上海城市新增 480 km² 的土地资源。其具有地处长江龙头、濒江临海、地域广阔等诸多独特优势,而且处于"一带一路"、长江经济带和自由贸易区等国家三大战略的交汇点,是国家三大战略的连接和互动的枢纽,同时有利于上海对接国家战略,参与和服务国家战略,提升上海为国家战略服务的能力。

新横沙的开发利用对上海贯彻落实党中央、国务院提出的"一带一路"、长江经济带和自由贸易区等国家战略,对上海建设国际经济、金融、贸易和航运四个中心和建设社会主义现代化国际大都市,成为具有全球影响力的科技创新中心将发挥十分重要和积极的作用,是上海经济实现新飞跃的有效载体。

1) 新横沙将成为国家"一带一路"建设的桥头堡

欧亚大陆桥将在对欧洲和中亚地区的运输中起到一定作用,但考虑到成本因素,大量货物仍将通过海运方式运输。鉴于上海是海上丝绸之路的源头,国家"一带一路"倡议的推进将大大提高上海枢纽港的地位和作用。利用上海港的国际化水平优势,充分发挥横沙深水新港的国际中转能力,成为联通国际港口和国内地区的重要桥梁和纽带。

2) 新横沙将成为长江经济带发展的新引擎

国家长江经济带发展战略的实施,将更加凸显长江航运大运量、低成本、节能环保的优势,以及长江航运水水中转、水陆联运的集疏运组合的重要性。在长江沿线城市物流需求不断催生的形势下,上海应从全局出发,充分发挥横沙深水新港江海直接中转的优势,布局战略性港口发展空间,服务长江经济带港口群,进一步提升上海国际航运中心功能和地位。

3) 新横沙将成为上海自贸区发展的拓展区

新横沙地域广阔、濒江临海、四面环水,又有深水港口作为依托,具备成为上海自贸区的拓展区的条件,新形成的 480 km² 土地,将为上海自贸区的发展提供新的空间。在新横沙域内探索推动货物分类监管、保税物流、期货交割、融资租赁等模式,既收获自贸区成功的红利,也为新横沙的发展创造条件和奠定基础。

4) 新横沙为上海城市进行转型发展提供新的发展空间

新横沙的成陆将为上海提供 480 km² 和 100 km 稀缺性的土地和岸线资源,为上海城市发展提供了新的发展空间,将有利于上海城市布局的调整和新产业的发展,提升上海经济发展的质量;将大幅减少上海中心城区的交通输运对城市交通承载力和生态环境的影响,改善上海城市交通和环境;将弥补上海港在深水岸线和深水航道资源方面的短板,规划建设横沙深水新港,提升上海国际航运中心的功能和地位。新横沙的成陆开发利用将为上海的经济发展产生巨大的经济、社会和环保价值。

1.2.1.2 与国家相关规划的关系

新横沙的形成和开发利用与国家相关规划的关系在上一轮课题研究的基础上,结合国家 2015 年新颁发和即将颁发的有关规划,重新进行了认真的研判。新横沙的形成和开发利用涉及国家和交通运输部、上海市颁发的相关规划,有国务院批准的《全国海洋功能区划(2011—2020)》(国函〔2012〕13 号)、《全国海洋主体功能区规划》(国发〔2015〕42 号)、《上海市海洋功能区划(2011—2020 年)》(国函〔2012〕183 号)、《长江口综合整治开发规划》(水规计〔2008〕88 号)、《长江口航道发展规划》(交规划发〔2010〕435 号)以及国家水利部已编制完成即将颁发的《全国河口海岸滩涂开发管理规划》等。根据研判得知,新横沙的形成和开发利用基本符合国家上述的相关规划,只有个别区域在定位上,因开发利用的原因,产生与上述相关规划在功能定位上的差异,需要在日后相关规划修编时予以调整。

1) 与国家海洋功能区划的关系

国务院 2012 年 3 月批准了《全国海洋功能区划(2011—2020)》,新横沙开发利用后的海洋基本功能为农业围垦区和港口航运区,将发展成为以港口物流产业为重点,集航运服务、临港工业、现代农业等多功能于一体的城市发展新区。新横沙开发利用后对海洋基本功能的调整,与《全国海洋功能区划(2011—2020)》对长江口毗邻海域的导向相符。

国务院 2015 年 8 月批准了《全国海洋主体功能区规划》,新横沙开发利用构想把新横沙建设成为国际航运中心的重要组成部分、上海自贸区的拓展区、生态休闲宜居的海洋新城和上海能源储备基地,符合《全国海洋主体功能区规划》对长江口及其两翼的功能定位和发展导向。

国务院 2012 年 11 月批准了《上海市海洋功能区划(2011—2020 年)》(图 1)。

根据新横沙的形成时序,至 2020 年新横沙可成陆为 106 km² 的农业围垦区,与《上海市海洋功能区划(2011—2020 年)》是一致的。课题研究将 2020 年以后新横沙域内的 303 km² 横沙浅滩成陆后,规划开发成为以新兴产业和现代服务业为主的港城发展区,而上述规划确定横沙浅滩为"保留区",需要规划修编时予以明确。

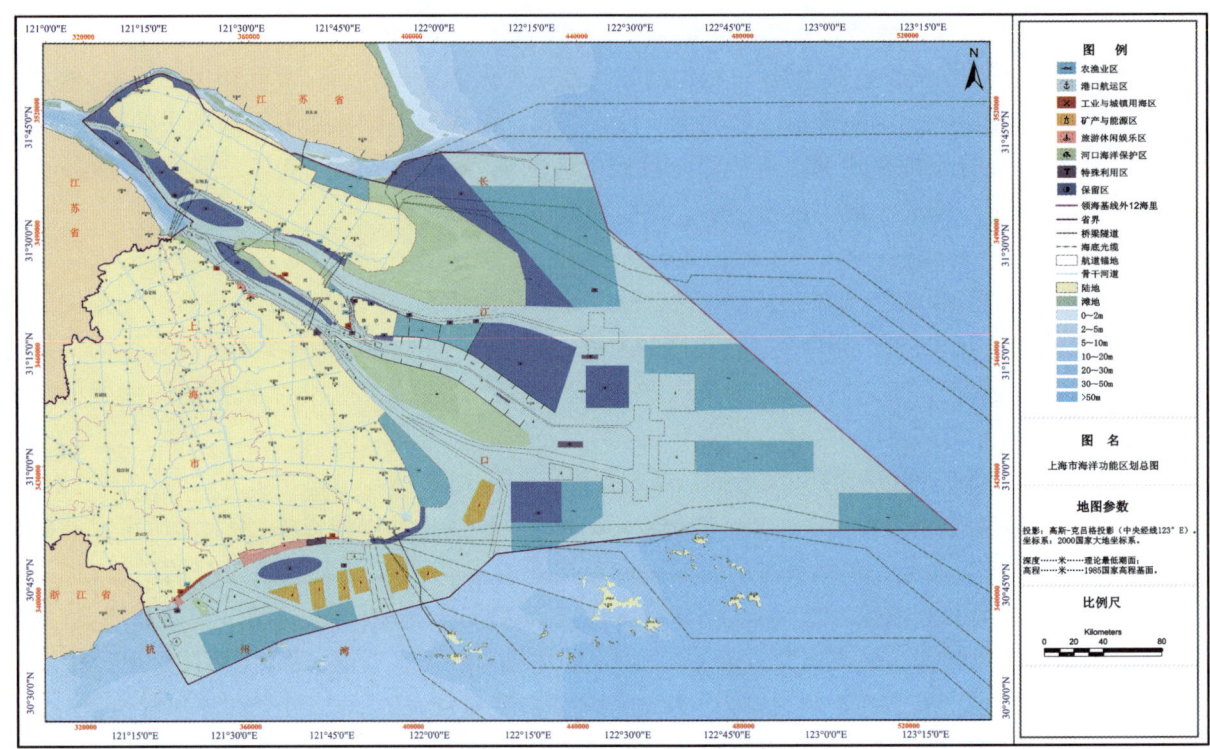

图 1　上海市海洋功能区划总图

2) 与国家水利规划的关系

长江河口滩涂利用与保护管理的规划主要有国务院颁发的《长江口综合整治开发规划》(图 2)和交通运输部颁发的《长江口航道发展规划》(图 3)以及由国家水利部制定并即将颁发的《全国河口海岸滩涂开发管理规划》(图 4)。

经过研究分析,新横沙围填成陆所确定的边界范围以及横沙深水新港规划港区的边界范围均符合《长江口综合整治开发规划》的要求;《长江口航道发展规划》中关于北港航道治理工程明确采用双导堤结合丁坝群的形式进行整治,新横沙成陆的北侧围堤线与该规划提出的北港整治中的南导堤基本一致,因此新横沙的形成方案符合《长江口航道发展规划》;由国家水利部制定并即将颁发的《全国河口海岸滩涂开发管理规划》指出在横沙浅滩定位及治理方案未明确前,规划为保留区,而未来新横沙可明确该区域功能为港城发展区,发展新兴产业和现代服务业等。

3) 与《上海市主体功能区规划》的相符性

《上海市主体功能区规划》(沪府〔2012〕106 号)提出"横沙岛作为……全市未来可持续发展的战略储备空间"。课题研究提出新横沙成陆形成可供开发利用的城市新空间,以解决上海未来经济发展的土地短缺难题,符合《上海市主体功能区规划》对横沙岛的战略定位。

1.2.2　新水沙条件下,成陆和建港对长江口河势、深水航道、生态环境和水源地的影响

1.2.2.1　长江口新水沙环境及河势

1) 长江口新水沙环境的形成

长江口地域广大,江面宽阔,径流和潮流的动力作用强,河道内洲滩众多,汊道交织,水沙环境及河势条件十分复杂。近年来,由于长江沿线大型涉水工程的不断新建,特别是以三峡水库为核心的水库群的建设,受其影响长江口的水沙环境及河势均已有所变化,形成了新的水沙和河势环境。

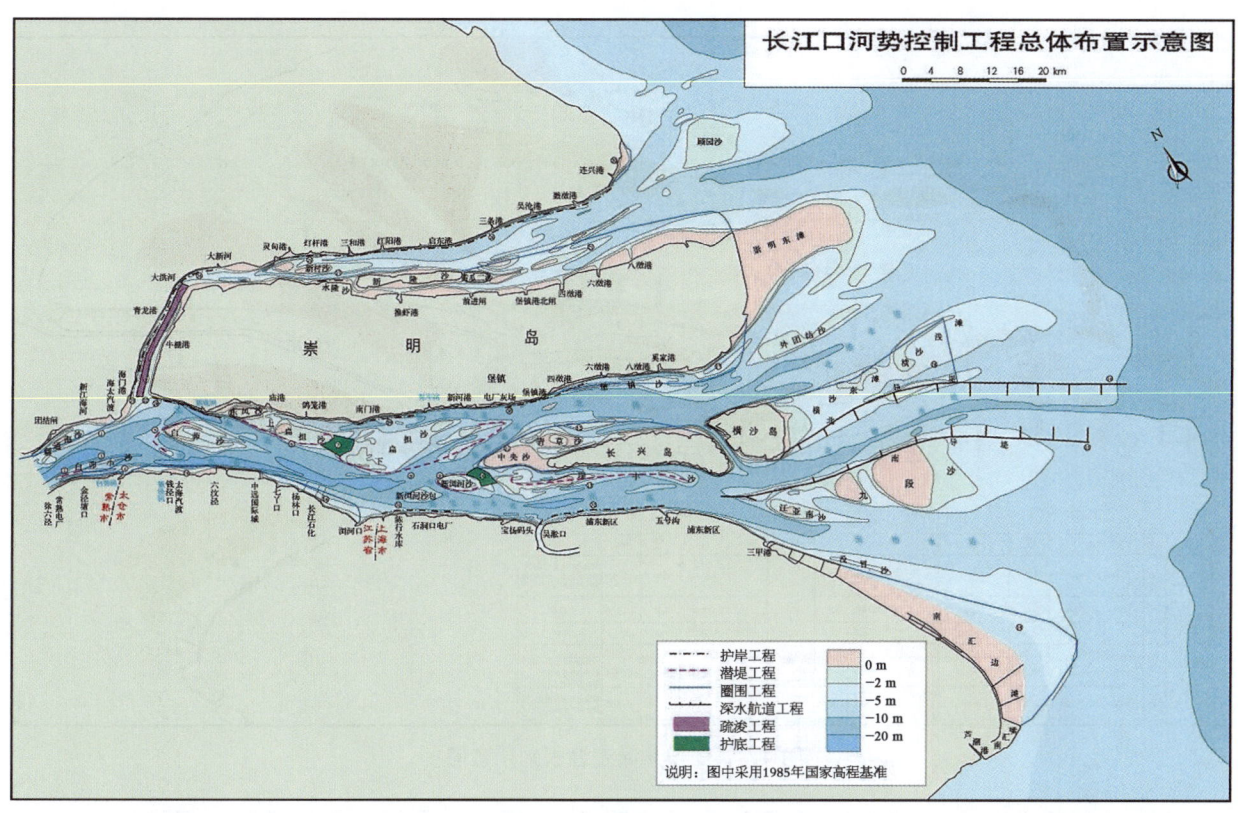

图2 长江口河势控制工程规划示意图

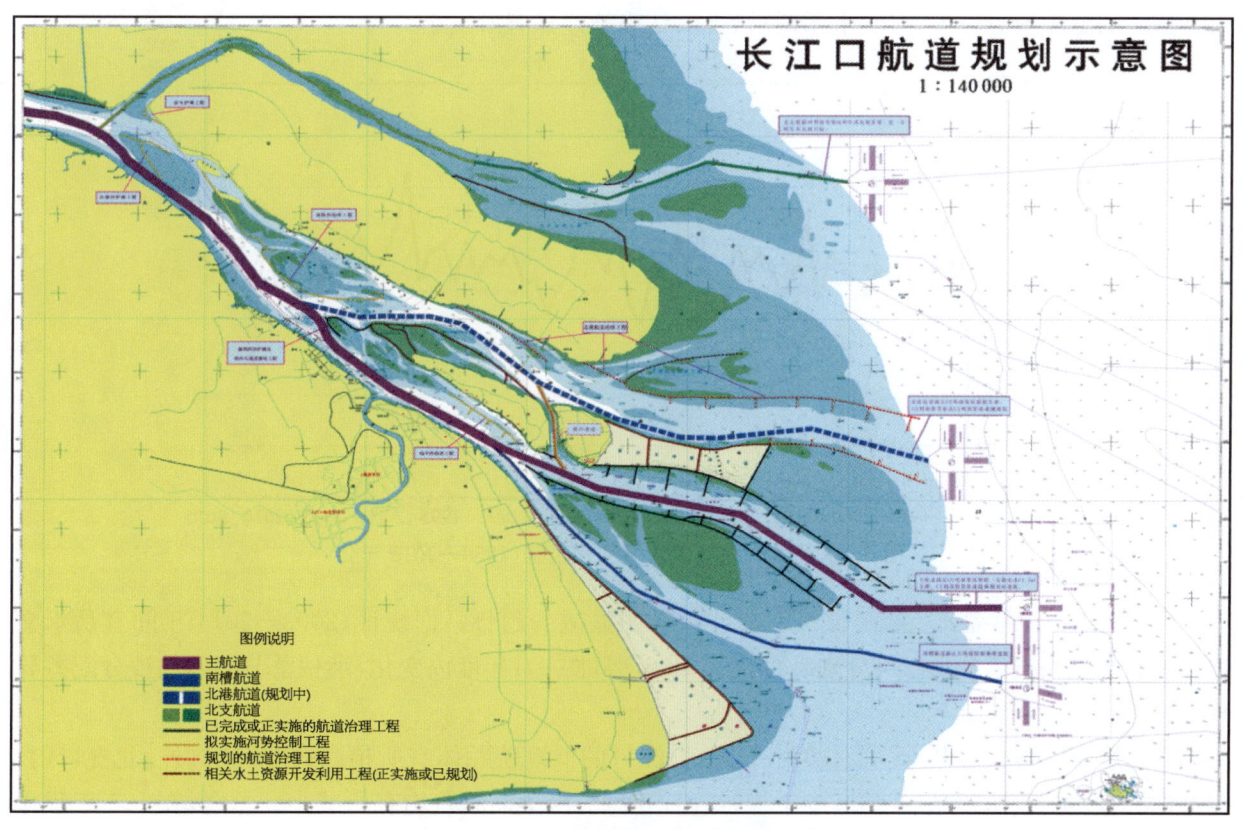

图3 长江口航道规划示意图

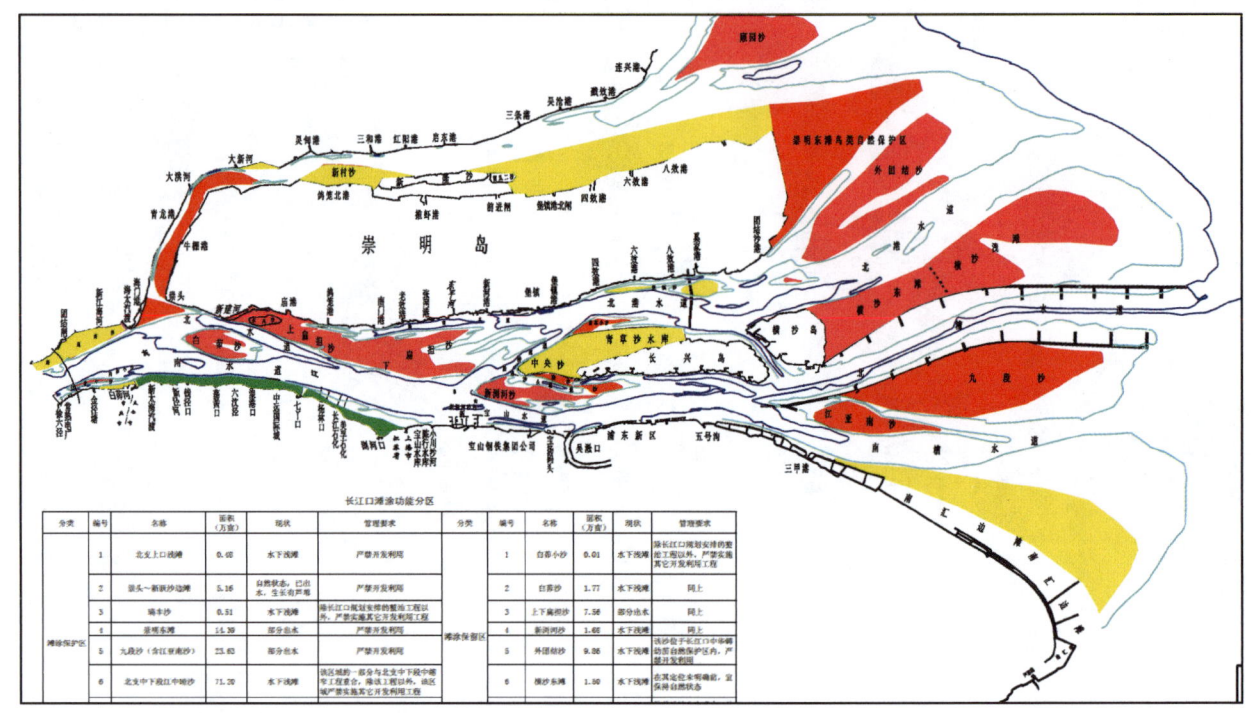

图 4 长江口滩涂资源规划示意图

（1）长江下泄水量：年际间长江下泄水量波动较大，但无减小的趋势性变化。据统计，2003—2014 年间宜昌水文站和大通水文站下泄水量年均仅分别减少 8% 和 7%（图 5）；年度内长江下泄水量在洪枯季的分配差异较大，三峡水库调洪后，洪枯季的差异有所减小。

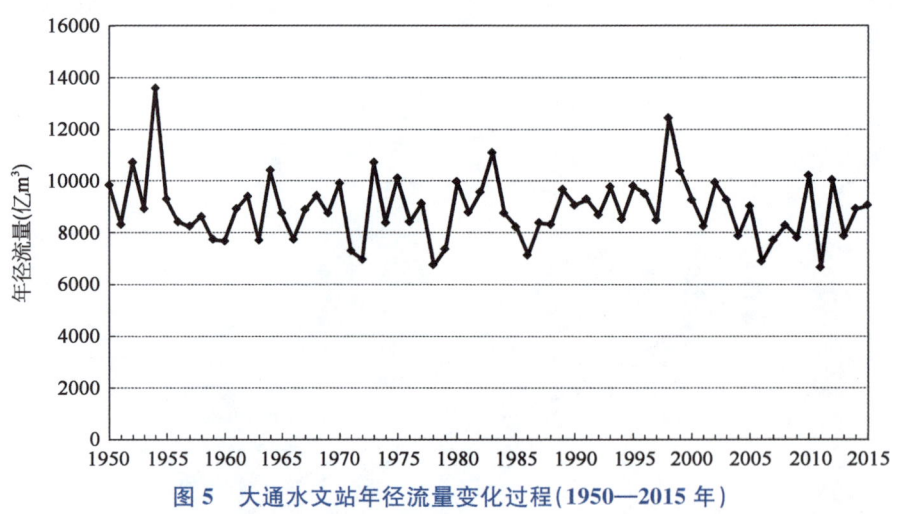

图 5 大通水文站年径流量变化过程（1950—2015 年）

（2）长江下泄沙量：年际间长江下泄沙量呈明显减少趋势。据统计，2003—2014 年间宜昌水文站和大通水文站下泄沙量年均分别减少 91% 和 67%（图 6）；年度内变化，洪枯季节间的输沙分配差异减小。

（3）长江口的水动力场：总体变化不大，长江口的低潮位总体有所抬高；高潮位口外、北支口门、南槽拦门沙范围有所抬高，北槽基本平稳，口门内降低；涨落潮潮差均有所减小。总之，在人工工程作用下，长江口河槽边界稳定、河口逐步束窄、整体的河势稳定性、规律性加强。

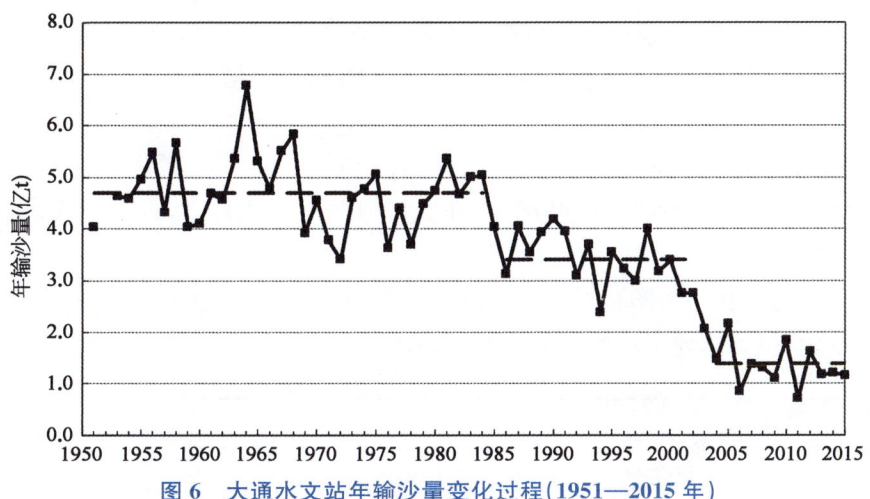

图6　大通水文站年输沙量变化过程(1951—2015年)

2) 长江口总体河势变化特征

(1) 近年来,长江口总体河势基本稳定,而且长江口大规模的人工工程对稳定长江口河势起到了重要作用,近十年来没有发生大的切滩和新沙洲生成,长江口"三级分汊、四口入海"的总体格局将稳定存在(图7)。

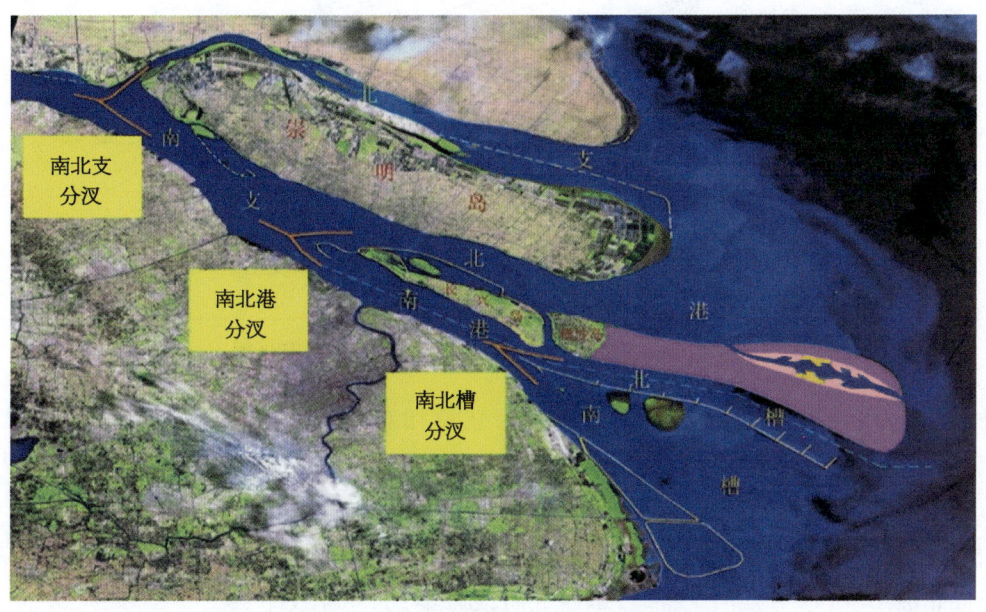

图7　长江口三级分汊四口入海总体格局

(2) 横沙周邻河势的总体状况是：南港河段瑞丰沙的下沙体冲刷消失,中下段河槽向宽浅型发展,深泓相应有所北偏；北港上段水深优良,主槽微弯程度有所加剧,下段拦门沙水深较浅；北槽处于长江口深水航道治理工程的影响范围内,坝田淤积、深槽冲刷,12.5 m 航槽已经贯通；南槽上段及口门段冲刷、水深增大,拦门沙浅段缩短淤浅；北支水深条件相对较差,但深泓稳定性加强,河槽仍在束窄。

(3) 在拦门沙河段,受其特殊水沙环境的影响,流域来沙的变化尚未显现在地形变化上,其中北槽及南槽主槽容积的扩大,更多是来自长江口深水航道治理工程、南汇东滩的促淤圈围等周边涉水工程的影响。

(4) 在口外,长江下泄泥沙的减少,使得水下三角洲部分区域呈现出由淤积转为冲刷的特征。长江口新水沙环境的最主要特征是年际间长江下泄水量无明显减少趋势,而年际间长江下泄沙量呈明显减少趋势。

1.2.2.2 新横沙的形成方案

新横沙的形成方案在上一轮研究的基础上,在长江口新水沙条件下,进行了新的深入研究,新横沙可成陆的形态及规模如下。

研究对长期以来的长江口地形和水文资料进行了认真的分析,认为横沙以东滩地边界 5 m 等深线局部虽然有些变化,但总体处于基本稳定状态(图 8)。

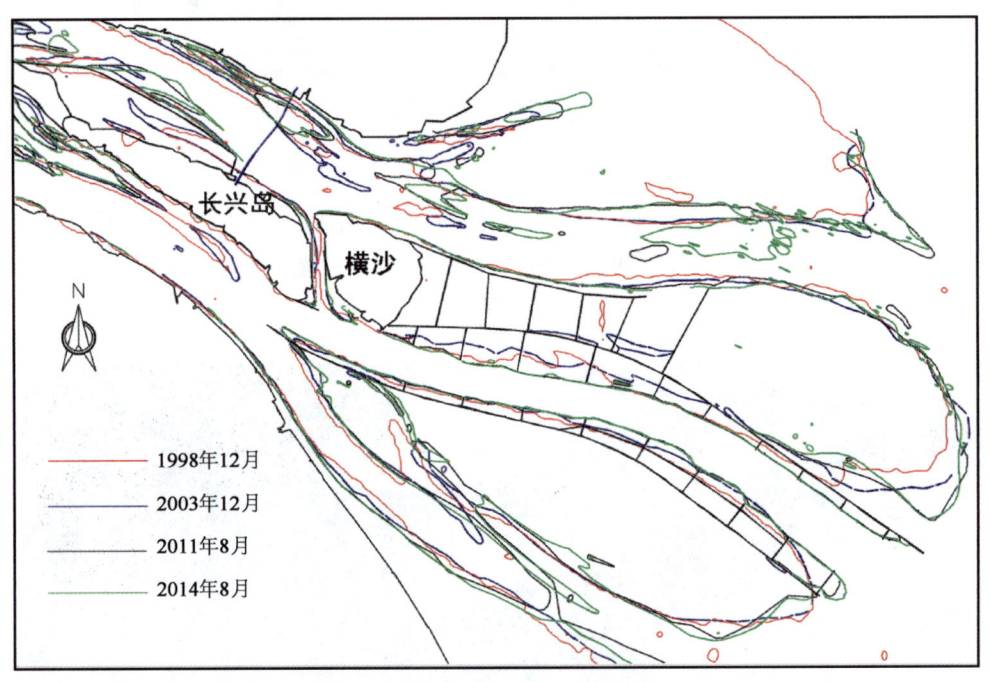

图 8　近年来横沙浅滩水域 5 m 等深线平面变化图

根据长江口新水沙条件,结合现有长江口深水航道和北港航道治理规划,研究认为对横沙水域 5 m 以浅滩地进行围填形成新的陆域在技术上是可行的,同时研究还认为在该位置上进行围填成陆的经济性较好。新横沙的规划成陆边界范围如图 9 所示。

(1) 北边界:沿横沙东滩 2~5 m 等深线布置。其中西侧与现促淤北边界线基本一致;东侧(自然滩涂区)结合北港 10 m 航道整治工程(技术研究阶段方案)的导堤线布置。

(2) 南边界:沿长江口深水航道南侧导堤及丁坝群走向布置,成陆范围包括坝田区部分高滩。

(3) 东边界:基本沿 5 m 等深线至长江口深水航道北导堤堤头布置。

综上所述,新横沙由横沙岛、横沙东滩、横沙浅滩和长江口深水航道的部分坝田区等四部分组成,总面积约 530 km²,其中原有土地(横沙岛)面积 49 km²,新增土地面积 480 km²,新增面积中横沙东滩 106 km²(15.9 万亩)、横沙浅滩 303 km²(45.5 万亩)、南侧坝田区 71 km²(10.7 万亩)。

1.2.2.3 新横沙的形成对长江口河势格局的影响

1) 新横沙形成后对潮位的影响

新横沙形成后对长江口潮位的影响表现在:南槽、北槽高潮位升高;围填区北侧、东侧高潮位降

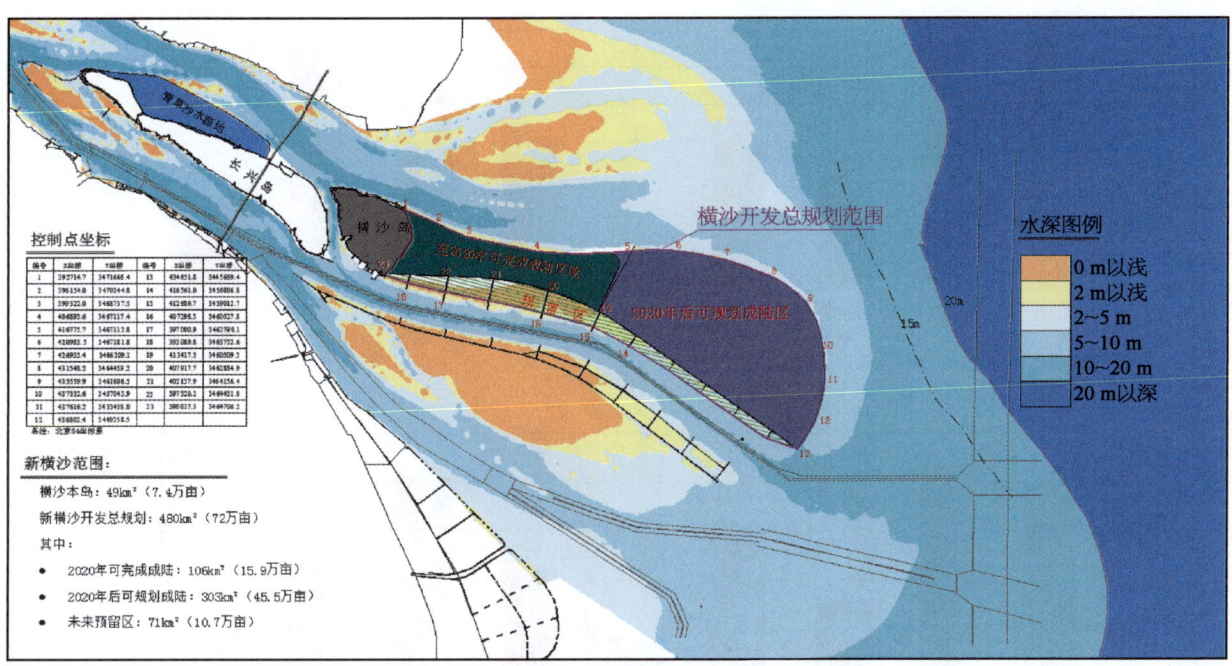

图 9　长江口新横沙规划成陆边界范围示意图

低；对低潮位影响仅限于围填区附近，幅度极小。新横沙形成前后各汊道潮量情况见表 1，长江口各断面潮量如图 10 所示。

表 1　新横沙形成前后各汊道潮量统计表

名　称	本底（亿 m³）			横沙成陆方案（亿 m³）		
	落潮量	涨潮量	净泄量	落潮量	涨潮量	净泄量
北港	36.31	−20.37	15.95	35.79	−19.32	16.48
南港	34.90	−19.65	15.25	35.11	−20.58	14.53
北槽上断面	15.08	−7.53	7.55	14.78	−7.91	6.87
南槽上断面	22.09	−14.71	7.38	22.57	−15.18	7.37
横沙通道断面	3.70	−3.46	0.24	3.99	−4.02	−0.02
北槽下断面	19.90	−11.13	8.78	20.18	−12.37	7.81
南槽下断面	26.42	−19.48	6.94	26.87	−19.88	6.99
北港分流下断面	34.01	−19.37	14.64	32.77	−17.69	15.07
北港北汊断面	6.77	−5.68	1.09	6.83	−5.37	1.45

2) 分流比变化分析

新横沙形成后的影响范围主要在南北港分流口以下的围填区域附近，使得北港上断面的分流比减小 0.49%，北槽下断面的分流比变化较小，减小幅度在 0.09%，分流比变化均在 1% 以内。新横沙形成前后各断面分流比统计见表 2、新横沙形成后各断面分流比变化如图 11 所示。

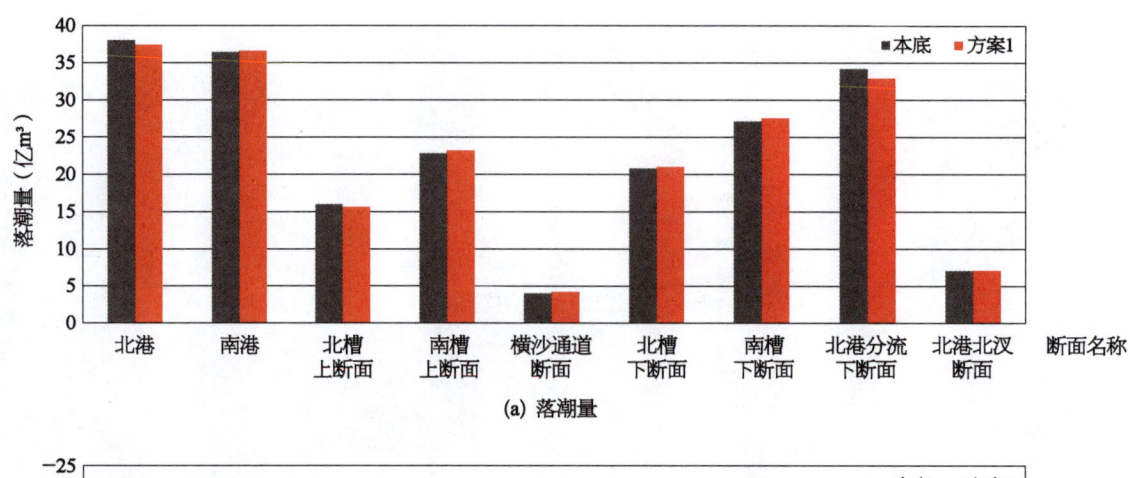

图 10 长江口各断面潮量变化图

表 2 新横沙形成前后各断面分流比统计表 （%）

分流比	本 底	横沙成陆方案
北港断面	50.99	50.5
北槽下断面	42.96	42.87
北港下断面	83.39	82.75

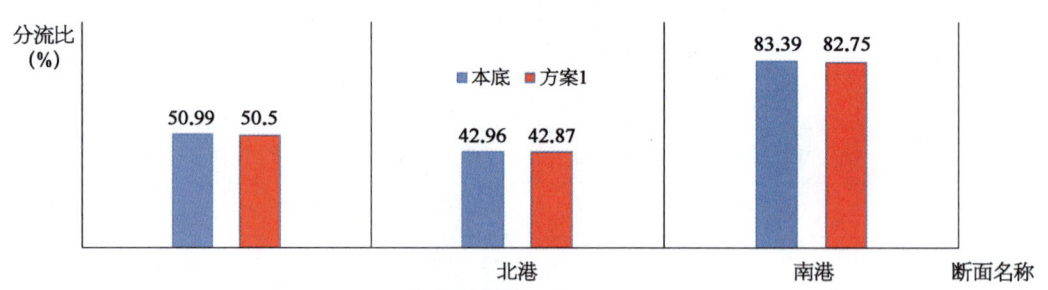

图 11 新横沙形成后各断面分流比变化图

3）流场变化分析

新横沙形成前后流速对比如图 12 和图 13 所示，涨落急与现状情况下流矢量对比变化如图 14 和图 15 所示，与现状情况下流速差值变化如图 16 所示。

从涨落急流速差值图中可以看出，新横沙形成后对动力场的影响区域主要集中在北港河段以及北槽区段，对其他河段的影响较弱。

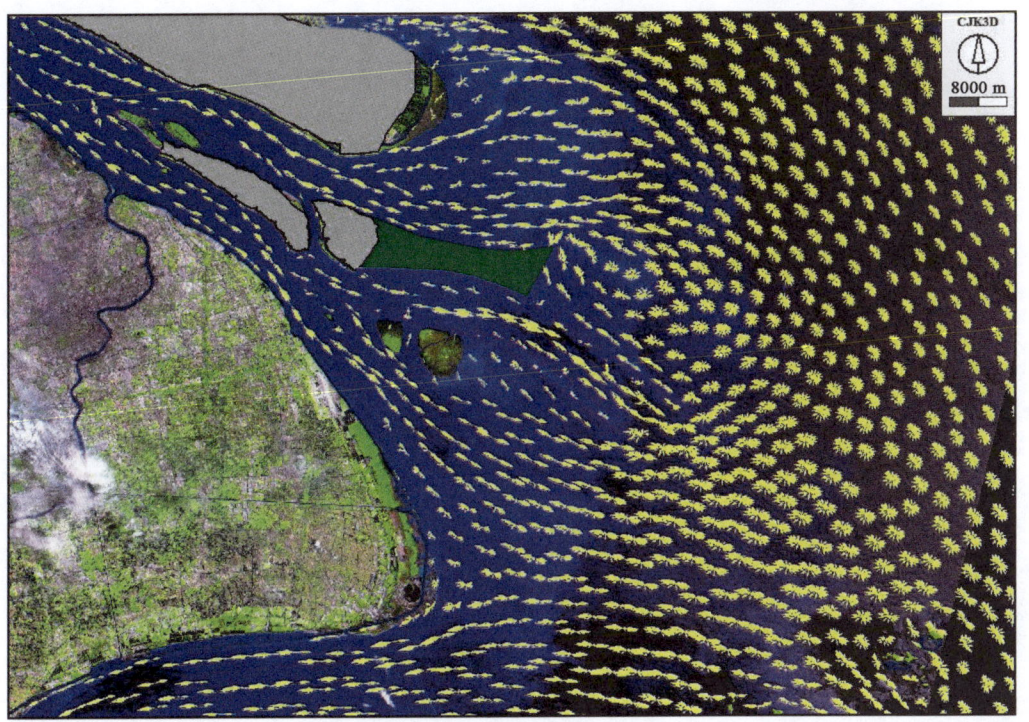

图 12 现状条件下流速玫瑰图

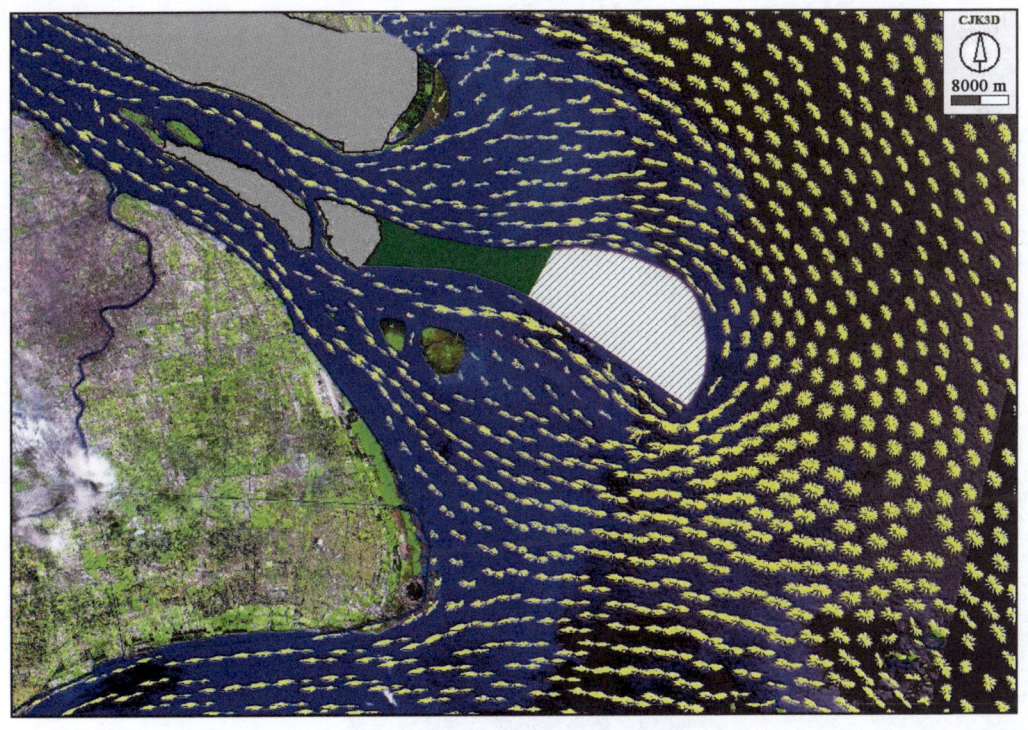

图 13 新横沙形成后流速玫瑰图

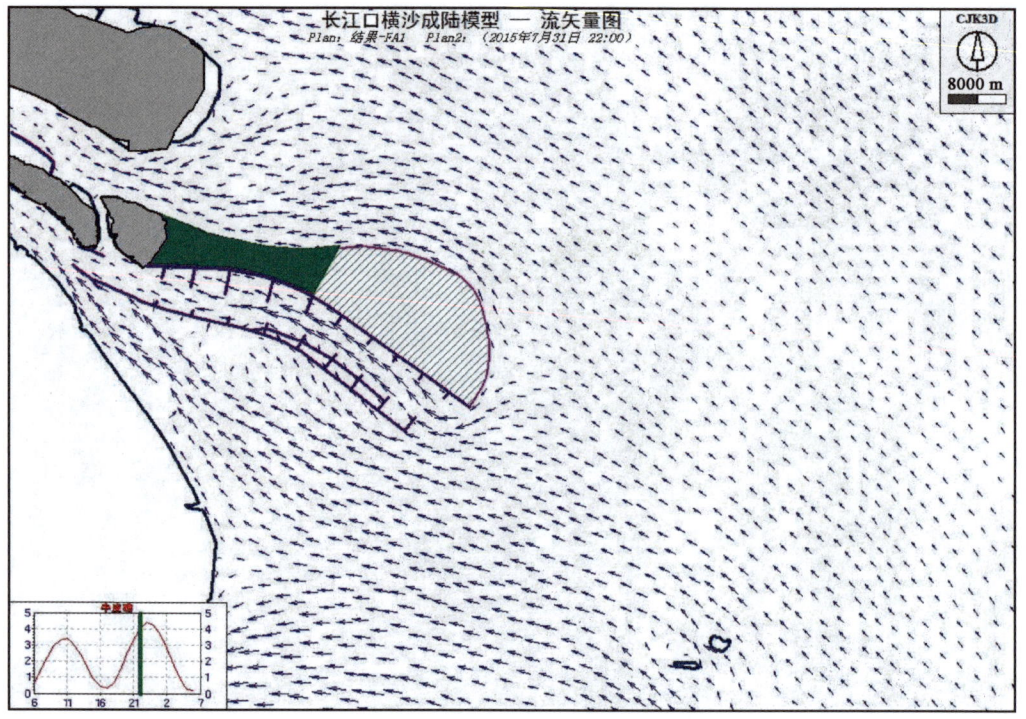

(a) 涨急

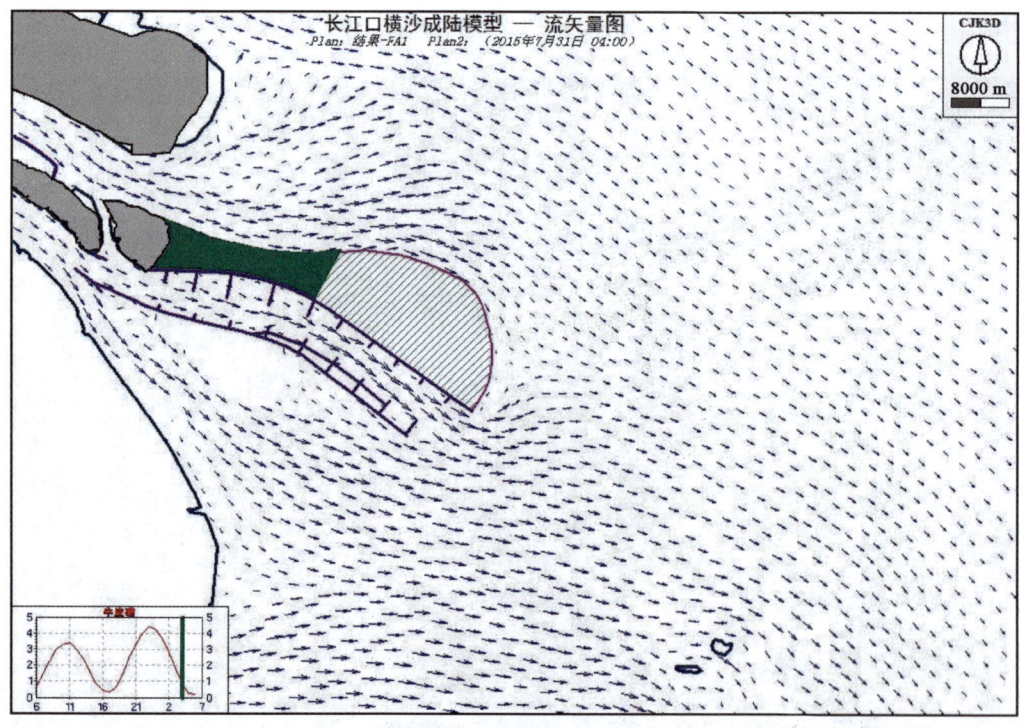

(b) 落急

图 14 新横沙形成后涨落急流场

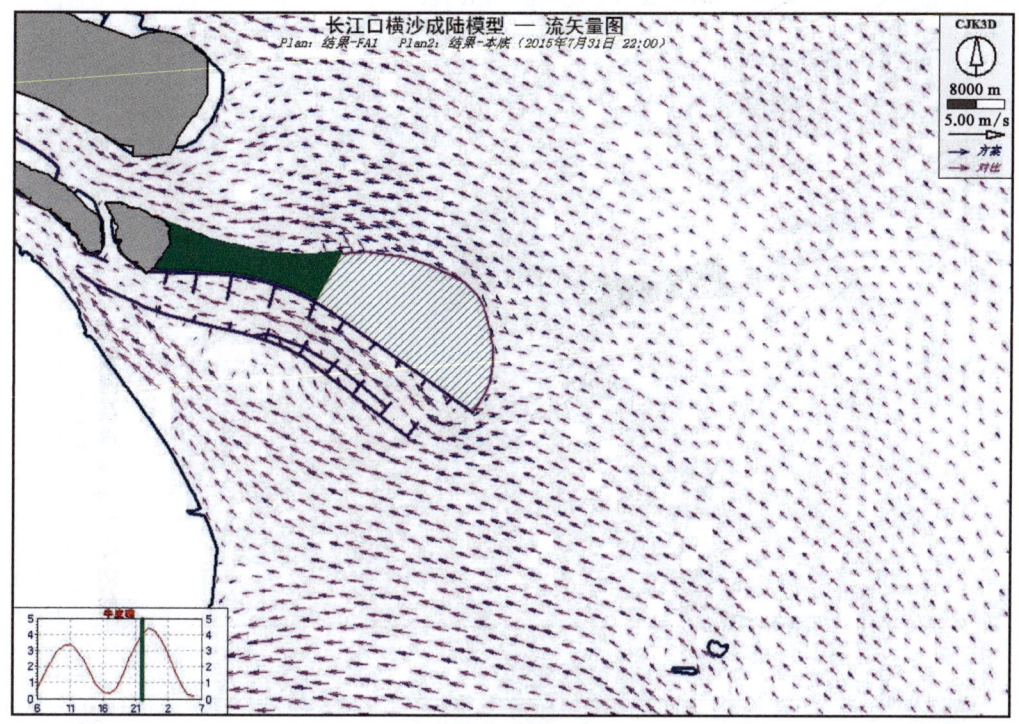

(a)涨急

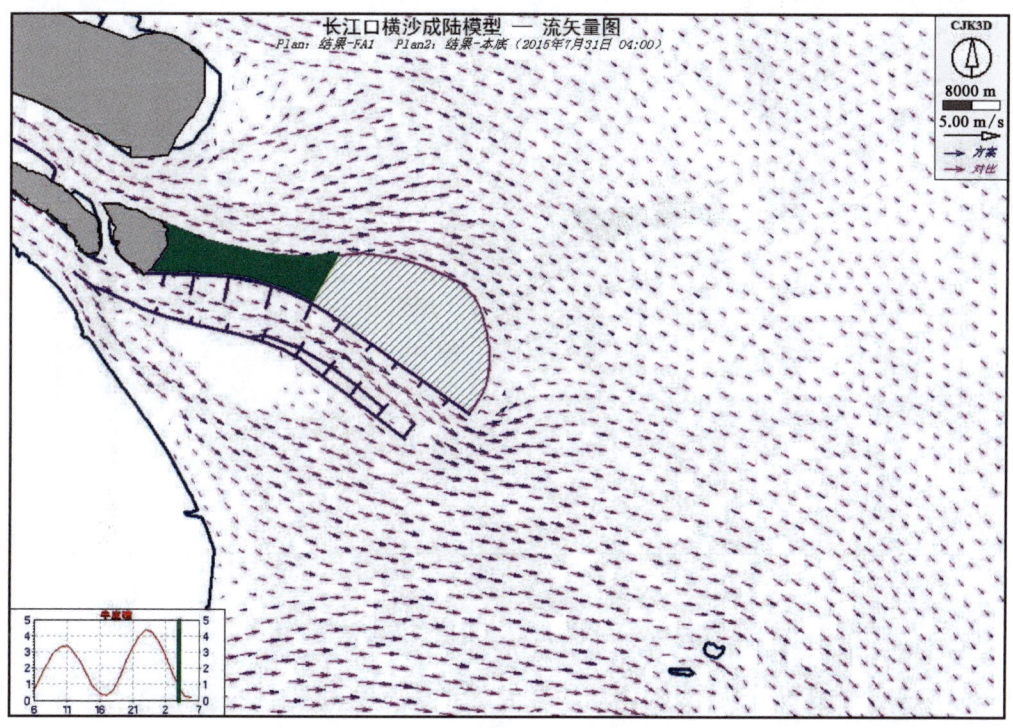

(b)落急

图 15 新横沙形成后涨落急流失量对比

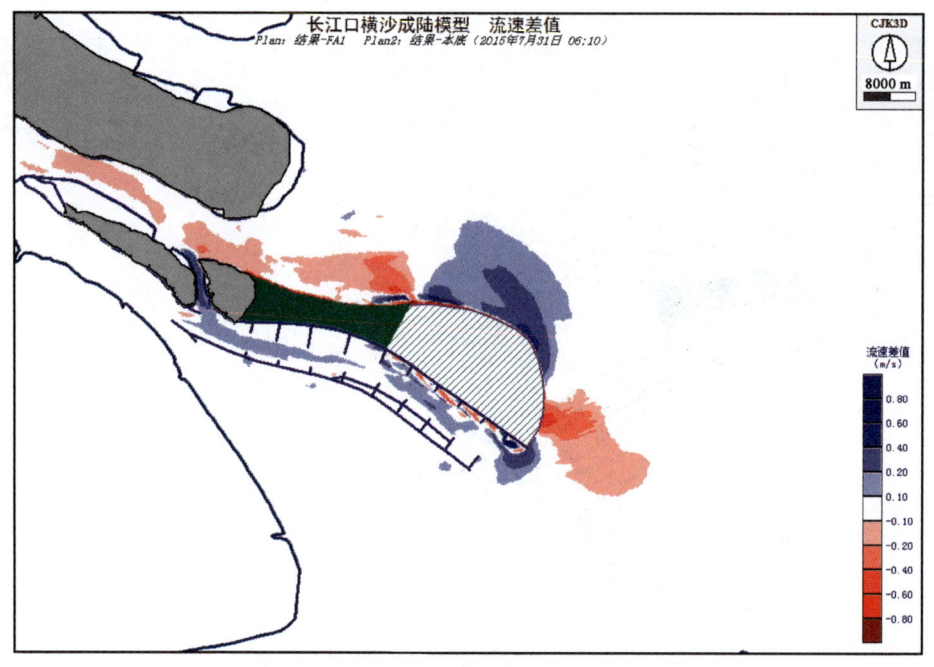

(a) 涨急

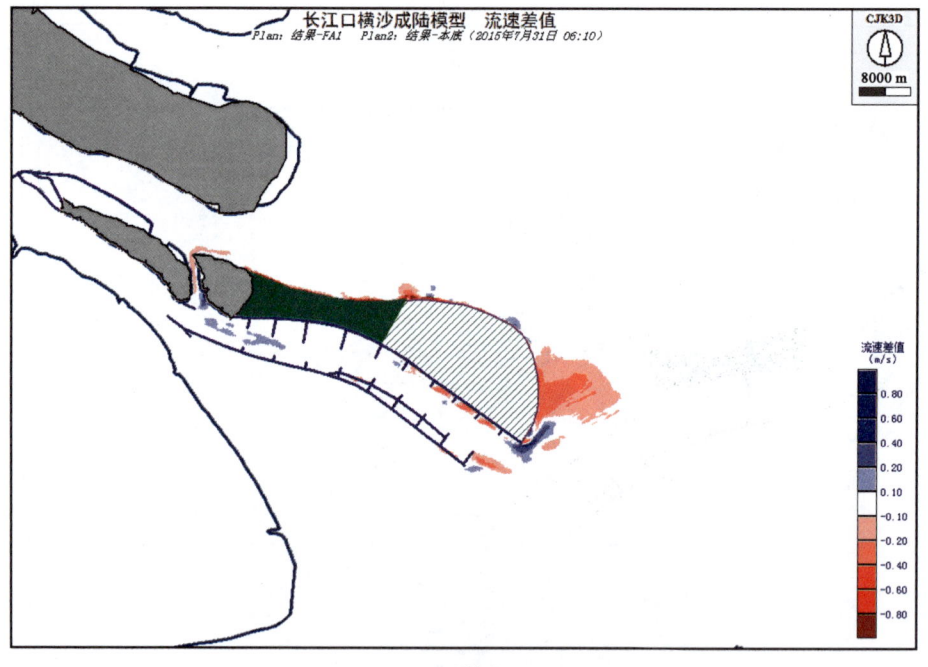

(b) 落急

图 16 新横沙形成后涨落急流速差值

从涨落急流速变化分析可以看出：新横沙形成后北槽上段、北槽区段涨落急流速不同程度增加（对维护长江口深水航道有一定影响，本次计算结果是定床条件下得到的，随着地形的调整北槽下段动力变化的幅度将会有所改善），涨急变化幅度大于落急，北槽中下段涨急流速略有增加，下段坝田处涨急流速减小；北港沿程涨急流速除了北港下段（新横沙陆域对应区段）略有增加，其余区段减小，北港沿程落急流速均略微减小，涨急流速影响范围大于落急流速。

4）水位场变化分析

新横沙的形成主要在横沙5 m水深以上浅滩区域，围填后明显阻隔了涨潮漫滩流，因此新横沙的形成对高潮位影响程度明显大于低潮位。横沙东滩北侧水域高水位有所降低，大部分区域下降幅度5～10 cm；新横沙对应区段水域高潮位下降幅度达到10～15 cm。北槽全槽表现为高潮位略有增加，增加幅度在6～13 cm以内。新横沙形成前后水位变化如图17所示。

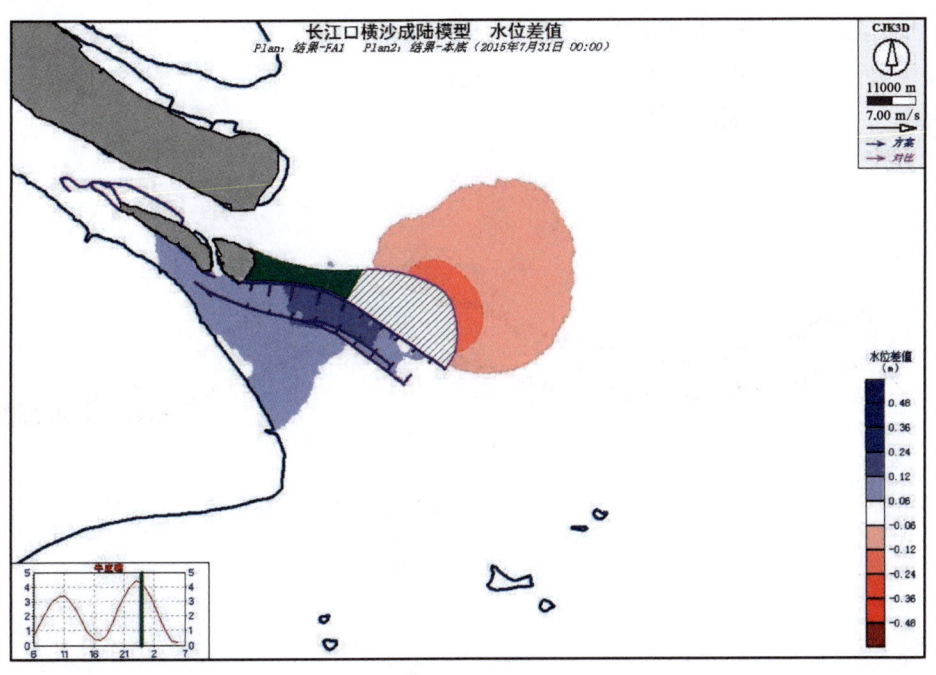

（a）高潮位

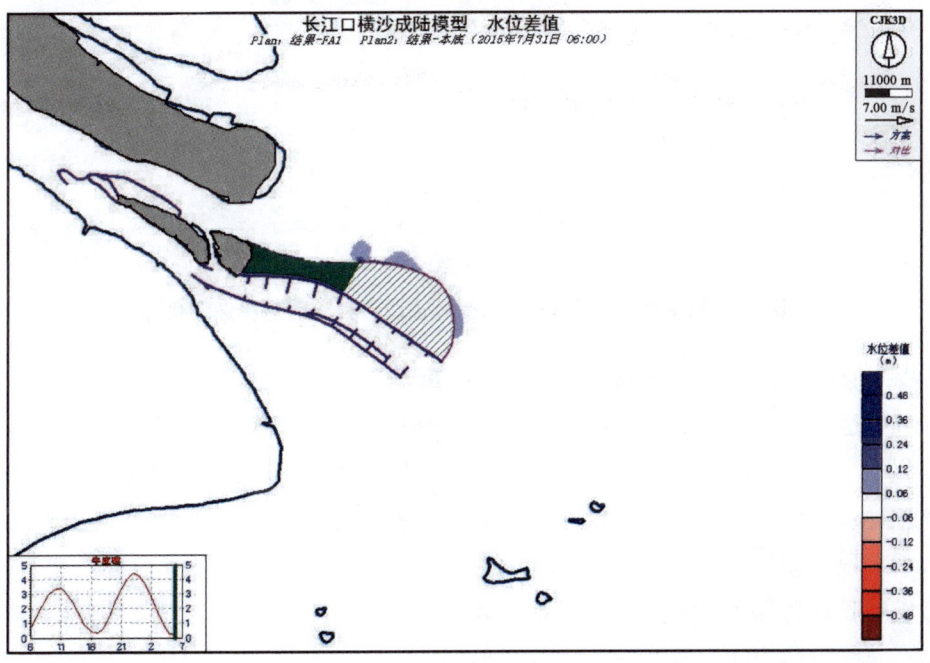

（b）低潮位

图17 新横沙形成前后水位场变化图

总体来说,新横沙形成所影响范围仅限于南北港和南北槽水域,南北港及南北槽分流比影响幅度均在1‰以内,并未改变长江口总体河势格局。新横沙形成后北港中上段和北槽下段动力有减小趋势,其余区段并无明显不利影响。

1.2.2.4 新横沙的形成对长江口深水航道的影响

1) 新横沙的形成对长江口深水航道的水动力影响

新横沙形成后,对长江口深水航道水动力影响主要是:北槽深水航道沿程落急流速变化较小,涨急流速北槽整体呈增大趋势,口外呈减小趋势;南港-北槽上段航轴线优势流略有降低,变化幅度较小,北槽上段优势流略有降低,北槽下段优势流变化较小,口外略有增大。新横沙形成后南港-北槽航轴线沿程涨落急流速变化如图18所示。

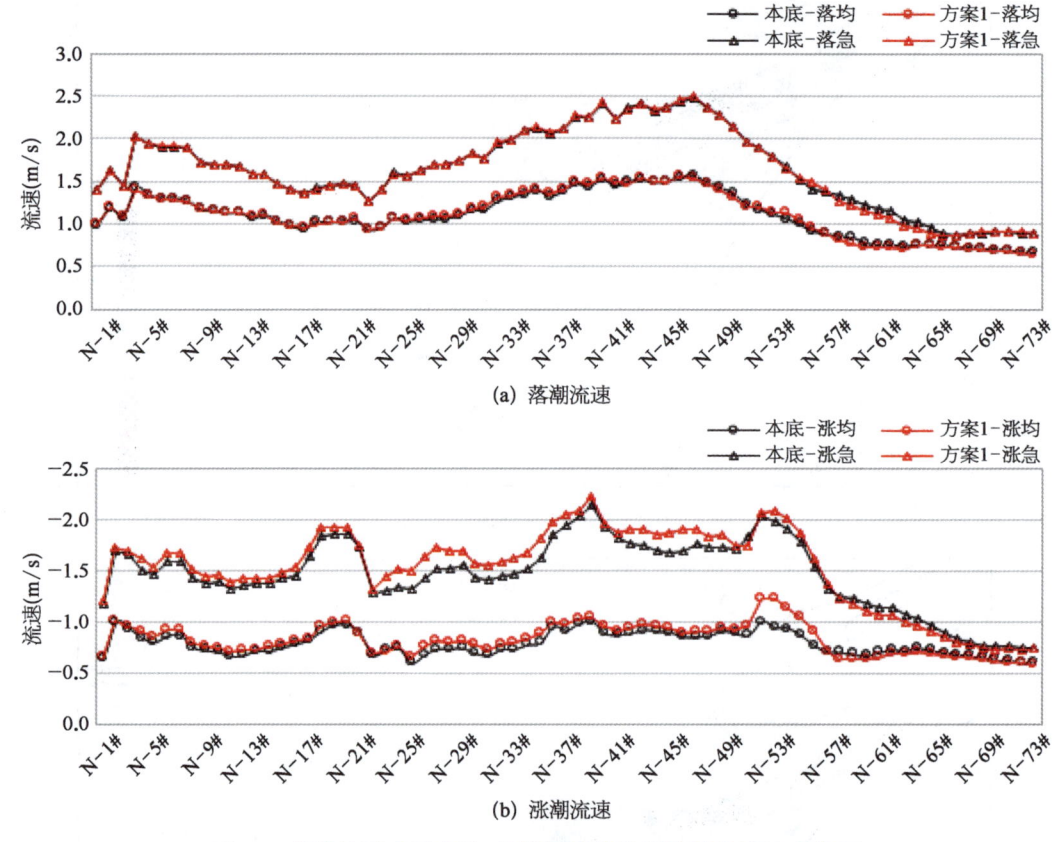

图18 新横沙形成后南港-北槽航轴线沿程涨落急流速变化图

2) 新横沙的形成对长江口深水航道泥沙回淤的影响

新横沙的形成对长江口深水航道的回淤影响,研究运用数学模型进行了计算,计算结果为280万 m^3/a,年回淤变化总量增加约3.9%,总体来说影响较小。模型计算显示,其中中下段的航道近底沿程小流速含沙量减小,中上段小流速含沙量增加,回淤量规律基本与含沙量变化一致,航道中下段呈现减小趋势,中上段呈现增加趋势。新横沙形成后长江口深水航道常态回淤量变化分布如图19所示,新横沙形成后长江口深水航道常态回淤量见表3。

1.2.2.5 新横沙的形成对长江口北港航道的影响

新横沙形成后,对长江口北港航道水动力影响主要是:北港航道落急流速变化较小,涨急流速北港口外段(新横沙的对应区段)略有增加,其余区段有不同程度减小趋势;北港下段优势流略有减小,

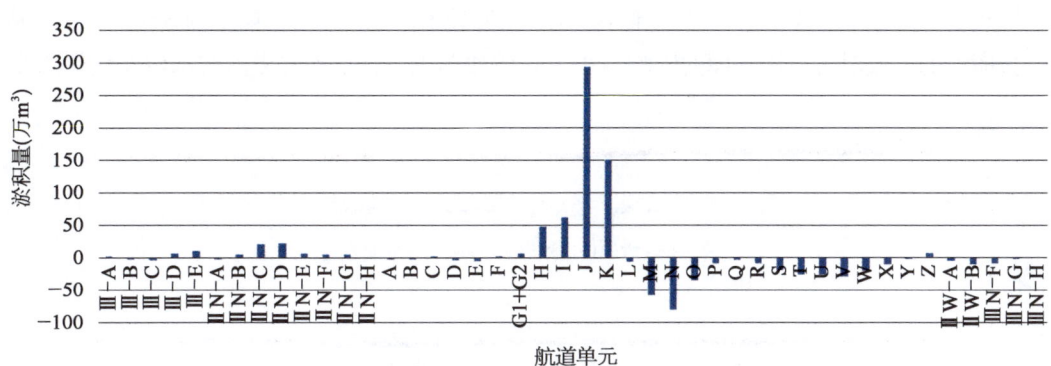

图 19　新横沙形成后长江口深水航道常态回淤量变化分布

表 3　新横沙形成后长江口深水航道常态回淤量统计表

回淤量变化量(m³)	变化率(%)
280 万	3.9

中上段部分区段落潮优势进一步增加,并未改变北港深槽的落潮优势。新横沙形成后北港航轴线沿程涨落潮流速变化如图 20 所示。

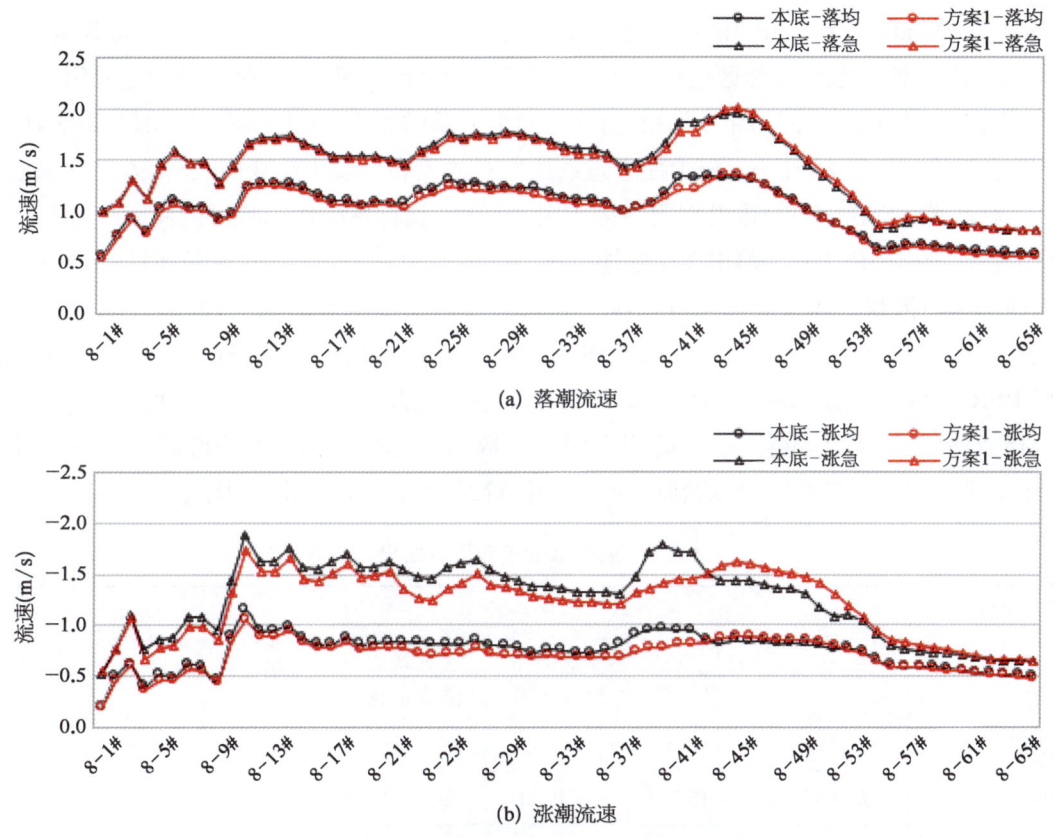

图 20　新横沙形成后北港航轴线沿程涨落潮流速变化图

1.2.2.6　新横沙的形成对青草沙水源地的影响

新横沙形成后,对青草沙水域潮位影响甚微,其中高潮位影响均在 2 cm 以内,低潮位影响均在 1 cm

以内。青草沙所处的北港河段落急流速基本不变,涨急流速减小趋势,减小幅度约 3～8 cm/s。从水动力角度来看,新横沙的形成对青草沙水库的影响甚小。新横沙形成后青草沙北堤沿线水位变化如图 21 所示。

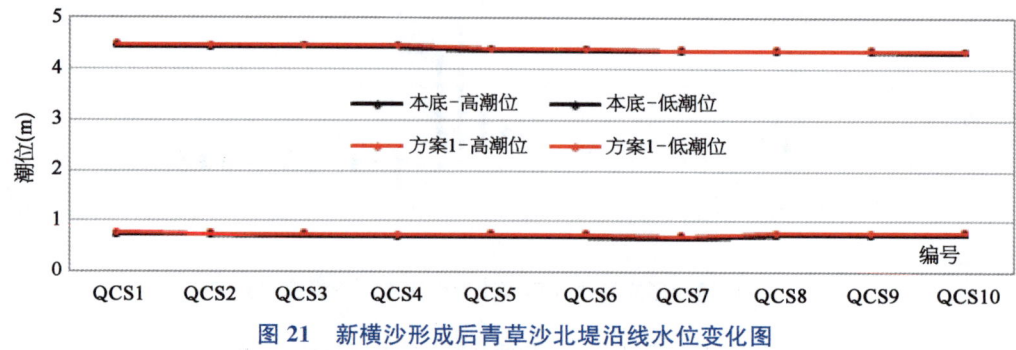

图 21　新横沙形成后青草沙北堤沿线水位变化图

1.2.2.7　新横沙的形成和开发利用以及横沙深水新港规划建设对长江口生态保护的影响

长江河口湿地是全球生物多样性集中分布的热点区域,新横沙区域周缘有多个自然保护区,是候鸟重要的栖息地,是中华鲟、刀鲚、中华绒螯蟹等渔业资源的"三场一通道"。新横沙成陆和开发利用以及横沙深水新港的规划建设应以长江口地区的生态保护为前提,使新横沙的开发利用与长江口地区的生态保护协调发展。

在上一轮课题对生态环境取得初步研究结论后,本轮课题选用目前国内外常用的由加拿大学者 Tony Friend 和 David Rapport 于 1979 年提出的"压力—状态—响应"(Pressure-State-Response,简称"PSR")生态评价模型,对长江口地区进行深入的生态环境评价。PSR 生态评价模型主要用于分析环境压力、环境状态和环境响应之间的相互作用,由互为因果关系的压力、状态和响应三部分组成,即由于人类活动对生态系统产生压力(压力),压力使生态系统原有的质和量发生改变(状态),人类又采取一定管理措施以应对这些改变(响应)。该模型逻辑因果关系明晰,具有系统性、完整性、简明性和灵活性的特点。PSR 生态评价模型用于对上海市滩涂湿地生态系统的健康评价,进而取得新横沙的形成和开发利用以及横沙深水新港规划建设对长江口区域生态系统健康演变趋势影响的预测,并制定有针对性的缓解措施与生态保护对策。为新横沙的形成和开发利用以及横沙深水新港规划建设提供科学依据。

根据 PSR 生态评价模型的设计,将指标进行无量纲化值及由主客观组合法计算所得的权重代入熵权综合指数评价模型,以取得各点位的压力健康指数、状态健康指数、响应健康指数以及综合健康指数,上海市滩涂湿地生态系统(包括新横沙)健康评价结果见表 4 和图 22、图 23。

表 4　熵权综合指数评价结果

样　　地	压力健康指数	状态健康指数			状态健康指数	响应健康指数	综合健康指数
		环境质量健康指数	生态质量健康指数	服务功能健康指数			
杭州湾北沿边滩	0.1124	0.1011	0.0799	0.0145	0.1956	0.0692	0.3771
南汇边滩	0.0605	0.1366	0.1050	0.0401	0.2817	0.0556	0.3978
浦东边滩	0.1083	0.0782	0.1366	0.0014	0.2162	0.0664	0.3908
宝山边滩	0.1596	0.0381	0.0739	0.0004	0.1124	0.0783	0.3504
长兴岛周缘边滩	0.1489	0.0734	0.0477	0.0291	0.1502	0.0879	0.3870

(续表)

样　　地	压力健康指数	状态健康指数			状态健康指数	响应健康指数	综合健康指数
		环境质量健康指数	生态质量健康指数	服务功能健康指数			
横沙岛周缘边滩	0.1381	0.1158	0.0651	0.0186	0.1995	0.0751	0.4128
崇明东滩	0.1637	0.1541	0.1211	0.1500	0.4252	0.2041	0.7930
崇明北滩	0.1491	0.1392	0.0810	0.0671	0.2873	0.0167	0.4531
崇明西滩	0.1884	0.1646	0.0457	0.1410	0.3513	0.1371	0.6768
崇明南滩	0.1804	0.1218	0.0423	0.0062	0.1703	0.0048	0.3555
九段沙湿地	0.1408	0.1925	0.0720	0.1851	0.4495	0.2034	0.7937

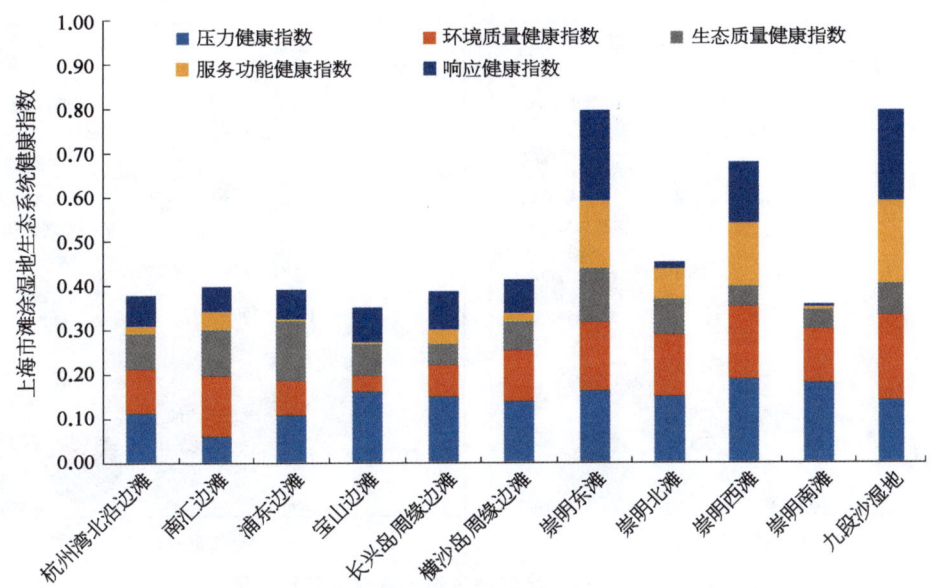

图 22　上海市滩涂湿地生态系统健康评价结果

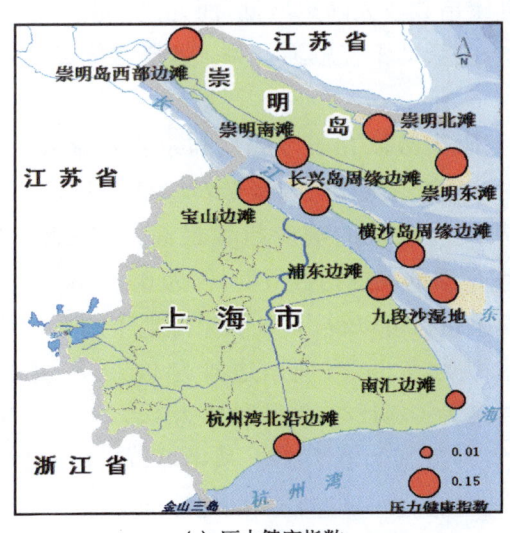

(a) 压力健康指数

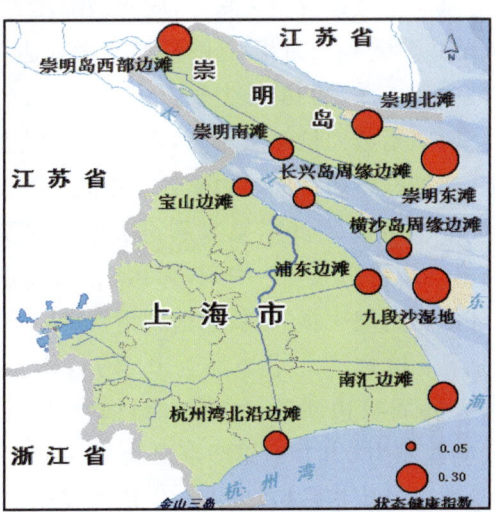

(b) 状态健康指数

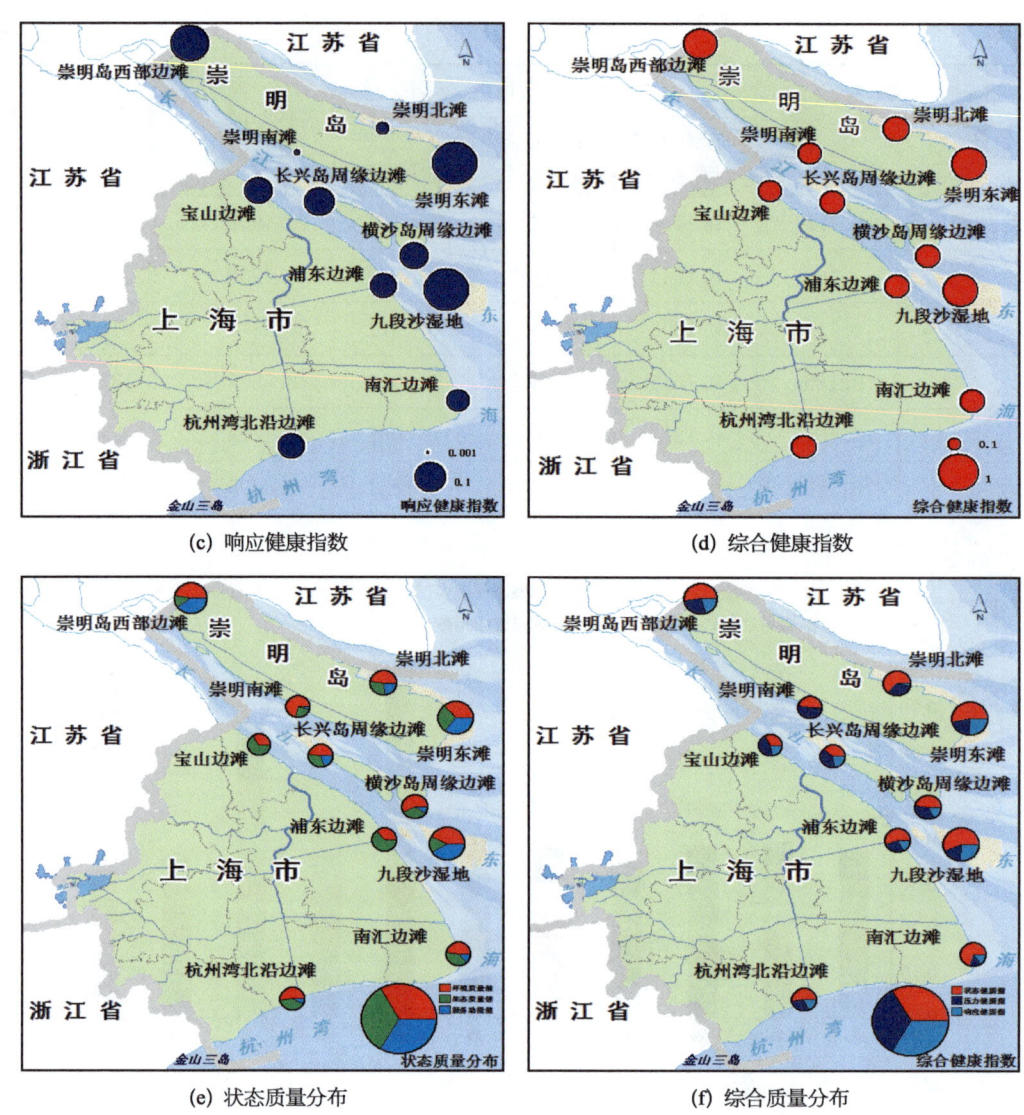

(c) 响应健康指数　　　　　　　　　　　　(d) 综合健康指数

(e) 状态质量分布　　　　　　　　　　　　(f) 综合质量分布

图 23　上海市滩涂湿地生态系统健康评价结果

从压力健康指数评价结果来看,周缘边滩压力健康指数较大陆边滩低,而九段沙湿地处于两者之间,说明大陆边滩受到压力相对较高,这与大陆边滩人类活动干扰较强有关。新横沙周缘边滩的压力健康指数较其他边滩受到的压力较低。

从状态健康指数评价结果来看,滩涂湿地状态健康指数以九段沙湿地和崇明东滩最高,分别为 0.4495 和 0.4252;新横沙周缘边滩处于中间水平,为 0.1995;宝山边滩最低,仅为 0.1124。

从响应健康指数评价结果来看,崇明东滩和九段沙湿地的响应指数最高,分别为 0.2041 和 0.2034;新横沙周缘边滩处于中间,为 0.0751;而崇明南滩的响应指数最低,仅为 0.0048。

从上述的压力健康指数、状态健康指数和响应健康指数可以得出,各滩涂湿地生态系统的综合健康指数分别是:杭州湾北沿边滩为 0.3771;南汇边滩为 0.3978;浦东边滩为 0.3908;宝山边滩为 0.3504;长兴岛周缘边滩为 0.3870;新横沙周缘边滩为 0.4128;崇明东滩为 0.7930;崇明北滩为 0.4531;崇明西滩为 0.6768;崇明南滩为 0.3555;九段沙湿地为 0.7937。从中可以看出,崇明东滩和九段沙湿地综合健康指数较高,而宝山边滩最低,岛屿周缘边滩普遍较大陆边滩健康。新横沙周缘边滩综合健康指数处于中间水平。因此,新横沙周缘边滩总体而言是较为健康的。

1.2.2.8　新横沙的形成和开发利用以及横沙深水新港规划建设对长江口水源地和生态敏感目标的影响和对策

新横沙的形成和开发利用以及横沙深水新港规划建设的环境风险主要包括给上海市主要集中饮用水水源地青草沙带来的安全风险以及对长江口敏感生物栖息地、保育区和保护区带来的生态风险。

研究根据敏感目标的风险类别将风险评估设定为两个主要方面：一是对供水安全的风险评估，二是对生态敏感目标的风险评估。

风险评估采用美国应用科学协会（ASA）开发，在美国本土、中东以及欧洲等地区被广泛应用的OILMAP模型进行溢油事故的模拟预测。该模型在溢油风险分析、应急处置等方面具有较为强大的功能。

风险评估以溢油作为主要计算情景，溢油油品采用常规泄漏的380号燃料油，污染物数量以最大海难性船舶溢油事故泄漏量以及近年来国内外航道溢油事件平均溢油量（取最大值365 t）作为模拟泄漏量，泄漏地点为事故易发的横沙深水新港港池内以及东西两侧航道出入港导堤口。

风险评估选择了统计概率模型和典型条件事故模拟两个方案，对横沙深水新港的港池、东侧航道和西侧航道泄漏点进行溢油事故随机统计分析。风险评估主要结论如下。

1) 青草沙水源地安全的风险

根据统计概率模型和典型条件事故模拟的计算，各模拟条件下横沙深水新港的溢油事故对青草沙水库和水源地保护区无直接影响。

2) 敏感区域生态的风险

根据初步计算结果，在横沙深水新港航道出入口导堤处发生溢油事故后2 h内，其影响范围主要集中在港池内部、东侧港区航道出入口和九段沙自然保护区间的水域以及西侧港区航道出入口和东滩自然保护区间的水域，其快速影响崇明东滩、九段沙的可能性较小，事故发生后及时进行应急处置可以将风险概率控制在10%以下。如果事故控制时间在1 d以上，风险概率将无法控制在较低水平，影响范围可能覆盖崇明东滩南部和九段沙大部分区域。

基于以上结论，建议在横沙深水新港外航道及港池内应执行严格的船舶控制与监管，提升出入港船舶的安全意识和海事监管能力，同时加强应急储备能力建设，尽可能在短时间内完成事故处理。

3) 防范措施及建议

溢油事故相关防范措施及建议如下。

(1) 限制过境长江口北港航道运输货品类别。根据《上海市饮用水水源保护条例》第十九条规定，从横沙深水新港西侧航道出港后通过长江口北港航道的船舶不得运输危险化学品和危险废物。运输其他危险品的船舶在长江口北港航道行驶时应配备相应设备防止污染物散落、溢流和渗漏，并在出横沙深水新港进入长江口北港航道前应向当地海事行政管理部门报告。

(2) 建立船舶在线跟踪管理系统。建议建立进出长江口船舶的在线跟踪管理系统，包括通航船舶基本信息、运输货物基本信息、应急储备和预案信息以及船舶位置动态信息等。该系统应基于GIS信息系统框架，随时掌握通航船舶所在位置，并与相关管理部门等机构进行实时信息共享与传输。确保各部门在突发性环境污染事件发生时能够掌握准确信息和资料，便于与市、区应急响应中心的联动，进行应急处置。

(3) 加强横沙深水新港应急响应设施配备。建议在横沙深水新港东、西航道出入口分别建立长江口应急响应基地，并在规划港区、东侧及西侧航道进出口附近配备足够的应急响应设备，包括围油栏、吸油毡以及应急响应船只等。

1.2.3 长江口深水航道疏浚土资源综合利用相关技术

1.2.3.1 长江口深水航道疏浚量预测

长江口深水航道实施疏浚整治以来,回淤环境逐渐向好,流域来水来沙降低,随着河床调整逐步稳定以及精细化疏浚管理的实施,2012 年以来航道维护量降低并趋稳,2012 年的回淤量最大,为 10080 万 m^3/a,2012 年以后回淤量逐年减小,2013 年为 8106 万 m^3/a、2014 年为 7621 万 m^3/a、2015 年为 6940 万 m^3/a、2016 年减少至 6500 万 m^3/a,预计至 2020 年和 2030 年将分别下降到 6200 万 m^3/a 和 6000 万 m^3/a 左右。

1.2.3.2 上海滩涂资源开发规划

上海土地资源极其有限,随着上海经济社会发展对土地资源需求的扩大,土地资源紧缺的矛盾将更为突出。根据上海市滩涂资源分布现状,未来滩涂资源开发规划区域主要分布在崇明北沿、崇明东滩、北港北沙、横沙东滩、九段沙、扁担沙、南汇东滩和杭州湾北岸等区域(图24)。

图 24　长江口滩涂开发位置示意图

1.2.3.3 长江口深水航道疏浚土综合利用方案比选

1) 长江口深水航道疏浚土处置方案

2020 年以后,长江口深水航道疏浚土处置有如下四个方案。

(1) 方案一:全抛泥方案。长江口航道疏浚土的倾倒区主要有长江口 1#～3# 倾倒区、吴淞口北倾倒区、鸭窝沙北倾倒区和临时倾倒区。目前,吴淞口北倾倒区和鸭窝沙北倾倒区已无法使用,长江口疏浚土的倾倒区只有长江口 1#～3# 倾倒区。

长江口 1#～3# 倾倒区年容许抛泥量 3800 万 m^3,无法满足长江口航道疏浚土处置要求,需按规划将 3# 倾倒区扩容至 3000 万 m^3 且需另新设一处倾倒区(要求容量 1700 万 m^3 以上),使长江口倾倒区的容量扩大到 6500 万 m^3。

(2) 方案二:抛泥＋横沙浅滩上滩方案。

实施条件:横沙大道延伸 26 km,横沙浅滩促淤圈围,吹泥站调整至横沙浅滩北坝田区。

横沙东滩 N23 丁坝东侧－5 m 向以上滩地面积达 300 多 km^2,可处置 18 亿 m^3 以上疏浚土,可以满足长江口深水航道疏浚土处置需要。

(3) 方案三：抛泥＋南汇东滩上滩方案。

实施条件：南汇东滩促淤圈围，新设吹泥站或吹泥平台。

目前，南汇东滩促淤工程已完成，该区域可促淤圈围土地22万亩，按照农业用地标准＋3.0 m估算，可处置疏浚土4.5亿m^3，可以作为长江口深水航道疏浚土处置区。

(4) 方案四：抛泥＋扁担沙上滩方案。

实施条件：扁担沙促淤圈围，新设吹泥站或吹泥平台。

扁担沙沙体－5 m线范围长约30 km，最大宽度约6 km，面积110 km^2以上，可以处置疏浚土14亿m^3，满足长江口深水航道疏浚土处置要求。

2) 长江口深水航道疏浚土处置方案比选

经过综合比选，长江口深水航道疏浚土处置采用抛泥＋横沙浅滩上滩方案，疏浚土上滩比例高、船机设备少、工艺成熟、可持续性好、费用低（表5）。

表5　长江口深水航道疏浚土处置方案综合比选表

项 目		方案一	方案二	方案三	方案四
		全部抛泥	抛泥＋吹横沙浅滩	抛泥＋吹南汇东滩	抛泥＋吹扁担沙
处置方案	处置区	6500万m^3抛倾倒区	2500万m^3抛倾倒区泥；4000万m^3吹横沙浅滩	3800万m^3抛倾倒区泥；2700万m^3吹南汇东滩	3800万m^3抛倾倒区泥；2700万m^3吹扁担沙
	工艺	耙吸挖—运—抛	耙吸挖—运—抛；耙＋绞挖—运—抛—吹	耙吸挖—运—抛；耙＋泥驳＋平台挖—运—吹	耙吸挖—运—抛；耙＋泥驳＋平台挖—运—吹
	船机	十余艘中大型耙吸船	十余艘中大型耙吸船＋4～5艘大型绞吸船	十余艘中大型耙吸船＋十余艘大型泥驳＋3座吹泥平台	十余艘中大型耙吸船＋十余艘大型泥驳＋3座吹泥平台
处置条件	前置条件	口外倾倒区扩容，新设倾倒区	横沙大道延伸，滩涂促淤圈围	南汇东滩促淤圈围	扁担沙促淤圈围
	处置区	倾倒区需增加3000万m^3容量	上滩区容量达30亿m^3，距离航道近，实施可持续性好	上滩区容量达4亿～5亿m^3，距离北槽远，与南槽航道疏浚结合更佳	上滩区容量达7亿～8亿m^3，距离北槽远
	工艺	工艺简单成熟	工艺成熟、效率高	新工艺待磨合熟练	新工艺待磨合熟练
	船机	现有船机满足要求	现有船机满足要求	船舶类型多、数量多，新工艺船机数量欠缺	船舶类型多、数量多，新工艺船机数量欠缺
	方案影响	资源浪费，对环保不利	疏浚土上滩率达60%，施工船机通航影响小	疏浚土上滩率40%，施工船机通航影响大	疏浚土上滩率40%，施工船机通航影响大
处置费用	抛泥单价（元/m^3）	33.4	17.1	26.2	26.2
	上滩单价（元/m^3）	0.0	27.7	60.6	63.1
	综合单价（元/m^3）	33.4	23.6	40.5	41.5
	合 计（亿元）	21.7	15.3	26.3	27.0

1.2.4 新水沙条件下,横沙浅滩成陆技术

新横沙由横沙岛、横沙东滩、横沙浅滩和长江口深水航道的部分坝田区四部分组成,总面积约 530 km²,其中原有土地(横沙岛)面积 49 km²,新增土地面积 480 km²,新增面积中横沙东滩 106 km² (15.9 万亩)、横沙浅滩 303 km²(45.5 万亩)、南侧坝田区 71 km²(10.7 万亩)(图 9)。

1.2.4.1 新横沙形成的时序安排

新横沙规划成陆面积为 480 km²,按规划成陆时序分三大区域。

(1) 2020 年前成陆区:在建的横沙东滩促淤圈围工程区,规划成陆面积 106 km²(15.9 万亩),按农业用地标准进行围填,规划成陆标高+3.0 m(吴淞基面)。

(2) 2020 年后规划成陆区:横沙浅滩区,规划成陆面积 303 km²(45.5 万亩)。按建设用地标准进行围填,规划成陆标高+5.5 m(吴淞基面)。

(3) 未来预留区:长江口深水航道坝田区,规划成陆面积 71 km²(10.7 万亩)。根据审慎和可操作原则,该区域涉及长江口深水航道,敏感性较强,故作为预留区,待周边成陆后,视滩面变化情况再作研究。

1.2.4.2 新横沙形成的推进方式

新横沙域内的横沙浅滩围填成陆推进方案的制定主要考虑推进方案要顺应长江口河势格局,尽可能减少对周边工程设施(尤其是长江口深水航道)的影响;方案有利于分期围填区外侧滩涂的自然淤涨和促淤工程的布设,且有利于后续工程衔接。为此,研究对由南向北(TH 方案)、由西向东(TS 方案)和由南向北成陆+促淤(THC 方案)三个成陆推进方案建立计算三维潮流数学模型,开展不同围填成陆推进方案对周边工程设施的影响分析,通过研究对滩面的自然淤涨及促淤的影响等进行比选。经过分析及评价认为,由南向北成陆推进方案(TH 方案)为最佳,相比其他方案对长江口总体河势以及周边工程设施影响最小,自身安全性好,且其首期围填与横沙大道延伸方向一致,有利于横沙浅滩围填成陆的起步工程的实施。由南向北方案(TH 方案)如图 25 所示。

TH 方案是由南逐步向北推进形成新横沙,其首期成陆与现横沙大道的走向一致,故横沙大道延伸工程(26 km)可以 TH 方案为基础。根据道路设计施工的具体要求,完善确定横沙大道延伸工程的方案设计,作为新横沙域内的横沙浅滩成陆的起步工程。

1.2.4.3 新横沙利用长江口深水航道疏浚土进行成陆的方案

根据新横沙规划成陆总体方案,"十三五"(2020 年之前)先完成新横沙域内的横沙东滩的围填成

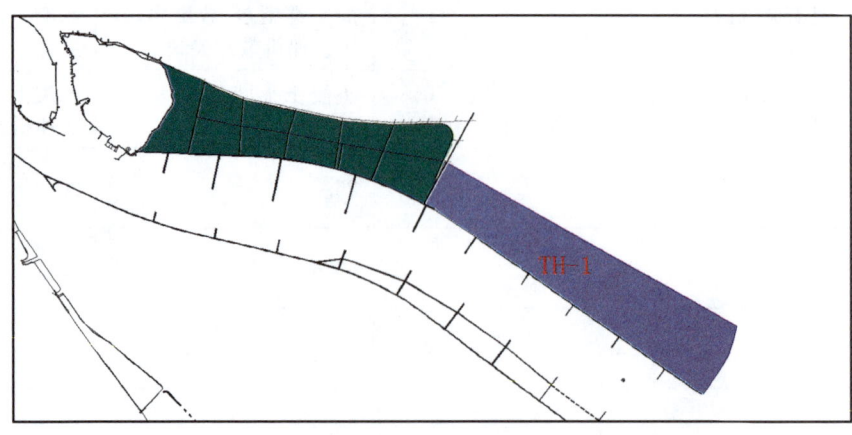

(a) TH-1 方案

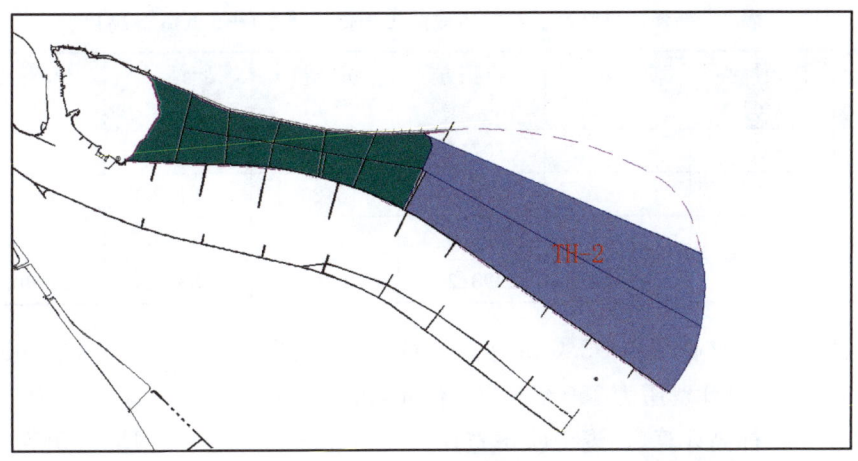

(b) TH-2方案

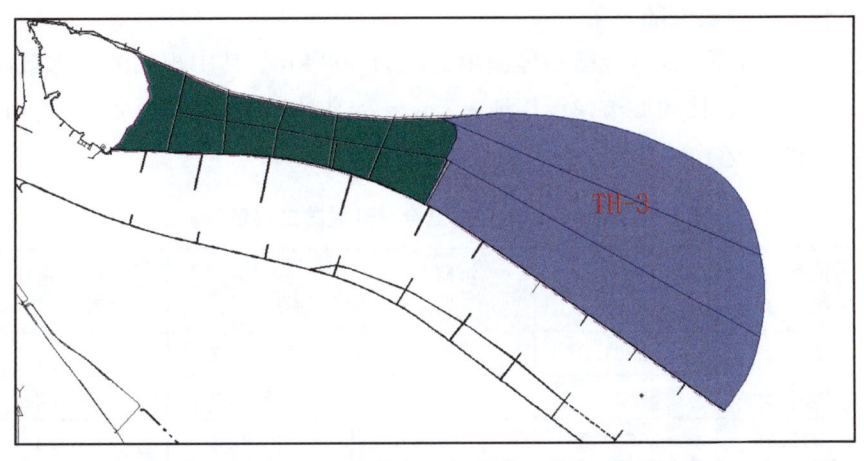

(c) TH-3方案

图25 新横沙由南向北成陆推进方案(TH方案)示意图

陆工程,目前工程正在实施中。"十三五"以后规划进行新横沙域内的横沙浅滩的围填成陆工程,面积为 303 km²。

新横沙(横沙浅滩)的形成方式有整体围填成陆或结合建港围填成陆两个方案可供选择。

1) 新横沙整体围填成陆方案

成陆的疏浚土方量计算:横沙浅滩围填成陆面积为 303 km²,围填工程的高程按照农业用地+3.0 m 标高计算,容积方为 16.4 亿 m³,考虑沉降、固结后吹填工程量约 22.2 亿 m³;按照城市建设用地+5.5 m 标高计算,容积方为 24.0 亿 m³,考虑沉降、固结后吹填工程量约 33.1 亿 m³(表6、表7)。

表6 新横沙(横沙浅滩)整体成陆工程量计算表(+3.0 m 标高)

区域	面积 (万 m²)	滩面标高 (m)	使用标高 (m)	容积方 (万 m³)	沉降量 (万 m³)	固结量 (万 m³)	流失量 (万 m³)	吹填量 (万 m³)
1#	9857.7	−1.6	+3.0	46071.2	6450.0	7371.4	2303.6	62196.1
2#	11127.1	−3.0	+3.0	67008.5	9381.2	10721.4	3350.4	90461.5
3#	9300.9	−2.5	+3.0	51018.6	7142.6	8163.0	2550.9	68875.2
合计	30285.7			164098.3	22973.8	26255.8	8204.9	221532.8

表7 新横沙(横沙浅滩)整体成陆工程量计算表(+5.5 m标高)

区域	面积 (万 m²)	滩面标高 (m)	使用标高 (m)	容积方 (万 m³)	沉降量 (万 m³)	固结量 (万 m³)	流失量 (万 m³)	吹填量 (万 m³)
1#	9857.7	−1.6	+5.5	70715.4	12021.6	11314.5	3535.8	97587.3
2#	11127.1	−3.0	+5.5	94826.4	16120.5	15172.2	4741.3	130860.4
3#	9300.9	−2.5	+5.5	74270.9	12626.1	11883.3	3713.5	102493.8
合计	30285.7			239812.7	40768.2	38370.0	11990.6	330941.5

成陆的费用估算：按农业用地+3.0 m标高计算，疏浚土吹填费用为500亿～550亿元，围堤费用为250亿～300亿元，总计费用为750亿～850亿元，折合每亩成陆费用为16.5万～18.7万元。按城市建设用地+5.5 m标高计算，疏浚土吹填费用为750亿～800亿元，围堤费用为250亿～300亿元，总计费用为1000亿～1100亿元，折合每亩成陆费用为22.0万～24.2万元。

2) 新横沙结合建港围填成陆方案

成陆的疏浚土方量计算：横沙浅滩整体围填面积为303 km²，其中规划港区水域面积36 km²，剩余围填成陆面积267 km²。按照城市建设用地+5.5 m标高计算，容积方为21.5亿 m³，考虑沉降、固结后吹填工程量约29.7亿 m³(表8)。

表8 新横沙(横沙浅滩)结合建港成陆工程量计算表

区 域	面积 (万 m²)	容积方 (万 m³)	沉降量 (万 m³)	固结量 (万 m³)	流失量 (万 m³)	吹填量 (万 m³)
N23西侧	268.27	2301.26	391.2	368.2	115.1	3175.7
A	7804.55	67823.82	11530.0	10851.8	3391.2	93596.9
B	1945.89	20627.11	3506.6	3300.3	1031.4	28465.4
C	6471.04	50761.24	8629.4	8121.8	2538.1	70050.5
D	1675.14	15153.50	2576.1	2424.6	757.7	20911.8
E	3875.67	27594.72	4691.1	4415.2	1379.7	38080.7
F1	793.71	5939.43	1009.7	950.3	297.0	8196.4
F2	554.31	3388.82	576.1	542.2	169.4	4676.6
F3	1285.55	8783.73	1493.2	1405.4	439.2	12121.5
F4	655.44	3909.51	664.6	625.5	195.5	5395.1
F5	450.29	2384.70	405.4	381.6	119.2	3290.9
F6	967.87	6722.33	1142.8	1075.6	336.1	9276.8
合计	26747.7	215390.2	36616.2	34462.5	10769.6	297238.3

成陆的费用估算：按城市建设用地+5.5 m标高计算，疏浚土吹填费用为550亿～600亿元，围堤费用为250亿～300亿元，总计费用为800亿～900亿元，折合每亩成陆费用为20.0万～22.5万元。

1.2.5 波浪、潮流、泥沙、台风等极端环境条件对横沙深水新港及航道的影响

1.2.5.1 横沙深水新港航道的横流分析

横沙深水新港规划港区方案外航道10 m等深线内，水流以往复流为主，横流值较小；10 m等深线外水域以旋转流为主，旋转流特征明显。横沙深水新港外航道流态如图26所示。

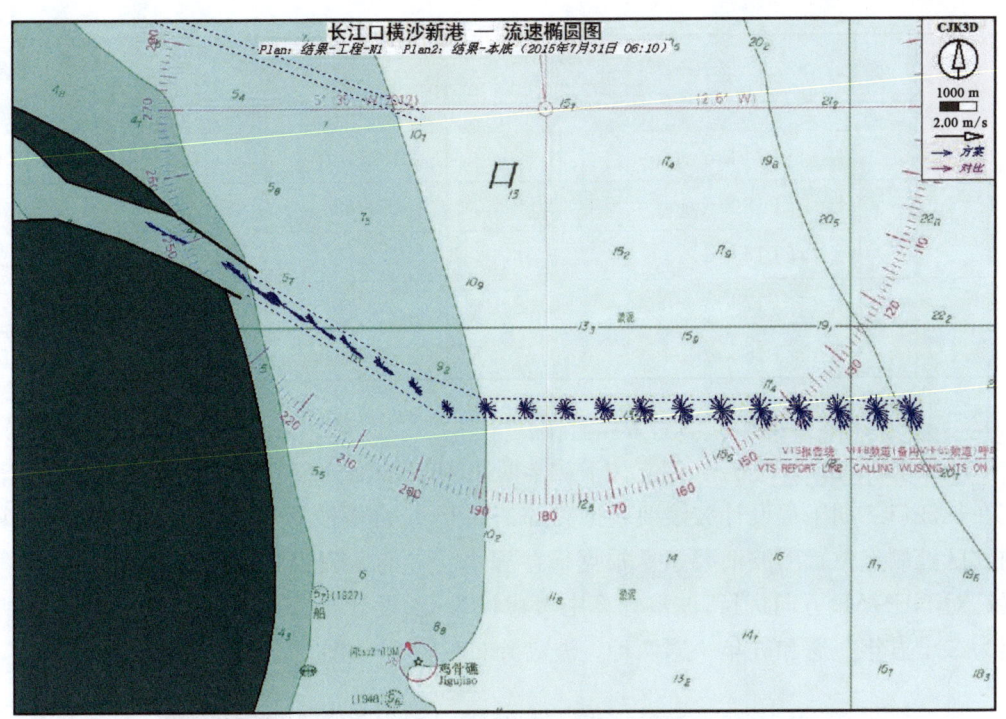

图 26 横沙深水新港外航道流态图

横沙深水新港外航道横流最大值、10 m 等深线以浅水域航道横流值均小于 0.40 m/s,10 m 等深线以深水域,受旋转流影响,横流值较大。横沙深水新港外航道涨落潮最大横流值见表 9。

表 9 横沙深水新港外航道涨落潮最大横流值统计表

点 位	位 置	横流值			最大横流流向(°)
		涨潮(m/s)	落潮(m/s)	最大值(m/s)	
N1-1	口门内	0.16	0.13	0.16	294
N1-2	5 m 线	0.37	0.14	0.37	317
N1-3	距口门 2 km	0.26	0.14	0.26	324
N1-4	距口门 3 km	0.29	0.14	0.29	331
N1-5	距口门 4 km	0.28	0.19	0.28	336
N1-6	距口门 5 km	0.29	0.21	0.29	339
N1-7	距口门 6 km	0.31	0.28	0.31	353
N1-8	距口门 7 km	0.26	0.25	0.26	352
N1-9	10 m 线	0.40	0.40	0.40	359
N1-10	距口门 9 km	0.36	0.41	0.41	6
N1-11	距口门 10 km	0.42	0.47	0.47	191
N1-12	距口门 11 km	0.50	0.55	0.55	357
N1-13	距口门 12 km	0.55	0.62	0.62	1
N1-14	距口门 13 km	0.63	0.69	0.69	358

(续表)

点　位	位　置	横流值			最大横流流向(°)
		涨潮(m/s)	落潮(m/s)	最大值(m/s)	
N1-15	距口门 14 km	0.62	0.74	0.74	359
N1-16	距口门 15 km	0.68	0.82	0.82	358
N1-17	距口门 16 km	0.68	0.85	0.85	356
N1-18	距口门 17 km	0.68	0.86	0.86	356
N1-19	距口门 18 km	0.67	0.87	0.87	357

1.2.5.2　横沙深水新港的波浪动力条件

根据横沙深水新港的布置方案，建立波浪数学模型，研究波浪分布情况，推算工程水域的波高分布。

研究在长江口二期工程设计波浪要素推算的基础上，结合横沙深水新港的方案布置，推算方案实施后规划港区控制点位置的波浪要素。根据横沙深水新港的地理位置及港区的平面布置，本次波浪计算主要针对 NE～SE 方向进行，波浪计算中考虑极端高、设计高、设计低、极端低水位四种情况，波浪重现期为二十五年一遇和五年一遇两种。波高分布见图 27～图 31。

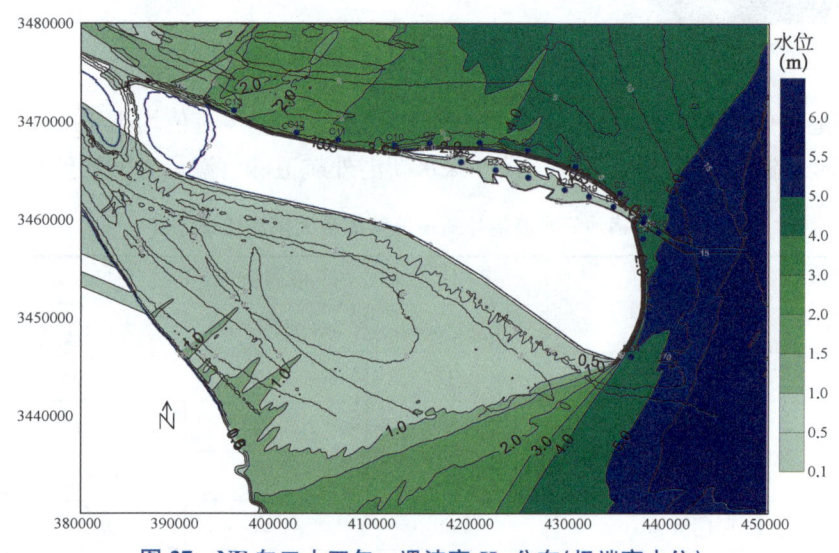

图 27　NE 向二十五年一遇波高 H_s 分布(极端高水位)

根据横沙深水新港规划港区的平面布置，NE～SE 各方向的外海波浪自口门可直接传播进入港区内水域，随着波浪的传播，港区内侧其他位置的波高一般小于 2.0 m。港内水域的大浪主要出现在口门附近，受 ESE 方向的外海波浪影响。

1.2.5.3　横沙深水新港泥沙回淤的影响

1）常年下港池和外航道的泥沙回淤

泥沙回淤是评价挖入式港池方案合理性的关键因素，在已经建立并经过验证的潮流数学模型的基础上，计算横沙深水新港挖入式港池方案(N1 方案)的回淤强度和回淤量。计算结果显示，由于挖入式港池口门位于－5 m 以外水域，本底含沙量较低。N1 方案实施后，港区内平均含沙量相对较低，港池水域平均回淤强度为 0.38 m/a，年回淤量为 1380.9 万 m³。按横沙深水新港挖入式港池的面积，产生这些泥沙回淤量，回淤强度不能算大(表 10)。

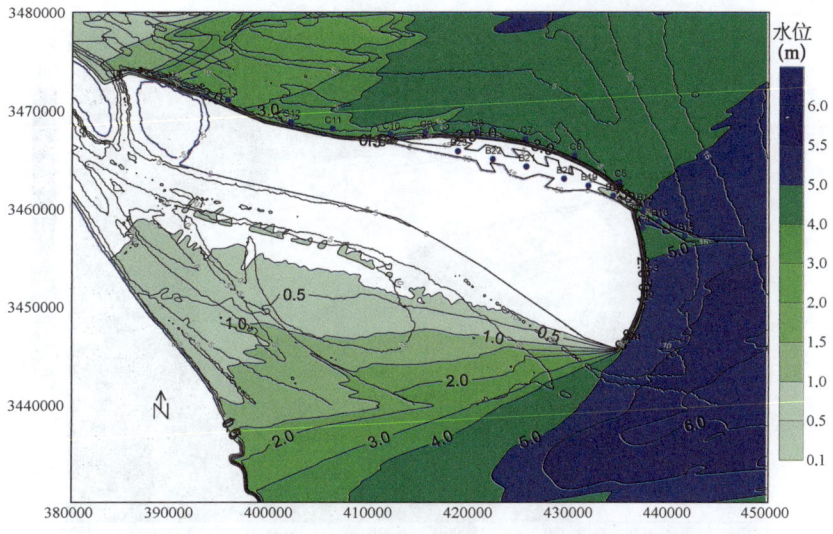

图28 ENE 向二十五年一遇波高 H_s 分布（极端高水位）

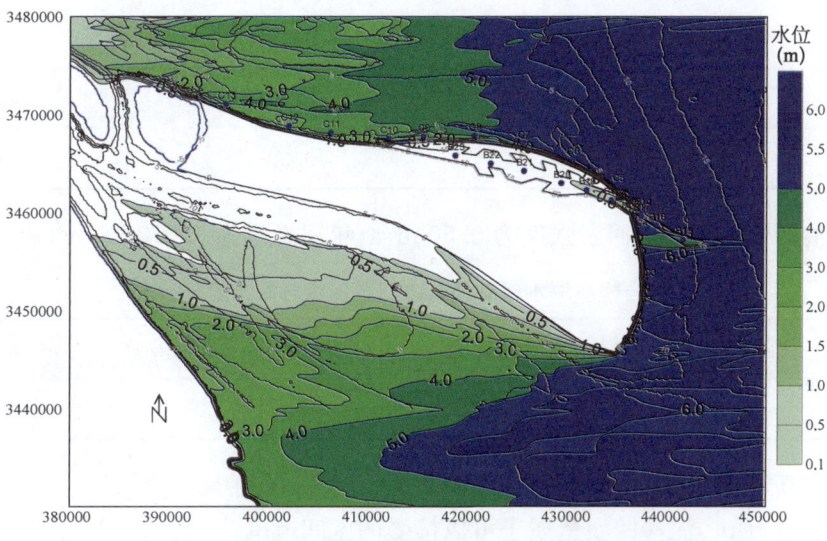

图29 E 向二十五年一遇波高 H_s 分布（极端高水位）

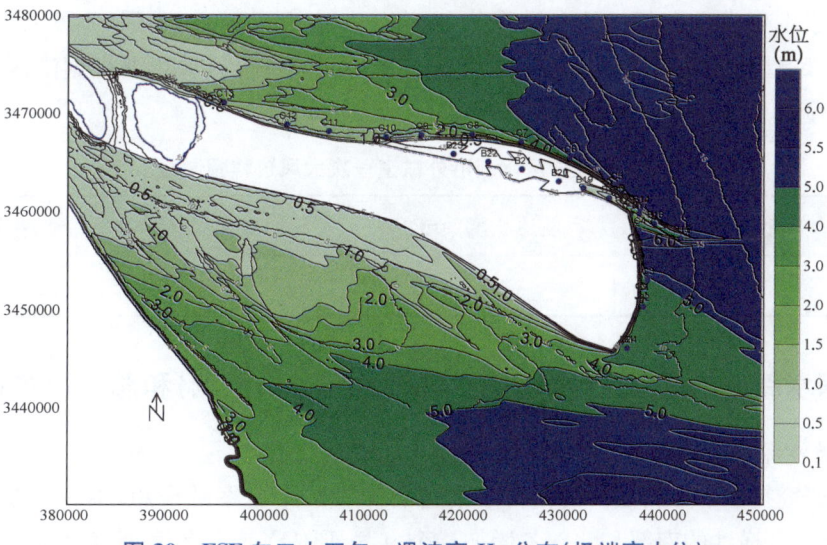

图30 ESE 向二十五年一遇波高 H_s 分布（极端高水位）

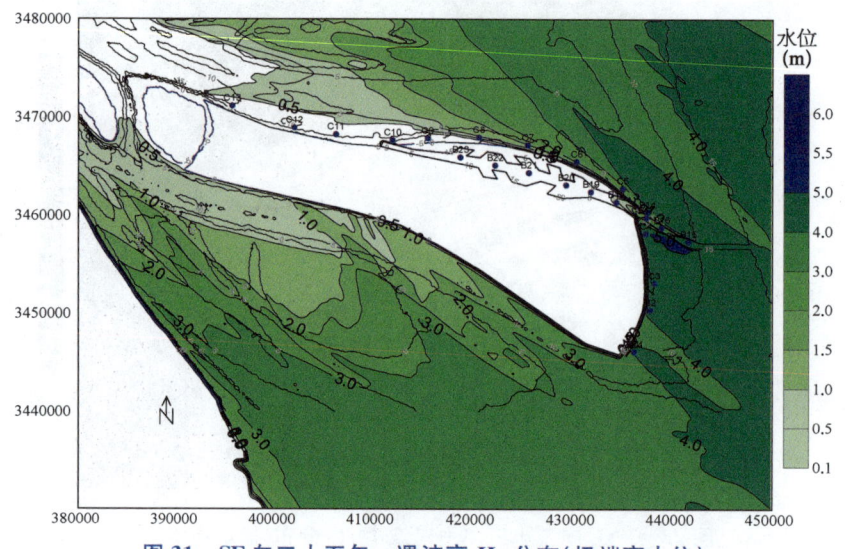

图 31　SE 向二十五年一遇波高 Hs 分布(极端高水位)

表 10　横沙深水新港挖入式港池回淤强度与回淤量统计表

方案名称	港池面积(亿 m^2)	年回淤强度(m/a)	年回淤量(万 m^3)
N1	0.36	0.38	1380.86

横沙深水新港的外航道平均回淤强度为 0.50 m/a,年回淤量为 470.3 万 m^3(表 11)。

表 11　横沙深水新港外航道回淤强度与回淤量统计表

方案名称	底标高(m)	航道长度(km)	年回淤强度(m/a)	年回淤量(万 m^3)
N1	−20	18.75	0.50	470.32

整个横沙深水新港规划港区挖入式港池及外航道回淤总量约 1850 万 m^3/a。按横沙深水新港的规模,每年有近 2000 万 m^3 泥沙回淤量属于可以接受的区间范围。

2) 极端天气条件下外航道泥沙骤淤的影响

外航道的骤淤一般发生在每年的台风季节,现设定一次大风过程,中风(7 级风)作用 0.5 d,大风(10 级风)作用 0.5 d,最后中风(7 级风)作用 0.5 d。经风后,横沙深水新港规划港区挖入式港池方案外航道的骤淤强度为 0.55 m/a,骤淤量为 492.3 万 m^3(表 12)。

表 12　横沙深水新港外航道一次大风过程骤淤量

方案名称	底标高(m)	航道长度(km)	年回淤强度(m/a)	年回淤量(万 m^3)
N1	−20	17.9	0.55	492.3

1.2.6　横沙深水新港的规划选址、功能定位、运量安排(预测)和总平面布置

1.2.6.1　横沙深水新港选址方案

上一轮课题研究提出了在新横沙的南部和北部各布置一个方案的设想,本轮课题在上一轮课题研究的基础上,提出在新横沙的南部和北部各增加一个方案,形成了南北各两个,总共四个方案。研究对形

成的四个方案根据选址要求进行了分析和比较,认为北方案中的规划港区以"鱼齿状通道式"挖入式港池形态的布置方案(N1方案)为最佳,因此N1方案为本课题研究采用的选址方案(图32)。

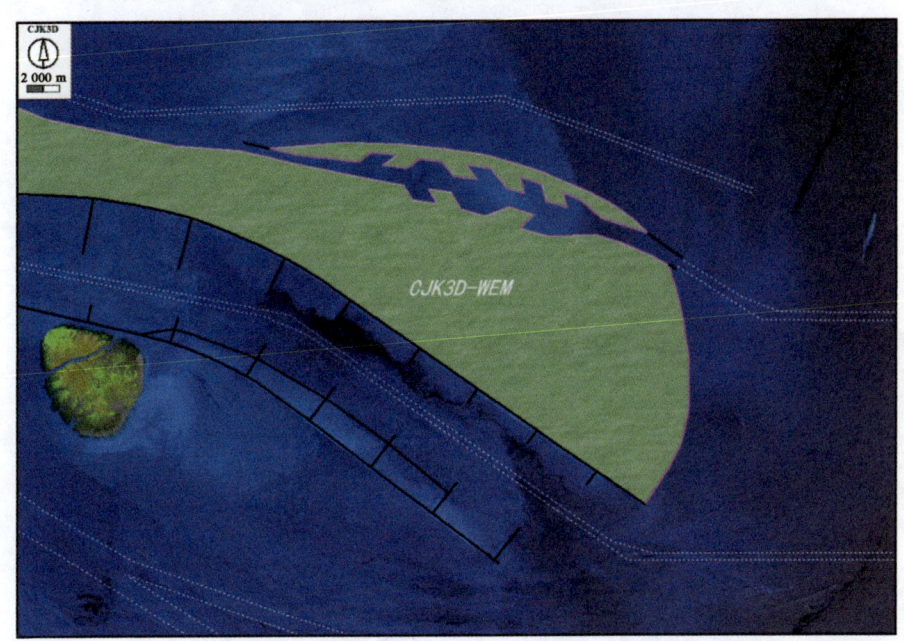

图32　横沙深水新港规划选址方案示意图(N1方案)

1.2.6.2　横沙深水新港的功能定位和运量安排(预测)

横沙深水新港的功能定位、运量安排在上一轮课题研究的基础上,根据党中央提出的新时期经济发展的五大理念和国家及上海市新近颁发的经济社会中长期发展规划和长江三角洲城市群港口协同发展的要求进行了全面和深入的研究,做了较大的调整,具体研究结论如下。

1) 横沙深水新港的功能定位

横沙深水新港具有独特的区位优势,是上海港口长远发展的新空间,必将成为上海国际航运中心的重要组成部分、大型江海联运中转基地和上海自贸区的拓展区。横沙深水新港的功能定位如下:

(1) 上海国际航运中心集装箱枢纽港。

(2) 江海联运的重要换装节点。

(3) 能源等重要物资的储备基地。

2) 横沙深水新港的运量安排(预测)

本轮课题在研究横沙深水新港的运量安排时,充分考虑保护长江口生态环境、上海港口的差异化发展和长江三角洲港口协同发展等因素,经过深入细致的调查研究,对上一轮课题提出的横沙深水新港承担的货种进行了较大的调整,提出横沙深水新港的货种主要保留集装箱和石油、天然气及制品等,取消煤炭、金属矿石等对环境污染较大的货种。2030年、2040年横沙深水新港的具体运量安排见表13。

1.2.6.3　横沙深水新港的总平面布置方案

横沙深水新港布置在新横沙域内的北部,由挖入式港池和进出港航道等组成。进出港航道又由外航道和进出港池的长江航道组成。横沙深水新港的总体布置方案如图33所示,横沙深水新港规划指标见表14。

表 13　2030 年、2040 年横沙深水新港货物吞吐量预测表

货　类	2030 年		2040 年	
	低方案	高方案	低方案	高方案
集装箱(万 TEU)	900	2100	1400	3000
原油(万 t)	1000	2000	1000	2000
LNG(万 t)	1000	2000	1000	2000
其他(万 t)	2000	3500	4000	5000
合　计	13000	28500	20000	39000

注：1 TEU=10 t。

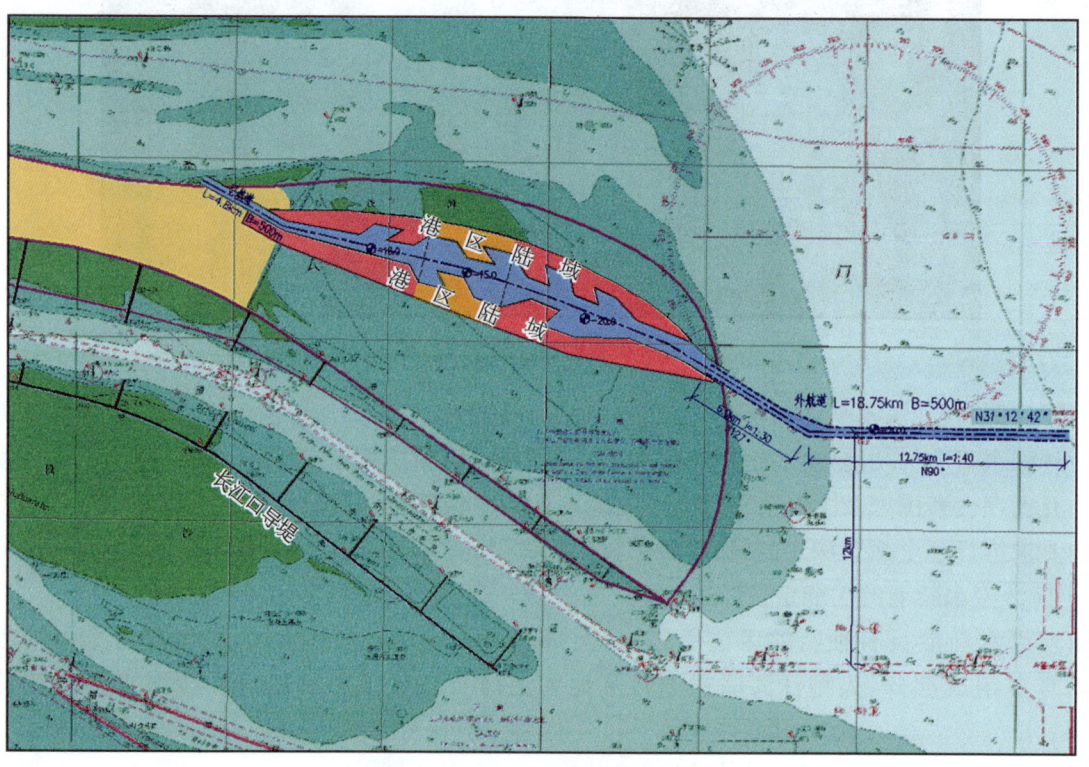

图 33　横沙深水新港总体布置图

表 14　横沙深水新港规划指标一览表

项　目		指　标
港区面积规划	陆域面积(km²)	48
	水域面积(km²)	36
	总面积(km²)	84
岸线总长(km)		41
泊位数(个)		90
外航道	航道宽度(m)	500
	航道水深(m)	−20
	航道总长(km)	18.75
	航道疏浚量(亿 m³)	1.18

(续表)

项　　目		指　　标
港区各港池	东港池 长/水深(km/m)	11.3/−20
	中港池 长/水深(km/m)	4.2/−15
	西港池 长/水深(km/m)	9.4/−10
	港区总长(km)	24.9
	港池疏浚量(亿 m³)	4.79

1) 挖入式港池方案

横沙深水新港的规划港区面积为 84 km²，其中陆域面积 48 km²，水域面积 36 km²；采用封闭式挖入式港池方案，具有水域平稳、泥沙回淤量小、年作业天数多的特点，有利于保证港区的安全运行。

挖入式港池的码头平面采用突堤式布置，共可形成岸线 41 km、码头泊位 90 个。根据船型要求将港池分别划分为水深−20 m、−15 m、−10 m 的东港池、中港池和西港池三部分；东港池以集装箱为主，共 37 个泊位；中港池和西港池以石油、LNG 等货种为主，共 43 个泊位，其中石油、LNG 泊位 10 个（图 33）。

2) 外航道规划方案

横沙深水新港规划的外航道选择在长江口深水外航道的北侧 12 km 处，以避免对已建成运行的长江口深水航道的影响，轴线位置为 N31°12′42″，与长江口深水航道的外航道基本平行。横沙深水新港的外航道与港池连接口门处的航段长 6 km，走向 N123°；连接外海的航段长 12.75 km，走向 N90°。外航道底宽 500 m，底高程−20 m，边坡 1∶30～1∶40，总长为 18.75 km。设计船型以 1.8 万 TEU 集装箱船（船长 400 m、船宽 60 m、满载吃水 16.0 m）为主（图 33）。

3) 进出港池的长江航道

横沙深水新港规划的进出港池的长江航道长 4.8 km，宽 500 m，与长江口北港航道相连。航道水深在长江口北港航道尚未规划建设前先满足北港航道通行的要求，北港航道规划建设以后，按北港航道新的标准予以配套。

1.2.7 横沙深水新港江海直接中转运输价值

1.2.7.1 横沙深水新港具备货物江海直接中转运输的功能

上海濒江临海，上海港是货物运输进江出海的重要枢纽，目前由于缺少能够承担货物直接进行江海转运的港区，江海联运需要经过二程（或三程）运输才能完成。新横沙地处江海交汇的长江口水域，研究认为这里具备规划建设 20 m 水深的横沙深水新港的条件。同时，根据中华人民共和国海事局颁发的《船舶与海上设施法定检验规则——内河船舶法定检验技术规则》，长江的航道等级划分具体如下：自涪陵李渡长江大桥以上为 C 级航区；自涪陵李渡长江大桥至江阴长江大桥为 B 级航区；自江阴长江大桥至吴淞口，包括横沙岛以内水域为 A 级航区（图 34）。根据上述技术规范对长江航道的等级划分，横沙深水新港属于长江 A 级航区范围，长江中上游的中小型船舶可以直接停靠，因此横沙深水新港具备运输货物江海直接转运的条件，能够改变目前上海港江海联运需要经过二程（或三程）运输的状况，其经济性和便捷性优势明显。

1.2.7.2 横沙深水新港的江海直接中转运输功能的经济性

根据研究横沙深水新港承担的货种主要是国际集装箱、石油和 LNG 等，以国际集装箱装卸为主。

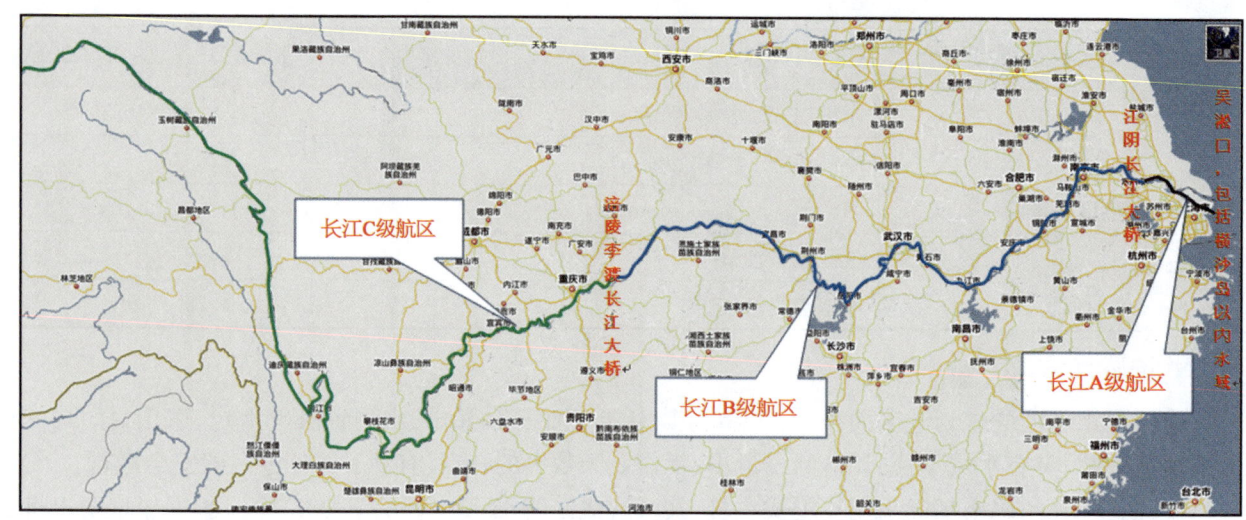

图34 长江航区划分图

为了简化计算,横沙深水新港的江海直接中转运输功能的经济性分析以国际集装箱运输为案例。

目前,上海港国际集装箱运输的集疏运方式主要通过公路和水路(铁路比例很小),以公路方式为主。横沙深水新港建成以后,国际集装箱运输通过公路和水路的比例可能会发生一定变化,但是集疏运的格局仍将基本保持目前的状态。因此,横沙深水新港的江海直接中转功能的经济性分析以公路和水路运输为基础。

1) 两港公路集疏运费用比较

目前,上海港绝大部分的国际集装箱通过公路集疏运,货物流向主要为苏北、苏南、浙北,将这三个流向的国际集装箱分别在洋山港区或者在横沙深水新港进行转运的经济性进行比较。

(1) 苏北(包括安徽、湖北等部分地区)。目前,苏北方向的国际集装箱到洋山港区的距离约为215 km,到横沙深水新港的距离约为155 km,到横沙深水新港比到洋山港区近60 km(图35)。根据市场调研,上海港国际集装箱1 TEU成本(包括燃油、车辆箱子折旧、过路费用及相关管理费用等)为5元/km,则苏北地区的国际集装箱,到横沙深水新港比到洋山港区节约费用300元/TEU。

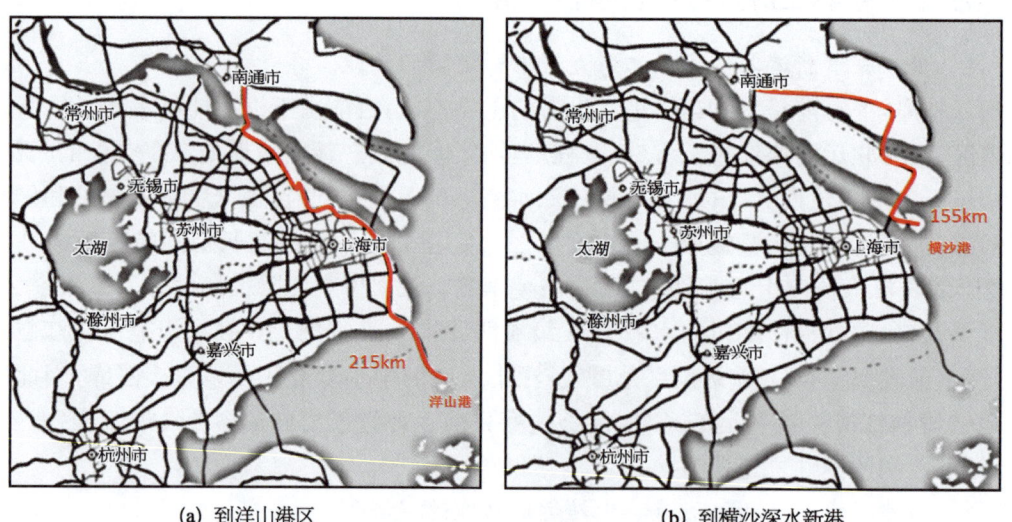

(a) 到洋山港区　　　　　　　　　　　　(b) 到横沙深水新港

图35 苏北地区国际集装箱到洋山港区或横沙深水新港公路运输路径示意图

（2）苏南地区。苏南地区国际集装箱到洋山港区的距离约为 140 km，到横沙深水新港的距离约为 80 km（图 36），到横沙深水新港比到洋山港区近 60 km，节约费用 300 元/TEU。

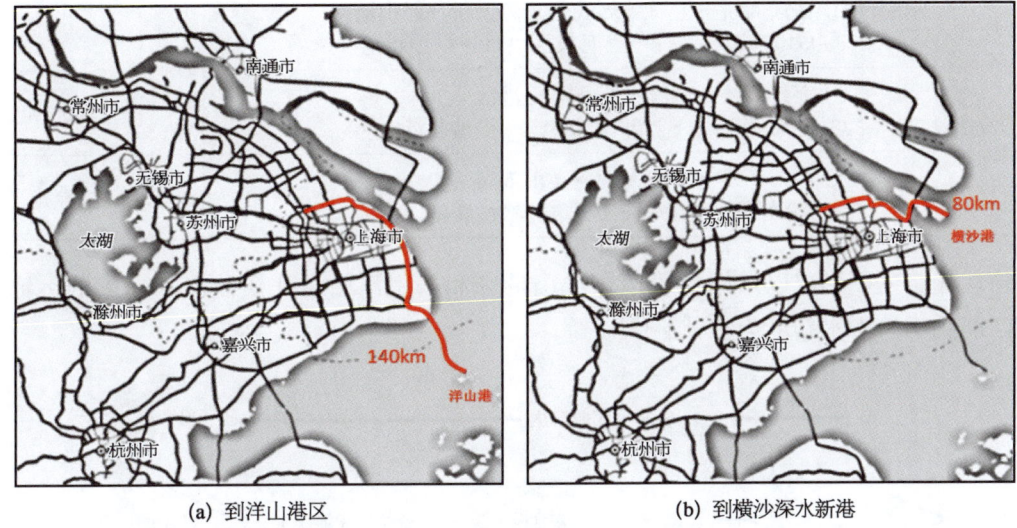

(a) 到洋山港区　　　　　　　　　　(b) 到横沙深水新港

图 36　苏南地区国际集装箱到洋山港区或横沙深水新港的公路运输路径示意图

（3）浙北地区。浙北地区到洋山港区的距离约为 123.7 km，到横沙深水新港的距离约为 125.1 km（图 37），两者距离无明显差异。

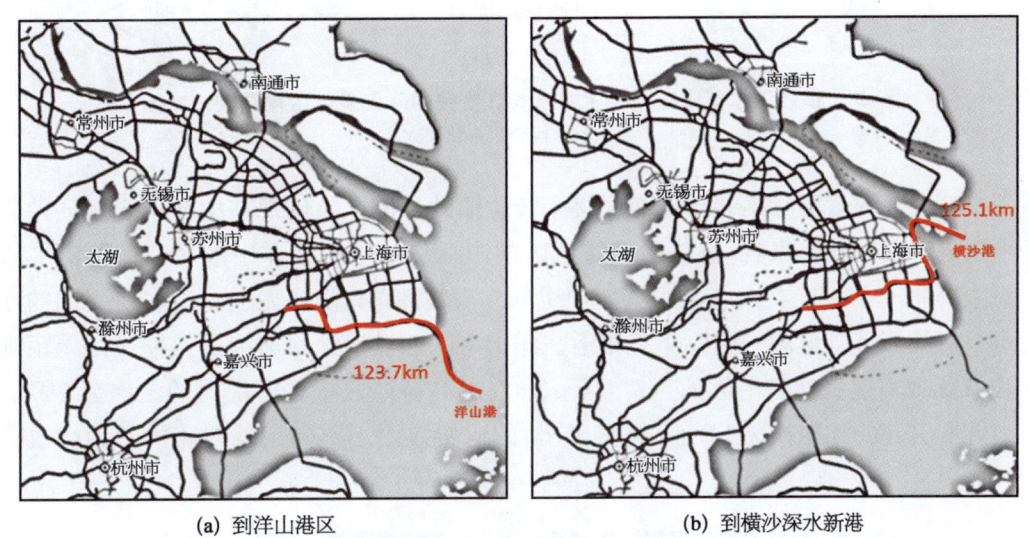

(a) 到洋山港区　　　　　　　　　　(b) 到横沙深水新港

图 37　浙北地区国际集装箱到洋山港区或横沙深水新港的公路运输路径示意图

综上所述，江苏方向的箱源以公路运输方式到横沙深水新港的优势较为明显，其他方向到洋山港区或横沙深水新港的费用差别不大。江浙地区国际集装箱公路运输到横沙深水新港比到洋山港区的费用节约见表 15。

2）两港水路集疏运费用比较

横沙深水新港建成以后，预期长江沿线地区国际集装箱运输形成以横沙深水新港和洋山港区并存的运输结构，其中长江中上游地区的国际集装箱仍将维持在太仓港进行集拼再转运至洋山港区和直接在横沙深水新港进行集拼运输的货运结构，并且以到横沙深水新港集拼为主的方式；而长江下游

表 15　江浙地区国际集装箱公路运输到横沙深水新港比到洋山港区费用节约表

货源地	公路运输路径	1 TEU 节约费用
苏北地区	① 南通大桥→上海郊环线→东海大桥→洋山港区 ② G40→崇启大桥→上海长江大桥→横沙新港	300 元
苏南地区 （安徽、湖北等地）	① 海郊环线→东海大桥→洋山港区 ② 上海郊环线→上海长江隧道→横沙新港	300 元
浙北地区	① 海郊环线→东海大桥→洋山港区 ② 嘉湖高速→上海长江隧道→横沙新港	基本持平

国际集装箱运输将主要形成以采用海船运往洋山港区和采用江船运往横沙深水新港的运输模式，并且以采用江船到横沙深水新港为主(图 38)。

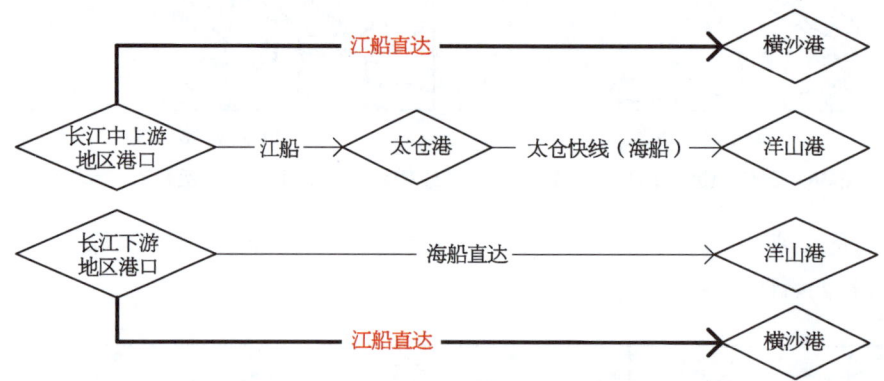

图 38　横沙深水新港建成后上海港长江支线国际集装箱运输结构示意图
注：线型粗细代表所占比重大小。

横沙深水新港建成后国际集装箱江海直接中转运输的价值主要体现在中转所产生的港口成本以及江海船水运成本上。具体来看，长江中上游地区的国际集装箱运往洋山港区和横沙深水新港的运输费用差距主要体现在：① 在太仓港中转所产生的二次装卸费；② 在太仓港中转所引起的江船换海船运费差距。而长江下游地区的国际集装箱运往洋山港区和横沙深水新港的运输费用差距则主要体现为：① 由江船或海船直达各港区的运费差距；② 在外高桥港区中转所引发的二次装卸费；③ 在外高桥港区中转所引起的江船换 ATB 船(穿梭巴士)的运费差距。不同运输线路的费用构成归纳如下(表 16)。

表 16　长江沿线地区国际集装箱在不同运输方式下的运输费用构成表

序号	运输路径	二次装卸成本	海船运输成本	江船运输成本	备注
1	长江中上游地区→太仓港→洋山港区	√	√	√	
2	长江中上游地区→横沙新港	×	×	√	
3	长江下游地区→外高桥港区→洋山港区	√	×	√	穿梭巴士
4	长江下游地区→洋山港区	×	√	×	
5	长江下游地区→横沙新港	×	×	√	

注：本表的成本构成以长江国际集装箱运输的最优方式汇总。

长江沿线地区国际集装箱水运成本分析,为简化计算,研究以重庆港作为长江上游地区的代表港、武汉港作为长江中游地区的代表港、南京港作为长江下游地区的代表港,测算不同航线最优船型的运输成本。经测算,长江上游、中游和下游港口的国际集装箱在横沙深水新港进行直接中转运输,综合转运成本相比于洋山港区分别节约356元/TEU、346元/TEU和310元/TEU。

根据横沙深水新港的运量安排,国际集装箱到2040年吞吐量将达到1400万～3000万TEU。现设定2040年横沙深水新港的集装箱吞吐量能够达到预测量的中间值2200万TEU,其中水路到港约700万TEU(吞吐量1400万TEU,其中重庆港200万TEU,武汉港300万TEU,南京港200万TEU)。则横沙深水新港转运国际集装箱比洋山港区转运可节约运费23亿元/a。

1.3 新横沙成陆和建港研究成果

1.3.1 长江口深水航道疏浚土综合利用和新横沙成陆推进的方案和时序

研究通过多方案比较,认为长江口深水航道疏浚土用于新横沙的成陆具有良好的经济性;同时,新横沙域内的横沙浅滩选择由南向北延伸推进的成陆方案(TH方案),不仅对围填工程自身具有安全可靠性(不会因进行围填而引起对自身围堤的冲刷),而且首期围填与横沙大道的延伸方向一致,使横沙大道的延伸工程(26 km)提前实施具有可能性;该方案每个阶段的实施对长江口总体河势没有影响。

1.3.2 以−5 m等深线为界的新横沙成陆边界

在长江口新水沙条件下,研究采用最新的长江口地形和水文资料,通过建立数学模型论证和物理模型的初步验证,认为长江口横沙岛以东滩涂的−5 m等深线虽然局部稍有变化,但长期以来基本处于稳定状态,具备通过围填造地形成新横沙的条件;选择该位置进行围填形成新陆域,具有良好的经济性。

1.3.3 新横沙的形成对长江口总体河势以及周边工程设施的影响

研究采用了包括长江口杭州湾在内的平面二维潮流泥沙数学模型研究新横沙的形成对长江口总体河势和周边工程设施的影响。研究认为新横沙的形成对长江口总体河势以及长江口深水航道等周边工程设施影响甚小,因此新横沙的形成在技术上是可行的,具有可操作性。

1.3.4 新横沙的形成对长江口深水航道泥沙回淤的影响

研究根据建立的工程水域全沙数值模型计算的回淤强度和回淤量,认为新横沙的形成对长江口深水航道的泥沙回淤影响较小,淤积量在可以接受的范围内。

1.3.5 新横沙的形成和开发利用对长江口生态系统的健康评价

研究通过运用目前国内外通常使用的由加拿大学者Tony Friend David提出的"压力-状态-响应"(PSR)生态健康评价模型对上海滩涂湿地生态系统健康进行的评价,认为新横沙的形成和开发利用以及横沙深水新港的规划建设对长江口生态环境的影响,在上海滩涂湿地生态系统的健康评价中处于中上水平,属于较为健康水平范围。

1.3.6 新横沙的形成和开发利用对长江口水源地和生态敏感目标的影响

研究在开展新横沙的形成和开发利用以及横沙深水新港的规划建设对长江口水源地和生态敏感目标的风险评估时,采用美国应用科学协会(ASA)开发,在美国本土、中东以及欧洲等地区被广泛应用的 OILMAP 模型进行溢油事故的模拟预测。研究认为,通过科学合理地确定新横沙及横沙深水新港的功能定位和空间布局,并提出采取适当的技术保护措施方案,加强环境的管控,新横沙的形成和开发利用以及横沙深水新港的规划建设对长江口青草沙水源地等重要设施和生态敏感目标不会造成大的影响,环境质量可以得到保证。

1.3.7 横沙深水新港规划港址、功能定位和总平面布置

新横沙四面环水,通江达海,具备良好的地理位置优势,经过科学论证,认为在此建设横沙深水新港具备形成 20 m 水深的挖入式港池和进出港航道的条件;形成的挖入式港池掩护性好,具有良好的船舶泊稳条件;横沙深水新港规划港址选择在新横沙域内的北部,有利于新横沙的总体布局和整体开发。

1.3.8 波浪、潮流、泥沙及台风等极端天气条件对横沙深水新港及航道泥沙回淤的影响

研究根据建立并经过验证的潮流数学模型的基础上,通过计算横沙深水新港的回淤强度和回淤量,认为横沙深水新港的挖入式港池和进出港航道在常年下有一定量的泥沙回淤量,在波浪、潮流、泥沙及台风等极端天气条件下还将增加少量的泥沙回淤量,但不会出现颠覆性问题,淤积量对于如此规模的港口属于可以接受的范围。

1.3.9 上海港江海直接中转运输方式的经济性

研究认为,新横沙濒江临海有其独特的区位优势,在新横沙域内规划建设横沙深水新港将改变目前上海港江海联运的运输方式,使江海二程(或三程)转运方式转变为江海直接转运方式,其经济性、便捷性优势明显。

1.4 新横沙成陆和建港研究取得的实效

课题研究得到了社会各界的广泛关注和政府部门的高度重视,对推动新横沙的形成和长江口深水航道疏浚土资源的有效利用等方面产生了积极作用和效果。

1.4.1 新横沙浅滩围填成陆的紧迫性

课题研究在社会各界引起良好的反响,在研究过程中,召开了多次研讨会,与政府相关部门、科研院校和社会各界人士进行了广泛交流讨论,并就研究的相关问题与政府有关部门进行了多次协调和商议。这个过程实际上也是一个交流思想、统一认识的过程,几次会议后大家对于抓紧实施(新横沙域内的)横沙浅滩的围填成陆的认识趋于一致。目前普遍认为抓紧实施(新横沙域内的)横沙浅滩的围填成陆将为上海创新驱动发展、经济转型升级的中长期发展战略提供新的发展机遇和空间,要抓

紧不间断地实施(新横沙域内的)横沙浅滩的围填造陆工程,尽快形成完整的 480 km² 新陆域予以留白,作为上海未来发展的重要基础性资源储备,以实现《上海市城市总体规划(2017—2035)》提出的"多情景规划策略、空间留白机制、动态调整机制"的要求。同时也认为课题应该就新横沙的开发利用和横沙深水新港的规划建设问题进行进一步深入的研究论证,为今后具体实施奠定良好的基础性条件。

1.4.2 上海市领导和相关部门的关注

课题研究引起上海市领导和市相关部门的高度重视,时任上海市委书记韩正和市长杨雄等对课题组递交的 4 份专题报告先后给予了 3 次批示。2015 年 7 月 22 日杨雄市长和蒋卓庆副市长等一行前往横沙岛实地调研长江口航道疏浚与滩涂造地工作。杨雄市长指出:滩涂是上海宝贵的资源,要进一步加强土地资源的战略储备,努力为上海未来发展预留空间。

1.4.3 研究成果被市规划部门采纳

在开门编规划的过程中,课题组多次向相关部门递交了课题研究成果,在国务院批复的《上海市城市总体规划(2017—2035)》中,有关土地资源利用、生态底线控制、上海国际航运中心建设等方面,吸纳了本课题研究的众多成果。例如在该规划中的"国土资源利用"章节的"广域空间统筹"中提到"预留横沙东滩滩涂围垦资源作为城市长远发展的战略空间";在"建设更开放的国际枢纽门户"章节的"优化完善港口功能布局"中提到"上海港形成以洋山深水港区、外高桥港区为核心,杭州湾、崇明三岛等港区为补充的格局……加强对横沙等海洋战略资源的保护和控制"。《上海市城市总体规划(2017—2035)》的上述表述对新横沙的资源利用有重要的指导意义,对课题研究起到了积极的推动和促进作用。

1.4.4 长江口疏浚土资源的有效利用

长江口疏浚土是可用于围海造地等十分宝贵的沙土资源,长江口深水航道的维护将每年产生 7 000 万~1 亿 m³ 的维护疏浚土量,随着长江上游来沙量的减少,近几年长江口深水航道的维护疏浚量呈现下降趋势。长期以来,长江口疏浚土没有得到很好的利用,在 2003 年以前全部运到外海抛弃处理,这样既浪费了资源,又污染了水域环境;2004 年以后长江口疏浚土有部分开始利用,实施吹沙上滩至(新横沙域内的)横沙东滩用于造地,但上滩造地的比例较低,至 2015 年上滩比例平均为 25.9%。2004—2015 年共造地约 50 km²。

课题研究发现这一情况后,积极向市领导和有关部门进行反映并提出建议。市政府采纳了有效利用长江口疏浚土上滩造地的意见,2015 年启动了全国规模最大的吹填造陆工程——横沙东滩七期、八期工程,以加快造地速度。按计划 2016—2020 年长江口疏浚土上滩造地约 2.1 亿 m³,总投资 110 亿元,目前已正式开工,可为上海新增土地 56 km²,连同前期已成陆的土地,新增加的土地面积达到 106 km²。课题研究提出有效利用长江口疏浚土资源的建议得到市领导的采纳,不仅大幅度提高了长江口疏浚土的利用率,而且大大加快了(新横沙域内的)横沙东滩的成陆速度,5 年造地规模比以往 18 年累计造地还多 6 km²。

1.4.5 交通部和上海市在长江口疏浚土利用方面的合作

课题组向市政府提出了创新长江口疏浚土利用管理模式的建议。市政府成立了由市政府(副)秘书长牵头的市滩涂造陆综合利用长江口航道疏浚土协调推进指挥部,并建立健全了由市发改委牵头、市建管委、市水务局、市造地公司与长江口航道管理局参加的联席会议制度。课题研究促进了部、市有关长江口疏浚土利用合作共赢机制的落地和完善,有力地加快了新横沙成陆速度。

1.4.6 "中交疏浚"落户上海

在本课题的影响下,新横沙的成陆开发和长江口疏浚土的综合利用引起中交集团的高度重视和极大的投资意愿。为此,该集团公司将新组建的中交疏浚集团落户上海,加快推进了新横沙的成陆进程。

1.5 新横沙成陆和建港的下一步研究工作

根据课题研究,为更好地推动和促进新横沙开发利用和横沙深水新港规划建设的前期研究以及更有效地实施新横沙的围填成陆工程,现就需要进一步研究的相关工作提出以下建议。

1.5.1 横沙滩涂资源保护和成陆科学研究

横沙滩涂资源的成陆经过两轮课题的研究,取得了丰硕的基础性的研究成果,但在长江口新水沙条件下,有待成陆的 303 km² 区域滩面高程处于变化动荡中,将来能否真正成陆尚有变数,能否真正"留白"尚难定局,还需要各界开展大量的研究工作。

在积极贯彻市委市府对横沙开发的留白决策的同时,建议上海市科委在横沙滩涂资源保护和成陆上继续立项,在科学研究上先行一步、在规划上先行一步。一旦时机成熟且国家发展需要,即可提供开发所需的政策储备、规划预留、技术支撑,特别是要为在白纸上绘画创造物质条件。

1.5.2 长江口横沙水域的地形、水文泥沙、波浪、地质勘察观测等资料的采集和研究

长江口新横沙区域的地形、水文泥沙、波浪、地质勘察观测等资料的采集和积累是新横沙开发利用和横沙深水新港规划建设的一项十分重要的基础性工作,目前还尚未系统地开展这方面的工作。因此,建议尽早开展,逐步积累资料,为未来新横沙成陆和开发利用的研究和实施打下牢固基础。

1.5.3 横沙大道延伸(26 km)工程提前实施的可能性和可行性

根据上海市政府对新横沙围填成陆的计划要求,"十三五"(2020 年)期末将完成横沙东滩的围填成陆工程。为更好地做好横沙东滩与横沙浅滩的围填成陆的衔接和充分利用长江口疏浚土,建议深入开展横沙大道(26 km)延伸工程提前实施的可能性,为正式启动横沙浅滩的围填成陆做好工程前期准备。

1.5.4 新建物理模型对长江口总体河势的深化研究

上一轮课题和本课题都采用数学模型对新横沙的形成和横沙深水新港的水动力影响进行了研究和分析,建议在下一阶段的研究能采用物理模型试验对长江口总体河势和周边工程影响进行研究,使研究更深入,更接近客观实际。

1.5.5 新横沙成陆规划及国家相关专项规划

新横沙的形成和开发利用将为上海缓解土地资源紧缺的矛盾发挥积极的作用,为上海城市布局的调整和经济社会的转型升级发展提供新的空间。为了确保新横沙的成陆和开发利用能根据实际需要予以实施,建议 2020 年后长江口航道疏浚土处置方案的研究,从规划着手,将研究成果尽快纳入《全国河口海岸滩涂开发管理规划》以及《长江口综合整治开发规划》等相关规划;及早启动横沙大道 26 km 外延工程及适当的促淤护滩工程,以横沙大道为依托,将疏浚土逐步吹填、分块成陆,实现资源综合利用和长江口河势控制并举、战略空间构建与生态建设共进,找到长江口航道疏浚土综合利用的最佳出路。同时,建议有关方面结合国家相关专项规划,尽快制订横沙浅滩围填成陆规划方案。

第2章 相关专报及领导批示

对建设上海国际航运中心的建议

说明： 2016年1月22日，《参事工作专报》2016年第4期刊登了包起帆同志《市政府参事包起帆对建设上海国际航运中心的建议》。

参事工作专报

第 4 期

上海市人民政府参事室编　　　　　　　　　　　　　　2016年1月22日

专报 杨雄市长

市政府参事包起帆对建设上海国际航运中心的建议

到2020年，即"十三五"收官之际，上海就要基本建成金融、经济、贸易、航运"四个中心"。而在"四个中心"建设中，上海国际航运中心的全球认可度是最高的：从硬件指标看，已连续6年成为全球集装箱吞吐量第一大港；从软件指标看，航运要素集聚、航运服务能力提升，上海港的创新项目已经形成了国际标准，在业界有口皆碑。

然而，上海国际航运中心建设也逐步显露了一些问题。2015年，宁波港集装箱吞吐量突破2 000万TEU，并有报道称"一年将带来100万个就业岗位和1 200亿元GDP贡献"。听到这个消息，我深为上海港的规划滞后、后劲乏力感到忧虑。在相同的区域、相同的背景条件下，上海港扼在长江口，距离长三角和长江流域腹地更近，理应有更快的发展。然而，据初步统计，"十二五"期间宁波港集装箱吞吐量从1451万TEU提升到2062万TEU，增长了611万TEU，增长率为42.11%；上海港集装箱吞吐量从3173万TEU提升到3652万TEU，增长了479万TEU，增长率为15.09%。无论从集装箱的绝对增量还是增长率来看，上海港都远低于宁波港。而且随着集装箱货源不断地被蚕食，上海港为长三角和长江流域服务的能力也在下降。

在建港方面，上海港"十二五"期间没有新的码头建成，洋山四期在2017年还很难形成完整的吞吐能力。无论是纵向与上海港的过去相比，还是横向与周边港口相比，上海港实体发展显然是放慢了脚步。究其原因,是上海港发展的指导思想有了偏差。有人认为,上海港集装箱吞吐量到了3000万TEU乃至4000万TEU,就到顶了,不需要再新建码头了;外高桥地区交通拥堵,若再发展集装箱将雪上加霜。其实这些观点都是静止的观点、无所作为的观点。我作为一名17岁就进入上海港工作的老员工,认为这种想法太保守了,将会束缚我们的手脚,制约我们的发展。上海港是随着上海社会经济的发展而崛起的,只要上海向前发展,上海港也应与时俱进。

当前,上海迎来了新的发展机遇,"一带一路"和长江经济带这两大国家战略交汇于上海。虽然上海自身的集装箱箱量提升有限,但港口带动贸易、贸易带动金融、金融带动经济,港口兴旺了,其他三个中心的发展都会风起云涌;反之,港口衰落了、发展停滞了,也将会影响到上海的各行各业。所以,我认为上海港的集装箱发展只有起点,没有终点。我们要用前瞻的目光来看待发展,及早做好规划,至少为子孙后代留下发展空间。

还有同志认为,上海国际航运中心建设的重点将从硬件转为软件。其实,这个问题如同实体经济和服务经济的关系一样,两者都不可偏废。在目前的情况下,前者更为重要。

近年来,上海港集装箱码头吞吐量已远超码头设计能力。洋山四期建成后的能力只能弥补已经产生的能力缺口。如果没有新的码头能力提升,没有新的码头规划引领,上海港将给各大集装箱班轮公司带来能力受限、后劲乏力的负面信息,这对上海国际航运中心建成后的持续发展是不利的。如果航运"实"的量减少了,当船少来或者新辟的航线不来的时候,"虚"的航运服务也将落空。皮之不存,毛将焉附,想要把上海港变成伦敦港的想法将成为空中楼阁。更何况伦敦现今也在抓紧建港,坐实航运的实体经济。

为此,提两个建议:

1. 结合《上海市城市总体规划(2015—2040)纲要概要》修编和《上海"十三五"规划》制订,在上述两个规划中描绘上海港发展的明天,增加上海港在"十三五"期间,实体码头迁建和发展规划;在新的城市规划修编中,为上海港下一步发展预留空间。通过两个规划的制订,解决目前存在的"硬件"问题,如黄浦江内张华浜、军工路、龙吴等老码头迁建没有岸线;集装箱船舶大型后,码头和航道仅有—16 m的局限;外高桥集装箱码头及周边地区路面交通拥堵;集装箱装卸量达到4000万TEU后没有新码头等。同时,建议开展一次有全市各方参加的大讨论,像15年前讨论上海是否需要建设洋山深水港那样,达成共识,为上海港制订近期和长远的发展规划。

2. 希望能够考虑重建上海港口管理局。目前,上海港口管理隶属上海市交委。但城市交通、出租车、地铁等迫在眉睫的日常管理工作繁重,牵涉了太多交委领导的精力,港口在交委工作中应有的地位、作用与国际航运中心建设的大局不够匹配,上海交委对这方面的工作力不从心,急需加强。

港口管理是一项持之以恒的工作,需要深思熟虑,需要慎重规划。纵观世界大港,都有专职的港口管理当局。国际航运中心的建成需要国际港口同行的认可,大量国际交流也需要有一个对等的港口管理当局,目前的状况很难适应。"十三五"期间,将是上海国际航运中心建成之时,大量的工作需要由专业人士来做。所以,重建上海港口管理局(亦可成为委办局),不失为一个推动上海国际航运中心建设的重要举措。

对《上海市城市总体规划(2015—2040)纲要概要》和横沙开发的意见和建议

说明：2016年4月12日，《参事工作专报》2016年第14期刊登了部分院士、专家对《上海市城市总体规划(2015—2040)》和横沙开发的建议；2016年4月5日、4月20日，课题组分别向上海市城市规划设计研究院和上海市城市总体规划编制工作领导小组办公室呈送了关于"部分院士、专家对《上海市城市总体规划(2015—2040)》和横沙开发建议"的函。

市长杨雄4月19日批复：**请规土局、发改委、交通委研究。**

华东师范大学国际航运物流研究院

〔2016年4月5日〕

关于呈送"部分院士、专家对《上海市城市总体规划(2015—2040)纲要概要》和横沙开发的意见和建议"的函

上海市城市规划设计研究院：

根据2014年上海市第六次规划土地工作会议上提出的"开门办规划"要求，2016年3月1日，华东师范大学国际航运物流研究院院长包起帆主持召开了"上海2040城市规划与横沙开发"学术研讨会，会议结合《上海市城市总体规划(2015—2040)纲要概要》与上海市科委"新横沙成陆开发和深水新港建设可行性关键技术研究"课题，邀请北京、南京、上海等地的院士、专家和领导进行研讨。现将会议主要观点和建议呈送贵院，通过你们把这份材料转呈上海市规划和国土资源管理局庄少勤局长及相关领导、上海市城市总体规划编制工作领导小组办公室，供规划编制参考。

此致

敬礼！

附件：部分院士、专家对《上海市城总体规划(2015—2040)纲要概要》和横沙开发的意见和建议

华东师范大学国际航运物流研究院
2016年4月5日

华东师范大学国际航运物流研究院

〔2016年4月20日〕

关于呈送"部分院士、专家对《上海市城市总体规划(2015-2040)纲要概要》和横沙开发的意见和建议"的函

上海市城市总体规划编制工作领导小组办公室：

  根据2014年上海市第六次规划土地工作会议上提出的"开门办规划"要求，2016年3月1日，华东师范大学国际航运物流研究院院长包起帆主持召开了"上海2040城市规划与横沙开发"学术研讨会，会议结合《上海市城市总体规划(2015—2040)纲要概要》与上海市科委"新横沙成陆开发和深水新港建设可行性关键技术研究"课题，邀请北京、南京、上海等地的院士、专家和领导进行研讨。现将会议主要观点和建议呈送贵单位，供规划编制参考。

  此致
敬礼！

附件： 1. 部分院士、专家对《上海市城总体规划(2015—2040)纲要概要》和横沙开发的意见和建议；
   2. 包起帆，郑伟安．上海新横沙开发和建港前瞻研究．上海科学技术出版社．

华东师范大学国际航运物流研究院
"新横沙成陆开发和深水新港建设可行性关键技术研究"课题组
2016年4月20日

参事工作专报

第 14 期

上海市人民政府参事室编   2016 年 4 月 12 日

专报 杨雄市长

部分院士、专家对《上海市城市总体规划（2015—2040）纲要概要》和横沙开发的建议

3月1日，由原市政府参事、华东师范大学国际航运物流研究院院长包起帆发起的"上海2040城市规划与横沙开发"学术研讨会在华东师范大学召开。会议结合《上海市城市总体规划（2015—2040）纲要概要》（以下简称"《总体规划》"）与承接的市科委课题"新横沙成陆开发和深水新港建设可行性关键技术研究"，邀请北京、南京、上海等地的院士、专家和领导进行研讨。现将与会嘉宾的主要观点和建议专报如下。

陈吉余（中国工程院院士、华东师范大学教授）：① 上海是海洋城市，《总体规划》中不仅要有针对陆域、滩涂、水域的开发规划，也应重视海域规划。② 横沙建港不光是交通部的事，上海也要有远见、抓紧做。当年如果不抓洋山，上海港现在的发展局势就不容乐观了。

张建云（中国工程院院士、南京水利科学研究院院长）：① 横沙的开发利用前景看到了曙光，提请关注和研究《总体规划》与国家其他相关规划的衔接问题，如《长江口综合整治规划》《全国河口海岸滩涂开发治理管理规划》等，厘清关系。例如，《总体规划》将横沙浅滩定位为"发展预留空间"，但目前正在编制中的《全国河口海岸滩涂利用规划》将其拟定位为保护区，建议上海赶快协调长江委进行调整。② 对横沙开发的技术层面及关键问题还需加强科学研究，目前的深度不够。③ 重视长江上游水沙条件的变化，加大长江口水文条件（地形、泥沙、水文、波浪）的观测范围，做好有关指标数据的收集、积累工作，进一步开展横沙在长江口新水沙条件下的开发研究。

孙建平（上海市政协常委、原上海市交通委员会主任）：① 上海空间有限，目前横沙浅滩成陆可能是唯一的发展空间。相较于大洋山，横沙完全属于上海，开发、利用及后续发展都更为方便。② 洋山四期建成后，到2025年左右，上海港的港口吞吐能力将趋于饱和，上海国际航运中心可持续发展需要新的空间支撑。一般新港建设从筹备到建成需要10年时间，所以我们的时间不多，当前就要抓紧前期谋划，抓紧做好基础工作和有关资料的积累。

左学金（上海市政府参事、上海市社科院原副院长）：①《总体规划》已明确上海要建新港，但不具体。上海通江达海，作为枢纽港具有独特优势，上海国际航运中心发展仍需要用硬件带动软件。② 港口对环境的负面影响，不能单纯通过减量来达到目的，而应该提倡低碳、环保、生态的运输方式，如发

展海铁联运、置换港区位置等。③ 新港选址上,大洋山与横沙可以作方案比选,横沙还是有优势的。④ 从目前来看,上海港建港的紧迫性与横沙开发的时间节点跟不上,是否能优先建港,先建港后成陆?

吴澎(中交水运规划设计院总工程师、全国水运工程勘察设计大师):从国家战略的角度看,上海是连接长江经济带和"一带一路"的重要支点和枢纽。国家战略要落地,需要上海港服务能力的显著提升。近20多年来,国际航运物流从以欧洲为中心逐步转变为以中国为中心;集装箱运输也正从"钟摆"式运输向"轴辐"式运输发展,干线港数量逐步减少,干线船舶越来越大。上海的地理位置、腹地发展要求以及上海国际航运中心的建设,决定了上海港必须是"轴"上的重要一点。从辐射作用看,向长江辐射,上海港的作用是唯一的,而横沙又是上海港发展江海直转唯一的最佳区位,应当引起国家和上海的重视。

窦希萍(南京水利科学研究院总工程师):① 横沙具有得天独厚的优势,要作为上海未来发展的预留空间。② 从国际和国内发展的成功经验来看,绿色港城建设和生态环保并非割裂开来的,两者可以协调推进。

归墨(洋山同盛港口建设公司原董事长):① 上海实施海洋战略不能局限于现有的土地,必须向东发展。横沙能实现江海直转,具备港口功能优势,应是上海海洋战略的一部分。② 港口要岸线,更要土地。横沙是一个非常合适地方,建议先建深水港。③ 上海港不仅要服务于上海,更要服务于国家战略,要加强与交通部联系,从国家层面取得交通部的支持,与上海联合提出横沙建港方案。

万大宁(上海市人大代表、上海同盛集团原总裁):目前,上上下下对于横沙吹填成陆的问题已经达成了共识,下个阶段是要从规划角度,确立横沙开发和建港的合理性条件:① 突出长三角组合港功能的需要,横沙与舟山是互补关系。② 长江岸线资源整合的需要,服务长三角的水水直转需要。③ 上海城市功能调整、化工区调整和港区置换的需要,与时俱进,腾出空间。

宗源远(中交上海航道局原董事长):建议在《总体规划》中逐步优化调整上海主城区及其周边地区的港口和港区布局,实现张华浜、军工路、龙吴、外高桥等港区逐步向外海迁移,以消除或减少现有港口布局对城市发展的影响和制约,避免或减少港口陆路集疏运对城市交通带来重大影响。

朱建华(上海市交通运输和港口管理局分管副局长、巡视员):① 横沙建设-20 m的深水新港,是实施航运中心可持续发展模式,始终保持上海主枢纽港口地位的重要举措。② 访问港相比母港更能推动国际旅游大城市发展,给城市带来更多效益。因此,为促进上海旅游业发展,带动旅游消费,应实施邮轮母港和访问港双驱动发展路径。

王祥(中交第三航务工程勘察设计院原院长):目前,横沙浅滩在规划中被定位为"发展预留空间",这对于克服上海发展空间面临紧约束的瓶颈至关重大,意义深远。但由于该区域涉及面积大(预计滩涂围垦为 480 km², 港区建设用地初步为 80 多 km²),周边生态、水资源保护地域(涉及青草沙、九段沙、崇明东滩等保护区)敏感,有来自各方面不同的担心和争议。华东师大课题组已列出相关专题并尽最大可能组织相关资深专家和学术权威进行评估,初步结论是积极的,应继续深化。

金镠(长江口航道建设公司原副总经理):① 面向东海是上海实施海洋战略的最根本的出路,而最能体现当前开发和战略储备的结合点就是横沙浅滩。② 长江口在新水沙条件下,海岸侵蚀严重,据统计,北港北沙流失土地近千亩。上海要通过人工保护和圈围的方式防止国土资源流失,扩大国土面积。建议横沙浅滩圈围要列入《总体规划》,尽早把横沙浅滩圈围起来,而不要仅仅列为发展预留空间。③ 大洋山和横沙不能相提并论,分别面向东海和杭州湾,关键是深水岸线,-20 m水深是趋势。

王苏忠(上海市滩涂造地公司原董事长):华东师大课题组目前开展的研究是与《总体规划》相衔接的,要做好规划的引领作用。建议从新的横沙大堤起步,继续向前延伸 26 km,实现先促淤,这样将大大降低以后的圈围成本。

张海燕(上海市水务局滩涂管理处处长)：当前从国家层面来看,海洋滩涂规划收紧。目前横沙规划立意于建设生态空间格局,作为战略后备资源。对自己的定位要清楚,上海已有自然保护区面积位于全国前列。横沙一旦作为保护区,以后就不能动了。首先要在规划中立起来,留白不能是保护区,而是要成为保留区。

姚逸云(中交上海航道勘察设计研究院原党委书记、华东师范大学国际航运物流研究院研究员)：建议在编制正式规划时对新横沙的定位进一步深化、具体。特别是要将自然促淤与长江口深水航道疏浚土的综合利用相结合,科学规划、落实措施(资金、技术),长规划、短安排,充分利用长江口深水航道每年产生 6000 万～8000 万 m^3 的疏浚土,持续推进横沙浅滩促淤、吹填成陆,为上海城市发展预留实实在在的、可即需即用的空间。

徐德麟(上海港务集团工程技术部原总经理、华东师范大学国际航运物流研究院研究员)：① 在"十三五"完成横沙东滩圈围成陆后,建议在规划中列入横沙浅滩的圈围成陆,以便更好地协调和衔接国家的上位规划《全国海洋功能区划》[含《上海市海洋功能区划(2011—2020 年)》和《全国河口海岸滩涂利用规划》]。② 破解上海土地短缺的矛盾,除了严控建设用地外,填海(江)造地增加新的土地资源也是不可或缺的。横沙东滩和横沙浅滩在 2040 年前完全有条件形成面积达 480 km^2 的新的陆域土地,为目前上海市域面积 6340.5 km^2 的 7.6%,极具开发利用价值,应该在上海新修编的规划中有所体现。

包起帆(原上海市政府参事、华东师范大学国际航运物流研究院院长)：市委市府根据当前建设重心和城市长远发展需求,对横沙开发暂时留白的战略定位是正确的。但留白不等于不干,发展预留空间不是不能作为,在规划上要先行一步,要创造条件使一旦发展需要时,即可提供开发所需的政策、规划、技术等条件。

建议充分重视长江下泄沙量骤减对上海土地资源带来的影响

说明：《参事工作专报》2016年第19期（2016年6月23日）、《统战专报》第337期（2016年7月1日）刊登了《原市政府参事包起帆建议充分重视长江下泻沙量骤减对上海土地资源带来的影响》。

市长杨雄批示：**请水务局研究。**

《统战专报》2016年7月1日第337期刊登了《包起帆建议充分重视长江下泻沙量骤减对上海土地资源带来的影响》，专报春兰、裔炳、喜庆、韩正、杨雄、应勇同志，抄报中央统战部研究室、市委办公厅。

统战部部长沙海林批示：**请将此稿专报中央统战部，另请了解是否呈报市委办，如未曾报过，请同时呈报市委办。**

参事工作专报

第 19 期

上海市人民政府参事室编　　　　　　　　　　　　　2016年6月23日

专报沙海林部长

原市政府参事包起帆建议充分重视长江下泄沙量骤减对上海土地资源带来的影响

编者按： 去年，市政府参事室向市科委申请了"上海市软科学研究项目（课题）"，主题为"长江口航道疏浚土成陆和建设机制研究"。为做好这项研究，课题负责人、原市政府参事包起帆于今年5月底至6月初，组织有关专家学者实地考察了三峡大坝、金沙江水电站等长江上游水系大型水坝电站，调研了长江水利委员会，及下属水文局、规划局、设计院等单位。经过数据收集、整理及分析，发现近年来长江下泄沙量骤减，造成上海有史以来长江口滩涂冲刷首次大于淤积的现象，将形成上海新的土地资源难以为继的状况。现将主要情况及建议专报如下。

21世纪以来,长江上游以三峡水库为核心的巨型水库群建的长江河口目前已开始向冲刷侵蚀河口转变,河槽冲刷、滩涂侵蚀。长江水系范围及水电站布设如图1所示。

图1 长江水系范围及水电站布设图

1 三峡下泄水沙量情况

2003年长江三峡水库开始围堰蓄水,此后75%的下泄泥沙被拦截;2010—2013年三峡上游金沙江沿线又相继实施了多个梯级水电站,进入三峡的入库泥沙由设计时每年4.91亿t锐减为2014年后的平均每年0.4亿t。由此,过三峡下泄的沙量进一步减少。

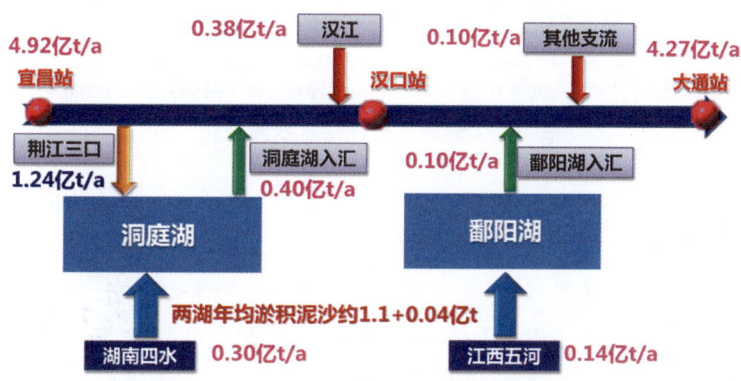

(a) 三峡运行前(1950—2002年)

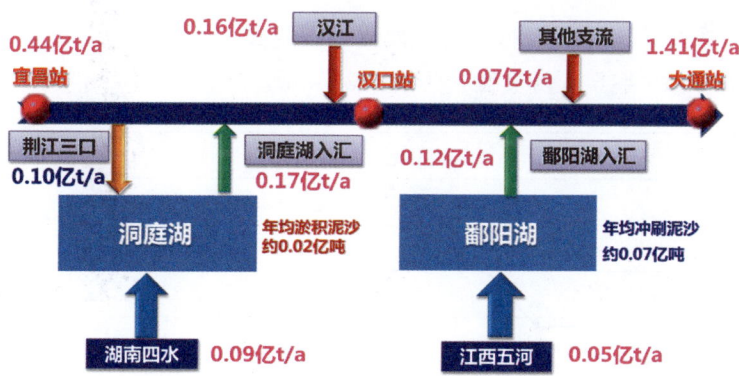

(b) 三峡运行后(2003—2014年)

图2 三峡运行前后长江中下游沿程年均输沙情况

根据三峡下游宜昌水文站资料统计(图2),2003—2014年间,出三峡的下泄水量年均减少8%,而下泄沙量年均减少91%。为此,长江中下游(宜昌—大通河段)河槽沿线遭到冲刷。三峡水库运行前,该河段年均淤积泥沙约0.40亿t;三峡水库运行后,年均冲刷泥沙约0.50亿t。

2 进入长江口的水沙情况

1950—1990年间,长江口上游大通水文站年输沙量平均为4.6亿t,至20世纪90年代,输沙量已有所减小,如图3所示。三峡工程实施后,其下泄水量减少7%,下泄沙量减少了67%,尤其是2010年后的平均年输沙量仅剩1.3亿t,仅为历史时期的28%。

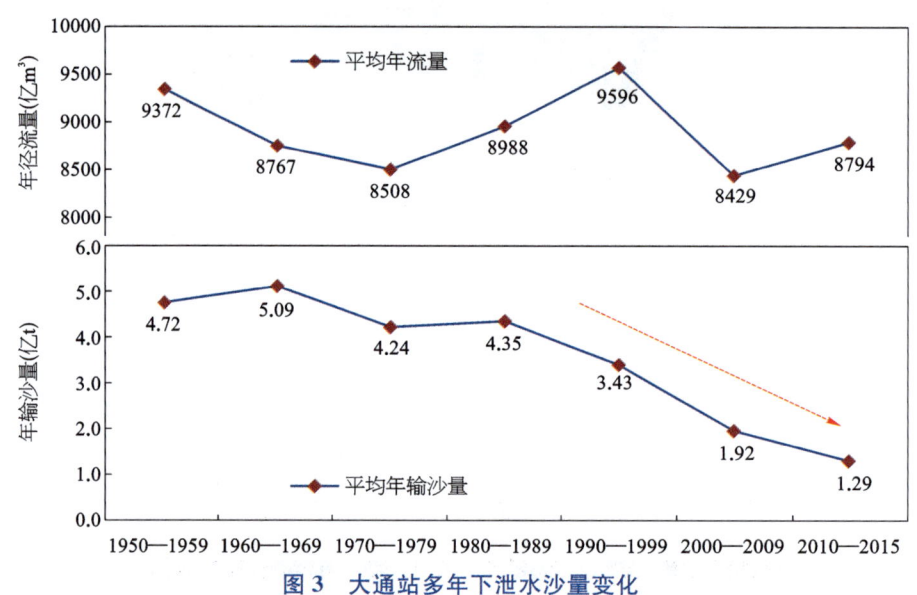

图3　大通站多年下泄水沙量变化

3 长江口的滩涂状况

历史上,长江口是一个淤长型河口,滩涂淤长成陆、河口不断外推。上海本土和长江口的崇明、长兴、横沙三岛就是长江泥沙淤长而成的,长江口的滩涂也依赖于长江源源不断的下泄泥沙而生长发育,成为新的国土资源。但随着上游下泄沙量的持续减少,自2010年后,长江口滩涂面积开始减小。至2016年,5 m以浅滩涂面积已减少了124 km²,尤其是2014年后,减幅加大(图4)。其中,如表1所示,扁担沙、北港北沙、横沙浅滩、九段沙、南汇边滩等长江口主要滩涂区域面积均有所减小;横沙浅滩的减幅最为明显,2010—2016年5 m以浅面积共减少37 km²,相当于平均每年减少6 km²(0.9万亩)。

图4　长江口5 m以浅滩涂区域面积

表1 长江口5 m以浅滩地面积统计 (km²)

位　　置	2010年	2012年	2014年	2016年	2010—2016年变幅
扁担沙	132	124	126	128	−4
崇明东滩南部（北港北沙区域）	320	318	320	312	−8
横沙浅滩（N23潜堤以西滩地）	323	301	298	286	−37
九段沙、江亚南沙	330	330	333	321	−9
南汇边滩（不包含促淤成陆区）	155	145	122	148	−7

4 趋势分析

根据三峡水库实际入库泥沙情况，未来300年内三峡不需要进行水库清淤排沙，加上长江沿线河道整治、水土保持措施的不断实施，在未来相当长期限内，长江口的来沙量将维持在较低水平。这种现象的长期持续会使长江口面临侵蚀。

自2003年以来，长江口0 m以深的河槽容积已扩大了16亿 m³；同时，口外北槽以北的水下三角洲区域明显冲刷，15 m等深线平均内移了1.7 km。在此背景下，未来长江口滩涂资源将继续流失，甚至幅度加大。而未来滩涂成陆可利用的沙源会日益稀缺，滩涂的成陆工期和成本均将大幅提升。

5 针对横沙浅滩的措施建议

目前，在长江口主要滩涂区域中，横沙浅滩的冲刷最为显著。该沙体西侧的横沙东滩将于2020年可完成陆域形成工程。因此，2020年后，横沙浅滩将成为最利于北槽航道疏浚土上滩成陆的区域。但在这期间，若任由滩面冲刷，则未来的成陆工程量将大幅增加。如2010年至2016年，横沙浅滩滩面平均冲刷了25 cm，其成陆工程量已增加1亿 m³，成陆成本增加约24亿元。

此外，长江口滩涂成陆以往利用水体高含沙量的特性，先采取促淤工程，这样可以较小的工程代价来获得土地资源。但下泄沙量的持续减少，长江口水体含沙量也会逐步降低，滩涂促淤的效果已明显减弱，不能满足浅滩成陆的需求，如横沙东滩即将成陆的八期滩面区域，原为东滩促淤区，在促淤工程期间（2003—2009年），该滩面平均淤高幅度仅为0.16 m。

根据横沙浅滩目前不断冲刷减小的情况和未来加速侵蚀的发展趋势，建议抓紧对横沙浅滩区域采取相应措施，保护上海未来发展的土地资源。

（1）抓住新一轮制定"国家沿海地区的海洋功能区划"的机会，建议市海洋、规划等部门做好预案，调整横沙浅滩区域的海洋功能定位，及早列入滩涂造地规划，为上海争取更多的建设用围填海指标。

（2）建议市政府安排责任部门及早开展横沙浅滩圈围成陆的前期工作，包括开展野外大范围的勘探、监测工作，为后续工程建设积累基础资料。

（3）及早启动横沙大道外延工程。如图5所示，将现横沙大道继续外延26 km直至北槽深水航道北导堤堤头区域，阻隔横沙浅滩与北槽的水沙交换，减弱横沙浅滩的水流动力，减缓滩面侵蚀；更为横沙浅滩后续圈围成陆提供最主要的工程依托和建筑材料运输通道。

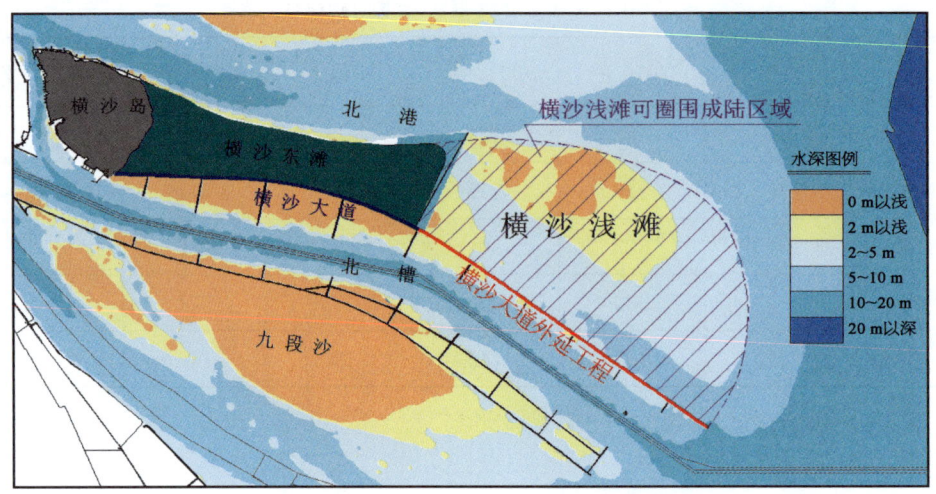

图 5　横沙浅滩成陆及横沙大道外延工程位置图

（4）加强与长江航务局的合作，进一步完善航道疏浚与吹填成陆的联动机制，实现航道疏浚土资源的全部上滩利用。

（5）继续支持上海科研院校对新横沙成陆开发开展科学研究，进一步论证长江口水沙、河势、环境等变化给上海土地、港口、航道资源带来的影响，未雨绸缪，为上海未来的发展奠定基础。

统 战 专 报

第 337 期

中共上海市委统战部　　　　　　　　　　　　　　　　　　2016 年 7 月 1 日

专报：春兰、裔炯、喜庆；韩正、杨雄、应勇同志
抄报：中央统战部研究室、市委办公厅

包起帆建议充分重视长江下泄沙量骤减
对上海土地资源带来的影响

　　5月底至6月初，原市政府参事包起帆组织有关专家学者实地考察了三峡大坝、金沙江水电站等长江上游水系大型水坝电站，调研了长江水利委员会，及下属水文局、规划局、设计院等单位。经过数据收集、整理及分析，发现近年来长江下泄沙量骤减，造成上海有史以来长江口滩涂冲刷首次大于淤积的现象，将形成上海新的土地资源难以为继的状况。现将主要情况及建议专报如下：

　　21世纪以来，长江上游以三峡水库为核心的巨型水库群建成，沿线梯级水电站拦截大量下泄泥沙，加上受长江中下游河道采砂、河道（航槽）整治、水土保持建设等影响，2003年后下泄进入长江口（大通水文站）的沙量平均减少了67%，年均仅剩1.41亿t。受此影响，历来以丰沙丰水、易于淤长著称。

（正文略）

关于推进横沙大道外延确保横沙滩涂资源战略预留的建议

说明：2017年5月27日，《参事工作专报》2017年第25期刊登了市政府参事王新奎、原市政府参事包起帆同志《关于推进横沙大道外延确保横沙滩涂资源战略预备的建议》。

参事工作专报

第 25 期

上海市人民政府参事室编　　　　　　　　　　　　　　2017年5月27日

专报应勇同志

市政府参事王新奎、原市政府参事包起帆
关于推进横沙大道外延确保横沙滩涂资源战略预留的建议

1　保护滩涂资源，保护上海未来

近年来，在市委市政府的正确领导下，利用长江口疏浚土在横沙造陆的工程有了很大的进展，交通运输部和上海市有关疏浚土综合利用合作共赢机制得到了落实和完善。2016年市政府启动了全国规模最大的吹填造陆工程——横沙东滩七期、八期工程，总投资110多亿元，计划到2020年综合利用长江口疏浚土约2.1亿 m^3，可为上海新增土地56 km^2，5年造地规模比以往18年累计造地还多6 km^2。

最新公布的《上海市城市总体规划（2016—2040）》提出要"强化横沙东滩滩涂围垦资源的远景预留，为城市发展预留战略空间"，提出"上海港形成以洋山深水港区、外高桥港区为核心，杭州湾、崇明三岛等港区为补充的格局……加强对横沙等海洋战略资源的保护和控制"。这个规划是有远见的，在上海城市发展处于资源紧约束阶段，采取控制城市建设用地、以土地资源利用方式的转变倒逼城市发展转型的背景下，明确了横沙东滩作为城市长远发展战略空间的定位，强调了滩涂围垦资源的远景预留。

表1 历年来长江口疏浚土利用情况对比表

年 份	历时	疏浚土总量	疏浚土处理	进吹泥站的量	疏浚土利用率	吹泥上滩率	形成土地面积
1998—2015	18年	9.3亿 m³	66%外抛丢弃＋34%进吹泥站吹泥上滩	3.19亿 m³	34.3%	25.9%	50 km²
2016—2020	5年	2.8~3.5亿 m³	80%以上进吹泥站吹泥上滩	2.44亿 m³	≥80%	75%	56 km²

横沙东滩扼守江海交汇要冲，自身303 km²的滩涂与西侧在建106 km²的圈围成陆区域构成了长江伸向东海的箭矢，加上其南北坐拥长江口—12.5 m深水主航道和北港规划—10 m航道，东接外海可建的—20 m超深水航道，西可依托沪崇苏通道，区位、土地、交通等优势十分显著，是未来上海城市发展的理想区域。

新横沙滩涂是十分宝贵的稀缺性资源，保护滩涂资源，即在保护上海的未来。然而，目前这些资源面临着丧失的危险。

2 横沙滩涂资源的预留需建立在有效保护的基础上

目前，我们面临着一个严峻的现实问题，即：横沙东滩的滩涂是否能够稳定预留至未来城市发展所需？

21世纪以来，长江上游以三峡水库为核心的巨型水库群逐渐形成，下泄泥沙被大量拦截，加上长江中下游水土保持工程的完善，目前长江口已开始呈现丰水少沙现象。2010年后的来沙量仅剩历史时期的30%左右。受此影响，长江口河槽冲刷，包括横沙东滩滩涂在内的部分滩涂区域已出现冲刷侵蚀现象。据统计，2010—2016年间长江口南支—南北港—南北槽沿线0 m以深河槽冲刷量达10亿m³，相当于平均每年1.7亿m³泥沙流失。横沙东侧滩涂区域在2013—2016年3年间滩地面积减少了21 km²，相当于3万亩土地流失。图1为长江大通站年际输沙量变化。

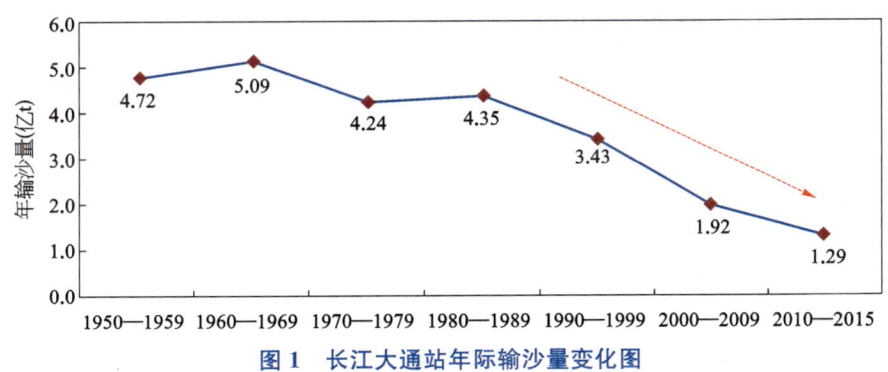

图1 长江大通站年际输沙量变化图

滩涂资源预留的前提是滩涂资源不减少，滩涂格局不动荡。如果按照现有来沙量的变化趋势，历史以来长江流域向长江口源源不断地供沙局面、河口滩涂大幅外淤、陆域快速增加的状况将难以再现。不仅如此，现有滩涂资源的流失也是即将面临的问题。对此，如果要确保横沙滩涂资源的长远预留，必须采取有效的防护和整治措施。

3 滩涂整治时不我待，战略空间未雨绸缪

横沙东滩位于北槽与北港之间，其50 km长的滩涂区域构筑了长江口最主要两大入海通道的边

界。其滩涂的稳定直接关系着这两大入海通道河势的稳定,也直接影响着长江口深水主航道在河口拦门沙段的稳定。目前横沙东滩东侧滩涂已开始冲刷,未来还将处于易侵蚀环境中。如果任其自然发展,则滩面泥沙流散、沟壑纵横,滩体萎缩散乱、难保高大完整,未来必将危及周边河势稳定。

此外,作为未来城市发展的战略空间,土地的形成是基础。横沙滩涂区域 303 km²,若全部成陆至城市开发所用,至少需约 35 亿 m³ 泥沙供给。随着长江下泄泥沙的持续减少和北槽深水航道工程的逐渐完善,北槽深水航道维护量已在逐年减少,2012 年至今减少了 42%,这意味着未来可用的成陆沙源将变得稀缺。

为此,现阶段应采取工程措施、利用北槽深水航道维护的疏浚土资源(图 2)对横沙滩涂及时开展整治工作,确保滩涂稳定,确保周边河势格局稳定。同时,需及早开展横沙战略空间形成的谋划工作,为未来城市开发建设未雨绸缪。

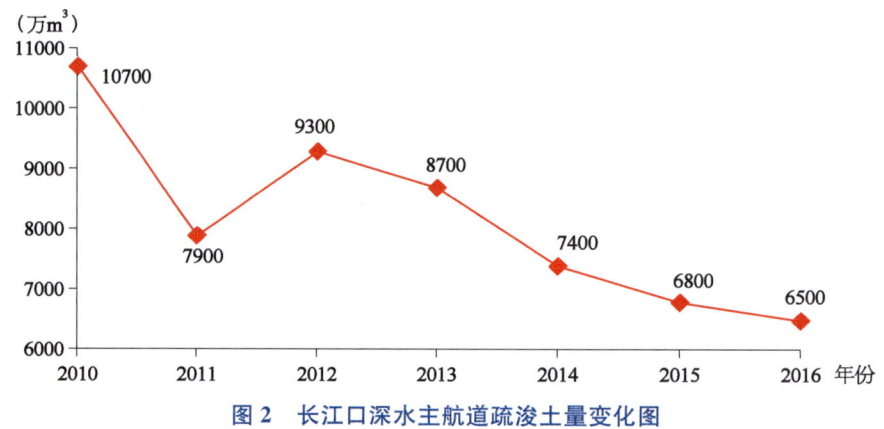

图 2　长江口深水主航道疏浚土量变化图

4　建议先行推动横沙大道向东延伸及护滩工程

基于目前横沙东滩在建工程的成功经验,当务之急是将现横沙大道继续向东延伸至北槽北导堤堤头,并辅以适当的护滩促淤工程。根据研究,建议横沙大道外延工程(图 3)可按百年一遇高标准设计,堤长 25 km、顶高 9.5～10.2 m、顶宽 10 m。东滩滩面上可按五十年一遇标准布设促淤堤工程,堤长 13.5 km、顶高 5.5 m、顶宽 7 m;同时,北沿可布设堤长 10 km、顶高 2.0 m 的护滩堤。工程费用约 95 亿元。

该工程的作用在于:

(1)可稳定滩槽河势、利于滩面淤涨。横沙大道外延后,北槽与横沙浅滩间的滩面泥沙交换彻底隔断,既利于滩槽格局稳定,也利于北槽航道维护。同时,滩面促淤堤及北沿护滩堤实施后,横沙浅滩形态将得到有效控制,滩面在工程掩护下快速淤高。借鉴横沙区域已建工程经验,本工程实施后前两年滩面淤高最为明显,每年约可以拦截水体泥沙 5000 万 m³,大部分滩面可淤高 0.2～0.5 m/a,之后淤高幅度逐渐减缓。其中浅滩南片区、现窜沟区域的淤高尤为显著,最终可形成南高北低的滩面形态。

(2)可最大程度利用好疏浚土资源塑造滩涂。现状环境下,横沙滩面涨落潮动力和风浪作用均较强劲,北槽航道疏浚土上滩后难以在滩面滞留,其中 33% 以上的上滩泥沙将重返北槽,另有相当一部分泥沙将四周扩散。有史以来,横沙浅滩滩面高程基本处于−5～0 m,鲜有+1.0 m 滩地。横沙大道外延工程及护滩促淤工程实施后,横沙滩面可形成有利的淤积环境(图 4),滩面流速、风

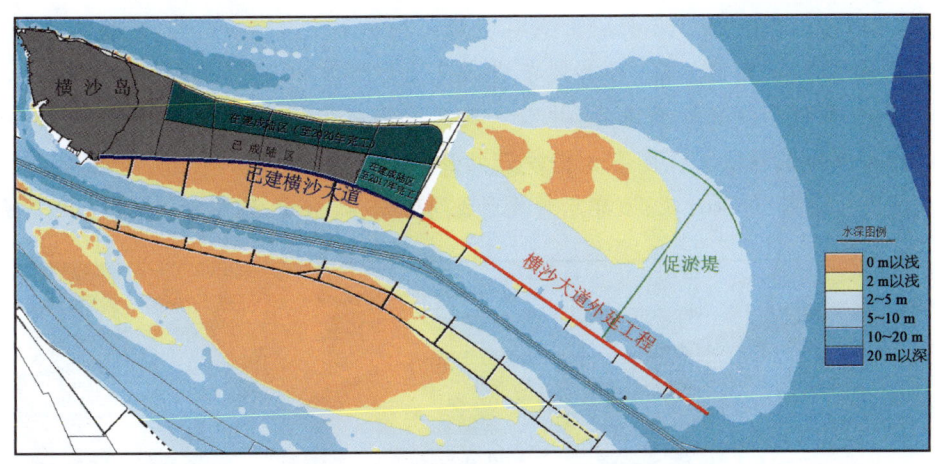

图 3　横沙大道外延工程布设图

浪均大幅度减小，尤其是促淤堤西侧滩面，涨落流速可普遍降至 0.5 m/s 以内，同时可削弱 40%～80% 风浪作用。疏浚土吹填进入促淤堤西侧滩面后，既消除了泥沙重返北槽的可能，也大幅提升了上滩泥沙的落淤。

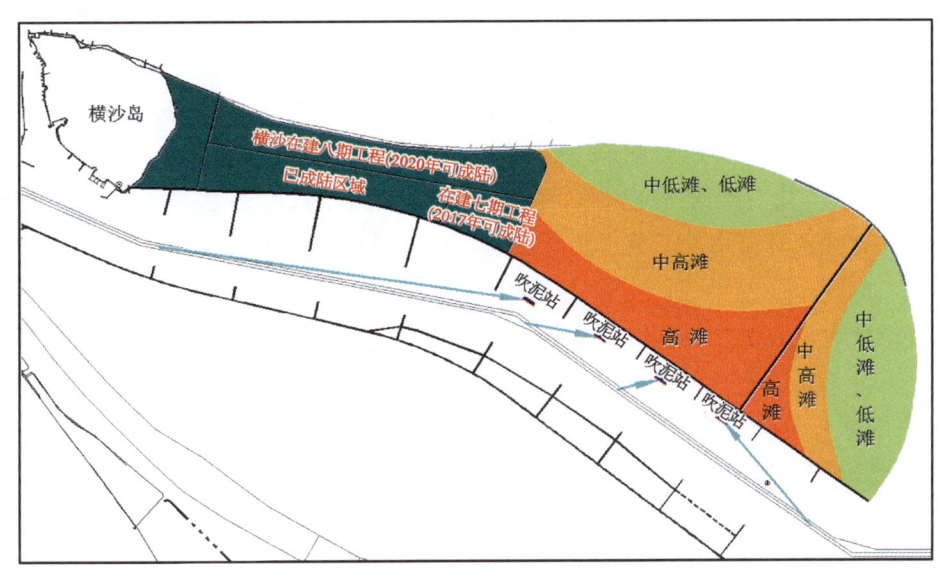

图 4　工程作用下未来滩面构造示意图

（3）利于滩涂生态优化。在长江口区域，滩涂是河口生态系统的重要组成部分。其中，崇明东滩和九段沙是生态湿地的保护区，其他滩涂区域也是河口生态环境的重要组成和有效补充。横沙东侧滩涂目前是以中低滩为主，高滩缺失，生物种类单一，多样性受限。在口门区域受强劲的风浪和潮流动力作用，滩地自我淤涨、生态保育能力十分有限。横沙大道外延及促淤护滩工程实施后，滩面重新塑造，其中 0～+2 m、+2 m 以上的中高滩和高滩区均将大幅扩大，同时可形成高滩—中滩—低滩—深槽的完整剖面，利于河口生物繁衍。经过 1～2 年的修复，可形成环境更为优越、物种更为丰富的生态区域。横沙东滩现有的工程已给出了有力诠释：西侧成陆区域，目前成了亚太候鸟群迁徙途中在长江口的一块新栖息地；南侧坝田区域，已成为长江口的一块优质的新生湿地。因此，在横沙东滩战略预留期间，可通过人工工程构建生态环境优化区。

（4）为未来上海城市发展空间的构建奠定基础。横沙大道外延和促淤护滩工程实施后，一方面可确保横沙滩涂面积稳定,即确保了未来城市战略空间范围的稳定;另一方面,通过自然淤涨和航道疏浚土的上滩利用,横沙滩面大幅淤高,可有效节省未来土地形成的时间和成本。此外,现阶段横沙大道外延工程、促淤堤工程均按高标准设计,并满足双向通车要求,亦为未来横沙浅滩进一步成陆开发提供了物质运输通道和工程依托。图 5 为横沙开发总规划范围示意图,横沙总开发面积 480 km^2,其中 2020 年可完成成陆面积 106 km^2,2020 年后可规划成陆面积 303 km^2,南侧坝田预留开发区域 71 km^2。

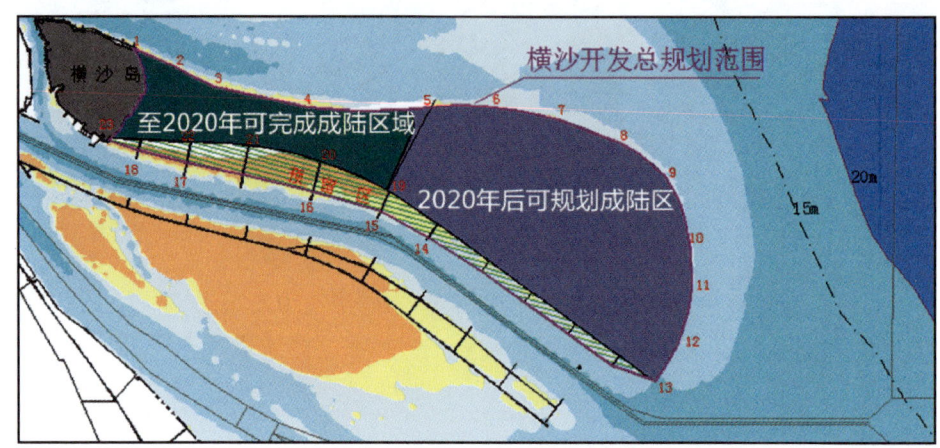

图 5　横沙开发总规划范围图

上述构想已经初步得到了科学论证,近年来华东师范大学国际航运物流研究院组织了上海航道勘察设计研究院、南京水利科学研究院、北京水运规划设计研究院、中交第三航务工程勘察设计院等 16 家科研院所开展了为期 5 年的研究工作,通过产学研用相结合,充分发挥课题组在多学科、高层次的综合优势,在关键技术研究中采用数理统计、数值模拟、现场观测等技术和方法,为此建议提供了技术支撑。

总之,先行推进横沙大道外延工程及适当的促淤护滩工程,通过先促淤后逐步圈围成陆的滚动开发,可实现滩涂留白与保护并存、战略空间构建与生态建设共进。在横沙东滩作为上海城市发展空间开发这一长远规划的实施过程中,既可充分保持滩涂资源稳定发展和生态环境持续优化,也可为更好地实现城市发展战略空间的长远目标奠定基础。

关于谋划上海横沙深水新港规划的建议

说明： 2017年第5期《交通运输部专家委员会个人建言专报》刊登了交通运输部专家委员会水路组委员包起帆同志《关于谋划上海横沙深水新港规划的建议》。

党组书记杨传堂批示：**请天碧同志调研。**

副部长何建中批示：**请陈建同志及天碧同志调研。**

专家委员会主任周伟批示：**部专家委员会水路组包起帆委员提交了一份《关于谋划上海横沙深水新港规划的建议》，感觉与上海航运中心的建设发展关系较大，现呈上，供您参阅。**

交通运输部专家委员会 个人建言专报

2017年第 5 期

关于谋划上海横沙深水新港规划的建议

交通运输部专家委员会水路组委员

上海国际港务集团公司原副总裁　教授级高工

包起帆

编按： 根据部专家委员会积极开展委员个人"建言献策"的通知要求，委员们充分发挥主动性和创造性，结合自身工作和专业优势，向部专家委员会提交了个人建言献策，现将水路组包起帆委员的建言呈报。

1 上海港拥堵现象引发全球关注

自今年4月初起，上海港出现了严重拥堵，引起了国际港航界、贸易界的高度关注"中国第一大港已凌乱"[①]、

[①] 《中国第一大港已凌乱！码头拥堵、船期延误、落箱费暴涨！》，锦程物流网，2017年4月12日。

"长期超负荷运营,上海港陷持续拥堵"①等消息不断爆出,"拥堵已蔓延至临近的青岛、宁波等港口"②,"中国主要枢纽码头的港口拥挤将蔓延到亚洲各港口"③,"此次港口拥堵主要影响了亚洲—欧洲、跨太平洋、亚洲—澳大利亚等远洋航线"④。

国内外众多知名媒体对这一事件进行了报道。4月21日英国路透社撰文《世界上最繁忙的上海港遭遇堵塞》,援引全球船运管理软件方案企业Cargo Smart的分析数据称"仅4月16日~18日期间,相较于上一周,上海港船舶平均延误时间增长42%,达到了53 h。自4月开始,洋山港船舶延误率增长约40%!上海港'堵船'情况将会长期持续"⑤。

4月26日,中华航运网在《上海港这波大拥堵恐延续至5月中旬引发外媒关注》一文中提到"尽管上港集团已发出通知,将统筹全港作业资源,优化部分航线和航班作业安排……但JOC分析认为,想立马解决当前的局面非常困难"⑥。

5月2日,国际权威媒体《劳氏海运周刊》在《货运量增长是中国港口拥堵主要原因》一文中认为"随着入境贸易快速增长和船舶大型化,今年第一季度中国十大集装箱港口集体需求增长了6%"⑦;4月20日,国际集装箱运输和物流信息门户网站JOC在《货代公司发出警告上海港拥堵可能持续数周》一文中也强调:"尽管上海港口通常都有相当多的船只,但近几天货运量急剧上升";"一家大型亚洲航运公司的专家也表示:洋山的拥挤表明,港口正在挣扎着应对不断增加的、更大型的船舶"⑧。

5月30日,《中国经济周刊》在《上海港"塞港风波"的反思》中提道:"自4月中旬以来,上海港持续拥堵近一个月,眼下情况似乎有所缓解。'不塞港了,但拥堵继续'","上海市航运交易所航运交易公报副主编刘俊分析称:随着上海港卸货量的持续增长,堆场空间不足问题凸显","此次上海港堵港,说白了就是上海港对航运格局变化没有做好准备"⑨。

2 上海港拥堵原因分析

上述来自国内外舆论界对上海港拥堵的评述有其现实写照的一面,也有一定的渲染成分,未必反映了实际情况,但上海港产生拥堵的现象不能不引起我们的重视。

上海港产生拥堵的原因是多方面的,到港航班的大调整、货量的急剧增加、船公司货物的超配、计算机管理系统的更新等众说纷纭。根据我长期在上海港工作的经验和认识,觉得上述原因只是表象。适度超前的能力是现代服务业的基本要素,港口能力理应能够应对外界的不测因素、适应社会对港口的需求,而上海港目前主要存在以下几个方面的问题。

2.1 上海港集装箱码头一直处于能力不足和超负荷营运的状态

上海港自1993年起开始大规模建设集装箱码头,从浦西宝山吴淞地区发展到浦东外高桥地区,2003年起又在小洋山岛启动建设集装箱码头。1993—2010年的18年间,上海港不断新增集装箱码头能力并交付使用,符合港口能力适度超前于市场运输需求的经济规律。2011—2017年的7年间,各

---

① 《长期超负荷运营 上海港陷持续拥堵》,《财新周刊》,2017年5月10日。
② China box congestion spreads to other ports,Mike King,《劳氏海运周刊》(lloyd loading list),2017年4月26日。
③ China congestion likely to affect other Asian ports,Mike King,《劳氏海运周刊》(lloyd loading list),2017年5月2日。
④ 《上海港的"堵船"究竟会持续到何时?》,搜狐网,2017年4月22日。
⑤ Shanghai port,world's busiest,grapples with traffic congestion,英国路透社,2017年4月21日。
⑥ 《上海港这波大拥堵恐延续至5月中旬引发外媒关注》,中华航运网(交通运输部政府辅助网站),2017年4月26日。
⑦ Growth the main factor in Chinese box congestion,Will Waters,《劳氏海运周刊》(lloyd loading list),2017年5月2日。
⑧ Forwarders warn Shanghai congestion could last weeks,国际集装箱运输和物流信息门户网站JOC,2017年4月20日。
⑨ 《上海港"塞港风波"的反思》,《中国经济周刊》,2017年5月30日,第22期。

方对上海国际航运中心建设是否还需要有集装箱量的支撑、对上海港集装箱吞吐量增长给城市交通和环保带来负面影响的程度产生了分歧,故未再新增集装箱码头能力,甚至退出了宝山集装箱码头的经营,致使上海港集装箱码头能力不足的瓶颈逐年凸显。

(1)上海港长期处于超负荷营运状态。由表1可见,上海港现有集装箱码头的能力与实绩差距甚大。虽经加强内部管理和技术进步提高了码头通过能力,但仍力不从心,2014年、2015年、2016年上海港的集装箱吞吐量已分别达到了3528万TEU、3653万TEU、3713万TEU,超过了2015年交通运输部通过的核定能力2515万TEU的40%、45%、48%,完全处于超负荷营运状态,并呈逐年扩大趋势(表1)。

表1 上海港集装箱码头通过能力与实绩对比①

码头名称	泊位数（个）	长度（m）	2015年通过能力（万TEU）	2014年吞吐量（万TEU）	2015年吞吐量（万TEU）	2016年吞吐量（万TEU）
洋一期	5	1600	220	815（超90%）	828（超93%）	845（超97%）
洋二期	4	1400	210			
洋三期	7	2600	500	710（超42%）	715（超43%）	722（超29%）
洋四期	7	2350	400(预期)	—	—	—
外一期	3	900	135	243（超80%）	255（超89%）	254（超88%）
外二期	3	900	280	618（超121%）	625（超123%）	603（超115%）
外三期	2	650				
外四期	4	1250	400	345（达到86%）	378（达到95%）	383（达到96%）
外五期	4	1110	470	522（超11%）	565（超20%）	593（超26%）
外六期	3	1008				
张华浜	3	784	300	275（达到92%）	287（达到96%）	313（超4%）
军工路	4	857				
宝山	2	640	60（2012年撤销）	—	—	—
合计	**49**（不包括宝山）	**15409**（不包括宝山）	2515（不包括洋四期和宝山）	**3528（超40%）**	**3653（超45%）**	**3713（超48%）**

尽管我国经济发展呈现新常态,但上海港仍是长江经济带集装箱物流最重要的枢纽港,在"一带

---

① 数据来源:《中国港口年鉴》,《中国港口》杂志社。

一路"、长江经济带和上海自由贸易区战略的影响下,众多的长江、沿海船舶与远洋船舶共同争抢上海港有限的集装箱泊位,更使上海港的集装箱码头出现了严重的供不应求。今年1—5月,国际航运格局发生变革、全球经济呈现复苏态势、上海港集装箱吞吐量同比增长9.9%①,如此一来,港口发生拥堵就成为必然。

(2)上海港集装箱增量的预判失灵。长期以来,上海港集装箱码头的建设相比于集装箱量的增长往往是滞后的。实践已经证明,无论是在经济大发展的年景里还是在经济新常态的状况下,上海港每年的集装箱吞吐量基本都呈增长态势,而码头新增能力则没有跟上其步伐。

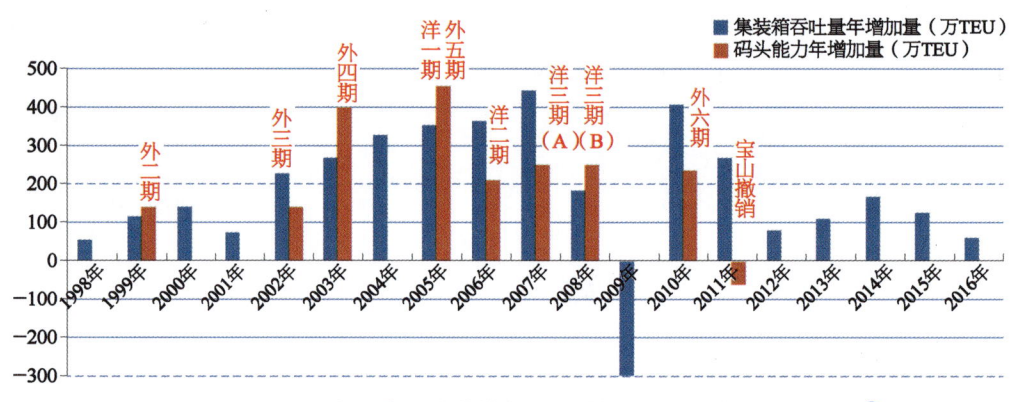

图1　1998—2016年上海港集装箱年增加量与码头能力年增加量对比②

从图1中可以看出,在1998年至2010年的13年经济大发展期间,上海港集装箱吞吐量的年增加量平均在200万TEU以上;在经济新常态下的2011—2016年的6年间,上海港集装箱吞吐量的年增加量平均为134万TEU。在此期间上海港不仅没有建成新的集装箱码头,还撤销了宝山码头60万TEU的能力,致使码头能力不升反降,远远落后于实际需求。

(3)上海港集装箱吞吐量未来还将持续增长。前事不忘,后事之师,报道称今年年底将投产的洋四期码头的通过能力为400万TEU,充其量只能缓和目前上海港集装箱码头的拥堵状况。预计2017年上海港的集装箱吞吐量可大幅增加250万TEU左右,以2018—2020年保守预测,即平均每年增加量180万TEU计,到2020年上海港的集装箱吞吐量预测将达到4503万TEU。即使加上洋四期全部投产后的630万TEU的新增能力,如果要保证正常的港口生产秩序,上海港仍还需弥补1358万TEU左右的能力缺口。这意味着从现在起到2020年年底,若不抓紧时间规划和建设新的集装箱码头,上海港将长期超负荷营运,严重拥堵将成为常态。

从长远角度看,中交水运规划设计院根据长江经济带运输需求、长三角港口群发展形势以及上海港在长三角港口群中的地位,综合国际航线、内支线、内贸航线等航线集装箱吞吐情况,对2030年和2040年上海港吞吐量进行了专业分析和预测(表2)。

按照保守的低方案预测,2030年和2040年上海港集装箱吞吐量将分别达到4800万TEU、5300万TEU;按照高方案预测,2030年和2040年上海港集装箱吞吐量将分别达到6000万TEU、6900万TEU。若不能在未来10～20年内及时解决集装箱码头能力不足的问题,届时,上海港将可能失去全球枢纽大港和国际航运中心地位。

---

① 《为上海港荣誉而战》,《上海海港报》,2017年6月9日,第1935期,第一版。
② 数据来源:2016年版《中国港口年鉴》,《中国港口》杂志社。

表 2　上海港集装箱吞吐量预测① 　　　　　　　　　　　　　　　　　　　（万 TEU）

年 份	方 案	合 计	国际航线		内支线	内贸航线
			国际中转	其 他		
2030 年	低方案	4800	470	2930	620	780
	高方案	6000	630	3640	820	910
2040 年	低方案	5300	570	3100	770	860
	高方案	6900	850	3920	1000	1130

2.2　上海港建设集装箱码头的岸线、土地资源严重匮乏

（1）缺乏可供建设集装箱码头的深水岸线。目前，上海市辖范围的长江口、杭州湾深水岸线已开发殆尽。洋山港区由于现行体制及行政区划的障碍，新泊位建设步履艰难。随着 1.8 万 TEU 以上超大型集装箱船舶的大量投入营运，上海港可供建设集装箱码头的深水岸线资源短缺问题日益显现。

（2）缺乏陆域发展空间。自 20 世纪 80 年代以来，上海港区的外移过程不断加速，先是移至长江南岸的外高桥地区，继而又移至洋山港区。目前这两个地区可用于港区生产和陆上集疏运通道的陆域空间已开发殆尽，连接洋山港区的东海大桥的通过能力也已饱和。

2.3　上海港没有超深航道和超深集装箱码头

近年来船舶大型化进展迅猛，自 2011 年马士基航运订造 1.8 万 TEU 型 3E 级大船后，"造大船"成为全球航运发展的主流。

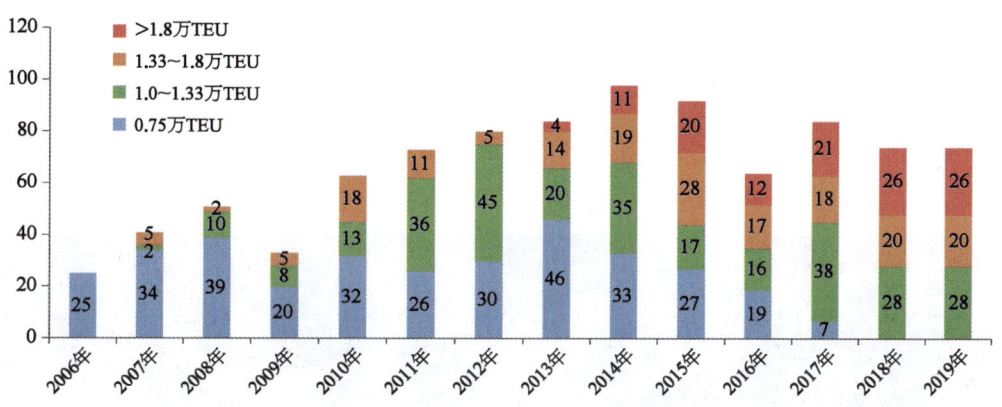

图 2　全球超大型船舶年度交付数量②

根据图 2 中的数据，截止到 2016 年已有 47 艘 1.8 万 TEU 的超大型集装箱船交付使用，2017—2019 未来 3 年，预计将新交付使用 73 艘，占所有新建船型的三分之一以上，并主要投放在亚欧航线上运营，这将引发洲际海运航线发生根本性变革。更为严峻的趋势是，主流超大型集装箱船已经从 1.8 万 TEU 型升级到 2 万 TEU 型船。

然而，目前上海外高桥港区航道水深为 12.5 m，洋山港区航道水深为 16.5 m，上海港至今仍缺乏 20 m 以上的超深水航道，就是与国内宁波—舟山港 33 m、天津港 22 m、青岛港 21 m、连云港 20 m 的航道水深条件相比，也相差较大。缺乏超深航道和超深集装箱码头，导致上海港无法应对全球船舶大

---

① 数据来源：中交水运规划设计院研究报告《新形势下横沙深水新港货运需求分析》。
② 数据来源：《深度：诊脉港口拥堵》，《航运交易公报》，2017 年 5 月 9 日，第 18 期，法国航运咨询中心 Alphaliner。

型化趋势,这与上海国际航运中心的地位不相匹配。

2.4 上海未来港口的发展缺乏战略布局和长远谋划

在上海"四个中心"的建设中,国际航运中心建设的宏伟目标是最有希望率先实现的。但从发展的角度来看,上海国际航运中心建设所必需的支撑条件——未来港口的建设,却未能根据国际航运发展的实际需求和趋势作出长远、合理的战略谋划。

在已经公布的新一轮《上海市城市总体规划(2016—2040年)》中,国际航运中心建设方面,第五章的"推动国际海港枢纽功能升级"中提道:"要强化高端航运服务功能,服务区域、流域经济发展,至2040年上海港集装箱吞吐量保持在 4500 万 TEU 左右……巩固提升国际海港枢纽地位,支撑长江经济带、海上丝绸之路发展","上海港形成以洋山深水港区、外高桥港区为核心,杭州湾、崇明三岛等港区为补充的格局,其中洋山港深水港区是上海国际航运中心集装箱深水枢纽港区、国际远洋集装箱班轮的主靠港"。

然而,我们认为这一定位并未能真实反映出国际航运业的发展对港口能力的要求。根据发展趋势,规划中关于"2040年上海港集装箱吞吐量保持在 4500 万 TEU 左右"的目标在目前看来极有可能在 2020 年左右提前实现,未来上海港集装箱的增量将何去何从?只有抓紧谋划未来上海港口的发展,加大上海港口建设的供给侧改革力度,尽快弥补上海港集装箱码头能力严重不足的短板,才能发挥中央提出的长江经济带和"21世纪海上丝绸之路"战略所突出的上海港龙头枢纽作用。

其次,规划也并未对船舶大型化趋势对于港口建设提出的新要求做出谋划。国际航运中心的形成,是以稠密的航线、良好的深水航道,以及完善的硬件设施为基础的,如果没有超深航道和码头,就难以承担超大型船舶集中在上海港中转的重任,更无法应对洲际海运航线已经发生的重大变革。

3 新加坡迁港的启示

2014 年新加坡计划,把置于城市中心位置的丹戎巴葛、凯珀尔和布拉尼 3 个主力老港区全部搬迁至 Tuas 新港区(图3)。新加坡总理李显龙表示,Tuas 新港区的"规模将更大、效率将更高,几乎两倍于现在的能力"。

图 3 规划中的 Tuas 新港区

为了提供超级连接和服务水平,新加坡继续超前建设港口基础设施建设。新加坡运输部长说:"为了把我们的港口处理能力提高到每年 5000 万 TEU,我们正在扩建巴西班让码头。在今年下半年,首批新的泊位就可以用了。从长远来看,我们计划巩固 Tuas 码头的集装箱运作,届时能力将达到 6500 万 TEU。"

2030 年起,新加坡政府将继续巩固发展 Tuas 港的集装箱港口设施。同时,新技术也将被引入至这个新港区,以把它建设为超现代的、创新的以及基本自动化的物流中心。这一增强性质的发展也将使得现有靠近城市的港区得以松绑,以便进行未来的城市再开发。

在建设国际航运中心的进程中,上海港面临的局面,与新加坡港有很多相似之处。特别是在船舶大型化和环保压力方面,上海港的情况比新加坡更为严峻(表 3)。

表 3 上海港与新加坡港的发展对比

对比项目	新加坡港	上海港	分　析
吞吐量(2016 年)	3059 万 TEU	3713 万 TEU	新加坡落后 654 万 TEU
老港区	丹戎巴葛 凯珀尔 布拉尼	张华浜 军工路	新加坡 3 个老港区在 2027 年租期满,2022 年开始搬迁,为城市腾出 15000 亩土地; 上海港 2 个老港区暂无搬迁计划
新港区	巴西班让 1~2 期	外高桥 1~6 期 洋山 1~3 期	目前,两港新老港区的吞吐能力和水平基本相当
在建港区	巴西班让 3~4 期	洋山 4 期	巴西班让 3~4 期有 15 个泊位,洋山 4 期有 7 个泊位,两港在建港区均在 2017 年年底投产
开工筹建港区	Tuas	无规划	Tuas 1 期工程总投资 18.2 亿美元,8.6 km 岸线,20 个深水泊位,吹填 294 亩陆域,新增 2000 万 TEU,已开工; 上海港目前尚无规划
至 2017 年前的码头吞吐能力	5000 万 TEU	4000 万 TEU	届时,上海港码头能力已小于新加坡港
至 2017 年前的码头水深	−18 m	−16.5 m	届时,上海港码头水深低于新加坡港
至 2030 年前的码头吞吐能力	6500 万 TEU	无规划	届时,上海港码头能力明显小于新加坡港
至 2040 年前的码头吞吐能力	无规划	4500 万 TEU	

2020 年上海将要基本建成国际航运中心,创业容易守业难,如何长期保持上海国际航运中心的地位,除了航运要素集聚和航运服务提升外,确保国际集装箱吞吐量及在国际港口中占比的提高是硬道理。新加坡港已经有了一个十分明确的目标和付之于行动的规划,而上海港目前尚处于讨论中,还在议论 4000 万 TEU 是否见顶、上海环境容量能否容忍有更多的集装箱船到来、上海是否还需要集装箱增量等问题。从新加坡迁港来看国际航运中心的竞争,新加坡已经给我们带来了有益的启示。

4 在新横沙规划和建设深水新港可找到上海港的明天

上海能否找到一个具有长远发展前景的深水新港?在交通运输部的关心和上海市科委的支持下,由华东师范大学国际航运物流研究院联合上海和国内 16 家相关研究机构、企业、单位,共同组成了研究团队,立项开展了"上海城市发展新空间和深水新港战略研究"及"新横沙成陆开发和深水新港建设可行性关键技术研究",在国内首次系统地对新横沙发展和深水新港建设的战略定位、平面布局、技术可行性、生态环保、综合经济等方面开展了初步研究,从技术层面得出了基本可行的研究成果,项目已经通过验收。

4.1 新横沙有众多建设深水大港的优势

(1) 新横沙的地理位置:横沙岛处在长江出海口,如果说上海是长江经济带的龙头,那么横沙岛就是"龙的舌头"。经过多年的圈围,成陆后的新横沙(包括横沙本岛、横沙东滩和横沙浅滩,总面积可达 530 km²)将面向大海,两侧有航道,背靠陆地有一片浅滩,通江达海,在此将能建成集"长江门户、江海直转、超深航道、深水泊位"等众多优势资源于一身的深水港区(图4)。

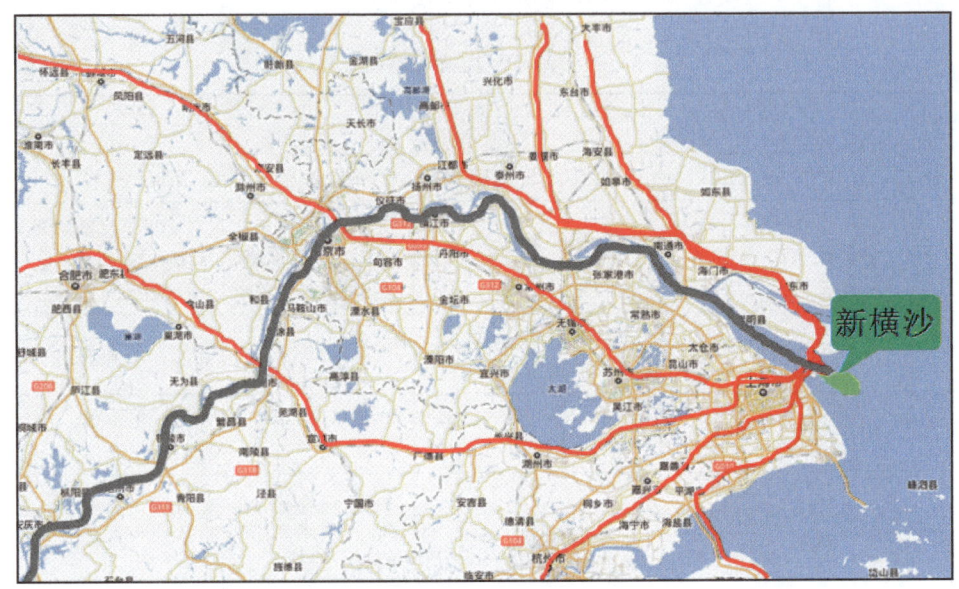

图4 新横沙地理位置图

(2) 区位优势:它与上海港外高桥港区水域距离约 60 km,与洋山港区水域距离约 100 km,可形成上海国际航运中心的集装箱港口群,三足鼎立,功能互补,遥为呼应。为满足上海港2040年实现集装箱吞吐量5300万~6900万 TEU 的长远目标开辟了新的空间(图5)。

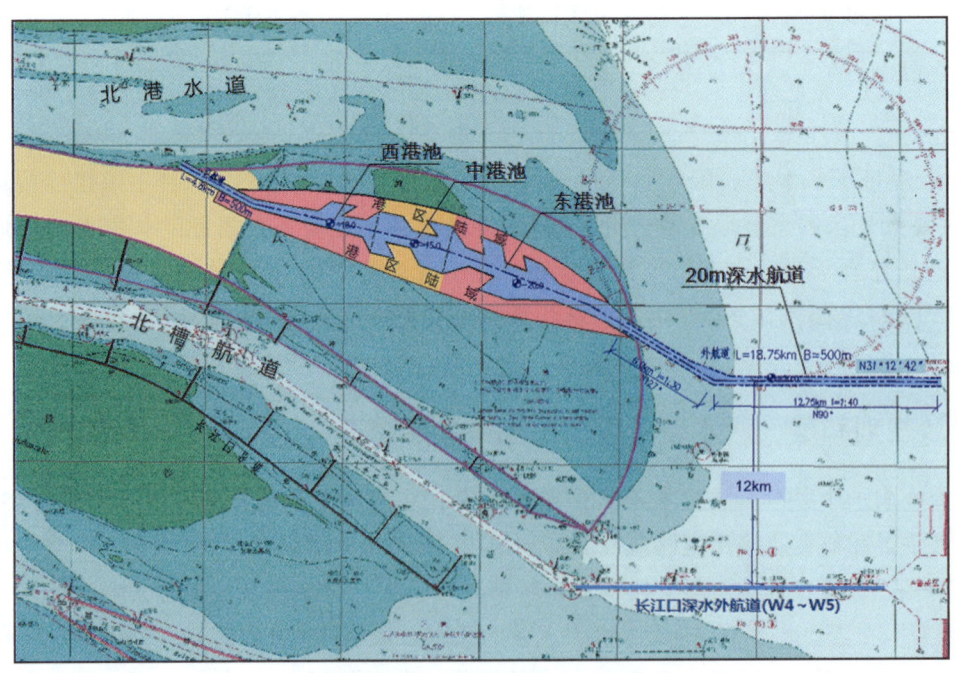

图5 横沙深水新港规划示意图

(3) 超深航道优势：从码头到外海—20 m 深水区的航道长度仅 20 km，由于避开了长江口拦门沙，加之海洋旋转流作用，该深水航道不易淤积，使得上海港有条件在本土区域内，跳出长江，直达大海，满足了集装箱船舶大型化趋势对港口及航道深水化提出的要求。

(4) 深水泊位和陆域优势：新横沙规划将在现有长江口滩涂上新圈围成陆 480 km² 的土地，100 km 的深水岸线，这给上海港的发展创造了极大的拓展空间。挖入式港池濒临海洋，长江口下泻的泥沙将很难进入其内，有利于港区建设和维护—20 m 的深水泊位和降低营运成本。

(5) 江海直转优势：谋划中的横沙深水新港处于长江通海的最前端，挖入式的港池后端连着长江，江轮可以直入，港池的前端连着大海，超大型的集装箱船可直接驶入港池，完成江海直转。这样，长江流域大量的集装箱货物通过江海直转将大幅降低物流成本，缩短物流周期，节约能源，具有显著的经济效益和社会效益(表 4)。

表 4 横沙深水新港与现有港区比较表

项 目	外高桥港区	洋山港区	横沙深水新港
岸线长度	6.9 km	7.9 km	100 km 以上，其中 20 m 深水岸线约为 50 km
泊位数	22 个	23 个	根据需要建设
泊位水深	12～14 m	15.5～17.5 m	20 m 以上
港区陆域面积	约 7.1 km²	7.2 km²	85.8 km²
航道水深	12.5 m	16.5 m	20 m
航道条件	回淤大	回淤一般	回淤小、易维护
集疏运条件	以陆路运输为主，交通拥挤	水陆运并存，陆路运输距离长	可发展水水中转、多式联运、减少物流成本，减轻陆上交通拥堵压力
发展空间	岸线和陆域枯竭	受行政区划制约，难以发展	发展空间巨大

4.2 尽快启动横沙深水新港规划的建议

上海是全国的上海，上海港是全国的上海港，上海港的明天从某种意义上将影响全国港口的未来。为了服务于国家经济发展的大局，配合国家"一带一路"、长江经济带和上海自由贸易区战略，建议交通运输部领导和相关部门能够听取一次我们对研究成果的汇报，继续支持我们开展相关课题的研究工作，将研究成果纳入交通运输部新一轮港口发展规划，集全国交通系统之力谋划上海横沙深水新港的发展。

有关推动长江口航道疏浚土
资源长效利用的建议

说明： 2017年第9期《交通运输部专家委员会个人建言专报》刊登了交通运输部专家委员会水路组委员包起帆同志《有关推动长江口航道疏浚土资源长效利用的建议》。

交通运输部专家委员会
个人建言专报

2017年第 9 期

有关推动长江口航道疏浚土资源长效利用的建议

交通运输部专家委员会水路组

原上海国际港务集团公司副总裁、上海市府参事

包起帆

编按： 根据部专家委员会积极开展委员个人"建言献策"的通知要求，委员们充分发挥主动性和创造性，结合自身工作和专业优势，向部专家委员会提交了个人建言献策，现将水路组包起帆委员的建言呈报。

1 长江口航道疏浚土利用现状喜人

近年来，在交通运输部的积极推动下，长江口航道疏浚土综合利用部市合作共赢机制得到了落实和完善，利用疏浚土在新横沙造陆的工程有了很大的进展。2016年上海市政府启动了全国规模最大的吹填造陆工程——横沙东滩七期、八期工程，总投资110多亿元，计划到2020年综合利用长江口航道疏浚土约2.4亿 m^3，可为上海新增土地56 km^2。2016—2020年，5年间的造地规模比以往18年累计造地还多6 km^2，长江口航道疏浚土的上滩率也由之前的25.9%提高至75%以上

(表 1)。在这次部市合作中,上海市以每立方米上滩土 18.6 元(七期)和 25.7 元(八期)的较低吹填成本取得了 56 km² 的新增土地,交通运输部则平均每年可得到上海市 2.2 亿元的超运距费补贴,以弥补航道疏浚土处理工程中运输成本的增加。良好的合作机制成功开启了资源节约、环境友好、共赢共惠的新局面。

表 1　历年来长江口航道疏浚土利用情况对比表

年　份	历时	疏浚土总量	疏浚土处理	进吹泥站的量	疏浚土利用率	吹泥上滩率	形成土地面积
1998—2015	18 年	9.3 亿 m³	66%外抛丢弃+34%进吹泥站吹泥上滩	3.19 亿 m³	34.3%	25.9%	50 km²
2016—2020	5 年	2.8～3.5 亿 m³	80%以上进吹泥站吹泥上滩	2.44 亿 m³	≥80%	75%	56 km²

2　后续长江口航道疏浚土利用存在的问题

按照工程计划,横沙八期将于 2020 年年底完工,仅剩 3 年多时间,之后北槽航道疏浚土资源如何利用,尚未开展相应的规划工作。

按长江口现有规划情况,2020 年后北槽航道疏浚土可实施的方案仅为三种:一是全部外抛至 1#～3#抛泥区;二是将航道 W3 以上段土外抛,航道 W3 以下段土运至南汇东滩圈围区域上滩;三是将疏浚土全部运至南汇东滩圈围区域上滩。

外抛即意味着资源浪费、环境污染,况且 1#～3#抛泥区也难以接纳全部的疏浚土。运至南汇圈围区,运距将达 41～64 km,可吸纳的疏浚土也仅为 4.5 亿 m³(图 1)。显然,2020 年后长江口航道疏浚土尚未找到长远的出路。

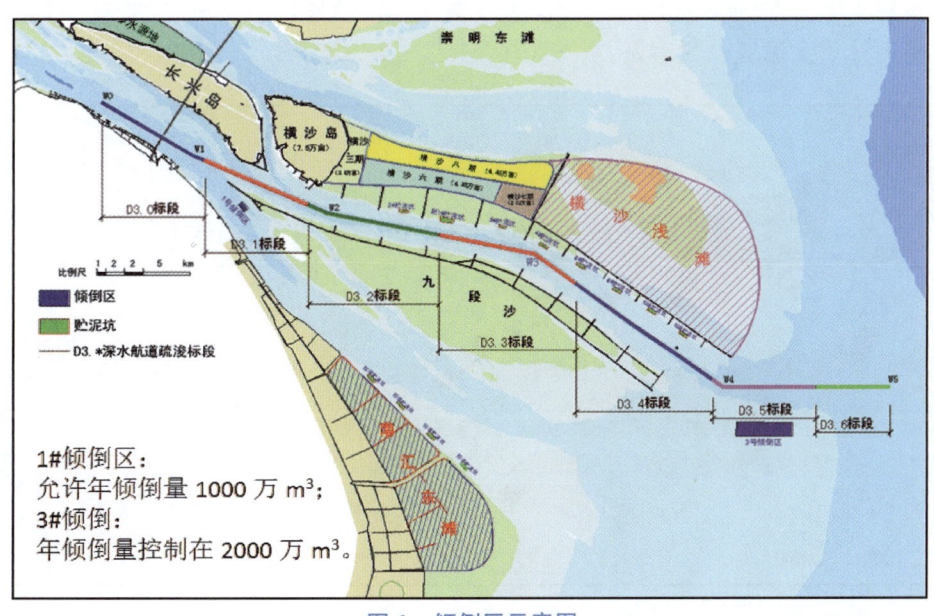

图 1　倾倒区示意图

根据 2015—2016 年北槽航道疏浚土平均分布情况测算,若将航道疏浚土全部外抛至 1#～3#抛泥区,则每立方米土的平均处理费用需 33.4 元;若将航道疏浚土全部吹南汇东滩,则每立方米土的上滩费用平均将高达63.6元;若将航道W3以下段疏浚土运至南汇东滩上滩,则每立方米土的上滩费用平均达60.6元。显然,这三种方案都将会使长江口航道疏浚土的处理成本大大提高。

表2 北槽航道疏浚土处理费用估算表

处置区	全部抛泥至1#、3#倾倒区	全部吹南汇东滩	抛泥＋吹南汇东滩		全部吹至新横沙	抛泥＋吹新横沙
			航道W3以下段土上滩;航道W3以上段土外抛			北槽内段D3.2～3.5上滩;南港、口外段外抛
抛泥单价(元/m³)	33.4	—	26.2		—	17.1
上滩单价(元/m³)	0.0	63.6	60.6		29.0	27.7
综合单价(元/m³)	33.4	63.6	40.5		29.0	23.6

而如果将长江口航道疏浚土全部吹填至新横沙,则每立方米土的平均处理费用仅为29元;如果将北槽内段D3.2～3.5的疏浚土(长江口航道疏浚土的80%)上滩,南港、口外段的疏浚土外抛,每立方米土的平均处理费用将低至23.6元(表2)。

3 及早启动横沙大道向东延伸及护滩工程

为了满足2020年后长江口航道疏浚土后续利用的需要,根据目前新横沙在建工程的成功经验,当务之急是将现横沙大道继续向东延伸至北槽北导堤堤头,并辅以适当的护滩促淤工程(图2)。只有这样,才能为未来50年长江口航道疏浚土的综合利用创造空间。

在现阶段规划延伸26 km横沙大道具有深远的意义。目前,横沙滩面涨落潮动力和风浪作用均较强劲,如果北槽航道疏浚土直接裸吹上滩,将难以在滩面滞留落淤,其中33%以上的上滩泥沙将重返北槽,另有相当一部分泥沙将向四周扩散。横沙大道外延工程和护滩工程实施后,横沙滩面可形成有利的淤积环境,滩面流速、风浪均大幅度减小,尤其是隔坝西侧滩面,涨落流速可普遍降至0.5 m/s以内,同时可削弱40%～80%风浪作用。疏浚土吹填进入促淤堤西侧滩面后,既消除了泥沙重返北槽的可能,也大幅提升了上滩泥沙的落淤。

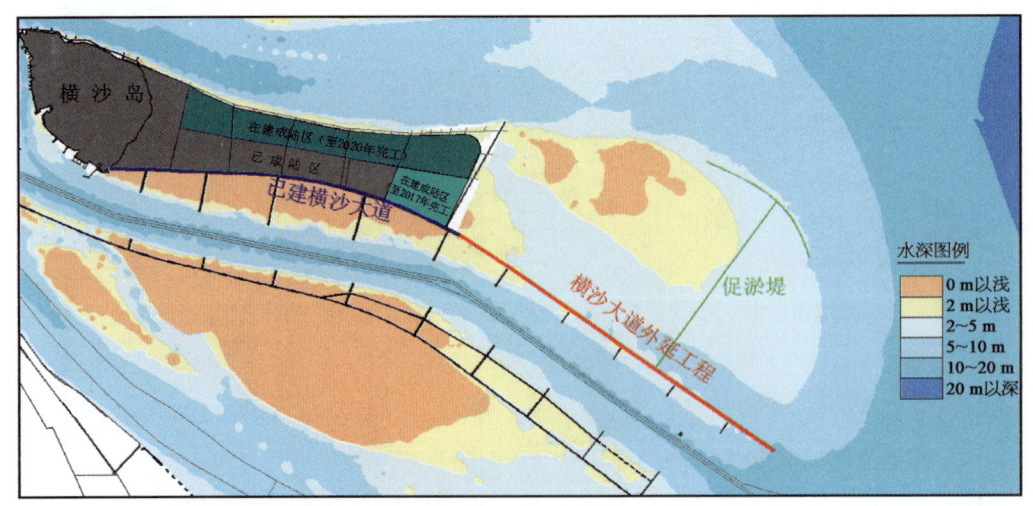

图2 横沙大道外延工程布设图

根据研究,横沙大道外延工程可按百年一遇标准设计,堤长25.0 km、顶高9.5～10.2 m、顶宽10.0 m。东滩滩面上可按五十年一遇标准布设促淤堤工程,堤长13.5 km、顶高5.5 m、顶宽7.0 m;

同时,北沿可布设堤长 10.0 km、顶高 2.0 m 的护滩堤。

这一工程实施后,首先可确保现有横沙滩涂资源的稳定和周边滩槽格局的稳定;其次可为北槽航道疏浚土直接上滩利用创造条件。

4 新横沙是 2020 年后长江口航道疏浚土的最佳出路

最新公布的《上海市城市总体规划(2016—2040)》提出要"强化横沙东滩滩涂围垦资源的远景预留,为城市发展预留战略空间"。在上海城市发展处于资源紧约束阶段,采取控制城市建设用地、以土地资源利用方式的转变倒逼城市发展转型的今天,仍明确了横沙东滩作为城市长远发展战略空间的定位,强调了滩涂围垦资源的远景预留,这无疑为综合利用长江口航道疏浚土提供了可能。

经过我们的研究,规划 2020 年后将长江口航道疏浚土全部吹填至新横沙,是最经济、最环保、最可行的疏浚土处置方案。

由于新横沙紧靠长江口深水航道,将其疏浚土全部吹填成陆,则运距最短,成本最低,且能为上海增加新的土地资源,经济效益十分明显。

长江口航道疏浚土减少外抛后,解决了海洋环境污染的问题,具有显著的社会效益。

鉴于目前长江现有来沙量不断减少的趋势,横沙东滩东侧滩涂冲刷侵蚀态势持续发展,滩面泥沙流散、滩体萎缩散乱,未来必将危及周边河势稳定。对此,将长江口航道未来的疏浚土吹填上滩至新横沙是最可行的方案。

新横沙尚有可规划滩涂 303 km²,若按农业开发的标准成陆,所需的泥土资源达 20 亿 m³;若按城市开发的标准成陆,至少需约 35 亿 m³ 泥沙。在北槽北侧 N5~N10 丁坝之间布设 4~5 个贮泥坑,启动横沙东滩 N23 潜堤东侧滩涂区域逐步吹填成陆工程,航道疏浚土可就近上滩。根据 2015—2016 年的北槽航道疏浚土平均分布情况测算,若将北槽段航道的疏浚土吹至新横沙上滩,运距为 2~23 km,则每立方米土疏浚的上滩费用平均为 28 元。未来北槽航道年维护量暂按 5000 万~6000 万 m³/a 估算,利用率按 80% 计,则新横沙可提供 40~70 年疏浚土处理的空间。

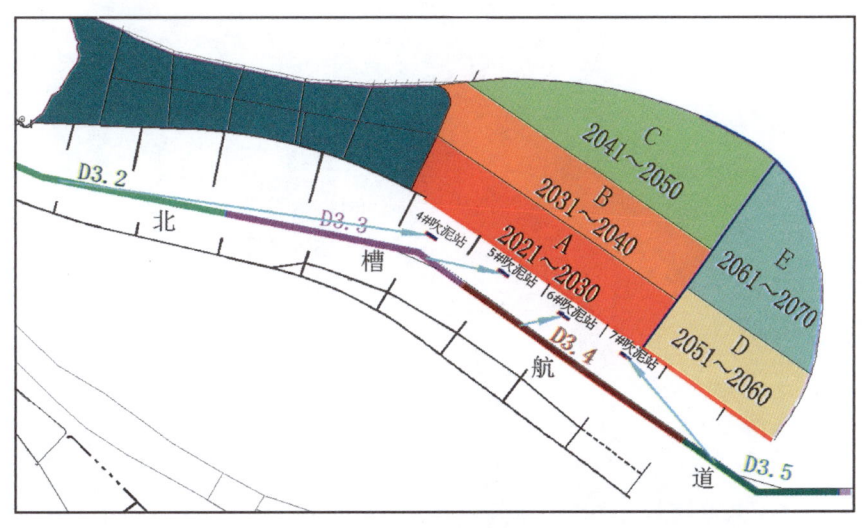

图 3　新横沙成陆周期图

我们研究了利用长江口航道疏浚土吹填至新横沙的时序与方案,拟采用逐步推进、分块成陆的方式。其中隔堤西侧的掩护条件和施工条件均较好,可先行实施。尤其是 A 区,面积 58 km²,成陆条件最为成熟,可率先实施,之后可依次对 B—C—D—E 区形成新陆域。

5 有关建议

建议交通运输部能够听取我们对上述问题研究成果的汇报,组织专业力量,先行启动横沙大道外延工程及适当的促淤护滩工程的研究,启动 2020 年后长江口疏浚土处置方案的研究,从规划着手,将上述两个方案尽快纳入《全国海洋功能区划(2011—2020 年)》《全国河口海岸滩涂开发治理管理规划》以及《长江口综合整治开发规划》,通过先行建设 26 km 横沙大道,后期分块成陆,实现资源综合利用和长江口水环境保护的并举、战略空间构建与生态建设的共进,找到长江口航道疏浚土综合利用的最佳出路,实现长江口深水航道效用的最大化。

第3章 研究论文

新横沙开发和布局与国家三大战略及上海城市发展的关系研究

齐峰,屠炬,詹水芳,张璞玉,姜静,吴启明,梅圣洁,李凌月

(上海市发展改革研究院区域经济研究所,上海 200032)

[摘要] 2013年"上海城市发展新空间和深水新港战略研究"课题引起了国家相关部委和上海市主要领导的高度关注。根据课题成果,新横沙的成陆开发和深水新港的建设将为上海创新驱动和转型发展提供新的发展空间。与此同时,国内外发展环境发生了深刻的变化,为了应对全球经济发展新格局,我国相继提出的"一带一路"、长江经济带、自贸区等国家战略在上海实现了交汇,也为新横沙和深水新港开发建设带来了千载难逢的历史机遇。本子课题旨在着重研究三大国家战略和上海城市发展与新横沙的关系,全面阐述和分析国家战略和上海城市发展在运输规模、贸易结构、发展空间等领域对新横沙提出的发展要求,研究提出新横沙服务好国家战略需要着重发展的重点领域和任务举措,并提出相关政策建议。

[关键词] 新横沙;自贸区;长江经济带;"一带一路"

1 三大国家战略概览及解读

1.1 自由贸易试验区战略

1.1.1 自贸区政策总览

2013年9月27日,国务院正式发布《中国(上海)自由贸易试验区总体方案》,29日中国(上海)自由贸易试验区正式成立,面积28.78 km^2,涵盖上海市外高桥保税区、外高桥保税物流园区、洋山保税港区和上海浦东机场综合保税区等4个海关特殊监管区域。2014年12月28日,中国(上海)自由贸易试验区将面积扩展到120.72 km^2,包括陆家嘴金融片区、金桥开发片区和张江高科技片区。自由贸易试验区政策实质主要体现在以下四个方面:投资自由、贸易便利、金融创新、综合监管。

1.1.2 自贸区政策与港口航运关联解析

结合新横沙发展需求,重点对启运港退税、国际中转集拼、沿海捎带、国际贸易单一窗口、区港一体化、降低国际船舶运输企业与国际船舶管理企业准入门槛等做解读。

启运港退税。启运港退税旨在促进上海港与其他内陆、沿江沿海港口间的互动,促进水水中转,巩固上海集装箱中转枢纽港地位。

国际中转集拼。这是国际上衡量一个港口能否跻身"航运中心"的一项重要指标,其对降低货运成本、集装箱业务周转量有着直接影响。

沿海捎带。突出启运退税与沿海捎带业务互动,共同促成沿海货源在上海洋山港的集聚,从而更有利于开展国际中转集拼业务。

国际贸易单一窗口。参与国际贸易和运输的各方通过单一的平台提交标准化的信息和单证以满足相关法律法规及管理的要求。

区港一体化。使通关更加便捷,有利于吸引国际航运集团、第三方物流入驻,推动国际港航、物流产业联动发展。

降低国际船舶运输企业与国际船舶管理企业准入门槛。有利于提高外商投资中国航运业的积极性,促进中国航运企业吸收利用外资发展业务,提振中国航运市场。

1.2 "一带一路"倡议

1.2.1 "一带一路"倡议简介

2013年9月和10月,中国国家主席习近平在出访中亚和东南亚国家期间,先后提出共建"丝绸之路经济带"和"21世纪海上丝绸之路"的重大倡议,并开始付诸实施。"一带一路"倡议的提出具有重要的战略意义,是后金融危机时代,作为世界经济增长火车头的中国,将自身的产能优势、技术与资金优势、经验与模式优势转化为市场与合作优势,实行全方位开放,加快实现全球化再平衡,带动西部开发以及中亚、蒙古等内陆国家和地区的开发,在国际社会推行全球化的包容性发展理念;中国主动向西推广中国优质产能和比较优势产业,将使沿途、沿岸国家首先获益,给21世纪的国际合作带来新的理念。

1.2.2 上海对接"一带一路"倡议的发展定位与路径解读

结合当前上海"十三五"规划等发展导向,上海在"一带一路"倡议中的定位聚焦在:最大城市集群、服务业中心、制造业基地、交通枢纽中心、科技创新中心和人文合作交流中心。其中,根据交通枢纽中心要求,上海正在依托国际航运中心建设构建世界最大的海河组合口,将构建起立体交叉的互联互通交通网络,成为"一带一路"最大的综合交通枢纽中心。

基于此,上海后续推进的实施路径主要聚焦于:一是搭建区域合作的多机制、多层次平台;二是推动区域标准化建设;三是构建资源整合体系;四是确立产业发展的优先重点领域;五是引进和培育电子商务企业;六是为创新企业营造良好宽松氛围;七是创造区域治理的典范和新模式。

1.3 长江经济带战略

2014年9月25日,国务院公布了《关于依托黄金水道推动长江经济带发展的指导意见》和《长江经济带综合立体交通走廊规划(2014—2020年)》,标志着长江经济带正式定位为国家重点发展战略。2016年3月25日,《长江经济带发展规划纲要》由中共中央政治局会议审议通过,自2016年3月25日起实施。

1.3.1 长江经济带的战略定位

国家对长江经济带总体有四个定位:具有全球影响力的内河经济带、东中西互动合作的协调发展带、沿海沿江沿边全面推进的对内对外开放带、生态文明建设的先行示范带。

1.3.2 上海在长江经济带建设中承担的使命

总体包括:引领改革开放的排头兵;推进科学发展的先行者;辐射内陆腹地的动力源;协调区域发展的领头羊;参与国际竞争的桥头堡;践行美丽中国的示范区。

1.3.3 上海对接国家战略参与和推动长江经济带建设的任务举措

依托长江黄金水道提高以江海联运为主的航运功能;发挥交通枢纽功能打造一体化综合交通网络体系;提升产业创新能力引领产业结构调整和布局优化;深化新型城镇化推动长江流域城镇带协调发展;加强生态文明建设推动全流域绿色循环低碳发展;坚持深化改革推动长江经济带建立开放和一体化的市场与机制;推进长江经济带"走出去"和"引进来"协同发展。

2 上海城市发展面临的新形势、新挑战

2.1 新形势

2.1.1 全球多元格局调整带来新变化

当前全球经济仍未走出危机后的调整变革，复苏步履维艰，风险因素还在积累，未来发展迷局重重，曲折性、艰巨性和不确定性进一步凸显。未来，全球呈现出"五大变化"：一是世界经济增长格局新变化；二是全球贸易投资格局新变化；三是全球产业分工格局新变化；四是全球能源资源格局新变化；五是国际地缘政治环境新变化。

2.1.2 我国将以新一轮改革开放培育新结构和新动力

未来五至十年是我国适应把握引领经济发展新常态的关键时期，面临以改革开放培育新结构、强化新动力的要求。我国仍处于大有可为的重要战略机遇期，经济长期向好的基本面没有变，经济发展动力转换、结构深度调整、提质增效升级的阶段特征更加明显，以开放促改革、促发展、促创新的时代要求更加迫切。

一是经济新常态特征更加明显；二是供给侧结构性改革加速推进；三是区域协同发展战略深入推进；四是更高层次开放型经济加速形成。

2.1.3 上海以全面创新为城市注入新能量

一是更高层次开放向全球城市迈进。随着世界多极化、经济全球化进一步发展，以服务贸易为重点的全球自由贸易投资进程不断深化，带动了新一轮国际劳动分工和全球经济空间重组，为上海进一步融入经济全球化、推进"四个中心"建设、打造全球城市、在更高层次和更宽领域汇聚全球资源要素、在不断深化开放合作中拓展发展新空间提供了重要机遇。

二是全面深化改革寻求发展新活力。随着新一轮改革的深入推进，上海围绕着当好全国改革开放排头兵、创新发展先行者的战略使命，以上海自贸试验区建设为引领，经济体制、政府职能转变等重要领域和关键环节的改革将不断深化，便利化、法治化、国际化营商环境将更加成熟，发展动力和活力也将更加充分。

三是新一轮科技革命催生新动力。新一轮科技革命表现出以信息技术的突破性应用为主导驱动社会生产力变革，以信息（数据）为核心投入要素提高社会经济运行效率，以智能制造为先导构造现代产业体系，以追求范围经济为导向不断创新社会分工形态等特征。

四是区域发展新格局拓展新空间。"一带一路"倡议有利于上海构建全方位对外开放新格局、发展更高层次的开放型经济，提升国际国内资源高效配置和国际国内市场深度融合的枢纽功能。长江经济带战略有利于上海加快建成"四个中心"，全面提升服务长三角、服务长江经济带、服务全国的能力与水平。

2.2 新挑战

2.2.1 经济稳增长的压力仍较大

受国际国内经济环境的影响，以及上海自身转型发展阶段影响，经济稳定增长压力较大，未来发展迷局重重。我国进入人口红利弱化和资源承载趋紧的重要转折期，经济运行呈现"L"形走势。上海经济虽总体保持稳定态势，但工业持续下滑也为未来经济增长带来了较大压力。

2.2.2 资源环境约束底线更加趋紧

上海资源紧约束和环境紧约束将进一步突显。人口规模持续增长趋势仍将持续，交通疏导能力、城市空间承载能力接近上限，资源短缺、交通拥堵、环境恶化等问题将会加剧。土地资源紧张，未来上海建设用地规模将负增长，主要依靠盘活存量土地满足发展需要。

2.2.3 超大城市治理水平提升任务重

上海作为超大型城市在城市治理能力和治理水平现代化方面有待进一步改善。公共安全方面，上海保障城市安全运行的压力日渐加大。城市交通方面，交通拥堵问题还比较严重，交通网络亟待健全。诚信法治环境方面，诚信法治环境还有很大提升空间。

2.3 战略目标

根据全市"十三五"规划纲要，到2020年上海将形成具有全球影响力的科技创新中心基本框架，基本建成国际经济、金融、贸易、航运中心和社会主义现代化国际大都市，在更高水平上全面建成小康社会，让全市人民生活更美好。根据2040总体规划，上海将建设成为卓越的全球城市，国际经济、金融、贸易、航运、科技创新中心和国际文化大都市。

综上，未来上海的总体战略目标具体体现在几个方面：

一是综合经济实力进一步提升；二是加强全球资源配置和控制能力；三是城市全面创新能力进一步增强；四是实现城市空间进一步优化推动城市精细化治理；五是全面推进环境改善建设生态宜居家园；六是形成法治化、国际化、便利化的营商环境；七是更高水平上全面建成小康社会。

3 三大战略与上海港口发展及新横沙关系

3.1 上海港口运输与集疏运体系

3.1.1 上海港区布局现状

上海港形成了以外高桥港区、洋山深水港区为主，黄浦江两岸港区为补充的集装箱港区布局(图1)。其中，黄浦江港区装箱作业量正在逐步向洋山和外高桥转移，洋泾的中海集箱码头，但码头规模不大。从总体发展形势来看，未来上海港集装箱码头将集中在洋山深水港区和外高桥港区这两个区域。

3.1.2 上海港集装箱吞吐量发展现状

2015年，上海港集装箱吞吐量继续增长，达到3654万TEU，同比增长3.5%，继续位列世界第一。从历年集装箱箱量增长幅度来看：2000年至2007年集装箱吞吐量处于快速发展阶段，基本保持20%～30%的增幅；2008年受到全球金融危机的影响，集装箱吞吐量的增幅明显下降；2009年吞吐量甚至有所下降；在内贸市场发展的支撑下，2010年吞吐量恢复增长；2011年至今集装箱吞吐量步入稳定增长阶段(图2)。

从结构上看，洋山港集装箱吞吐量达1541万TEU，同比增长1.4%。全港集装箱水水中转吞吐量达1645万TEU，同比增加1.9%。但是，水水中转比重却为45%，同比下降0.8个百分点；铁水中转吞吐量为5.4万TEU，同比减少43.7%。

图1 上海主要港区布局(2015年)

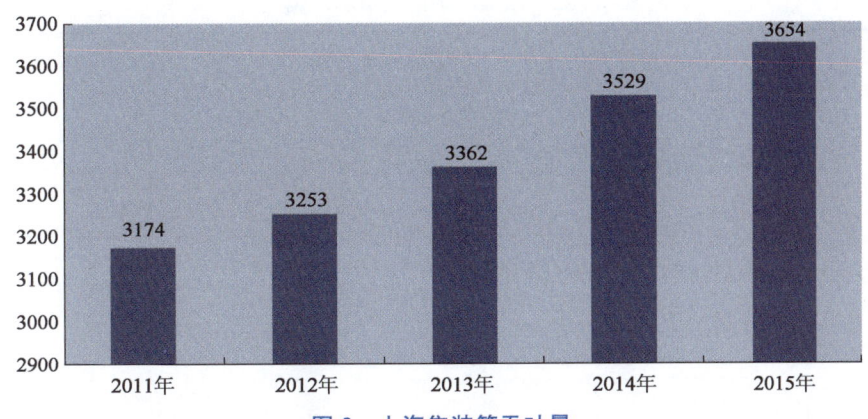

图 2　上海集装箱吞吐量

3.1.3　上海港集装箱集疏运发展现状

2015年上海港集装箱集疏运体系中,公路运输占54.85%,水路运输占45%,铁路运输占0.15%。"十二五"以来,公路集疏运和水路集疏运比重基本趋稳,集疏运量都呈现明显增长,铁路集疏运运量虽有增长,但比重持续走低。上海的铁路集疏运系统是全国最好的枢纽之一。内河集疏运系统是基于2004年规划"一环十射"的高等级内河航道分步建设。目前,上海内河航道200多条,航道里程2100多km。近年来,上海加大航道建设力度,连接江苏省的苏申外港线建成贯通。

3.2　上海港服务腹地分析

3.2.1　腹地范围

港口与腹地相辅相成,港口发展以腹地范围的开拓和腹地经济的发展为后盾,腹地是港口赖以生存和发展的基础。尤其是,上海是一个以港兴市的城市,也是一个典型的服务腹地型的港口,因此必须正确判断上海服务腹地的范围和腹地需求,才能更好地明确上海港和整个城市的发展方向。

港口腹地范围是根据港口地理位置及其与腹地交通运输情况而划分的,其大小受自然、社会、经济因素的影响。一个港口的腹地范围不是静止的,随着社会经济和物流的发展而不断变化。通常来说,影响港口腹地范围的主要因素包括：港口的硬件条件、港口的服务水平、港口集疏运系统、港口所在的城市、腹地的货物需求。

根据上海口岸以及三大战略的发展导向,我们将上海港的腹地划为三个类别：① 直接腹地,主要是以长三角城市群为主的江浙皖三省,这三个地区支撑了上海港所有货物的70%以上,其集疏运方式主要以公路为主,辅以水路,铁路作用基本不大。② 间接腹地,主要是以长江流域中上游地区为主,包括江西、湖北、湖南、四川、重庆等经济腹地。这些地区的货物主要是通过水路集疏运,铁路和公路为辅。③ 影响地区,主要是为长江经济带战略和"一带一路"倡议中,相对联系不是直接紧密的地区,包括云南、贵州、河南、陕西、青海、甘肃、宁夏、新疆等地。

3.2.2　腹地经济现状和特点

基于港口对经济的影响,主要对三个圈层腹地的GDP、进出口贸易额已经水路货运量进行了梳理(表1)。

对上述数据进行分析：

1) 直接腹地

上海、江苏、浙江和安徽三省一市的长三角地区是我国经济发展最为发达、外向程度最高的地区,国土面积虽然仅占全国的3.6%、常住人口占全国的16.1%,但经济总量约占全国的四分之一,进出

表1 三个圈层腹地的经济和水运情况

地　区	GDP(万亿)	进出口贸易额(亿美元)	水路货运量(万t)
上　海	2.50	4230	43839
江　苏	7.06	5810	73492
浙　江	4.29	3596	70945
安　徽	2.20	426	100504
江　西	1.67	407	9836
湖　北	2.96	446	32372
湖　南	2.90	293	20920
重　庆	1.57	587	15275
四　川	3.01	472	7282
云　南	1.37	190	573
贵　州	1.05	78	1491
陕　西	1.82	299	191
宁　夏	0.29	34	—
青　海	0.24	6	—
新　疆	0.94	271	—

注：GDP 和进出口贸易额为 2015 年，水路货运为 2016 年 1 月—11 月累计。

口总额更是占全国的近三分之一，水路货运量更是占了近一半。其中，安徽省基于其位置，成为重要的运输枢纽。

2) 间接腹地

江西、湖南、湖北、四川、重庆四省一市，涉及成渝经济圈、武汉都市圈、长株潭城市群以及环鄱阳湖城市群，近年来经济社会发展速度领先于东部沿海省份。相对来看，这块地区无论是经济规模、进出口贸易还是水路运输，都和长三角地区相差一个数量级。

3) 影响地区

云南、贵州、陕西、宁夏、青海、新疆六省虽然在经济总量规模和贸易总量规模上看，占比较小，但随着全国经济新常态趋势以及东部地区向中西部转移和疏解的过程，其发展速度均在第一梯队中，势头良好。水路运输主要依靠内河为主。

3.3 自贸区战略对上海港及新横沙的影响

3.3.1 自贸区战略对上海港口发展的影响

1) 自贸区夯实上海腹地的贸易基础

自贸区的建设将从腹地贸易货物以及国际中转货物两方面提升港口货量。首先，随着自贸区各项优惠条件的落实，保税区功能将从简单的"保税仓储、初级加工、转口贸易"进一步拓展到"商品储存和转运，以及相关工业、贸易、运输、金融及旅游多位一体业务"。由于通关手续更为便捷，自贸区的建立将吸引更多腹地贸易商从上海港申报出口货物，腹地贸易货物有望得到提升。其次，保税区的转型升级也将大大提高国内港口的国际中转能力。目前，上海港口的吞吐量虽位居世界首位，但是腹地型港口，国际中转量极为有限。自贸区政策的推出将吸引东南亚等区域的出口货物在上海中转，重新争取到国内流失到釜山等地的国际中转业务。

2) 自贸区将促进上海港口的基础设施建设

尽管上海已经拥有了全球一流的港口硬件设施,但在仓储设施、集疏运体系建设等其他硬件方面与国际一流港口还有一定的差距,自贸区的设立将促进航运中心的基础设施建设。首先,自贸区将促进仓储设施水平的提升。上海港仓储基础设施质量上存在着传统仓库供应过剩、仓库空间布局不合理、仓储设施成本偏高、集装箱堆场布局不合理等问题。同时,上海在仓储费、代理费方面的水平也与国际主流航运中心存在着一定的差距。其次,自贸区将有利于优化集疏运体系的结构与效率。集疏运体系的完善是港口高效运转的重要保障,而根据国际经验,自贸区的建设将有助于提升航运中心的集疏运体系。最后,自贸区的设立有利于吸引中转旅客,打造客运和货运的航空枢纽。上海机场目前中转货物占比仅5%左右,远低于其他竞争对手。自贸区向浦东机场的延伸以及上海港强大的货运吞吐量将吸引更多的航空中转货物,并与上海港发展海空联运的模式,以此助力上海航运中心发展。

3) 自贸区政策制度完善会吸引更多港口航运企业

从各国各地区的经验来看,自贸区的发展离不开政策的积极支持,而自贸区的各项利好政策将加快航运中心的建设。上海自贸区的设立也为上海航运中心的建设带来了一系列的利好政策。比如,提出的"一线放开,二线管住"的进出境监管制度创新,该项与国际接轨的政策将极大地提升货物流转效率,并将提升上海航运中心的整体吸引力。再如,未来自贸区的政策可能还将瞄准海关各种收费以及航运企业相关税收的调整空间,以此减少航运企业成本并吸引国际航运巨头区域总部的入驻。最后,自贸区航运相关法律以及各项制度的逐步完善也将吸引融资、仲裁、公估、咨询等很大一部分高端航运服务的入驻。

3.3.2 自贸区战略对货物贸易及集疏运的影响

1) 对水水中转的影响

随着自贸区战略的推进及落实,上海港水水中转将继续保持快速增长。一方面,既有政策体系有利于上海港国际水水中转比例的提升,上海自贸区政策环境将确保国际中转保持强劲增长势头;另一方面,长江内支线水水中转对沿海水水中转的影响较小。随着启运港退税范围扩大及国际中转集拼中心运营日渐成熟,长江流域集装箱运输将转向通过长江内支线中转,从而促进长江内支线水水中转比例提升;相比之下,沿海水水中转受限于港口间的无序竞争及各部门对该业务的重视程度不一,未来难以取得突破性发展。

2) 对海铁联运的影响

从目前来看,自贸区政策对上海港海铁联运的影响未达到预期效果。目前,愿意选择海铁联运的承运人较少,其原因为:一是上海港港铁分离,铁路运输服务质量不高,铁路与港航企业信息衔接不够顺畅;二是上海港货源集中在长三角地区,铁路运输方式在运输距离上不占优势;三是启运港退税和沿海捎带业务等将部分海铁联运货物转移至水水中转。不过,随着自贸区辐射效应的增强,上海港腹地的延伸将推动大运量、长距离的运输需求增长以及铁路运能释放,加之国际贸易"单一窗口"的运营,预计未来上海港海铁联运箱量将逐渐提升。

3) 对公路运输的影响

随着自贸区影响力扩大,上海港货源将逐步由长三角地区向长江中上游、中西部地区转移,从而逐渐超出公路运输经济运距,加之公路运输对环境的影响较大,未来上海港集疏运将向水水中转和海铁联运倾斜。

3.3.3 自贸区战略对新横沙的影响

虽然,从目前看,新横沙与自贸区关联度并不大,但随着未来上海自贸区的进一步成熟,横沙岛将会越来越凸显自身的优势。第一,自贸区的设立是我国应对国际贸易新规则的重要措施,为上海带来新的十年发展红利。作为本土地区,横沙岛理应牢牢把握这一历史机遇,争取纳入自贸区。第二,自贸区目前由外高桥保税区等地区组成,这是由既有现状基础所形成,未来随着新横沙功能提升,作为岛屿与大陆隔海相望,具备天然的独立监管能力,有利于纳入自贸区拓展范围。为了能更好地纳入自贸区战略并体现重要性,新横沙需要适度考虑港口和新城建设,发挥港口优势,前瞻性地研究国际水水中转的货物分类监管模式,形成市场开放度与贸易便利化程度高,资金流、商品流、信息流、技术流、人才流等生产要素流动顺畅的运行机制。

3.4 "一带一路"倡议对上海港及新横沙的影响

3.4.1 "一带一路"倡议对上海港的影响

继续巩固上海国际航运贸易的首位度。"一带一路"给上海港带来了非常好的发展机遇,尤其是海上丝绸之路。上海港连续几年保持了世界港口集装箱吞吐量第一的位置,所有的班轮公司都在上海港开设有到 206 个国家和地区,600 多个直航的港口。上海港每月的国际航班数超过 1400 班,是世界上港口航线密度最大的港口。海上丝绸之路从其整个分布来看,又恰恰是整个上海港航线密度最广的区域,其覆盖了亚欧航线、中东航线、非洲航线、东南亚航线。也就是说从上海始发的航线,绝大部分都是在海上丝绸之路的轨迹上。随着海上丝绸之路进一步打通,上海港口将提高对外贸易航线航班的密度与效益,根据与丝绸之路进一步对接,可加深上海港与其他港口的交流合作,为船公司做好服务。

3.4.2 "一带一路"倡议对货物贸易及集疏运的影响

"一带一路"倡议的推进有利于将东部沿海地区相关产能转移到中西部地区实现均衡发展,西部地区的发展将推动对外贸易和进出口需求增长。目前,连接丝绸之路经济带沿线各国的主要通道是亚欧大陆桥,其是横跨亚欧大陆、连接太平洋与大西洋的铁路运输通道。亚欧大陆桥运输无论在运输时间还是在运输可靠性上都强于水路运输。目前,相关国家正在部署"一带一路"基础设施的连通建设工作,统筹谋划战略通道布局。预计未来我国中西部地区绝大部分发往欧洲、中亚地区的货物都将倾向于通过陆上丝绸之路进行运输,因此,其对上海港集疏运体系的影响十分微弱。与此同时,"一带一路"倡议的实施将推动我国中西部地区面向美洲、东亚地区的进出口需求增长,这部分需求仅能通过港口航运来满足。中西部地区可选择的出海口港口主要有上海港、天津港、青岛港、连云港港和宁波港,上海港在竞争中并不具有优势,考虑到丝绸之路经济带沿线国家及地区距离上海较远,相比其他运输方式,铁路运输更具优势,因此,中西部地区新增的进出口需求对上海港集疏运体系的影响仅将表现为海铁联运水平的小幅提升。基于上述原因,丝绸之路经济带沿线地区绝大部分货源将放弃港口航运,转而经亚欧大陆桥运往欧洲和中亚地区。随着上海逐渐融入"一带一路"体系,上海港将争取中西部地区与美洲、东亚地区的贸易货物,但上海港在竞争中并不占有优势,因此,"一带一路"的发展对上海港集疏运体系的影响较小,且主要体现在海铁联运方面。

3.4.3 "一带一路"倡议对新横沙的影响

从"一带一路"全局来看,上海也只其中的战略支点之一,而新横沙更只是上海对接"一带一路"倡议的备用空间。"一带一路"最为直接的影响是拓展了上海航运服务的范围,提高了潜在的航运贸易量。但从发展阶段看,新横沙仍只处于前期吹填成陆,与建港仍有较长时间。新横沙在近十年中,应紧紧关注上海港口发展和上海对接"一带一路"沿线港口和国家的航运贸易量变化及水水中转需求,前瞻性地研究相关设施建设和服务政策,为将来新横沙发展奠定良好扎实的基础。

3.5 长江经济带战略对上海港及新横沙的影响

3.5.1 长江经济带战略对上海港的影响

从长三角地区来看,随着区域交流的日益密切,上海作为长三角区域中心城市,其辐射区域服务周边的功能需要进一步强化,构建一个公铁协调互补的集约复合型城际交通体系显得更加迫切。从长江流域来看,其广阔腹地,是上海国际航运中心建设的重要依托。依托长江黄金水道,大力发展水水中转,不断适应产业向中西部转移、物流链向长江沿线延伸的需求,对加快推进上海国际航运中心建设,推动长江经济转型升级具有重要意义。从全国范围来看,上海地处沿海、沿江两条国家城镇发展走廊交汇点,承接"两横两纵"国家级综合运输通道,通过进一步提升全国性综合交通枢纽的功能,对更好地发挥为全国服务的功能,促进长江流域经济发展具有重要作用。按照此背景情况,上海港在对接长江经济带战略关键在于适应长三角经济一体化和长江流域经济转型升级需求,聚焦上海国际航运中心和长三角交通一体化建设,依托长江黄金水道,大力发展"国际海空枢纽"和"区域公铁协调"两大战略,支撑和指导对外交通系统发展,增强上海对长三角、长江流域的服务和辐射能力。

3.5.2 长江经济带战略对货物贸易及集疏运的影响

针对目前上海港口设施能力难以适应需求,洋山港缺少支线(包括江海直达)、近海专用泊位,港口布局需要进一步优化,内河受航道、船闸、桥梁和船型等限制,海铁联运发展缓慢,铁路线尚未进入港区等短板,长江经济带不仅为上海港挖掘了更广阔的贸易市场空间,也为集疏运体系建设提出了更具体的要求。相对应的,上海一方面要着力提升长江黄金水道的综合能力,大力推进以江海联运为主的水路集疏运体系。比如,依托航运中心建设,继续促进沿江港口分工协作,发挥国际主要枢纽港和干线港口群发展,共同实施长江经济带战略;加快内河高等级航道建设,打通沿江内河航道网;推进江海直达运输,降低综合物流成本;根据运输要求,构建公铁协调发展的综合交通运输骨架,完善港口与交通网络的衔接、区域通道衔接和交通一体化发展。

3.5.3 长江经济带战略对新横沙的影响

长江经济带可以说是三大战略中与新横沙关联最紧密、最直接的国家战略。一方面,新横沙地处长江入海口,可以说是整个长江经济带的战略要地,所有的长江内河地区的航运必须绕经新横沙;另一方面,作为上海的组成部分,新横沙发展导向势必会影响整个上海深水的功能布局。基于此,新横沙仍需要明确自身定位,尤其是在上海组合港中的定位,前瞻性地做好软硬件建设的部署。

3.6 新横沙开发建设对上海城市发展的必要性和迫切性

3.6.1 破解土地约束底线,拓展城市发展空间

上海是一个人口众多而土地资源相对不足的特大型城市,有限的环境容量从根本上制约了上海城市规模上的扩张。巨大的土地瓶颈使得上海战略空间发展受到挑战,尽管近几年通过产业结构调整,保持上海稳步发展,但其经济发展速度及地位明显受到国内其他城市发展带来的压力。要实现上海再次飞跃,必须解放思想,突破上海现有的空间禁锢,提前谋划。新横沙的开发建设,不仅能填地返指标,更能形成再生的、稀缺的、上海可持续发展的新土地和岸线资源,有巨大的经济、社会和环保价值,能为上海城市发展提供广阔的后备空间。

3.6.2 破解深水港空间约束,提升港口竞争力

随着经济发展对港口需求的增加、周边港口的日益崛起、1.8万TEU超大型集装箱船舶及40万吨级超大型散货船的问世,上海港超深航道、岸线资源短缺的问题日益凸显,上海国际航运中心的地位受到挑战。为巩固上海国际航运中心的地位,上海港急需建设新的深水港区,以弥补上海港在岸线、深

水航道资源方面的不足。

3.6.3 破解集疏运对城市环境的约束，改善城市交通和环境

目前上海港58%的集装箱是依靠公路集疏运，水路次之，占41%左右；由于铁路线至今未能进入上海港的主要集装箱港区，因此铁路所占集疏运比例非常小，不到0.3%。在陆上输运为主的外高桥港区，集装箱量大而密集，经常造成浦东地区的道路拥堵。陆上进出洋山港区的集装箱，距离过长，费时费力费能源。以公路为主的港口集疏运模式，既加重了城市环境污染，又增加了港区周边道路的交通拥堵。依托横沙岛打造上海新一轮城市发展空间，可采用人工运河沟通，实现江海直转，大幅减少水运的中转成本和公路、铁路的运输比例，从而改善城市交通和环境问题。

3.7 总结

从上述分析，我们可以得出以下结论：

一是三大战略关联程度较高、相互作用。三大战略能很好地体现习总书记的执政理念以及中华民族伟大复兴的目标。虽然三个战略侧重点不同，但改革、创新、协同是贯穿所有的主线。三大战略中，长江经济带和"一带一路"侧重区域协同发展，其中长江经济带侧重国内区域的协同，而"一带一路"侧重与国外的协同和开发，自贸区虽然在侧重于制度创新，但未来是要在全国主要经济重镇推广的深化改革的重要路径。

二是三大战略均对上海城市发展、上海航运中心及港口建设起到了直接作用。作为中国经济中心城市，上海承载着多重国家战略和任务，尤其是在世纪之交国家赋予的"四个中心"准确地找准了上海的发展定位。当前，上海提出要迈向全球城市，其中国际航运中心仍是核心功能，而三大战略均在航运功能上给予强有力的保障，为上海港口和城市发展提供动力。

三是三大战略对新横沙有着持续性的影响。虽然，新横沙在三大战略中所处位置并非是至关重要的，甚至在当下起到的作用并不大。但是从可持续发展角度来看，新横沙在未来会有一席之地。尤其是在面临资源紧约束的背景下，上海需要寻求新的发展动力和战略空间。在未来，新横沙发展不但为上海提供更多的发展空间，而且其优势也能紧密地对接国家战略要求。因此，新横沙参与三大战略应着眼于更长远阶段。

4 新横沙参与三大战略的定位与策略

4.1 新横沙参与三大战略的优劣势

从发展条件来看，横沙岛具有地理区位优势、土地资源优势、航道资源优势、岸线资源优势、泥沙资源优势、开发成本优势、城市能级优势，为下一步的发展奠定了扎实的基础。

但不可否认横沙岛也存在了一定劣势，比如设施配套滞后、生态环境制约、产业基础薄弱、发展时序较长等，势必将影响到新横沙长期的发展定位和功能培育导向。

4.2 新横沙参与三大战略的定位

上海既是"一带一路"和长江经济带的交汇点，也是自贸区制度创新推广的龙头。未来20多年，上海将与纽约、伦敦、巴黎、东京等世界城市看齐，力争成为卓越的全球城市。作为上海市域内稀缺的资源，新横沙具备生态条件、土地空间、岛屿岸线甚至潜在的深水建港优势，立足长远来看，新横沙要融入三大战略、服务三大战略必须在战略中找准自身定位。

4.2.1 自贸区的拓展区

结合上一轮"用好横沙岛资源为上海谋划战略新空间研究"的结论，我们仍然认为新横沙适合成为自贸区的拓展区。一方面，考虑到自贸区在三年发展中不断成长壮大，虽然其核心在于制度创新和

突破,上海港口箱量和货运量的上升有多少是来自自贸区的带动难以判断,但是在上述自贸区的影响的分析中,我们认为自贸区的带动效应仍会不断显现;另一方面,由于自贸区的特殊性,新横沙自然封闭的模式更有适用于自贸区的监管,而且从发展的角度看,未来上海很有可能将自贸区覆盖至浦东新区甚至全市,届时新横沙也可以发挥自身的优势,成为自贸区监管和中转中的主要区域。

4.2.2 "一带一路"的桥头堡

虽然,当前新横沙对"一带一路"的作用和影响不大,但作为上海未来重要的战略发展空间以及潜在的水水中转枢纽地,新横沙在条件允许的情况下可分担上海港,尤其是深水港的部分重要功能,充分发挥深水港优势和水水中转的条件,成为上海直接服务"一带一路"沿线国家和港口对接长江内陆港口地区的重要桥头堡。

4.2.3 长江经济带的重要枢纽

长江经济带是三大战略中对新横沙关联最为紧密的战略,新横沙应牢牢把握机遇,充分发挥新横沙在江海联运中的独有优势,扩大新横沙在长江经济带中的影响力,逐步承担上海港服务长江经济带以及水水中转重要功能的交通枢纽,并且随着贸易物流、中转功能的逐步拓展,集聚产业发展、新城建设等一系列功能。

4.3 融入三大战略的对策建议

4.3.1 紧密跟踪战略要求

不谋全局者,不足谋一域。一个地区的发展,必须全面融入国家发展战略格局,在服务全局中审视自己、发展自己、提升自己,尤其是时代潮流、大势所趋。

一是三大战略的后续进展与要求。新横沙不但要了解当前三大战略的政策动向,也要和相关部门一起前瞻性地研究政策动向对新横沙的影响和意义,适时调整自身发展方向。

二是上海发展的方向与重点。新横沙在近期内需要充分了解全市"十三五"纲要及交通、产业等专项规划,以及重大项目设施布局,远期则结合新一轮城市总体规划,推动相关项目推进和落实,将自身发展与上海发展紧密融合。

三是全球宏观经济形势和新经济模式。宏观经济形势也是全球航运市场的风向标,对于新横沙研判航运市场有着重要的参考价值,此外新技术、新业态等产业发展趋势对全球产业分工也有着较大的影响,进而影响到新横沙建港的可行性和迫切性。

4.3.2 做好顶层规划设计

新横沙发展导向取决于城市规划,必须充分发挥规划的引领作用,结合新横沙发展定位与市相关部门一同研究新横沙范围内的相关规划,为新横沙中长期发展提供参考依据。

一是加快横沙岛总体规划和土地规划研究。由市级部门牵头、会同崇明区政府,共同组织力量,以国际化要求组织国际方案征集工作,对横沙岛域进行高起点、高水平的总体规划研究,规划年限建结合新一轮城市总体规划要求至2040年。

二是加快新横沙综合交通规划研究。在市级层面上,汇同国家交通部等,重点研究新横沙建设深水新港的可行性。在可建港的基础上,研究编制综合交通规划和岛屿内交通规划。

三是加快新横沙产业发展规划研究。进一步明确横沙岛产业发展方向、产业布局、重点产业项目、产业用地,确保在不破坏生态环境的基础上发展产业。

4.3.3 明确未来发展路线图

考虑到未来中长期发展具有较大的不确定性,新横沙要根据远近结合的原则分阶段地制定阶段和目标。我们认为新横沙发展可以分三个十年进行推进:第一个十年,至2025年,主要工作以成陆工程为核心,将土地实实在在地拿到手,为本市战略储备土地,为本市未来的发展提供战略空间,目标以缓解建设用地"占补平衡"矛盾为核心,放大生态功能的作用。第二个十年,至2035年,可根据国家战略和上海发展要求,适时考虑推进深水新港建设,强化港口物流功能,适度发展临港产业。第三个十年,至2045年,新横沙可凸显生态优势,打造成以高端临港产业为核心的现代生态岛,加速社会事业配套提升,促进新横沙的高效、和谐和持续发展。

4.3.4 前瞻性布局设施与产业

新横沙在未明确发展方向或者深水新港工程未确定前提下,仍可以前瞻性地布局基础设施和产业项目,进一步加强横沙岛交通、市政和公共事业等设施建设。

一是道路路网建设。升级道路路网设施,加快新横沙与岛外之间的交通设施建设,进一步改善水上客运轮渡和港口码头建设,研究轨道交通以及与浦东之间隧道或桥梁的可行性。

二是提升市政设施标准。加强供水、供电、供气、信息、排水、热力、环境卫生、生活垃圾处理等市政配套设施建设,可适度预留港口发展和新城居民生活要求的教育、文化、卫生、科技等相关公共服务设施空间。

4.3.5 严格控制土地管理与使用

在岛域总体规划没有确立以前,要严格控制各种土地的使用,对新建的项目要严格审批,以防止大开发前破坏性开发和建设,要树立长远大发展的观点,不可急功近利。宁愿晚建,不要错建。土地资源由政府统一储备管理,未列入政府统一开发计划的土地不得私自出让。

一是按照"保护保障、节约集约、依法依规"的总体要求,全面落实严格的耕地保护制度和节约用地制度,严格保护耕地和生态用地,确保耕地保有量和基本农田等指标在研究中体现。坚持节约集约用地,努力推进经济转型升级。采取有效措施,建立完善各项土地规划管理制度,明确各方责任,确保新一轮规划顺利研究。

二是加强研究,借鉴国内外港口发展经验教训,从更大的视角审视新横沙发展方向,既要考虑到对横沙岛生态环境的保护,也要妥善利用新增可开发面积,夯实新横沙发展基础。

三是及早谋划开发新横沙的体制机制。确定发展目标,充分规划好、利用好新横沙,分析谋划开发模式,最大限度地发挥其对上海市发展的支撑作用,切实服务于"四个中心"的建设。

区域视角下横沙岛陆域新空间发展设想

钱少华,许菁芸,张璐璐

(上海市城市规划设计研究院,上海 200040)

[摘要] 随着上海"四个中心"建设工作的推进,上海国际航运中心建设逐步向内涵化与纵深化发展,放眼全球及亚太地区港口,依托上海港谋划水运长远发展存在严峻竞争压力,甚至在长三角区域也有条件优良的港口正在实现赶超,且上海港自身发展过程中仍存在诸多问题,如深水航道严重稀缺、无法实现江海一次中转等结构性问题。因此,本课题旨在结合当前正开展新一轮上海市总体规划编制工作,从国家战略与以及长三角对于上海的要求出发,结合上海自身发展与导向,从规划层面提出对于横沙岛陆域新空间的发展设想。

[关键词] 上海港;横沙岛陆域新空间;长三角城市群

1 前言

当前在国家推动丝绸之路经济带、海上丝绸之路以及长江经济带黄金水道建设等发展战略下,如何稳固上海国际航运中心地位,进一步适应船舶大型化的国际发展趋势、迎接全球航运产业转移并提升航运服务业水平,成为上海新一轮空间发展的重要命题之一。恰逢上海市新一轮总体规划编制开展,横沙东滩新陆域空间作为上海港战略储备空间广受关注,其开发利用事关上海创新驱动、转型发展全局。

2 上海港发展目标指引

2.1 国家关于"一带一路"和长江经济带战略解读

2013 年 9 月,习近平总书记提出"建设丝绸之路经济带"和"21 世纪海上丝绸之路"的战略构想,强调相关各国要打造互利共赢的"利益共同体"和共同发展繁荣的"命运共同体"。随后,"一带一路"又被写入中共十八届三中全会决定,上升为国家战略。2014 年 4 月 28 日,李克强总理主持召开了长江沿线 9 省 2 市主要负责人的区域经济发展座谈会,提出要依托黄金水道建设长江经济带,为中国经济持续发展提供重要支撑。2014 年 9 月 25 日,国务院颁布《关于依托黄金水道推动长江经济带发展的指导意见》。

这一系列国家战略标志着我国新一轮对外开放的格局由原来的倚重沿海开放向兼顾海上大通道和内陆大通道转变,将依托长江黄金水道,带动长江流域经济的持续发展。依托长江黄金水道,构建综合立体交通走廊,为建设中国经济新支撑带提供保障。

2.2 上海肩负引领长三角城市群向世界级城市群发展的职责

上海作为长三角城市群核心城市,应承担起引领长三角世界级城市群参与全球竞争的责任,引领长三角城市群核心功能网络建构,在区域范围内形成金融、贸易、航运以及创新网络。通过与周边地区中心城市的合作,推动杭州都市圈、苏锡常都市圈、宁波都市圈以及宁合都市圈核心功能发展,在国际航运物流、江海联运综合枢纽以及航运金融贸易等方面实现错位发展与分工协作。因此,本次上海市总规研究中提出构建多层级的港口群,形成以上海港—宁波港—舟山港为核心的沿海核心港口群,引领带动周边港口的协同联动发展。图1为长三角航运功能网络构建。

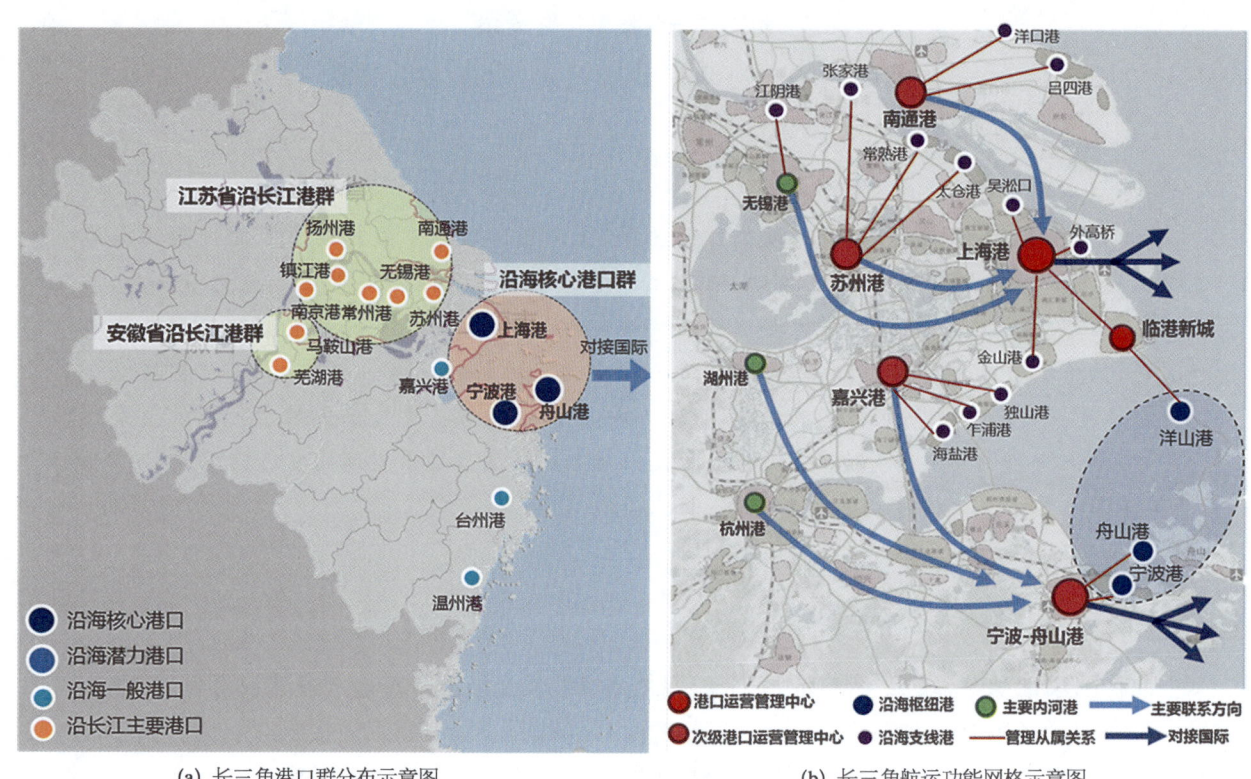

(a) 长三角港口群分布示意图　　　　(b) 长三角航运功能网格示意图

图 1　长三角航运功能网络建构

2.3　上海产业发展对于城市新空间的诉求

当前上海工业用地总量偏大,空间集聚度不高,工业能级仍然较低,用地绩效有待提升。因此未来上海将长期聚焦具有全球影响力的科技创新中心建设,鼓励大众创业、万众创新,以创新引领城市产业功能的转型与升级,促进城市产业向高端化、服务化、集聚化、融合化、低碳化发展,优化产业和就业空间布局,促进产城融合发展,提升上海在全球的经济影响力和资源配置能力。在产业发展导向上,以"五量调控"为主,即总量锁定、增量递减、存量优化、流量增效以及质量提高。

2.4　国际航运中心建设内涵与要求

国际航运中心实际上包含航空、港口、铁路等诸多方面,并非狭义指海港建设。当前上海与国际领先的航运中心仍存在一定差距,主要需要从几方面着手:① 强化亚太航空门户枢纽地位,统筹区域航空机场群发展,积极引导航空产业与城市的协调发展;② 推动国际海港枢纽服务升级,转变航运中心发展方式,重点提升航运软实力,优化区域港口功能布局,完善集疏运体系,加快邮轮母港建设;③ 强化铁路枢纽辐射能力,完善铁路枢纽布局,优化铁路对国际海空枢纽的支撑功能等。

因此,市总规对于上海国际航运中心的战略目标是:建成具有全球资源配置能力的国际航运中心。集装箱吞吐量位居世界前列,现代航运服务业规模和服务水平世界领先,集疏运体系以水水中转为重点逐步优化完善,形成与上海全球城市地位协调发展的国际航运中心。上海港应逐渐实现内涵转型提升,与宁波—舟山港的共同建构区域中心港区,着重发展集装箱远洋运输业务,同时联动浙江与江苏沿海港口群以及江苏与安徽长江内河港口群共同打造长三角城市群现代化江海联运港口集群。功能上重点发展航运金融保险、航运经纪、海事法律和仲裁、船舶检验及注册登记等高端航运服务业,为长三角港口集群提供高品质的航运服务。

3 上海港发展的底线约束

3.1 建设用地紧约束下的睿智发展

2014年,上海常住人口规模已达2425万人,建设用地总量超过3100 km^2,面临着人口继续增长和资源环境紧约束的压力。为应对资源环境紧约束的挑战和城市未来发展的不确定性,未来上海规划建设用地总规模将以"负增长"为目标,总量控制在3200 km^2 以内。成为高密度超大城市可持续发展的典范城市为目标,实现内涵发展和弹性适应,积极探索超大城市睿智发展的转型路径。

对于横沙这一类重大项目的空间进行预控,作为留白用地(战略性空间储备用地),通过行动计划大纲对其进行管控,定期评估留白用地的使用情况,在总体土地指标范围内根据需求投放弹性用地。

3.2 确保城市安全及生态环境质量

城市安全作为城市赖以生存的基础,包括生态安全、城市安全、粮食安全等众多方面,生态文明建设更是首次写入"十三五"规划,充分体现出生态底线思维已成为城市空间发展重要考量标准。横沙岛位于江海交界处,生态资源丰富,岛屿周边已划定了崇明东滩鸟类自然保护区、九段沙湿地自然保护区、中华鲟自然保护区以及青草沙水库水源保护区;崇明东滩鸟类保护区是亚太地区鸟类迁徙的重要驿站,横沙就位于迁徙的重要路径上。横沙东滩的大规模开发有可能对长江口河势稳定性、周边自然保护区的生态系统、鸟类迁徙的环境等产生一定的负面影响。横沙新成陆空间作为上海与北部近沪地区共同维护的河口海岸滩涂湿地,应进一步江海交汇处生态绿核的地位,严格遵循生态保护红线管控要求,依据规划对建设用地总量、开发强度、用地类型和适宜建设项目类型等进行严格限制。

满足上海市耕地占补平衡要求,保障粮食安全问题。对于横沙成陆新空间主要灾种和多元风险制定应对措施,重点加强风暴潮、台风、龙卷风、地震等主要灾害的防灾减灾设施建设,针对全球气候变化导致的海平面上升,加强对咸潮入侵及海水倒灌的防范管理。

4 上海港建设评估

4.1 滩涂用地使用国内外经验借鉴

根据日本、荷兰等国内外滩涂利用历程总结,主要有以下共性规律:① 海涂开发产业向广度和深度发展,从传统制盐业、棉花种植、水产养殖和捕捞等逐渐向发展高附加值的新兴产业转变,如海洋生物制药、海产品深加工、港口航运和濒海旅游业等。② 海涂区域的生态环境日益受到关注,盲目的开发行为使沿海地区工农业生产及旅游业遭受了重大经济损失,各种污染物以及重金属通过海水生物体并最终影响人体的健康,严重威胁人类生存的环境问题在全世界范围内引起了极大重视,各国纷纷采取补救措施,有的开始恢复湿地,有的兴建海堤、闸坝等排水工程,在开发利用的同时,开始兼顾生态环境的治理。③ 海涂开发逐渐走向综合规划和可持续利用,世界各国开始着眼长远,注重生态、经济、社会效益的高度统一,依据各自海涂资源的特征,因地制宜地进行综合规划,集约利用,既强调保护,又强调发展,日本沿海的商贸娱乐中心就是可持续发展的成功范例。图2为上海市总体规划滩涂用地发展保护。

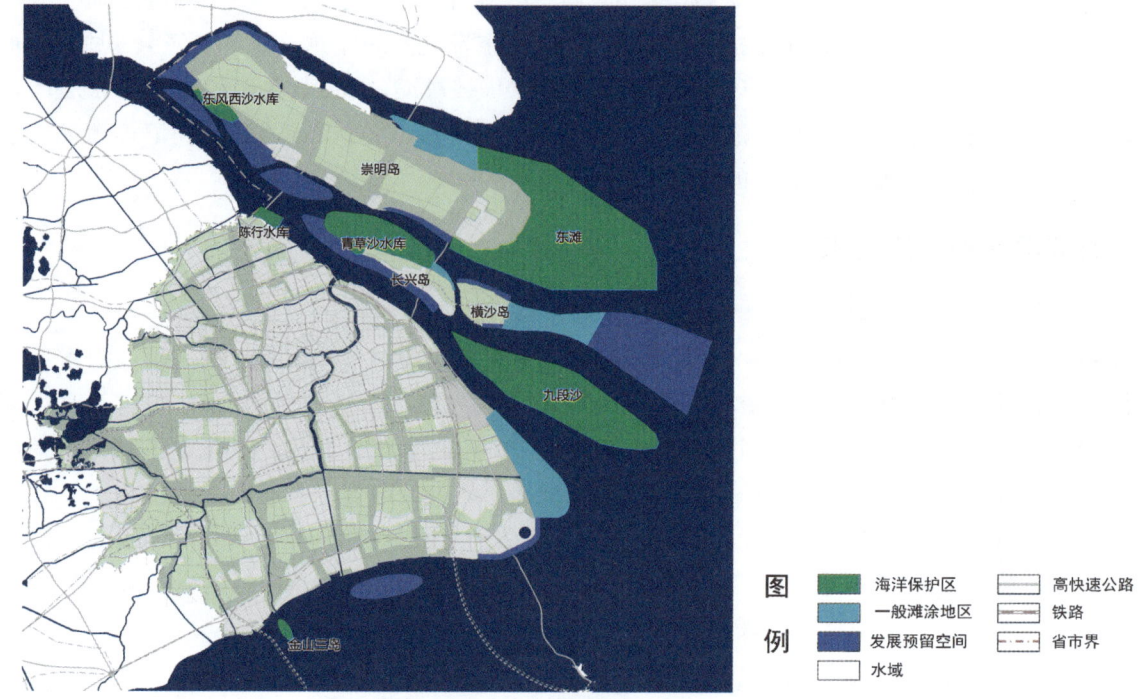

图 2　上海市总体规划滩涂用地发展保护示意图

4.2　横沙较洋山港选址的规划比选

上海港未来发展的战略空间目前存在以大洋山为代表的舟山群岛方案和吹填成陆的横沙岛方案。两种方案均可大幅拓展上海港集装箱吞吐量规模,可以满足长江经济带战略带动了长江航运需求(表1)。

表 1　上海港战略拓展空间方案比选

比选条件	舟山群岛(大洋山)	横沙岛
水深条件	大洋山—16 m,可进一步疏浚;大衢山—20～—50 m	现状—12.5 m,人工挖约 15 km 的 23 m 航道
后方陆域	主要依靠自然岛屿,远满足港口及配套需求	人工制造成为约 500 km² 城市
规划情况	已通过交通部和省市审批	目前仍在研究阶段
行政区划	浙江舟山	上海市域
交通配套	已预留东海二桥公铁两用、浙江连岛工程	交通设施满足横沙岛现状 60 km² 所需
建设深水港优势	① 自然条件好、可满足船舶大型化趋势; ② 便于和小洋山形成联动,形成国际航运中转枢纽; ③ 距离世界主航道近,节约干线船舶停靠成本	① 位于长江口,便于江海转运; ② 利用长江航道疏浚、造陆便捷
建设深水港劣势	① 集疏运公路、铁路通道造价高; ② 需专用江海直达船舶,增加一次换装成本(非江海直达船); ③ 上海浙江省市协调难度大	① 深水港区、航道建设成本高、难度大; ② 位于生态敏感区; ③ 与洋山、外高桥关系难以处理; ④ 交通组织困难,对集疏运体系可能造成更大压力

战略空间方案各有优缺点,具体选址方案还需结合长江经济带国家战略对上海的具体要求、上海港集装箱运输需求增长情况、上海浙江港口协调情况等因素来进一步深化研究明确。近期可对两种

方案均进行战略预控,为未来发展留有可能性。

4.3 洋山港规划建设情况评估

洋山深规划也经历了长期谋划以及建设,当前水港建设成效显著,货物运输和中转能力大幅提高。2008年洋山港集装箱吞吐量仅为822.7万TEU;经过6年已突破1400万TEU。吞吐量占比也提高10%,到2020年,四个港区面积将达25万 km²,年吞吐能力将达到2500万TEU。但与上海陆地交通的联系程度不高,江海联运比例较低,主要通过东海大桥与上海浦东的芦潮港建立公路联系,公路、水路、铁路三种运输方式之间的比重是67.4∶32.2∶0.4。上海应从长三角城市群核心城市的视野出发,通过市场资本方式,加强区域统筹协调和联动,重点对已规划预留的大洋山、大衢山、岱山等进行开发,通过江海联运,提升舟山岛屿的集装箱运输功能。

5 上海港发展设想

5.1 上海港发展策略

未来上海港主要的发展方向如下:

(1) 通过技术更新、效率提升、布局优化等措施,既有集装箱装卸设施和在建集装箱设施满足4500万～5000万TEU集装箱吞吐量需求,基本确保上海国际航运中心吞吐量能级(表2)。

表2 上海港集装箱港区吞吐量规模分布构想 (万TEU)

港 区	现 状	规划构想
外高桥	1622	约1650
洋山	1437	约1800
SCT	256	—
洋山四期	—	约800
罗泾	—	约600
其他	47	—
上海港总计	3362	约4850

(2) 实现上海国际航运中心的可持续发展,港口拓展空间应以"挖潜—改造—协调—预留"的逻辑顺序逐步推进。其中挖潜指通过技术更新、增配设备、装卸效率提升等措施进一步提高上海港单位长度岸线的吞吐能力;改造指结合上海产业转型,考虑对利用效率较低的干散货、件杂货码头进行改造,调整功能为集装箱码头;协调指通过市场资本方式,加强区域统筹协调和联动,重点对已规划预留的大洋山、大衢山、岱山等进行开发,通过江海联运,提升舟山岛屿的集装箱运输功能;预留指远景预留上海市域内(如舟山群岛及横沙岛)建设深水港区的可能性。

(3) 上海港集疏运体系以发展水水中转和海铁联运为主要优化方向,至2040年,水水中转比重应不低于60%,海铁联运比例不低于10%(图3)。

5.2 横沙岛陆域新空间畅想

横沙岛陆域480 km²新成陆空间作为上海发展的宝贵净土,其主导功能依然存在诸多可能,如农业观光、生态旅游;养老居住、花园办公;航运金融、高端居住;休闲娱乐、免税购物;会展节事、户外运动;能源基地等(图4)。

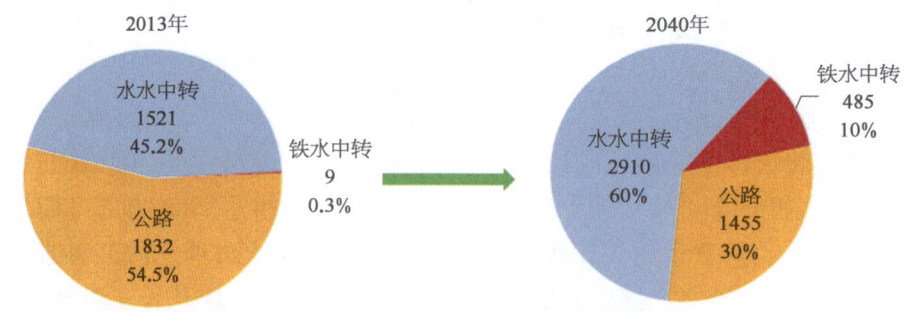

图3　上海港集疏运体系比例优化图

图4　横沙岛主导功能构想

6　小结

新横沙陆域新空间作为上海未来宝贵的新空间,应从区域一体化视角,谋划上海全球城市发展格局;以生态为基底,强化大都市区空间发展硬约束;以交通为骨架,突出交通和空间联动发展;以生态之城、人文之城、创新之城为目标,疏解城市功能,优化产业布局;以更加长远和综合的眼光来看来横沙未来发展的种种可能,结合上海发展的需求与导向进行合理的战略预留。

参考文献

[1] 陈吉余.长江口的新态势,上海市的新机遇[J].科学,2011,63(2):1-2.
[2] 周海,阮伟.开发横沙东滩,建设上海发展新基地的构想[J].水运工程,2012(12):9-13.
[3] 季岚,唐臣,张建峰,等.长江口疏浚土在横沙东滩吹填工程中的应用[J].水运工程,2011,36(7):163-167.
[4] 黄树松.集装箱船舶大型化趋势对港口运营的影响[J].水运管理,2012,34:4-5.
[5] 交通运输部长江口航道管理局.长江口航道发展规划[R].上海:长江口航道管理局,2010.
[6] 上海国际航运中心.全球港口发展报告[R].上海:上海国际航运研究中心,2011.

2020年后长江口深水航道疏浚土处置方案研究

宗源远,姚逸云,王恒宾,唐臣,楼飞

(中交上海航道勘察设计研究院,上海 200120)

[摘要] 2020年后,长江口深水航道疏浚土的合理有效处置将成为深水航道运营维护面临的一大难题。为解决疏浚土的合理处置和有效利用,本文通过对长江口海洋倾倒区规划和滩涂资源开发利用规划分析,提出了几个比较可行的疏浚土处置方案,并分析各处置方案的实施条件、处置安排以及所采用的施工工艺,然后对各处置方案进行综合比较,得出2020年后长江口深水航道疏浚土处置仍应当结合横沙圈围造陆的结论,为航道维护疏浚土的有效利用提出了经济合理的技术方案。

[关键词] 长江口深水航道;疏浚土;滩涂开发;横沙浅滩

长江口12.5 m深水航道自2011年5月正式开通,经北槽—南港—南支向上游延伸,其中,北槽位于长江口拦门沙区段,该段航道回淤量大,是深水航道主要维护区段,平均年维护量高达6000万~7000万 m^3。目前对于疏浚土的处理主要采用外抛和吹填上滩相结合的方式。长江口倾倒区每年允许倾倒的疏浚土量最多为3800万 m^3,其余必须采取吹填上滩处置。2003年横沙东滩N23潜堤西侧17万亩(1亩=667 m^2)促淤圈围工程获批实施,之后,横沙东滩一直是深水航道疏浚土吹填上滩的最佳区域。根据《上海市滩涂资源利用与保护"十三五"规划》,至2020年年底,横沙东滩圈围工程将全面完工,之后疏浚土的合理有效处置将成为深水航道运营维护面临的重要问题。

本文通过分析长江口倾倒区和滩涂资源,提出几个比较可行的疏浚土处置方案,给出疏浚土处置建议。长江口深水航道和滩涂圈围位置如图1所示。

1 长江口深水航道疏浚土处置现状

长江口12.5 m深水航道维护疏浚采用大型耙吸船施工,目前疏浚土处置采用两种方式:① 直接外抛至长江口1#~3#倾倒区;② 结合横沙东滩圈围工程,先抛至吹泥站贮泥坑再经绞吸船吹泥上滩。

1998年至2015年,长江口深水航道治理工程共完成疏浚量约9.3亿 m^3,其中外抛量约6.1亿 m^3,吹泥站抛坑量约3.2亿 m^3。2016—2020年,横沙东滩七期和八期圈围工程将形成56 km^2陆域,还可利用航道疏浚土近2亿 m^3。

2 海洋倾倒区现状

长江口可供使用的倾倒区主要有长江口1#~3#倾倒区。

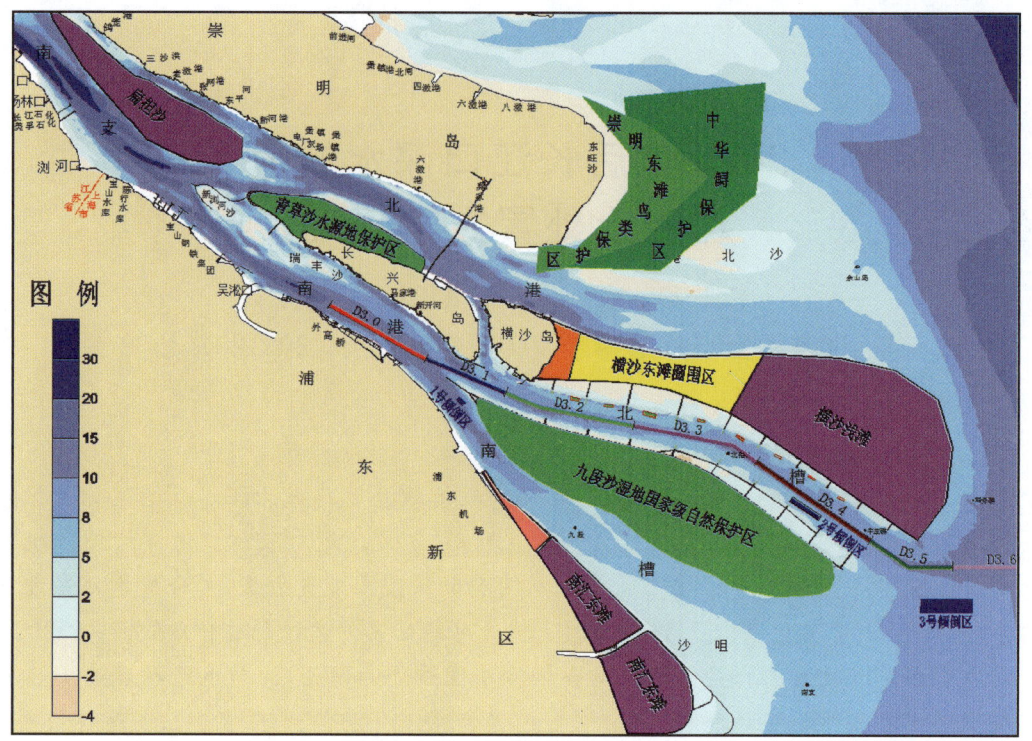

图 1　长江口深水航道和滩涂圈围位置示意图

1#倾倒区位于南槽上段,面积 0.5 km²,年倾倒量控制在 1000 万 m³ 以内,主要供深水航道圆圆沙段和南港段维护疏浚抛泥使用。

2#倾倒区位于南北导堤内北槽下段航道南侧水域,面积 2.4 km²,年倾倒量控制在 800 万 m³ 以内。

3#倾倒区位于口外,面积 9.0 km²,年倾倒量控制在 2000 万 m³ 以内,主要供深水航道下航道下段和外航道抛泥使用。

3　长江口可开发滩涂情况

目前,长江口滩涂主要包括崇明东滩、横沙东滩、横沙浅滩、九段沙、南汇东滩、扁担沙、青草沙等沙体。其中九段沙、崇明东滩、青草沙为自然保护区域,分别设有九段沙湿地国家级自然保护区、崇明东滩鸟类保护区和中华鲟保护区、青草沙水源地保护区;横沙东滩将于 2020 年圈围完成。因此,未来长江口有可能实施促淤圈围、为航道疏浚土提供处置区域的滩涂主要为横沙浅滩、南汇东滩和扁担沙等区域。

1) 横沙浅滩

横沙东滩一期～六期工程共成陆 6.5 万亩,余下区域为横沙七期和八期工程,计划"十三五"期间完成圈围,成陆标准为高程+3.0 m 的农业性质用地。

横沙东滩 N23 潜堤东侧为横沙浅滩,-5 m 等深线以上滩地面积达 300 多 km²,是未来长江口区域可圈围开发的最大空间。

2) 南汇东滩

南汇东滩共实施了一期～五期工程、人工半岛圈围一期与二期工程和南汇东滩南、北片区促淤工程等,圈围面积约 15.9 万亩,促淤面积约 22 万亩。

目前,南汇东滩促淤工程已基本完成,后期可圈围土地约 22 万亩。

3) 扁担沙

扁担沙是长江南支河段最大沙体,沙体-5 m 等深线范围长约 30 km、最大宽度约 6 km,面积 110 km² 以上。

4 长江口深水航道疏浚土处置方案

4.1 疏浚土处置区分析

2020 年后,长江口可使用的海洋倾倒区有 1♯～3♯ 倾倒区。

从长江口地区滩涂开发利用规划和实施条件来看,2020 年后可规划实施促淤圈围并结合疏浚土实施上滩造陆的区域仅有横沙浅滩、南汇东滩和扁担沙等三处滩涂。

4.2 疏浚土处置总体方案

2020 年后,可对长江口深水航道疏浚土提出四个处置方案:

(1) 方案一:全外抛倾倒区方案。

(2) 方案二:外抛倾倒区+横沙浅滩上滩方案。

(3) 方案三:外抛倾倒区+南汇东滩上滩方案。

(4) 方案四:外抛倾倒区+扁担沙上滩方案。

4.2.1 全外抛倾倒区方案

1) 实施条件

3♯ 倾倒区扩容至 3000 万 m³,新设一处 1700 万 m³ 容量以上的倾倒区。

长江口 1♯～3♯ 倾倒区年容许抛泥量 3800 万 m³,无法满足深水航道疏浚土处置要求,需按规划将 3♯ 倾倒区扩容至 3000 万 m³。

新设一处倾倒区,容量 1700 万 m³ 以上。

2) 处置安排

D3.0～D3.1 段疏浚土外抛至 1♯ 倾倒区,平均运距 14～15 km;D3.2 段疏浚土外抛至 2♯ 倾倒区,平均运距 31 km;D3.3 段疏浚土部分外抛至 2♯ 倾倒区,部分外抛至 3♯ 倾倒区,平均运距 34 km;D3.4～D3.6 段疏浚土外抛至新设倾倒区,平均运距 6～27 km,具体处置安排见表 1。

表 1 疏浚土全外抛倾倒区方案参数表

标　段	年维护量(万 m³)	泥土处理区	运距(km)
D3.0	293	1♯ 倾倒区	14
D3.1	753		15
D3.2	571	2♯ 倾倒区	31
D3.3	3428	2♯、3♯ 倾倒区	34
D3.4	1215	新设倾倒区	27
D3.5	132		14
D3.6	108		6
合　计	6500		

3）施工工艺

施工工艺可采用耙吸船的挖运抛工艺,其工艺流程为:耙吸船施工定位→挖泥装舱→满舱后驶向倾倒区→进倾倒区抛泥→空舱返回疏浚区→下一轮施工循环。

4.2.2 外抛倾倒区＋横沙浅滩上滩方案

1）实施条件

横沙浅滩实施圈围,对应坝田区新设吹泥站贮泥坑。

横沙浅滩可圈围面积达 300 多 km²,按照农业用地标准＋3.0 m 估算可处置疏浚土 16 亿 m³ 以上,可以满足深水航道疏浚土处置需求。

该方案可利用现有的 C4 贮泥坑并在 N6～N9 丁坝之间新设 3 个贮泥坑。

2）处置安排

D3.0～D3.1 段疏浚土外抛至 1♯倾倒区,平均运距 14～15 km;D3.2～D3.3 段疏浚土上滩至横沙浅滩圈围区,平均运距 15～23 km;D3.4 段疏浚土部分外抛至 2♯倾倒区,部分外抛至 3♯倾倒区,平均运距 10 km;D3.5～D3.6 段疏浚土外抛至 3♯倾倒区,平均运距 7～9 km,具体处置安排见表2。

表 2　疏浚土外抛倾倒区＋横沙东滩上滩方案参数表

标　段	年维护量(万 m³)	泥土处理区	运距(km)
D3.0	293	外抛 1♯倾倒区	14
D3.1	753		15
D3.2	571	横沙浅滩上滩	23
D3.3	3428		15
D3.4	1215	外抛 2、3♯倾倒区	10
D3.5	132	外抛 3♯倾倒区	7
D3.6	108		9
合　计	6500		

3）施工工艺

施工工艺外抛部分可采用耙吸船的挖运抛工艺;上滩部分可采用耙吸船＋绞吸船的挖运抛吹工艺,其工艺流程为:耙吸船航道挖泥→运泥至吹泥站贮泥坑抛泥→绞吸船贮泥坑挖吹泥→浮管→水下管→岸管→吹填区。

4.2.3 外抛倾倒区＋南汇东滩上滩方案

1）实施条件

南汇东滩实施圈围,新设吹泥平台。

南汇东滩可圈围土地 22 万亩,按照农业用地标准＋3.0 m 估算可处置疏浚土 4.5 亿 m³,可以满足深水航道疏浚土处置需求。

该方案需在南汇东滩圈围工程外侧设置 3 个吹泥平台。

2）处置安排

D3.0～D3.1 段疏浚土外抛至 1♯倾倒区,平均运距 14～15 km;D3.2 段疏浚土外抛至 2♯倾倒区,平均运距 31 km;D3.3 段疏浚土部分外抛至 2♯倾倒区,部分外抛至 3♯倾倒区,部分上滩至南汇东滩圈围区,平均运距 31～64 km;D3.4～D3.6 段疏浚土上滩至南汇东滩圈围区,平均运距 41～

53 km,具体处置安排见表 3。

表 3　疏浚土外抛倾倒区＋南汇东滩上滩方案参数表

标　段	年维护量（万 m³）	泥土处理区	运距(km)
D3.0	293	外抛 1♯倾倒区	14
D3.1	753		15
D3.2	571	外抛 2♯倾倒区	31
D3.3	2183	外抛 2、3♯倾倒区	34
	1245		64
D3.4	1215	南汇东滩上滩	53
D3.5	132		41
D3.6	108		50
合　计	6500		

3）施工工艺

施工工艺外抛部分可采用耙吸船的挖运抛工艺；上滩部分可采用耙吸船艕带泥驳的吹泥平台工艺，其工艺流程为：泥驳和耙吸船准备艕靠→泥驳靠泊耙吸船→耙吸船携带泥驳驶向指定的疏浚区→定位下耙挖泥并将泥土装入泥驳→泥驳满舱后驶离耙吸船→泥驳运泥至吹泥地点并靠泊吹泥平台→吹泥平台将泥驳舱内疏浚土吹泥上滩→泥驳离开平台返回进行下一次艕靠耙吸船作业，在泥驳离泊的同时，另一艘泥驳可准备艕靠耙吸船，进而开始挖泥作业，形成耙吸船挖泥、泥驳运泥和吹泥平台吹泥的连续作业。

4.2.4　外抛倾倒区＋扁担沙上滩方案

1）实施条件

扁担沙实施圈围，新设吹泥平台。

扁担沙可圈围面积 110 km² 以上，可以处置疏浚土 14 亿 m³，可以满足深水航道疏浚土处置需求。该方案需在扁担沙圈围工程外侧设置 3 个吹泥平台。

2）处置安排

D3.0～D3.1 段疏浚土外抛至 1♯倾倒区，平均运距 14～15 km；D3.2 段疏浚土上滩至扁担沙圈围区，平均运距 55 km；D3.3 段疏浚土部分上滩至扁担沙圈围区，平均运距 70 km，部分外抛至 2♯和 3♯倾倒区，平均运距 16 km；D3.4～D3.6 段疏浚土外抛至 3♯倾倒区，平均运距 7～10 km，具体处置安排见表 4。

表 4　疏浚土外抛倾倒区＋扁担沙上滩方案参数表

标　段	年维护量（万 m³）	泥土处理区	运距(km)
D3.0	293	外抛 1♯倾倒区	14
D3.1	753		15
D3.2	571	扁担沙上滩	55
D3.3	2129		70
	1299	外抛 2、3♯倾倒区	16

(续表)

标　段	年维护量（万 m³）	泥土处理区	运距（km）
D3.4	1215	外抛 3#倾倒区	10
D3.5	132		7
D3.6	108		9
合　计	6500		

3）施工工艺

施工工艺外抛部分可采用耙吸船的挖运抛工艺，上滩部分可采用耙吸船膀带泥驳的吹泥平台工艺。

4.2.5　处置方案综合比较

各疏浚土处置方案综合比较见表5。

表 5　疏浚土处置方案综合比较表

项　目		方案一 全部外抛倾倒区	方案二 倾倒区＋横沙浅滩	方案三 倾倒区＋南汇东滩	方案四 倾倒区＋扁担沙
处置方案	处置区	6500 万 m³ 抛倾倒区	2500 万 m³ 抛倾倒区；4000万 m³ 吹横沙浅滩	3800 万 m³ 抛倾倒区；2700万 m³ 吹南汇东滩	3800 万 m³ 抛倾倒区；2700万 m³ 吹扁担沙
	工艺	耙：挖—运—抛	耙：挖—运—抛；耙＋绞：挖—运—抛—吹	耙：挖—运—抛，耙＋泥驳＋平台：挖—运—吹	耙：挖—运—抛，耙＋泥驳＋平台：挖—运—吹
	船机	十余艘中大型耙吸船	十余艘中大型耙吸船＋4～5艘大型绞吸船	十余艘中大型耙吸船＋十余艘大型泥驳＋3座吹泥平台	十余艘中大型耙吸船＋十余艘大型泥驳＋3座吹泥平台
处置条件	实施条件	3#倾倒区扩容，新设倾倒区	横沙浅滩实施圈围，新设吹泥站贮泥坑	南汇东滩实施圈围，新设吹泥平台	扁担沙实施圈围，新设吹泥平台
	处置区	倾倒区需增加2700万 m³ 容量	上滩区容量达 16 亿 m³，距离疏浚区较近	上滩区容量达 4.5 亿 m³，距离疏浚区较远	上滩区容量达 14 亿 m³，距离疏浚区较远
	工艺	工艺简单成熟	工艺成熟、效率高	新工艺待磨合熟练	新工艺待磨合熟练
	船机	现有船机满足要求	现有船机满足要求	船舶类型多、数量多，新工艺船机数量欠缺	船舶类型多、数量多，新工艺船机数量欠缺
	方案影响	资源浪费，对环保不利	疏浚土上滩率达 60%，施工船机通航影响小	疏浚土上滩率40%，施工船机通航影响大	疏浚土上滩率40%，施工船机通航影响大
工程费用	挖抛单价（元/m³）	33.4	17.1	26.2	26.2
	上滩单价（元/m³）	0.0	27.7	60.6	63.1
	综合单价（元/m³）	33.4	23.6	40.5	41.5

深水航道疏浚土处置推荐采用外抛倾倒区＋横沙浅滩上滩方案，疏浚土上滩比例高、船机设备少、工艺成熟、可持续性好、费用低。

5 结语

长江口航道体系将逐步实施建设维护,大量的疏浚土需要进行合理处置安排;长江口深水航道维护疏浚土目前正结合横沙东滩圈围造陆;通过对2020年后长江口海洋倾倒区和滩涂开发情况分析,提出四个基本可行的处置方案并综合比较,疏浚土的处置仍应当结合横沙圈围造陆,既可以降低航道维护费用,又可以形成新的土地资源,实现双赢。

参考文献

[1] 中交上海航道勘察设计研究院.横沙东滩圈围(七期)工程初步设计报告[R].上海:中交上海航道勘察设计研究院,2015.

[2] 中交上海航道勘察设计研究院.横沙东滩圈围(八期)工程初步设计报告[R].上海:中交上海航道勘察设计研究院,2016.

[3] 中交上海航道勘察设计研究院.上海航道疏浚土用海及泥塘规划[R].上海:中交上海航道勘察设计研究院,2014.

[4] 中交上海航道勘察设计研究院.长江口航道疏浚土综合利用相关技术的深化研究[R].上海:中交上海航道勘察设计研究院,2016.

[5] 交通运输部长江口航道管理局.12000 m^3 耙吸船艁带泥驳联合疏浚施工工艺泥驳建设方案研究论证报告[R].上海:交通运输部长江口航道管理局,2014.

[6] 中国船舶工业集团公司第708研究所.长江口自航泥驳建造项目可行性研究报告[R].上海:中国船舶工业集团公司第708研究所,2011.

[7] 中交上海航道勘察设计研究院.长江口吹泥平台建造项目可行性研究[R].上海:中交上海航道勘察设计研究院,2014.

(原载于《中国港湾建设》2017年第10期)

长江口航道疏浚土综合利用相关技术的深化研究

周海,唐臣,季岚,王恒宾,楼飞,应铭,居尧,许兵

(中交上海航道勘察设计研究院,上海 200120)

[摘要] 目前横沙东滩规划的 112 km² 滩涂开发区域,历经十多年促淤圈围建设,已利用近 1 亿 m³ 航道疏浚土吹填形成近 50 km² 陆域,并计划至 2020 年再利用 2 亿 m³ 疏浚土将其余 60 km² 区域圈围成陆。通过对海洋倾倒区和圈围区处置方案的比较,得出 2020 年以后航道疏浚土处置仍应当结合新横沙圈围造陆的结论。新横沙建设可结合长江口航道体系建设和深水新港港池和外航道开挖产生的疏浚土进行吹填造陆,总体成陆时间估计为 2021—2045 年,滩涂圈围和吹填造陆总体成陆费用合每亩 20.0 万~22.5 万元。对于工程规模巨大的新横沙建设开发,建议组建横沙开发建设管委会及总体经济发展及投资建设专业公司实施开发;滩涂造陆和土地一级开发可采用 BT 模式或 PPP 模式进行建设,或更进一步连同非经营性的土地二级开发作为一个整体项目采用 BT 模式或 PPP 模式进行建设。

[关键词] 横沙东滩;疏浚土利用;吹填成陆;土地开发;建设机制

1 前言

长江口和上海地区航道和港口数量众多,每年维护疏浚量巨大。"十三五"期间长江口北槽航道疏浚土主要用于横沙东滩七期、八期吹填造陆工程,但"十三五"以后,航道疏浚土将面临无处可去、无法利用的局面,因此有必要开展"十三五"以后航道疏浚土处理和利用方案研究,并分析其实施条件和相应代价,为未来长江口疏浚土的处理和利用提出方向。

2 长江口航道建设规划

2.1 航道发展规划

根据《长江口航道发展规划》(交通运输部长江口航道管理局,2010 年 8 月),长江口航道的布局规划为"一主两辅一支"航道和其他航道。"一主两辅一支"航道包括主航道(一主),南槽航道、北港航道(两辅)和北支航道(一支),是长江口航道体系的主体;其他航道包括外高桥沿岸航道、宝山支航道、宝山南航道、长兴水道、新桥水道、白茆沙北航道等,航道规划标准见表1。

2.2 航道疏浚土量预测分析

1) 主航道回淤量预测

深水航道三期工程实施以来,回淤环境逐渐向好,2012 年以来航道维护量降低并趋稳,2012 年回

表 1　长江口航道规划标准表

航道名称	里程(km)	规划标准 (水深×航宽)(m)	通航代表船型	备　注
主航道	166	12.5×(350~460)	5万吨级集装箱船	局部航段航道尺度可适当加宽
北港航道	90	10.0×300	3万吨级集装箱船	
南槽航道	75	8.0×250	1万吨级散货船	
北支航道	85	根据河势演变情况和经济发展需要,进一步研究其发展目标		
横沙通道航道	北港与主航道之间的联络和应急通道,按5万吨级船舶控制,近期为3000吨级船舶的双向航道			
其他航道	长兴水道、新桥水道等长江口水域"一主两辅一支"以外的航(水)道,在规划期内将利用自然水深通航			

淤量最大,为10080万 m^3/a,2012年以后回淤量逐年减小,2013年为8106万 m^3/a,2014年为7621万 m^3/a,2015年为6940万 m^3/a、2016年为5822万 m^3/a。根据2014—2016年基础值估算,考虑未来长江下泄泥沙还可能进一步减少,长江口南槽8 m航道、北港10 m航道未来也将逐步建设,综合估算北槽航道维护量至2030年约为6200万 m^3/a,2030年以后约为6000万 m^3/a。

2) 南槽航道回淤量预测

规划期内南槽航道的尺度规划为8 m×250 m(水深×航宽),预计2021年8 m航道开工建设,基建疏浚量约3500万 m^3,两年后进入维护期,年维护量约2000万 m^3/a。

3) 北港航道回淤量预测

规划期内北港航道的尺度规划为10 m×300 m(水深×航宽),预计2031年开工建设,基建疏浚量约7000万 m^3,两年后进入维护期,年维护量约4800万 m^3/a。

3　长江口航道疏浚土处置方案研究

3.1　航道疏浚土处置现状

1) 主航道

长江口12.5 m深水航道目前为常年维护阶段,疏浚采用大型耙吸式挖泥船施工,疏浚泥土处理采用两种方式:直接抛至倾倒区和抛至吹泥站贮泥坑再经绞吸船吹泥上滩。

在2010年以前,横沙东滩实施了一至四期促淤工程,促淤区域未圈围闭合,大量疏浚土进入促淤区后在潮流带动下经龙口流出横沙东滩区域,疏浚土成陆比例较低。2010年后,横沙东滩三期、六期促淤圈围工程的实施,将围区封闭并积极实施吹填成陆,深水航道疏浚土成陆比例逐步提升。1998年至2015年年底,长江口深水航道治理工程共完成疏浚量约9.3亿 m^3,其中外抛量约6.1亿 m^3,吹泥站抛坑量约3.2亿 m^3。吹泥站抛坑量中部分流失后,约2.4亿 m^3 疏浚土吹填至横沙东滩促淤圈围区,吹泥上滩比例为25.9%。

"十三五"期间,上海市加快推动滩涂圈围造陆工程建设,启动实施横沙东滩促淤圈围七期和八期工程,并积极利用深水航道疏浚土实施吹填造陆,计划2016—2020年期间圈围吹填形成60 km^2 陆域,利用航道疏浚土近2亿 m^3,将深水航道疏浚土利用率提升至80%。

2) 南槽航道

南槽航道疏浚工程2013年完成基建疏浚量约210万 m^3,随后一年试通航期完成维护疏浚量225万 m^3;运营期每年航道维护疏浚量200万~300万 m^3,疏浚施工采用耙吸船挖运抛至口外3♯倾倒区。

3.2 海洋倾倒区使用与规划

3.2.1 海洋倾倒区现状

长江口倾倒区主要包括长江口 1#～3#倾倒区、吴淞口北倾倒区、鸭窝沙北倾倒区和部分临时倾倒区。其中吴淞口北倾倒区和鸭窝沙北倾倒区目前已无法使用；长江口 1#倾倒区容量 1000 万 m^3；2#倾倒区容量 800 万 m^3；3#倾倒区容量 2000 万 m^3；临时倾倒区主要为北槽内 C1#～C4#四座吹泥站设置的贮泥坑，用于临时倾倒疏浚土并绞吸上滩。

3.2.2 海洋倾倒区规划

根据《上海市海洋功能区划(2011—2020 年)》，在北港规划有预留倾倒区，南港、北槽、南槽河段倾倒区可考虑扩容，吴淞口北倾倒区可考虑重新启用，调整后倾倒区容量见表2。

表2 长江口倾倒区容量汇总表

倾倒区	容量(万 m^3)	
	现　状	规　划
1#倾倒区	1000	1000
2#倾倒区	800	800
3#倾倒区	2000	3000 以上
北槽吹泥站	3200	4100
吴淞口北倾倒区	暂停使用	待调整
鸭窝沙北倾倒区	无法使用	无法使用
北港倾倒区	无	根据工程需求申报

3.3 滩涂开发规划

目前，长江口滩涂主要包括崇明东滩、横沙东滩、横沙浅滩、九段沙、南汇东滩、扁担沙、青草沙等沙体。其中九段沙、崇明东滩、青草沙为自然保护区，分别设有九段沙湿地国家级自然保护区、崇明东滩鸟类保护区和中华鲟保护区、青草沙水源地保护区；横沙东滩将于2020年圈围完成。因此，未来长江口有可能实施促淤圈围、为航道疏浚土提供处置区域的滩涂主要为横沙浅滩、南汇东滩和扁担沙等区域(图1)。

1) 横沙浅滩

横沙东滩一期至六期工程共成陆 6.5 万亩(1 亩＝667 m^2)，余下区域为横沙七和八期工程，计划"十三五"期间完成圈围，成陆标准为高程＋3.0 m 的农业性质用地。

横沙东滩 N23 潜堤东侧为横沙浅滩，－5 m 等深线以上滩地面积达 300 km^2 以上，是未来长江口区域可圈围开发的最大空间。

2) 南汇东滩

南汇东滩共实施了一期至五期工程、人工半岛圈围一期与二期工程和南汇东滩南、北片区促淤工程等，圈围面积约 15.9 万亩，促淤面积约 22 万亩。

目前，南汇东滩促淤工程已基本完成，后期可圈围土地约 22 万亩。

3) 扁担沙

扁担沙沙体－5 m 等深线范围长约 30 km、最大宽度约 6 km，面积 110 km^2 以上。

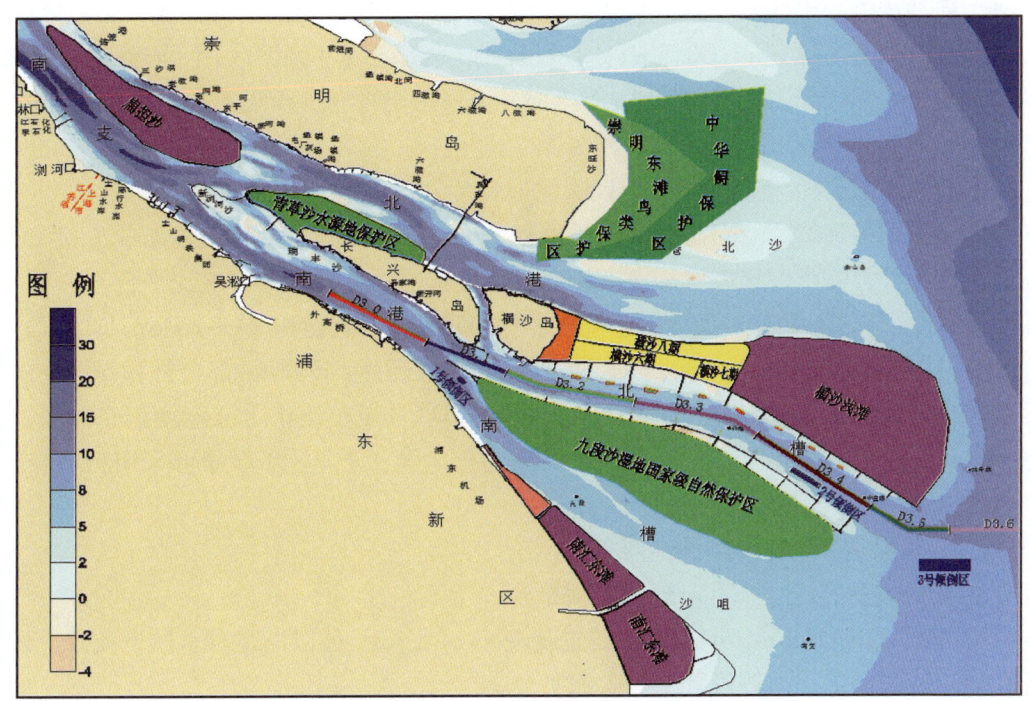

图 1　长江口滩涂开发位置示意图

3.4　航道疏浚土处置方案

3.4.1　疏浚土处置区分析

2020 年后，长江口可使用的海洋倾倒区有 1♯～3♯ 倾倒区。

从长江口地区滩涂开发利用规划和实施条件来看，2020 年后可规划实施促淤圈围并结合疏浚土实施上滩造陆的区域仅有横沙浅滩、南汇东滩和扁担沙等三处滩涂。

3.4.2　疏浚土处置总体方案

2020 年后，可对长江口深水航道疏浚土提出四个处置方案。

1）方案一：全外抛倾倒区方案

(1) 实施条件：3♯ 倾倒区扩容至 3000 万 m^3，新设一处 1700 万 m^3 容量以上的倾倒区。

长江口 1♯～3♯ 倾倒区年容许抛泥量 3800 万 m^3，无法满足深水航道疏浚土处置要求，需按规划将 3♯ 倾倒区扩容至 3000 万 m^3，新设一处倾倒区，容量 1700 万 m^3 以上。

(2) 处置安排：D3.0～D3.1 段（图1，下同）疏浚土外抛至 1♯ 倾倒区，平均运距 14～15 km；D3.2 段疏浚土外抛至 2♯ 倾倒区，平均运距 31 km；D3.3 段疏浚土部分外抛至 2♯ 倾倒区，部分外抛至 3♯ 倾倒区，平均运距 34 km；D3.4～D3.6 段疏浚土外抛至新设倾倒区，平均运距 6～27 km。施工工艺可采用耙吸船的挖运抛工艺。

2）方案二：外抛倾倒区＋横沙浅滩上滩方案

(1) 实施条件：横沙浅滩实施圈围，对应坝田区新设吹泥站贮泥坑。

横沙浅滩可圈围面积达 300 km^2 以上，按照农业用地标准＋3.0 m 估算可处置疏浚土 16 亿 m^3 以上，可以满足深水航道疏浚土处置需求。该方案可利用现有的 C4 贮泥坑并在 N6～N9 丁坝之间新设 3 个贮泥坑。

(2) 处置安排：D3.0～D3.1 段疏浚土外抛至 1♯ 倾倒区，平均运距 14～15 km；D3.2～D3.3 段

疏浚土上滩至横沙浅滩圈围区,平均运距15～23 km;D3.4段疏浚土部分外抛至2#倾倒区,部分外抛至3#倾倒区,平均运距10 km;D3.5～D3.6段疏浚土外抛至3#倾倒区,平均运距7～9 km。施工工艺外抛部分可采用耙吸船的挖运抛工艺,上滩部分可采用耙吸船+绞吸船的挖运抛吹工艺。

3) 方案三:外抛倾倒区+南汇东滩上滩方案

(1) 实施条件:南汇东滩实施圈围,新设吹泥平台。

南汇东滩可圈围土地22万亩,按照农业用地标准+3.0 m估算可处置疏浚土4.5亿 m^3,可以满足深水航道疏浚土处置需求。该方案需在南汇东滩圈围工程外侧设置3个吹泥平台。

(2) 处置安排:D3.0～D3.1段疏浚土外抛至1#倾倒区,平均运距14～15 km;D3.2段疏浚土外抛至2#倾倒区,平均运距31 km;D3.3段疏浚土部分外抛至2#倾倒区,部分外抛至3#倾倒区,部分上滩至南汇东滩圈围区,平均运距31～64 km;D3.4～D3.6段疏浚土上滩至南汇东滩圈围区,平均运距41～53 km。施工工艺外抛部分可采用耙吸船的挖运抛工艺,上滩部分可采用耙吸船膀带泥驳的吹泥平台工艺。

4) 方案四:外抛倾倒区+扁担沙上滩方案

(1) 实施条件:扁担沙实施圈围,新设吹泥平台。

扁担沙可圈围面积110 km^2 以上,可以处置疏浚土14亿 m^3,可以满足深水航道疏浚土处置需求。该方案需在扁担沙圈围工程外侧设置3个吹泥平台。

(2) 处置安排:D3.0～D3.1段疏浚土外抛至1#倾倒区,平均运距14～15 km;D3.2段疏浚土上滩至扁担沙圈围区,平均运距55 km;D3.3段疏浚土部分上滩至扁担沙圈围区,平均运距70 km,部分外抛至2#和3#倾倒区,平均运距16 km;D3.4～D3.6段疏浚土外抛至3#倾倒区,平均运距7～10 km。施工工艺外抛部分可采用耙吸船的挖运抛工艺,上滩部分可采用耙吸船膀带泥驳的吹泥平台工艺。

5) 处置方案综合比较

各疏浚土处置方案综合比较见表3。

表3 疏浚土处置方案综合比较表

项 目		方案一 全部外抛倾倒区	方案二 倾倒区+横沙浅滩	方案三 倾倒区+南汇东滩	方案四 倾倒区+扁担沙
处置方案	处置区	6500万 m^3 抛倾倒区	2500万 m^3 抛倾倒区; 4000万 m^3 吹横沙浅滩	3800万 m^3 抛倾倒区; 2700万 m^3 吹南汇东滩	3800万 m^3 抛倾倒区; 2700万 m^3 吹扁担沙
	工艺	耙:挖—运—抛	耙:挖—运—抛; 耙+绞:挖—运—抛—吹	耙:挖—运—抛; 耙+泥驳+平台:挖—运—吹	耙:挖—运—抛; 耙+泥驳+平台:挖—运—吹
	船机	十余艘中大型耙吸船	十余艘中大型耙吸船+4～5艘大型绞吸船	十余艘中大型耙吸船+十余艘大型泥驳+3座吹泥平台	十余艘中大型耙吸船+十余艘大型泥驳+3座吹泥平台
处置条件	实施条件	3#倾倒区扩容,新设倾倒区	横沙浅滩实施圈围,新设吹泥站贮泥坑	南汇东滩实施圈围,新设吹泥平台	扁担沙实施圈围,新设吹泥平台
	处置区	倾倒区需增加2700万 m^3 容量	上滩区容量达16亿 m^3,距离疏浚区较近	上滩区容量达4.5亿 m^3,距离疏浚区较远	上滩区容量达14亿 m^3,距离疏浚区较远
	工艺	工艺简单成熟	工艺成熟、效率高	新工艺待熟练	新工艺待熟练

(续表)

项 目		方案一 全部外抛倾倒区	方案二 倾倒区＋横沙浅滩	方案三 倾倒区＋南汇东滩	方案四 倾倒区＋扁担沙
处置条件	船机	现有船机满足要求	现有船机满足要求	船舶类型多、数量多,新工艺船机数量欠缺	船舶类型多、数量多,新工艺船机数量欠缺
	方案影响	资源浪费,对环保不利	疏浚土上滩率达60%,施工船机通航影响小	疏浚土上滩率40%,施工船机通航影响大	疏浚土上滩率40%,施工船机通航影响大
工程费用	挖抛工艺单价(元/m³)	33.4	17.1	26.2	26.2
	泥沙上滩工艺单价(元/m³)	0.0	27.7	60.6	63.1
	综合单价(元/m³)	33.4	23.6	40.5	41.5

深水航道疏浚土处置推荐采用外抛倾倒区＋横沙浅滩上滩方案,疏浚土上滩比例高、运距小、船机设备少、工艺成熟、可持续性好、费用低。

4 新横沙开发规划和成陆规模

横沙东滩资源优势丰富,是上海未来城市发展的战略预留空间。其陆域形成可分为两大类:一为整体成陆;二为考虑未来建设横沙深水新港。

4.1 整体成陆

除去横沙东滩至2020年成陆区域,新横沙整体成陆面积约303 km²(图2),按照农业用地＋3.0 m标准计算容积方为16.4亿 m³,考虑沉降、固结后吹填量约22.2亿 m³;按照城市建设用地＋5.5 m标准计算容积方为24.0亿 m³,考虑沉降、固结后吹填量约33.1亿 m³。

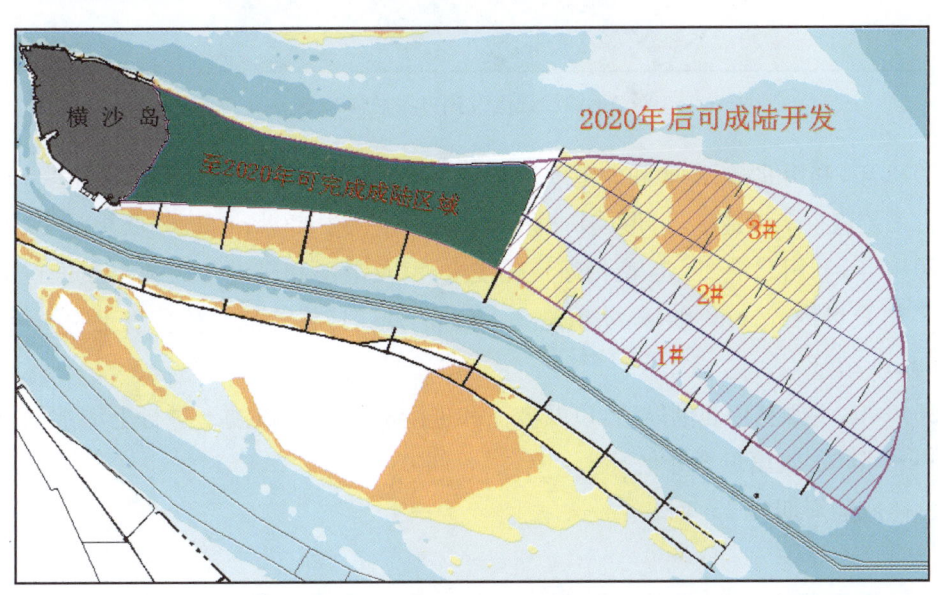

图2 新横沙成陆总体规划

1) 按照+3.0 m成陆

2021—2030年,利用北槽和南槽航道疏浚土,采用耙吸船+绞吸船二次抛吹和耙吸船+泥驳+吹泥平台工艺进行上滩造陆,可形成新横沙1#南侧约100 km²陆域,吹填量6.2亿 m³。

2031—2044年,利用北槽、北港和南槽航道疏浚土进行上滩造陆,可形成新横沙2#和3#约200 km²陆域,吹填量16亿 m³。

2) 按照+5.5 m成陆

因吹填总量增加约11亿 m³,新横沙1#南侧区块成陆时间为2021—2033年,2#和3#区块成陆周期延长至2050年。

4.2 结合建港成陆

结合建港成陆根据建港总体方案可以分为北侧方案和南侧方案。

1) 北侧方案

横沙深水新港北侧方案圈围面积约303 km²,规划港区水域面积36 km²,成陆面积267 km²(图3),按照城市建设用地+5.5 m标准计算容积方为21.5亿 m³,考虑沉降、固结后吹填量约29.7亿 m³。港池水域疏浚量为4.8亿 m³,建成后年维护量约1000万 m³;外航道疏浚量为1.2亿 m³,建成后年维护量约3000万 m³。

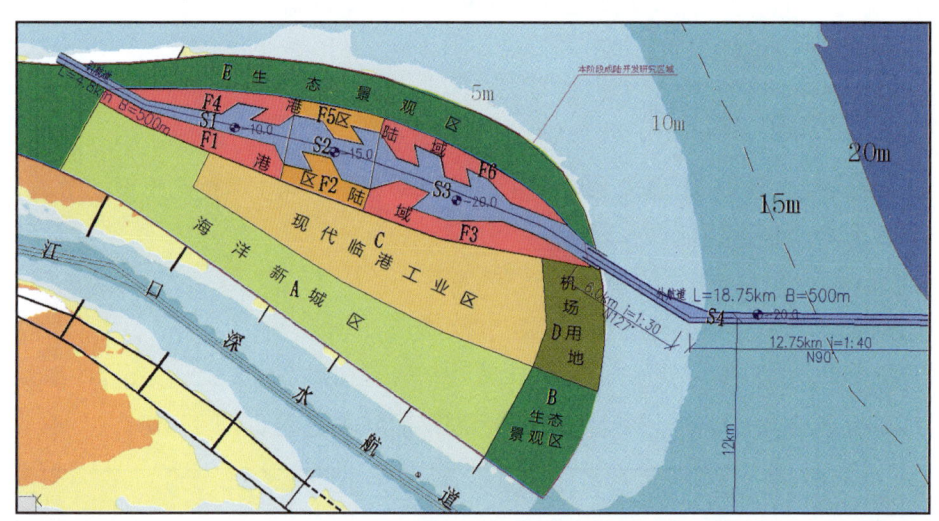

图3 横沙建港北侧方案总体规划

2021—2035年,利用北槽、南槽和北港航道疏浚土,采用耙吸船+绞吸船二次抛吹和耙吸船+泥驳+吹泥平台工艺进行上滩造陆,可形成新横沙A和B南侧约100 km²陆域,吹填量12.5亿 m³。

2031—2040年,利用北槽、北港、南槽航道疏浚土,以及港池和进港航道疏浚土进行上滩造陆,可形成新横沙C和D区约82 km²陆域,吹填量9.7亿 m³;同时,将港池开挖疏浚土吹填至南北两侧港区47 km²陆域,吹填量4.3亿 m³。

2036—2045年,主要利用北港航道,以及港池和进港航道维护疏浚土进行上滩造陆,可形成新横沙E区约39 km²陆域,吹填量3.8亿 m³。

新横沙总体成陆周期为25年。

2) 南侧方案

横沙深水新港南侧方案圈围面积约315 km²,规划港区水域面积62 km²,成陆面积253 km²

(图4),按照城市建设用地+5.5 m标准计算容积方为19.2亿 m^3,考虑沉降、固结后吹填工程量约26.5亿 m^3。港池及运河水域疏浚量为6.8亿 m^3,建成后年维护量约2000万 m^3;外航道疏浚量为1.0亿 m^3,建成后年维护量约3000万 m^3,人工运河疏浚量为0.6亿 m^3。

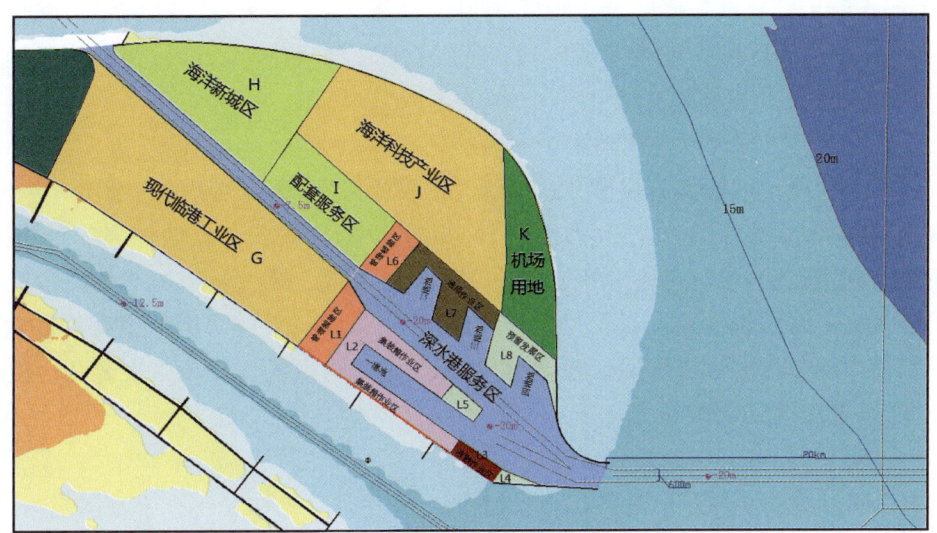

图4 横沙建港南侧方案总体规划

2021—2035年,利用北槽、南槽、北港和人工运河航道疏浚土,采用耙吸船+绞吸船二次抛吹和绞吸船直吹工艺进行上滩造陆,可形成新横沙G和H区约113 km^2陆域,吹填量11.0亿 m^3。

2031—2040年,将港池开挖疏浚土吹填至南北两侧港区43 km^2陆域,吹填量5.6亿 m^3。

2031—2045年,利用北槽、南槽、北港、港池和进港航道疏浚土,采用耙吸船+绞吸船二次抛吹和绞吸船直吹工艺进行上滩造陆,可形成横沙新港I、J和K区约96 km^2陆域,吹填量9.8亿 m^3。

新横沙总体成陆周期为25年。

5 新横沙开发建设机制研究

5.1 现行滩涂成陆、航道、港口建设机制

1) 滩涂开发利用建设机制

上海地区长江口三岛、南汇、杭州湾等区域滩涂造地工程项目由上海市土地储备中心代表市政府负责投资开发,上海市水务局为主管部门,上海市滩涂造地有限公司负责规划建设,经上海市发展和改革委员会、上海市城乡建设和管理委员会、上海水务局立项、审查、审批,项目资金由上海市财政资金统筹划拨。工程建成形成新土地资源后,由上海市层面进行统一规划使用。

2) 航道建设机制

长江口深水航道治理工程一期和二期工程由长江口航道建设有限公司组织实施。之后为了建立健全长江口深水航道长效管理机制,适应长江口深水航道由施工建设到长期维护管理的需要,在原建设公司的基础上组建了交通部长江口航道管理局,负责长江航道浏河口至长江口入海口约122 km河段的规划、管理、建设、维护和科研工作。2016年,为了更好地服务长江经济带国家战略,长江口航道管理局调整由长江航道局管理,长江口航道管理局所辖航道的建设、运行、维护和管理纳入长江航道局事权管辖范围。长江航道局统一负责长江干线宜宾至长江口段航道建设、运行、维护和管理工作。这标志着,长江干线航道管理体制正逐步走向集中统一。

3）洋山港建设机制

洋山深水港的规划、可行性研究、初步设计由同盛集团负责组织开展；由交通运输部对工程可行性研究组织行业审查，并由国家发改委进行审批；项目初步设计由交通运输部、上海市人民政府共同审批。上海市深水港工程建设指挥部负责组织项目的具体实施，其根据批准的设计文件进行项目监理、施工招标，并向交通运输部办理开工备案；在工程完工后，编制竣工材料，并办理工程竣工前的各项工作；项目的竣工验收由交通运输部组织。

4）滩涂造陆与航道疏浚现行合作模式

在横沙三期、六期吹填工程实施过程中探索形成"联合招标、委托管理"的部市合作模式，横沙滩涂成陆建设中航道疏浚和滩涂造陆建设管理部门均参与其中，发挥各自长处加强项目建设管理，提升工程质量；在成本利益方面，参与各方合理分摊，实现双方共赢。横沙七期和八期工程圈围造陆实施阶段，采用了设计施工总承包模式进行工程设计和建造，由总承包单位协调航道疏浚和吹填造陆项目之间衔接关系，承担疏浚土泥沙供给的风险，使得总承包单位自发的优化施工工艺和严控施工质量。

5.2 新横沙开发建设管理模式

新横沙开发建设管理可采用的模式如下。

1）滩涂造陆建设模式

滩涂造陆建设模式可采用传统设计施工总承包模式或 BT 模式，根据具体情况合理选择，发挥各自的优势。

2）土地一级开发建设模式

土地一级开发建设可采用的模式有 BT 模式、土地补偿模式、利润分成模式和 PPP 模式，各商业模式的对比见表 4，可根据自身条件选用。

表 4 不同商业模式对比情况

项　目		BT 模式	土地补偿模式	利润分成模式	PPP 模式
土地规划权		无	无	有	有
土地经营权		无	无	有	有
增值分配权		无	无	有	有
开发任务领域		部分	部分	全部	全部
政府财政兜底		需要	不需要	需要	不需要
主要盈利点		固定收益	二级开发	土地经营	区域经营
优点	政府	拥有土地规划、经营权，能够把控项目的发展方向，享受土地增值收益	无须财政兜底，减少财政负担，保证项目发展方向，享受土地增值收益	引入社会力量参与土地经营，有利于深度挖掘土地的潜在价值	只监管、不开放、不兜底，有利于减轻财政负担，增强经营水平
	开发商	任务清晰、风险小、收益稳定	获取优质土地，实现联动开发	深度参与土地经营，参与分享土地增值收益	多元化盈利
缺点	政府	需要兜底、财政压力及后续土地经营压力大	具有一定的灰色性及政治风险	需要兜底、财政压力较大	失去了对于土地经营的控制权，掌握区域发展方向难度加大
	开发商	难以深度挖掘土地价值、不能享受增值收益	现金流压力，政治风险	前期投入较多，现金流压力较大	资金压力较大，有一定亏损概率

3）土地二级开发建设模式

土地二级开发是指土地使用者将达到规定可以转让的土地通过流通领域进行交易的过程,包括土地使用权的转让、租赁、抵押等。根据用地功能性质和开发项目的不同适用的开发模式。

4）其他模式

将新横沙滩涂圈围吹填造陆与土地一级开发作为一个整体项目采用BT或PPP模式进行开发建设或将滩涂圈围吹填造陆与土地一级二级开发作为一个整体项目采用BT或PPP模式进行开发建设。

6 主要研究结论

（1）长江口航道体系将逐步实施建设维护,产生大量的疏浚土需要进行合理处置安排；北槽深水航道维护疏浚土目前正结合横沙东滩圈围造陆,"十三五"期间疏浚土利用率近80%；在"十三五"以后,通过对海洋倾倒区和圈围区处置方案的比较,航道疏浚土处置仍应当结合新横沙圈围造陆,既可以降低航道维护费用,又可以形成新的土地资源,实现双赢。

（2）新横沙开发总范围包括横沙东滩已规划成陆区域和横沙浅滩未来成陆区域,按照功能定位分为现代农业区、横沙港城开发区和未来预留区。横沙深水新港分为北侧和南侧两个方案：北侧方案面积约303 km^2,其中成陆面积267 km^2,吹填量29.7亿 m^3；港区水域面积36 km^2,港池及外航道开挖量约6亿 m^3；结合长江口航道疏浚土进行造陆,总体成陆时间2021—2045年,总体成陆费用约800亿～900亿元,合每亩20.0万～22.5万元；南侧方案面积约315 km^2,其中成陆面积253 km^2,吹填量26.5亿 m^3；港区水域面积62 km^2,港池及外航道开挖方约8.4亿 m^3；结合长江口航道疏浚土进行造陆,总体成陆时间2021—2045年,总体成陆费用750亿～850亿元,合每亩20.0万～22.5万元。

（3）建议组建横沙开发建设管委会及经济发展、投资建设公司实施新横沙开发；滩涂造陆和土地一级开发可采用BT模式或PPP模式进行建设,或连同非经营性的土地二级开发作为一个整体项目采用BT模式或PPP模式进行建设；在PPP模式下,政府的项目融资、建设责任减轻,投资方也可以获取土地开发的增值收益和项目经营管理收益；同时政府应加强监督监管,保证PPP项目的顺利进行。

参考文献

[1] 中国水利学会围涂开发专业委员会.中国围海工程[M].北京：中国水利水电出版社,2000.
[2] 国家海洋局.2014年中国海洋环境质量公报[Z].北京：国家海洋局,2015.
[3] 张树森.BT投融资建设模式[M].北京：中央编译出版社,2006.

新水沙条件下横沙浅滩成陆对长江口影响关键技术研究

罗小峰,曹民雄,窦希萍,徐群,赵晓冬,韩玉芳,路川藤

(南京水利科学研究院,南京 210024)

[摘要] 本文以横沙浅滩圈围成陆为研究背景,建立了二维潮流数学模型,模型验证良好。在此基础上,研究了横沙东滩圈围成陆对周边水域的影响。研究表明,工程对周边水域的影响主要集中在北港河段以及北槽区段,对其他河段的影响较弱;对潮位的影响表现在南槽、北槽高潮位升高,围垦区北侧、东侧高潮位降低,对低潮位影响仅限于工程附近,幅度极小;北槽、北港深水航道落急流速变化较小,涨急流速有所变化;对青草沙水库影响相对较小。

[关键词] 长江口;横沙浅滩;NHRI_RECO_CS;数学模型;深水航道

1 前言

在上海现有的滩涂资源中,横沙东滩是一个集"区位、土地、岸线、航道"等众多优势资源于一身的区域。其南贴长江口北槽 12.5 m 深水航道,北靠北港航道(规划 10 m 航道),东临东海,经吹填成陆可新增土地约 480 km^2(72 万亩),可新增深水岸线 100 多 km,并且依托东接外海深水区的优势,可建设大型挖入式港区,实现 20 m 深水港的突破。

横沙的开发可在较大程度上缓解目前上海城市发展面临的诸多问题,如可解决上海土地瓶颈,增加城市竞争力;可突破上海港水深和岸线制约,提升上海港口竞争力,奠定国际航运中心建设基础。此外,在长江入海泥沙日益减少的情况下,长江疏浚土资源依然可为横沙成陆提供丰富的泥沙资源,同时还缓解了目前疏浚土处理面临的诸多问题。

本文主要研究横沙成陆方案与长江口水域周邻工程的相互影响,从水动力泥沙角度提出合理建议。

2 数学模型的建立

数学模型采用南京水利科学研究院编制的《南科院河口海岸潮流泥沙数值模拟系统》(NHRI_RECO_CS V2012.1),该软件系统的编制符合《海岸与河口潮流泥沙模拟技术规程》(JTS/T 231—2—2010)及相关现行行业标准的规定,2012 年取得国家软件著作权登记(软著登字第 0433442 号),2013 年通过中国工程建设标准化协会水运专业委员会组织的软件鉴定,并纳入"水运工程计算机软件登记"(目录号:KY-2013-01)。

2.1 二维浅水控制方程

在笛卡尔直角坐标系下,根据静压和势流假定,沿垂向平均的二维潮流基本方程可表述为如下形式:

$$\frac{\partial z}{\partial t}+\frac{\partial(Hu)}{\partial x}+\frac{\partial(Hv)}{\partial y}=0 \tag{1}$$

$$\frac{\partial u}{\partial t}+u\frac{\partial u}{\partial x}+v\frac{\partial u}{\partial y}+g\frac{\partial z}{\partial x}-fv+g\frac{u\sqrt{u^2+v^2}}{C^2 h}=N_x\frac{\partial^2 u}{\partial^2 x}+N_y\frac{\partial^2 u}{\partial^2 y} \tag{2}$$

$$\frac{\partial v}{\partial t}+u\frac{\partial v}{\partial x}+v\frac{\partial v}{\partial y}+g\frac{\partial z}{\partial y}+fu+g\frac{v\sqrt{u^2+v^2}}{C^2 h}=N_x\frac{\partial^2 v}{\partial^2 x}+N_y\frac{\partial^2 v}{\partial^2 y} \tag{3}$$

式中:z 为潮位;h 为水深;H 为总水深,$H=h+z$;u、v 分别为流速矢量 V 沿 x、y 方向的速度分量;t 为时间;f 为科氏系数($f=2w\sin\varphi$,w 是地球自转的角速度,φ 是所在地区的纬度);g 为重力加速度;C 为谢才系数;N_x、N_y 为 x、y 向水流紊动黏性系数。

2.2 基本方程的离散及求解

公式(1)~公式(3)垂向积分变成二维形式,写成向量形式:

$$\frac{\partial U}{\partial t}+\nabla E=M+\nabla E^d \tag{4}$$

式中:

$$U=(H, Hu, Hv)^T$$

$$E=(F, G),\text{其中 } F=\begin{Bmatrix} Hu \\ Hu^2+gH^2/2 \\ Huv \end{Bmatrix}, G=\begin{Bmatrix} Hv \\ Huv \\ Hv^2+gH^2/2 \end{Bmatrix}$$

水流运动方程的紊动扩散项:

$$E^d=(F^d, G^d),\text{其中 } F^d=\begin{Bmatrix} 0 \\ \varepsilon_x H\partial u/\partial x \\ \varepsilon_x H\partial v/\partial x \end{Bmatrix}, G^d=\begin{Bmatrix} 0 \\ \varepsilon_y H\partial u/\partial y \\ \varepsilon_y H\partial v/\partial y \end{Bmatrix}$$

源项 M 表示为:$M=M_0+M_f=\begin{Bmatrix} 0 \\ gH(M_{ox}+M_{fx})+fv \\ gH(M_{oy}+M_{fy})-fu \end{Bmatrix}$

M_{ox}、M_{oy}——分别是 x、y 方向的河床底部高程变化;

M_{fx}、M_{fy}——分别是 x、y 方向的底摩擦项。

将第 i 号控制元记为 Ω_i,在 Ω_i 上对向量式的基本方程组进行积分,并利用 Green 公式将面积分化为线积分,得:

$$\frac{\partial}{\partial t}\int_{\Omega_i} U d\Omega_i+\oint_{\partial\Omega_i}(E\cdot\bar{n}_i-E^d\cdot\bar{n}_i)dl=\int_{\Omega_i} S d\Omega_i$$

即

$$\frac{\partial}{\partial t}\int_{\Omega_i} U \mathrm{d}\Omega_i + \oint_{\partial\Omega_i} E \cdot \bar{n}_i \mathrm{d}l = \int_{\Omega_i} S \mathrm{d}\Omega_i - \oint_{\partial\Omega_i} E^{\mathrm{d}} \cdot \bar{n}_i \mathrm{d}l \tag{5}$$

式中：$\mathrm{d}\Omega_i$ 为面积微元，$\mathrm{d}l$ 为线积分微元，$\bar{n}_i = (n_{ix}, n_{iy}) = (\cos\theta, \sin\theta)$，$n_{ix}$，$n_{iy}$ 分别代表第 i 号控制元边界单元单位外法向向量 x、y 方向的分量。方程分为四项：第一项为时变项，第二项为水平对流项，第三项为底坡项，第四项为水平扩散项。

2.3 模型范围

为更好地模拟横沙东滩及其周邻水域，本次模型包括整个长江口和杭州湾在内，如图 1 所示。长江潮区界位于安徽大通，大通以上水域水位基本不受潮波影响，作为模型的上边界；长江口外 −50 m 等深线处受径流影响可忽略不计，作为模型外边界，模型东西向总长 700 多 km。模型北至江苏盐城港附近，南至浙江宁波，南北向接近 600 km。

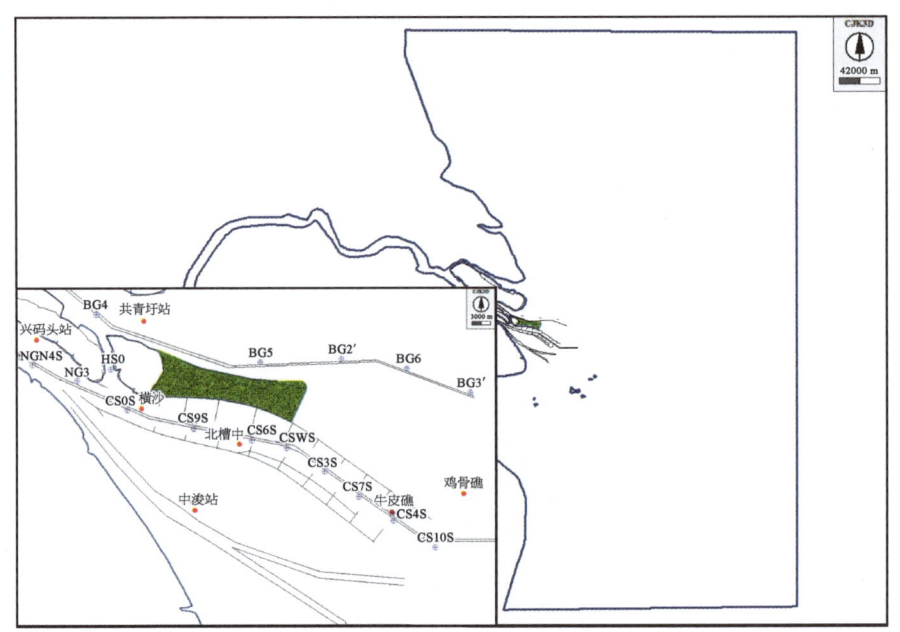

图 1　长江口整体模型网格示意图

模型长江口江阴至口外 −20 m 等深线范围内地形采用 2011 年实测地形，江阴以上至大通地形采用概化地形，其余地形采用最新海图拼接。

模型采用三角形网格，共计划分单元 138281 个，节点总数 70587，网格边长平均 150 m 左右，工程区最小网格 38 m。

2.4 模型验证

模型采用 2015 年 7 月 30 日—8 月 3 日长江口实测同步水文资料进行验证，具体潮位站点及水文测验垂线位置如图 1 所示。

由于本次水文测验期间部分测点分两个潮同步开展，模型模拟了 2015 年 7 月 30 日—8 月 3 日共计 5 天的潮流过程，分别验证水位过程和潮流过程。

图 2 给出了潮位过程验证，各站模型计算潮位过程与实测值吻合较好，高低潮位误差基本控制在 10 cm 以内，相位误差也均小于 30 min。图 3 给出了流速流向过程验证，总体来说，涨落急流速峰值和相位过程均得到了较好的模拟。说明该模型可以较好地复演长江口潮波及潮流过程，可进一步预测工程引起的水动力场变化。

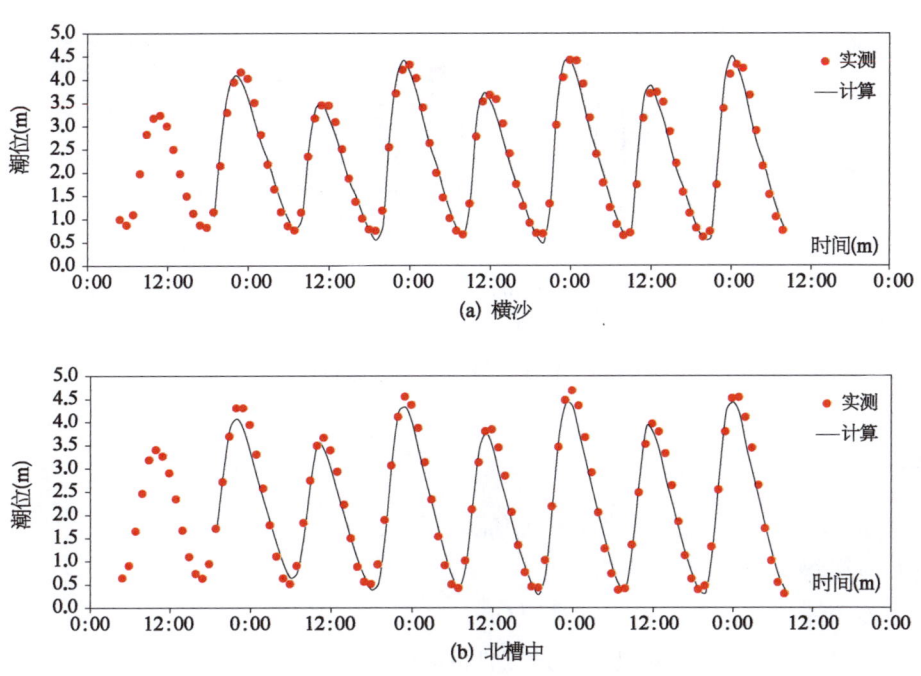

图 2 长江口潮位过程验证

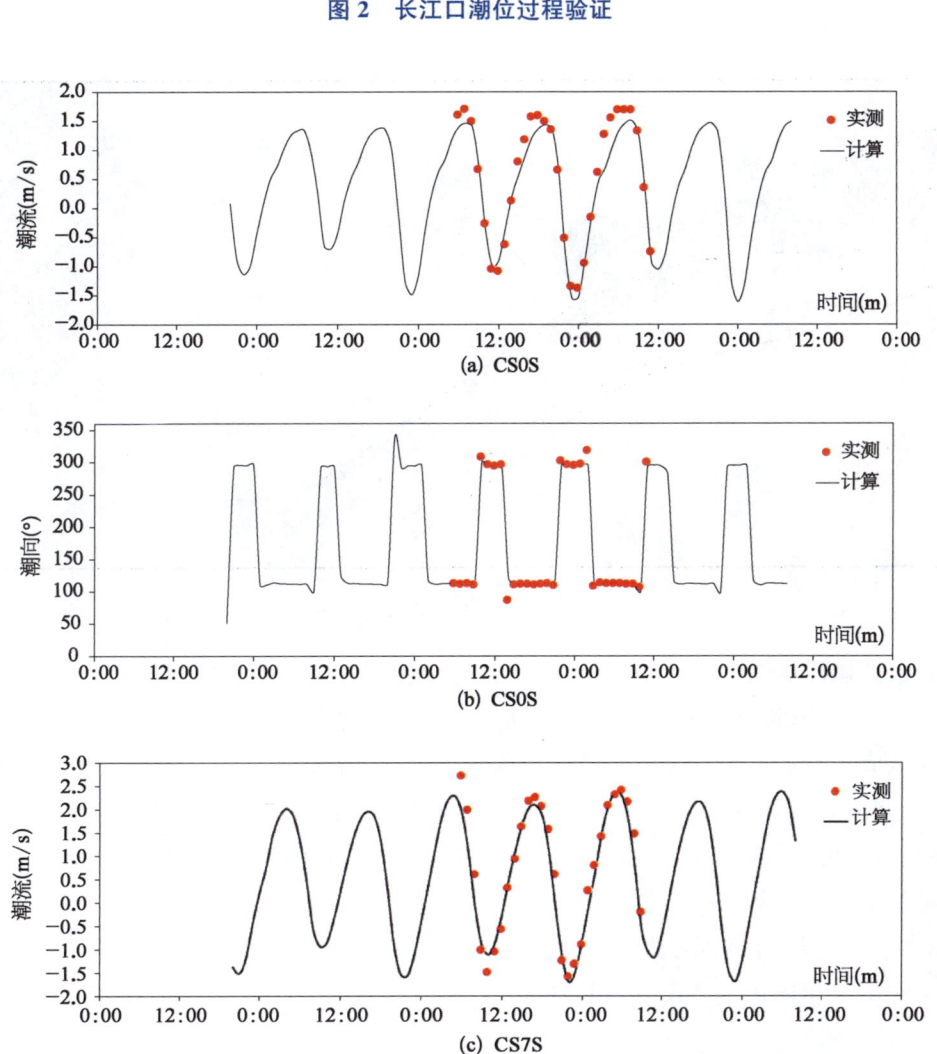

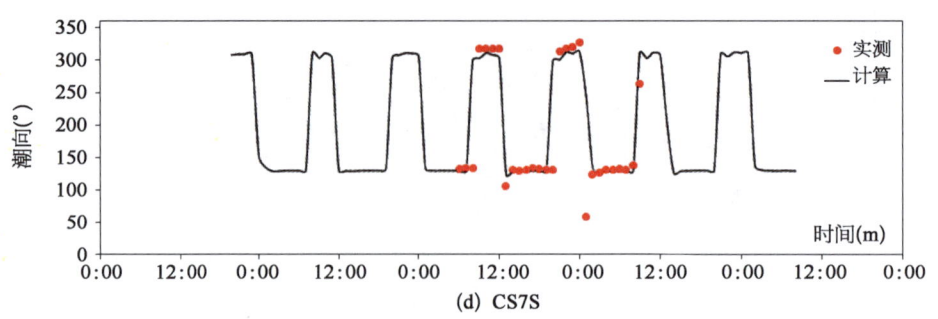

图3 长江口流速流向过程验证

3 方案介绍

横沙新陆域成陆范围(图4)主要设置依据有以下几点：

(1) 考虑总体河势格局的稳定性情况。
(2) 考虑横沙东滩滩地边界的稳定性情况(5 m等深线基本稳定)。
(3) 考虑"长江口综合整治开发规划"的规划目标及原则。
(4) 考虑"长江口航道发展规划"的规划方案。

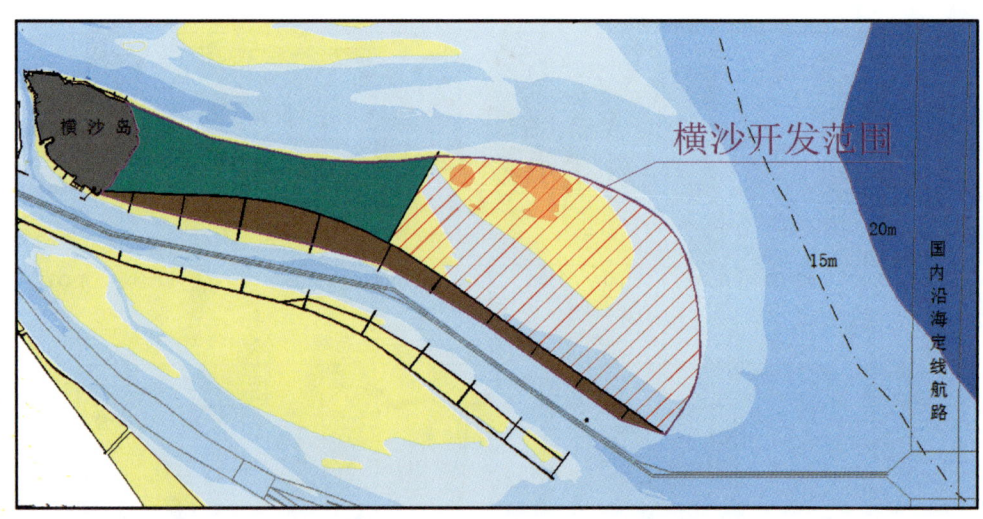

图4 横沙新陆域开发范围规划

结合现有长江口深水航道治理工程和横沙东滩促淤圈围工程,以及规划建设的北港10 m航道治理工程,综合考虑对5 m以浅滩地进行圈围成陆的经济性较好。

横沙新陆域成陆设置方案按北边界沿横沙东滩2~5 m等深线布置。其中西侧(已获批的促淤圈围区)与现促淤北边界线基本一致;东侧(自然滩涂区)结合北港10 m航道整治工程(技术研究阶段方案)的导堤线布置。南边界沿南侧导堤及丁坝群走向布置,成陆范围包括了坝田区部分高滩。东边界东侧成陆边界基本沿5 m等深线设置。

综上,横沙东滩区域规划面积约为480 km²(72万亩),包含成陆区、生态区、内陆水域区。其中:西侧已在实施促淤圈围的112 km²(17万亩),东侧滩涂区296 km²(44万亩),南侧坝田区72 km²(11万亩)。

4 横沙新陆域形成后水动力影响分析

4.1 新陆域实施后潮量变化

为了更好地分析工程实施后对周邻水域的影响,潮量及分流比分析主要采用工程邻近的南、北港断面,南、北槽上断面和南、北槽下断面,以及北港下断面,长江口的分流比断面位置如图5所示。

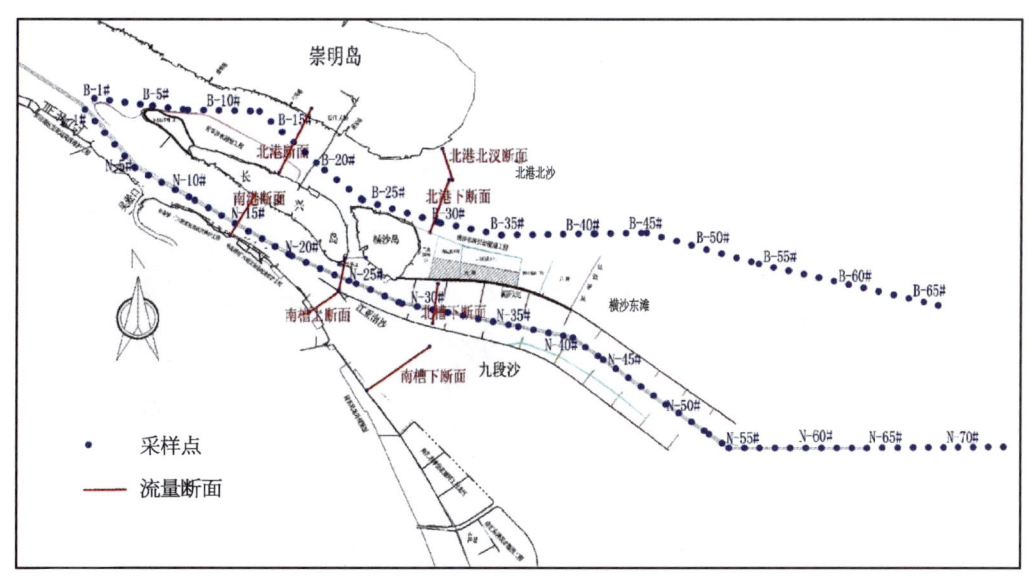

图 5 长江口分流比断面及分析采样点布置

横沙新陆域形成前后各汊道断面潮量变化如图6所示。从潮量统计结果可以看出,横沙新陆域形成后使得下游阻力增大,对上、中、下游各河段涨落潮量均造成不同程度的影响。因方案的计算结果为定床结果,工程的影响相对较大,随着地形的调整,各汊道潮量的变化将会有所恢复。

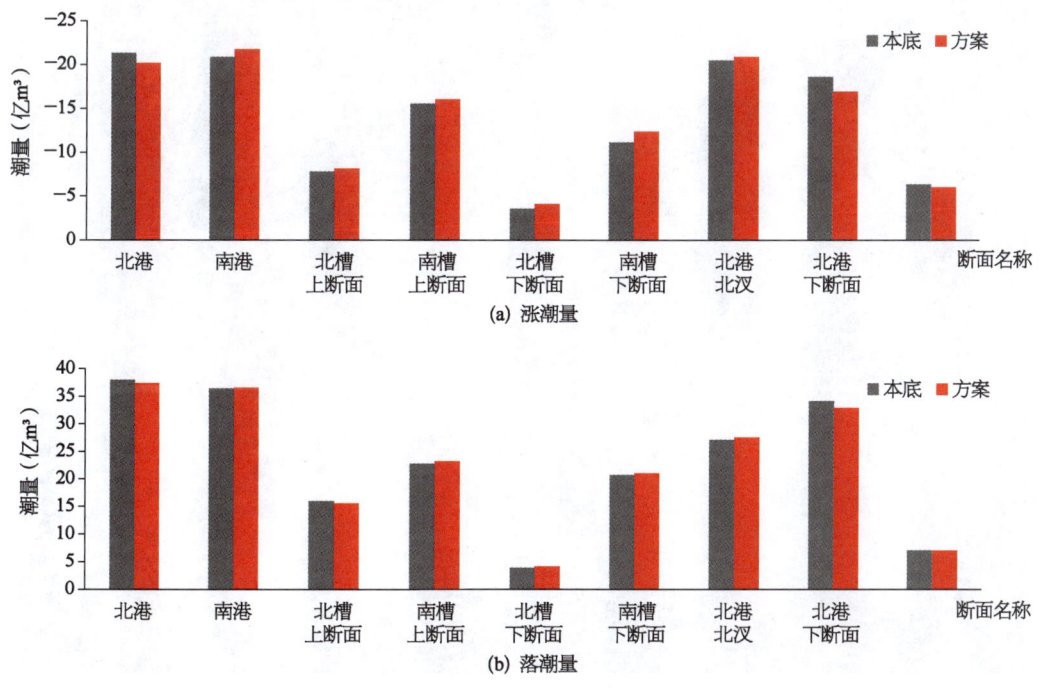

图 6 长江口各断面潮量变化

北港上断面落潮量和涨潮量均有不同程度减小,其中落潮量减小幅度略小于涨潮量,因此北港上断面实际净泄量增加约3.2%。北港下断面落潮量和涨潮量均有所减小,净泄量表现为增加趋势,增加幅度约2.8%。南港上断面落潮量和涨潮量均有不同程度增加,由于落潮量增加幅度略小于涨潮量,因此南港上断面实际净泄量减小约4.6%。北槽上断面落潮量略有减小,而涨潮量略有增加,净泄量减小约8.4%。北槽下断面落潮量和涨潮量均有所增加,涨潮量增加幅度略大于落潮量,净泄量减小约10.1%。

4.2 横沙新陆域实施后分流比变化

横沙新陆域形成前后各断面分流比变化如图7所示。由图知,横沙新陆域方案使得北港上断面的分流比减小0.49%,北槽下断面的分流比减少了0.09%。

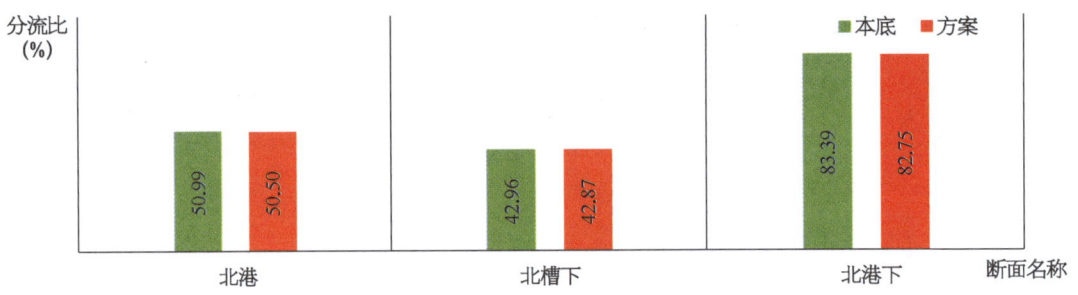

图7 横沙成陆方案各断面分流比变化

各断面分流比变化均在1%以内,因此可以说本工程的影响范围主要在南北港分流口以下的工程附近区域。

4.3 横沙新陆域实施后流场变化

横沙新陆域工程形成前后流速对比如图8和图9所示,涨落急流速差值变化如图10所示。

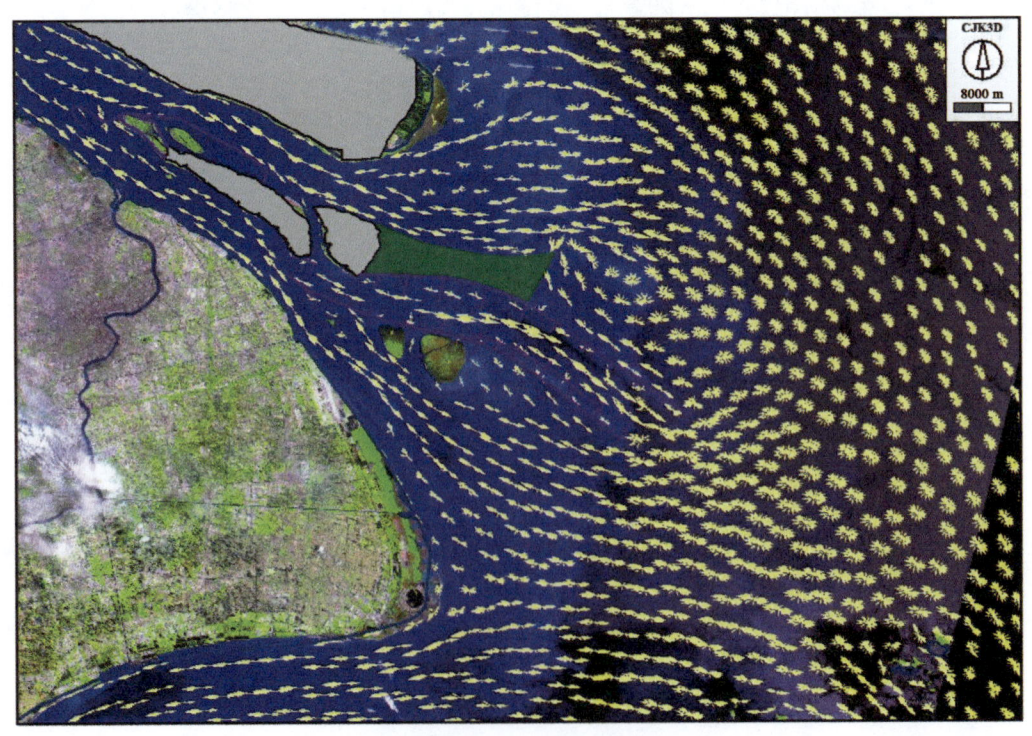

图8 现状条件下流速玫瑰图

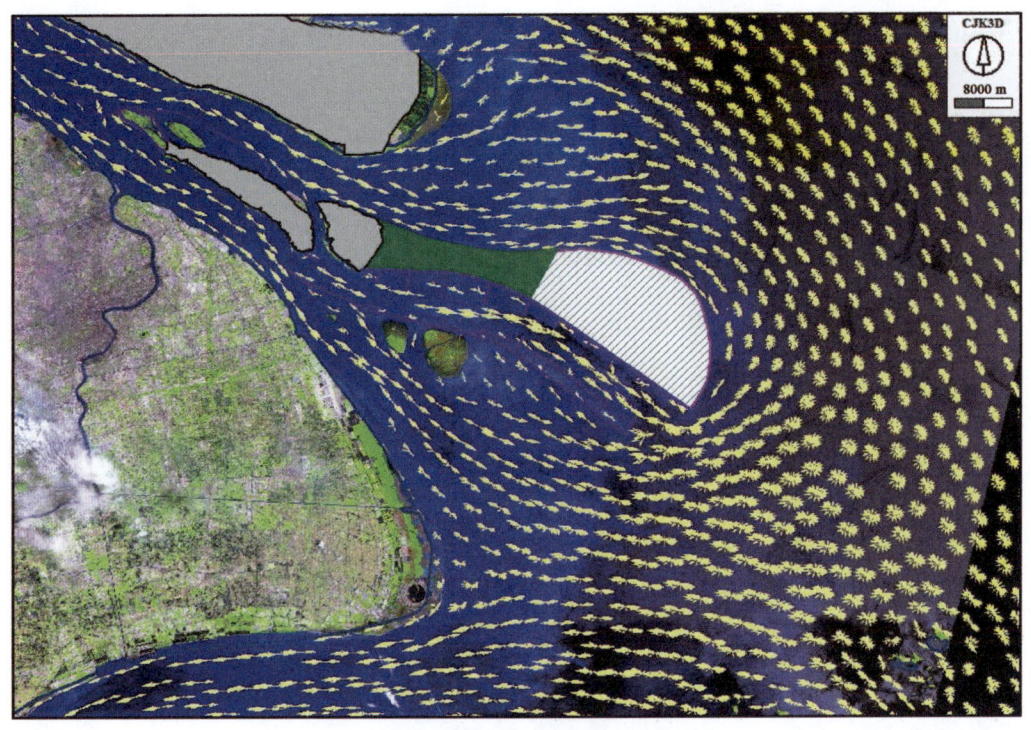

图 9　横沙新陆域形成后流速玫瑰图

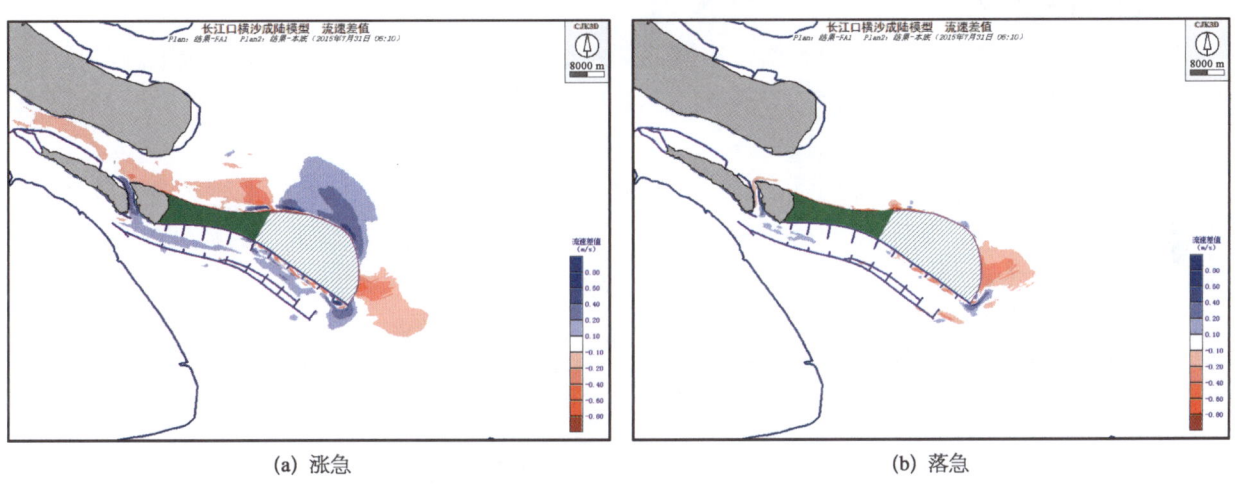

(a) 涨急　　　　　　　　　　　　　　　　(b) 落急

图 10　横沙新陆域形成后涨落急流速差值

由图 8 和图 9 知，工程前，横沙浅滩水域以旋转流为主，工程后，围堤附近水流以往复流为主，外海流态变化较小。

从涨落急流速差值图中可以看出，横沙新陆域形成方案对动力场的影响区域主要集中在北港河段以及北槽区段，对其他河段的影响较弱。工程实施后北槽上段涨落急流速不同程度增加，北槽区段涨落急流速不同程度增加，涨急变化幅度大于落急，北槽中下段涨急流速略有增加，下段坝田处涨急流速减小；北港沿程涨急流速除了北港下段（横沙新陆域对应区段）略有增加，其余区段减小，北港沿程落急流速均略微减小，涨急流速影响范围大于落急流速。

本次计算结果是定床条件下得到的，随着地形的调整北港中上段和北槽下段动力变化的幅度将会有所改善，北槽的航道整治工程就是很好的先例。

4.4 横沙新陆域实施后水位场变化

图 11 给出了横沙新陆域方案形成前后高低潮位的变化。

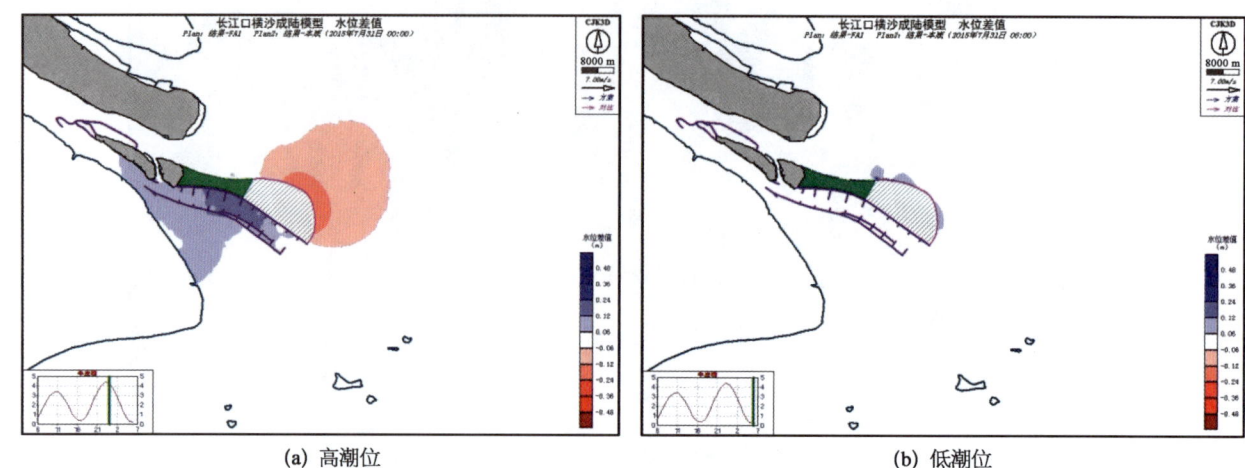

(a) 高潮位　　　　　　　　　　　　　(b) 低潮位

图 11　横沙成陆方案工程前后水位场变化

从水位变化图中可以看出,横沙新陆域形成方案对高水位的影响明显大于低水位影响范围和程度,分析原因,本次圈围工程主要布置在横沙东滩－5 m 以上浅滩区域,该区域部分滩涂自然水深已经处于－2～0 m 高滩地,低潮位时刻部分滩面过水较少,而高潮位时刻整个滩面水流漫滩而过,圈围后明显阻隔了涨潮漫滩水流。

从高水位影响来看,主要表现为横沙东滩北侧水域高水位有所降低,大部分区域下降幅度 5～10 cm;工程对应区段部分水域高潮位下降幅度达到 10～15 cm。北槽全槽表现为高潮位略有增加,增加幅度 6～15 cm。

涨潮时外海水域宽广,水流受到圈围工程阻挡后向其他方向分散,总体来说主要表现为高潮位的变化,低潮位略有变化,全潮平均中潮位变化甚微。由于本次研究采用定床潮流数模结果分析,考虑到实际工程实施后随着地形的调整,水位将会有所恢复。

5　横沙新陆域对周边大型工程水域影响分析

5.1　对长江口(北港)深水航道的影响

长江口北港深水航道目前已经纳入规划,为了更好地分析对北港航道的影响,沿北港深水航道轴线布置了 66 个采样点,具体点位如图 5 所示。

5.1.1　北港航轴线流速变化

图 12 给出了横沙新陆域实施前后北港航轴线沿程流速变化。方案实施后,北港航轴线沿程落急流速变化较小,拦门沙 B40～B42 水域,落急流速变化相对较大,流速减小约 8 cm/s,其他水域,落急流速变化幅度在 5 cm/s 之内。涨潮流速变化相对较大,北港口外(B44 外)段,涨急流速不同程度增大,B51 点增幅最大,约为 24.5 cm/s,B44 点以上水域,涨急流速呈减小趋势,其中 B39～B42 段,涨急流速减幅超过 20 cm/s,其他各采样点涨急流速变化基本小于 15 cm/s。

5.1.2　北港航轴线优势流变化

图 13 给出了横沙新路域方案实施前后北港航轴线沿程优势流变化。方案实施后,北港下段优势流略有减小,中上段部分区段落潮优势进一步增加,变化幅度均在 5% 以内,并未改变北港深槽的落潮优势。

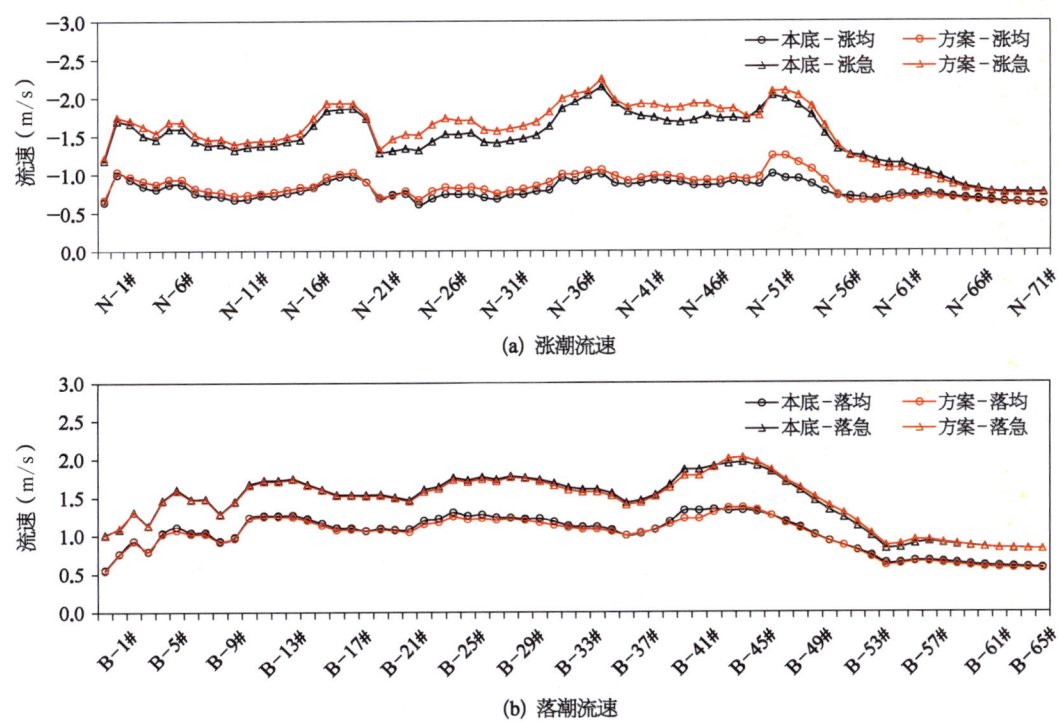

图 12　横沙成陆方案北港航轴线沿程涨落潮流速变化

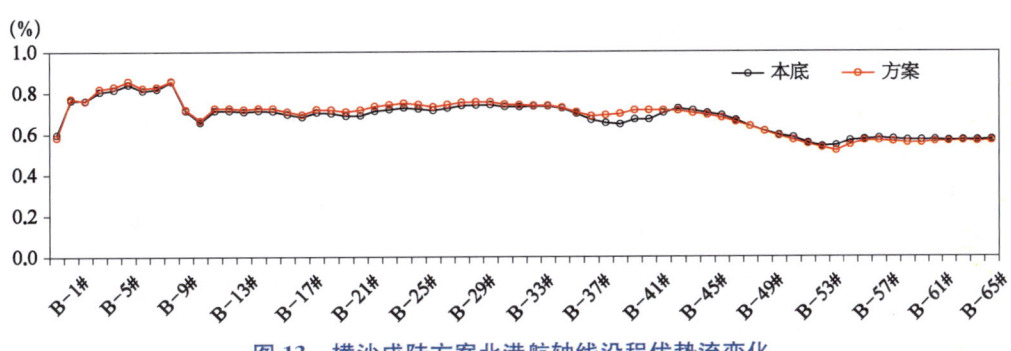

图 13　横沙成陆方案北港航轴线沿程优势流变化

5.1.3　对北港航道的综合影响分析

根据上述分析,横沙新陆域方案实施后,对长江口北港深水航道水动力影响主要有以下认识。

(1) 方案实施后,北港沿程落急流速变化较小,涨急流速北港口外段(横沙新陆域对应区段)略有增加,其余区段有不同程度减小趋势。

(2) 方案实施后,北港下段优势流略有减小,中上段部分区段落潮优势进一步增加,并未改变北港深槽的落潮优势。

5.2　对长江口(北槽)深水航道的影响

为了更好地分析对长江口北槽深水航道的影响,沿南港—北槽深水航道轴线布置了 73 个采样点,具体点位如图 5 所示。

5.2.1　北槽航轴线流速变化

图 14 给出了横沙新陆域方案实施前后南港—北槽航轴线沿程涨落急流速变化。

横沙新陆域方案实施后,南港河段、北槽中上段涨落急流速均有不同程度增加,涨急流速变化程度略大于落急流速。南港河段涨急流速平均增加幅度 5 cm/s 左右,落急流速变化甚微。北槽上段涨

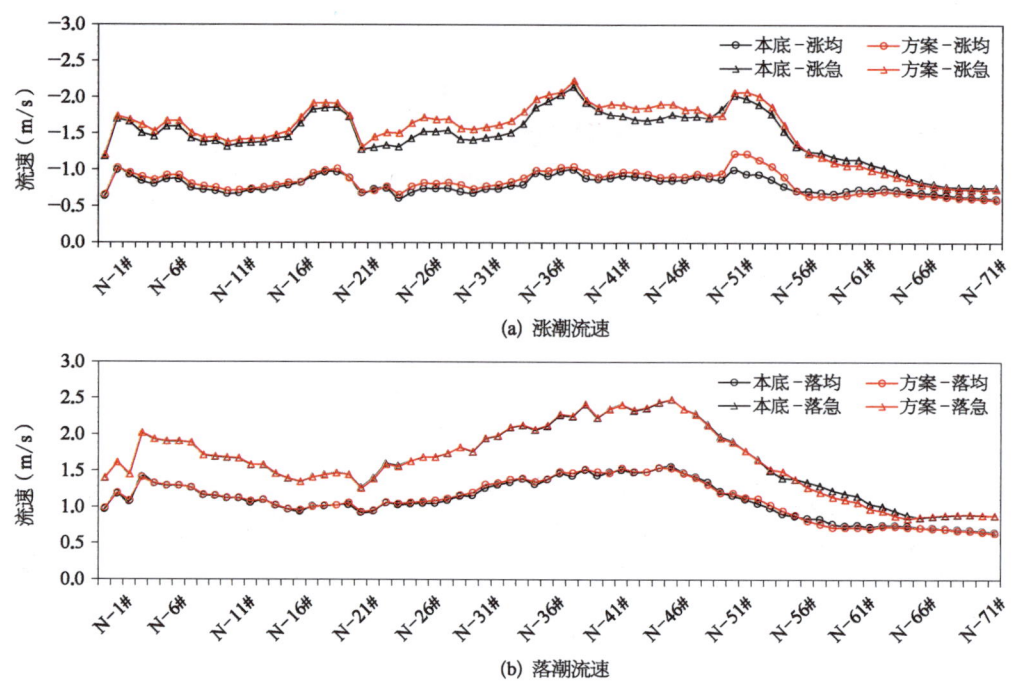

图 14　横沙成陆方案南港—北槽航轴线沿程涨落急流速变化

急流速增加幅度约 20 cm/s,落急流速增加幅度相对较小。北槽下段涨、落急流速略有减小,其中 N46 点涨急流速减小最大,约为 21 cm/s,近北槽出口处 N54 点落急流速减幅最大,约为 12 cm/s。

5.2.2　北槽航轴线优势流变化

图 15 给出了横沙成陆方案实施前后南港—北槽航轴线沿程优势流变化。

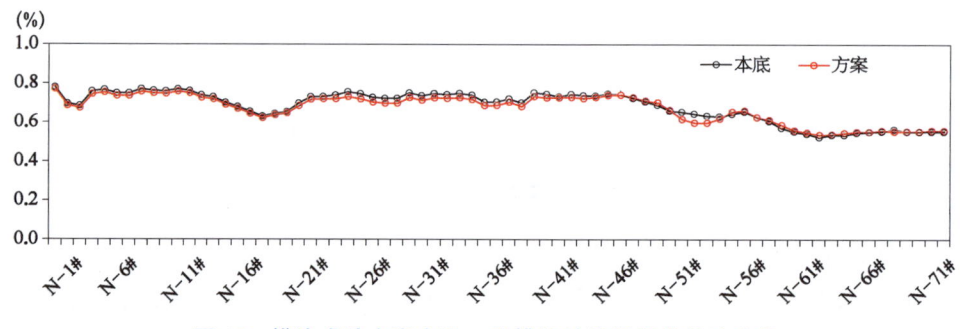

图 15　横沙成陆方案南港—北槽航轴线沿程优势流变化

方案实施前,南港北槽航轴线表现为明显的落潮优势流,北槽口外部分区段涨落潮势均力敌,中上段落潮优势达到 70%～80%,局部达到 80% 以上。

横沙新陆域方案实施后,南港—北槽上段航轴线优势流略有降低,变化幅度较小,北槽上段优势流略有降低,北槽下段优势流变化较小,口外略有增大。

总体来说,横沙成陆方案实施并未改变南港—北槽以及北港深槽的落潮优势。

5.2.3　对北槽航道的综合影响分析

根据上述分析,横沙新陆域方案实施后,对长江口北槽深水航道水动力影响主要有以下认识。

(1) 方案实施后,北槽沿程落急流速变化较小,涨急流速北槽整体呈增大趋势,口外呈减小趋势。

(2) 方案实施后,南港—北槽上段航轴线优势流略有降低,变化幅度较小,北槽上段优势流略有降低,北槽下段优势流变化较小,口外略有增大。

5.3 对青草沙水库的影响

青草沙水库位于长兴岛西北的长江江心(图16),是中国目前最大的江心水库,上海市第三水源地,水库面积约60 km²,该水库2011年6月全面投入运行,受益人口超过1000万。

本节重点分析横沙新陆域形成后对青草沙水库的水动力影响。

图16 青草沙水库工程布置

5.3.1 青草沙水库水位变化

图17给出了横沙成陆方案实施前后青草沙水库上下游泵闸位置水位变化过程,沿着青草沙水库北堤上游泵闸至下游泵闸间布置了10个采样分析点。横沙成陆方案实施后,对青草沙水域潮位影响甚微,其中高潮位影响均在2 cm以内,低潮位影响均在1 cm以内。

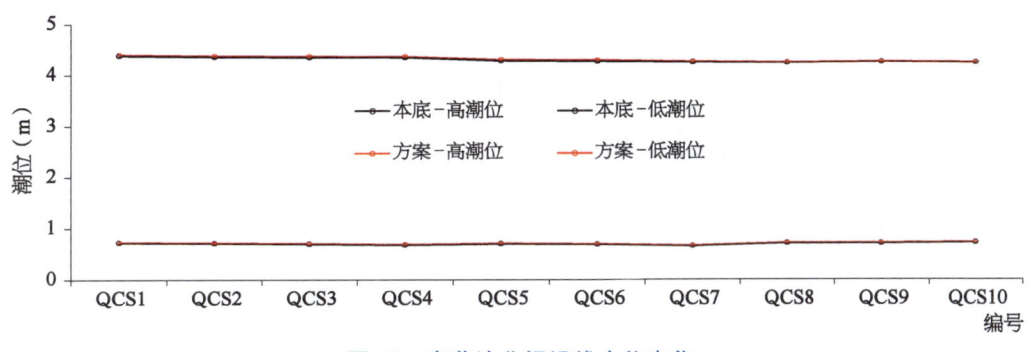

图17 青草沙北堤沿线水位变化

5.3.2 青草沙水域流场变化

图18给出了横沙成陆方案实施前后青草沙水域涨落急流场对比。

根据计算结果分析。工程实施后,青草沙所处的北港河段落急流速变化甚微,涨急流速表现为减小趋势,减小幅度3~8 cm/s,主要由横沙陆域形成后北港涨潮量有所减小引起。

5.3.3 对青草沙水库综合影响分析

横沙成陆方案实施后,对青草沙水域潮位影响甚微,其中高潮位影响均在2 cm以内,低潮位影响均在1 cm以内。

横沙成陆方案实施后,北港涨落潮量有所减小。工程实施后,青草沙所处的北港河段落急流速基本不变,涨急流速减小幅度3~8 cm/s。

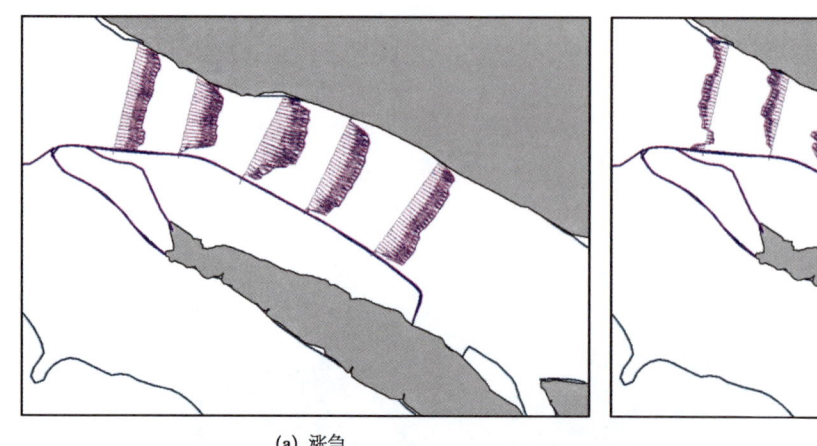 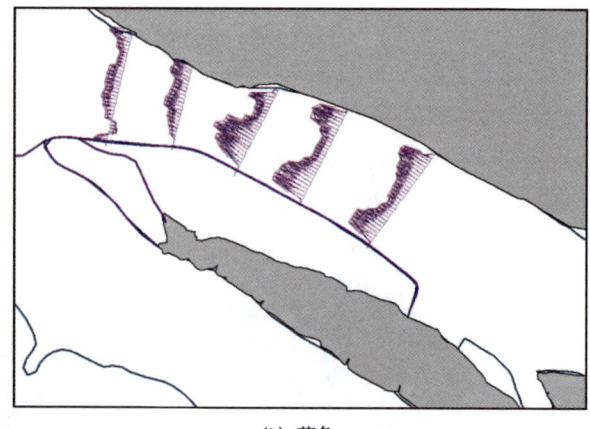

(a) 涨急　　　　　　　　　　　　　(b) 落急

图18　方案前后青草沙水域断面流速分布（红色为现状，蓝色为工程后）

从水动力角度来看，横沙成陆方案对青草沙水库影响相对较小，对于水库运行调度需关注盐水入侵的影响。

6　结论

（1）建立了包括长江口杭州湾在内的平面二维潮流泥沙数学模型，模型验证相似性良好，可较好地复演长江口水沙运动。在此基础上研究了横沙成陆方案形成后对相邻水域的水动力影响。

（2）从分流比变化来看，横沙成陆方案对北港分流比影响约为0.49%，北槽下断面的分流比基本不变。横沙成陆方案动力场的影响区域主要集中在北港河段以及北槽区段，对其他河段的影响较弱。

（3）横沙成陆方案对潮位的影响表现在南槽、北槽高潮位升高，围垦区北侧、东侧高潮位降低，方案对低潮位影响仅限于工程附近，幅度极小。

（4）横沙成陆方案实施后，长江口北港深水航道落急流速变化较小，涨急流速北港口外段（横沙新陆域对应区段）略有增加，其余区段有不同程度减小趋势，北港下段优势流略有减小，中上段部分区段落潮优势进一步增加，并未改变北港深槽的落潮优势。

（5）横沙成陆方案实施后，长江口北槽深水航道沿程落急流速变化较小，涨急流速北槽整体呈增大趋势，口外呈减小趋势，南港—北槽上段航轴线优势流略有降低，变化幅度较小，北槽上段优势流略有降低，北槽下段优势流变化较小，口外略有增大。

（6）横沙成陆方案实施后，对青草沙水域潮位影响甚微。青草沙所处的北港河段落急流速基本不变，涨急流速略有减小，从水动力角度来看，横沙成陆方案对青草沙水库影响相对较小，对于水库运行调度需关注盐水入侵的影响。

参考文献

[1]　罗小峰.新水沙条件下横沙浅滩成陆的关键技术研究[R].南京：南京水利科学研究院，2017.
[2]　陈吉余，蒋雪中，何青.上海海洋城和深水大港建设的展望[J].中国工程科学，2013，15(6)：11-13.
[3]　包起帆，江霞.上海港面临的挑战和未来发展之路[J].中国工程科学，2013，15(6)：35-40.
[4]　虞志英，张志林，金镠，等.长江口横沙浅滩挖入式港池与入海航道区域海床稳定性分析[J].华东师范大学学报（自然科学版），2013(4)：55-71.
[5]　邵荣顺，施雄彪，俞灵.上海新港建设必要性的初步论证[J].华东师范大学学报（自然科学版），2013(4)：10-16.
[6]　程泽坤，邵荣顺.依托横沙浅滩开发大型深水港区的技术可能性[J].中国工程科学，2013，15(6)：41-47.

长江口横沙浅滩成陆顺序对周边滩槽水沙输运影响研究

宗源远,曹慧江,王大伟,楼飞,郭超硕

(中交上海航道勘察设计研究院,上海 200120)

[摘要] 本文建立了潮流、泥沙数学模型,经过率定与验证,分析了横沙浅滩与两侧滩槽水域的水流、泥沙交换,及横沙区域的水沙动力,通过建立好的模型研究了横沙浅滩成陆顺序对周边水沙动力环境及河势的影响。研究成果表明,自南向北的成陆推进顺序有利于周边水流变化的平顺过渡,局部滩面的不利流态可通过促淤方案优化,横沙浅滩成陆虽然改变了局部水沙输运特征,不会改变长江口总体的水沙输运格局。

[关键词] 横沙浅滩成陆;水沙输运;数学模型

1 前言

长江河口是一个丰水多沙的三角洲分汊河口,径潮流动力强劲。口内发育有崇明、长兴、横沙三大岛屿,其中,崇明岛将长江口分为南、北支,长兴岛和横沙岛将南支分为南、北港,九段沙将南港分为南、北槽,使长江口平面形态呈"三级分汊,四口入海"之势。

长江口横沙东滩为北槽及北港两条出海汊道之间的大型濒海沙洲,西侧横沙东滩已基本成陆或者正在成陆,东侧为横沙浅滩直接面向外海的开阔海域,南北两侧均为深槽,南侧北槽汊道为已经通航的长江口深水主航道,北侧为规划的北港航道,在长江口众多滩涂资源中,横沙东滩集"区位、土地、航道、岸线"等众多优势于一身,既拥有大片可开发浅滩,又拥有着开发港口、发展临港产业、建设江海物流中心的区位优势,是上

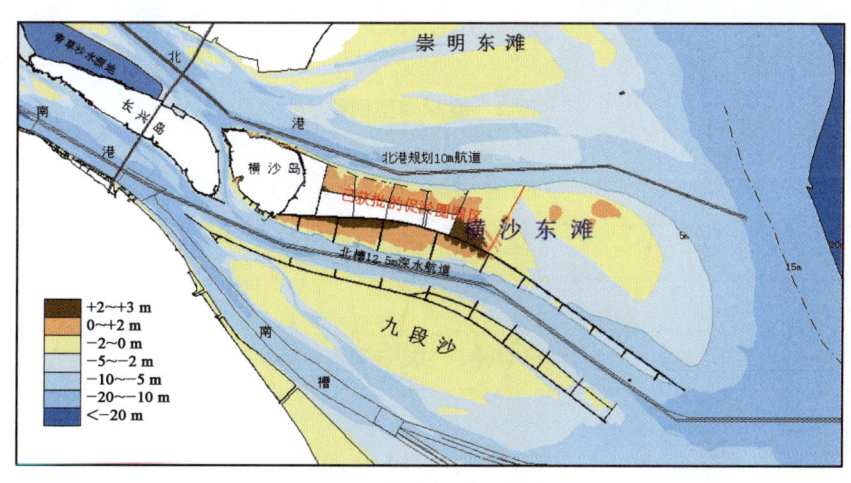

图1 横沙东滩位置图

海城市空间拓展的理想区域。此外,还存在着直接利用深水航道疏浚土成陆的资源优势。

近年来,长江口河势格局已基本稳定,随着北槽深水航道整治工程和横沙东滩促淤圈围工程的实施,横沙东滩目前也已形成了较为稳定的沙体形态。在此基础上,顺应横沙东滩自身的淤长规律,可对横沙东滩东侧的横沙浅滩区域继续实施更大范围的圈围成陆。

从横沙浅滩的地理位置与滩涂的自然条件来看,横沙是北港与北槽间涨落潮水沙的主要交换区域,波浪、径潮、潮流流动力强劲,水沙运动复杂,长江巨大的径流带着巨量泥沙在径流、潮流、口外风浪、地形等各种因素的作用下,在河口口门聚集和沉积,形成了长江口河口的拦门沙系,包括拦门沙航道和拦门沙浅滩,两者相间分布,存在诸如平面环流、垂向环流等复杂的水沙输运系统。

本文主要通过实测资料与数学模型等工具对横沙浅滩成陆对周边的水沙输运系统可能造成影响进行了模拟研究,可为今后对横沙浅滩成陆或者建港等的研究提供可参考、有价值的技术成果。

2 采用的资料与数学模型建立及验证

采用的资料包括长江口养护计划、横沙浅滩测量、北导堤越堤水沙观测等资料与内容。利用国际著名的 ECOM 三维潮流模型建立了长江口潮流数学模型,模型计算网格如图 2 所示,对横沙浅滩及周边水域的水流进行了验证,计算验证成果,潮位、流速过程模型计算成果(图 3)均可以达到相关行业规范要求的精度。

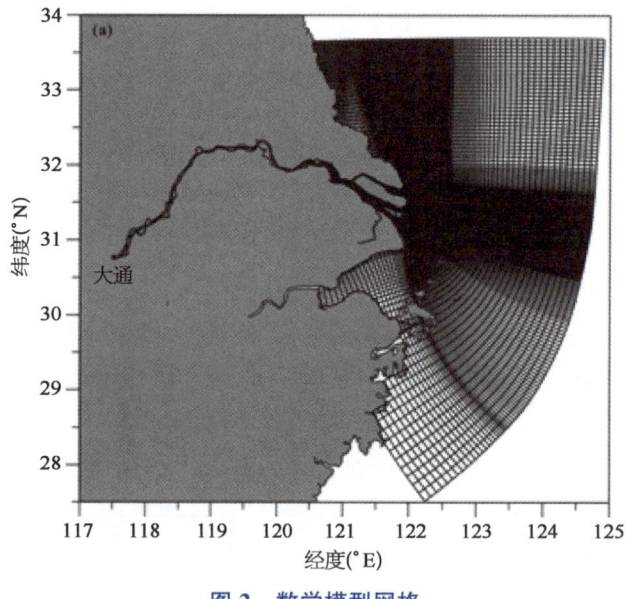

图 2 数学模型网格

(a) 北槽中

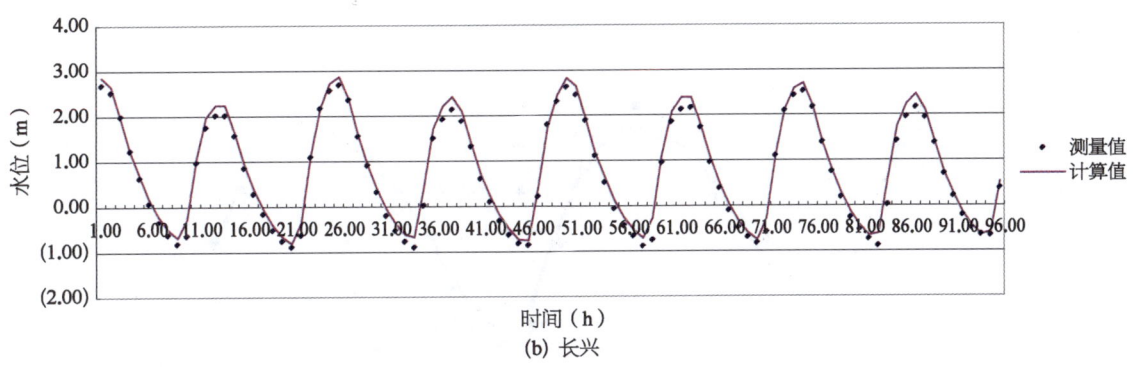

(b) 长兴

图 3 潮位验证

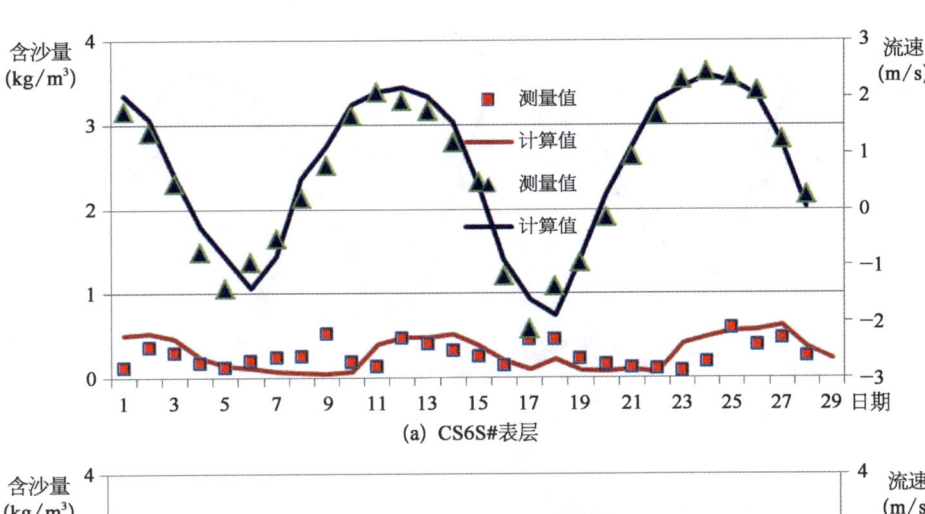

(a) CS6S#表层

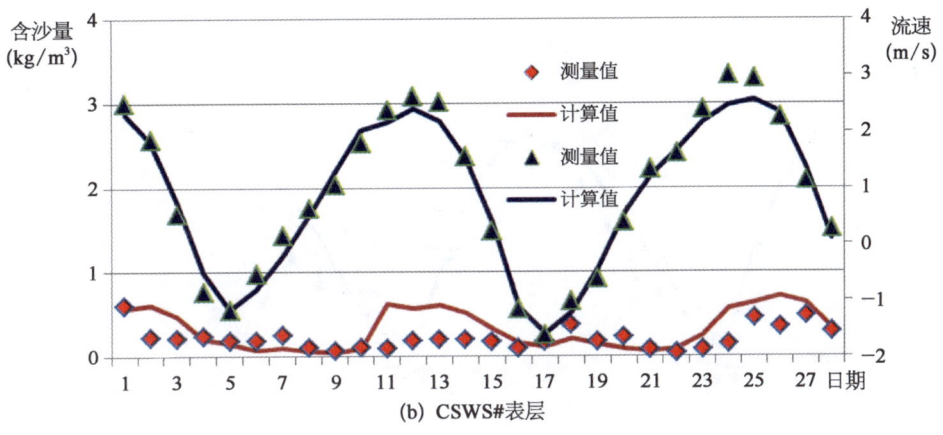

(b) CSWS#表层

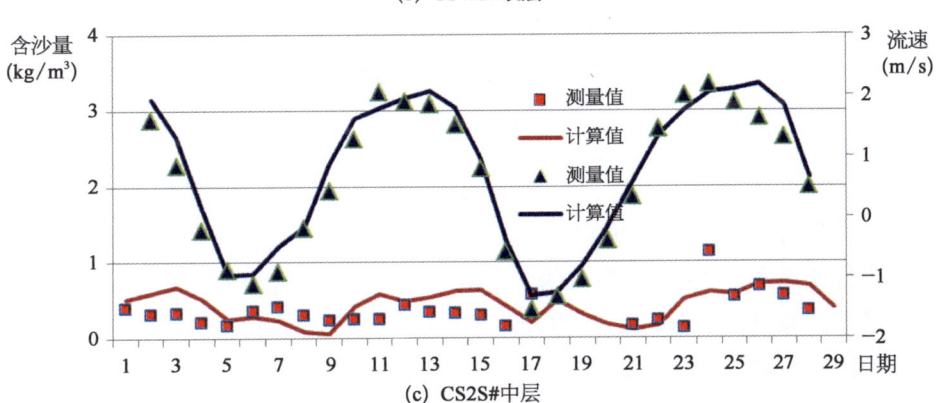

(c) CS2S#中层

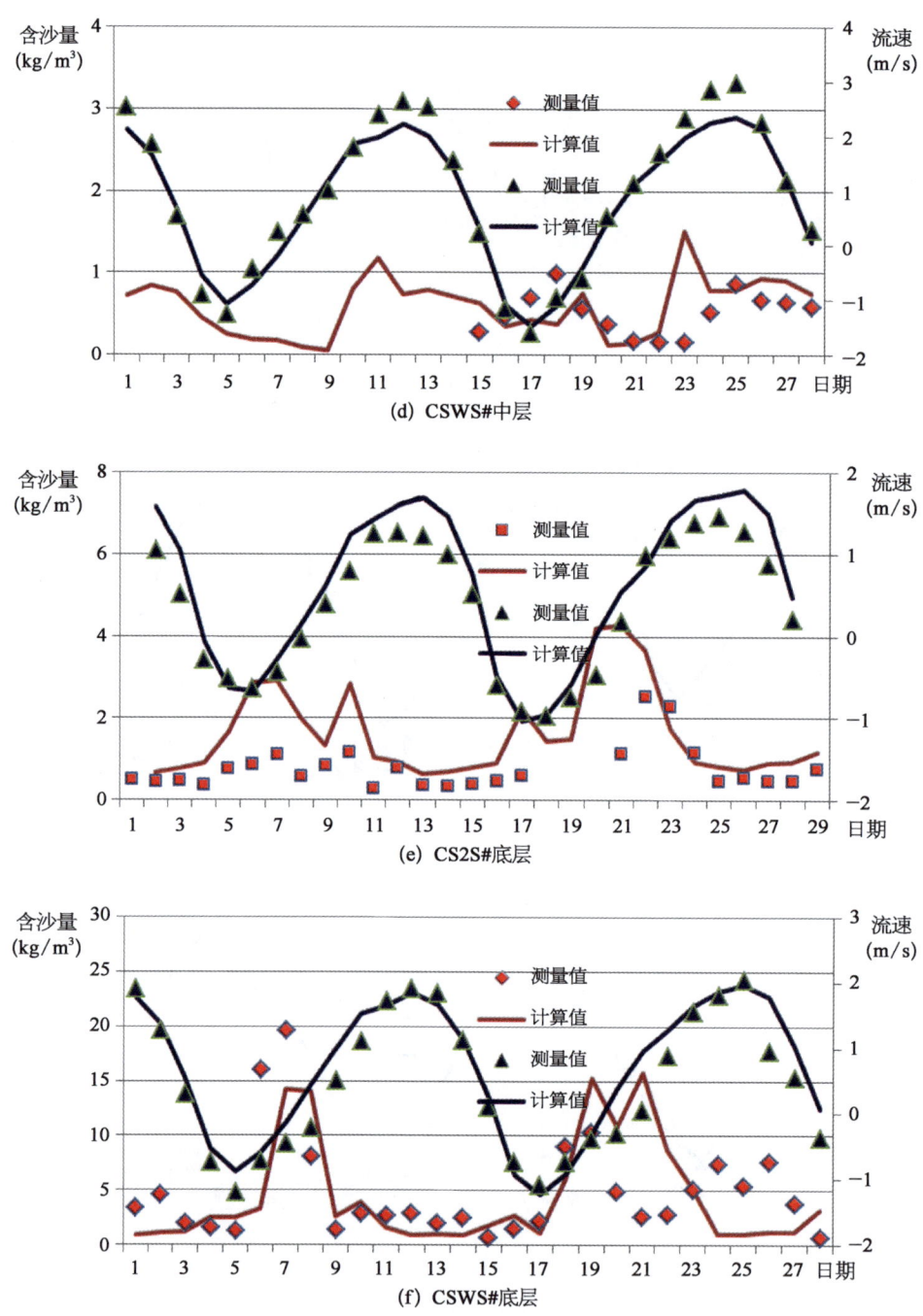

图4 2015年7月流速及含沙量过程线验证

3 横沙浅滩水沙环境分析

3.1 潮流特性及周边滩汊水沙输运特征

从各垂线潮流特征来看,口外以旋转流为主。各汊道主槽中落潮流一般大于涨潮流,洪季流速大于枯季流速。从横沙浅滩整体的水沙输运方向来看,平面上,涨潮期间,涨潮流带着口外的水沙自北槽与口外流向横沙浅滩,越过横沙浅滩后,向北流向北港与北港水道下段的涨潮流汇入后流向北港中段;落潮期间,北港水流自北侧漫向横沙浅滩,向南汇集后顺北导堤方向向东输送,落潮初期的水流可能会被直接输送至口外,在落潮末期的水沙则可能又被重新输送至横沙浅滩或者南侧的北槽或者南槽、九段沙滩面等水域,形成平面的环流体系。此类环流体系配合拦门沙附近水域泥沙的起悬与落淤,形成了长江河口特有而复杂的泥沙输运体系,影响着周边滩槽的变化。

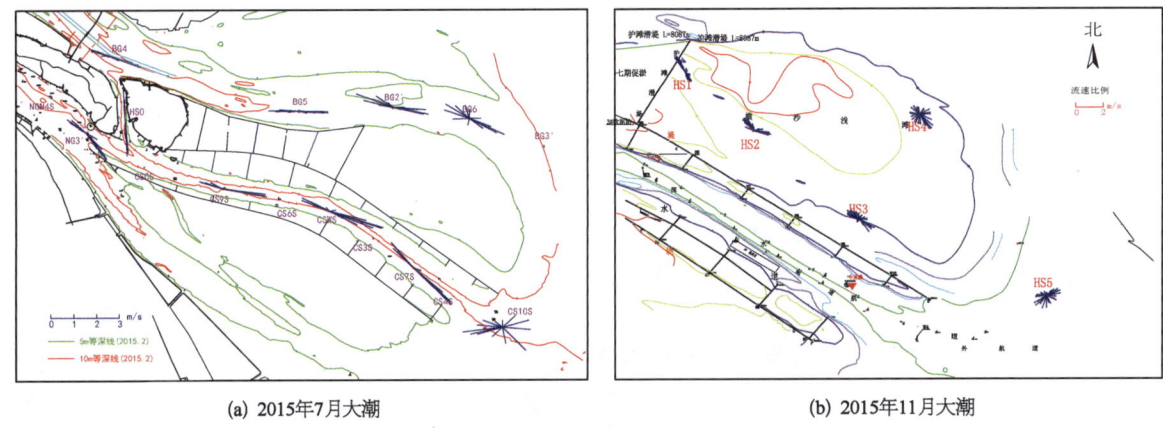

(a) 2015年7月大潮　　　　　　　　　　　　　(b) 2015年11月大潮

图 5　周边滩槽各垂线涨落潮流速矢量图(实测)

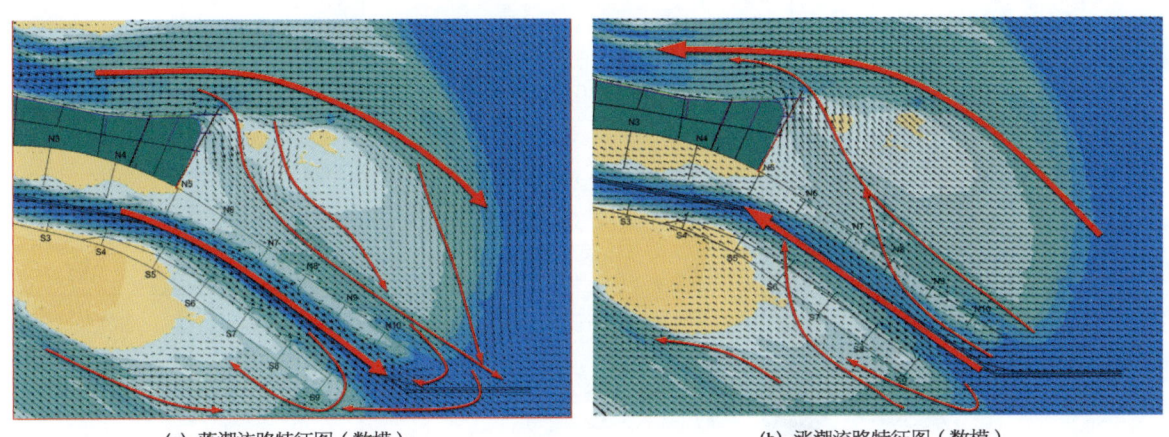

(a) 落潮流路特征图(数模)　　　　　　　　　　(b) 涨潮流路特征图(数模)

图 6　数模计算周边滩槽水沙输运特征图

3.2　泥沙含量

根据横沙浅滩监测资料,浅滩窜沟区域涨潮含沙量大于落潮含沙量,北侧滩面区域(HS4)靠近北港主槽,位于北港最大浑浊带的下段,落潮含沙量明显大于涨潮含沙量,至口外 10 m 以深区域(HS5)含沙量迅速减小。对比两次监测成果,2015 年 11 月监测期滩面含沙量较大,其中浅滩窜沟涨潮含沙量高达 0.9～1 kg/m³,HS4 落潮含沙量达 1.37 kg/m³,但口外 HS5 含沙量仅为 0.1～0.2 kg/m³。

表 1　各测点单宽潮平均含沙量统计表　　　　　　　　　　　　(kg/m³)

	2015 年 11 月		2016 年 5 月	
	涨　潮	落　潮	涨　潮	落　潮
HS1	0.897	0.701	0.451	0.408
HS2	0.986	0.533	0.359	0.396
HS3	0.993	0.592	0.467	0.431

(续表)

	2015年11月		2016年5月	
	涨潮	落潮	涨潮	落潮
HS4	0.54	1.37	0.474	0.825
HS5	0.204	0.133		

3.3 风浪条件

长江口地区以风浪为主,涌浪次之,2013年后,在横沙浅滩上以及靠近七期东堤东侧的近岸分别抛设大浮标以及近岸压力测波仪进行短期测波。根据观测,横沙浅滩常浪向为SE向,频率为12%,次浪向为N和NE,其频率为10%。强浪向在SE～SSE～NNE,且大浪出现在台风影响期间。最大有效波高一般出现在8—10月份。而横沙浅滩往口外侧波浪资料没有直接测站。位于长江口外的长江口站进行了系列波浪资料观测,波浪传播进入横沙浅滩后,发生变形形成破碎波,其底部产生的紊动会带动滩面泥沙起悬,根据李身铎等推算可知横沙浅滩在不同的波高条件下的破波水深如图7所示,其超过1.0 m的波浪,破碎水深大多集中在2～6 m浅滩附近。

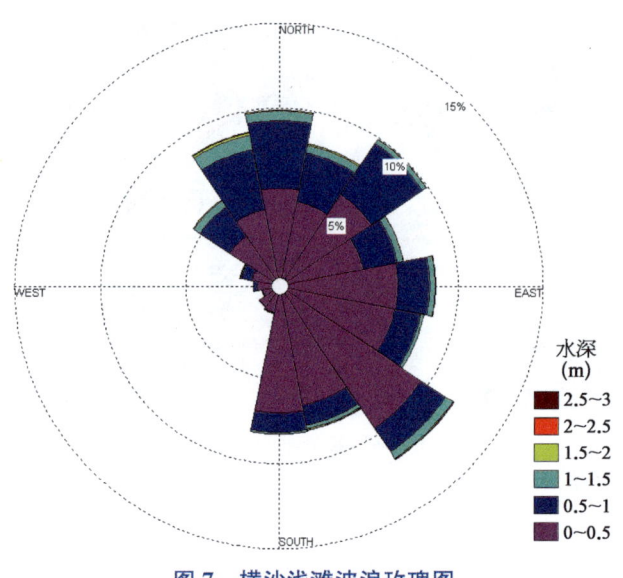

图7 横沙浅滩波浪玫瑰图

表2 横沙浅滩波浪破碎水深分布表

波高($H1/10$) (m)	频率 (%)	破波水深 (m)
0～0.5	19.3	0.77
0.5～1.0	44.2	1.54
1.0～1.5	21.7	2.31
1.5～2.0	9.4	3.08
2.0～3.0	7	4.62
3.0～3.5	0.4	5.38

3.4 横沙浅滩的沙体稳定性分析

1998—2005年间,长江口深水航道整治建筑物工程实施,2003年以来,N23护滩堤以及横沙一至六期工程陆续实施。受工程影响,北港与北槽间的涨落潮水沙交换作用减弱,漫滩水流主要集中于六期工程以东区域,同时横沙东滩沙体形态渐趋稳定。其中,横沙东滩N23护滩堤西侧滩面基本处于人工工程控制之下,促淤区滩面淤高,仅在纳潮口及促淤堤沿线产生一定冲刷;横沙东滩N23护滩堤以东滩面也有所淤涨,但在口门潮流和风浪作用下,淤涨幅度有限,目前滩面高程基本在−5～+2 m间。

4 横沙浅滩成陆顺序

横沙浅滩成陆推进布局主要考虑以下几个方面:① 顺应河势格局;② 利于分期围区外侧滩涂的自然淤涨和促淤工程的布设;③ 利于后续工程衔接;④ 利于长江口疏浚土利用尽量减少对周边

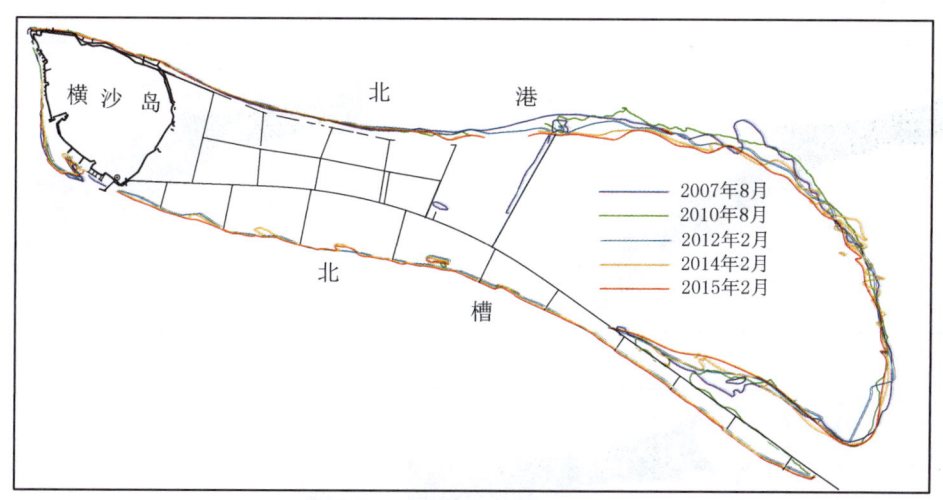

图 8　横沙东滩 5 m 等深线变化图

工程(尤其是深水航道)的影响。

由此,成陆推进布局方案考虑:由岸及海(自西向东)、由南及北成陆方案,并考虑在圈围基础上结合一定的促淤工程。主要考虑两类推进顺序,一类为自西向东推进,为 TS 系列方案(图 9);另外一类为自南向北推进,为 TH 系列方案(图 10)。

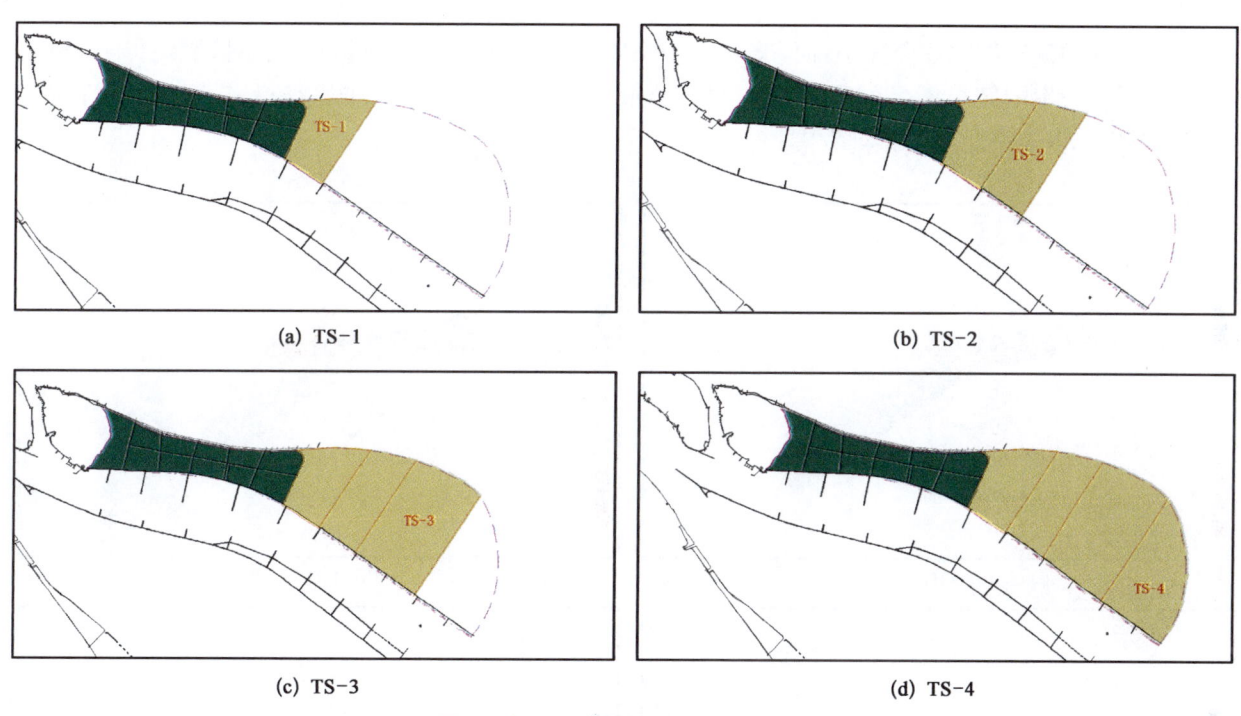

(a) TS-1　　　　　　　　　　　　　　(b) TS-2

(c) TS-3　　　　　　　　　　　　　　(d) TS-4

图 9　自西向东的推进顺序 TS 方案

5　成陆的方案对周边滩槽水沙输运的影响

5.1　不同方向成陆顺序方案的比较

对比两组方案推进过程中对周边影响,落潮流速变化均相对较小,仅局限于工程附近处;从涨潮流速来看,围区涨潮流速东北角由于堤头挑流拐角处流速均增加较大,但 TH 系列方案随着圈围由南

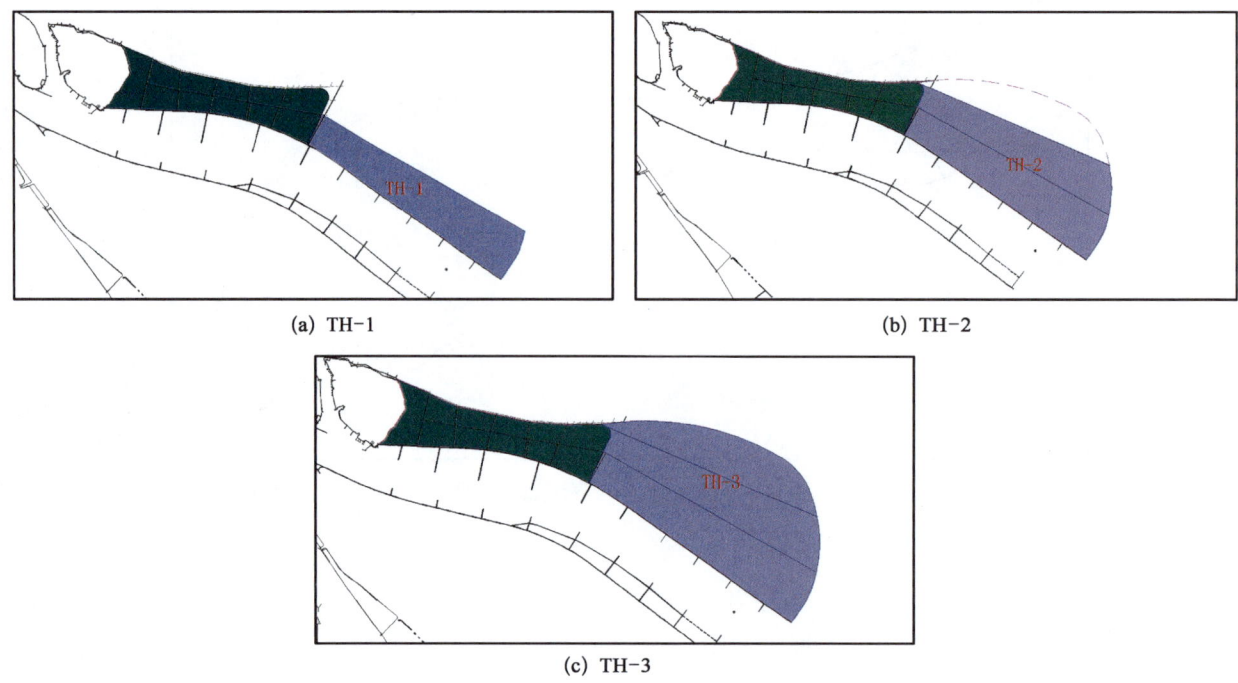

图 10　自南向北的推进顺序 TH 方案

至北推进,拐角流速增幅逐渐减小,而 TS 系列方案随着圈围由西至东推进,拐角流速增幅并未逐渐减小。TS 系列方案围区拐角存在明显挑流,局部会形成明显冲刷坑,不利于堤身稳定,因此,在目前研究基础上推荐由南至北 TH 系列方案。

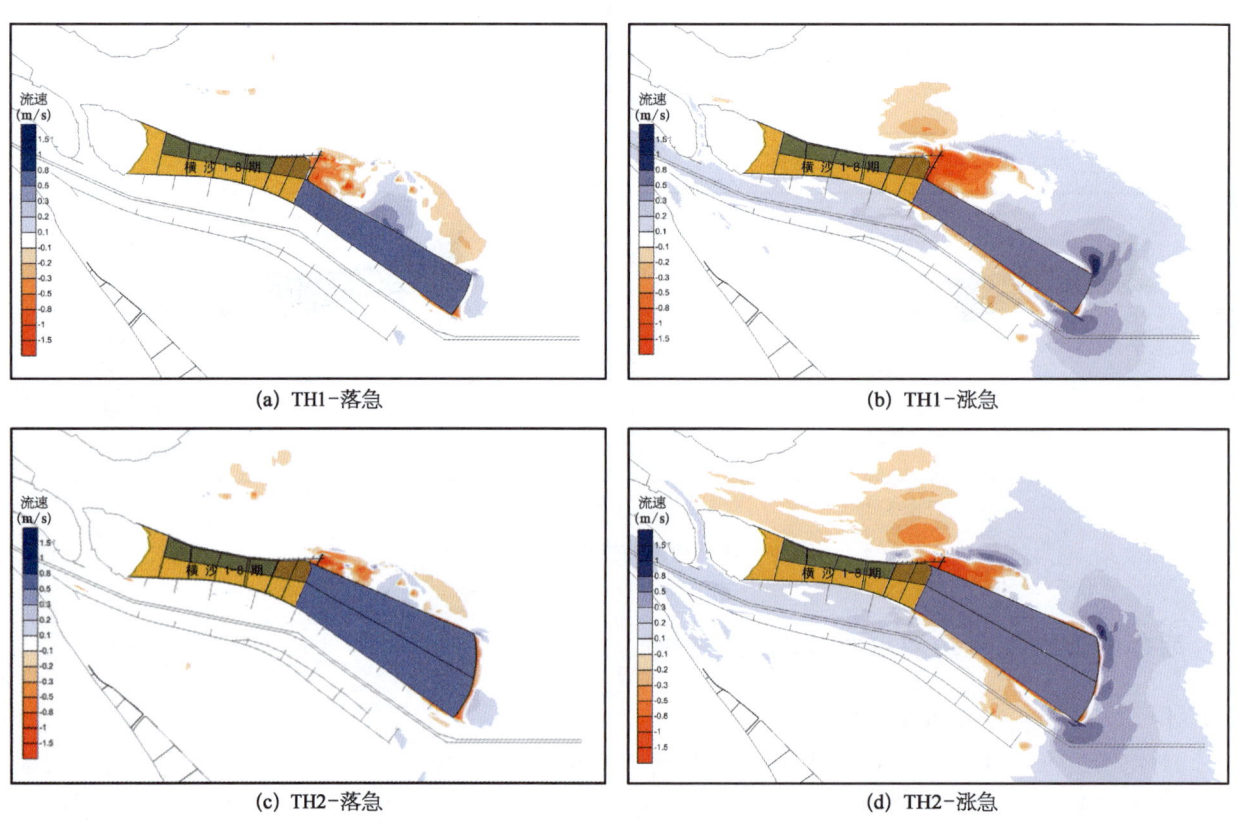

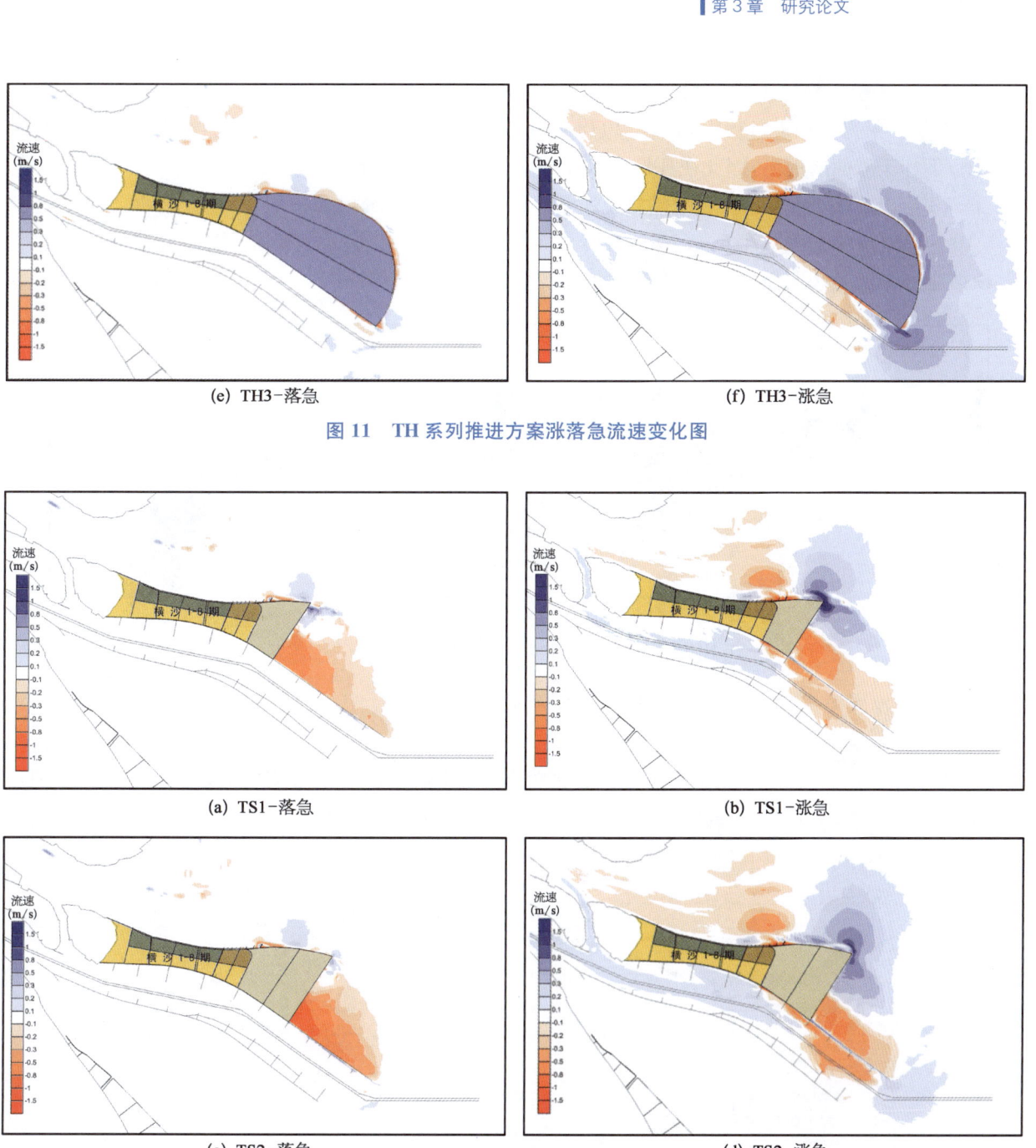

(e) TH3-落急　　(f) TH3-涨急

图 11　TH 系列推进方案涨落急流速变化图

(a) TS1-落急　　(b) TS1-涨急

(c) TS2-落急　　(d) TS2-涨急

(e) TS3-落急　　(f) TS3-涨急

图 12　TS 系列推进方案涨落急流速变化图

5.2 TH 系列推进方案优化

由于 TH 系列在推进过程中,TH1、TH2 方案滩面涨潮流速增加明显,可能会给横沙东滩滩面带来冲刷,不利于滩面的促淤,因此在 TH 方案基础上增加促淤坝,分析其效果。

图 13 给出 THC 系列方案后涨落急流速变化情况。由于促淤坝的增加,滩面流速由 TH 系列增加 0.10～0.20 m/s 变为减小至 0.10～0.30 m/s。从涨、落潮流速变化来看,THC 方案促淤坝的增加,横沙东滩流速减小明显,可以减小 TH 方案流速增加对滩面的冲刷。

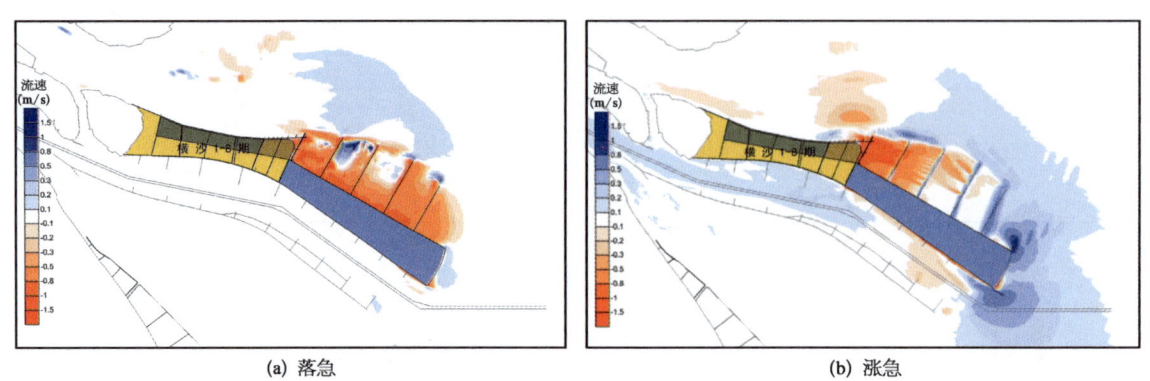

(a) 落急　　　　　　　　　　　　(b) 涨急

图 13　THC 系列推进方案涨落急流速变化图

5.3 横沙浅滩成陆顺序过程中对周边的影响

5.3.1 方案对北槽航道影响

方案实施后,TH 方案对北槽落潮流速变化较小;涨潮流速受 TH1 方案影响较大,口门处(P～U)单元流速减小 0.02～0.10 m/s,P 单元以上流速增加 0.05～0.25 m/s。

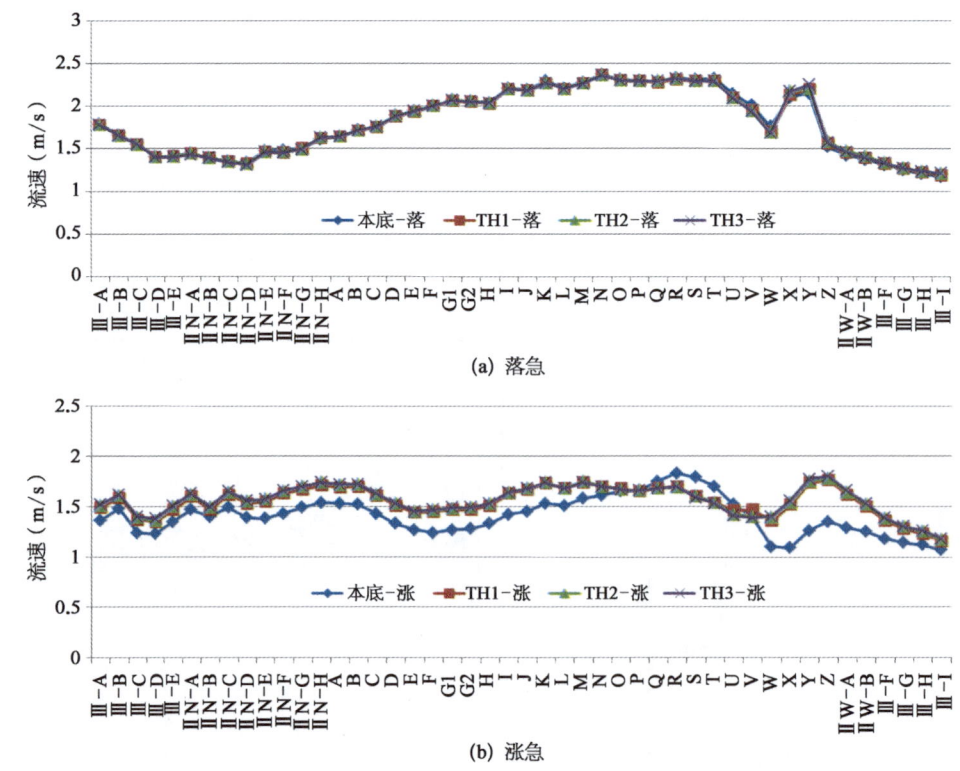

(a) 落急

(b) 涨急

图 14　方案后北槽航道涨、落急沿程流速分布

5.3.2 方案对南槽航道影响

南槽流速主要受 TH1 方案影响。成陆后,南槽落潮流速变化较小,变幅在 0.05 m/s 内;涨潮流速进口段、口外段略有增加,幅度不大。

5.3.3 方案对北港航道影响

TH 方案对北港航道影响随圈围工程的推进逐渐变大。成陆后,涨、落潮流速变化趋势一致,BG10 以上流速均有所减小,落潮流速减小 0.02~0.10 m/s,涨潮流速减小 0.02~0.25 m/s,BG10 以下均有所增加,落潮流速增加 0.02~0.10 m/s,涨潮流速增加 0.10~0.60 m/s。

5.3.4 方案对南港航道影响

方案实施后,南港落潮流速变化较小,涨潮流速增加 0.10~0.25 m/s。

5.3.5 对青草沙水源地影响

TH 不同阶段方案实施后,青草沙落潮流速变化不大,涨潮流速最大减小 0.06 m/s。

6 结语

总体来看:① 对比 TH 方案与 TS 方案,TS 系列方案围区拐角存在明显挑流,局部会形成明显冲刷坑,不利于堤身稳定,因此,在目前研究基础上推荐由南至北 TH 系列方案。② TH 方案实施过程中,滩面涨潮流速会略有增加,滩面带来的冲刷可以通过促淤工程优化。③ TH 方案实施过程中,对南、北槽及南港影响较大的为起步 TH1 方案,对由北槽中下段往北的涨潮流的截断作用较为明显。对流场影响整体上来说主要集中在工程区域,主要包括北港中下段、北槽,北港上段;南港和南槽的影响略小。④ 北槽中上段的涨潮流的强度增加,且北港的中上段涨落潮流均有所减小,其流场变化导致的河势变化和航道回淤影响需要泥沙模型进一步研究。⑤ TH 系列成陆方案对总体河势格局影响不大。

长远来看,横沙浅滩成陆后固定了活动沙体,减少了泥沙来源,同时可成为疏浚泥土上滩的泥土容纳区,对于两侧航道的建设和开发是有利的。短期来看对深水航道的回淤有利有弊,但根据模型成果来看总体影响不会太大。

上述成果为在现有资料的基础上进行的初步分析和模拟研究,随着相关研究和规划工作的深入推进,还需要进行更加深入与细致的调查、分析研究工作。

参考文献

[1] 中交上海航道勘察设计研究院有限公司.波浪、潮流、泥沙及台风等自然条件对建港、航道的影响及关键技术研究[R].上海:中交上海航道勘察设计研究院有限公司,2016.

[2] 中交上海航道勘察设计研究院有限公司.三维风浪、潮流、泥沙数值模拟系统及开发[R].上海:中交上海航道勘察设计研究院有限公司,2013.

[3] 虞志英,张志林,金镠,等.长江口横沙浅滩挖入式港池与入海航道区域海床稳定性分析[J].华东师范大学学报(自然科学版),2013(4):55-71.

[4] 长江委水文局长江口水文水资源勘测局.长江口深水航道养护工程 2015 年 7 月长江口北槽水域水文测验[R].上海:长江委水文局长江口水文水资源勘测局,2015.

[5] 曹慧江,王大伟,袁文昊.长江口横沙东滩建港水动力泥沙数值环境三维数值模拟研究[J].水运工程,2015(12):76-81.

[6] 李身铎,朱巧云,虞志英,等.长江口横沙浅滩及邻近海域水动力特征分析[J].华东师范大学学报(自然科学版),2013,7(4):25-41.

横沙大道延伸和浅滩成陆
对长江口深水航道影响和对策研究

吴华林,顾峰峰,王巍,贾晓,沈淇

(上海河口海岸科学研究中心,上海 201201)

[摘要] 长江口深水航道的回淤量巨大、回淤分布集中,维护费用高且维护困难,2010 年来年回淤总量在 5401 万~10080 万 m^3。横沙大道延伸和浅滩成陆工程紧邻该工程,工程实施后深水航道回淤、水沙输运以及周边河势将会发生一定的变化。本文基于三维水沙数学模型—SWEM2D\3D 开展工程实施后对深水航道的影响研究,结果显示工程实施后阻挡了部分经过北导堤、出北槽的泥沙,使得北槽航道常态回淤略有所增加(年回淤变化总量约增加 3.9%)。但从长期来看横沙大道延伸和浅谈成陆工程对于北槽常态的滩地泥沙供给减少,以及减少非常态期间浅滩风浪掀沙对长江口深水航道骤淤的贡献均会产生明显效果,另外从疏浚土上滩利用的角度出发,大量深水航道疏浚土上滩抛泥利用与横沙圈围成陆两者将实现"双赢"。

[关键词] 横沙大道延伸;浅滩成陆;长江口深水航道

1 前言

1.1 长江口深水航道工程建设情况

自 1998 年 1 月 27 日工程开工以来,经历了 12 年的艰苦建设,长江口 12.5 m 深水航道工程建设目标已全面实现。在长江口南港北槽河段共建造导堤、丁坝等整治建筑物 169.165 km,完成基建疏浚方量约 3.2 亿 m^3,航道水深由 7 m 逐步增深至 12.5 m。2010 年 3 月 14 日,长江口深水航道治理三期工程交工验收,全长 92.2 km、宽 350~400 m、水深 12.5 m 的长江口深水航道全面建成(图 1),长江口航道建设实现了历史性的突破。目前,长江口总体河势较为稳定,长江口 12.5 m 航道水深保持了 100%的通航保证率。

1.2 长江口深水航道工程航道回淤情况(2010—2016 年)

北槽 12.5 m 航道全槽回淤总量和维护疏浚工程量的年际变化如图 2 所示,统计资料表明近 7 年来 12.5 m 航道回淤总量大,年际间存在波动变化。2010—2016 年平均回淤总量约 7816 万 m^3,2010—2012 年航道回淤量有所增长,2012 年后航道总体回淤量有所减少。其中,2015—2016 年航道回淤总量低于 7000 万 m^3,2016 年仅为 5401 万 m^3,为 2010 年 12.5 m 航道开通以来的最低值。7 年间,通过科学有效维护,12.5 m 航道通航深度保证率始终保持在 95%以上,航道安全畅通,达到了交通运输部下达的考核目标。

从空间分布看(图 3),2016 年全槽航道回淤主要表现为:① 南港及圆圆沙段继续维持较低量值,较去年略有降低;② 口外段仍保持基本无须人工维护的良好局面,部分单元甚至呈冲刷环境;③ 北槽中段 H~L 单元回淤较往年有所改善。

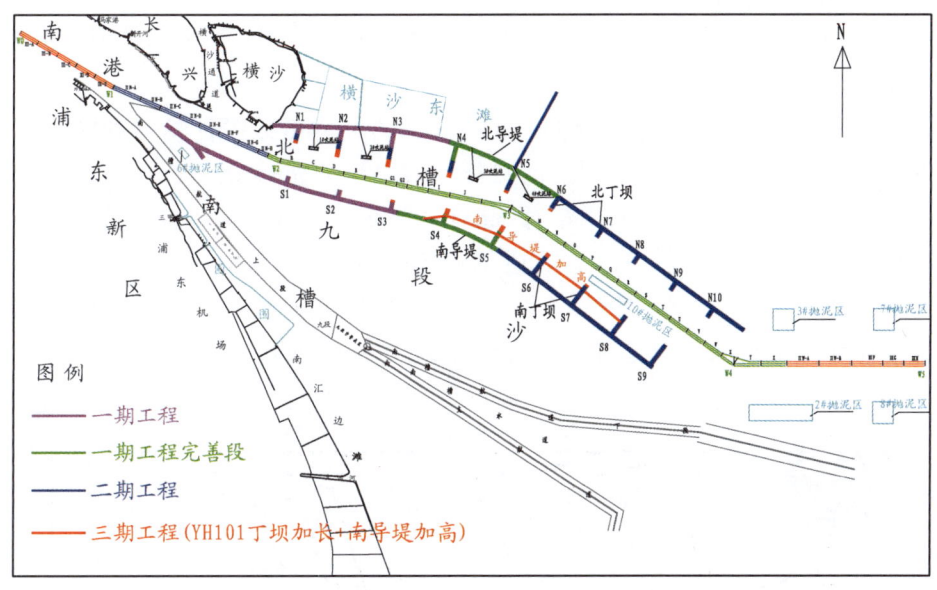

图1 长江口深水航道治理一、二和三期工程的平面位置示意图

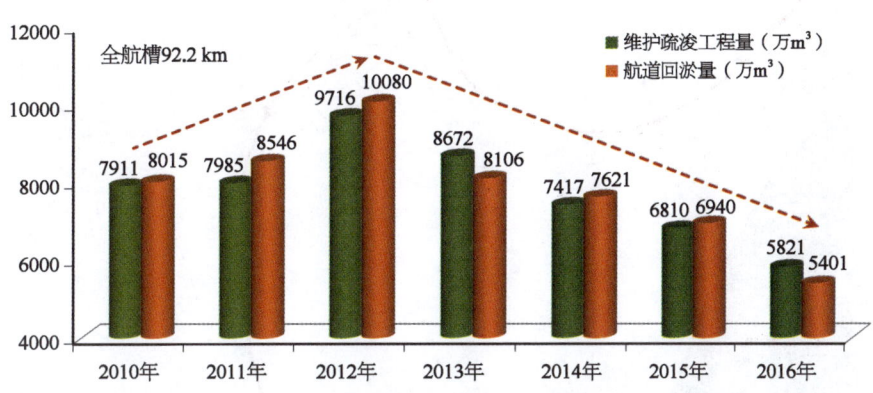

图2 12.5 m航道全槽回淤总量和维护疏浚工程量的年际变化

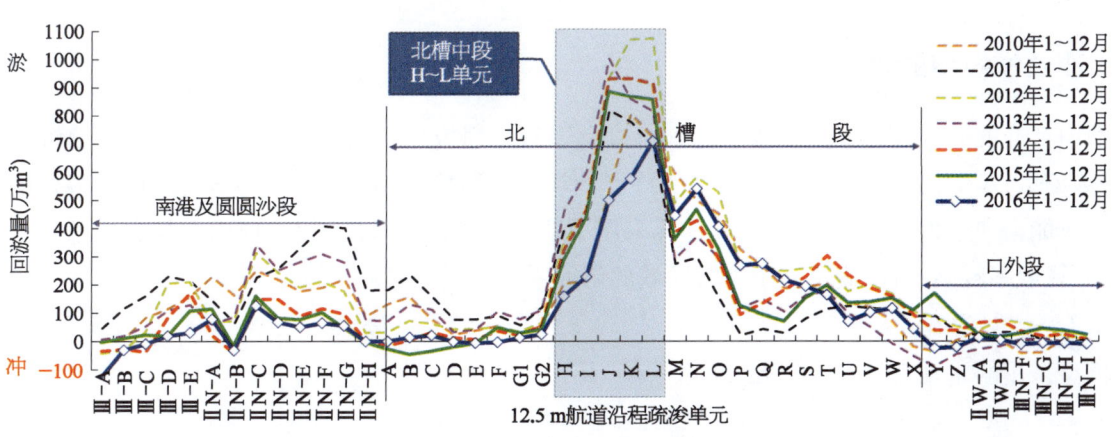

图3 历年12.5 m航道全槽回淤量的沿程变化

总的来看，2016 年 12.5 m 航道回淤总量和维护疏浚工程量分别为 5401 万 m³ 和 5821 万 m³，为 12.5 m 深水航道 2010 年开通以来的最低值，北槽中段 H～L 单元回淤明显降低但依然是全航道的回淤峰值区段。

长江口深水航道与周边水域存在明显的水沙交换（图 4 为由数模计算得到的大潮余流场图），横沙大道延伸和浅滩成陆工程实施后，周边河势将会发生一定的变化。长江口深水航道的回淤量大且集中，给航道维护疏浚带来很大的困难，因此有必要研究横沙大道延伸和浅滩成陆工程对深水航道的水沙输运产生的影响。长江口深水航道每年的疏浚维护量约 7000 万 m³，已远超出长江口各大抛泥区的允许抛泥总量，2020 年横沙八期完工后，深水航道疏浚土将面临何处安置处理问题，研究横沙大道延伸和浅滩成陆工程是否可以成为解决这一问题的一个经济、合理、持久的方法也是必要的。

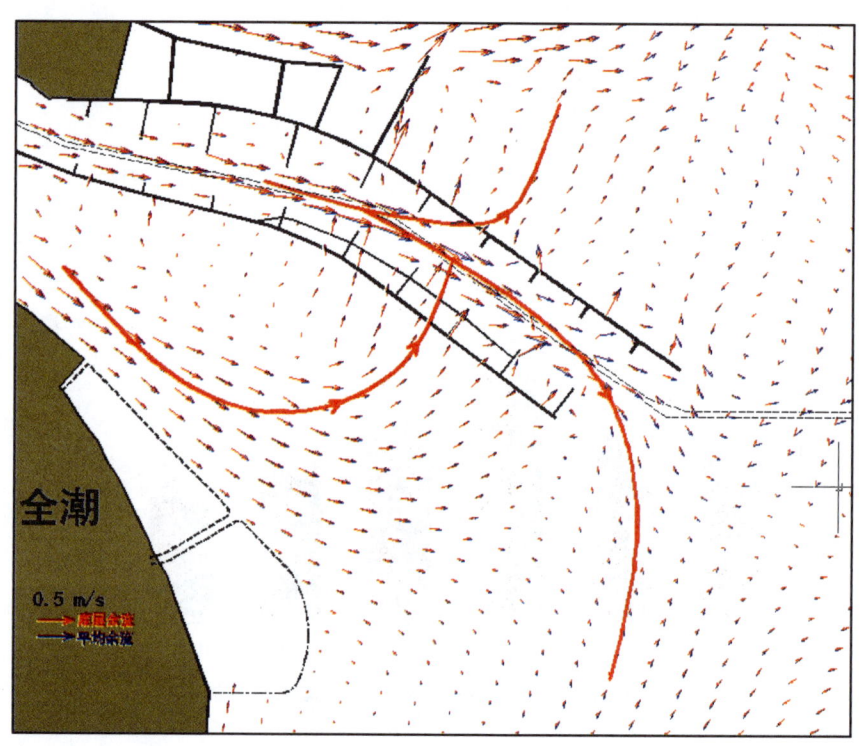

图 4　12.5 m 航道周边水域的余流分布

2　水沙数学模型的建立

本项目开展的数模计算主要基于上海河口海岸科学研究中心自主开发的水沙盐二/三维数值模型—SWEM2D\3D。SWEM2D\3D 模型的特点是基于无结构网格和有限体积离散，具有很好的复杂边界适应能力和守恒性，另外对于流场计算采用了欧拉—拉格朗日法追踪，理论上具有无条件稳定的特征，计算效率较高，可以满足复杂岸线区域的研究需要。

2.1　控制方程

模型采用的水动力三维控制方程如下：

$$\frac{\partial \eta}{\partial t} + \nabla \cdot \vec{Q} = 0 \quad \vec{Q} = \int_{-k}^{\eta} \vec{U} \mathrm{d}z \tag{1}$$

$$\frac{\mathrm{d}}{\mathrm{d}t}(D\vec{U}) = -\frac{D}{\rho_0}\nabla p_a - gD\nabla\eta - \frac{gD^2}{\rho_0}\int_\sigma^0\left[\nabla\rho - \frac{\sigma'}{D}\frac{\partial\rho}{\partial\sigma'}\nabla D\right]\mathrm{d}\sigma' - D\vec{f}\times\vec{U}$$
$$+ \nabla\cdot[DA_H(\nabla\vec{U}+\nabla^T\vec{U})] + \frac{\partial}{\partial\sigma}\left(\frac{A_V}{D}\frac{\partial\vec{U}}{\partial\sigma}\right) \tag{2}$$

$$\frac{\mathrm{d}}{\mathrm{d}t}(DS) = \nabla\cdot(DK_H\nabla S) + \frac{\partial}{\partial\sigma}\left(\frac{K_V}{D}\frac{\partial S}{\partial\sigma}\right) \tag{3}$$

$$\frac{\mathrm{d}}{\mathrm{d}t}(DT) = \nabla\cdot(DK_H\nabla T) + \frac{\partial}{\partial\sigma}\left(\frac{K_V}{D}\frac{\partial T}{\partial\sigma}\right) + D\frac{\dot{Q}}{\rho_0 C_p} \tag{4}$$

$$\rho = \rho(S, T) \tag{5}$$

式中：η 为自由水面；$\vec{U}=(u, v)$ 为流速矢量；$\vec{f}$ 为柯氏力参数；ρ_0 为参考密度；ρ 为水的密度；P_a 为自由水面的大气压强；A_V、A_H 分别为水平涡黏系数、垂直涡黏系数；S 为盐度；T 为温度；K_H、K_V 分别为水平扩散系数、垂直扩散系数；$\dot{Q}$ 为太阳辐射吸收率（W·m^{-2}）；C_p 为水体比热[J/(kg·K)]；算子 $\nabla=\left(\frac{\partial}{\partial x},\frac{\partial}{\partial y}\right)$，$\sigma$ 定义为 $\sigma=\frac{z-\eta}{H+\eta}=\frac{z-\eta}{D}$。

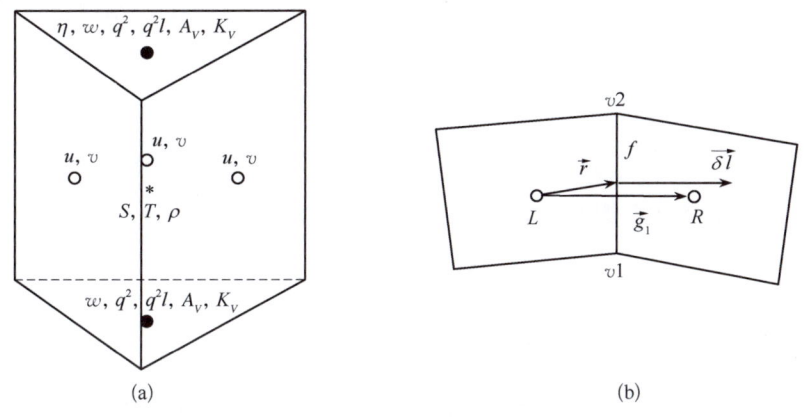

图 5　SWEM3D 模型的无结构网格变量分配示意图

三维无结构网格变量分配情况如图 5 所示。另外，紊流模块采用了两个模块，分别采用了目前较为流行和成熟的 $k-kl$ 紊流模型计算模块以及零方程模式，直接引入到本模型中来，不在这里详细累述。

悬沙输移是由对流扩散方程决定的，悬沙输移方程则提供平衡状态下的泥沙浓度，模式用沿水深平均的悬沙浓度由下式决定：

$$C_s = \frac{1}{H}\int_0^H c(\zeta)\mathrm{d}\zeta \tag{6}$$

式中：$c(\zeta)$ 为悬沙浓度的垂向分布；ζ 为垂向上的坐标。

推移质输沙控制方程采用窦国仁推移质不平衡输沙方程：

$$\frac{\partial(HN)}{\partial t} + \frac{\partial(HNv_x)}{\partial x} + \frac{\partial(HNv_x)}{\partial y} + \alpha_b\omega_b(N-N^*) = 0 \tag{7}$$

式中：N 为单元体积内推移质泥沙量；v_x 和 v_y 为流速分量；α_b 为推移质沉降系数，ω_b 为推移质颗粒沉速。

2.2 模型计算范围

本次数学模型采用局部加密的非结构网格，图6为本次模型计算采用的大范围网格及局部加密网格示意图，横沙深水新港水域局部网格密度达50 m。模型的地形插值结果能较好地反映出工程河段的水下地形的分布特征。

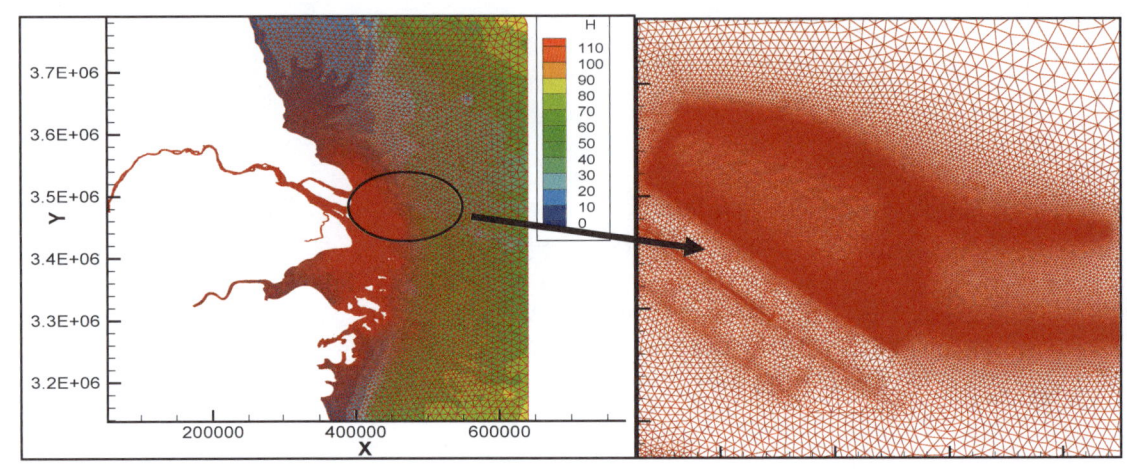

图6 模型计算网格

2.3 模型验证

模型验证选取2012年8月水文测量资料。其中潮位测站位置和固定水文测点位置如图7所示。潮位、流速、含沙量及盐度验证如图8~图11所示。

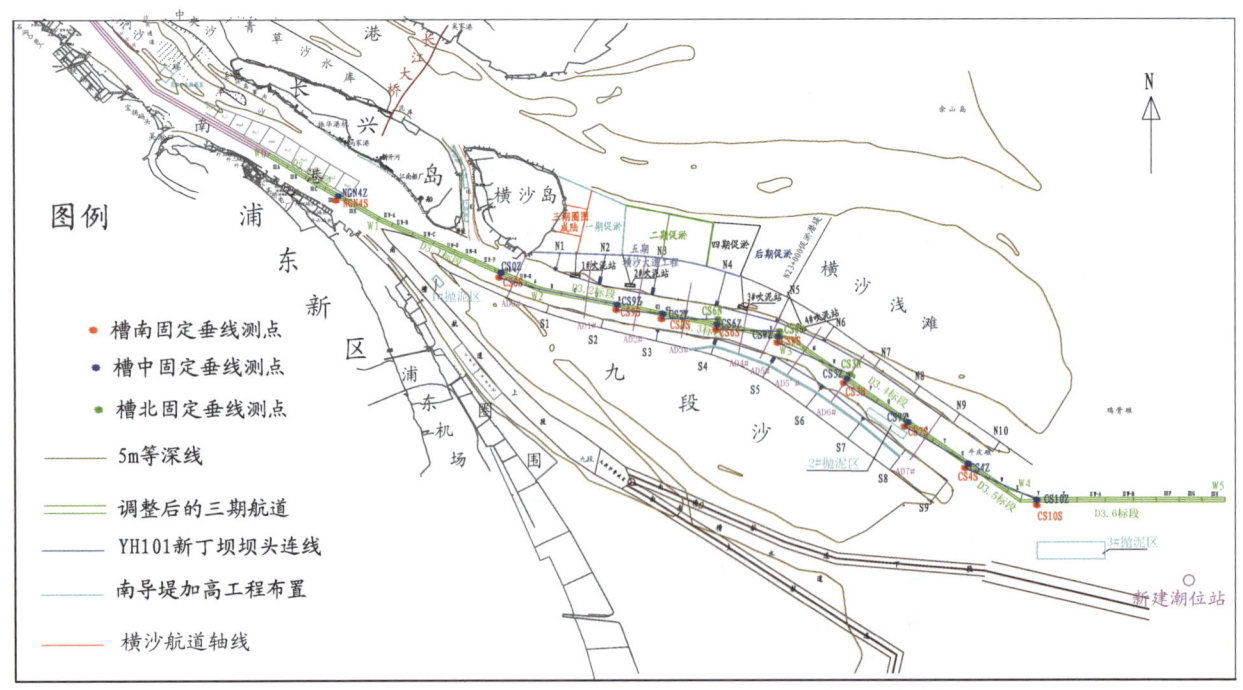

图7 长江口北槽航道主要工程布置及水文测点图

(a) 横沙

(b) 牛皮礁

(c) 北槽中

图 8　潮位过程验证

(a) CSWS(底层)

(b) CSWS(0.4层)

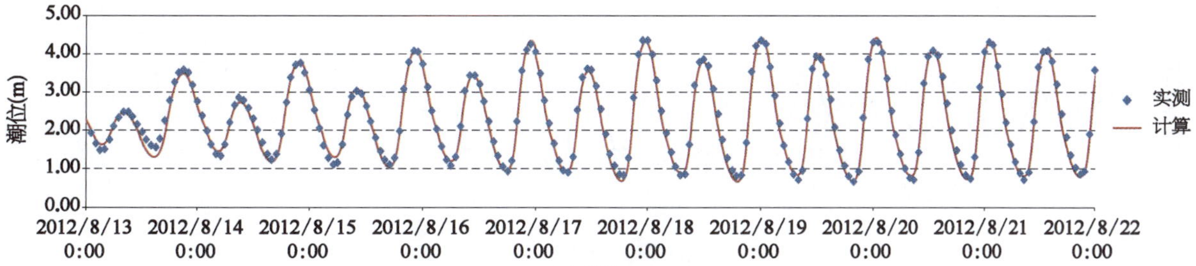

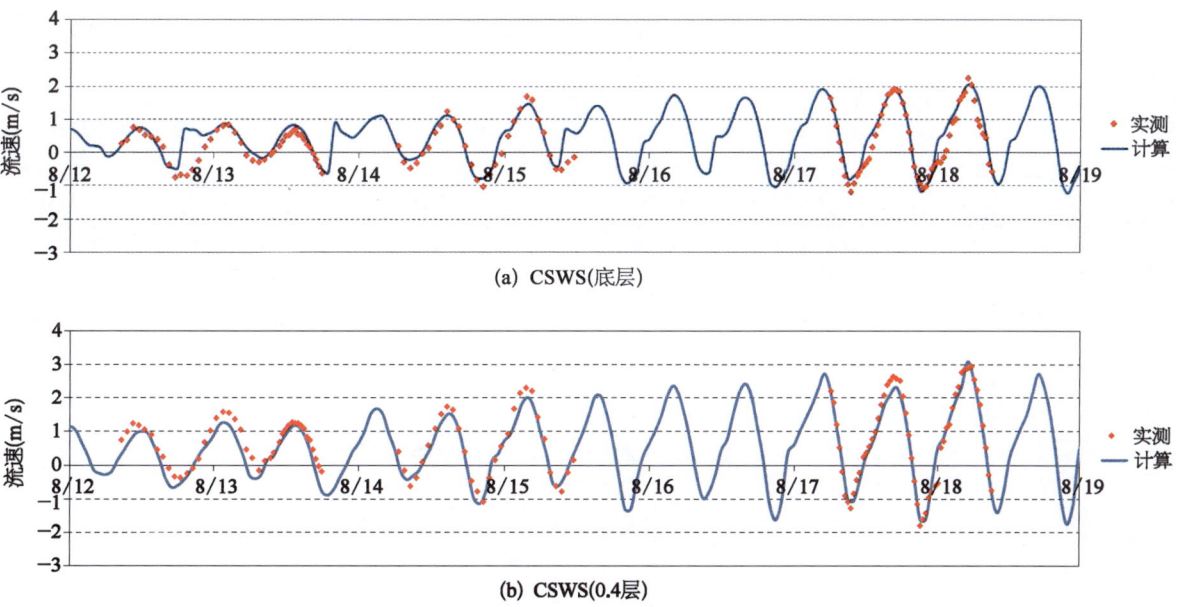

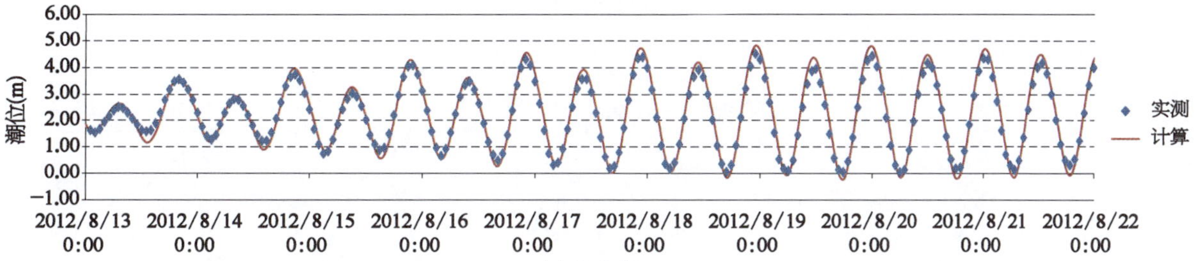

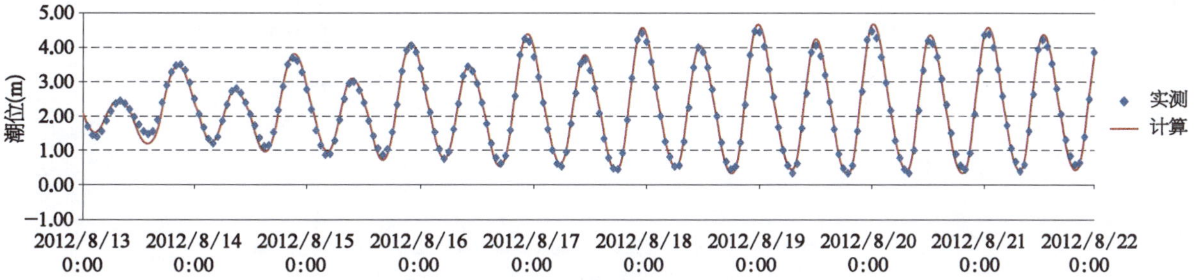

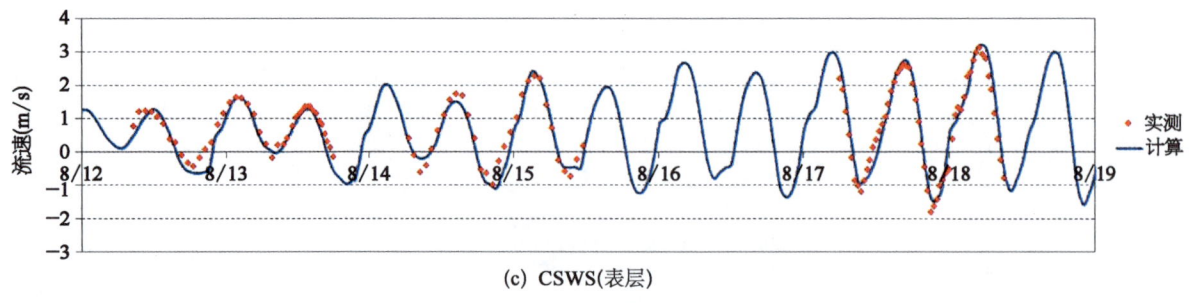

(c) CSWS(表层)

图 9 流速过程验证

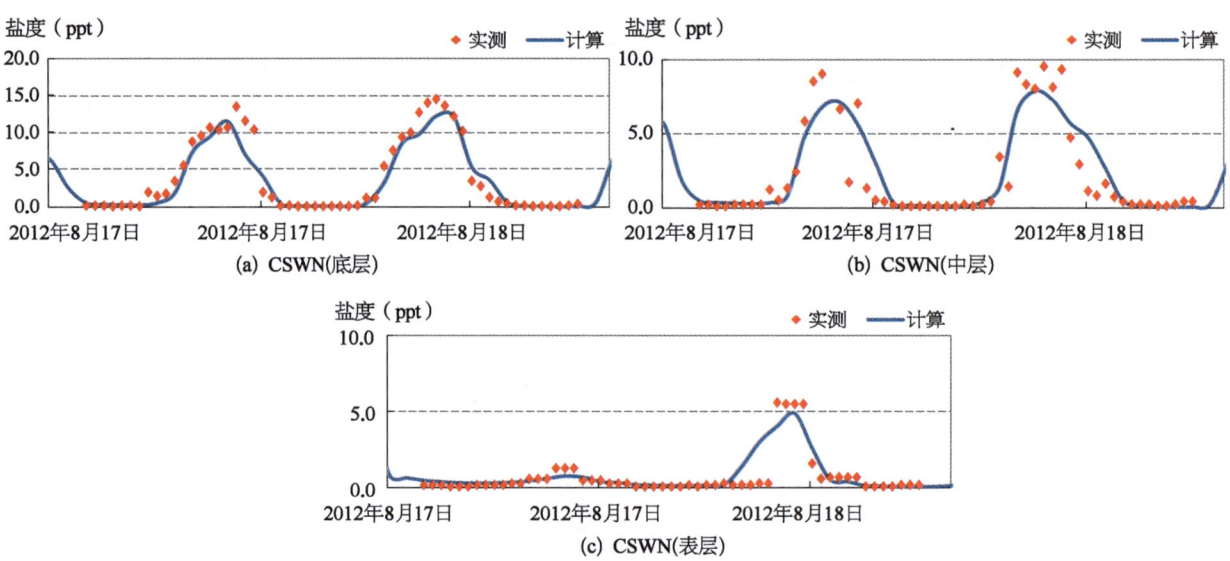

图 10 盐度过程验证(大潮)

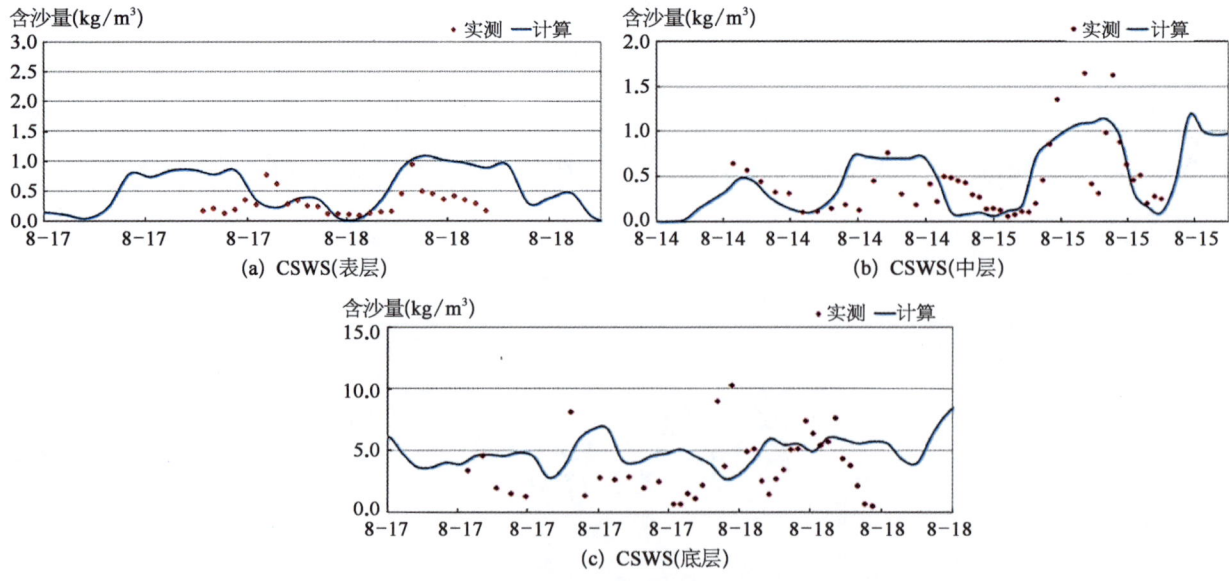

图 11 含沙量过程验证(大潮)

从模型验证成果来看,计算结果符合《海岸与河口潮流泥沙模拟技术规程》(JTS/T 231—2—2010)精度控制要求,可以进行满足工程应用的要求。

3 新横沙成陆方案对深水航道的影响

3.1 方案介绍

通过中交第三航务工程勘察设计院的前期研究,新横沙成陆方案采用方案 F1,具体方案布置见表1和图12的方案说明。

表1 方案说明

方案编号	说　　明
本底(bend)	现状地形,横沙七期、八期均成陆;先不考虑北港整治工程
方案 F1(dtqw)	该方案布设与科委项目第一阶段研究中的布设方案基本一致,以横沙浅滩滩面形态为主,兼顾北港规划整治工程布设,同时调整了与横沙八期工程的衔接布设。总成陆面积 299 km²

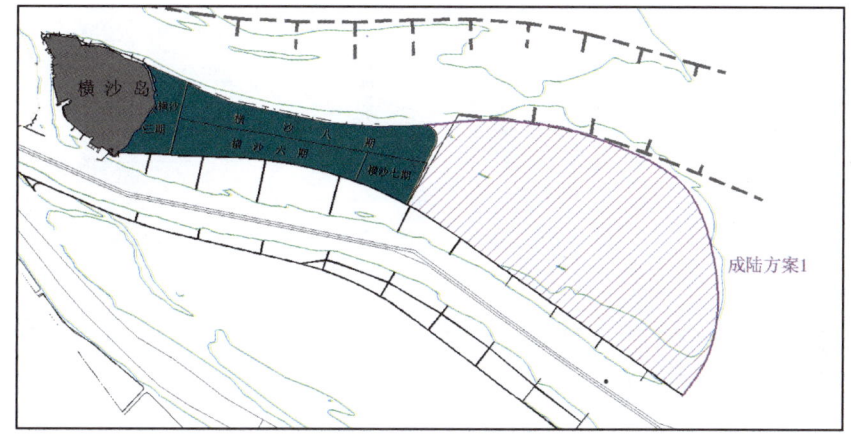

图12 方案 F1(dtqw)

3.2 对周边潮流场的影响

工程实施后,周边水域的涨落急流态、涨落急流速变化分别如图13、图14所示。从计算结果可以看出:圈围方案对流场影响整体上来说主要集中在工程区域,对南槽、北港上段等区域的影响较小,涨落急流速变化都在约 10 cm/s 范围内;北槽和北港的局部涨潮动力有所增加,但增幅有限。

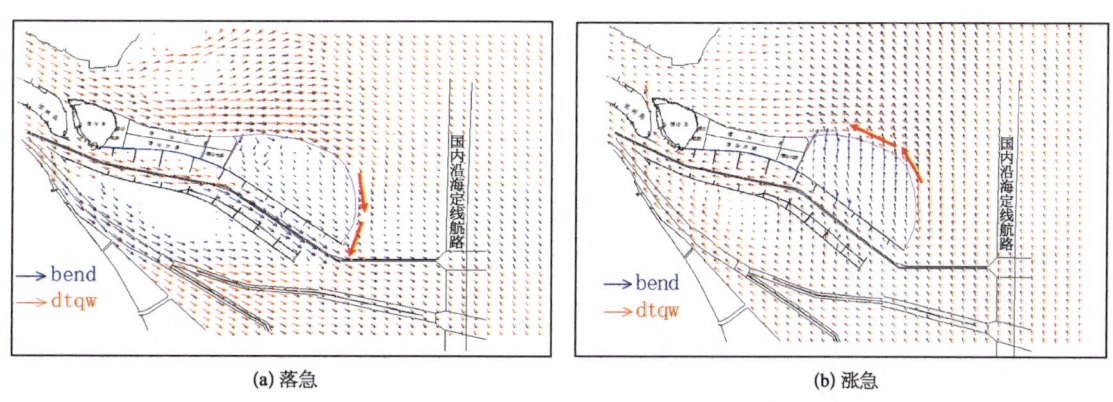

(a) 落急　　　　　　　　　　　　　　　　(b) 涨急

图13 方案 F1(dtqw)实施前后的落急、涨急流态比较

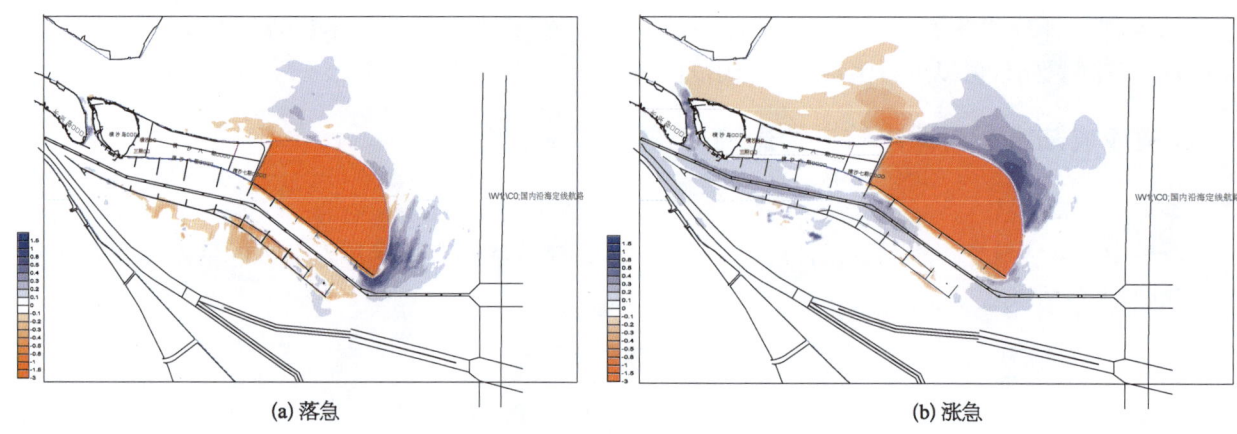

图 14　方案 F1(dtqw)实施前后的落急、涨急流场比较

3.3　对北槽深水航道的回淤影响

工程实施后对北槽深水航道的涨落急流速变化如图 15 所示,分流比见表 2。常态回淤量的影响变化见表 3。

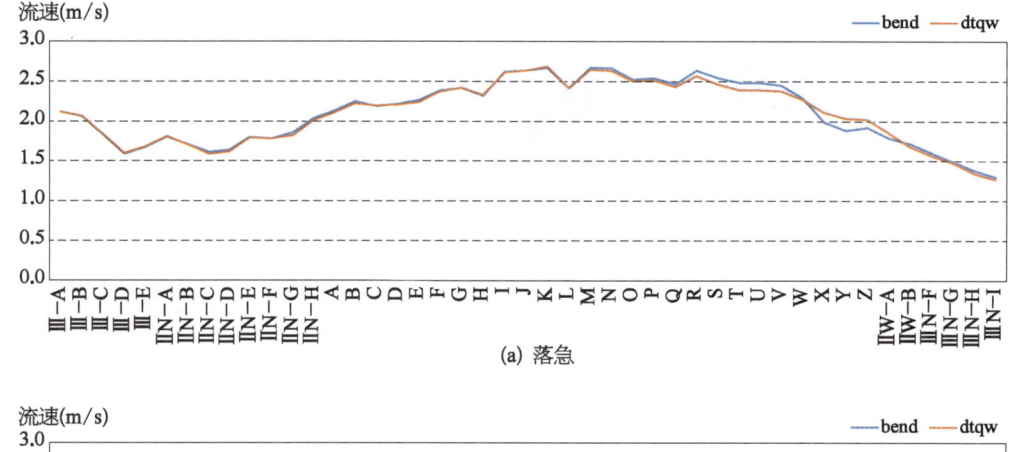

(a) 落急

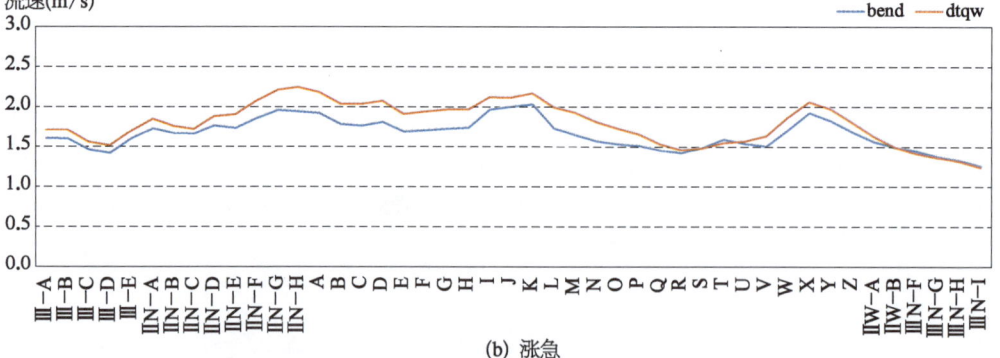

(b) 涨急

图 15　工程实施后对北槽深水航道的涨落急流速变化

表 2　工程实施后北槽深水航道落潮分流比

断面	bend	dtqw	
	落潮	落潮	变化
北槽上	38.83%	37.19%	−1.64%
北槽下	45.44%	44.55%	−0.89%

表3 工程实施后北槽深水航道常态回淤量统计

说　　明	回淤量变化量(m³)	变化率
合　　计	280	3.9%

从计算结果来看,成陆方案实施后:

(1) 对北槽航道的落急流速影响较小,但是中上段的涨急流速有所增强;落潮分流比有所减小。

(2) 回淤影响整体上来说较小,年回淤变化总量为增加约3.9%。

根据实测资料显示北槽中下段北导堤是一个重要的出水出沙通道(图16),工程后阻挡这一部分水沙,使得其中部分水沙随涨潮往上游输运,从而导致北槽中上段的泥沙增多,回淤略有增加。这是工程后北槽航道回淤变化特征形成的主要原因。

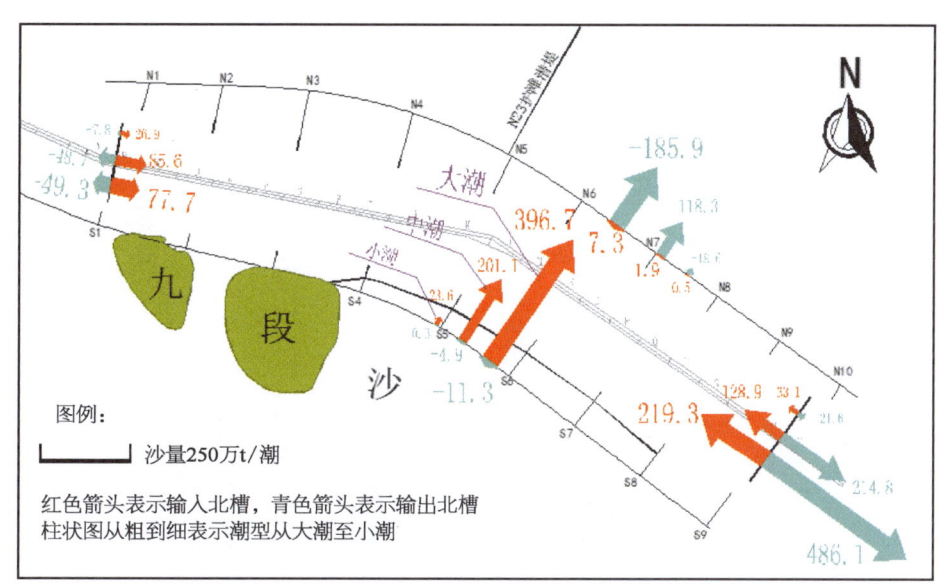

图16　北槽北导堤输水沙实测分析

4　结论

(1) 长江口深水航道的回淤量巨大、回淤分布集中,维护费用高且维护困难,2010年来年回淤总量在5401万～10080万 m³。横沙大道延伸和浅滩成陆工程紧邻该工程,工程实施后深水航道回淤、水沙输运以及周边河势将会发生一定的变化。

(2) 本次研究基于验证后的三维水沙数学模型—SWEM2D\3D,开展工程实施后对深水航道的影响研究,结果显示横沙大道延伸和浅滩成陆工程实施后,对周边水域的流场影响整体上来说主要集中在工程区域,北槽和北港的局部涨潮动力有所增加,但增幅有限。

(3) 横沙大道延伸和浅滩成陆工程实施后,结果显示横沙大道延伸和浅滩成陆工程实施后阻挡了部分经过北导堤、出北槽的泥沙,使得北槽航道常态回淤略有所增加(年回淤变化总量约增加3.9%)。

(4) 从长期来看横沙大道延伸和浅滩成陆工程将减少北槽常态回淤中该区域滩地泥沙的供给,以及减少非常态期间横沙浅滩风浪掀沙对长江口深水航道骤淤量的贡献,另外从疏浚土上滩利用的角度出发来看,大量深水航道疏浚土上滩抛泥利用与横沙圈围成陆两者之间将实现"双赢"。

参考文献

[1] 交通运输部长江口航道管理局.长江口深水航道治理工程实践与创新[M].北京：人民交通出版社,2015.

[2] 长江口航道管理局.2010—2017年海大和达华测图船方及冲淤方量汇总报表[R].上海：长江口航道管理局,2017.

[3] 上海河口海岸科学研究中心.2015年度长江口12.5 m深水航道维护河势跟踪分析总报告[R].上海：上海河口海岸科学研究中心,2016.

[4] 上海河口海岸科学研究中心.2016年度长江口12.5 m深水航道维护河势跟踪分析总报告[R].上海：上海河口海岸科学研究中心,2017.

[5] 顾峰峰.长江口三维水沙数值模拟系统介绍[A]//2014年中国环境影响评价研讨会[C].武汉,2014.

[6] Qi Dingman, Ma Gangfeng, Gu Fengfeng, et al. An unstructured grid hydrodynamic and sediment transport model for Changjiang Estuary[J]. Journal of Hydrodynamics, 2010, 22(5): 1015–1021.

长江口 12.5 m 深水航道回淤量潮周期内分布研究

顾峰峰,万远扬,沈淇,王巍,孔令双

(上海河口海岸科学研究中心,上海 201201)

[摘要] 潮周期内航道回淤量是一个随潮动力变化而动态变化的量,通过研究确定深水航道的回淤量的潮周期内分布特征,将有助于合理安排航道的疏浚维护量,减少不必要的疏浚船方。本研究中采用了适用于长江口深水航道的回淤量计算模型,基于实测航道近底层的水文观测资料,计算分析获得了潮周期内的航道回淤量分布特征及其形成机制,得到了航道回淤量主要发生在中小潮期间,而大潮期间动力较强冲刷较为明显,近底层泥沙浓度高但形成的回淤量较小的结论;这一结论通过枯季近底层实测的水、沙及地形冲淤变化过程资料得到了验证,本研究成果可为类似航道的维护疏浚管理提供重要科学依据。

[关键词] 长江口;潮周期;航道回淤

1 前言

长江口深水航道治理工程 2010 年竣工以来一直依赖人工疏浚以维持 12.5 m 的航道水深,回淤总量平均维持在 7000 万～8000 万 m³/a;虽然近年来随着减淤工程的实施回淤量有明显下降的趋势,但维护疏浚压力和困难依然很大。在洪季期间深水航道回淤量较大,为了维持航道水深基本不变,安排的疏浚船方总量和航道回淤量基本一致,根据 7 d 为一个周期的航道回淤量和疏浚维护量统计资料来看,回淤量在潮动力的作用下具有明显的波动性,而疏浚量变化较为平缓(图1),即潮周期内的疏浚安排和实际航道回淤特征并不协调。

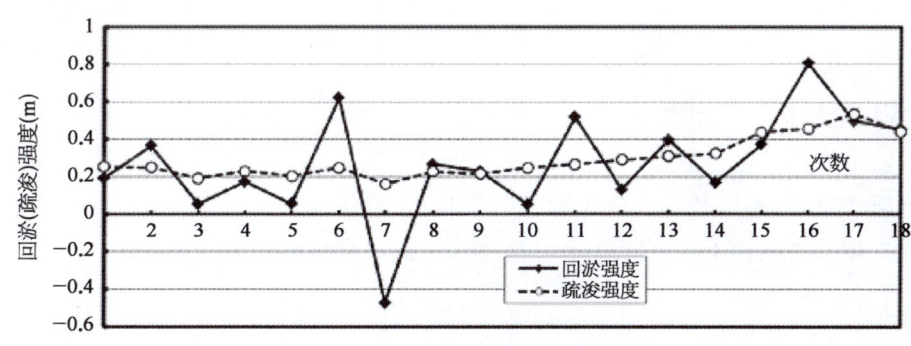

图 1 疏浚强度和回淤强度的比较

从文献的近底实测观测资料可知,靠近深水航道的边滩河床面在大中小潮动力作用下会相应的出现规律性的变化,其中大潮床面冲刷而小潮则出现淤积,其研究成果反映了大中小潮动力条件下的近底层泥沙通量的差异；根据文献的论述长江口北槽航道集中回淤的重要原因是高床面切力引起的强再悬浮和后续低床面切力阶段泥沙沉降形成的高浓度近底含沙量，其同样也反映了一个大潮期间冲刷泥沙导致潮动力减小过程中的航道淤积的物理过程。另外，根据文献研究成果可知长江口深水航道在不同的潮动力条件下，长江口深水航道沿程回淤分布有明显不同，在局部受上游影响较为明显的区域大潮回淤量大于小潮回淤量。

根据上述研究，基本证实了潮周期内航道的淤积量是一个随潮动力变化而动态变化的量，如能通过研究确定深水航道的回淤量的潮周期内分布特征，其研究成果将有助于合理安排航道的疏浚维护量，减少不必要的疏浚船方，从而有效合理地减小回淤量。

因此，本研究针对潮周期内的航道回淤问题开展相应的研究，研究采用了适用于长江口深水航道的回淤量计算模型，其主要基于实测航道近底层的水文观测资料，通过计算分析获得潮周期内的航道回淤量分布特征及其形成机制，研究成果可为类似长江口的深水航道维护疏浚管理提供重要科学依据。

2 航道回淤量计算模型

针对长江口区域的细颗粒泥沙，考虑航道淤积主要以悬沙落淤为主；定义航道回淤量为淤积量减去冲刷量，则它通常可用如下底部泥沙通量计算式来表示：

$$\begin{aligned} f_d &= \int_{0<t<T_1} \alpha \omega C_b \left(1 - \frac{\tau_b}{\tau_d}\right) dt \quad & \tau_b < \tau_d \quad \text{淤积} \\ f_e &= \int_{0<t<T_2} m \left(\frac{\tau_b}{\tau_e} - 1\right) dt \quad & \tau_b > \tau_e \quad \text{冲刷} \\ f &= f_d - f_e \quad & \text{回淤量} = \text{淤积量} - \text{冲刷量} \end{aligned} \quad (1)$$

式中：τ_d、τ_e 分别为底部的临界淤积和冲刷；α 为沉降概率；ω 为底部泥沙沉降速度；τ_b 为底部切应力；C_b 为底部含沙量；T_1 和 T_2 分别为冲刷及淤积的统计周期；f_d、f_e 和 f 分别为单位面积的淤积量、冲刷量和回淤量。其中底部切应力的计算如下：

$$\tau_b = C_d |u_b| u_b \quad (2)$$

式中：C_d 为底部阻力系数；u_b 为近底层流速。C_d 的计算式如下：

$$C_d = \left(\frac{k}{\ln(\delta_b/z_0)}\right)^2 \quad (3)$$

式中：δ_b 为近底层选取的计算厚度；z_0 为底部粗糙长度；k 为卡门系数。

式(1)表明航道底部的泥沙通量(淤积或冲刷)的时空变化(洪枯季、沿程分布)主要与近底层的动力过程、泥沙沉速、淤积概率以及含沙量等影响因子相关。

首先，根据文献疏浚条件下的沉降概率可描述为是近底层含沙量 C_b 的函数：

$$\alpha = \min(0.33 C_b^{0.33}, 1) \quad (4)$$

其次，泥沙沉速受多因子影响，如含沙量、絮凝、水温、盐度和紊动等，根据文献实验结果，对应不同盐度(0~20 psu)、水温(7~30℃)和含沙量(0.6~19 kg/m³)，长江口细颗粒泥沙($d_{50} \approx 0.008$ mm)的静水沉降速度实验曲线如图 2 所示。

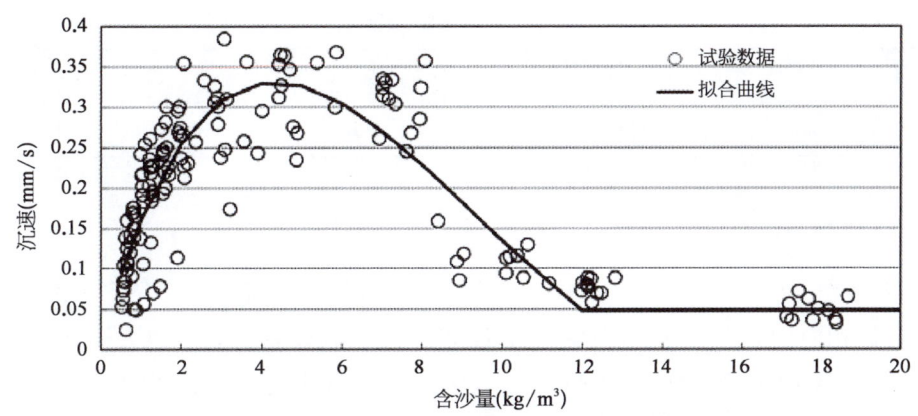

图 2 长江口泥沙静水沉速和含沙量关系的实验数据

从长江口细颗粒泥沙的静水沉速试验结果来看,其受含沙量的影响最为明显,由于本次计算统计的近底层泥沙含量浓度变幅相对较大(0～25 kg/m³),且高浓度泥沙分层明显,因而在式(1)中采用静水沉速,其取值由图 2 得到的与含沙量的拟合关系式计算:

$$\omega = \max(-0.000034C_b^4 + 0.0017C_b^3 - 0.0296C_b^2 + 0.1718C_b + 0.0168, 0.05\text{mm/s}) \tag{5}$$

把公式(1)～公式(5)应用到长江口深水航道,基于 2012 年的航中实测水文和航道单元回淤量资料,可计算得到长江口 12.5 m 深水航道 2012 年洪枯季的沿程回淤量,其和实测资料的比较如图 3 所示,该结果验证了上述模型计算分析航道回淤量的合理性,其中计算参数取值见表 1。

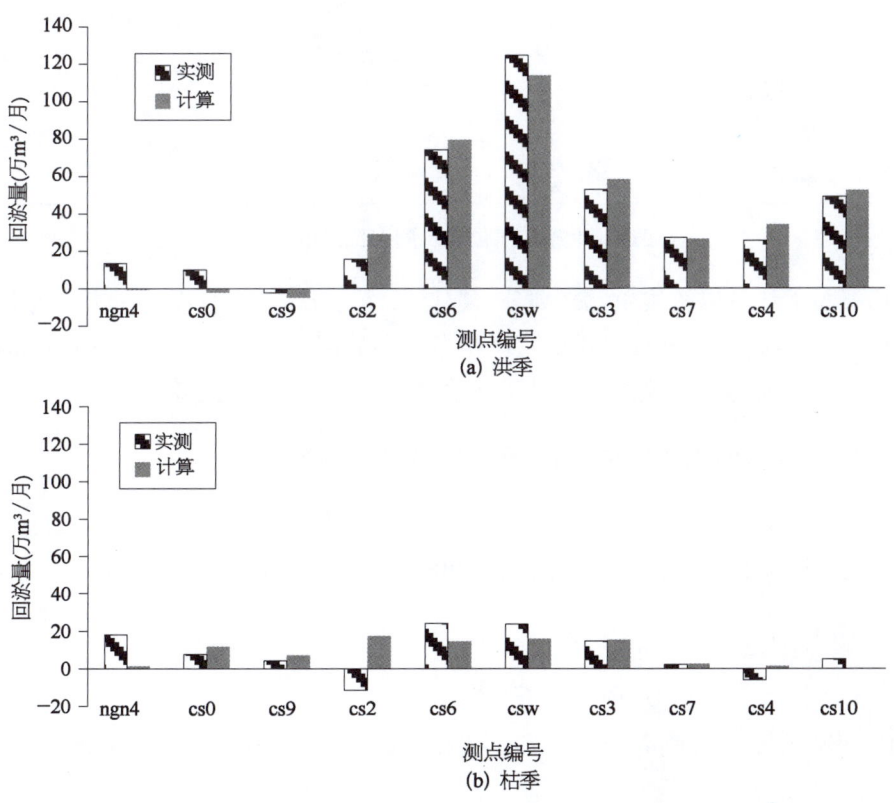

图 3 计算与实测航道回淤量的验证比较

表1 计算参数取值

$\tau_d(N)$	$\tau_e(N)$	$m[\text{kg}/(\text{m}^2 \cdot \text{s})]$	δ_b	$z_0(\text{m})$	k
0.4	0.4	0.0002	0.1	0.00001	0.35

3 计算分析资料说明

本文研究以长江口为例,选取长江口12.5 m深水航道竣工后、河势较为稳定的2012年的航道沿程回淤量资料开展相应的研究,期间的外海潮动力和多年平均基本相当,上游大通站的径流量年内平均值约为31600 m³/s,略大于近年来的平均值,其年内各航道疏浚单元的回淤总量分布参如图1所示,航道位置及航道维护疏浚单元的划分如图4所示。

对应的水文观测资料分别选取了2012年2月和8月沿长江口北槽航道内的定点观测资料,共计10个位于航道中的测点,其中2月和8月分别作为枯、洪季的典型月份进行分析;每个测点在垂线上均采用六点法进行观测,测点位置如图4所示。其中由于测点位置位于航道中间,测量受通航船舶影响,使得部分时段水沙资料缺测,因而对部分时段近底层水沙资料缺测数据进行线性插补(洪季8月份大、中、小潮资料基本完整,枯季2月份中潮及cs10测点的资料缺测)。

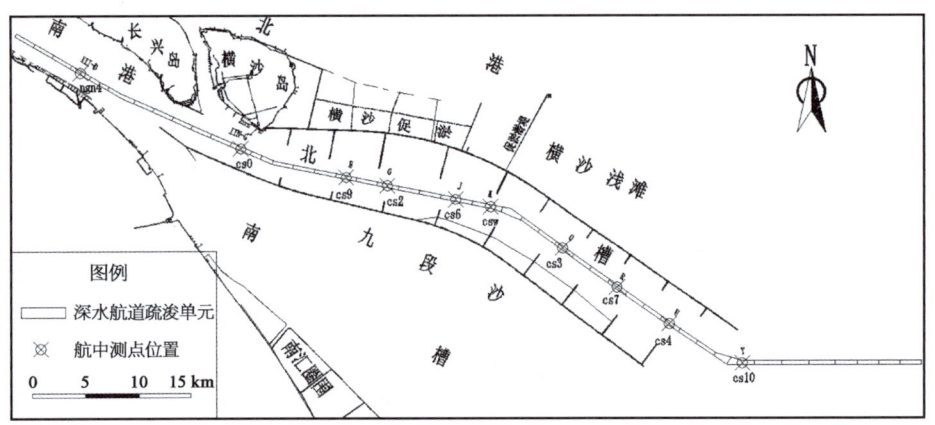

图4 北槽航道位置及测点位置示意图

航道沿程回淤量的统计以疏浚单元来划分,共计44个单元的位置(图4);其中航中10个测点所在的疏浚单元的2012年的2月和8月份航道淤积量分布如图5所示。这里航道回淤量的测量值*为长江口北槽航道每个单元的船舶疏浚量和每个月地形变化的测图方量之和。

4 洪季的潮周期内航道回淤分布特征计算和分析

根据上述模型和实测资料,可以分别计算洪枯季潮周期内的航道冲刷量、淤积量以及回淤量。其中基于式(1)可知由满足冲刷条件的动力过程导致的航道沿程冲刷量由下式计算:

$$f_e = \int_{0<t<T_2} m\left(\frac{\tau_b}{\tau_e} - 1\right) \mathrm{d}t \qquad \tau_b > \tau_e \qquad 冲刷 \qquad (6)$$

在式(6)中,冲刷系数m和临界冲刷应力τ_e设定为经验常数(本次计算值见表1),因而式(6)主要

---

* 资料提供:天津天科长江口12.5 m深水航道维护疏浚工程项目监理部和交通运输部长江口航道管理局。

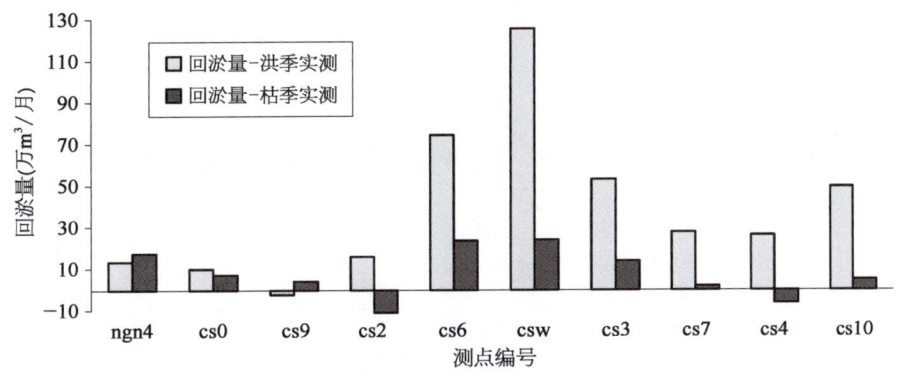

图 5 测点位置对应的航道单元回淤量分布图

反映了河口区域满足冲刷条件下的动力过程对航道冲刷量的影响。

满足淤积条件的动力过程导致的航道沿程淤积量由下式计算：

$$f_\mathrm{d} = \int_{0<t<T_1} \alpha\omega C_\mathrm{b}\left(1-\frac{\tau_\mathrm{b}}{\tau_\mathrm{d}}\right)\mathrm{d}t \quad \tau_\mathrm{b}<\tau_\mathrm{d} \quad 淤积 \tag{7}$$

式(7)中沉降概率及沉速取值如前所述按式(4)和(5)取值。

基于式(1)和(6~8)和第3节所述实测航中资料,可得长江口深水航道洪季潮周期内的冲刷、淤积量,计算结果如图6~7所示,潮周期内的回淤量计算结果如图8所示。

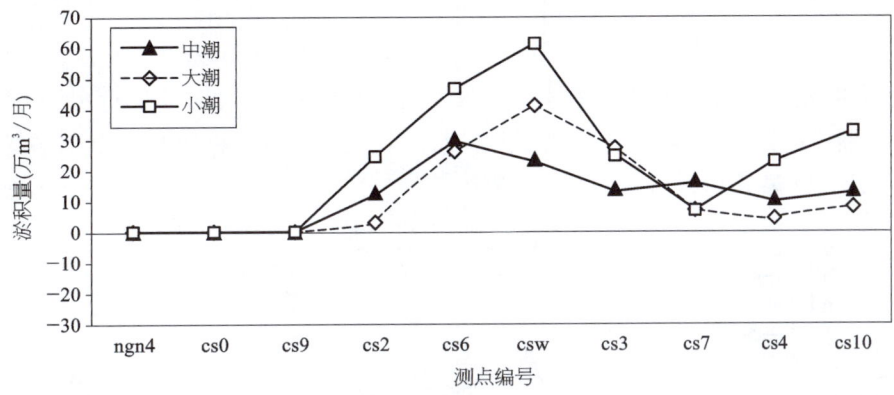

图 6 洪季潮周期内的淤积量分布

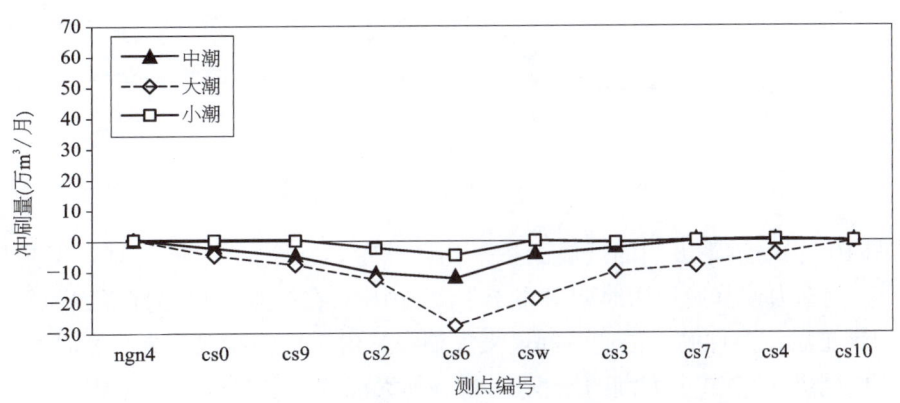

图 7 洪季潮周期内的冲刷量分布

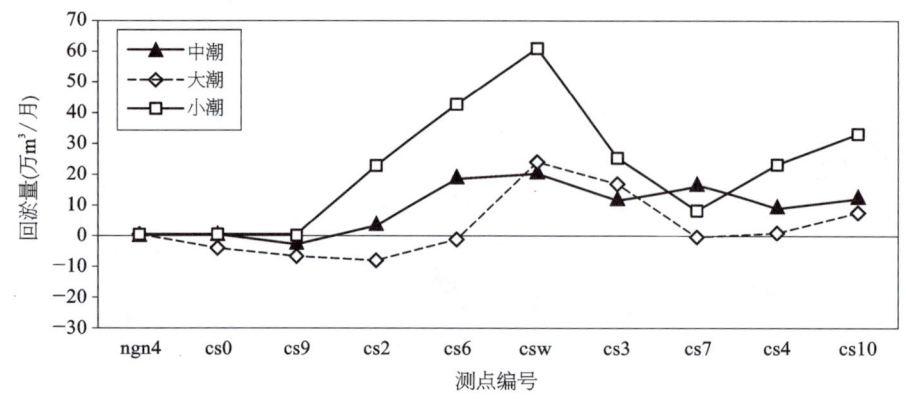

图 8　洪季潮周期内的回淤量分布

由图可知：① 洪季小潮期间航道内有大量近底层悬沙落淤,但冲刷量较小,两者效果相叠加使得航道内回淤量主要在小潮期间产生。② 洪季大潮期间航道内冲刷量明显大于中潮和小潮,但是淤积量小于小潮,和中潮期间的量接近,两者效果叠加使得总体上来看回淤量小于中潮和小潮,是三个潮段中航道回淤量最小的潮段。

5　洪季周期内航道回淤差异形成原因分析

根据文献可知,航道回淤量与满足淤积条件的近底层含沙量密切相关,其计算式如下：

$$\overline{C}_{bm} = \frac{1}{T_1} \int_{0<t<T_1} C_b dt \quad \tau_b < \tau_d \quad 淤积 \tag{8}$$

另外,由于潮动力的差异使得满足淤积条件的历时随之有明显的差异,对其进行统计分析和比较有助于理解上述不同潮段的回淤差异,这里定义淤积的统计周期 T_1 为淤积历时。淤积平均含沙量 $\overline{C}_{bm}$ 和淤积历时 T_1 的计算结果分别如图 9 和图 10 所示。

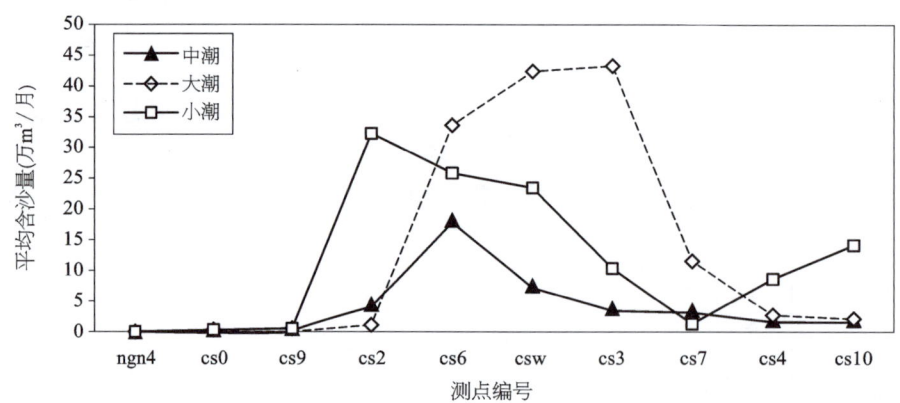

图 9　洪季潮周期内的淤积平均含沙量分布

由图 9 和图 10 可知,洪季大潮的近底淤积平均含沙量是三个潮段中最高的,但是从淤积历时的统计结果来看,强潮动力使其淤积历时明显小于小潮和中潮,在深水航道局部强淤积航段的历时只有小潮的 50%,即满足淤积条件的小流速时间段大大缩短。由于细颗粒泥沙高浓度时的沉降速度较小,因而淤积历时的减小明显会减小大潮的淤积量,再叠加大潮期冲刷量较大的影响,使得洪季大潮的回淤量最终表现为明显小于中潮和小潮。

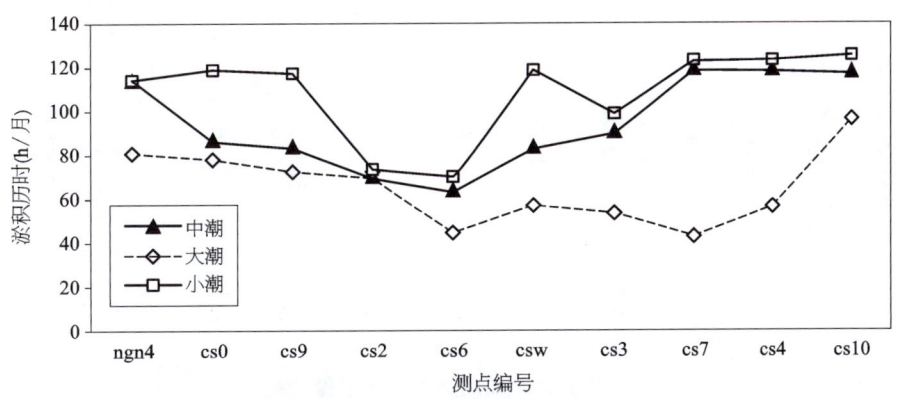

图 10　洪季潮周期内的淤积历时分布

6　枯季的潮周期内航道回淤分布特征计算

枯季具有和洪季较为相似的变化特征。基于上述方法和资料，计算得到的枯季潮周期内的航道冲刷、淤积和回淤量如图 11~图 13 所示。

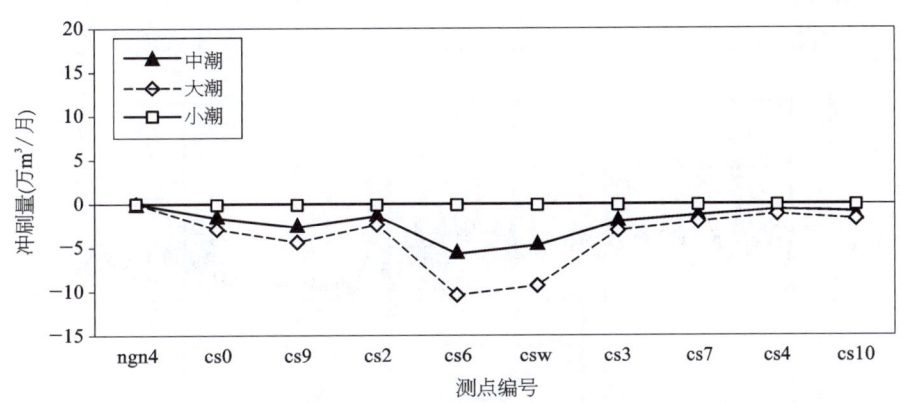

图 11　枯季潮周期内的冲刷量分布

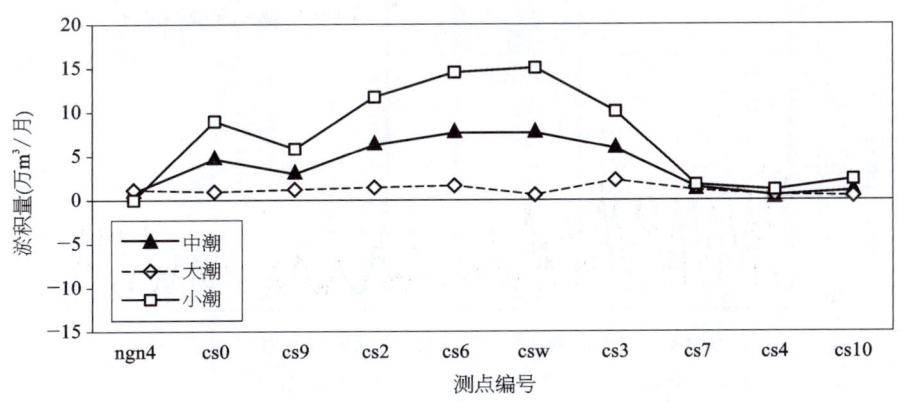

图 12　枯季潮周期内的淤积量分布

从图可知，枯季潮周期内的航道回淤量主要在中潮和小潮期间形成，大潮期间由于动力相对较强、冲刷量较大，而淤积量较小，两者叠加整体上呈现冲刷状态。

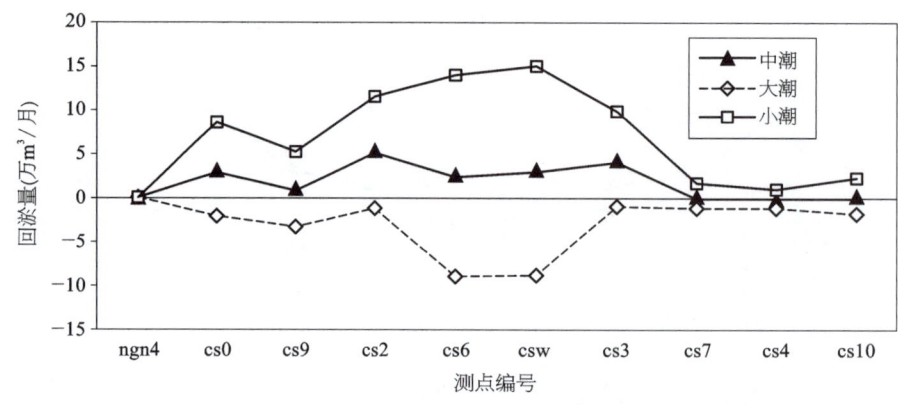

图 13 枯季潮周期内的回淤量分布

为了验证上述方法和结论,选取文献中枯季实测的航道边滩床面的变化及近底层的水文过程如图 14 所示,其测点 TR3 的位置如图 4 中星号标示位置。从图 14 可知,枯季航道边滩床面随潮动力强弱存在明显的地形冲淤变化,其中大潮时近底层流速较大,床面冲刷较为明显,近底含沙量较高,随着潮动力的减弱,床面逐步淤积,近底含沙量也逐步降低。

上述的观测成果和本次研究的计算分析的结果基本一致,验证了本次计算分析的合理性,另外从图 14 的动态过程来看,小潮期间的航道回淤主要是以中潮转小潮的时间段为主。上述特征也和文献中关于高床面切力引起的泥沙再悬浮和后续低床面切力阶段泥沙沉降导致淤积的论述一致。

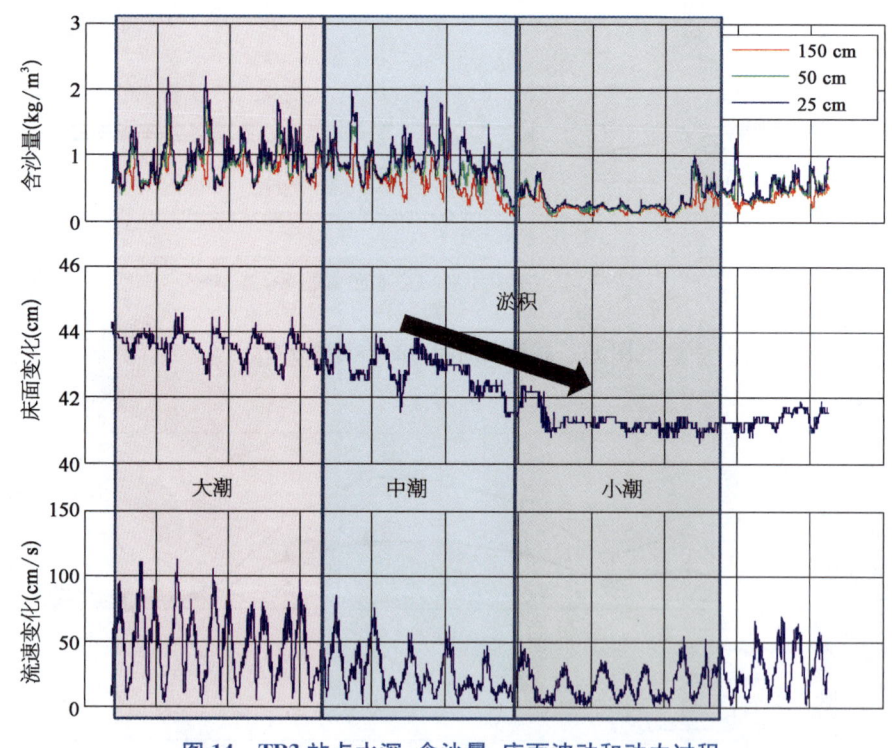

图 14 TR3 站点水深、含沙量、床面波动和动力过程

注:床面变化为探头离河床面的距离,变大表示冲刷,变小表示淤积。

7 结论与讨论

潮周期内航道的淤积量是一个随潮动力变化而动态变化的量,通过研究确定深水航道的回淤量的潮周期内分布特征,将有助于合理安排航道的疏浚维护量,减少不必要的疏浚船方,从而有效合理地减小回淤量。本研究中采用了适用于长江口深水航道的回淤量计算模型,其主要基于实测航道近底层的水文观测资料,通过计算分析获得潮周期内的航道回淤量分布特征及其形成机制,本文的研究成果可为类似长江口的深水航道维护疏浚管理提供重要科学依据。

目前长江口北槽航道疏浚以高频水深作为水深考核目标,根据2012年8月采用双频测深仪(高频200 k、低频24 k)测量得到的航道水深数据如图15所示,图中显示洪季在航道底层存在明显的高低频水深差,因而长江口北槽航道的疏浚作业中需要吸入大量高低频间的高浓度泥沙,以保证高频水深满足考核目标水深。根据本研究成果:长江口深水航道的回淤量主要发生在中小潮期间,大潮期间动力较强、冲刷较为明显、近底层泥沙浓度高,但形成的回淤量较小。因此大潮期间疏浚维护吸入的大量近底层高低频间的泥沙的活动性很强,其中部分泥沙本应被冲刷再悬浮并随水流输运带走,并不能形成有效的航道回淤量。

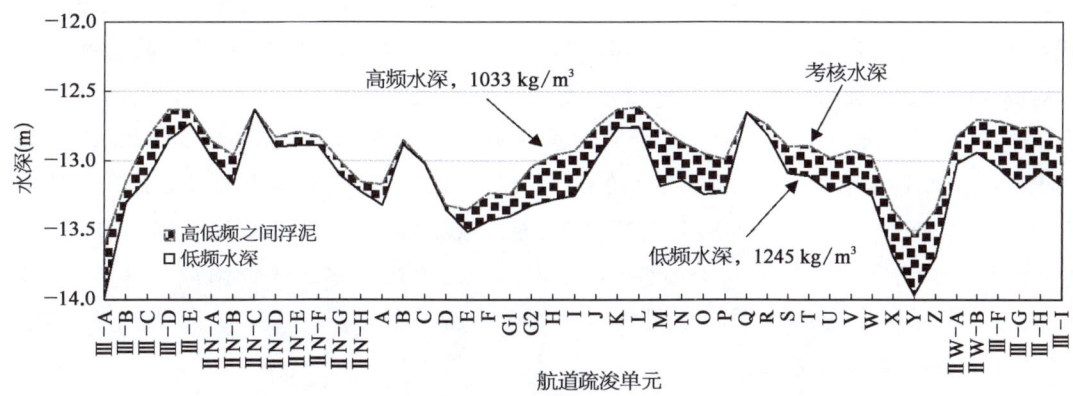

图 15　洪季(8月)航道高低频水深差异比较

综上所述,建议的疏浚安排如下:尽量减小潮动力较大时的疏浚量,以减少不必要的疏浚方量;尽量增强潮动力较小时的疏浚量,以提高疏浚航道的成效。

参考文献

[1]　顾峰峰,沈琪,万远扬,等.长江口北槽深水航道回淤量计算模型研究[J].水运工程,2016(2):92-98.
[2]　李文正,万远扬.长江口深水航道回淤强度与潮汐动力相关性分析[J].水利水运工程学报,2014,5:29-33.
[3]　戚定满,顾峰峰,王元叶.长江口航道淤积机理及近底水沙监测技术[M].北京:人民交通出版社,2015.
[4]　徐俊杰.基于底边界层研究的航道回淤机制分析[D].上海:华东师范大学,2009.
[5]　金镠,虞志英,何青.深水航道的河势控制和航道回淤问题[J].中国港湾建设,2012,178:1-8.
[6]　刘杰,程海峰,赵德招.长江口12.5 m深水航道回淤特征[J].水科学进展,2014,25(3):358-365.
[7]　Wan Yuanyang. Multiscale physical processes of fine sediment in an estuary[M]. The Netherlands:CRC Press,2015.

基于非结构网格的长江口横沙东滩新陆域数值模拟

路川藤,罗小峰,徐群,张功瑾

(南京水利科学研究院水文水资源与水利工程
科学国家重点实验室,江苏 南京 210029)

[摘要] 为探讨长江口横沙东滩新陆域成陆不同方案对长江口北槽水动力的影响。基于CJK3D-WEM模型,建立了长江口横沙东滩新陆域数学模型,划分计算水域三角形单元138281个,网格边长平均约150 m。计算结果表明,横沙新陆域形成后,北港上断面、南槽下断面落潮分流比略有减小,分流比变化均在1‰以内;南港河段、北槽中上段涨落急流速不同程度增加,增加幅度5~15 cm/s,北槽下段涨、落急流速略有减小,减小幅度5~10 cm/s;北港沿程落急流速有不同程度减小,减小幅度5 cm/s左右;工程区北侧高潮位降低,南侧降低,低潮位变化相对较小,原因在于圈围工程主要布置在横沙东滩—5 m以上浅滩区域,圈围后明显阻隔了涨潮漫滩流。

[关键词] 长江口;横沙东滩;新陆域;CJK3D-WEM

1 引言

在上海现有的滩涂资源中,横沙东滩是一个集"区位、土地、岸线、航道"等众多优势资源于一身的区域。其南贴长江口北槽12.5 m深水航道,北靠北港航道(规划10 m航道),东临东海,经吹填成陆可新增土地约480 km²(72万亩),可新增深水岸线100多km,并且依托东接外海深水区的优势,可建设大型挖入式港区,实现20 m深水港的突破。

对于横沙东滩的研究,国内部分学者已进行了一定的研究,陈吉余、包起帆细分析了上海港面临的困境,并以上海横沙东滩为依托,构想了上海港未来发展之路。虞志英从海床稳定性的角度,对长江口横沙东滩海床演变环境及演变趋势作出分析研究,论证了横沙东滩建深水大港的可能性。邵荣顺根据上海港发展目前面临一系列严峻的问题,论证了横沙东滩建港的必要性。程泽坤从上海港可持续发展和长江三角洲、长江流域社会经济发展角度出发,提出并论证了依托横沙浅滩开发建设大型深水港区的技术可能性,认为依托横沙浅滩开发建设大型深水港区技术上是可能、可行的。

本文基于CJK3D-WEM软件建立大区域的长江口横沙东滩非结构网格数学模型,模型采用目前精度较高的有限体积法进行离散,研究横沙东滩新陆域实施后对周边水动力环境的影响,为长江口横沙东滩新陆域开发等工程提供技术参考和支持。

2 CJK3D-WEM 软件

CJK3D-WEM 软件于 2014 年取得国家软件著作权登记,适用于江河湖泊、河口海岸等涉水工程中的水动力、泥沙、水质、温排、溢油模拟预测研究。

该系统借鉴可视化编程思路,选用成熟的计算方法,编制出完整的河口海岸数值模拟可视化系统,具有系统集成性好,操作界面友好,可视化程度高,算法稳定,适用范围广等优点。

2.1 数值方法

水流运动方程向量形式可写为:

$$\frac{\partial U}{\partial t} + \nabla E = M + \nabla E^d \tag{1}$$

式中:$U = (H, Hu, Hv)^T$;$E = (F, G)$,$F = \begin{Bmatrix} Hu \\ Hu^2 + gH^2/2 \\ Huv \end{Bmatrix}$,$G = \begin{Bmatrix} Hv \\ Huv \\ Hv^2 + gH^2/2 \end{Bmatrix}$;

水流运动方程的紊动扩散项 $E^d = (F^d, G^d)$,$F^d = \begin{Bmatrix} 0 \\ N_x H \partial u/\partial x \\ N_x H \partial v/\partial x \end{Bmatrix}$,$G^d = \begin{Bmatrix} 0 \\ N_y H \partial u/\partial y \\ N_y H \partial v/\partial y \end{Bmatrix}$;

源项 $M = M_0 + M_f = \begin{Bmatrix} 0 \\ gH(M_{ox} + M_{fx}) + fv \\ gH(M_{oy} + M_{fy}) - fu \end{Bmatrix}$,其中 H 为总水深(m);u、v 为流速矢量 V 沿 x、y 方向的速度分量(m/s);t 为时间(s);f 为科氏系数($f = 2w\sin\varphi$,w 是地球自转的角速度,φ 是所在地区的纬度);g 为重力加速度(m/s²);N_x、N_y 为 X、Y 向水流紊动黏性系数(m²/s),M_{ox}、M_{oy} 为 x、y 方向的河床底部高程变化;M_{fx}、M_{fy} 为 x、y 方向的底摩擦项。

采用三角形网格对计算区域进行离散,并将单一的网格单元作为控制单元,水深布置在网格顶点,其他物理变量配置在每个单元的中心。将第 i 号控制元记为 Ω_i,在 Ω_i 上对向量式的基本方程组(1)进行积分,并利用 Green 公式将面积分转化为线积分,得

$$\frac{\partial}{\partial t}\int_{\Omega_i} U d\Omega_i + \oint_{\partial\Omega_i}(E \cdot \bar{n}_i - E^d \cdot \bar{n}_i)dl = \int_{\Omega_i} M d\Omega_i \tag{2}$$

方程(2)求解主要分三部分:一为对流项求解,二为紊动项求解,三为底坡项处理。对流项数值通量可采用 Roe 格式的近似 Riemann 解,紊动项采用单元交界面的平均值计算通过该界面紊动黏性项的数值通量,有限体积法底坡项若不加任何处理,则会造成静水的伪流动现象,本文采用"斜底模型"处理底坡项。

2.2 定解条件

2.2.1 水位开边界

开边界又分为急流开边界和缓流开边界,因本文所建模型为缓流模型,故只给出缓流开边界的处理方法。

根据相容关系:

$$U_R + 2c_R = U_L + 2c_L \tag{3}$$

式中：c_L和c_R表示单元左右静水波传播速度。

$$U_R = U_L + 2\sqrt{gh_L} - 2\sqrt{g(Z_R - Z_d)} \qquad (4)$$

式中：Z_d为边界上通量积分点处的底高程。

2.2.2 闭边界

采用镜像法处理。在闭边界外侧虚拟一个单元，边界上的两侧的法向流速相反，切向流速相同，即$D_R = D_L$，$u_{n,R} = -u_{n,L}$，$u_{\tau,R} = -u_{\tau,L}$，u_n、u_τ表示单元法向和切向流速。

2.2.3 初始条件

$\zeta(x,y,t) = \zeta_*(x,y,t)$，$u(x,y,t) = u_*(x,y,t)$，$u(x,y,t) = u_*(x,y,t)$，$S(x,y,t) = S_*(x,y,t)$，其中$_*$表示初始场。

3 上海横沙新港数学模型

3.1 模型范围

数学模型包括整个长江口和杭州湾。长江潮区界位于安徽大通，大通以上水域水位基本不受潮波影响，作为模型的上边界；长江口外-50 m等深线处受径流影响可忽略不计，作为模型外边界，模型东西向总长700 km以上。模型北至江苏盐城港附近，南至浙江宁波，南北向接近600 km，如图1所示。

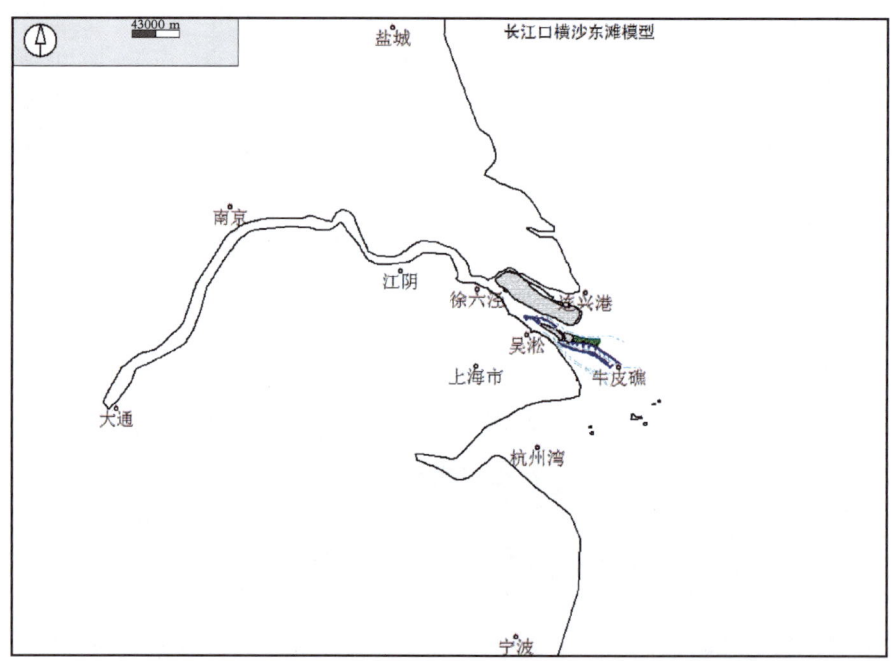

图1 数学模型范围

模型长江口江阴至口外-20 m等深线范围内地形采用2011年实测地形，江阴以上至大通地形采用概化地形，其余地形采用最新海图拼接。

3.2 计算参数

根据模型范围尺度和模型概化精度要求，计算水域共划分三角形单元138281个，节点总数70587，网格边长平均150 m左右，工程区网格加密处理，最小网格约38 m。根据最小网格尺度，经过试算，确定时间步长15 s，糙率采用长江口地区常用的附加糙率方法$n = 0.013 + 0.013/h$，紊动黏性系数基于经验公式和模型率定取纵横向同值为0.1。

3.3 模型验证

模型采用 2011 年 8 月 14 日—18 日共计 5 天的长江口实测同步水文资料，具体潮位站点及水文测验垂线位置如图 2 所示。

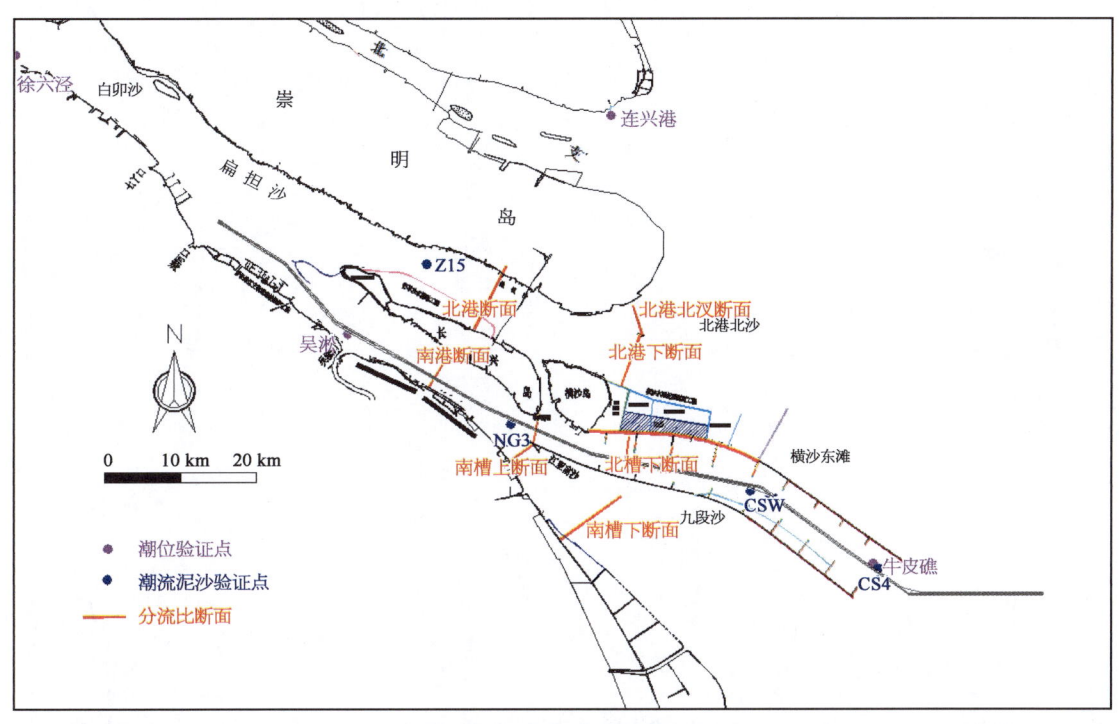

图 2　数学模型验证点位置

潮位验证结果如图 3 所示，潮流验证如图 4 所示。从验证结果来看，各潮位站高低潮位偏差基本在 0.10 m 之内，潮流测站涨落急流速偏差基本在 10% 以内，验证良好。NG3（南港）涨落急流速偏差相对较大，主要因为该区域距离工程区较远，网格较粗，从而地形存在偏差造成的。总体来说，数学模型验证精度达到了规程要求。

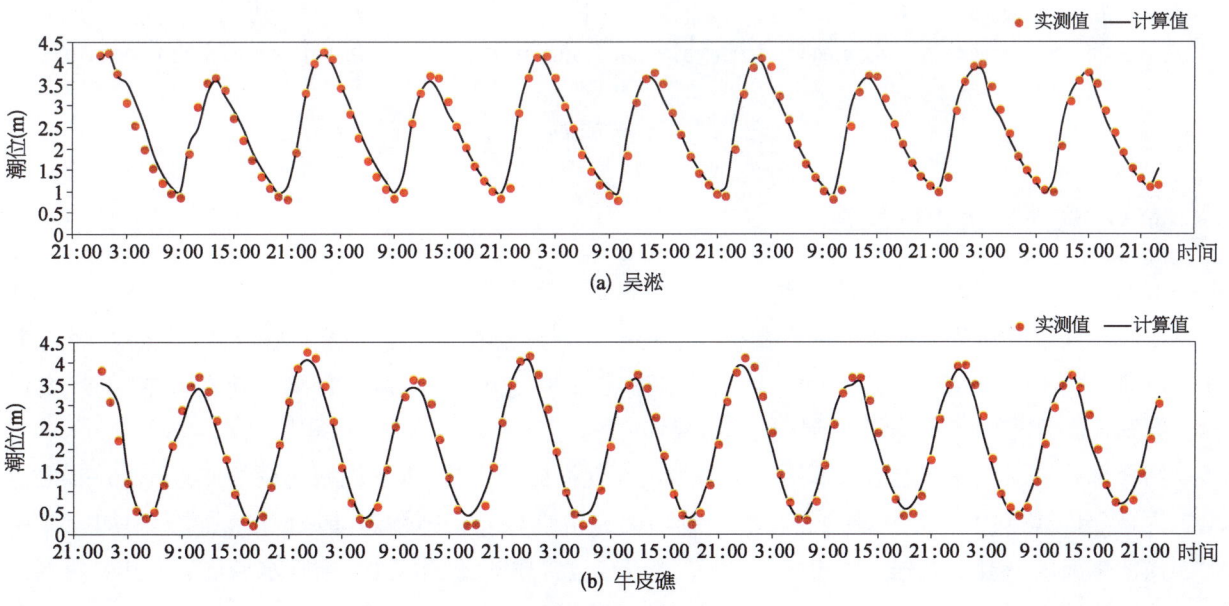

图 3　潮位验证

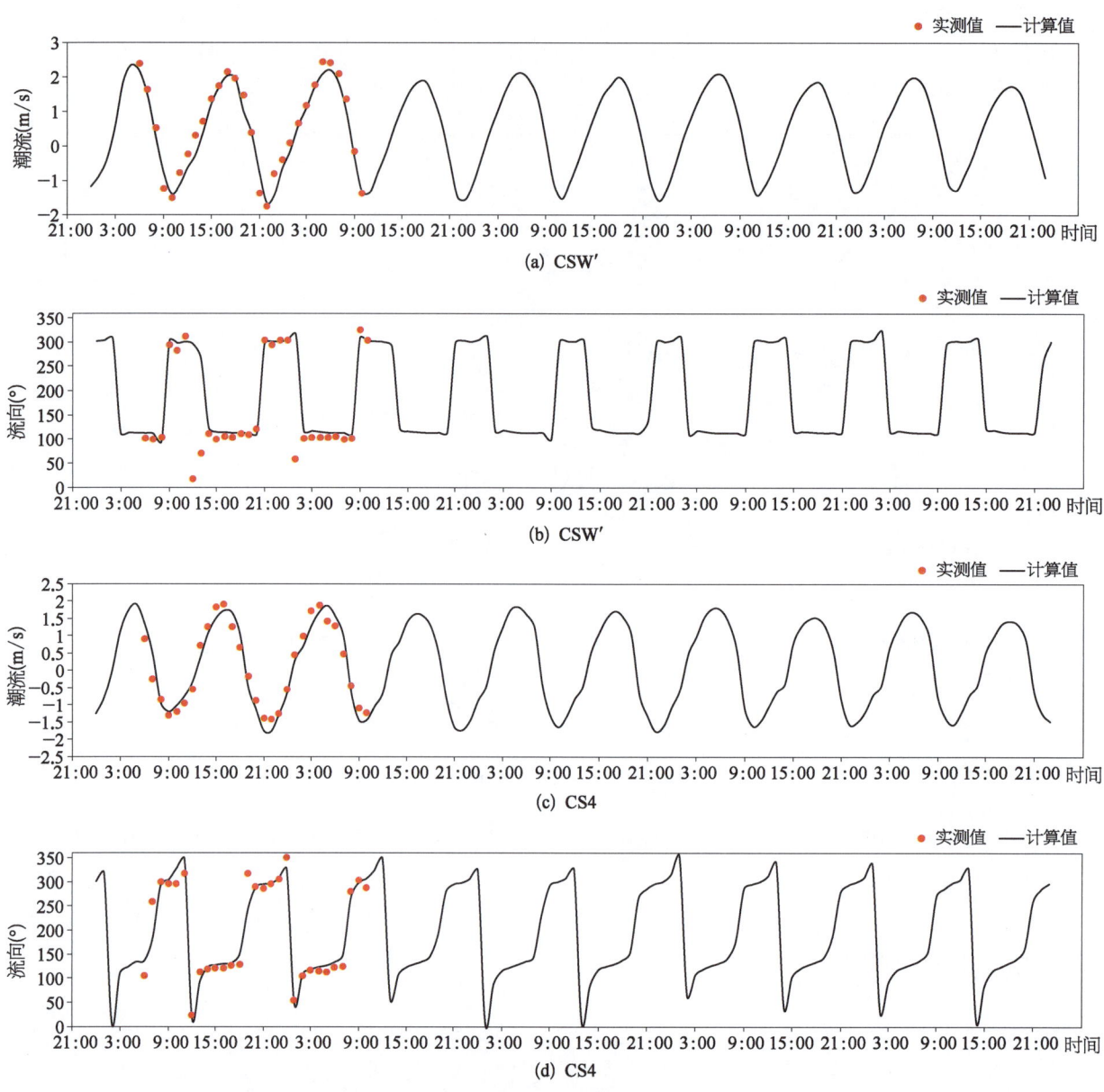

图 4 潮流验证

4 横沙陆域对周边水域的影响

4.1 横沙新陆域成陆设置方案介绍

横沙新陆域成陆范围设置依据主要有以下几点：① 考虑总体河势格局的稳定性情况；② 考虑横沙东滩滩地边界的稳定性情况（5 m 等深线基本稳定）；③ 考虑"长江口综合整治开发规划"的规划目标及原则；④ 考虑"长江口航道发展规划"的规划方案。

结合现有长江口深水航道治理工程和横沙东滩促淤圈围工程，以及规划建设的北港 10 m 航道治理工程，综合考虑对 5 m 以浅滩地进行圈围成陆的经济性较好。横沙新陆域成陆设置方案如图 5 所示。横沙东滩区域规划面积约为 480 km²（72 万亩），包含成陆区、生态区、内陆水域区。其中：西侧已在实施促淤圈围的 112 km²（17 万亩），东侧滩涂区 296 km²（44 万亩），南侧坝田区 72 km²（11 万亩）。

图 5　横沙新陆域开发范围规划

4.2　长江口各分叉口分流比变化

横沙新陆域形成前后各断面分流比统计见表1,分流比断面如图2所示。横沙新陆域方案使得北港断面的分流比减小0.65%,北槽下断面的分流比增加了0.81%,分析原因横沙小港分了部分北港水流到北槽而使得北槽落急流速有所增加,北港下断面分流比减小0.53%,各断面分流比变化均在1%以内。

表 1　横沙新陆域形成前后各断面分流比统计　　　　　　　　　　　　　　　（%）

分流比	本　底	横沙新陆域方案
北港断面	51.40	50.75
北槽下断面	43.50	44.31
北港下断面	82.60	82.07

4.3　流场变化

横沙新陆域工程形成后涨落急流场如图6、图7所示。从落急流速差值图中可以看出,横沙新陆域形成方案对动力场的影响区域主要集中在北港河段以及南港、北槽区段,对其他河段的影响较弱。从涨落急流速变化分析可以看出,工程实施后南港河段、北槽中上段涨落急流速均有不同程度增加,大部分区段流速增加幅度5~15 cm/s,对于维护长江口深水航道是有利的,北槽下段涨、落急流速略有减小5~10 cm/s,需进一步结合泥沙回淤分析对该区段航道维护条件的影响。工程实施后北港沿程落急流速均有不同程度减小,减小幅度5 cm/s左右,涨急流速除了北港下段(横沙新陆域对应区段)略有增加,增加幅度5~25 cm/s,其余区段减小5~10 cm/s。

本次计算结果是定床条件下得到的,随着地形的调整北港中上段和北槽下段动力减弱的幅度将会有所改善,北槽的航道整治工程就是很好的先例。

4.4　水位变化

图8、图9为工程前后高低潮位的变化。横沙新陆域形成方案对高水位的影响明显大于低水位影响范围和程度,分析原因,本次圈围工程主要布置在横沙东滩-5 m以上浅滩区域,该区域部分滩涂自然水深已经处于-2~0 m高滩地,低潮位时刻部分滩面过水较少,而高潮位时刻整个滩面水流漫滩而过,圈围后明显阻隔了涨潮漫滩水流。

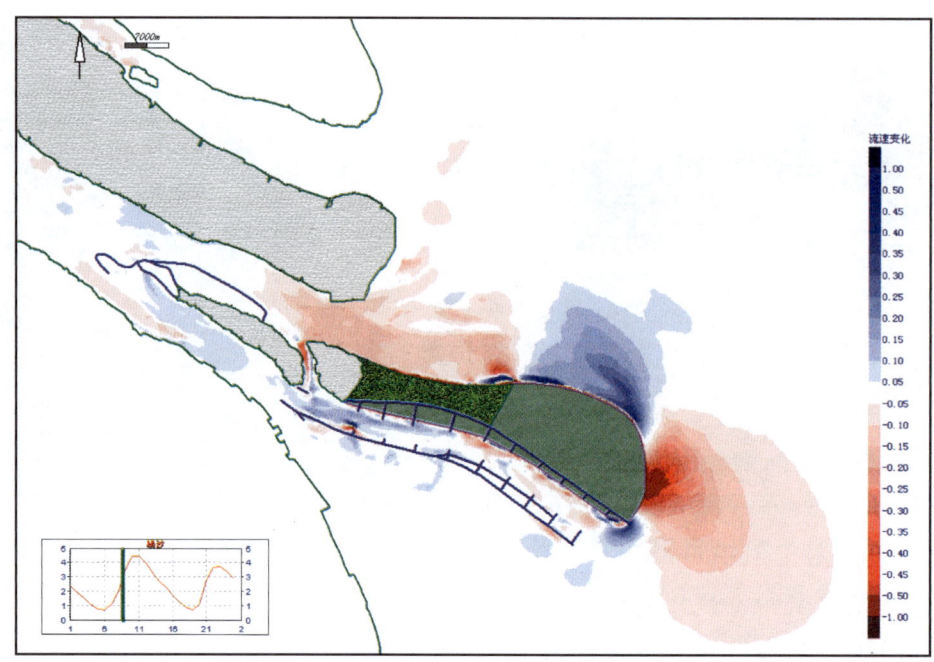

图 6　横沙新陆域形成后涨急流速差值

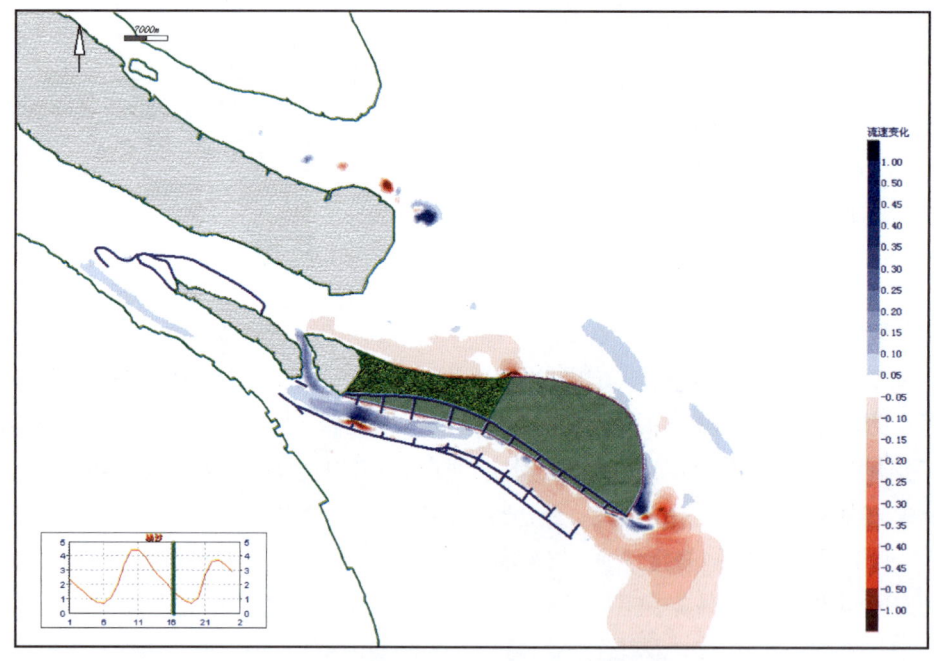

图 7　横沙新陆域形成后落急流速差值

从高水位影响来看,主要表现为横沙东滩北侧水域高水位有所降低,大部分区域下降幅度 5~10 cm;工程对应区段部分水域高潮位下降幅度达到 10~15 cm。北槽全槽表现为高潮位略有增加,增加幅度 13 cm 以内。

涨潮时外海水域宽广,水流受到圈围工程阻挡后向其他方向分散,总体来说主要表现为高潮位的变化,低潮位略有变化,全潮平均中潮位变化甚微。由于本次研究采用定床潮流数模结果分析,考虑到实际工程实施后随着地形的调整,水位将会有所恢复。

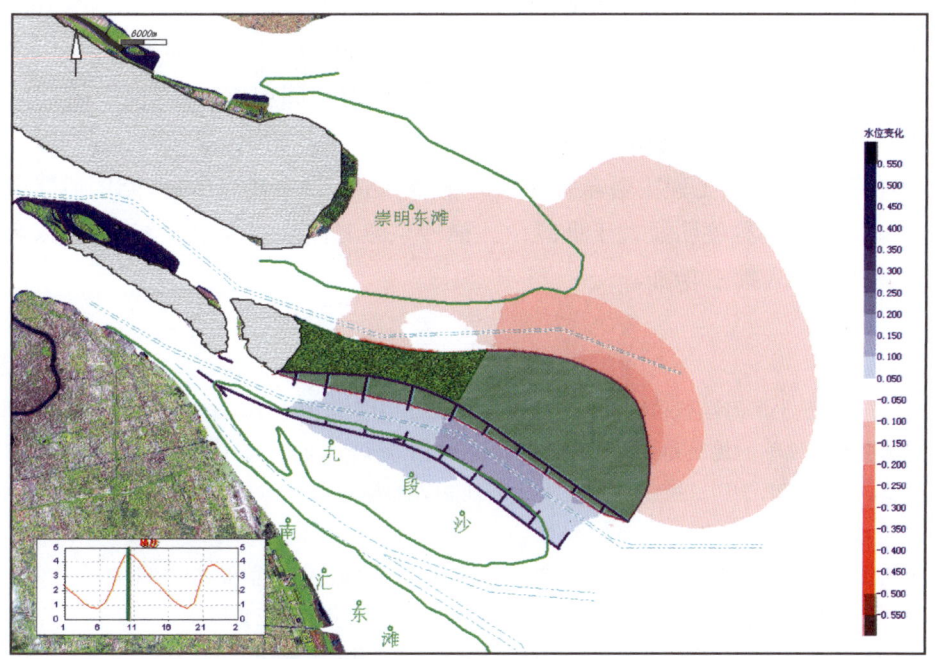

图 8 工程前后高潮位变化

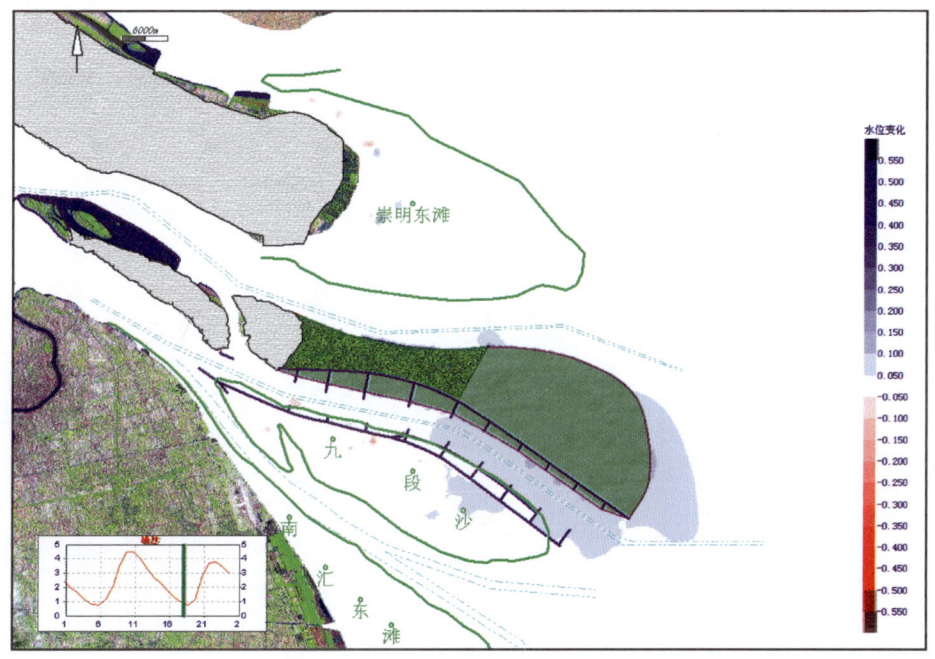

图 9 工程前后低潮位变化

5 结论

本文基于 CJK3D-WEM 模型,建立了长江口横沙东滩新陆域数学模型,研究横沙新陆域形成后,其对周边水域的水动力影响。研究表明:

(1) 本工程的影响范围主要在南北港分流口以下的工程附近区域,横沙新陆域方案使得北港上断面的分流比减小 0.65%,北槽下断面的分流比增加了 0.81%,分流比变化均在 1% 以内。

（2）横沙新陆域形成方案对流场的影响区域主要集中在北港河段以及南港、北槽区段；工程实施后南港河段、北槽中上段涨落急流速均有不同程度增加，对于维护长江口深水航道是有利的，北槽下段涨、落急流速略有减小；工程实施后北港沿程落急流速均有不同程度减小，涨急流速除了北港下段（横沙新陆域对应区段）增加外，其余区段减小。

（3）本次横沙新陆域圈围工程主要布置在横沙东滩—5 m以上浅滩区域，圈围后明显阻隔了涨潮漫滩流，因此对高潮位影响程度明显大于低潮位。横沙东滩北侧水域高水位有所降低，大部分区域下降；北槽全槽表现为高潮位略有增加。

参考文献

[1] 陈吉余,蒋雪中,何青.上海海洋城和深水大港建设的展望[J].中国工程科学,2013,15(6)：11-13.
[2] 包起帆,江霞.上海港面临的挑战和未来发展之路[J].中国工程科学,2013,15(6)：35-40.
[3] 虞志英,张志林,金镠,等.长江口横沙浅滩挖入式港池与入海航道区域海床稳定性分析[J].华东师范大学学报（自然科学版）,2013(4)：55-71.
[4] 邵荣顺,施雄彪,俞灵.上海新港建设必要性的初步论证[J].华东师范大学学报（自然科学版）,2013(4)：10-16.
[5] 程泽坤,邵荣顺.依托横沙浅滩开发大型深水港区的技术可能性[J].中国工程科学,2013,15(6)：41-47.
[6] 路川藤,罗小峰.基于非结构网格的高分辨率隐式算法研究及应用[J].海洋通报,2015,34(1)：59-64.

（原载于《水利水电技术》2017年第9期）

Resource Utilization of Dredged Sediment and Its Influence to the Environment of Yangtze Estuary

Jia Xiao[1,2,3,*], Lu Chuanteng[3], Gu Fengfeng[1],
Cheng Haifeng[1], Huang Huacong[①]

([1] Shanghai Estuarine and Coastal Science Research
Center, 201201 Shanghai, China;
[2] Nanjing Hydraulic Research Institute, 210029 Nanjing, China;
[3] Shanghai Jiao Tong University, 200240 Shanghai, China)

[Abstract] Disposal of dredged sediment is a critical problem for navigation channels, especially for large-scale channel like Deepwater Channel of Yangtze Estuary. In this paper, a resource utilization of dredged sediment in Yangtze Estuary was introduced. For the past ten years, a part of dredged sediment was pumped onto the beach as important filling materials for Hengsha Reclamation projects. Also, because it's difficult to pump the soil from the vessel directly, some storage pools and pumping stations were set, the dredger shipped the sediment and dumped into the submerged storage pool, and then the soil was pumped onto land. During this procedure, lots of sediments diffused or take away by runoff and tidal current. In order to estimate the suspended sediment concentration around the storage pool, a Shallow Water Equation Model (SWEM3D) was introduced and also used to stimulate the sediment diffusion and transportation process during the ebb tide and spring tide.

[Keywords] We dredged sediment; navigation channel; resource utilization; influence to environment; SWEM3D; suspended sediment concentration

1 Introduction

Yangtze Estuary is a giant river mouth, and the runoff discharge is steady about 900 billion m^3 per year. Yangtze Estuary included four passages into the East Sea, and also lots of beaches around

---

① This research was partly funded by Open Foundation of Key Laboratory of Port, Waterway & Sedimentation Engineering Ministry of Communications, PRC under grant Yn216001, supported by Natural Science Foundation of Shanghai under grant 15DZ1202400, as well as by Key Projects in the National Science & Technology Pillar Program during the Twelfth Five-year Plan Period under grant 2013BAB12B04 and 2013BAB12B05.

the river mouth.

The bathymetry of Yangtze Estuary was shown as below.

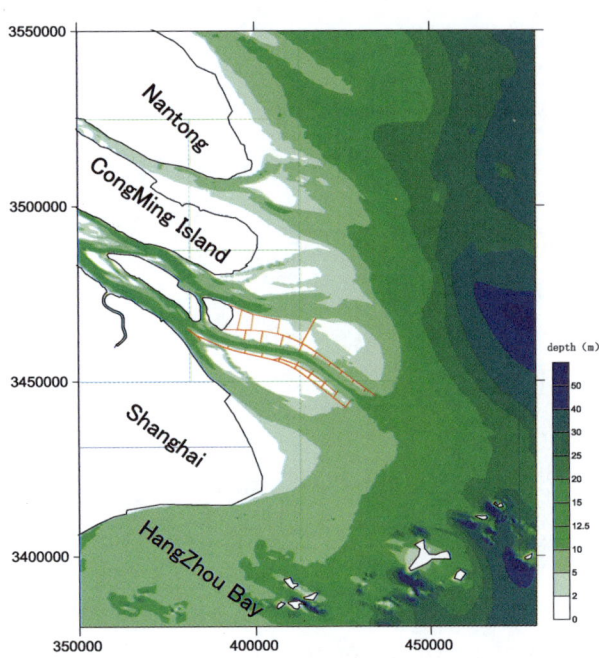

Fig. 1 bathymetry of Yangtze Estuary and the layout of navigation channel

Natural water depth of mouth bar area is only 5.5～6.0 m, for shipping development demands, a large-scale deep-water channel was conducted through mouth bar in the river mouth. The channel was nearly "50 km" long and "0.35～0.4 km" wide, and with 12.5 m depth, that made it navigable for 50,000 DWT ship.

Since 2010 after the engineering was finished, the 12.5 m deep-water navigation channel played a significant role in the economic and social benefits, but at the same time, the amount of sediment concentration phenomenon is also very prominent, maintenance dredging volume was huge and costed a lot.

In fact, even before project, in order to maintain water depth of North Passage up to 7.0 m, for 10,000 DWT ship, dredging volume is about 12 million m³ per year. According to statistics, in order to maintain water depth of North Passage up to 12.5 m, for 50,000 DWT ship, annual channel sediment siltation was up to 82 million m³ per year.

2 Descriptions of Methods to Treat the Dredged Soils

Basically, the dredged sediment was treated via two main ways, dumping untreated soil and resource utilization, including pumped onto reclamation area or re-create as some kind construction material and so on.

Before 2003, the dredged sediment was mostly dumped outside the channel. On the same time, sediment discharge decreases significantly in recent years because of upstream dams, water and soil conservation. Coastal beach (tidal flat) development slows down and even is eroded, and this is an apparent contradiction with increasing land demand of Shanghai.

Dredged sediment stabilization is a crucial step for resource utilization of sediment. So, the solidification of dredged soil was the best way to treat the dredged soil, so reclamation engineering is the best choice for using the soils.

Around the deep-water channel, a few reclamation projects were planned and conducted, Hengsha reclamation engineering, Changxing reclamation engineering and PVG pavement ♯5 reclamation engineering.

For Yangtze Estuary deep-water channel, cumulative dredged sediment was about 860 million m³ to 2015, including:

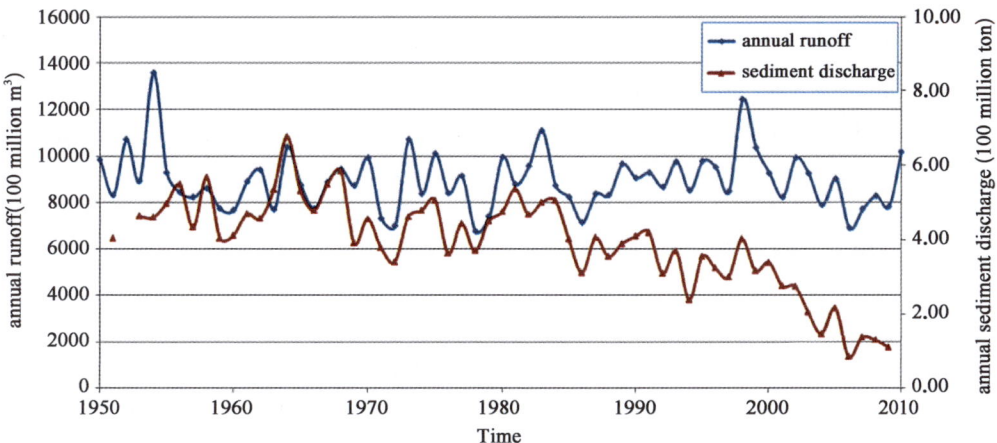

Fig. 2   the diagram of annual sediment discharge from upstream

1 580 million m³ soils were shipped outside the channel;

2 300 million m³ soils were pumped onto the Hengsha beach, and,

(a) 80 million m³ soils were pumped inside the reclamation area;

(b) 220 million m³ soils were pumped outside the reclamation area.

3 Pumping Method Description

There are two main ways to pump the dredged soil, the best way is to pump the soil on land directly via boat, and the other way includes two stages, namely "dumping firstly" and "pumping subsequently".

Though it's high efficiency and eco-friend, pumping the sediment from the dredger to land is hard to conduct for lots of reasons, like the power of vessel is not large enough and so on.

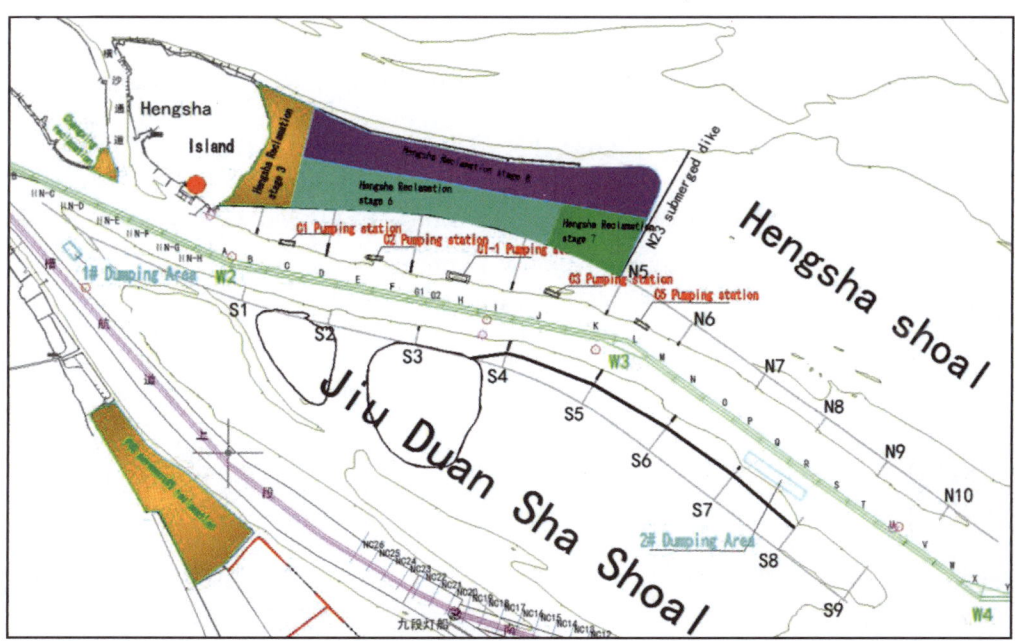

Fig. 3   pumping stations and reclamations around the channel

The second way is a kind indirect way to pump soil to land. Firstly, the dredged soil was transported to a pointed area and dumped into the pumping station, and then, the sand was pumped on land through pipeline via suction pump.

Balancing shipping cost and pumping cost, a few pumping stations were set to adopt the dumping soil and pump onto Hengsha reclamation, shown as below.

4 Influence of Dumping Soils on Pumping Stations

For Yangtze Estuary, a massive amount dredge spoil will cause back-siltation in navigation channel, and the maintenance will cost higher than it should be.

In fact, some measurements of loss ratio of disposal zone had been done for 3 times in 2011. The multi-beam sonar is used to go on fine measurement after dumping sediment completed. The volume change of disposal zone can be obtained by means of the depth change of disposal zone and the throwing sediment amount can be obtained through measuring instrument installed in dredgers. The results were shown in the table 1.

Table 1 loss ratio of dumped sediment on storage pool

Time	Change of volume V(m³)	Average density (kg/m³)	Conversion volume (m³)	Amount of dumped sediment (m³)	Loss ratio of dumped sediment
2007.11.5~11.12	81414	1.76	80354	378299	79%
2007.11.12~11.19	157259	1.903	184510	571142	68%
2007.11.19~11.26	79520	1.903	93300	602163	85%

Total amount of dumped sediment is 1.55 million m³, the residual in the disposal zone is only 0.35 million m³ and total loss of dumped sediment is 1.19 million m³, so the average loss ratio is 77%.

The field survey showed that lots of sediments were transported by runoff and tidal current.

5 Estimation of Distribution of Suspended Sediment Concentration

The three-dimensional Shallow Water Equation Model (SWEM3D) was used to estimate the sediment concentration around the storage pools or pumping stations.

The governing equation is,

$$\frac{\partial \eta}{\partial t} + \nabla \cdot \vec{Q} = 0 \quad \vec{Q} = \int_{-k}^{\eta} \vec{U} dz \tag{1}$$

$$\frac{\partial(DC)}{\partial t} + \frac{\partial(Du)}{\partial x} + \frac{\partial(Dv)}{\partial y} + \frac{\partial(D(\omega-w))}{\partial \delta} = \nabla \cdot (DK_H \nabla C) + \frac{\partial}{\partial \sigma}\left(\frac{K_V}{D} \frac{\partial C}{\partial \sigma}\right) \tag{2}$$

In which, S is salinity, C is sediment concentration, K_V is vertical diffusion parameter. And, $\rho = \rho_0 + 0.78S + 0.62C$.

The calculating mesh was shown as below.

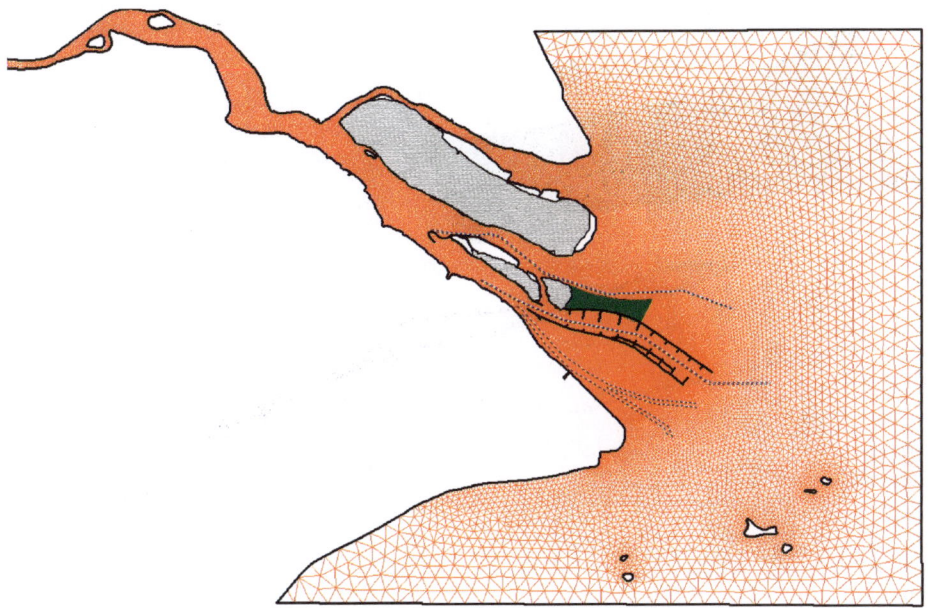

Fig. 4　mesh of sediment transportation numerical model

Given the tidal range was 4.2 m, the initial sediment concentration is 5 kg/m³ in the storage pool area, and suppose that all the sediment is suspended sediment and the bed load is neglected in this calculation.

The distributions of suspended sediment concentration during spring tide and ebb tide in the North Passage of Yangtze Estuary were shown as below.

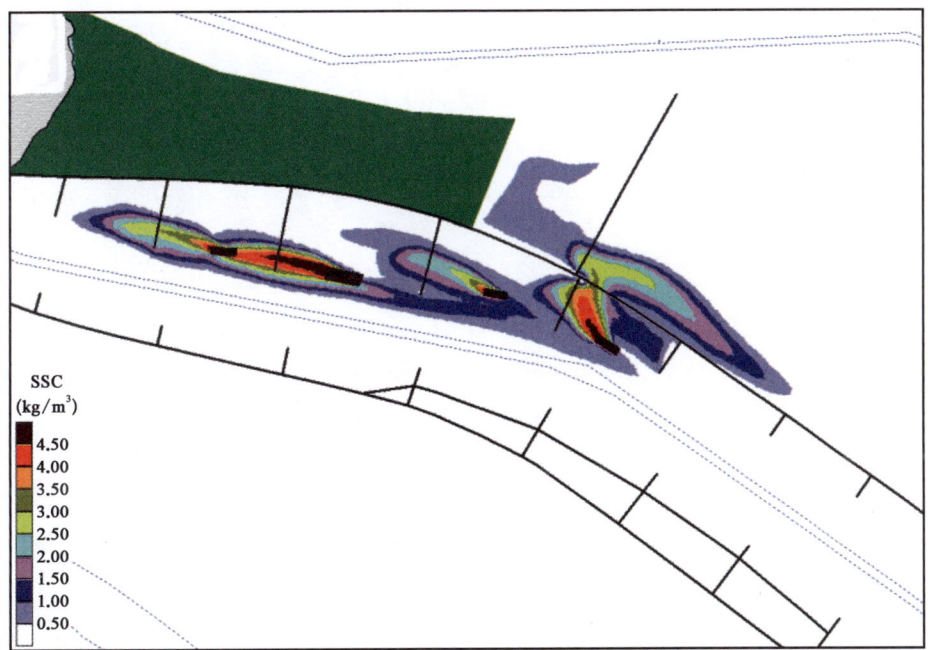

Fig. 5　distribution of SSC during spring tide

From the figures above, dumping dredged soil can cause the suspended sediment concentration surge significantly in the North Passage. This will increase the sediment supplying source and then

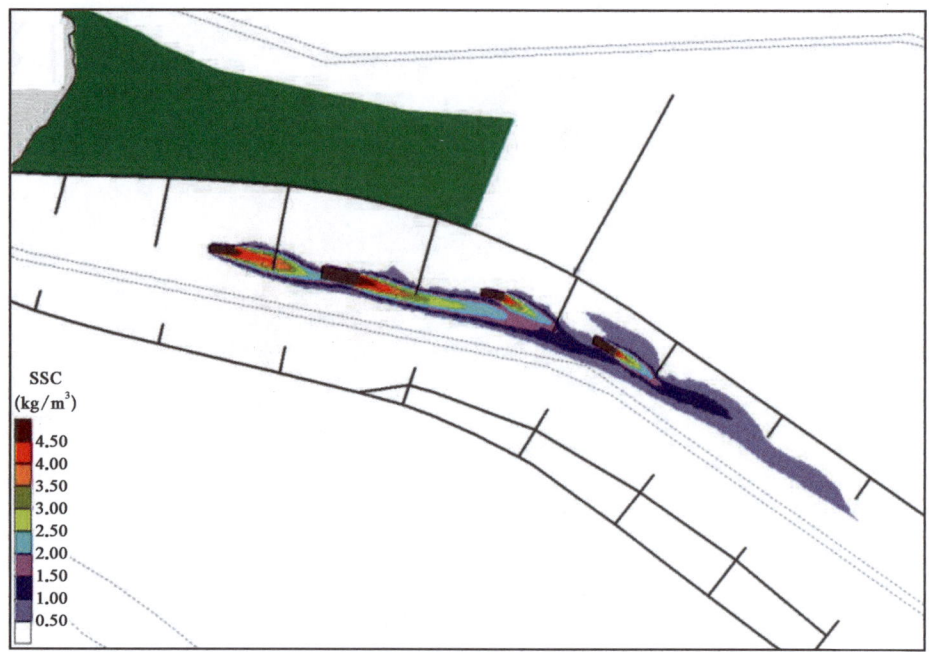

Fig. 6 distribution of SSC during ebb tide

increase the siltation in the navigation channel, considering that the loss ratio of dumped sediment is 72%.

6 Estimation of Distribution of Suspended Sediment Concentration

Yangtze Estuary Deep-water Channel has been introduced in detail, and also the siltation problem and dredging problem have been described.

In order to combine dredging in the channel and filling materials shortage on the Hengsha shoal, a comprehensive description about resource utilization of dredged soil has been explained. The method is, firstly dumping the soil on arranged storage pools in advanced, and then pumping the soil on land.

This method is practical, but lots of soils will diffuse and be taken away by current, via a numerical model, SWEM3D, the suspended sediment concentration has been estimated. It shows that dumping soil on storage pool can improve the background sediment concentration in North Passage of Yangtze Estuary, and can cause siltation in navigation channel.

In the near future, when Hengsha Reclamation finished, no engineering has been planned to adopt the dredged soils, so how to treat the dredged soil will be urgent problem.

References

[1] Yu Weiwei, Yang Honglin, Liu Shuguang, et al. Impact of the improvement project of Deep-water Channel on flow field of the Yangtze Estuary[J]. Journal of Hydrodynamics (Ser. A), 2007, 6: 006.

[2] Jin Liu, Yu Zhiying, He Qing. On the relationship between maintenance conditions of Yangtze Estuary deep-water channel and water & sediment transport from the valley[J]. Port & Waterway Engineering, 2006, 3: 46-51.

[3] Fu Gui, Zhao Dezhao, Cheng Haifeng. Comparison and analysis of comprehensive utilization of dredged materials at home and abroad[J]. Port & Waterway Engineering, 2010(4): 127-133.

[4] Liu Jie, Zhao Dezhao, Yuan Yonghua, et al. Investigation and study on comprehensive utilization of dredged materials[C]//Proceedings of the Eighth National Seminar on Sediment Basic Theory Research. Nanjing: Hohai University Press, 2011: 656-660.

[5] Zhao Dezhao, Liu Jie, Zhang Junyong, et al. Primary investigation on supply-demand relationship and optimal allocation of sediment resources in Yangtze Estuary under new situation[J]. Journal of Sediment Research, 2011(6): 69-74.

[6] Lu Chengbiao, Huang Yizhen, Liu Gan-bin. Resource utilization of port dredged mud in beach reclamation engineering[J]. Ocean Technology, 2011, 30(1): 78-82.

[7] W U Hualin, Yan Yixin, Zhou Yilin. Review on research of dumped silt movement [J]. Journal of Sediment Research, 2008, 5: 76-80.

[8] Cheng Haifeng, Liu Jie, Zhao Dezhao, et al. Study on technical solutions of land use of dredged material from Yangtze estuary waterway during 12th five-year plan period[C]//Proceedings of the Fifteenth Symposium on Chinese Ocean Engineering. Beijing: China Ocean Press, 2011: 1125-1128.

[9] Wu Jiaxue, Zhang Shuying, Ren Laifa. Suspended sediment concentration profiles and dispersion patterns under sediment disposal conditions in the changjiang river estuary[J]. Oceanologia Et Limnologia Sinica, 2003, 1: 10.

[10] Shen Qi, Gu Fengfeng, Qi Dingman, et al. Numerical study of flow and sediment variation affected by sea level rise in the north passage of the Yangtze Estuary[J]. Journal of Coastal Research (Special Issue), 2014, 68: 80-88.

上海沿江海支流排水对长江口杭州湾水质的影响

夏雪瑾[1]，徐健[2]，陈元卿[2]，李琦[2]

[1. 上海市水务（海洋）规划设计研究院，上海 200233；
2. 上海碧波水资源技术综合服务部，上海 200233]

[摘要] 为研究上海沿江海支流排水对长江口杭州湾水质的影响，利用长江口杭州湾二维水动力水质模型，模拟分析上海沿江海支流排水不同调度工况和不同调度方式对长江口杭州湾水质的影响。研究表明：上海沿江海支流水资源调度方案和工况的变化对长江口杭州湾水质有一定影响，其影响范围主要分布在长江口南汇东滩及杭州湾局部近岸水域；对长江口水源地取水口水质几乎无影响，取水口处水质变化均小于0.01%；建议采取措施加快实现河流水质达到水功能区的水质目标要求，有效控制入江海河流对长江口杭州湾的水质影响。

[关键词] 水质模型；沿江海支流；长江口杭州湾

1 前言

上海地处太湖和长江流域的下游，濒江临海，河网水系密布，具有过境水资源量充沛的资源优势和感潮河网地区的潮汐动力优势。上海河网一直采用区域水资源调度作为水资源利用和水资源保护的重要措施之一，为保障防汛安全、水质改善和"三生"用水，上海市已全面规范实行陆域河网的水资源综合调度。与此同时，部分内河污染物通过沿江沿海河流排水进入上海河口海洋水域，对上海河口海洋水环境可能产生一定影响。目前定量分析上海河网排水对长江口杭州湾水环境影响的研究很少，本文将针对上海沿江海支流排水对长江口杭州湾水环境影响的问题，根据《上海市水利控制片水资源调度实施细则》，采用水动力水质模型模拟上海沿江海支流排水不同调度工况和不同调度方式下长江口杭州湾主要污染物浓度的空间分布规律，分析上海沿江海支流排水对长江口杭州湾水质的影响。

2 水动力水质模型设置

MIKE模型是在20多年来世界范围内大量工程应用经验的基础上持续发展起来的商业软件，目前在模拟水动力、水质、泥沙、波浪等的研究中得到了广泛的应用。本次研究采用MIKE21建立长江口杭州湾二维水动力水质模型，模拟长江口杭州湾水质变化特征。

2.1 范围和网格

模型外海开边界一般选择在几乎不受研究区域内引排水影响的外围海域之处，同时兼顾水文、海洋站网布局,易于获取相应边界水文条件资料的需求。模型范围的上边界选为长江下游的大通水文站,下边界东至123°15′E,南至29°15′N,北至32°15′N,包括长江口、杭州湾及其邻近海域,网格计算节点54695个,10多万个三角形单元,如图1所示。

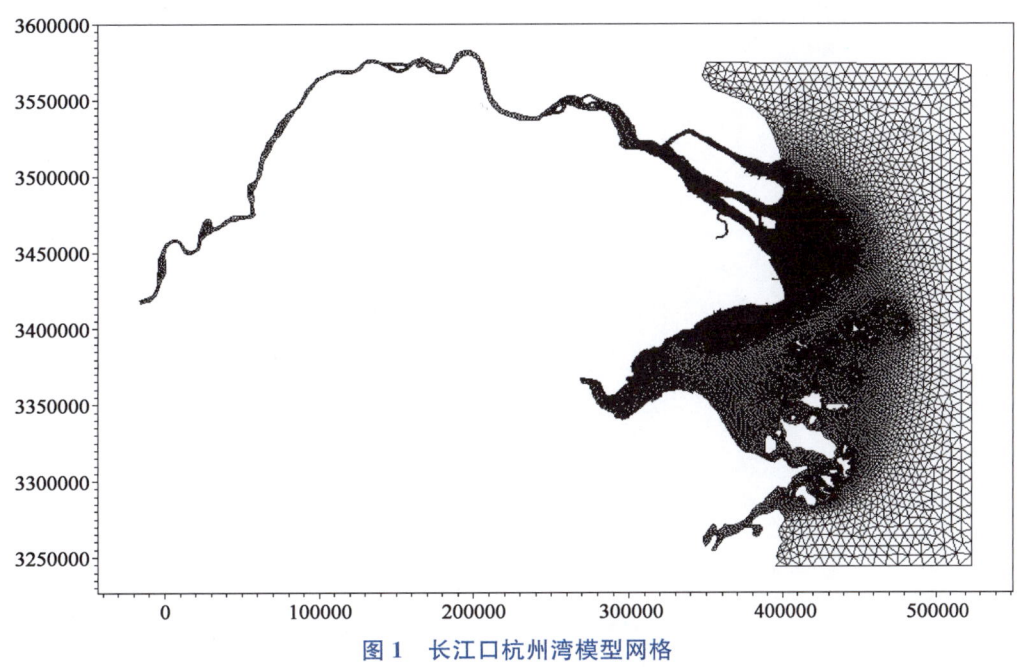

图 1　长江口杭州湾模型网格

2.2　模型的率定与验证

模型采用2006年2月长江口杭州湾水文水质同步实测资料进行率定,以2012年9月、12月实测资料进行验证。结果表明:各代表点的水位、流速、水质浓度的计算值与实测值吻合较好;水位计算值与实测值相对误差均小于5%;流速的计算值与实测值相对误差小于13%。水质浓度计算值除个别点位、个别数据与相应水质实测浓度有偏差外,模拟水质与实测水质变化一致且误差小于25%,符合计算精度要求。对模型的不断率定验证表明该模型能较好地模拟反映长江口杭州湾及其邻近海域的水质变化,可应用于上海沿江海支流排水对长江口杭州湾水质的影响研究。

受区域污染源资料限制,本研究水质模拟指标为COD_{Mn}和氨氮。根据以往长江口杭州湾水质参数的研究成果,结合基于水文水质同步监测资料对二维水质模型的率定验证情况,研究选定水质模型的主要水质参数,取值见表1。

表 1　主要水质指标综合降解系数取值

水质指标	综合降解系数(d^{-1})
COD_{Mn}	0.03~0.05
氨　氮	0.08~0.22

3　模拟方案的设置

上海市沿江海支流有27条,黄浦江的流量较大,需单独考虑其影响,本文中的上海沿江海支流未将其列入研究,其他沿江海支流其中排入长江口的河流16条,排入杭州湾的河流10条,如图2所示。为研究不同水资源调度方案或不同水资源调度工况上海沿江海支流排水对长江口杭州湾水环境的影响,根据《上海市分片水资源调度方案研究》,制定 3 个方案,分别模拟现状工况常规调度方案现状水质、现状工况强化调度方案现状水质、规划工况强化调度方案达标水质下的长江口杭州湾水质分布状况。

图 2　上海市沿江海支流口门位置示意图

现状工况常规调度下,三甲港以北大部分沿江支流(除黄浦江)以引水为主,南横河、泐马河和航塘港年净排水量非常小,忽略不计其入江海污染物通量。现状工况强化调度下,江镇河由排水为主改为引水为主,其他不变。规划工况强化调度下,江镇河由排水为主改为引水为主,南横河、泐马河和航塘港年净排水量明显增加,需计算其入江海污染物通量。

沿江海支流 COD_{Mn} 和氨氮年入江海通量在不同工况和调度方式下,变化趋势基本相似,见表 2。在排入长江口的支流中,现状工况强化调度下 COD_{Mn} 和氨氮入江通量较现状工况常规调度略高;规划工况强化调度下,南横河和大治河排江量显著增加,特别是南横河年净排江水量较现状强化调度增加 8.75 亿 m^3,大治河增加 9.81 亿 m^3,因此 COD_{Mn} 和氨氮入长江口通量显著上升。在排入杭州湾的支流中,现状常规、现状强化和规划强化调度方式下 COD_{Mn} 入海通量变化幅度较低,氨氮由于现状水质为Ⅳ～劣Ⅴ类水,尚未达标(水质控制标准为Ⅳ～Ⅴ类水),在规划工况强化调度达标水质方案中,入海通量明显减小,如图 3 所示。

表 2 不同方案的沿江海支流污染物输出通量

方 案	现状工况				规划工况	
	常规调度现状水质(万 t)		强化调度现状水质(万 t)		强化调度达标水质(万 t)	
	COD_{Mn}	氨氮	COD_{Mn}	氨氮	COD_{Mn}	氨氮
长江口	0.902	0.225	0.994	0.250	2.220	0.456
杭州湾	3.156	0.801	2.595	0.655	2.558	0.473
长江口杭州湾	4.058	1.026	3.614	0.905	4.777	0.929

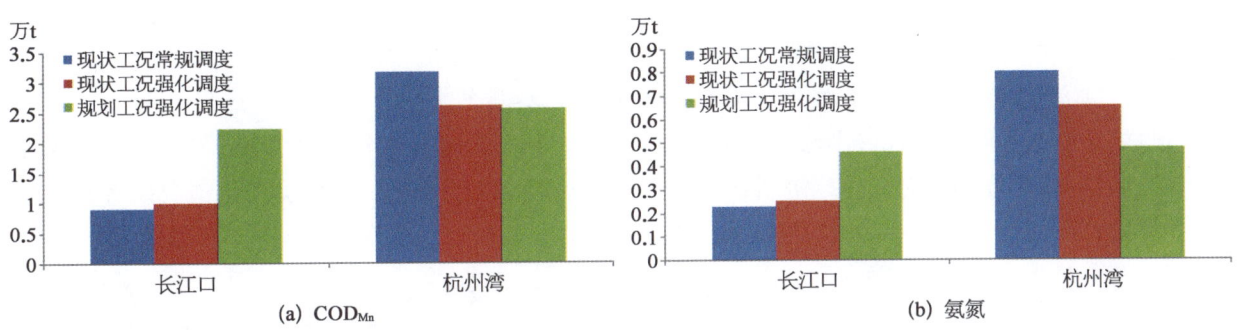

图 3 不同工况和调度方式下沿江海其他支流排入长江口杭州湾污染物通量

4 结果与讨论

4.1 水资源调度方案变化对长江口杭州湾水质的影响

沿江海河流排水强化调度方案与常规调度方案相比：COD_{Mn} 和氨氮的月平均浓度变化分别为 $-0.15\sim 0.10$ mg/L 和 $-0.02\sim 0.06$ mg/L；在南汇东滩近岸乃至南槽水域略有增大，在杭州湾近岸水域略有减小，离岸越远变化幅度越小；其他水域水质无影响。沿江海河流排水的水资源调度方案变化对长江口杭州湾相应近岸水质具有一定影响，其影响范围主要分布在长江口南汇东滩及杭州湾局部近岸水域，如图 4 所示。

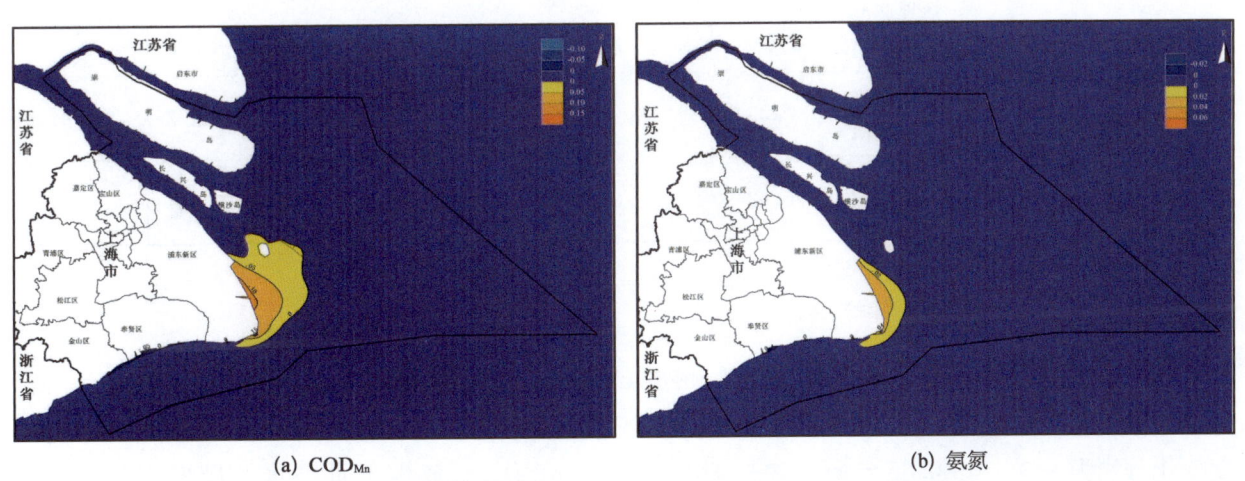

图 4 不同水资源调度方式下长江口杭州湾月平均浓度差值图

4.2 水资源调度工况变化对长江口杭州湾水质的影响

沿江海河流排水规划工况强化调度达标水质方案与现状工况常规调度现状水质方案相比：COD_{Mn} 和氨氮的月平均浓度变化分别为 $-0.15\sim 0.65$ mg/L 和 $-0.06\sim 0.06$ mg/L；其影响范围主要

分布在长江口南汇东滩及杭州湾局部近岸水域。

以氨氮为水质指标,选取模型计算时段中每个计算单元出现的全过程氨氮浓度最大值,插值形成长江口杭州湾劣于Ⅲ类水的最大范围,分析水资源调度工况变化对长江口杭州湾劣于Ⅲ类水的最大面积影响,如表3所示。沿江海河流水资源调度工况变化后,长江口杭州湾氨氮的劣于Ⅲ类水的最大面积增加 10.23 km², 增加了 6.19%。

表3 长江口杭州湾氨氮劣于Ⅲ类水的最大面积统计表

指标	现状工况常规调度现状水质方案	规划工况强化调度达标水质方案	相对变化率
氨氮	165.28 km²	175.51 km²	6.19%

4.3 上海沿江海支流排水对长江口水源地取水口水质的影响

根据《中华人民共和国地表水环境质量标准》(GB 3838—2002),对3个方案中长江口水源地取水口水质的月平均浓度和相对变化率进行统计分析,见表4。各方案取水口水质变化情况统计结果表明,上海沿江海河流排水对水源地取水口水质影响很小,取水口处水质变化不超过 0.01%。

表4 各水源地取水口水质计算浓度统计表

水质指标	方	案	东风西沙		陈 行		青草沙	
			月平均浓度(mg/L)	相对变化率	月平均浓度(mg/L)	相对变化率	月平均浓度(mg/L)	相对变化率
COD$_{Mn}$	现状工况	常规调度现状水质	2.1167	/	2.29132	/	1.96711	/
		强化调度现状水质	2.1169	0.009%	2.29139	0.003%	1.96714	0.002%
	规划工况	强化调度达标水质	2.1166	−0.005%	2.29133	0.000%	1.96712	0.001%
氨氮	现状工况	常规调度现状水质	0.43496	/	0.523041	/	0.459382	/
		强化调度现状水质	0.43498	0.005%	0.523046	0.001%	0.459382	0.000%
	规划工况	强化调度达标水质	0.43497	0.002%	0.523049	0.002%	0.459384	0.000%

5 小结

(1) 水资源调度方案变化后,长江口杭州湾 COD$_{Mn}$ 和氨氮的月平均浓度变化分别为 −0.15~0.10 mg/L 和 −0.02~0.06 mg/L;水资源调度工况变化后,长江口杭州湾 COD$_{Mn}$ 和氨氮的月平均浓度变化分别为 −0.15~0.65 mg/L 和 −0.06~0.06 mg/L,氨氮劣于Ⅲ类水的最大面积增加了 10.23 km²(增加了 6.19%);上海沿江海支流水资源调度方案和工况的变化对长江口杭州湾水质有一定影响,其影响范围主要分布在长江口南汇东滩及杭州湾局部近岸水域。

(2) 沿江海河流排水(除黄浦江)对长江口水源地取水口水质几乎无影响,取水口处水质变化均小于 0.01%。

（3）上海沿江海河流排水对长江口南汇东滩及杭州湾局部近岸水域水质具有一定影响,建议进一步梳理分析上海市劣于Ⅴ类的水体,将水质达标治理与重点区域生态综合治理有机结合,编制并实施不达标水体的达标方案,加快消除丧失使用功能的水体,加快实现河湖水质达到水功能区的水质目标要求,有效控制入江海河流对长江口杭州湾的水质影响。

参考文献

[1] 宋泽坤,程和琴,刘昌兴,等.长江口溢油数值模拟及对水源地影响[J].长江流域资源与环境,2013,22(8):1055-1062.
[2] 桂青,史云鹏,陈江海.长江口溢油事故对东风西沙水库取水的风险预测[J].人民长江,2012,43(11):78-81.
[3] 邓敏慧,刘晓婉,夏玉强,等.长江口某电厂温排水扩散影响分析及对策探讨[J].人民长江,2015,46(15):41-45.
[4] 刘桦,何友声.长江口水环境数值模拟研究——水动力数值模拟[J].水动力学研究与进展,2000,15(1):17-30.
[5] 卢士强,矫吉珍,林卫青.区域排污对长江口水源地水质影响的数值模拟[J].人民长江,2013,21(44):112-116.
[6] 徐贵泉,陈长太,唐迎洲.上海市分片水资源调度方案优化[J].水资源保护,2013,29(6):80-84.
[7] 徐贵泉,陈长太,唐迎洲,等.上海市水资源调度现状的分析评估[J].水资源保护,2013,29(1):51-54.

上海横沙新港建设对长江口滩槽水动力的影响

罗小峰,路川藤,窦希萍,曹民雄,徐群

(南京水利科学研究院水文水资源与水利工程科学国家重点实验室,江苏 南京 210029)

[摘要] 基于CJK3D-WEM模型,建立长江口横沙港区数学模型,研究横沙港区形成后周边水域的水动力的变化。结果表明:横沙港区方案实施后,各汊道断面分流比变化较小;南港河段、北槽中上段涨落急流速均有不同程度增加,北槽下段涨落急流速略有减小,南港—北槽航道的落潮优势流略有变化,仍表现为明显的落潮优势;北港沿程落急流速变化较小,涨急流速北港口外段增加,其余区段减小。方案的实施对长江口拦门沙地区的总体河势格局不会产生明显影响。

[关键词] 长江口;横沙东滩;水动力;CJK3D-WEM

1 前言

目前,上海港吞吐能力饱和,深水岸线已用尽,土地资源短缺,城市交通紧张,可持续发展的空间几乎枯竭。上海港目前还没有20 m水深的航道和泊位,随着1.8万TEU超大型集装箱船和40万吨级超大型矿石船舶的问世,上海港面临严峻的挑战。

横沙的开发可在较大程度上缓解目前上海城市发展面临的诸多问题,如:可解决上海土地瓶颈,增加城市竞争力;可突破上海港水深和岸线制约,提升上海港口竞争力,奠定国际航运中心建设基础。此外,在长江入海泥沙日益减少的情况下,长江疏浚土资源依然可为横沙成陆提供丰富的泥沙资源,并缓解目前疏浚土处理面临的诸多问题。

本文利用CJK3D-WEM水环境数值模拟软件,建立了长江口大范围数学模型,研究横沙新港方案实施对周边汊道、滩槽的水动力影响。

2 数学模型

2.1 数值模拟方法

CJK3D-WEM水环境数值模拟软件适用于江河湖泊、河口海岸等涉水工程中的水动力、泥沙、水质、温排、溢油模拟预测研究。

该软件采用有限体积法,算法稳定,编制出完整的河口海岸数值模拟可视化系统,具有系统集成性好、操作界面友好、可视化程度高、借鉴可视化编程思路、适用范围广等优点。具体数值求解方法见参考文献[5]。

2.2 模型范围

数学模型包括整个长江口和杭州湾。长江潮区界位于安徽大通,大通以上水域水位基本不受潮波影响,作为模型的上边界;长江口外-50 m等深线处受径流影响可忽略不计,作为模型外边界,模型东西向总长700 km以上。模型北至江苏盐城港附近,南至浙江宁波,南北向接近600 km(图1)。

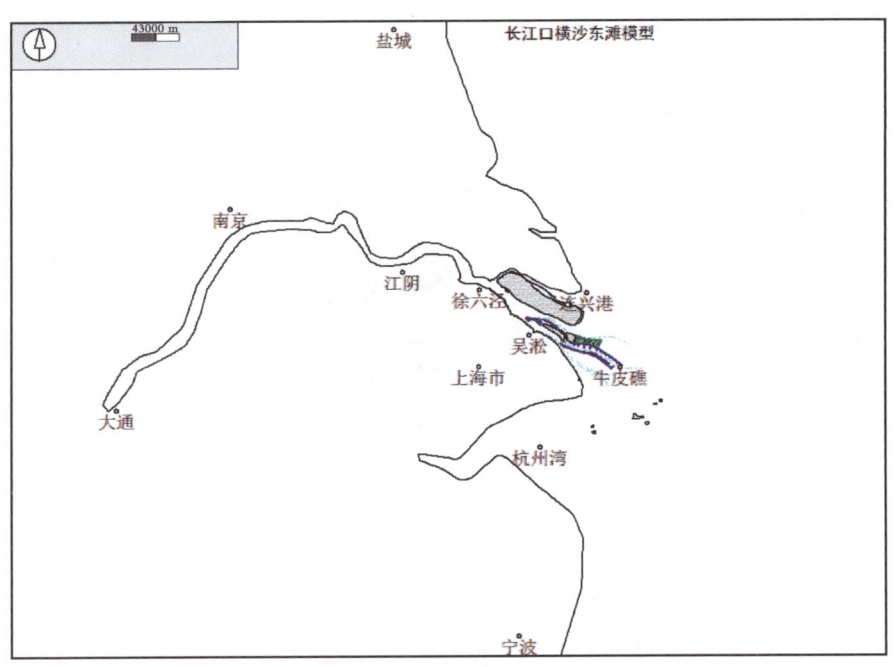

图1 数学模型范围

模型长江口江阴至口外-20 m等深线范围内地形采用2011年实测地形,江阴以上至大通地形采用概化地形,其余地形采用最新海图拼接。

2.3 计算参数

计算水域共划分三角形单元138281个,节点总数70587,网格边长平均150 m左右,工程区加密处理最小网格约38 m。时间步长15 s,糙率采用附加糙率方法$n=0.013+0.013/h$,紊动黏性系数采用常数模型取纵横向同值为0.1。工程区的导堤及丁坝等阻水设施,按工程地形处理(图2)。

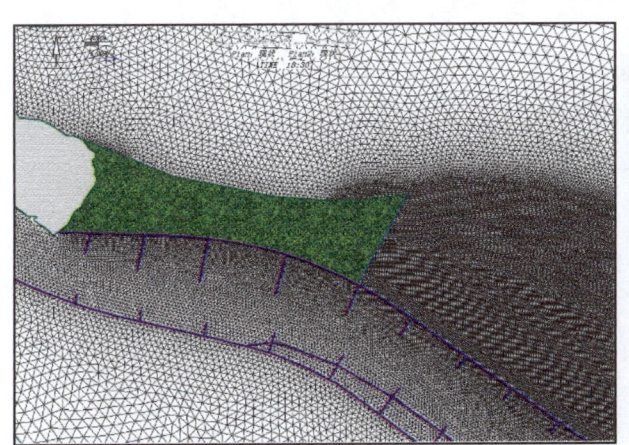 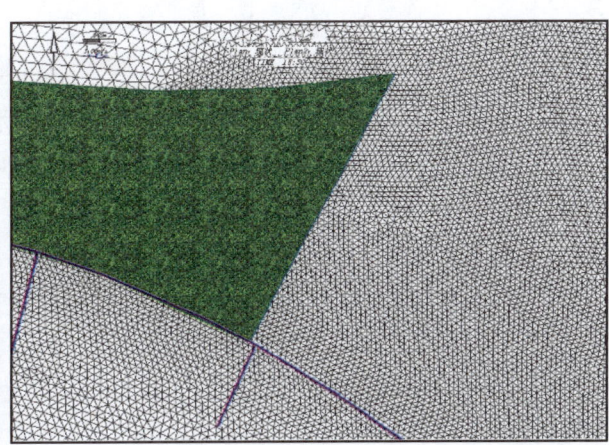

图2 横沙东滩局部网格示意图

2.4 模型验证

模型采用 2011 年 8 月 14 日—18 日共计 5 d 的长江口实测同步水文资料,具体潮位站点及水文测验垂线位置如图 3 所示。

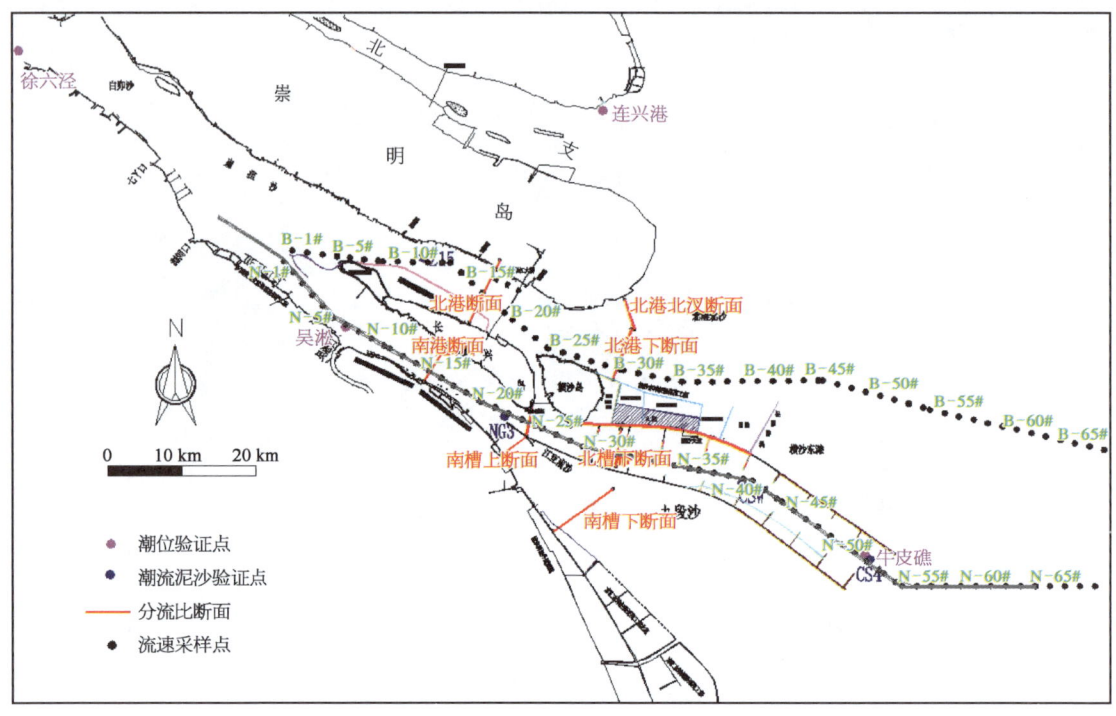

图 3　数学模型验证点位置

潮位验证结果如图 4 所示,潮流验证如图 5 所示。从验证结果来看,各潮位站高低潮位偏差基本在 0.10 m 之内,潮流测站涨落急流速偏差基本在 10% 以内,验证良好。NG3(南港)涨落急流速偏差相对较大,主要因为该区域距离工程区较远,网格较粗,因而地形存在偏差造成的。总体来说,数学模型验证精度满足规程要求。

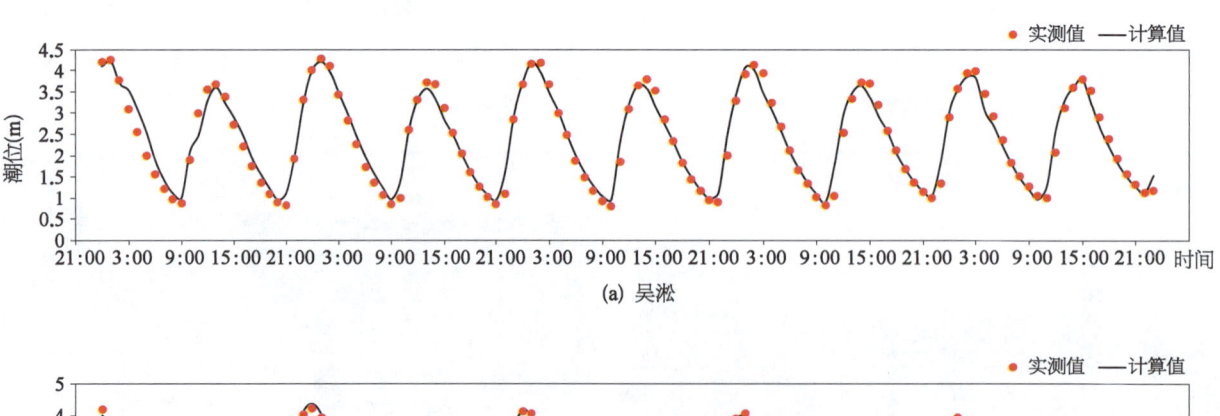

(a) 吴淞

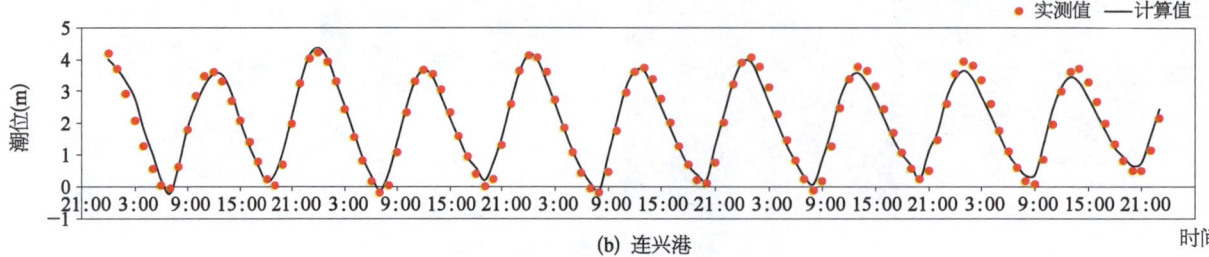

(b) 连兴港

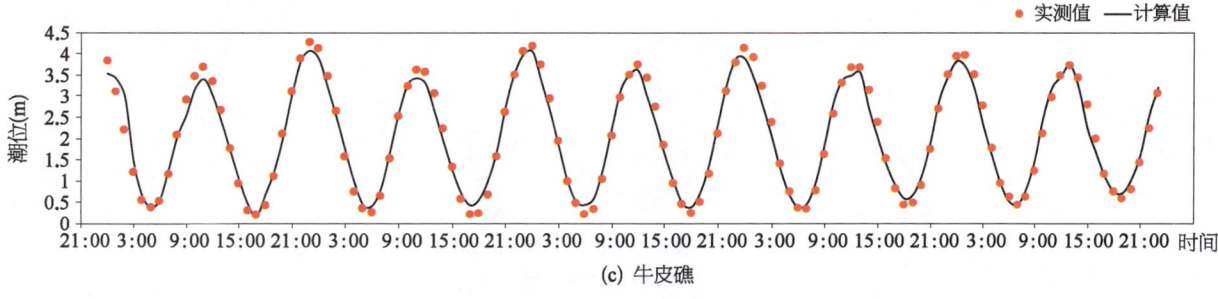
(c) 牛皮礁

图 4 潮位验证

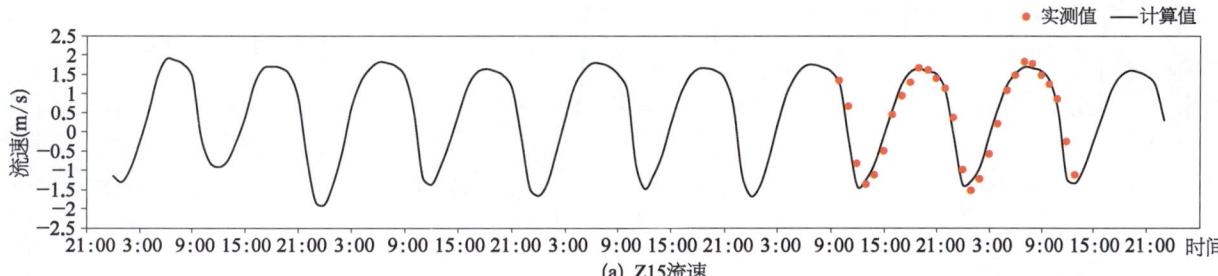
(a) Z15流速

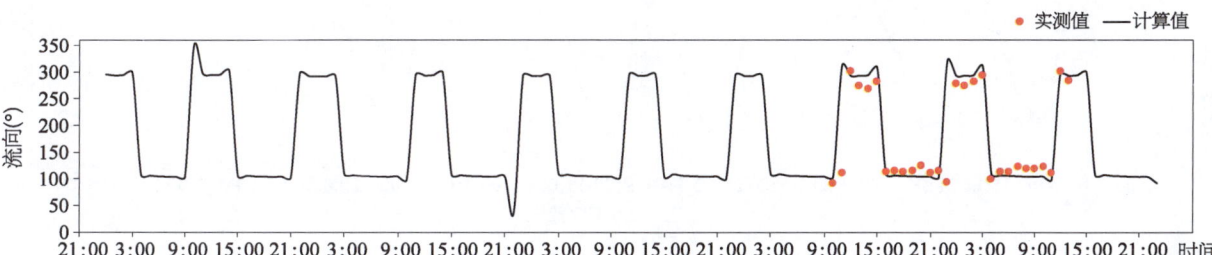
(b) Z15流向

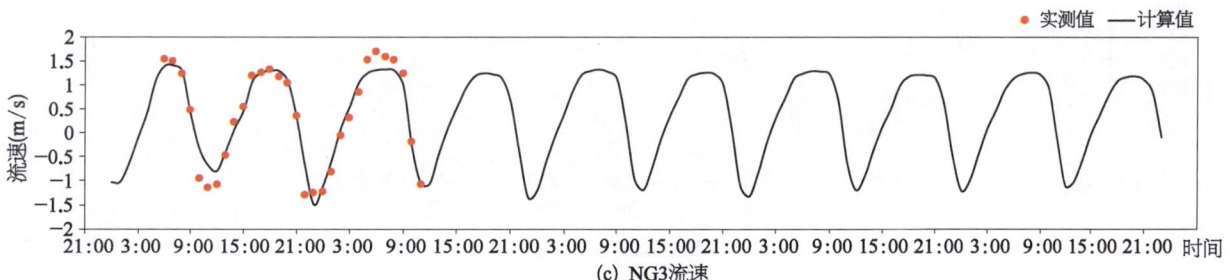
(c) NG3流速

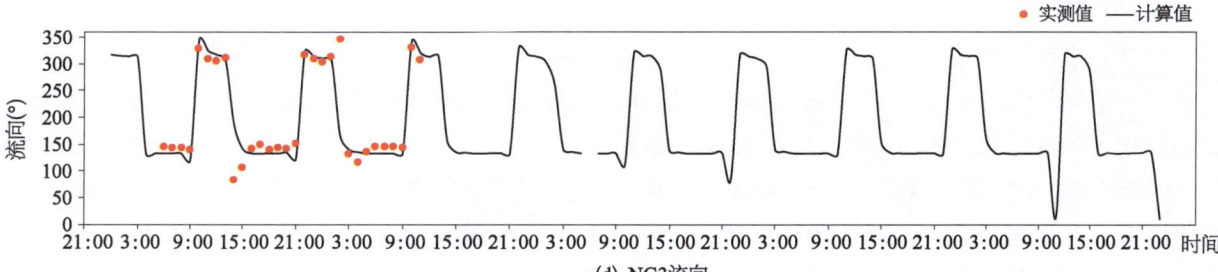
(d) NG3流向

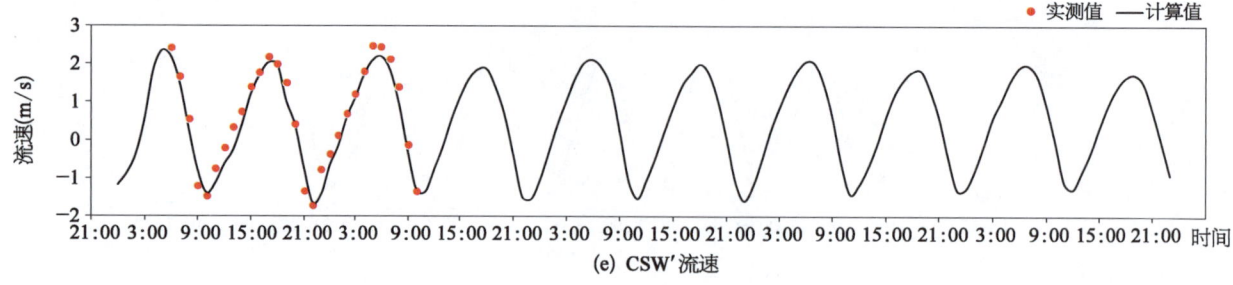

(e) CSW′流速

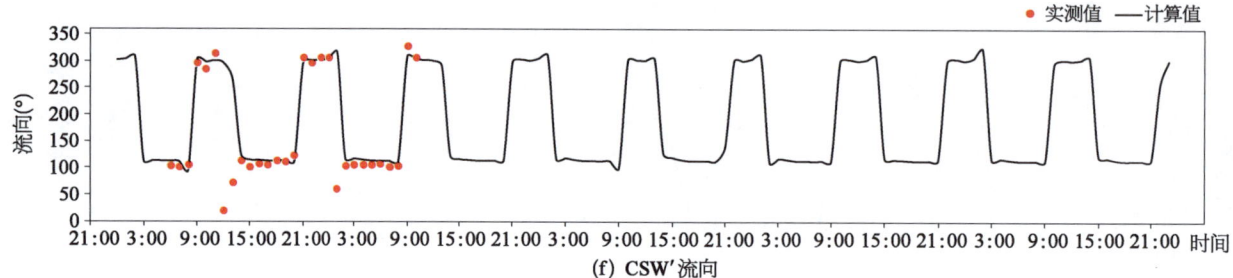

(f) CSW′流向

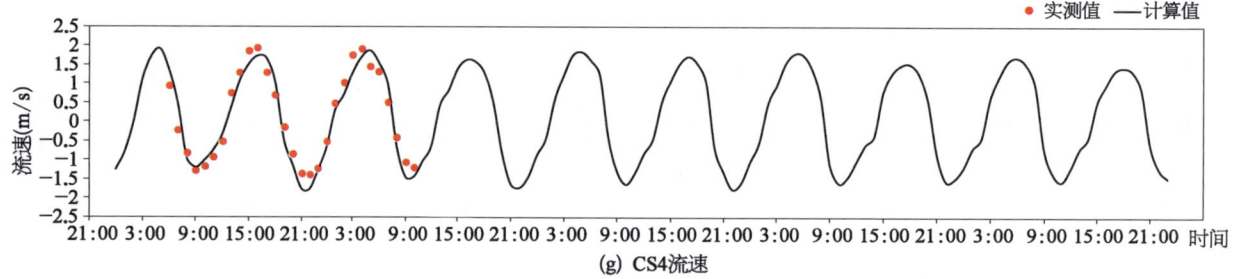

(g) CS4流速

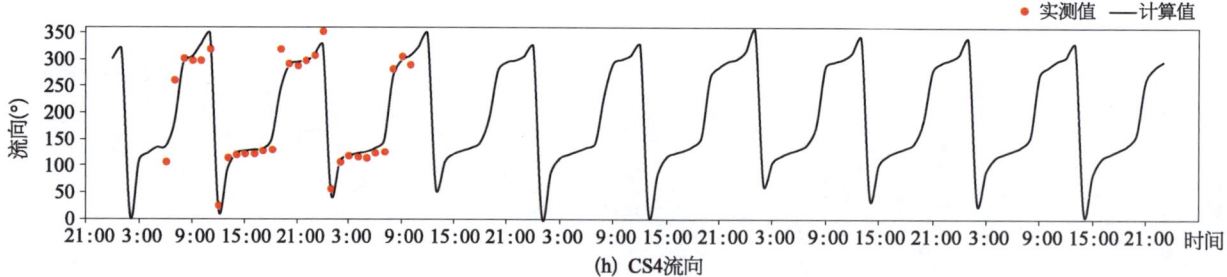

(h) CS4流向

图 5　潮流验证

3　上海新港区方案介绍

横沙新港区设置依据主要有以下几点：① 充分发挥横沙东滩东侧直接面临外海 20 m 深水区的优势；② 充分考虑与长江口 12.5 m 深水主航道和北港规划 10 m 航道的对接；③ 充分考虑与国际航线的对接；④ 充分考虑横沙东滩现有滩地水深条件、风浪条件、水沙输移特征；⑤ 港区内考虑大小船舶、不同流向船舶分离运营模式，充分突出水水中转、直转优势；⑥ 考虑土地资源合理节约利用；⑦ 考虑港区、航道、内河水系、生态环境的充分融合；⑧ 为横沙后续发展预留区域（如口外设置人工岛）。

横沙港区布置方案分为南港区和北港区两个方案（图 6 和图 7）。

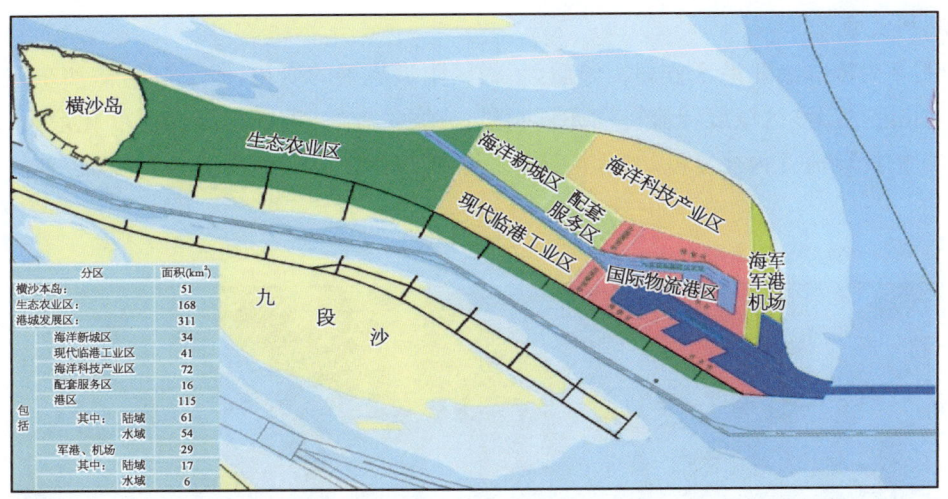

图 6　横沙南港区平面布置方案

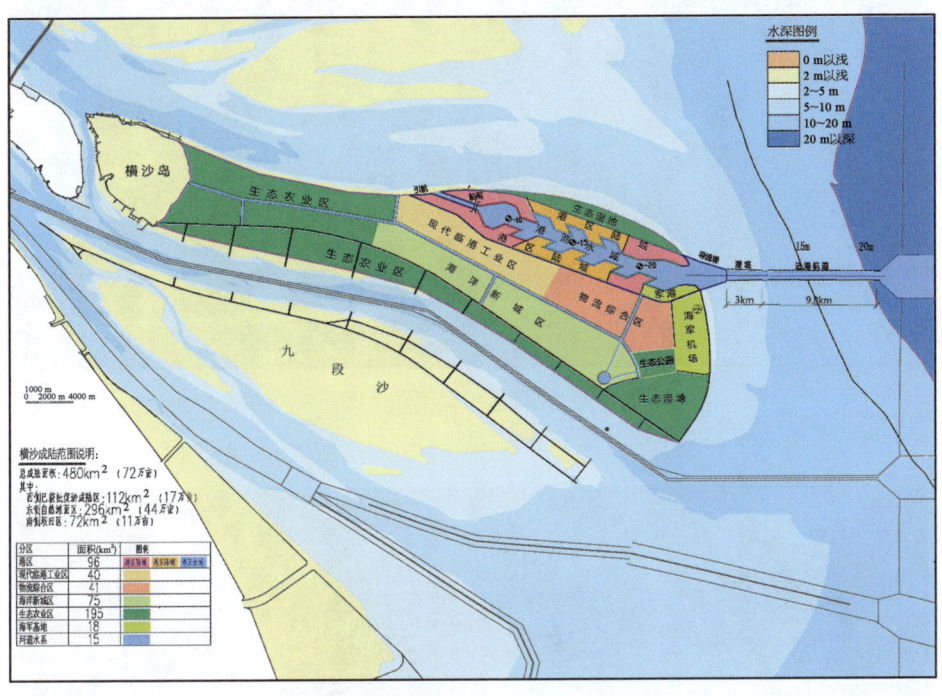

图 7　横沙北港区总平面布置方案

4　横沙港区对长江口水动力影响

4.1　分流比变化

横沙南港区方案实施后北港上断面的分流比减小 0.37％，北槽下断面的分流比增加 0.71％。横沙北港区方案实施后北港上断面的分流比减小 0.61％，北槽下断面的分流比增加 1.11％（表 1）。

表 1　横沙港区形成前后各断面分流比统计　　　　　　　　　　　　　　　　　　　　（％）

分流比	本　底	南方案	北方案
北港断面	51.40	51.03	50.79
北槽下断面	43.50	44.21	44.61

4.2 流场变化

图 8 和图 9 为横沙南北港区方案实施后,工程区附近流场的变化。工程前,横沙东滩附近水域以旋转流为主,北港拦门沙区域旋转流特性亦较明显,方案实施后,港区周围潮流变化最大,北港拦门沙水域由工程前的旋转流变为往复流,紧邻港区东侧的水域亦由旋转流转变为往复流,外海潮流旋转流特性不变。

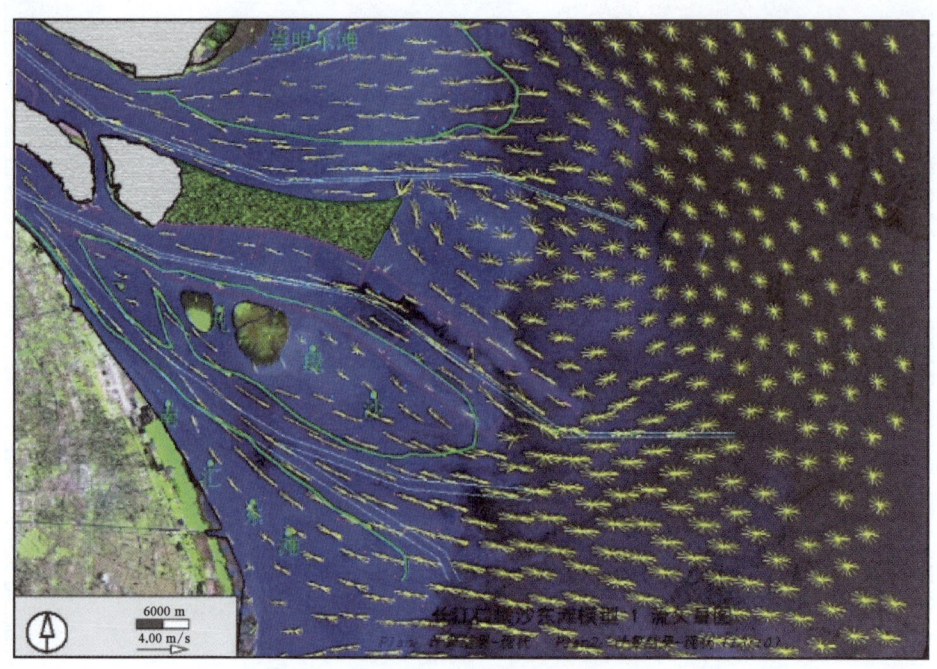

图 8　现状长江口流速椭圆图

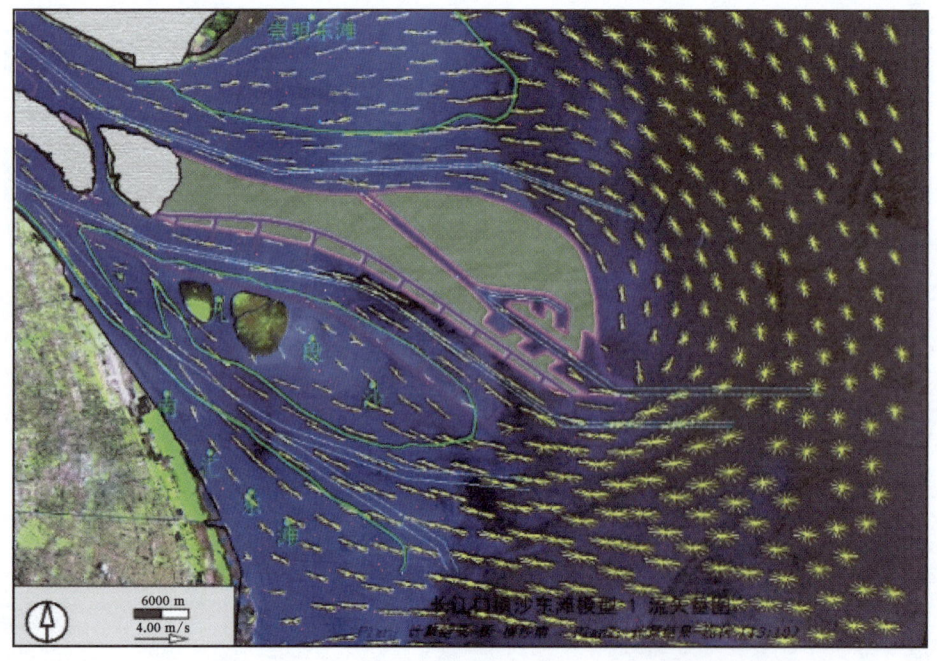

(a) 南港区实施后

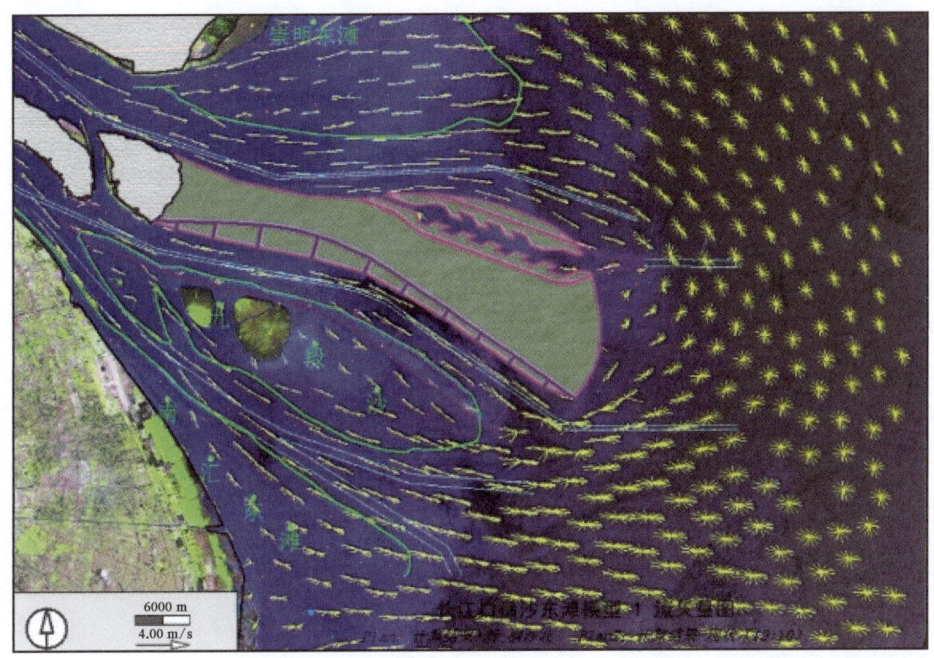

(b) 北港区实施后

图 9　长江口流速玫瑰图

5　横沙新港区对长江口航道的影响

5.1　南港—北槽深水航道

图 10～图 12 分别为横沙南北港区方案实施后落急、涨急及优势流的变化。可见,横沙港区方案实施后,南港河段、北槽中上段涨落急流速均有不同程度增加,涨急流速变化程度略大于落急流速。南港河段涨急流速平均增加 5 cm/s,落急流速变化甚微。北槽涨急流速整体呈增大趋势,北槽上段涨急流速增大约 20 cm/s,北槽出口处,南北方案差别相对较大。北槽中上段落急流速略有增大,北槽中下段及口外,落急流速呈降低趋势。

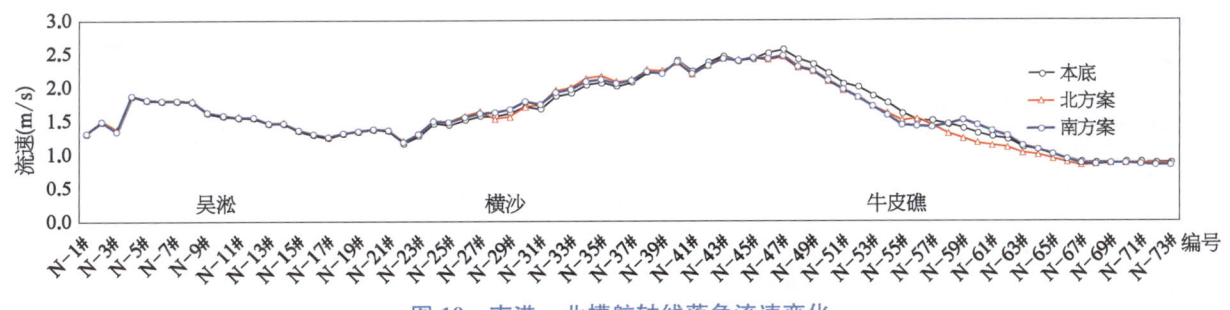

图 10　南港—北槽航轴线落急流速变化

方案实施前,南港北槽航轴线表现为明显的落潮优势流,北槽口外部分区段涨落潮势均力敌,中上段落潮优势达到 70%～80%,局部达到 80% 以上。

方案实施后,南港—北槽航轴线优势流有增有减,北槽上段优势流略有降低,北槽下段优势流增大,北槽口外优势流基本不变。总体来说,横沙港区方案实施并未改变南港—北槽以及北港深槽的落潮优势。

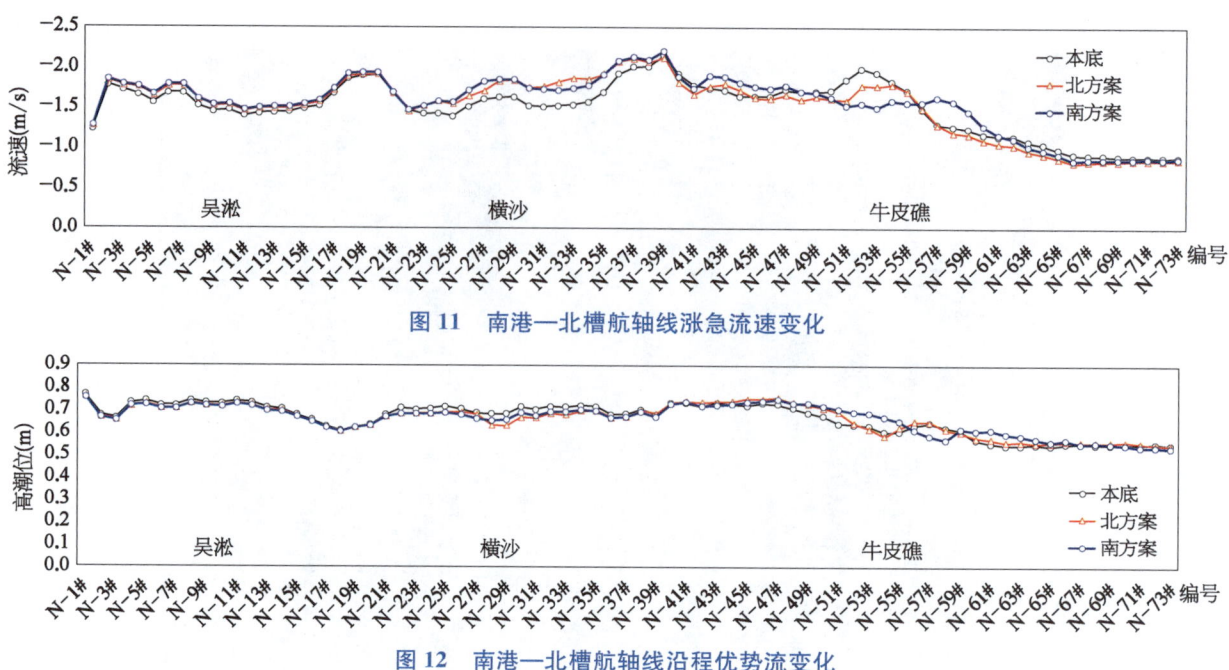

图11 南港—北槽航轴线涨急流速变化

图12 南港—北槽航轴线沿程优势流变化

5.2 北港航道

图13～图15分别为横沙南北港区方案实施后落急、涨急及优势流的变化。

横沙港区方案实施后,北港航轴线沿程落急流速变化较小,拦门沙水域B40～B43水域,落急流速减小约10 cm/s。涨潮流速变化相对较大,北港口外(B44外)段,涨急流速不同程度增大,B52点增幅最大,约为21 cm/s;B44点以上水域,涨急流速呈减小趋势,其中B39～B42段,涨急流速减幅超过20 cm/s,其他各采样点涨急流速变化基本小于15 cm/s。

方案实施后,北港下段优势流略有减小,中上段部分区段落潮优势进一步增加,变化幅度基本在5%以内,并未改变北港深槽的落潮优势。

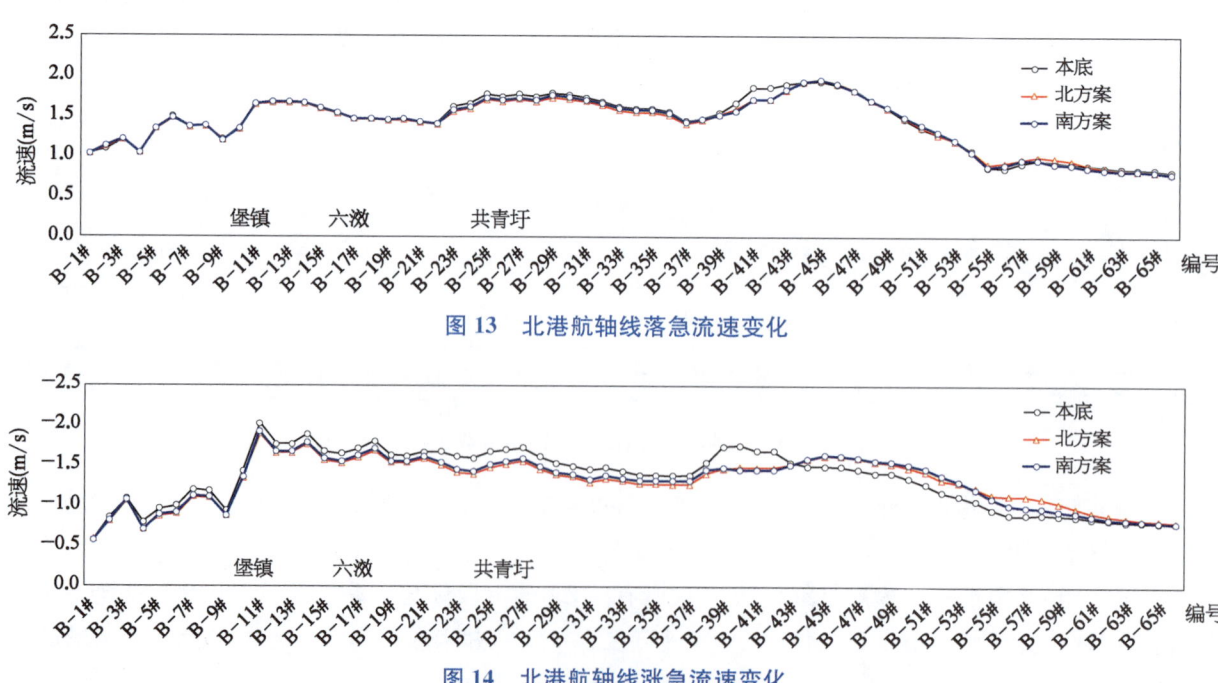

图13 北港航轴线落急流速变化

图14 北港航轴线涨急流速变化

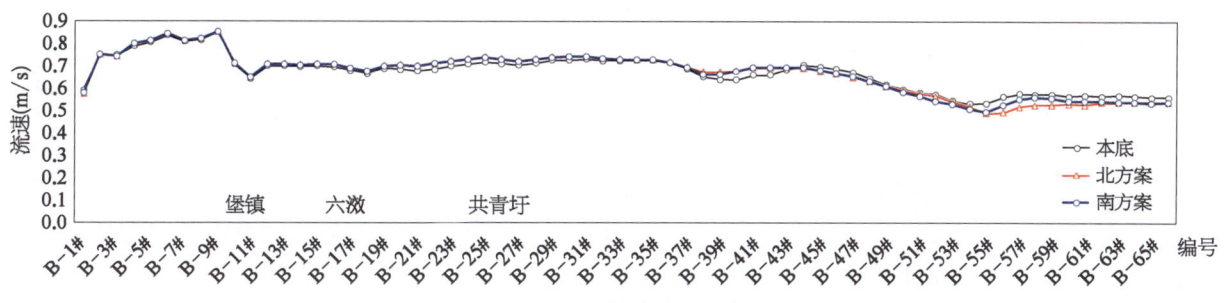

图 15　北港航轴线优势流变化

6　横沙新港区对周邻浅滩影响

由于横沙港区的形成占据了横沙东滩的较大纳潮水体，各水道之间的涨落潮量略有变化，紧邻横沙浅滩的崇明东滩和九段沙水位分布和潮流场均受到不同程度的影响。

从潮流场的变化来看，大部分时刻的涨落潮流速变化均在 5 cm/s 以内，不会引起明显的滩地冲淤变化，对长江口拦门沙地区的总体河势格局不会产生明显影响（图16和图17）。

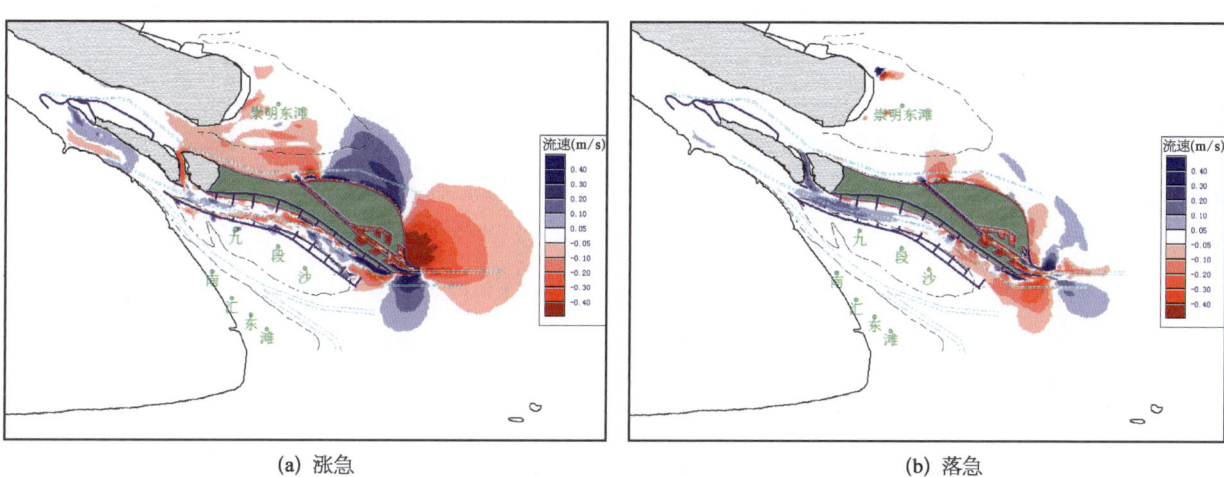

(a) 涨急　　　　　　　　　　　　　　(b) 落急

图 16　横沙南港区方案涨落急流速变化

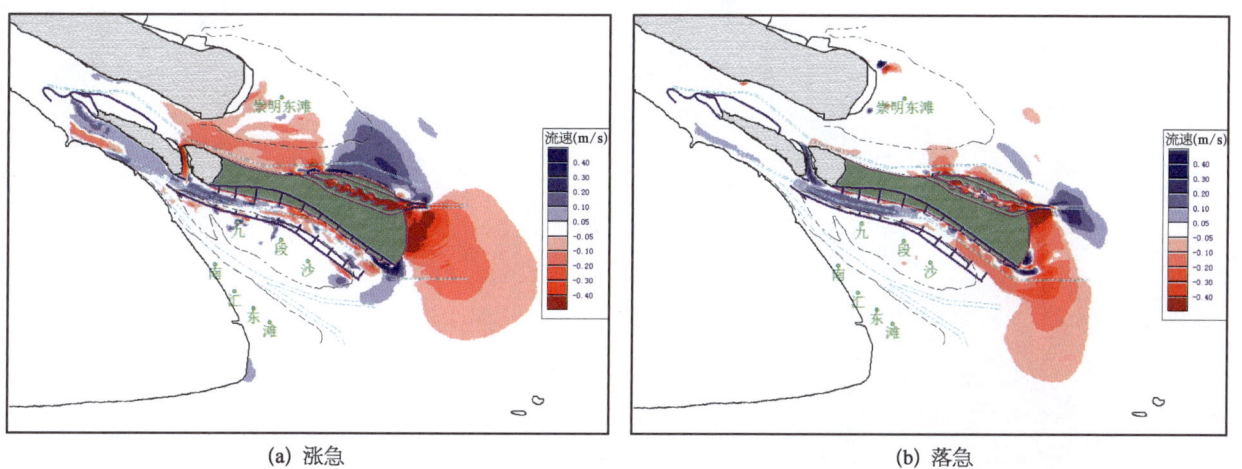

(a) 涨急　　　　　　　　　　　　　　(b) 落急

图 17　横沙北港区方案涨落急流速变化

7 结论

(1) 横沙港区方案实施后,各汊道断面分流比均在0.6%以内,对长江口总体格局未产生明显不利影响。

(2) 方案实施后,南港河段、北槽中上段涨落急流速均有不同程度增加,北槽下段涨、落急流速略有减小,南港—北槽航道的落潮优势流有所变化,仍表现为明显的落潮优势。北港沿程落急流速变化较小,涨急流速北港口外段增加,其余区段减小。

(3) 紧邻横沙浅滩的崇明东滩和九段沙受到一定的影响,但对长江口拦门沙地区的总体河势格局不会产生明显影响。

参考文献

[1] 邵荣顺,程泽坤,丁平兴,等.长江口横沙浅滩挖入式港池方案的研究[J].华东师范大学学报(自然科学版),2013(04):17-24.

[2] 程泽坤,邵荣顺.依托横沙浅滩开发大型深水港区的技术可能性[J].中国工程科学,2013(06):41-47.

[3] 葛建忠,郭文云,丁平兴.长江口横沙浅滩挖入式港池对流场的影响分析Ⅰ:数值模型和验证[J].华东师范大学学报(自然科学版),2013(04):79-90.

[4] 葛建忠,郭文云,丁平兴,等.长江口横沙浅滩挖入式港池对流场的影响分析Ⅱ:对周边流场影响[J].华东师范大学学报(自然科学版),2013(04):91-105.

[5] 路川藤,罗小峰.基于非结构网格的高分辨率隐式算法研究及应用[J].海洋通报,2015,34(1):59-64.

(原载于《水运工程》2017年第6期)

横沙深水新港或将美梦成真

江霞,孟舒,任国华,何业钢

(华东师范大学国际航运物流研究院,上海 200062)

1 前言

2015年12月,《上海市城市总体规划(2015—2040)纲要概要》正式发布,在"海洋空间区划示意图"中明示横沙浅滩定位为"发展预留空间"。该规划纲要概要中还明确指出,"发挥长江黄金水道优势,突出江海联运,要加快高等级航道和配套港区建设发展,优化集疏运结构,提高水水中转比例","要优化区域港口功能布局,加强大洋山、横沙岛等海洋战略资源的保护利用"。从这些叙述内容不难看出,上海新一轮规划已对2020年基本建成上海国际航运中心之后上海港口的扩建和升级进行了谋划,在横沙浅滩建设深水新港是一个已为上海市规划部门认可的重要抉择。

当前,从软件的角度看,上海国际航运中心正不断从金融、保险、信息、技术等航运服务方面提高自身的竞争力;从硬件的角度看,自2010年上海港集装箱吞吐量超越新加坡港成为世界排名首位的集装箱大港以来,至今已连续保持了6年的领先地位。上海港现今拥有外高桥和小洋山两大集装箱码头群,2017年洋山四期工程建成后,约可形成4000万TEU的年集装箱吞吐能力。

然而,由于受船舶大型化、班轮联盟化、全球经济持续发展并不断东移等因素的影响,上海国际航运中心的建设仍需要有新的海洋空间及硬件设施的支撑,才能在2020年之后保持可持续发展的势头。

2 上海国际航运中心的发展定位

从功能角度分析,世界上的国际航运中心主要可分为三类,即服务型、中转型和腹地型。值得关注的是,国际航运中心的演变是动态的。例如香港在回归祖国以前,曾表现出典型的国际中转型特征,但回归后,其战略取向发生了重要变化,主要体现为货物结构中仅有15%左右的国际中转货,海运出口货物中有一半以上来自中国大陆,进口货物中又有1/3转运到大陆。香港的集装箱吞吐量85%是由珠江三角洲生成并通过内河运往香港的。从地理位置分析,珠江三角洲实际上是香港的内陆腹地。因此确切地说,香港是"以腹地型为主、中转型为辅"的国际航运中心。

上海位于我国海岸线中部和长江入海口,濒江临海,集"黄金海岸"和"黄金水道"于一体,是长江流域的龙头,其经济腹地范围呈T形,即长江流域的全部和山东、福建的部分地区。从目前长江流域的外贸物资进出口情况来看,上海市外贸物资几乎百分之百通过上海口岸进出口;浙江省有近40%外贸物资通过上海口岸进出口;江苏省有60%外贸物资通过上海口岸进出口;长江中上游地区有近60%外贸物资通过长江三角洲口岸进出口,其中上海占1/2强。根据三类航运中心的功能特征,笔者认为,上海国际航运中心应当向"以腹地型为主,中转型和服务型功能适当扩展"的方向发展。

3 上海国际航运中心需要进一步优化硬件设施

上海国际航运中心应首先有可靠的深水航道、深水泊位、发达的集疏运网络等集装箱枢纽港所必备的硬件设施。从未来可持续发展的角度看,上海港现有的硬件设施仍需要进一步优化。

近20多年来,国际航运从以欧洲为中心逐步向以中国为中心转变。集装箱运输也正从"钟摆"式运输向"轴辐"式运输发展,干线港数量逐步减少,干线船舶越来越大。

由于成本优势,集装箱船舶已迅速发展到第八代3E级集装箱船,这种船舶全长超过400 m,满载吃水深度超过16.5 m。2015年年初,中海集运的2艘超1.9万TEU超大型集装箱船"中海环球"和"中海太平洋"号也已分别投入运营。据统计,在未来5年里,将有超过75艘的1.8万~2.2万TEU超大型集装箱船舶交付使用,届时对港口和航道的要求将更高。更有甚者,造船业已经在讨论设计建造刚好能通过马六甲海峡的3万TEU巨型集装箱船。

超大型集装箱船舶的投入运营正在引发洲际海运航线发生根本性变革。只有箱源量大且稳定、航道与泊位水深条件优越的港口,才能保持住在洲际海运航线中的干线港地位,不具备相应水深条件的港口将降级为区域性航线港口。当前,具备水深达18 m以上的深水泊位和深水航道已成为全球各个国际航运中心的建港目标。新加坡港做了一个大胆的计划,在支持巴西班让码头陆续扩张的同时,把现置于城市中心位置的丹戎巴葛、凯珀尔和布拉尼3个老港区全部搬迁至西部的Tuas新港区。争取至2017年,新加坡港的集装箱年吞吐能力达5000万TEU,码头水深将达18 m;而至2030年,其集装箱年吞吐能力将达6500万TEU。德国正在分期建设威廉港作为新的深水港,瞄准的就是1.8万TEU以上的超大型集装箱船满载进出港,这一深水港的水深将达18 m。老牌国际航运中心伦敦的主体港区虽然早就迁移到费利克斯托港,但现在又在建设全新的伦敦门户港。英国政府正在对该门户港至出海口的泰晤士河下游长达100 km的航道实施大规模疏浚工程,以求达到水深17 m,加上潮汐水位6 m,可以在每日的涨潮高峰期达到水深23 m,完全可满足1.8万TEU超大型集装箱船满载乘潮进出港口的需要。美国总统奥巴马在2014年6月签署了一项法案,投资123亿美元改造美国的港口和浚深航道,以满足大型船舶靠泊的需要。世界其他主要港口也已拥有良好的深水航道,鹿特丹为22 m,纽约为33 m,横滨为23 m,洛杉矶为18 m。再看国内主要港口,宁波舟山港拥有33 m的天然深水航道,青岛港为21 m,唐山港曹妃甸港区大于20 m,天津港和连云港均为23 m。上海洋山港区航道设计水深为16.5 m,实际维护水深为14.5~15.5 m,只有利用每日两次高潮期的潮差2~3 m,才能满足1.8万TEU超大型集装箱船舶满载进出港的要求。无论是与国际同行相比,还是与国内兄弟港口相比,上海洋山港区的深水航道已显得捉襟见肘。若超过18 m吃水深度的大型集装箱船在数年后投入运营,上海洋山港区将无法满足其满载入港的要求,上海的世界级集装箱枢纽港地位必将受到挑战。

陆域空间是港口发展现代服务业的基础,然而上海外高桥、罗泾等港区紧邻市区,相邻土地早已规划它用;洋山港区面积仅7.2 km²,也已开发完毕。上海港若想扩大现有港区规模,或者依托港区发展物流业务则缺乏土地资源的支持。

上海港是长江三角洲及沿线地区大宗物资和外贸货物中转的重要门户。上海港集装箱水水中转比重由2005年的26.9%上升到2014年的45.6%,但大部分是二次中转。从长江集装箱内支线发展来看,目前大量的集装箱必须经外高桥港区通过"水上穿梭巴士"运到洋山港区,货物运输成本增高。此外,上海港集装箱集疏运系统以公路为主,由于铁路线至今未能进入上海港的主要集装箱港区,因此铁路所占集疏运比例非常小,不到0.3%。目前,在陆上道路采取集卡方式进出外高桥港区的集装箱量大而密集,加重了该港区周边道路的交通拥堵和废气排放,引起居民的不满。

从软件来看,世界上主要的国际航运中心大多实施免缴海关税收的自由港政策,各国商船均可自由进出、补给、修理、装卸、加工、转口而不纳税。从我国的现行体制和政策来看,短期内还无法实施完全的自由港政策。加之上海国际航运中心的建设目前仍以上海市政府为主推动,由于受到中央政府各部委诸多事权的限制,使得高端航运服务业难以取得较大发展。但上海作为集装箱枢纽港,仍可成为实体物流、运输工具流、资金流和信息流迅速集聚、扩散的中心,能够吸引集装箱货源留在上海本地进行中转、加工、整理、配送,成为国际货物的增值服务中心,从而推动国际航运中心软实力的发展。

综上所述,上海国际航运中心在今后10~20年内仍需加大硬件设施的建设和优化,以巩固上海港的世界级集装箱枢纽港地位,推动上海国际航运中心向更高能级迈进。

4 建设横沙深水新港促上海国际航运中心升级

长江口拥有丰富的滩涂资源,与横沙岛相连的横沙东滩和横沙浅滩是集"区位、土地、岸线、航道"等众多优势于一体的稀缺性资源。经过科学论证,将这片区域吹填成陆,可新增陆域土地面积约480 km^2(为目前上海市域面积的7.6%),具有规划建设大型深水港口的有利条件,同时可满足现代海洋产业、临港工业和国际航运物流业等产业发展的需要。这里还可形成深水岸线近100 km,加之南北两侧紧贴12.5 m长江口深水主航道和10 m长江口北港航道,以及东侧直接面临外海深水区,横沙浅滩将有条件建设水深达20 m以上的深水新港。

更为重要的是,在横沙浅滩规划建设深水新港可以充分发挥其独特的区位优势,实现江海直转联运,以解决江船与海船之间的差异性问题,实现运输成本的最优化。一般来说,江船的建造标准比海船要低一些,不能适应海洋的大风大浪。海船进江,船舶的稳定性、强度、安全等没问题,但由于江水比较浅、航道狭窄、船舶多,大型海船就无法适应。因此,从海上运输货物到长江中上游一般要转船3次,分别是大型海船、中小型海船和长江船。如果江船可从长江口北港航道进入横沙新港区,大型集装箱海船则通过20 m深水航道进入横沙新港区,货物在此进行直接中转、集拼等,可减少一次中转,将大幅节约运输成本。

从建设成本上看,长江口深水主航道等维护疏浚每年可产生疏浚土0.8亿~1亿 m^3。随着长江口北港航道和南槽航道疏浚维护的规划实施,也将产生大量的基建和维护疏浚土。横沙两滩的吹填成陆工程可以就地取材,充分利用这些疏浚土上滩造陆,变废为宝,实现资源综合利用,这样既减少了疏浚土外运抛弃的运输费用,又节约了横沙新成陆域的造地成本,同时也消除了疏浚土外抛而引起对生态环境的影响,可谓一举多得。利用疏浚土吹填形成横沙新陆域,成本相对较低。初步计算,横沙两滩的吹填成陆成本约为35元/m^3(含疏浚费用和上滩费用),其中长江口深水航道维护疏浚费用平均约18元/m^3,现由国家财政支出。对上海而言,横沙成陆造地实际仅需承担疏浚土的上滩费用约17元/m^3。新横沙土地开发既不占用农业用地也不涉及动拆迁等问题,此区域土地开发的成本远低于上海老城区。

横沙成陆开发利用和横沙深水新港的规划建设对长江口生态环境将产生一定的影响,但这些影响在采取适当的生态环保措施后是可以弥补的。横沙深水新港水域发生船舶溢油事故,通常不会波及青草沙水源地等安全敏感区。因此,可以达到新横沙开发利用和生态环境保护和谐共赢的结果。

从建港技术上看,完全可以利用国内成熟的沿海滩涂围垦成陆开发技术和经验进行横沙浅滩的开发利用和横沙深水新港的建设。建立长江口水动力数学模型和包括长江口、杭州湾的平面二维潮流泥沙数学模型，并经过专家大量的研究分析和科学论证表明，在横沙浅滩经吹填形成新陆域方案和建设 20 m 水深的横沙深水新港方案，在技术上是可行的。研究认为，该方案对长江口总体河势格局影响较小，对周邻水上工程（包括长江口 12.5 m 深水主航道、青草沙水源地等）及相邻浅滩影响不大。

  世界前 10 大城市均是通过港口发展起来的，世界前 30 大城市中 80% 也是通过港口发展起来的。但在发展的同时，港口也带来了交通拥堵、空气污染等负面问题，加之都市圈的地价高涨和民众环境保护意识的觉醒，世界各国新建港口作业区已越来越远离中心城区，如新加坡、鹿特丹等城市已生动演绎了港口外移的实践。世界城市发展的规律证明，进入 21 世纪之后，以港兴市依然是上海国际大都市可持续发展的根本。横沙深水新港建成后，可将上海主城区内的张华浜、军工路和外高桥港区逐步迁移至横沙，实现主城区内土地资源的功能置换，以缓解上海外环和郊环道路的压力，并大大减少船舶和集卡车辆在主城区内的废气排放，使上海主城区内的环境得以改善，可早日实现宜居城市的目标。

  上海作为腹地型为主的国际航运中心，世界级集装箱主枢纽港地位是其不可缺少的必备条件。为应对未来集装箱船舶大型化发展，需要规划和建设拥有 20 m 深水航道和泊位的新港区，以优化上海国际航运中心的硬件设施；利用横沙浅滩得天独厚的地理位置优势建设横沙深水新港，可以实现江海直转，并以此推动上海国际航运中心在 2020 年基本建成后的升级发展。

横沙新港潜在的功能作用

陈婧超,朱建华,彭德艳

(华东师范大学国际航运物流研究院,上海 200062)

1 前言

目前,上海国际航运中心建设取得了阶段性的成果,基本确立了国际航运枢纽、物流枢纽的地位。然而国家发展战略的新要求,城市发展规划的新远景,全球航运发展的新趋势以及经济腹地发展的新需求均需要上海国际航运中心持续发展来支撑。国际航运中心要可持续发展,解决港口能力短板,即深水新港建设(选址)问题是不可回避的。因此,有必要从航运中心建设可持续角度研究横沙建港的作用。

2 海运对全球经济的影响

海运是航运中心直接服务对象,其变化趋势将直接影响航运中心发展。地球 71% 的表面为海水覆盖,决定了全球化必然发端于海洋。全球 80% 我国 90% 以上的外贸运输量靠海运完成,发展海洋经济是中国的一项重大国策。

世界经济贸易发展离不开海运,其兴衰与全球经济、世界贸易、各国政策法规以及全社会的发展态势关系密切。从某种意义上讲,海运已经成为经济全球化的重要支撑。当前,海运良好的经济性伴随技术进步而不断得到提高,航海技术的进步也使得航行风险呈明显下降趋势,提高了海运的收益风险比,更巩固了海运的重要地位。

总的来说,海运是全球化产业,航运中心建设是围绕海运发展需求服务的,必须主动适应航运变化趋势。

世界海运发展总体趋势是:虽然受到金融危机的影响,世界海运量总体仍保持稳步增长,当前出现全球经济低迷、贸易保护抬头现象是暂时的,从长远看经济全球化趋势不可逆转,海运量还将继续保持增长。全球海运量及增速变化如图1所示。

图1 全球海运量及增速图

同时,全球船舶大型化和航运联盟化趋势导致船舶挂靠港减少。未来挂靠港中将出现若干吞吐量规模大、辐射范围广的超级集装箱枢纽港,而全球航运格局也将由此重构。这些变化趋势对上海是挑战更是机遇。

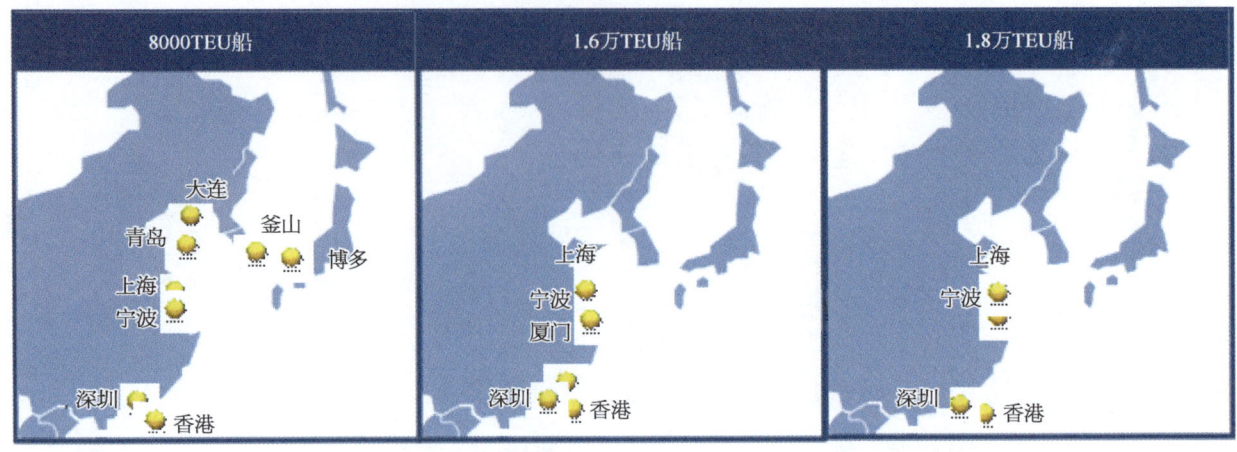

图 2 各等级航线集装箱船在东亚地区挂靠情况

3　国际上航运中心的演变及定义

国际航运中心的发展有着清晰的演变轨迹,形成了由"西欧板块"向"北美板块",再向"东亚板块"的递进。世界航运中心无不是把握经济发展需求机遇,满足世界海运发展需求,依托自身资源禀赋"以港兴市"发展起来的。从历史的演进看,伴随着经济贸易发展的客观需求,港口及其地位是国际航运中心形成过程必不可少的基础性关键要素。

货物、船舶和港口是国际航运中心的三大要素,由三大要素着手可以对国际航运中心做出一个最基本的定义:国际航运中心是以港口为依托,以航运为纽带,以产业为支撑,具有高度经济集聚和辐射功能,能够为区域经济发展提供高效服务,在国际航运业务中具有主导话语权的国际化港口城市。

4　上海国际航运中心基本条件分析

1995年我国正式提出"把上海建成国际航运中心是开放浦东,使其成为远东经济中心,开发整个长江的关键",上海城市由"三个中心"增加为"四个中心"建设,上海国际航运中心自此迅速发展。目前上海枢纽港地位已基本确立,集疏运系统不断完善,航运服务功能也基本健全。

上海港作为长江流域乃至我国最重要的对外门户,拥有覆盖全面的航线网络,发达的基础设施和良好的配套服务,是长江流域发展成为海上丝绸之路航运枢纽的首选港,在国家"一带一路"倡议和长江经济带建设战略布局中被定位为核心支点。

为了满足未来快速增长的江海转运需求,依托黄金水道推动长江经济带发展,上海航运中心的港口群必须充分保障长江经济带对外运输需求的长期持续增长,江海物流枢纽的服务量级、能级也要进一步提高完善,不断降低物流成本,提高长江经济带的国际竞争力等,以应对更高的要求。

想要长足发展就要正视自身问题,才能突破提高。制约上海航运中心发展主要有以下三个问题:枢纽港地位可持续发展出现"瓶颈",航运服务水平有待提升,航运营商环境有待进一步完善。这些问题得到改善和提高,上海港的发展将进一步的提升。

5　上海国际航运中心发展方向选择

上海处于我国南北海岸的中心位置,长江的入海之地,背靠我国工商业最发达的长三角区域和长江经济带,水网密布水运资源丰富,依靠长江及其支流可以连接广阔腹地,经过20年的快速发展,应该说上海已经初具国际航运中心雏形,尤其是上海港集装箱吞吐量连续6年保持第一,在亚太地区乃至全球也都有相当的影响力。以下从3种不同类型着手分析上海航运中心发展功能特征选择。

1) 中转型

中转型的典型代表是新加坡。新加坡地处国际航线要道,拥有区位优越的天然深水良港,并且在举国体制的开放政策下航运服务配套完善,费用低廉。而上海地处河口,离国际主航道有相当距离,并且不具有国家事权,在航运服务方面也还有很大的差距,不具备竞争的差别优势,见表1。

表1　中转型国际航运中心条件比较

条　件	上　海	新加坡
地理位置	地处河口位置,离国际主航道有相当距离	地处国际航线要道;区位优越的天然深水良港
政策环境	我国航运是国家事权	自由港;举国体制下的开放政策
航运服务	有提升空间,但竞争优势不足	政策引导全面推进、综合配套日益完善、服务费用低廉

2) 功能型

功能型的典型代表是英国伦敦。伦敦作为英国的首都是第一批发展起来的航运中心之一,当今已经拥有航运规则制定者和仲裁者的地位,同时服务功能齐全,服务对象主要是全球航运公司总部。而上海相对发展时间不长,权威性有待加强。在其他两个方面也不具备竞争优势,见表2。

表2　中转型国际航运中心条件比较

条　件	上　海	伦　敦
航运规则的掌控权	相对发展时间不长,权威性有待进步	历史赋予了先发优势机会,具有航运规则制定者和仲裁者的地位
税收、金融外汇管制自由度	我国税收、金融外汇相关政策是国家事权	首都,具有事权的优势
航运服务	正在不断提升,但竞争优势不足	以信息服务、船舶融资租赁、海上保险、海事法律和仲裁为主,服务功能齐全;服务对象主要是全球的航运公司总部

3) 腹地型

腹地型的特点是枢纽港的地位,广阔的经济腹地和便利的物流通道。典型代表是美国纽约。纽约地理位置优越并且是美国最重要的货物集散地和全球重要航运枢纽,拥有发达便利的水、铁路集疏运体系。上海同样拥有优越的地理位置,地处国内经济最发达的长三角地区,腹地资源丰富。当前是举世公认的集装箱枢纽港,并且集疏运网络体系正不断优化完善,具备了相当的竞争优势。见表3。

借鉴国际经验,从不同类型航运中心功能定位必备条件分析入手,对上海自身资源禀赋和客观环境变化趋势分析得出上海属腹地型。其需要有可持续枢纽港(深水大港)并要依托其来集聚航运要素优势,发展相关航运服务业。

表3 腹地型国际航运中心条件比较

条 件	上 海	纽 约
地理位置	地处国内经济最为发达的长三角地区,其腹地可延伸至长江流域乃至我国内陆大部分地区	地处大西洋东北岸为全美工商业最发达的区域,临近大西洋航线,又以伊利运河连接五大湖地区
枢纽港地位	集装箱吞吐量已经连续6年全球第一,是举世公认的集装箱枢纽港	美国最重要的货物集散地和全球重要航运枢纽
配套交通	集疏运网络体系正在不断得到优化。陆路集疏运设施不断完善、水路集疏运效率持续提升	铁路联系广大腹地,便利的水、铁路集疏运体系

虽然我们可以向往发展成具有完美功能的国际航运中心城市,可是愿望不能替代客观规律,国际航运中心运行实践经验告诉我们必须因地制宜和因势利导,因此上海的航运中心应在力所能及的范围内努力发展国际中转和高端服务功能,但主要立足点必须放在"腹地型"功能上。

6 横沙具有独特的潜在建港功能优势

综上所述,上海需要深水大港来发挥其腹地型国际航运中心的优势,实现可持续发展,而未来新港址的选择的核心需求是:要能建设既满足适应船舶持续大型化的建港基础条件,又满足长江经济带腹地物流江海直转要求的码头泊位,而且港口建设不存在颠覆性的技术障碍。港址选择应距长江口

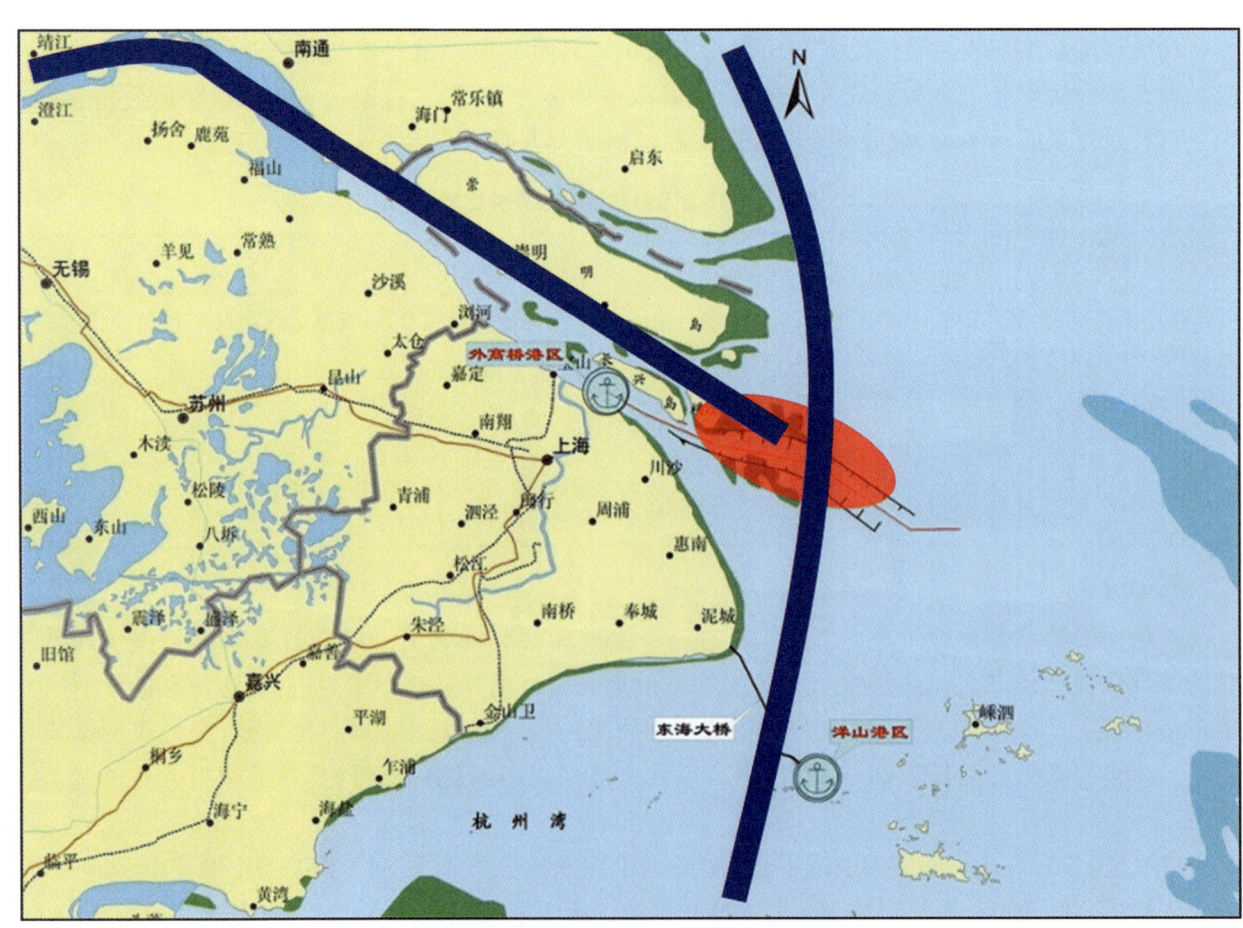

图3 横沙成陆战略实施区位优势示意图

较近，尽量降低腹地物资的江海物流成本，从而确保上海港在国家战略布局中的核心支点和门户枢纽地位将继续强化。

上海众多的滩涂资源中，横沙两滩凭借其独特的地理位置，是上海难得的稀缺性资源，其开发利用具有诸多潜在优势。

首先，横沙在长三角区域内具有江海直转唯一性。与通州湾、大洋山等潜能比较来看，只有横沙可以直接服务长江驳船和海轮，而不需要二程中转，大船和长江驳船可以直接靠泊在未来的横沙深水新港。

其次，横沙具有明显的区位优势。新横沙位于长江出海口，扼我国海岸线与长江黄金水道的T字形交点，通江达海。在此规划建设上海深水新港，可以充分发挥其区位独特优势，实现江海直接中转联运，成为国家"一带一路"和长江经济带的枢纽。其又紧临上海市本土，利用短距离隧道或桥梁连通后，即可直抵上海浦东和江苏省苏北地区。

横沙还同时具备土地资源优势、航道资源优势、岸线资源优势且开发成本低、技术成熟，在此规划建设横沙深水新港，可以充分发挥其独特潜在综合优势，实现江海直接中转联运，成为国家"一带一路"和长江经济带最为理想的枢纽，为上海航运中心可持续发展发挥不可替代的作用。

本文从全球趋势着手分析，再到国家政策导向，着眼于上海航运中心的可持续发展，最终聚焦横沙建港潜在的功能作用，得出结论：上海航运中心需要腹地型，腹地型需要深水大港，深水大港需要横沙新港。

（原载于《中国港口》2017年第1期）

上海横沙新港建设的水流泥沙条件分析

张功瑾,路川藤,罗小峰

(南京水利科学研究院水文水资源与水利工程
科学国家重点实验室,江苏 南京 210029)

[摘要] 基于CJK3D-WEM模型,建立长江口横沙港区数学模型,研究横沙港区的建港条件。研究认为横沙主港区采用人工岛和突堤相结合形式,港区内存在多处回流流态;港区口门区域采用两条挡沙导流堤布置形式,口门区存在明显的回流。口门外航道区段旋转流特征明显,涨潮最大横流流速和落潮最大横流流速基本接近,除口门内侧受导流堤约束外,总体趋势是越往外侧主流向与航轴线交角越大,外航道横流值也有所增加。根据淤泥质海岸港池航道泥沙回淤公式估算了港池航道回淤量。

[关键词] 长江口;横沙东滩;CJK3D-WEM;泥沙回淤

1 前言

上海港集装箱吞吐量和货物总吞吐量已连续多年位居世界第一,其在当今世界航运业中的地位和区域社会经济发展中的作用举足轻重。但上海港发展面临着吞吐能力已饱和、深水岸线用尽、深水航道疏浚维护量大、土地资源短缺、与城市发展争资源等挑战,港口可持续发展的空间处于难以再提升的境地。如不及早落实相应的对策措施,2020年将难以实现上海国际航运中心建设总体目标。

横沙东滩是一个集"区位、土地、岸线、航道"等众多优势资源于一身的区域。其南贴长江口北槽12.5 m深水航道,北靠北港航道(规划10 m航道),东临东海,经吹填成陆可新增土地约480 km²(72万亩),可新增深水岸线100 km以上,并且依托东接外海深水区的优势,可建设大型挖入式港区,实现20 m深水港的突破。

关于上海横沙新港的建设,国内一些学者已进行了初步研究。葛建忠利用FVCOM模型研究了横沙新港的建设对周边水域水动力环境的影响。葛建忠针对横沙浅滩挖入式港池建设和维护中核心的泥沙回淤问题,采用海港水文规范、底切应力公式和纳潮总量估算等多种不同方法对横沙挖入式港池规划方案中的港池和外航道泥沙回淤问题进行预估。

本文利用CJK3D-WEM模型,建立了长江口横沙港区数学模型,从港区流场、含沙量即港区航道回淤等方面,全面分析研究了横沙港区的建港条件。

2 数学模型

2.1 数值模拟方法

CJK3D-WEM软件于2014年取得国家软件著作权登记,适用于江河湖泊、河口海岸等涉水工程中的水动力、泥沙、水质、温排、溢油模拟预测研究。

该系统借鉴可视化编程思路，选用成熟的计算方法，编制出完整的河口海岸数值模拟可视化系统，具有系统集成性好，操作界面友好，可视化程度高，算法稳定，适用范围广等优点。具体数值求解方法参见文献。

2.2 模型范围

数学模型包括整个长江口和杭州湾。长江潮区界位于安徽大通，大通以上水域水位基本不受潮波影响，作为模型的上边界；长江口外—50 m 等深线处受径流影响可忽略不计，作为模型外边界，模型东西向总长 700 多 km。模型北至江苏盐城港附近，南至浙江宁波，南北向接近 600 km，如图 1 所示。

模型长江口江阴至口外—20 m 等深线范围内地形采用 2011 年实测地形，江阴以上至大通地形采用概化地形，其余地形采用最新海图拼接。

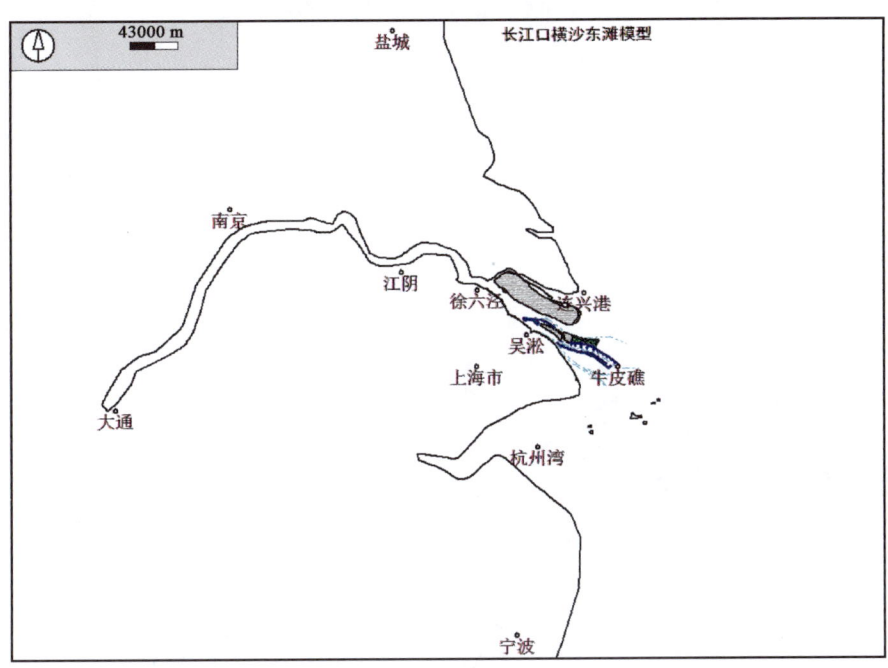

图 1　数学模型范围

2.3 计算参数

计算水域共划分三角形单元 138281 个，节点总数 70587，网格边长平均 150 m 左右，工程区最小网格约 38 m。时间步长 15 s，糙率采用附加糙率方法 $n=0.013+0.013/h$，紊动黏性系数取纵横向同值为 0.1。局部网络示意图如图 2 所示。

2.4 模型验证

模型采用 2011 年 8 月 14 日—18 日共计 5 天的长江口实测同步水文资料，具体潮位站点及水文测验垂线位置如图 3 所示。

潮位验证结果如图 4 所示，潮流验证如图 5 所示，含沙量验证如图 6 所示。从验证结果来看，各潮位站高低潮位偏差基本在 0.10 m 之内，潮流测站涨落急流速偏差基本在 10% 以内，验证良好。NG3（南港）涨落急流速偏差相对较大，主要因为该区域距离工程区较远，网格较粗，从而地形存在偏差造成的。含沙量验证偏差相对较大，主要因为本模型采用均匀沙模拟泥沙运动，不能很好地反映不同水域泥沙粒径形状、粒径、特性不同的特征，但总体来说，数学模型验证精度达到了规程要求。

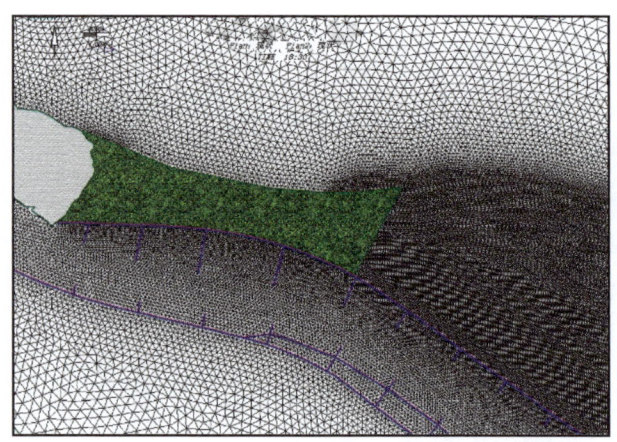 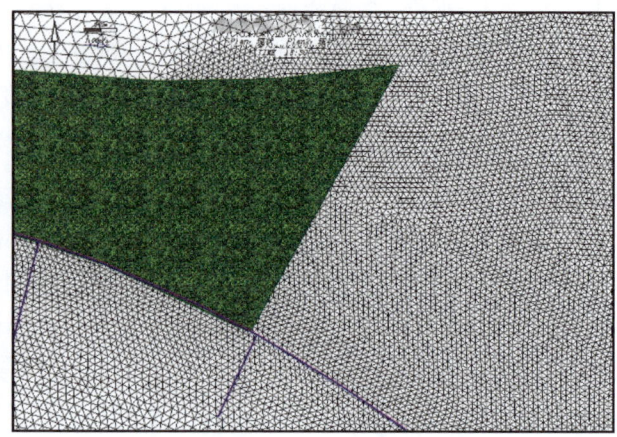

图 2 横沙东滩局部网格示意图

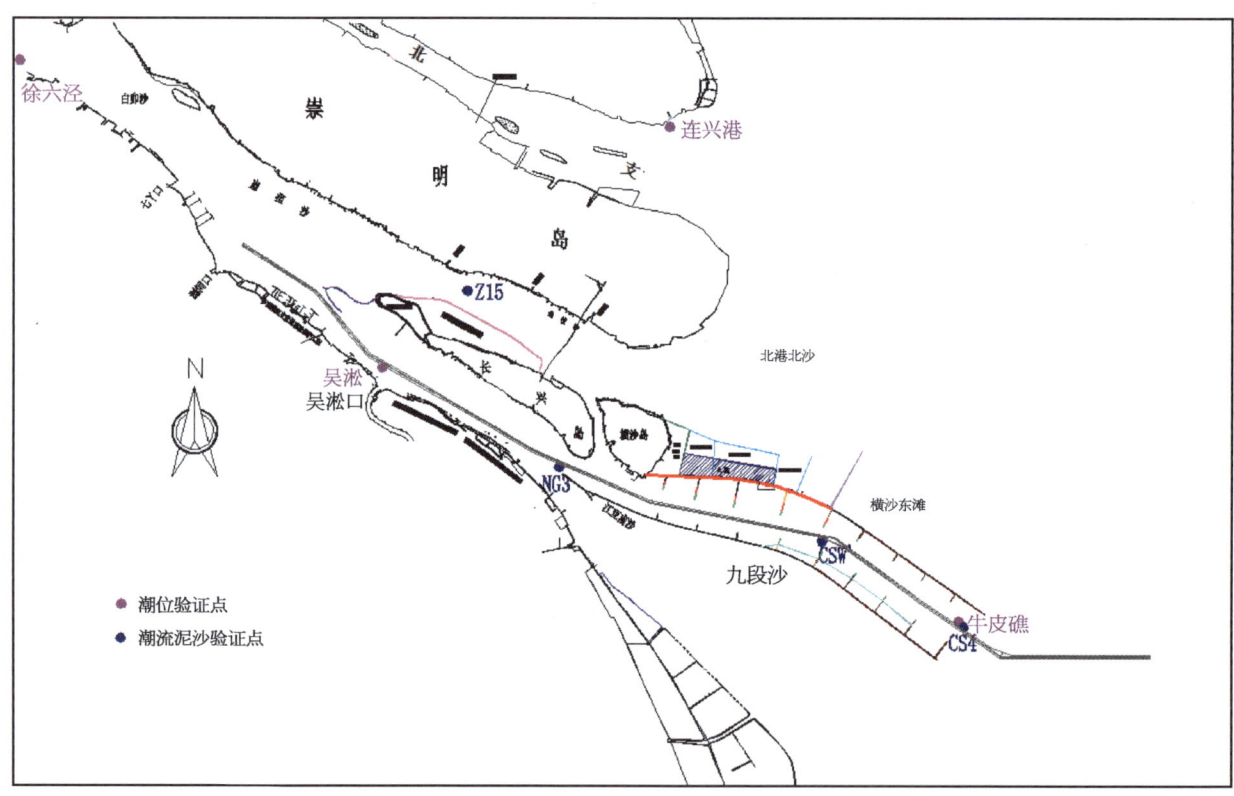

图 3 数学模型验证点位置

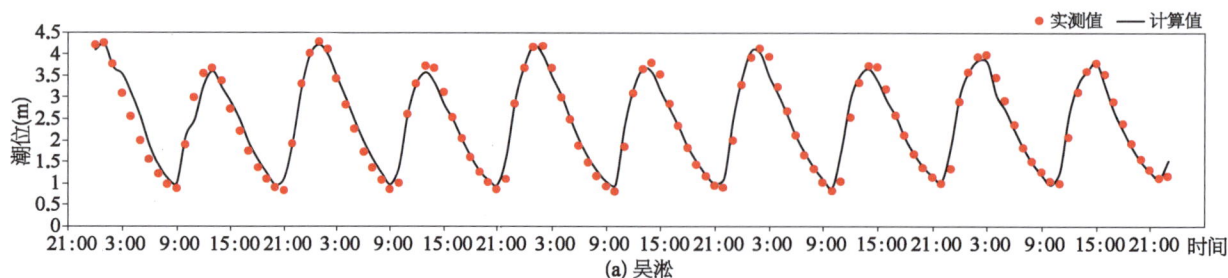

(a) 吴淞

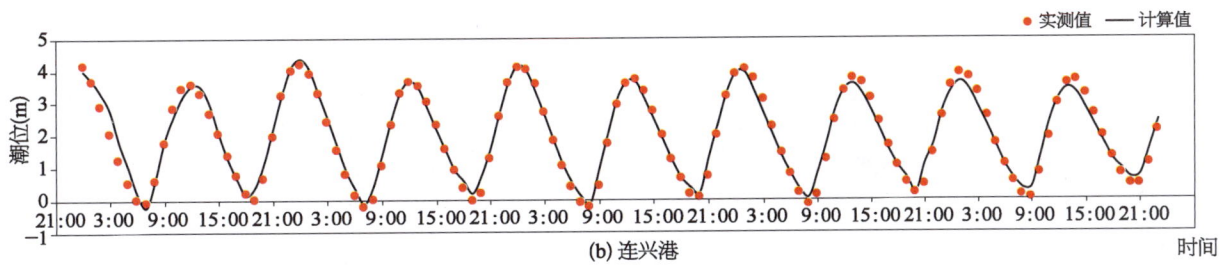
(b) 连兴港

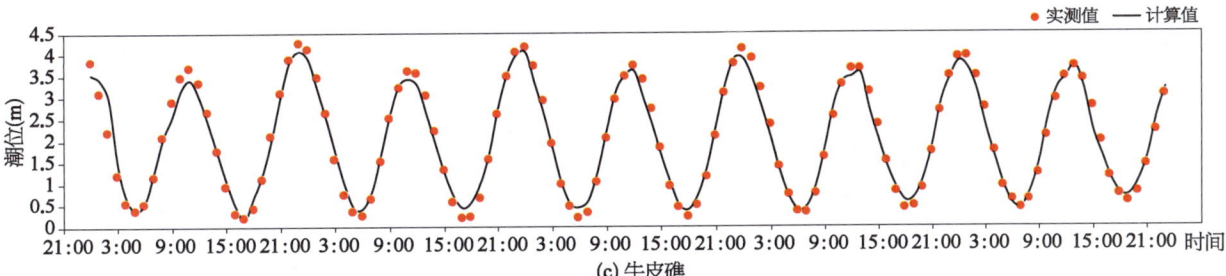
(c) 牛皮礁

图 4 潮位验证

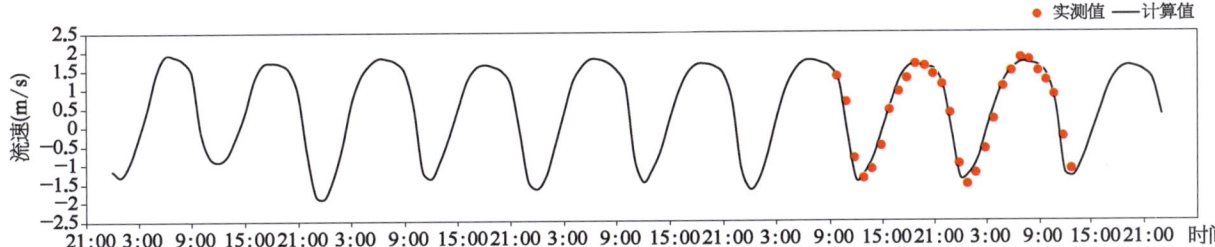
(a) Z15流速

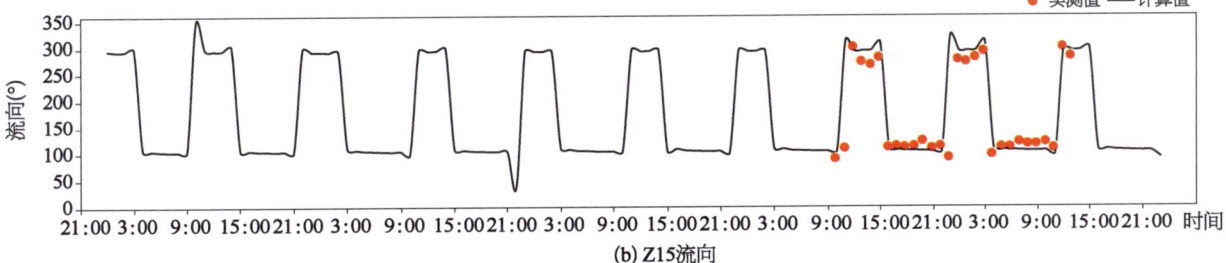
(b) Z15流向

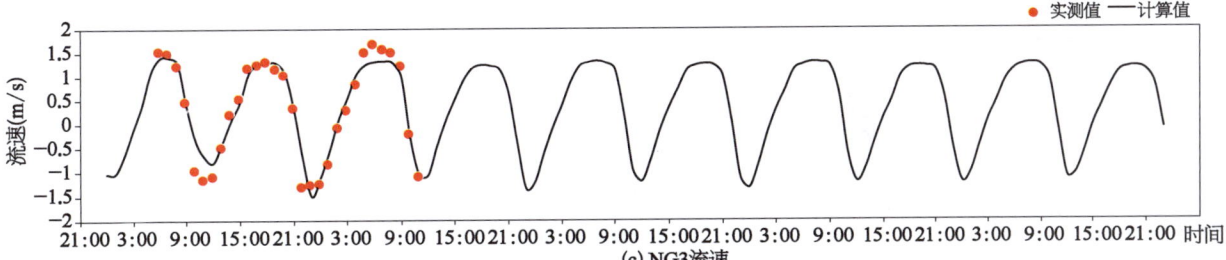
(c) NG3流速

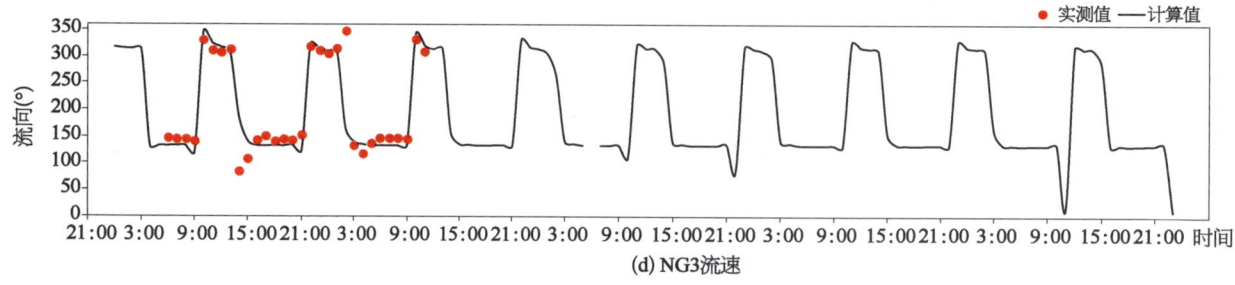
(d) NG3流速

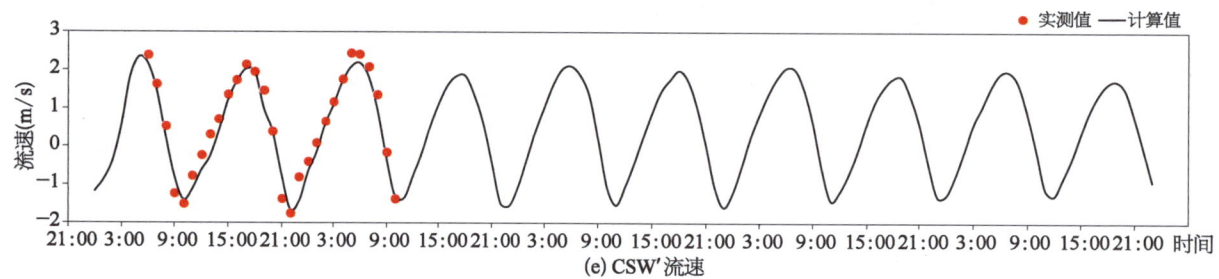
(e) CSW′流速

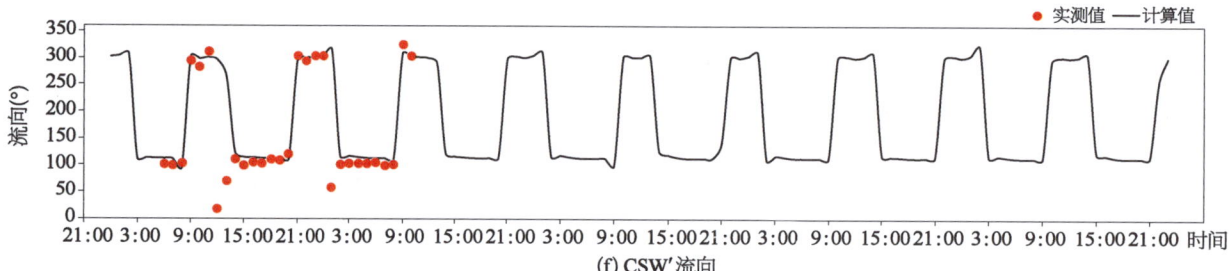
(f) CSW′流向

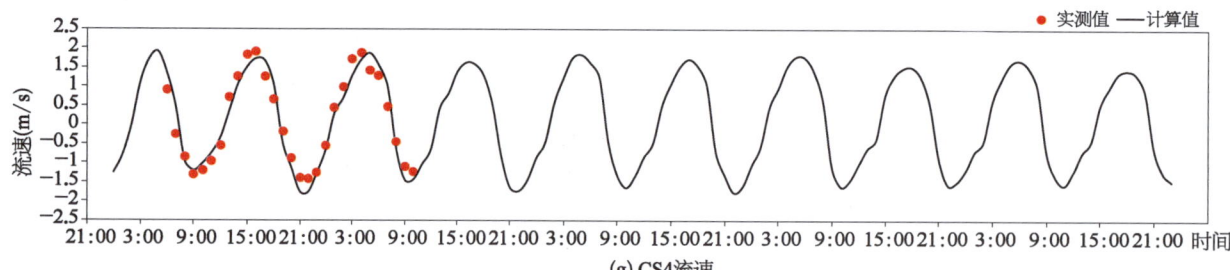
(g) CS4流速

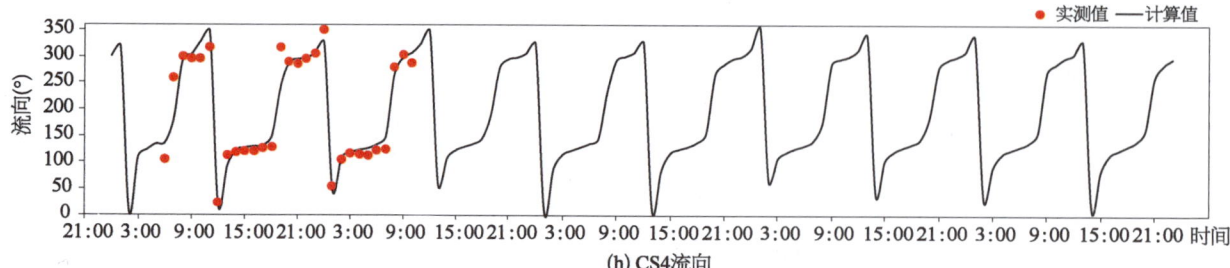
(h) CS4流向

图 5　潮流验证

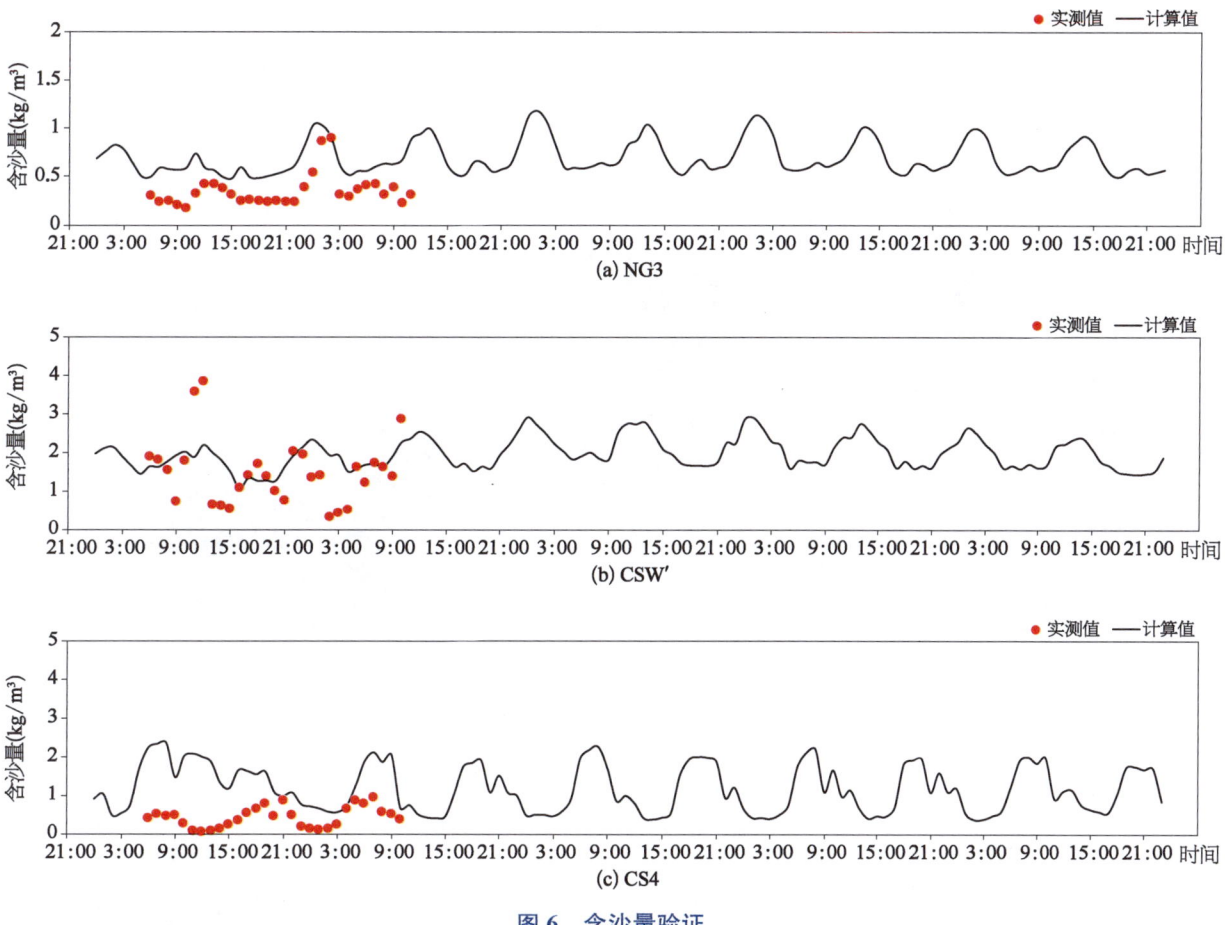

图 6 含沙量验证

3 上海新港区方案介绍

横沙新港区设置依据主要有以下几点：① 充分发挥横沙东滩东侧直接面临外海 20 m 深水区的优势；② 充分考虑与长江口 12.5 m 深水主航道和北港规划 10 m 航道的对接；③ 充分考虑与国际航线的对接；④ 充分考虑横沙东滩现有滩地水深条件、风浪条件、水沙输移特征；⑤ 港区内考虑大小船舶、不同流向船舶分离运营模式，充分突出水水中转、直转优势；⑥ 考虑土地资源合理节约利用；⑦ 考虑港区、航道、内河水系、生态环境的充分融合；⑧ 为横沙后续发展预留区域（如口外设置人工岛）。

横沙港区布置方案分为南港区和北港区两个方案，如图 7 和图 8 所示。

4 横沙港区建港条件分析研究

4.1 横沙港区流态特征分析

图 9 和图 10 分别给出了横沙南港区实施后港池及附近海域的流态。

主港区部分采用人工岛和突堤相结合形式，港区内存在多处回流流态，建议优化设计时尽量缩小无效水域宽度，以便减少回流尺度，更有利于港池回淤以及船舶靠泊。港区口门区域采用南北两条挡沙导流堤布置形式，口门最窄处宽度约 1500 m，口门内侧逐步放宽至 4000 m，涨落潮期间存在明显的回流区。

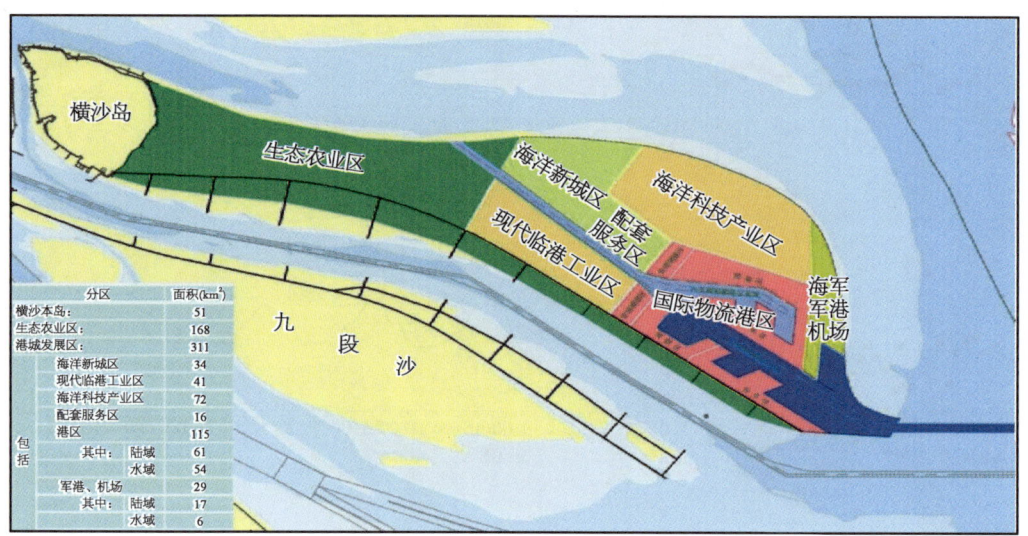

图 7　横沙南港区平面布置方案

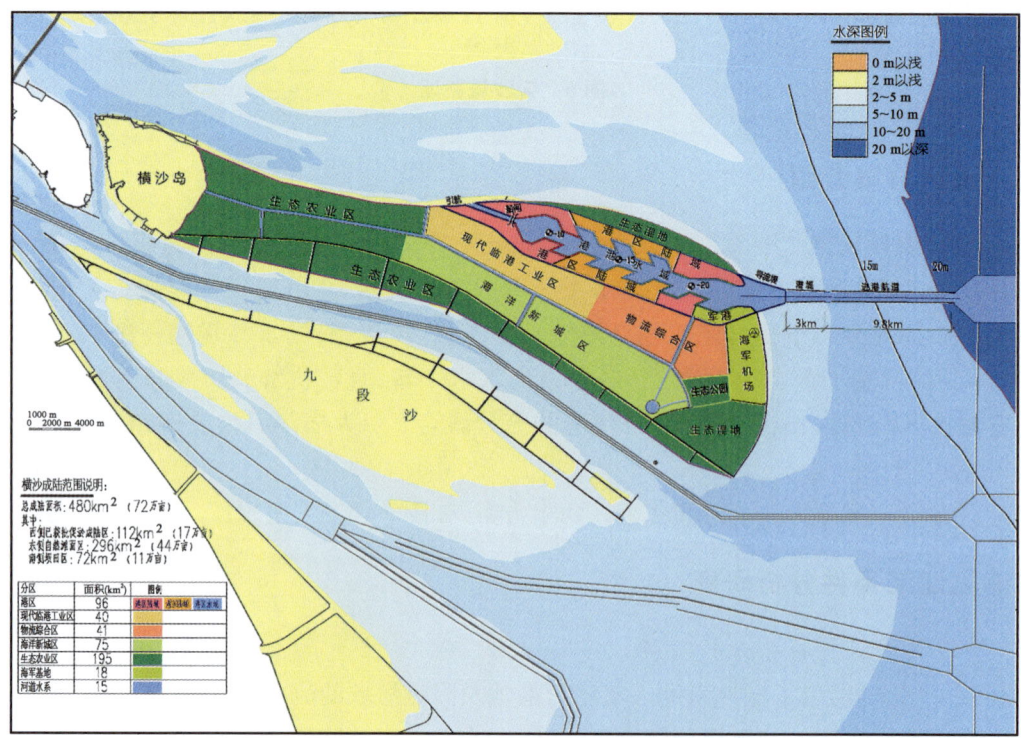

图 8　横沙北港区总平面布置方案

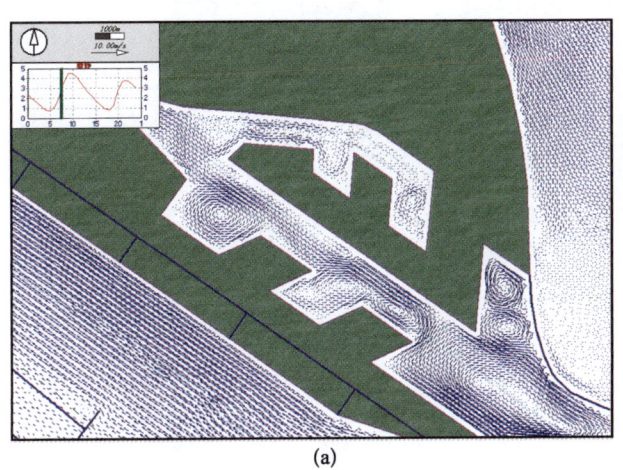
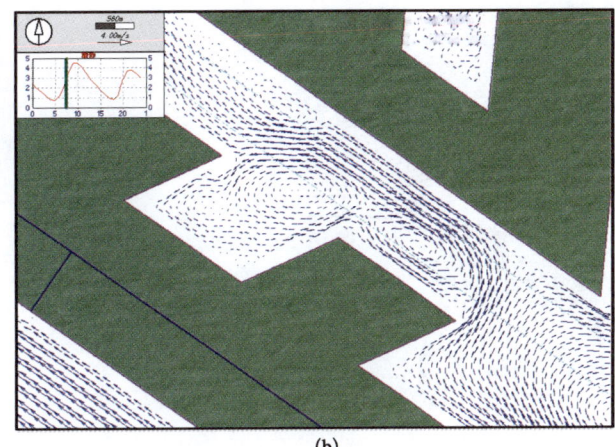

(a)　　　　　　　　　　　　　　　　　　(b)

图 9　横沙南港区流态

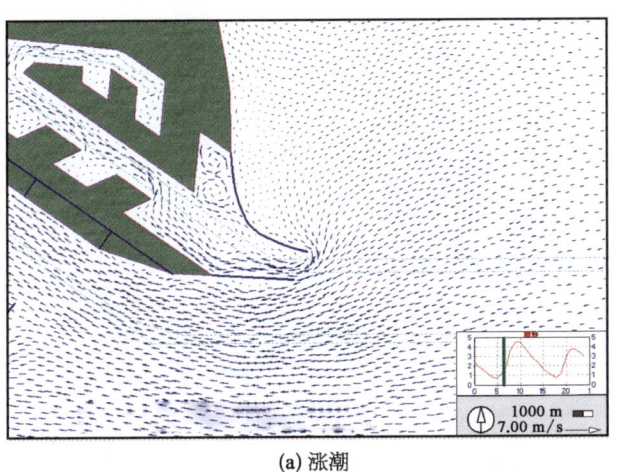
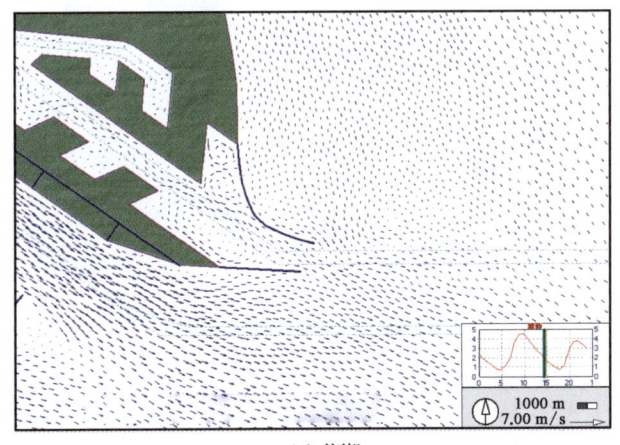

(a) 涨潮　　　　　　　　　　　　　　　　(b) 落潮

图 10　横沙南港区口门流态

图 11 和图 12 分别给出了横沙北港区实施后港池及附近海域的流态。

主港区内存在多处回流流态，建议优化设计时尽量缩小无效水域宽度，以便减少回流尺度，更有利于港池回淤以及船舶靠泊。

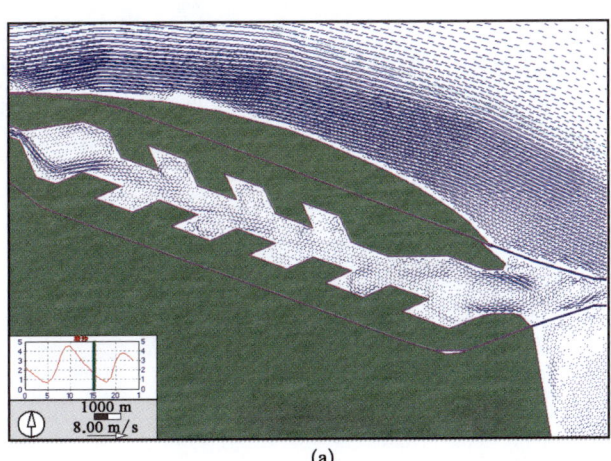
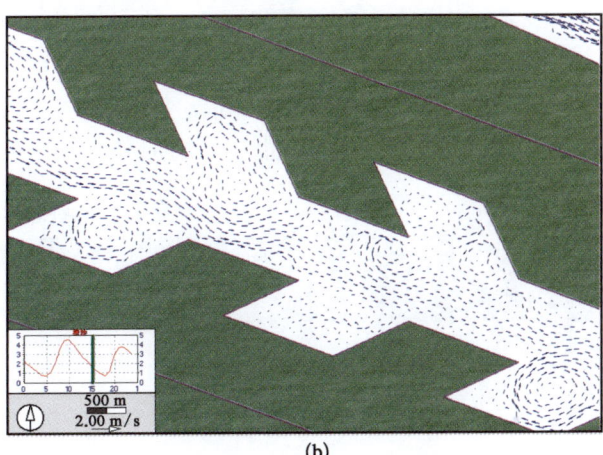

(a)　　　　　　　　　　　　　　　　　　(b)

图 11　横沙北港区流态

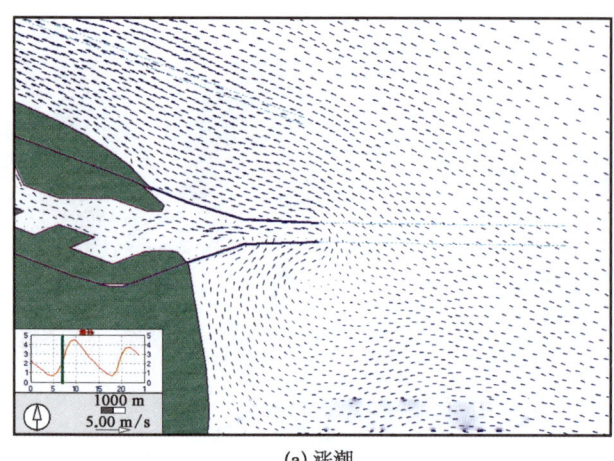
(a) 涨潮

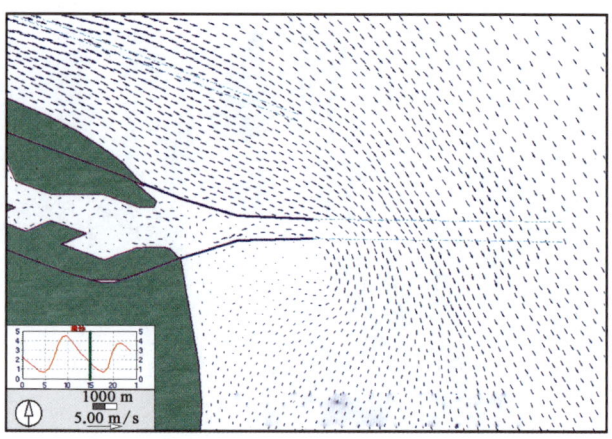
(b) 落潮

图 12　横沙北港区口门区流态

港区口门区域涨潮流相对平顺，落潮时，存在一定的回流区。

4.2　横沙港区外航道水流条件

图 13 为横沙港区方案实施后，口门处流态特征。口门区受到挡沙导流堤约束，表现为往复流，向外逐步过渡为明显的旋转流，－15～－20 m 等深线区域涨落潮流均衡，旋转流特征明显。

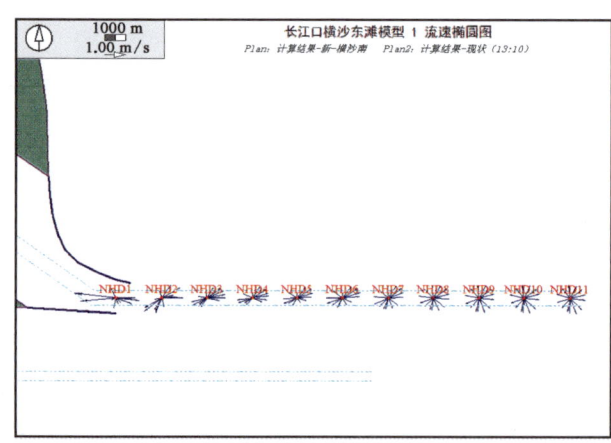
(a) 南方案

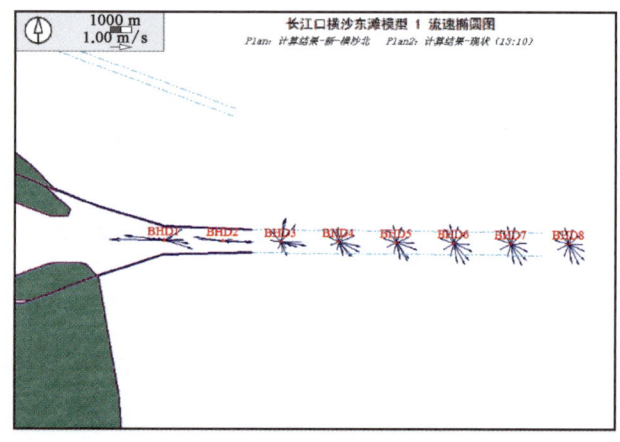
(b) 北方案

图 13　横沙港区外航道流态

表 1 分别给出了横沙港区外航道横流统计，由于该区域接近口外，旋转流特性较强，因此涨潮最大横流流速和落潮最大横流流速基本接近，除口门内侧受导流堤约束外，总体趋势是越往外侧主流向与航轴线交角越大，横流值也有所增加。

表 1　横沙南港区外航道横流统计　　　　　　　　　　　　（流速：m/s，夹角：°）

南方案	涨潮最大横流	落潮最大横流	平均夹角	北方案	涨潮最大横流	落潮最大横流	平均夹角
NHD1	0.68	0.80	19.5	BHD1	0.32	0.52	17.9
NHD2	0.68	0.65	42.7	BHD2	0.16	0.15	20.5
NHD3	0.45	0.55	33.1	BHD3	1.01	0.91	47.0
NHD4	0.45	0.45	22.3	BHD4	0.66	0.57	47.8

(续表)

南方案	涨潮最大横流	落潮最大横流	平均夹角	北方案	涨潮最大横流	落潮最大横流	平均夹角
NHD5	0.53	0.53	34.4	BHD5	0.76	0.70	48.9
NHD6	0.56	0.54	39.6	BHD6	0.82	0.83	51.6
NHD7	0.63	0.55	41.9	BHD7	0.82	0.84	51.6
NHD8	0.64	0.61	42.4	BHD8	0.79	0.80	51.1
NHD9	0.72	0.70	43.8				
NHD10	0.73	0.73	43.9				
NHD11	0.75	0.77	45.6				

南港区外航道横流最大值出现在接近-20 m等深线处,约0.77 m/s。

北港区由于口门档沙导流堤的挑流作用,BHD3点横流值相对较大,涨潮最大横流值约1.01 m/s,口外段最大横流值约0.84 m/s。

4.3 横沙港区实施后含沙量场变化

图14给出了工程前长江口拦门沙地区平均含沙量场,图15给出了工程后含沙量场变化。

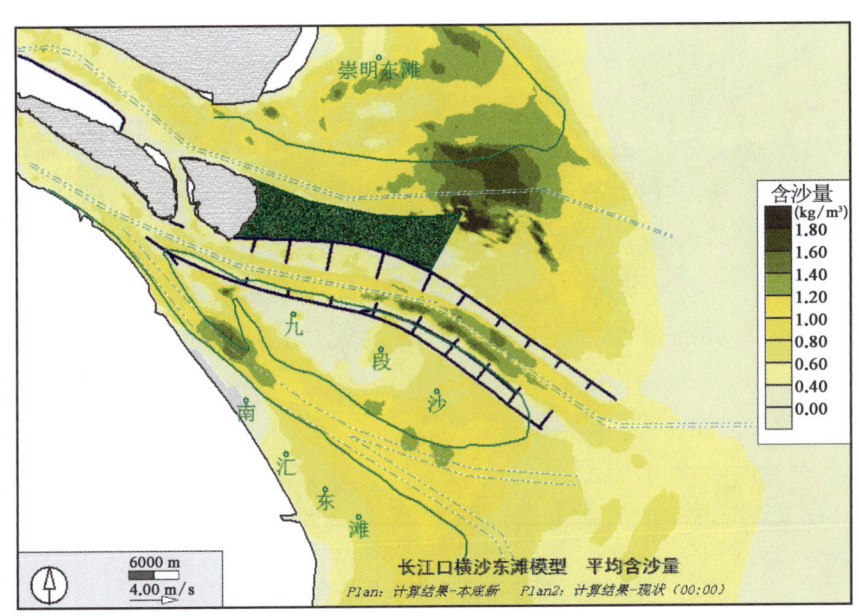

图14 长江口工程前平均含沙量场

工程实施后,港池口门区平均含沙量比工程前有微幅增加,平均含沙量约0.2~0.3 kg/m³,出海航道向外侧逐渐减小,-20 m等深线附近含沙量约0.05 kg/m³。

挖入式港池所在位置工程前为横沙浅滩,工程前平均含沙量约0.3~0.6 kg/m³,工程实施后港池内平均含沙量明显减小至0.05~0.15 kg/m³。

工程前,北槽中下段、北港拦门沙河段、南槽均存在高含沙量区,工程实施后,北槽中上段含沙量略有增加,下段略有减小。北港拦门沙河段含沙量略有减小,其余河段含沙量变化甚微。

4.4 港池航道泥沙回淤分析

泥沙回淤是挖入式港池建设必须考虑的问题之一,合理预测挖入式港池的回淤强度和回淤量,对

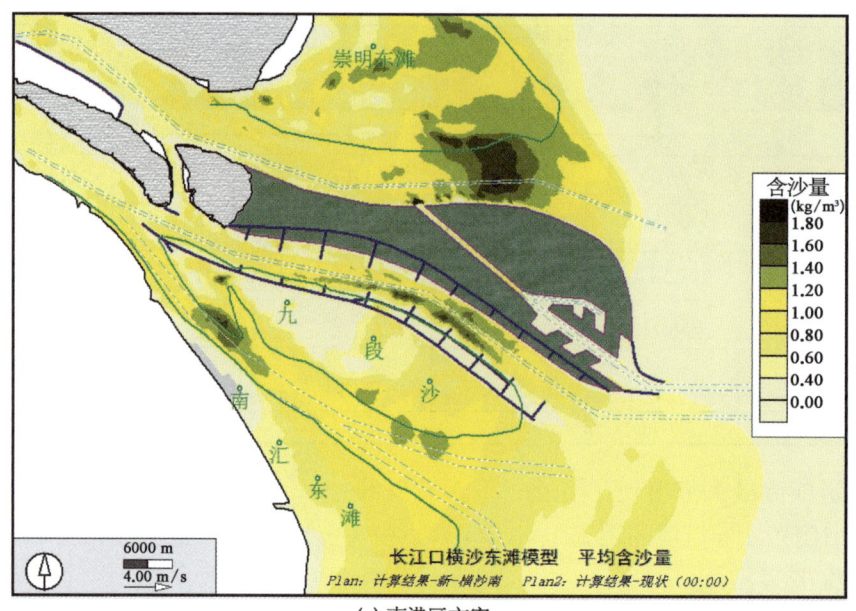

(a) 南港区方案

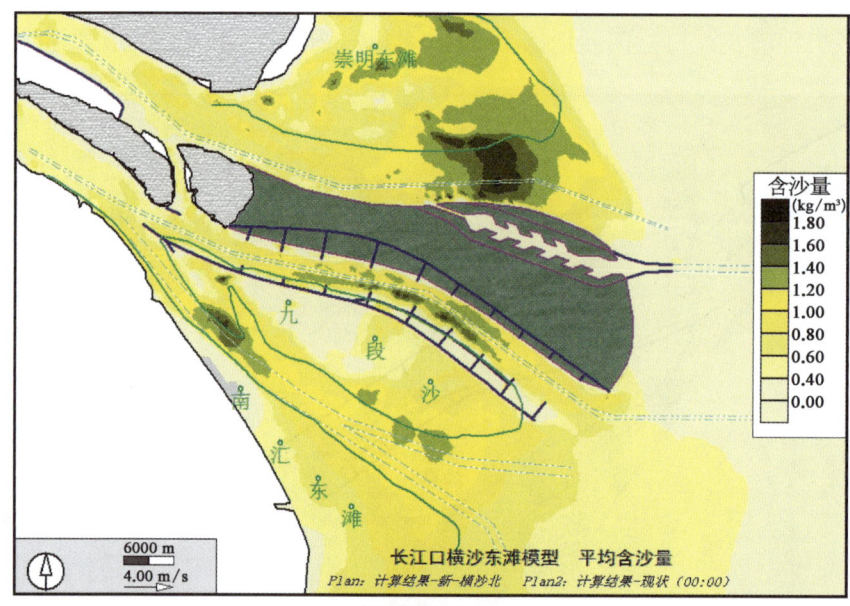

(b) 北港区方案

图 15　横沙港区实施后平均含沙量场

于港口运营具有重要的参考意义,也是评价工程方案合理与否的关键因素。

挖入式港池回淤应包括回流淤积、涨落潮引起的泥沙淤积和异重流淤积,其中以涨落潮引起的淤积为主,采用《海港水文规范》附录 N-淤泥质海岸港池的淤积计算公式。航道淤积采用《海港水文规范》中给出了淤泥质海岸航道的淤积计算公式,即刘家驹公式。

根据数学模型计算得到的水流和含沙量计算结果,分别对港池和航道采用不同泥沙回淤公式进行了估算,估算结果见表 2 和表 3。总体来说,由于港池口门位于－5 m 以外水域,本底含沙量较低,工程实施后,港区内平均含沙量相对较低,两个方案港池水域平均回淤强度约 0.35 m/a。

横沙南港区港池及航道回淤总量约 1865 万 m^3/a,横沙北港区港池及航道回淤总量约 1644 万 m^3/a。本阶段仍处于工程规划阶段,且两个平面方案的港区规模差别较大。根据已有的研究经验，挖入式港池的回淤总量与港池水域面积关系极大，总体来说，横沙挖入式港池的泥沙回淤强度相对不大，主要是港池水域面积较大，建议后期研究中进一步优化平面布置，缩小无效水域面积。

表 2　横沙南港区及航道回淤量及回淤强度统计

水域分区	底标高(m)	水域面积(km^2)	平均淤强(m/a)	回淤量(10^4 m^3/a)
港池	－10.0～－20.0	35.9	0.35	1256
外航道	－20.0	12.7	0.48	609
回淤总量	/	/	/	1865

表 3　横沙北港区及航道回淤量及回淤强度统计

水域分区	底标高(m)	水域面积(km^2)	平均淤强(m/a)	回淤量(10^4 m^3/a)
港池	－10.0～－20.0	32.0	0.35	1120
外航道	－20.0	10.7	0.49	524
回淤总量	/	/	/	1644

5　结论

本文基于 CJK3D-WEM 模型，建立了长江口横沙港区数学模型，研究横沙港区的建港条件，研究认为：

（1）横沙主港区采用人工岛和突堤相结合形式，港区内存在多处回流流态；港区口门区域采用两条挡沙导流堤布置形式，口门区存在明显的回流。

（2）口门外航道区段旋转流特征明显，涨潮最大横流流速和落潮最大横流流速基本接近，除口门内侧受导流堤约束外，总体趋势是越往外侧主流向与航轴线交角越大，外航道横流值也有所增加。

（3）工程实施后港池水域平均回淤强度 0.35 m/a；外航道平均回淤强度约 0.48 m/a。横沙南港区港池及航道回淤总量约 1865 万 m^3/a，横沙北港区港池及航道回淤总量约 1644 万 m^3/a。

参考文献

[1] 程泽坤,邵荣顺.依托横沙浅滩开发大型深水港区的技术可能性[J].中国工程科学,2013,06：41-47.
[2] 曹慧江,王大伟,袁文昊.长江口横沙东滩建港水动力泥沙环境三维数值模拟[J].水运工程,2015(12)：74-79.
[3] 虞志英,张志林,金镠,等.长江口横沙浅滩挖入式港池与入海航道区域海床稳定性分析[J].华东师范大学学报（自然科学版）,2013(4)：55-71.
[4] 赵恩宝,王大伟,曹慧江.横沙东滩促淤圈围工程对长江口北槽深水航道的影响[J].中国港湾建设,2015,35(9)：14-18.
[5] 葛建忠,郭文云,丁平兴.长江口横沙浅滩挖入式港池对流场的影响分析Ⅰ：数值模型和验证[J].华东师范大学学报（自然科学版）,2013,04：79-90.
[6] 葛建忠,郭文云,丁平兴,等.长江口横沙浅滩挖入式港池对流场的影响分析Ⅱ：对周边流场影响[J].华东师范大学学报（自然科学版）,2013,04：91-105.
[7] 葛建忠,金镠,丁平兴,等.长江口横沙浅滩挖入式港池方案泥沙回淤估算[J].华东师范大学学报（自然科学版）,2013,04：106-119.
[8] 路川藤,罗小峰.基于非结构网格的高分辨率隐式算法研究及应用[J].海洋通报,2015,34(1)：59-64.
[9] 高敏,顾峰峰,范期锦.长江口航道治理研究中数、物模技术的应用[J].水运工程,2011(11)：166-180.

横沙深水新港功能定位、总平面位置研究
——以深水航道视角对横沙新港的选址、功能定位和总平面布置研究

周海,楼飞,季岚,曹凤帅,曹慧江,王大伟,车军

(中交上海航道勘察设计研究院有限公司,上海 200120)

[摘要] 在国际航运发展、"一带一路"和长江经济带战略发展等诸多背景,上海港的航运格局、运量等均将发生调整。并且,随着经济的发展对港口需求的增加、周边港口的日益发展、1.8万TEU超大型集装箱船舶及40万吨级超大型散货船的问世,上海港自身的自然条件约束日益显现,尤其是发展的空间几乎枯竭。结合长江口的自然水沙环境、航运条件,本文提出横沙东滩是建设深水新港、拓展上海城市空间拓展的理想区域,并重点对横沙新港的选址、功能定位和总平面作深入研究。

[关键词] 长江口;横沙东滩;功能定位;建港;平面布设

1 前言

横沙东滩是一个集"区位、土地、航道、岸线"等众多优势于一身的区域,其既拥有大片可开发陆域,又拥有着开发港口、发展临港产业、建设江海物流中心的区位优势,是上海城市空间拓展的理想区域。本文研究在国际航运发展、"一带一路"和长江经济带战略发展、上海内河航运发展等诸多背景下,聚焦于上海港的航运格局、运量等均将发生调整,结合长江口的自然水沙环境、航运条件,对横沙新港的选址、功能定位和总平面作深入研究。

2 上海港现状及存在的问题研究

上海港位于长江三角洲前缘,居我国 18000 km² 大陆海岸线的中部、扼长江入海口,地处长江东西运输通道与海上南北运输通道的交汇点,是长江三角洲主要港口之一,也是我国沿海的主要枢纽港,我国对外开放、参与国际经济大循环的重要口岸,在全国经济社会发展中发挥着十分重要的作用。

上海港现有码头泊位主要分布在黄浦江上游港区、黄浦江中游港区、黄浦江下游港区、宝山罗泾港区、外高桥港区、杭州湾港区、上海国际航运中心洋山深水港区。目前,上海港存在的主要问题如下。

1) 现有港区能力不适应未来发展的需要

洋山港区、外高桥港区和罗泾港区是上海港的三大主力港区,这三大港区的吞吐量均已超过了其设计能力,满负荷运营,且三大主力港区未来发展潜力和空间有限。外高桥港区岸线已几近用完,且港区运作已给浦东新区造成了陆上交通拥堵的压力。洋山港区现有水深16.5 m,与超大型集装箱船

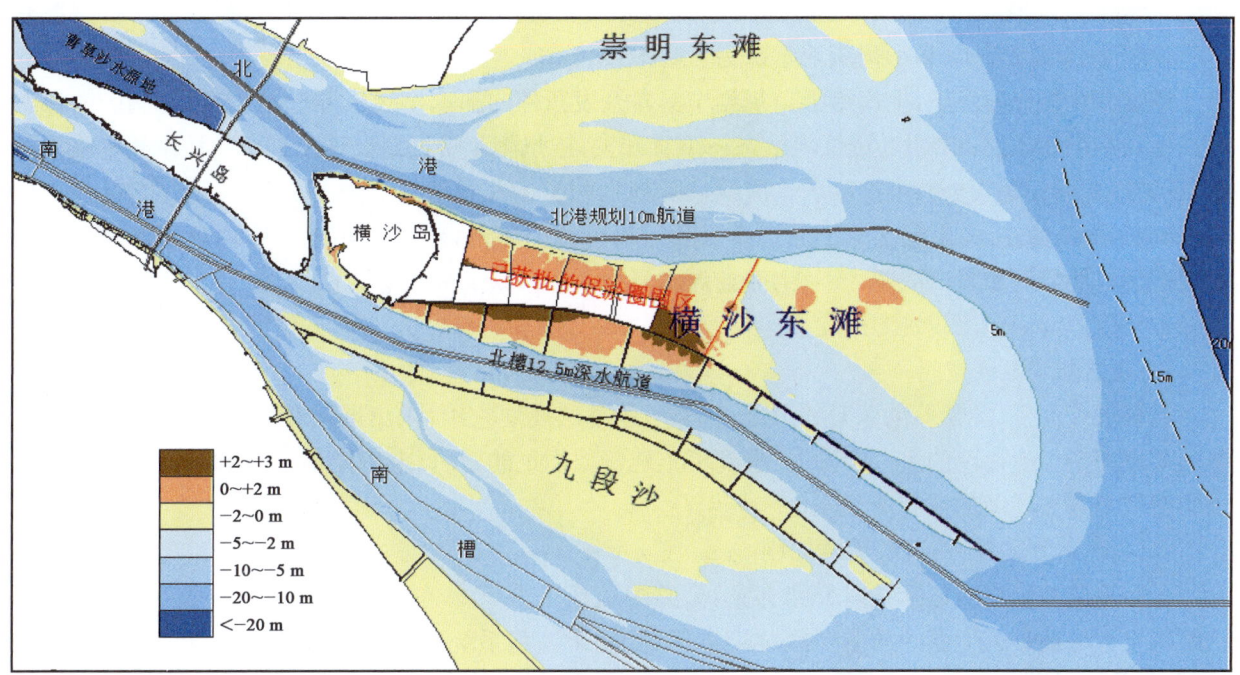

图 1 横沙东滩位置图

要求的 18 m 水深仍有差距,如今超 2.0 万级 TEU 集装箱船已经投入运营,洋山港区水深难以满足这类特大型集装箱船满载进港的需求,而上海港作为国内集装箱第一大港,能够停靠超大和特大型集装箱船是未来在激烈的竞争中占有一席之地的必要条件,也是上海国际航运中心建设的前提条件。同时,洋山港区也存在着江船不能靠港的问题,江船与海船之间的换装不能直接完成,需要通过水上"穿梭巴士"进行转运,增加了运输成本。罗泾港区散杂货作业能力也已经饱和,且罗泾港区受长江口航道水深的限制,不能停靠 5 万吨级以上满载的大型散货船,凡 5 万吨级以上的大型散货船,需在舟山嵊泗绿华山锚地减载后,才能靠泊罗泾港区,大型散货泊位亟待建设。

2) 深水航道资源严重不足

上海港目前缺乏 20 m 以上的超深水航道。外高桥港区航道为 12.5 m,洋山港区航道为 16.5 m,难以适应船舶大型化发展的要求和趋势。与国内宁波—舟山港 33 m、天津港 22 m、青岛港 21 m、连云港港 20 m 的深水条件相比,差距很大。这与上海建设国际航运中心定位与任务不相匹配。目前长江口深水航道水深仅为 12.5 m,仅可满足第三、四代集装箱船和 5 万吨级船舶的全潮双向通航要求,兼顾第五、六代集装箱船和 10 万吨级满载船舶乘潮通过长江口;且长江口深水航道回淤较为严重,每年航道维护量较大。

超大型集装箱船舶的投入运营,将引发洲际海运航线发生根本性变革,1.8 万吨级集装箱船满载吃水达 16 m,需要的航道通航水深在 17.5 m 左右,而未来 2.2 万 TEU 集装箱船吃水还有进一步增加的可能。在 1.8 万 TEU 集装箱船的推动下,国际干线集装箱枢纽港的航道通航水深将开始向 20 m 以上超深水航道迈进。只有箱源量大且稳定、航道与泊位水深条件满足的港口,才能保持住在洲际海运航线中的枢纽港地位,不具备航道水深条件的港口,将降级为区域性支线港口。在这种情况下,上海港深水航道资源严重不足的问题越发凸显,势必制约上海港今后的发展,阻碍上海国际航运中心的建设。

3) 深水岸线资源严重缺乏

上海市岸线北起沪苏交界的长江浏河口,南至沪浙交界的杭州湾金丝娘桥,总长 597 km,目前规划港口岸线总长 229 km,其中深水岸线 142 km,分布在黄浦江 16 km、长江口南岸 39 km、杭州湾北岸 26 km 和崇明三岛 61 km,码头前水深为 $-10\sim-15$ m。

经过多年的快速发展,上海市港口规划中具备开发条件的深水岸线资源已基本利用,剩余的深水岸线主要集中在3处:崇明岛定位为生态岛不宜开发;杭州湾北岸规划设计了城市生活岸线和临港产业,可供连片开发建设公共港区的深水岸线仅剩规划的金山作业区 2.3 km 岸线;长江口南岸五号沟 2.8 km 岸线。另外,洋山港区由于现行体制及行政区域的障碍,新泊位建设步履维艰。在超大型和特大型集装箱船逐步投产的驱动下,上海港深水岸线资源紧缺的现象愈发凸显,上海国际航运中心的进一步发展急需深水岸线资源的支撑。

4) 缺乏陆域发展空间

上海港外高桥、罗泾等港区紧邻市区,相邻土地早已规划它用;洋山港区现有面积仅 7.2 km^2,也早已开发完毕。上海港的进一步发展,受到了土地资源不足的掣肘,上海港的建设和上海国际航运中心的发展急需拓展新的空间资源。

5) 集疏运方式单一,港城矛盾加剧

上海港集装箱集疏运系统以公路为主,公路集疏运量占 54% 左右;水路次之,占 45% 左右;由于铁路线至今未能进入上海港的主要集装箱港区,受制于铁路系统自身原因,铁路集疏运比例非常小,不到 0.3%。在陆上进出外高桥港区的集装箱量大而密集,经常造成浦东地区的道路拥堵,在陆上进出洋山港区的集装箱,陆运距离过长,费时、费力、费能源。这样的以公路为主的港口集疏运模式,弊端是十分明显的,既加重了城市环境污染,又加重了港区周边道路的交通拥堵,港口与城市发展之间的矛盾加剧。合理协调好港口与城市空间发展的关系,做好港区集疏运系统与城市交通网络的对接,上海港在未来的发展中必须予以高度重视。

3 横沙现状及沿线建港条件分析

横沙东滩为横沙岛东侧的大型水下浅滩,是长江口三大拦门沙之一,由西向东呈舌状分布,东西长约 45 km,南北宽 4~11 km,滩涂面积约 460 km^2,其北侧为长江口北港,南侧为长江口深水航道工程所在的北槽。滩面上以 N23 护滩堤为界,西侧滩面已在进行促淤圈围工程,获批的促淤圈围面积为 17 万亩;东侧为自然滩地,北高南低,滩面高程为 $+1.6\sim-5$ m。其周边已建有长江口深水航道整治工程和横沙东滩促淤圈围工程。

在长江口内横沙沿程岸线水深基本在 5~10 m,受拦门沙制约,横沙南北两侧航道水深分别为 12.5 m 和 10 m(规划)。

1) 南侧岸线

横沙东滩南侧为北槽北导堤的丁坝区域,目前各丁坝坝田区水深较浅,N6 丁坝以上的坝田区水深基本在 2 m 以浅,N6 以下坝田水深在 5 m 以浅。N5 丁坝上游的坝头线附近水深基本在 5~8 m,下游的坝头线附近水深在 8~9 m。因此,若完全利用自然水深设置的码头,则上段不宜超过 5000 DWT,下段不宜超过 10000 DWT;考虑 12.5 m 深水航道,对顺岸式码头进港航道辅以适当的疏浚工程,则码头规模也仅可达到 30000 DWT。

2) 北侧岸线

横沙东滩北沿西侧 3.5 km 区段于 2008 年形成岸线,以东至 N23 潜堤段 21 km 新增岸线将与 2020 年全面完工。沿线水深 7~10 m。N23 潜堤以东的横沙浅滩北沿目前水深为 5~6 m。未来随着横沙继续向东开发,以及北港 10 m 航道治理工程实施,沿线可形成 10 m 的水深岸线,基本可满足 2

万吨级的码头布设需求。

3) 东侧岸线

横沙浅滩目前为大片水下浅滩,东侧沿线水深基本在 2~5 m,直接面向外海,离口外 20 m 等深线距离约 20 km。东侧风浪作用大,但口外含沙量低、含盐度高,泥沙不易落淤,因此可通过建设挖入式深水港、口门布设防波挡沙堤工程,使外海的大型船舶直接由东侧 20 m 深水航道驶入港池,摆脱受北槽、北港两侧航道水深、通航环境等的束缚。

4 横沙新港的功能需求及规模探讨

横沙浅滩港址位于我国"黄金海岸"和"黄金水道"交汇处,距离国际习惯航线近,距离外海 −20 m 深水区只有 17 km。出海进江、江海转运极为方便,是国内、国际市场的极佳接轨点,其既可为 10 万~40 万吨级散货船和 6000~1.8 万 TEU 集装箱船甚至更大规模集装箱船提供大型深水泊位服务,又可为各类长江散货船、驳船和内河集装箱支线船提供服务,能够更方便快捷地实现江海联运的零距离对接,满足国家发展战略需求。横沙浅滩港址无论是在自然条件还是区位上优势都十分明显,是上海港拓展新的发展空间的绝佳之地。

4.1 功能需求

为充分利用深水新港的区位和自然条件优势,适应国际航运发展、上海国际航运中心建设、长江经济带建设发展对上海港的新要求,突破上海港发展瓶颈,上海深水新港应重点发展大型集装箱及其他外贸货物的中转基地,改善上海港水深、岸线及泊位能力不足的突出问题,并应重点拓展以下功能:超大型集装箱船远洋运输网络中的重要节点,上海深水新港应凭借良好的自然条件优势和腹地内流量大且稳定的箱源量,适应未来 2 万箱级以上集装箱船靠泊及装卸作业的需求,保持国际干线集装箱枢纽港和世界第一大集装箱港的国际地位;清洁能源等重要战略物资的国家储备基地,由于上海港占据"黄金海岸"和"黄金水道"交汇的地域优势,可建设清洁能源等重要战略物资的国家储备基地,直接服务于长江沿线和沿海地区;江海运输的重要换装节点,深水新港距离国际习惯航线近,距离外海 −20 m 深水区只有 17 km,又横跨长江口 −12.5 m 深水航道,出海进江、江海转运极为方便,是国内、国际市场的极佳接轨点。

4.2 横沙新港的运量预测

1) 集装箱

外贸国际航线集装箱方面,根据国际贸易总体形势、国内经济结构调整、外贸政策以及进出口平衡性变化等因素的调节,预测 2020 年、2030 年、2040 年长江经济带外贸集装箱生成量将分别达到 5200 万 TEU、6400 万 TEU、6900 万 TEU。

表 1 上海港集装箱吞吐量预测 (万 TEU)

		合计	国际航线		内支线	内贸航线
			国际中转	其他		
2030 年	低方案	4800	470	2930	620	780
	高方案	6000	630	3640	820	910
2040 年	低方案	5300	570	3100	770	860
	高方案	6900	850	3920	1000	1130

假设深水新港在 2030 年能建成并投入使用,则 2030 年后,上海港集装箱运输能力的限制将进一步

解除,深水新港为上海港发展集装箱运输提供新的载体和更广阔的空间,上海港凭借运输经济性,在长江经济带外贸、内支线、中转及内贸等集装箱运输市场中的份额将有所提升。如表 1 所示,综合预测 2030 年、2040 年上海港集装箱总吞吐量将分别达到 4800 万～6000 万 TEU 和 5300 万～6900 万 TEU。

综合考虑洋山四期的建设以及黄浦江港区功能转移的可能性和时间安排,预测 2030 年以后上海港现状港区能够承担的集装箱吞吐量在 3900 万 TEU 左右,产生的缺口主要由横沙深水新港承担。因此,预测 2030 年、2040 年横沙深水新港集装箱吞吐量分别为 900 万～2100 万 TEU、1400 万～3000 万 TEU。

2) 石油、天然气及制品

随着国家能源结构调整逐步推进以及对环保的要求约来越高,LNG 作为相对清洁的能源,近年来需求越来越大。规划横沙新港主要发展 LNG 江海中转的功能,由此产生的 LNG 吞吐量规模为 1000 万～2000 万 t。

3) 其他

其他货类吞吐量主要来自横沙新区自身产业发展的需求。根据产业规划初步设想,上海横沙新区将发展以海洋工程装备、航空设备及配套、环保、数控机床、再制造、发电及输变电设备、大型物流装备及工程机械为主的临港工业体系。另外,横沙新区自身的建设和发展也会对矿建材料、水泥、粮食等物资产生较大的需求,这种需求的大小会随着建设规模变化。

综合考虑临港工业的发展和横沙新区开发建设、经济社会发展的需求,预计 2030 年、2040 年横沙深水新港其他货类吞吐量分别为 2000 万～3500 万 t、4000 万～5000 万 t。

5　选址及平面布设原则

横沙新港的选址应充分考虑以下几点:充分发挥横沙东滩东侧直接面临外海 20 m 深水区的优势;考虑与长江口 12.5 m 深水主航道和北港规划 10 m 航道的对接;考虑与国际航线的对接;考虑横沙东滩现有滩地水深条件、风浪条件、水沙输移特征;港区充分突出水水中转、直转优势;考虑土地资源合理节约利用;为横沙后续发展预留区域(如口外设置人工岛)。

横沙深水新港可布设在横沙东滩的东南侧,这一区域直接面向外海深水区并可避开长江口拦门沙作用,便于深水港区和进港航道的建设、维护。港区东侧开挖 20 m 深水航道与外海国际航路相连,供大型船舶进出港通航;西侧可通过人工运河与长江北港或北槽航道相接,供内支线船舶进出通航。

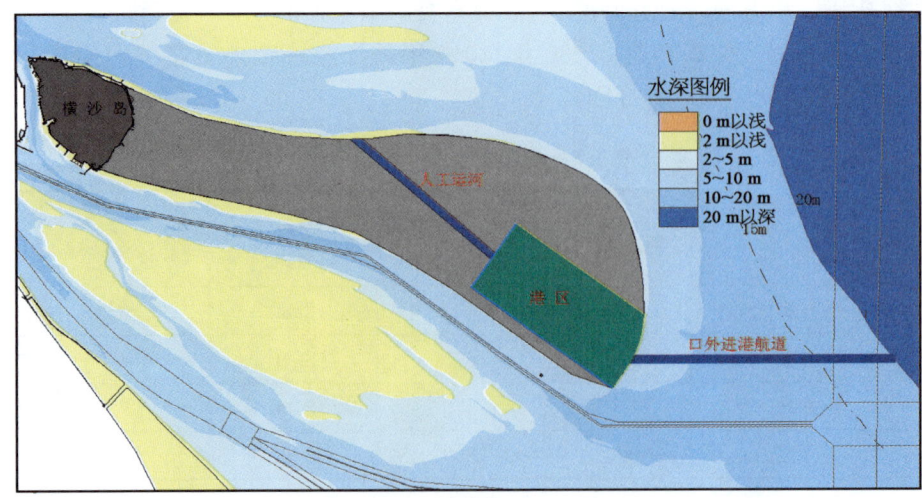

(a) 方案一

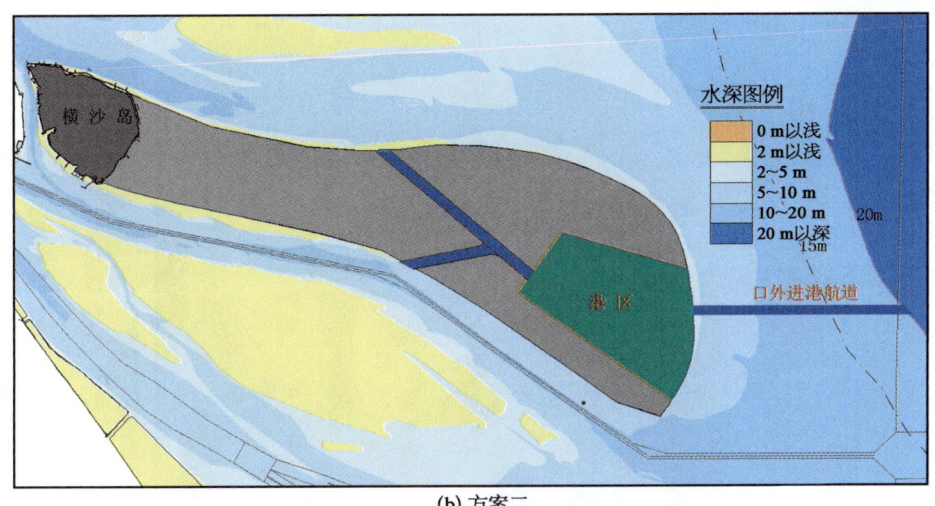

(b) 方案二

图 2　港区平面格局示意图

6　口内人工运河设置研究

6.1　航区条件

1）长江船舶

根据《内河船舶法定检验技术规则(2004)》(海法规[2003]489 号)规定：内河船舶航行区域划分为 A、B、C 三级，航区级别按 A 级、B 级、C 级高低顺序排列，航区级别较低的船舶不得在高一级别航区内航行。目前长江 A 级航区是指江阴以下至吴淞口，包括横沙岛以内水域。

2）长三角内河船舶

根据《长江三角洲高等级航道网规划》，长三角地区内河集装箱运输主通道的航道等级普遍为Ⅲ级航道，满足 90 TEU 集装箱船通航，90 TEU 集装箱船适航航区为内河 A 级、B 级航区。

根据《内河船舶法定检验技术规则(2004)》(海法规[2003]489 号)规定：A 级航区的波高范围为 1.5～2.5 m。

6.2　通航环境

横沙成陆后，周边的流场、波浪场条件均会发生调整。本文采用 SWAN 波浪数学模型推算了横沙成陆前后的变化情况，结果如下。

在现状条件下，北港水道主要受 NE～ENE～E 向浪控制，常风天最大 $H_{13\%}$ 波高基本在 1.0 m 以内，6 级风上限条件下最大 $H_{13\%}$ 波高基本在 2.2 m 以内；横沙浅滩东侧水域主要受 ENE～E 向浪控制，常风天最大 $H_{13\%}$ 波高在 1.3～1.4 m，6 级风上限条件下最大 $H_{13\%}$ 波高在 2.5～2.8 m；北槽北侧边滩水域主要受 E～ESE 向浪控制，常风天最大 $H_{13\%}$ 波高在 0.5～1.2 m，6 级风上限条件下最大 $H_{13\%}$ 波高在 1.0～2.5 m。

横沙浅滩成陆后，引起东侧水域波能集中，波高有所增加，但对北港水道、北槽波浪基本无影响。常风天条件下，横沙浅滩东侧水域 $H_{13\%}$ 波高增加 0.07～0.13 m，增幅 5.2～10.1%；6 级风上限条件下，横沙浅滩东侧水域 $H_{13\%}$ 波高增加 0.04～0.06 m，增幅 1.4～2.4%。

综上所述，横沙整体成陆后，在常况下，北港和北槽沿线均能满足 A 级航区船舶通航的需求，在大风条件下，北港和北槽中段及以西区域也能满足 A 级航区船舶通航的需求。

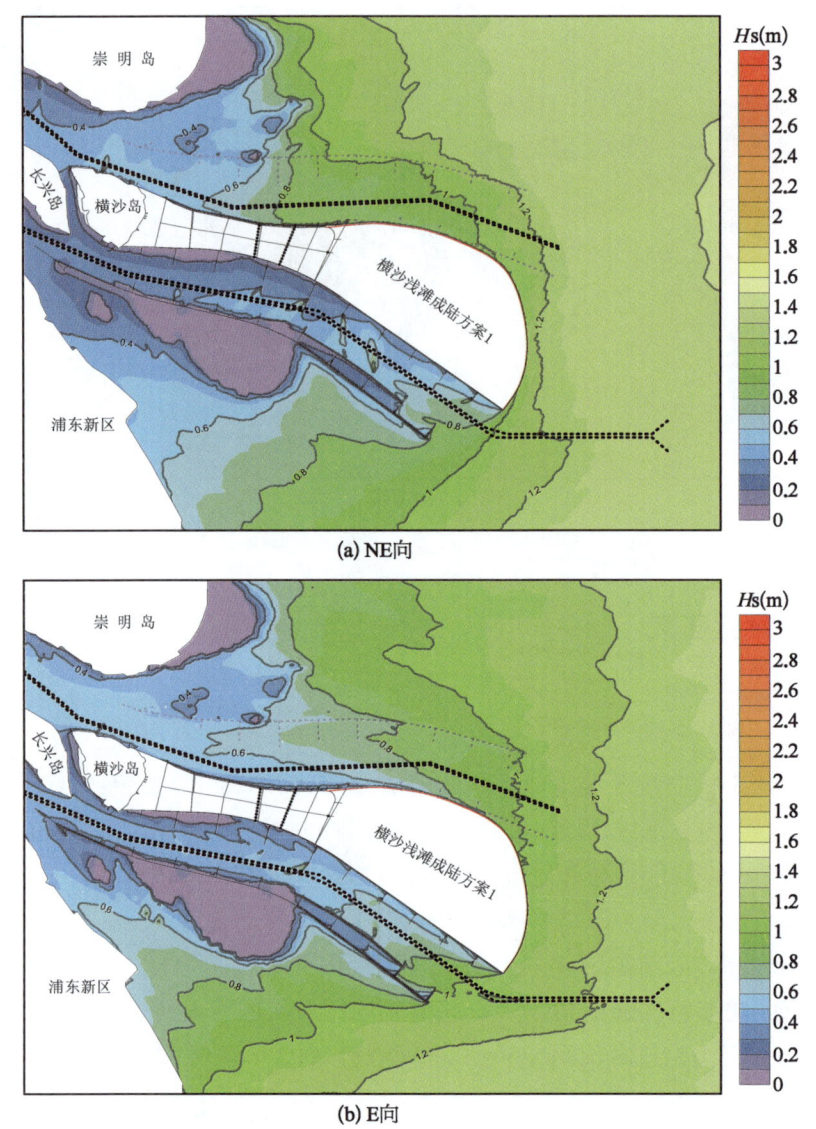

图 3 常风天平均水位下主要波向 $H_{13\%}$ 波高分布(成陆后)

6.3 对接方案设置

为实现横沙新港区海河联运功能,满足内河驳船运输转运的需求,规划建设人工运河与之相连。人工运河的出口既可考虑设置在北港,也可考虑设置在北槽。根据波浪模型推算,横沙整体成陆后,在常况下,北港和北槽沿线均能满足 A 级航区船舶通航的需求,在大风条件下,北港和北槽中段及以西区域也能满足 A 级航区船舶通航的需求。因此,人工运河若考虑与北港航道相连,则人口运河口门可设置在 N23 潜堤附近,运河的总长度约 17 km。另外,根据港区江海联运需求,也可预留与北槽航道相连的人工运河方案,则其出口位置易位于 N6~N8 丁坝间,运河长度约为 9 km。同时,为避免占用北槽深水主航道有限的通航资源,可利用北槽主航道北侧现 1 km 以宽、6~10 m 水深区域布设专用航道,满足万吨级以下内河船舶进出本港区的通航需求。

6.4 人工运河尺度

根据《海港总体设计规范》(JTJ 165—2013),人工运河各具体尺度如下。

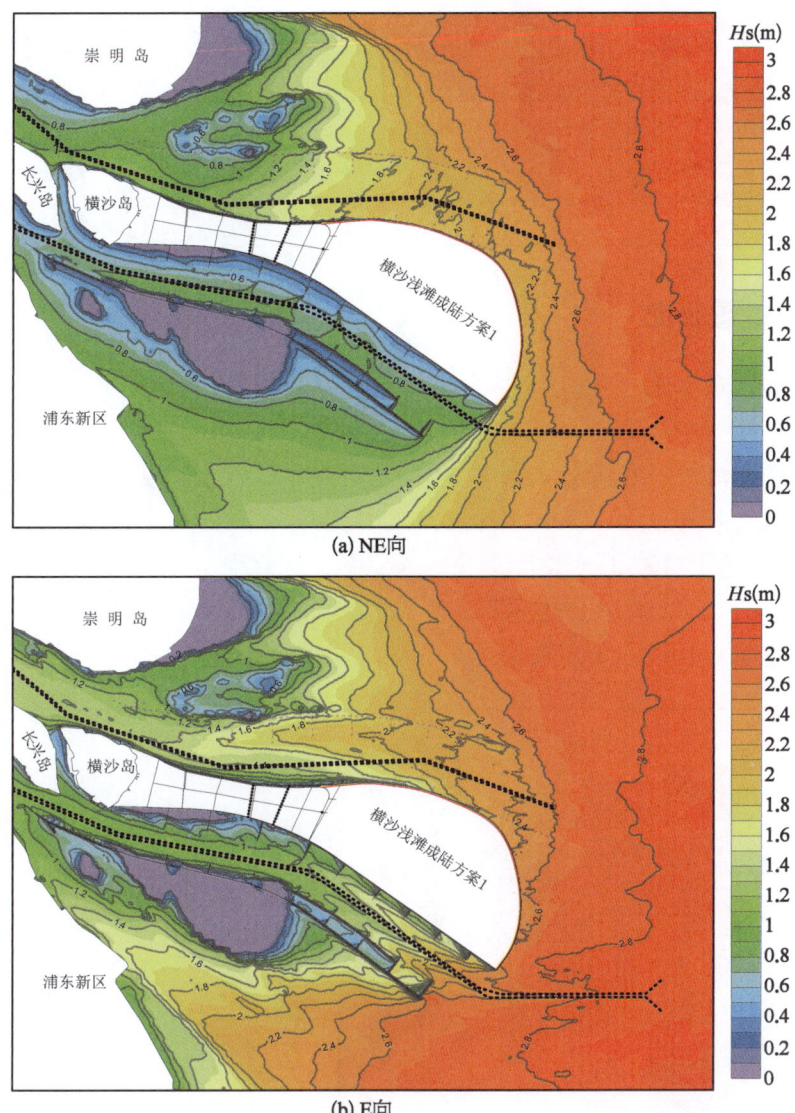

图 4 6级风+平均水位下主要波向 $H_{13\%}$ 波高分布（成陆后）

1）航道宽度

按复式双向航道计算：$A = n(L\mathrm{Sin}\,\gamma + B)$。

复式双向航道宽：$W = (2A + b + 2c) + (c + A + b) \times 2$。

计算得 10000 吨级船舶复式双向航道宽度取值为 220 m；30000 吨级船舶复式双向航道宽度取值为 340 m。人工运河为满足万吨级以下船舶的通航需求，但为预留未来通航发展需求，人工运河航道宽度取 350 m，北槽辅航道宽度取 250 m。

2）航道深度

航道设计底高程 Z 计算：$Z = H_{\mathrm{nav}} - D$。

航道设计水深 D 计算：$D = kT$。

式中：T 为设计船型满载吃水；k 为系数，有掩护水域可取 1.15～1.20；H_{nav} 为设计通航水位。

计算结果见表 2，人工运河航道设计深度取值 7.5 m，北槽辅航道深度取 6.5 m。

表 2　设计船型通航水深及设计水深计算表

船　型	吃　水 H(m)	通航深度 D(m)	设计低水位 (m)	航道设计深度(m)	航道设计深度取值(m)
集装箱船(3000 DWT)	5.8	6.7	0.4	6.3	6.5
集装箱船(5000 DWT)	6.9	7.9	0.4	7.5	7.5
江海直达船(10300 DWT)	5.5	6.3	0.4	5.9	

7　口外进港航道设置研究

7.1　港区口门位置选择

7.1.1　比选方案

本文建立长江口大范围三维潮流、泥沙数学模型,对港区口门不同设置位置作比较分析。口门位置分别考虑设置在口外 8 m、10 m、12 m 水深区域。

方案 1:港区口门位于口外 8 m 水深区;

方案 2:港区口门位于口外 10 m 水深区;

方案 3:港区口门位于口外 12 m 水深区。

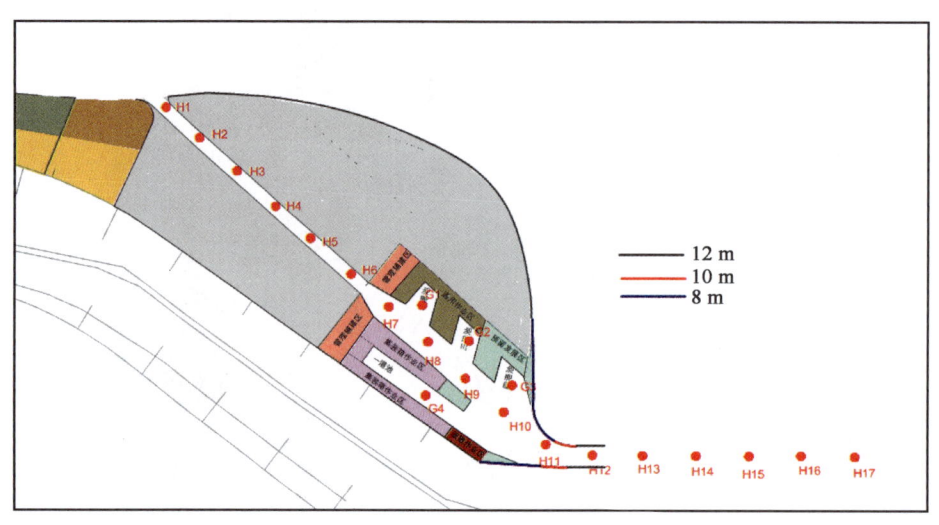

图 5　建港方案航道

根据泥沙潮流数学模型的计算不同口门的实施效果,结果如下。

7.1.2　流场变化

1) 人工运河(H1~H6)

由于三方案区别仅口门外延长度不同,对上游的人工运河影响较小,三组港区方案实施后,人工运河内(H1~H6)涨、落急流速基本相当,运河内的涨落潮流向与运河走向一致,落急流速为 1.9~2.4 m/s,涨急流速为 1.9~2.1 m/s。运河内沿程涨、落急流速均在 2.0~2.1 m/s。

2) 港区支航道(H7~H10)

三口门方案实施后,港区内支航道涨、落急流速总体较小。口门 8 m 线方案后,该区域采点落急流速在 0.47~0.64 m/s,涨急流速在 0.47~0.75 m/s;10 m 线方案后,该区域采点落急流速在 0.44~0.62 m/s,涨急流速在 0.55~0.83 m/s;12 m 线方案后,该区域采点落急流速在 0.45~0.61 m/s,涨急流速在 0.56～1.02 m/s；三方案落急流速基本相当，口门外延至 12 m 等深线方案涨急流速最大，口门外延至 8 m 等深线方案涨急流速最小。

3) 港池内(G1～G4)

三口门方案实施后，港池内流速均较小，涨、落急流速均小于 0.5 m/s。

4) 口门处(H11～H13)

三口门方案实施后，该区段流速略有差别。口门 8 m 线方案后，该区域采点落急流速在 0.3～1.14 m/s，涨急流速在 0.7～2.25 m/s；10 m 线方案后，该区域采点落急流速在 0.39～1.33 m/s，涨急流速在 0.6～2.11 m/s；12 m 线方案后，该区域采点落急流速在 1.08～1.59 m/s，涨急流速在 1.18～2.30 m/s。

5) 口外深水航道区(H14～H17)

口门 8 m 线方案后，该区域采点落急流速在 1.09～1.3 m/s，涨急流速在 1.05～1.35 m/s；10 m 线方案后，该区域采点落急流速在 1.07～1.33 m/s，涨急流速在 1.07～1.47 m/s；12 m 线方案后，该区域采点落急流速在 1.14～1.4 m/s，涨急流速在 1.11～1.74 m/s。

由于口外航道以旋转流为主，统计口门处最大横流见下表，8 m 方案最大横流不超过 0.62 m/s；10 m 方案最大横流不超过 0.64 m/s；12 m 方案最大横流不超过 0.69 m/s。

表 3　三口门方案最大横流统计　　　　　　　　　　　　　　　　　　(m/s)

口门位置采点	8 m 方案	10 m 方案	12 m 方案
H14	0.46	0.46	0.59
H15	0.54	0.61	0.60
H16	0.57	0.60	0.64
H17	0.62	0.64	0.69

7.1.3　含沙量场分析

横沙深水新港建成后，由于来沙量减小，港区内的含沙量普遍较低，全潮平均含沙量基本在 1.0 kg/m³ 以内。

其中：人工运河区域，受北港拦门沙段高含沙量区域泥沙上溯扩散进入人工运河口门影响，含沙量水平相对较高，含沙量在 0.6～0.8 kg/m³；进入港区后，全潮平均含沙量基本维持在 0.1～0.4 kg/m³；口外航道含沙量在 0.3～0.5 kg/m³。

由于口门 12 m 方案外延最长，口外含沙量最低，涨潮流进入港区水体含沙量相比其余两个方案较低，该方案整个港区的含沙量水平最低。

7.1.4　回淤强度分析

取洪、枯季平均潮型及上游流量，各计算 15 天大、中、小潮型，折算全年淤强。

港区总体回淤强度较低，8 m 口门方案实施后，人工运河内航道区域沿程淤强为 0.3～0.6 m/a，平均淤强约 0.45 m/a；港区内航道沿程淤强为 0.23～0.59 m/a，平均淤强约 0.41 m/a；港池内平均含沙量相对较低，淤强为 0.16～0.38 m/a，平均淤强约 0.27 m/a；口门处沿程淤强在 0.10～0.56 m/a，平均淤强为 0.33 m/a；口外段航道沿程淤强为 0.16～0.53 m/a，平均淤强为 0.35 m/a。

三方案相比：12 m 方案回淤强度最小，10 m 方案次之，8 m 方案回淤强度相对最大。从港区航道、口门年回淤强度分布来看，年回淤强度基本在 0.6 m/a 内，回淤强度不大。

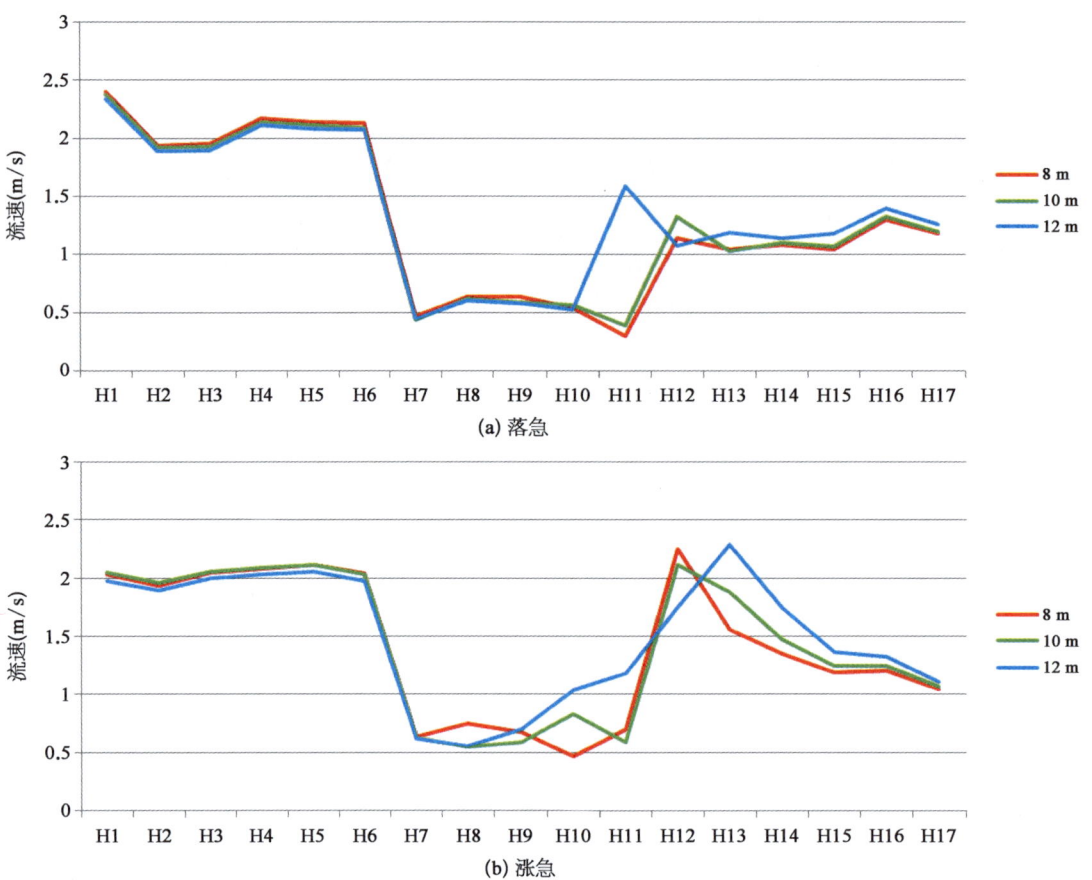

图 6　航道采点涨落急流速沿程分布

图 7　航道沿程采点全潮平均含沙量分布(底层)

表 4　各方案区段回淤强度统计　　　　　　　　　　　(m/a)

区　　域	8 m方案	10 m方案	12 m方案
人工运河(H1～H6)	0.31～0.62	0.32～0.60	0.28～0.57
港区航道(H7～H10)	0.23～0.59	0.22～0.57	0.14～0.46
港池内(G1～G4)	0.16～0.38	0.13～0.31	0.08～0.26
口门处(H11～H13)	0.10～0.56	0.10～0.55	0.09～0.49
口外航道(H14～H17)	0.16～0.53	0.15～0.53	0.16～0.54

7.1.5 小结

根据泥沙潮流数学模型的计算结果表明:

(1) 港区口门设置的 8 m、10 m 和 12 m 水深区域对港区及运河回淤影响差异不大,相比而言 12 m 方案回淤强度最小,10 m 方案次之,8 m 方案回淤强度相对最大。8 m 口门方案实施后,平均淤强情况为:人工运河内约 0.45 m/a,港区内航道沿程约 0.41 m/a,港池内约 0.27 m/a,口门处约 0.33 m/a,口外段航道约 0.35 m/a。

(2) 对于港区口门区域及口外航道,港区口门设置在较深水区,对横沙东滩东侧南北向水流交换的影响增大,口外航道横流增加,口外航道回淤差异不大。

考虑口外水深增大对工程实施的难度及工程量均会大幅度增加,因此,口门位置建议布设在 8 m 水深区域。

7.2 口外进港航道尺度

由于南侧口门紧邻长江口主航道,为减少横沙新港区进港船舶对主航道船舶的影响,本文规划进港主航道与长江口主航道平行,呈东西向布置,口门至 −20 m 等深线的距离 20 km。

7.2.1 航道深度

横沙深水港的建港目的是为了满足国际航运中集装箱船舶不断大型化的需求。目前,2 万 TEU 集装箱船的最大吃水为 16 m,远期 3 万 TEU 的集装箱船满载吃水可能达到 17~18 m。在国际航运中,苏伊士运河是连通欧亚非三大洲的主要国际海运航道,也是国际海运发展中的咽喉,其运河深度 22.5 m,并将规划增深至 23 m。据此分析,横沙深水港要满足船舶大型化,则港区需满足的通航水深约为 23 m,考虑乘潮通航,则横沙深水港进港航道需满足的航道设计深度约为 20 m。

7.2.2 航道宽度

根据《海港总体设计规范》(JTJ 165—2013),计算结果见表 5,航道宽度取 600 m,满足 20 万吨级船舶双向通航。

表 5 航道宽度计算表

船舶等级	船型主尺度(m)				航道宽度(m)	
DWT(t)	总 长	型 宽	型 深	满载吃水	W 单向	W 双向
200000	399	59	30.3	16	314	599
150000	398	56.4	30.2	16	306	584
100000	346	45.6	24.8	14.5	256	489
70000	300	40.3	24.3	14	224	428
50000	293	32.3	21.8	13	198	380

8 横沙深水新港布置

8.1 港区内布设

依托横沙大道和北侧现有陆域规划港区总面积约 80 km², 陆域面积和水域面积分别为 41.6 km² 和 38.4 km²,以人工运河为界,总体构成南、北格局。

港区南部形成 U 形港池,港池宽度约 1.5 km。规划码头岸线总长度约 27.8 km,陆域面积约 18.2 km²。其中:一港池两侧岸线顺直,主要考虑布置集装箱作业区,规划码头岸线总长度约 22.3 km,陆域面积约 15.2 km²;另外,考虑到液体散货船舶通航和安全隐患,将其布置在口门南侧,远离后方工业园区和城区,规划期内液散码头岸线总长度 5.5 km,规划陆域面积约 3.0 km²。

港区北部则形成反 E 形港池,港池宽度 1.2~2 km,根据吞吐量预测,布置通用作业区和预留发展区,规划码头岸线总长度 17.6 km,规划陆域面积约 14.4 km²。

另外,港区管理区布置于港区西侧,紧邻城区,交通便利,为港区长期、有序发展创造有利条件。根据横沙新港区的服务范围、吞吐量预测及功能定位,横沙新港主要划分为管理辅建区、集装箱作业区、通用作业、液散作业区及预留发展区,主要指标见表 6。

表 6 横沙新港(南方案)主要指标表

项 目		岸线(m)	陆域面积(万 m²)	规划期内通过能力
码头区	集装箱作业区	17800	1360	3500 万 TEU
	液散作业区	2500	200	5000 万 t
	通用作业区	10800	860	6000 万 t
	预留发展区	14300	840	/
	码头区总计	45400	3260	46000 万 t
管理辅建区		2900	900	/
总 计		48300	4160	/

8.2 人工运河布设

人工运河可只考虑与北港航道相连(方案一),口门可设置在北槽 N23 潜堤附近,运河的总长度约 17 km,航道设计尺度为 350 m×7.5 m(航宽×航深)。也可同时考虑与北槽航道的衔接(方案二),则该运河口门可设置在北槽 N6~N8 丁坝间,运河长度约为 9 km。同时,为避免占用北槽深水主航道有限的通航资源,可利用北槽主航道北侧现 1 km 以宽、6~10 m 水深区域布设专用航道,满足万吨级以下内河船舶进出本港区的通航需求。

8.3 口外航道布设

港区口门位置建议布设在 8 m 水深区域口外航道与长江口主航道平行,呈东西向布置,航道总长 20 km,航道设计尺度为 600 m×20 m(航宽×航深)。

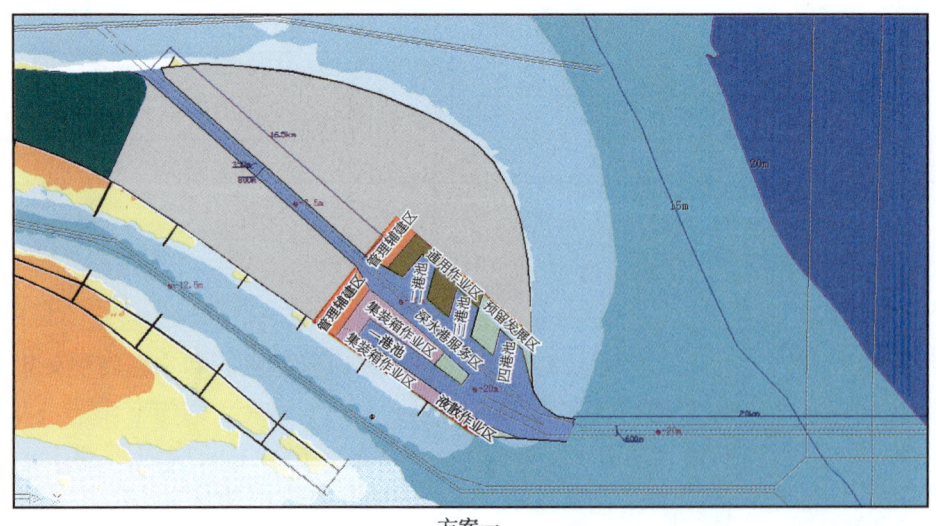

方案一

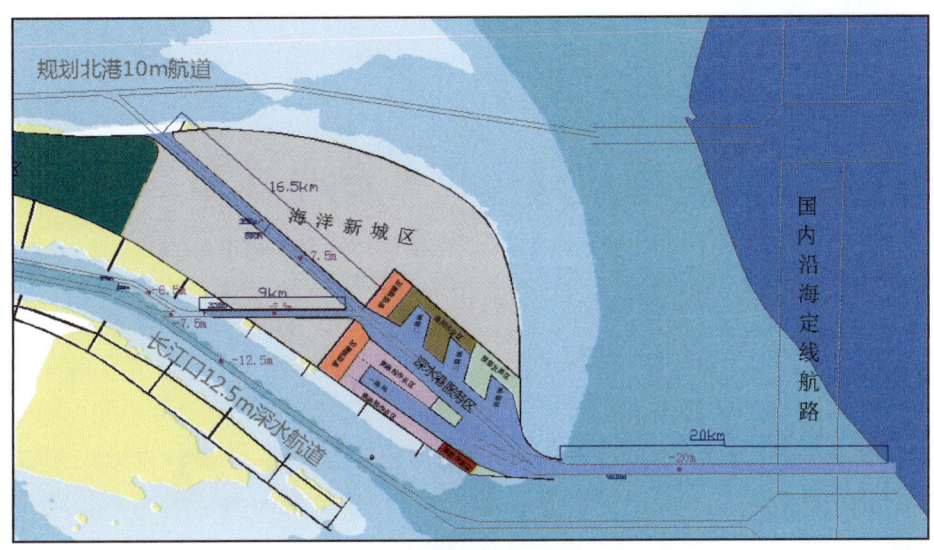

方案二

图 8　横沙新港进出通道布设方案

9　结论

（1）充分利用区位和自然条件优势，建设横沙深水新港，可将新横沙拓展成为：超大型集装箱船远洋运输网络中的重要节点；清洁能源等重要战略物资的国家储备基地；江海运输的重要换装节点。研究预测 2030 年横沙深水新港货物吞吐量为 13000 万～28500 万 t；2040 年横沙深水新港货物吞吐量为 20000 万～39000 万 t。

（2）横沙东滩成陆南北两侧可形成岸线各约 50 km，受拦门沙制约，其岸线沿程水深和航道均不足以支撑 20 m 深水港区建设所需。但利用横沙东侧直接面向外海深水区的优势，可建设 20 m 水深的挖入式港池，其口外通过开挖 20 m 深水航道与国际航线相连，满足外海大型船舶运营需求；港区口内可通过建设人工运河与长江口北港或北槽航道相接，供内支线船舶进出通航，可以实现江海船舶的无缝衔接。

（3）根据内河船舶通航环境预测，横沙成陆后港区人工运河若考虑与北港航道相连，则运河口门宜设置在 N23 潜堤附近；若考虑与北槽航道相连的，则其出口位置宜位于 N6～N8 丁坝间，同时为避免占用北槽深水主航道有限的通航资源，可利用北槽主航道北侧现 1 km 以宽、6～10 m 水深区域布设专用航道，满足万吨级以下内河船舶进出本港区的通航需求。

（4）港区东侧口门在 8～12 m 水深区域布设，所产生的港区回淤影响差异不大，相比而言 12 m 方案回淤强度最小，10 m 方案次之，8 m 方案回淤强度相对最大。但是港区口门设置在较深水区，对横沙东滩东侧南北向水流交换的影响增大，口外航道横流增加。综合考虑深水区工程实施的难度及工程量情况，建议口门位置布设在 8 m 水深区域。

（5）按 8 m 口门方案实施后，港区平均淤强情况为：人工运河内约 0.45 m/a，港区内航道沿程约 0.41 m/a，港池内约 0.27 m/a，口门处约 0.33 m/a，口外段航道约 0.35 m/a。

横沙深水新港功能定位和总平面布置研究

杨晖,孙骁帆,邵荣顺,王祥,王红伟,黄明毅

(中交第三航务工程勘察设计院,上海 200032)

[摘要] 面对上海港未来发展存在的问题和拓展新空间的需要,在横沙东滩规划布置 20 m 以上水深条件的深水新港,结合上海国际航运中心的发展目标和国家战略要求,分析了横沙新港的性质和功能定位,提出了新港的总体规划思路、平面布置方案和规划指标,并根据本区基本自然条件、相关科研成果以及实测数据资料,初步分析了新港建设的关键技术问题和可行性。

[关键词] 横沙新港;平面方案研究;江海联运

1 研究背景

上海位于我国海岸线中部和长江入海口,集"黄金海岸"和"黄金水道"于一体,是我国沿海经济带与沿江经济带的交汇点,上海港货物吞吐量和集装箱吞吐量位居世界第一。目前,上海港至南京的长江口深水航道已投入运营;上海国际航运中心洋山深水港区已全面使用;洋山深水港区四期工程正在施工建设。到 2020 年,基本实现上海国际航运中心建设的总体目标,形成规模化、集约化、结构优化的现代化港口体系。

从一带一路和长江经济带国家发展战略及《上海市城市总体规划(2016—2040)》的需求来看,上海港未来发展还面临着严峻的挑战和问题。随着全球经济和长江流域经济发展对港口的需求及船舶大型化的趋势,目前上海港将面临无深水航道和泊位、吞吐能力饱和、岸线用尽、土地资源短缺、市内交通拥堵等困境,上海港已处在发展空间枯竭的境地。

本课题在总结长江口深水航道工程和上海国际航运中心洋山深水港区工程的基础上,以利用长江口滩涂资源和外海深水资源为上海港未来发展寻找新空间为出发点,分析了在横沙建设深水新港的优势,并对港口功能定位和总平面布置进行了初步研究。

2 横沙新港的性质和功能定位

2.1 上海港发展面临的问题简析

上海是一座港口城市,航运产业历来是其经济发展的重要基础。经过多年的高速发展,上海港当前正面临以下几个方面的困境。

(1) 现有港区受城市布局的限制,已无进一步扩展的余地,市域范围内可开发的深水岸线已基本用尽。

(2) 长江口、洋山港航道限于 12.5~16.5 m 水深,缺乏可接纳超大型船舶的深水航道。

(3) 市现有岸线资源不具备建设能够满足靠泊超大型船舶的深水新港的条件。

(4) 现有港区不具备货物江海直接中转联运功能，现有港口吞吐能力已饱和，不能适应国家长江经济带发展战略的需要。

因此，上海港必须在硬件上进一步创造条件，寻求新港址，规划建设深水新港，以满足港口发展趋势和国家战略的需要，保持国际集装箱枢纽港和国际航运中心的地位。

2.2 横沙新港的性质

1) 上海国际航运中心的重要组成部分

国际航运船舶大型化趋势已明显加速，超大型集装箱船、大宗散货船产生的规模经济给船舶所有人带来了更低的运输成本。船舶大型化对港口的码头泊位和航道的水深提出了新的要求，要保持洲际海运航线中的枢纽港地位，必须满足超大型船舶的运营条件。不具备水深条件，又不具有量大、稳定的货源的港口将降级为区域性航线港口。

因此，在新横沙规划建设横沙深水新港，将上海港的核心港区建设在江海连接处的长江口，将从根本上满足国际航运船舶大型化对港口（包括航道）的需求，发挥江海直转的优势，保持上海港的国际集装箱枢纽港地位，推动上海国际航运中心向更高能级发展，符合上海国际航运中心建设总体目标的要求。

2) 上海自贸区的拓展区

上海自贸区2013年9月底开始运作，通过1年的改革创新试验，取得可复制可推广的经验，得到了党中央、国务院的充分肯定。利用新横沙拓展上海自贸区的范围，有利于提升上海自贸区的航运和贸易能级，其广阔的土地资源又有利于上海自贸区的全面发展。

一方面，横沙深水新港是上海自贸区发展的支撑。如何使上海自贸区的政策利好充分转化为更大的实际效益，根据国际上的成功经验，需要建设深水大港与广阔的长江经济带相匹配。横沙深水新港地处四面环水的新横沙，十分有利于开展国际集装箱等货物的国际中转和江海中转业务，完全有条件将横沙深水新港打造成东北亚物流中心和类似香港的自由港。若上海自贸区的范围能够扩展至新横沙，则可以充分利用港口的优势，更好地促进上海自贸区的全面发展，形成自贸区与港口互为依存、互促发展的良好局面。

另一方面，新横沙的形成与横沙深水新港建设可为上海自贸区发展提供新空间。上海自贸区的发展需要有足够的发展空间作支撑，而口前上海自贸区各片区在地理位置上相对分散，在空间上未形成一个整体，部分片区又远离港口，势必造成自贸区在运作和管理上的不便，影响自贸区的更好发展。随着相关法律、体制和机制的逐步成熟和完善，上海自贸区必将需要在更大范围、更高层次构建一个整体的、开放的自由贸易区域，新横沙的开发为上海自贸区发展提供了新的土地空间优势和良好独特的建区条件。

3) 大型江海联运中转基地

上海处于"一带一路"、长江经济带的交汇点，是两项国家战略连接的枢纽。上海港位于我国海岸线中部与长江入海口，面向太平洋，背靠180万km^2的长江流域，具有对内、对外双向辐射的功能，是江海联运的重要枢纽，也是长江流域对外贸易的门户。随着"一带一路"和长江经济带国家战略的实施和推进，长江黄金水道的联运功能将更加凸显。作为长江流域门户的上海，不仅可以发挥自身优势，实现对中西部经济发展的辐射影响，还将成为长江经济带发展的龙头和内外连接的枢纽，肩负起更为重要的实现货物江海直接中转联运枢纽港的作用，更好地参与和服务国家战略。

上海港是水上货物中转运输的重要门户,其集装箱水水中转比重由2005年的26%上升至2014年的46.6%。随着国际集装箱运输船舶日趋大型化,目前满载6000 TEU以上的集装箱船舶在上海港只能停靠洋山港区作业,而长江内河船舶受航区的限制,无法出海停靠洋山港区。因此,目前上海港大部分集装箱是通过外高桥港区与洋山港区之间的穿梭巴士进行一次中转,长江流域的铁矿石等大宗散货则需要经过二次或三次中转,由此加大了港口作业成本,使上海港丧失了长江河口港应有的低成本优势。

横沙深水新港处于长江河口的江海连接处,江船与海船的中转衔接可一次完成,长江内河船舶可以直接停靠横沙深水新港,而不需要到洋山港区或者宁波—舟山港中转,实现了货物的江海直接中转联运。这是横沙深水新港的独特优势,长三角地区的其他港口(包括上海的其他港区)都不具备这一条件。

因此,横沙深水新港江海直接中转联运的功能是其他港口都无法替代的。建设横沙深水新港,打造大型江海联运中转基地,可最大限度地带动长江沿线内陆港口的发展和降低长江黄金水道的运输成本,提升长江经济带出口加工制造业在全球的竞争能力,带动长江经济带加速发展。

4) 上海港长远发展的新空间

上海人口的快速增长已给环境、资源、设施、交通等方向带来巨大压力。根据目前上海的人口增长速度,短期内上海整体人口总量有可能突破城市综合承载极限,影响上海的可持续发展。近期内上海土地面积若没有新的增长,则意味着上海建设用地占全市陆域面积的比例将进一步提高,各种资源成本也将随之上涨,对上海市未来发展是一个较为突出的问题。

利用滩涂资源拓展城市空间、利用拓展的空间实现城市功能置换、产业转型升级等,是国内外沿海城市发展的共同历程。作为上海经济发展强大引擎的港口,需要重新布局,这是延续上海城市发展、解决目前上海城市发展瓶颈和港城矛盾的有效手段和必经之路。横沙深水新港从区位综合条件来看,是未来承接上海港口外迁最适宜的新港区,是上海港长远发展的新空间。

2.3 横沙深水新港的功能定位

1) 国际集装箱枢纽港

近年来,国际上各主要班轮公司为了在激烈的市场竞争中占据有利位置,纷纷订购超大型集装箱船舶,借此降低运输成本,增强市场竞争力。集装箱船舶大型化伴随而来的是港口码头大型化,要求港口具有深水航道和深水泊位。上海港口现有港区无法满足这种要求,横沙深水新港的规划建设,凭借其良好的自然条件优势和腹地内流量大且稳定的箱源,完全能够适应未来20000 TEU级以上集装箱船靠泊及装卸作业的需求,提升上海港对外服务能级,使其继续保持国际集装箱枢纽港和世界集装箱第一大港的国际地位。

2) 江海联运的重要换装节点

横沙深水新港位于长江口,却又不受拦门沙的限制,距离外海20 m深水区只有十几公里,距离国际航路近,是国内、国际两个市场的极佳接轨点。其既可为大型集装箱船舶和散货船舶提供服务,又可为集装箱支线船和各类长江散货船提供服务,能够便捷地实现江海联运的零距离对接,大大降低江海转运的成本,充分发挥上海河口港的优势,极大地满足国家发展战略的需求,进一步提高长江经济带的企业参与国际竞争的能力。

3) 能源、原材料等重要战略物资的国家储备基地

上海港占据"黄金海岸"和"黄金水道"交汇的地域优势,可直接服务于长江沿线和沿海地区。横沙深水新港的建设既可满足超大型船舶的靠泊需求,又可以直接进行江海中转,后方广阔的陆域可建

设能源、原材料等重要战略物资的国家或地方储备基地，更好地为长三角地区和长江流域的经济发展服务。

3 建港自然条件分析

3.1 气象条件

横沙东滩于长江口海域，属亚热带季风气候区，四季分明、温暖潮湿、光照充足、雨量充沛；夏季受太平洋暖气团控制，盛行东南风；冬季受欧亚大陆冷气团控制，盛行西北风；春末夏初为梅雨期，秋初多阴雨。多年平均气温约 17.1 ℃，平均降水量约 1160.7 mm，夏、冬季受台风、寒潮影响。

3.2 水文条件

1）潮汐、潮流

长江口水域以半日分潮为主，潮汐类型属非正规半日浅海潮型，平均潮差 2.77 m，平均高潮位 3.45 m，平均低潮位 0.65 m。

长江口口门附近区域潮流运动主要受制于东海前进潮波系统。2004 年长江口北槽深水航道南北导堤工程后，实测潮流资料显示，导堤口门外站点显示出一定的旋转流特性。各站洪季表层最大涨、落潮流速分别在 1.4~1.9 m/s 和 1.7~2.5 m/s，对应流向分布较散。

2）波浪

长江口地区以风浪为主，涌浪次之。常浪向 NNE 向，频率为 10.25%，次常浪向为 SE 和 N 向；涌浪主要出现在 NE~SE 向，占涌浪出现频率的 57.5%。

3）泥沙

长江年径流总量 9000 亿 m³，年内分配具明显洪枯季节变化。下泄泥沙量近年来有明显减少趋势。输沙量的减少，同时引起水体中含沙浓度的降低，以及含沙量中值粒径的细化。

据 2004 年深水航道工程后含沙量同步观测：北港、北槽口门附近以及横沙浅滩以东水深 5 m 以浅的浅滩区，平均含沙量 0.5~1.0 kg/m³；在浅滩东侧前沿水深 5~10 m 的鸡骨礁附近含沙量降低至 0.1~0.5 kg/m³，外侧 10~20 m 水深区域的平均含沙量降至 0.1 kg/m³ 以下。

总体来说，长江口外海域的悬沙含沙量分布特征是：西高东低、南高北低、浅水大于深水、底层大于表层、冬高夏低、季节变化显著。

4）沉积物

规划横沙新港挖入式港池位于长江北港和北槽口门之间的横沙浅滩，属河口拦门沙浅滩区，是现代长江水下三角洲的顶部，其沉积具有三角洲平原相沉积的特征。挖入式港池外航道在现代长江水下三角洲的前缘，其沉积具有水下三角洲前缘相沉积的特征，海底表层沉积物，是长江入海泥沙的扩散沉积区，沉积物多以细颗粒物质为主，一般为黏土质粉砂。

3.3 海床稳定性

1）横沙浅滩及北港附近

参考上海河口海岸科学研究中心 2015 年 8 月对长江口河势的分析成果：近期随着中央沙圈围及青草沙水库工程、新浏河沙护滩及南沙头通道限流潜堤工程、长江口深水航道治理工程以及横沙东滩促淤圈围工程等一系列工程的实施，增强了北港整体河势的稳定性。但受到自然变化和涉水工程的影响，局部区域冲淤仍较明显。

2）横沙浅滩东侧海域

从横沙东侧外海 10 m、15 m、20 m 等深线变化情况来看，自北港口—横沙浅滩—北槽口之间外海

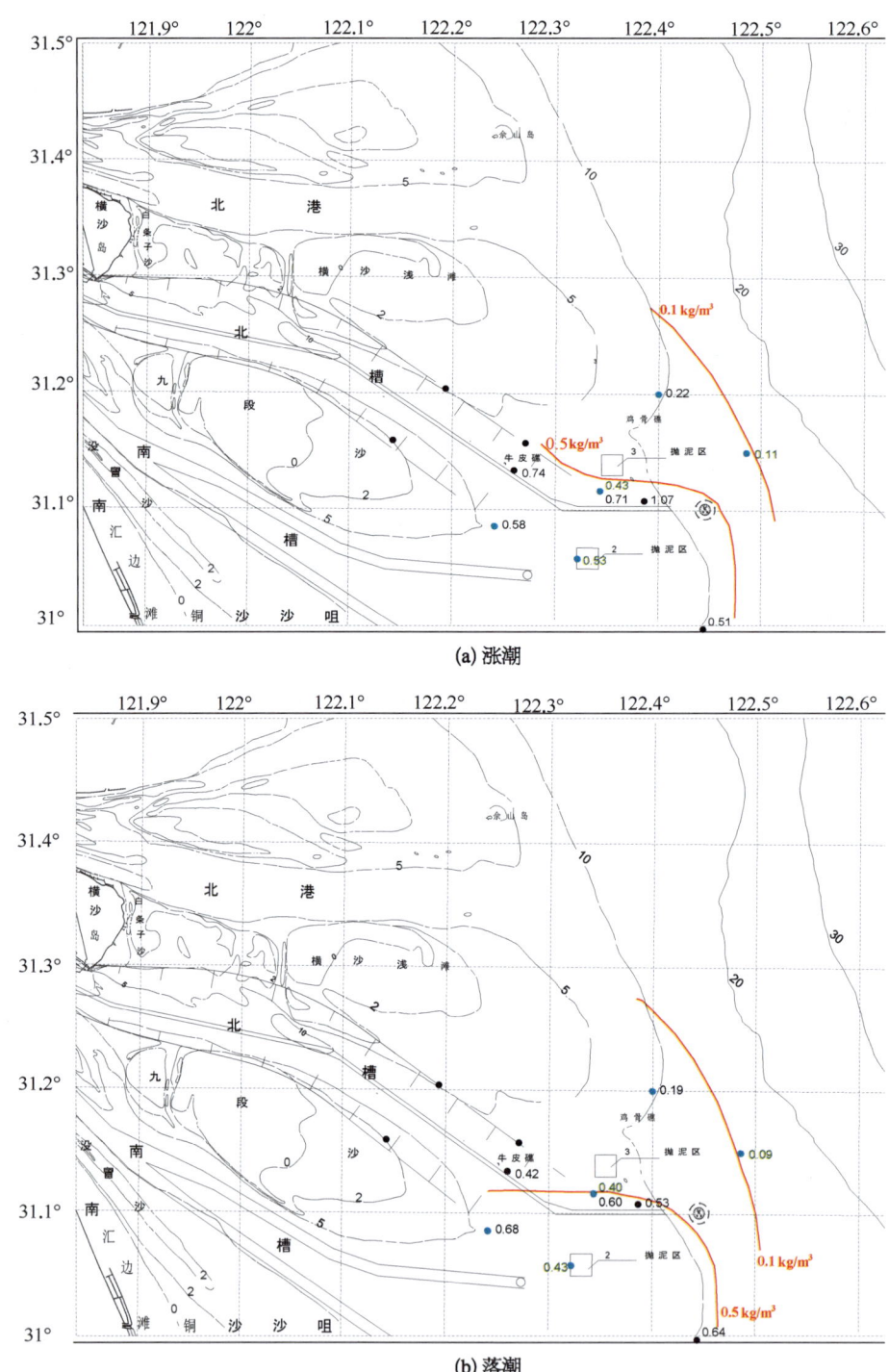

图1 长江口涨、落潮平均含沙量(2004)

域等深线均呈现出一定程度冲刷内移趋势,而总体格局较稳定。

3.4 自然条件评价

横沙所在的长江口地区气象条件总体较良好,潮汐、潮流、波浪和泥沙等条件也基本符合开辟深水港区的基本要求,总体适宜建设港口。

风、雨、雾、雷暴、波浪等是影响港口作业的常规因素,是港口建设所必须考虑的基础条件。横沙

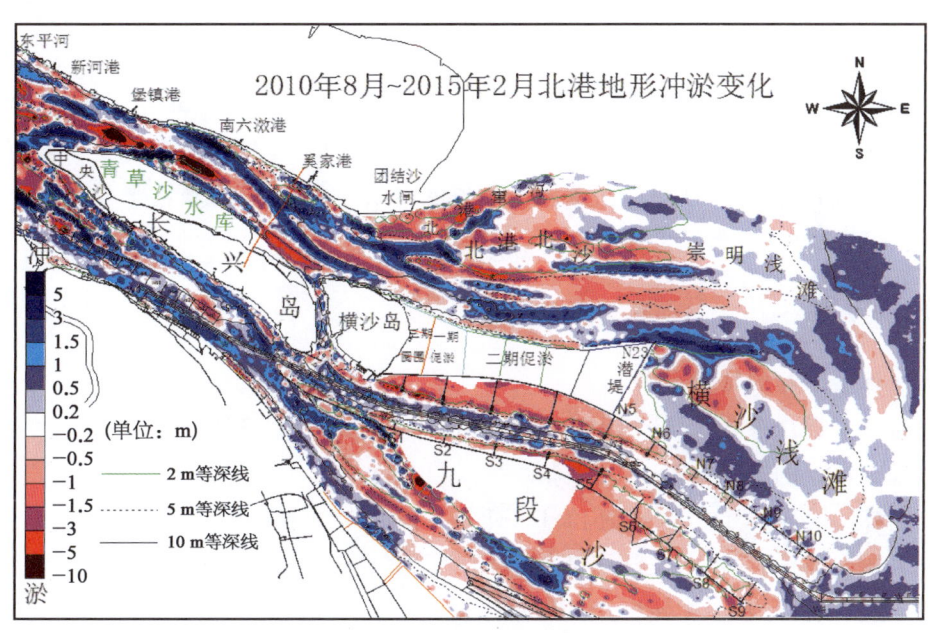

图 2　横沙浅滩及北港水道附近冲淤变化（2010—2015 年）

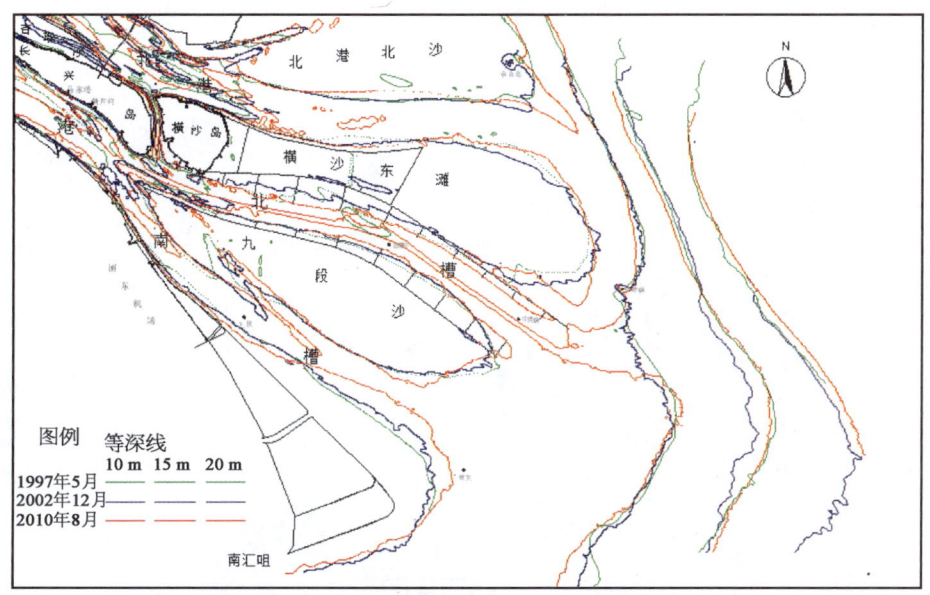

图 3　横沙附近 −10 m、−15 m、−20 m 等深线对比（1997—2010 年）

地处长江口，临近开阔海域，易受风和外海波浪的影响，其中波浪对港口作业条件的影响可在挖入式港池防波堤的掩护下得到缓解，而大风对船舶装卸作业仍有一定影响，尤其是本区夏、冬季常有发生的台风、寒潮天气，严重情况下可能造成连续数天不可作业，但从全年来看，影响港口作业的大风天气所占的比例仍是较小的。本区的自然条件与港口装卸作业的要求是相适应的。

风、雾、波浪、潮流等是影响港区进港航道通航条件的常规要素，风、浪、流对大型船舶的作用较显著，特别当其横向作用分量较大的情况下，对船舶的正常航行的影响较大，超出一定标准时将难以安全航行。而根据本区的风、浪、流特性，通过常规的资料分析和模型试验等手段，可对航道及口门防波堤进行优化布置，以减小航道轴线与本区常风向、常浪向的夹角，减小口门区域的横流影响，提升航道的适航性。本区的自然条件与进港航道的通航条件要求是相适应的。

泥沙及海床稳定性对新港建设后港池、航道稳定性的有较大影响，同时也关系到新港建设后对周边海床冲淤变化影响，是新港总体布局所需考虑到重要因素。从横沙浅滩近年冲淤变化来看，其东部 5 m 等深线总体较稳定，而北侧有向内后退的冲刷趋势；此外横沙东侧 10 m 等深线以外含沙量较低、泥沙以淤泥质为主。从现有泥沙资料及海床稳定性分析成果来看，本区总体适应于大型挖入式港池及深水外航道的建设，但由于长江口地区潮流泥沙场的复杂性，有必要对新港平面方案下周围的水沙条件开展专题研究，以深入分析新港建设的可行性。

4 总平面布置方案

4.1 横沙新港优越的地理位置

横沙新港选址于横沙东滩，上端利用尚未开发的北港水道，下段利用长江口外深水海域，实现江海联运直达运输。港址的选择具有以下优势。

（1）区位优势。横沙东滩位于长江出海口，处在我国海岸线中部与长江的交汇点，出海可直接与我国南北航线和国际航线相接，沿长江可连接我国中西部和长江流域，通江达海，具有良好的江海联运的运输条件，是发展国际物流中转枢纽的理想港址。

（2）土地资源、港口岸线资源、深水航道资源的优势。横沙东滩滩面平坦，河势稳定，N23 丁坝以东的滩地面积 303 km²，处于潮水淹没的潮间带，尚未围垦开发。可为大型深水港区和城市规划提供充足的土地资源。

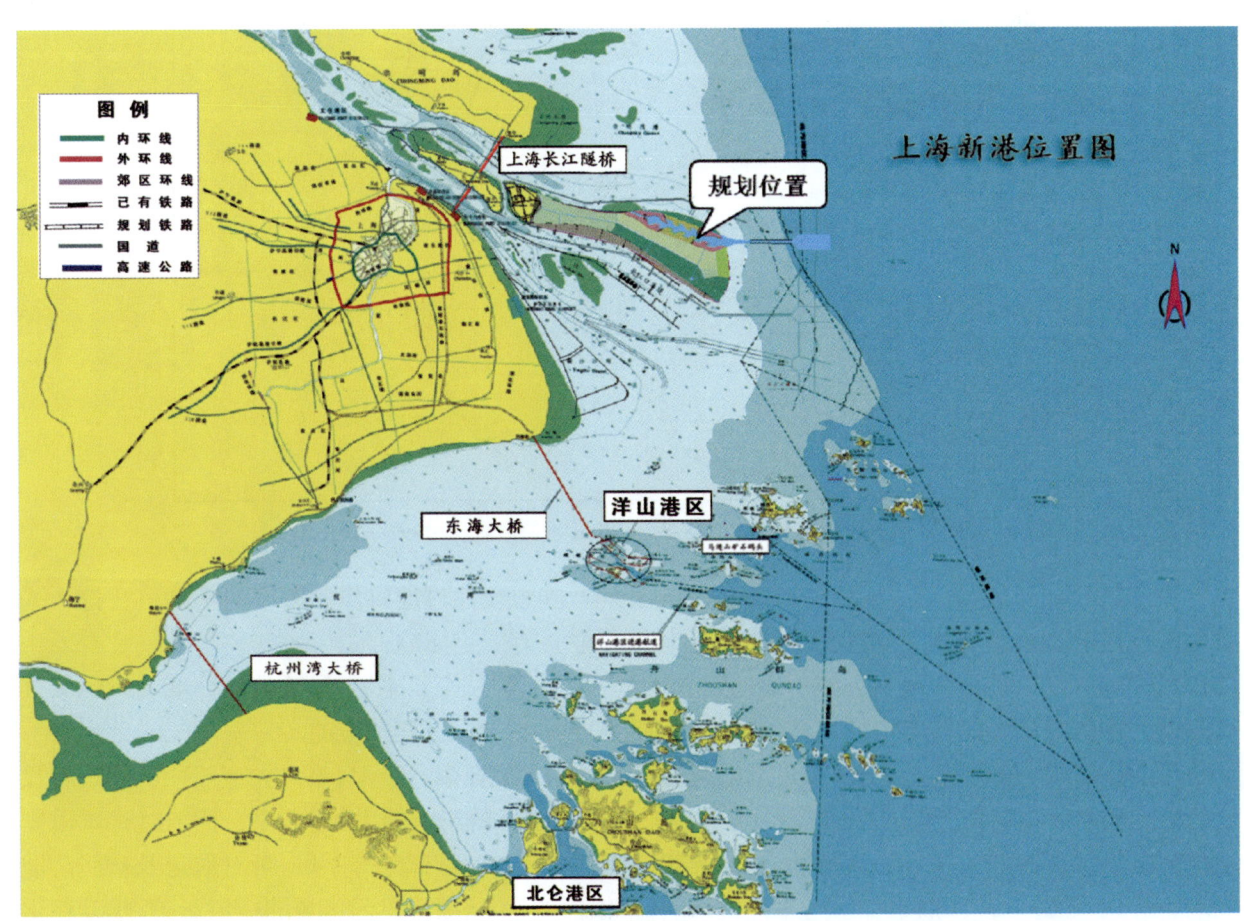

图 4　上海横沙新港位置图

横沙东滩可规划成大型的挖入式港池,可提供港区码头规划岸线 41 km,建成 90 个深水泊位,为上海港未来发展提供大量的港口岸线资源。

横沙东滩的北岸为尚未开发的北港航道的下段,具有河势稳定、微弯河段、水深良好的特点,可以规划为进入港区的长江航道。横沙东滩靠近外海深水区,距 -20 m 等深线仅 16 km,可以避开河口拦门沙,规划深水出海航道,港区可以通江达海,具有良好的江海联运条件,为规划大型港区提供了良好的航道资源。

(3) 港区陆域形成的优势。目前长江口深水航道每年维护挖泥在 7000 万 m^3 左右,而疏浚土的利用率仅 20% 左右,横沙东滩形成的港区陆域可以利用疏浚土,充分地利用资源、减少向海洋倾倒引起的污染。

(4) 可以避开崇明国家级鸟类自然保护区、九段沙国家级湿地保护区。

(5) 横沙东滩作为新港址,位于"长江口综合整治开发规划"的治导线以内,它的开发利用有利于固定边滩、减少北港和北槽的水沙交换,有利于河势稳定和河口安全。

4.2 横沙新港总平面布置

4.2.1 规划主导思路

(1) 符合水利部"长江口综合整治开发规划"和上海市"崇明三岛总体规划"。

(2) 有利于青草沙水库的保护、有利于北港水道的开发和利用,确保长江口深水航道正常运行。

(3) 确保长江口河势稳定和河口安全。

(4) 充分利用长江口大量疏浚土形成港区陆域,减少向外海倾倒对海洋环境的污染。

(5) 利用横沙浅滩的滩涂资源,规划挖入式港池,港内直接进行江海转运。

(6) 利用长江口外深水资源,避开河口拦门沙,规划具有 20 m 水深的进港航道。

4.2.2 横沙新港总平面布置

1) 挖入式港池方案

利用横沙东滩 -5 m 以上的滩地面积 303 km^2,东西长 47.4 km、南北宽 10.4 km 围垦成陆。港区规划面积为 84 km^2,仅占其中的 28%,其余为城市规划用地。利用封闭式挖入式港池方案,可以防止波浪、泥沙的入侵,保证港区装卸作业。具有水域平稳、泥沙回淤少、航行安全、施工条件好、工程投资少、工期短、年作业天数多、对周围环境影响小等特点。

挖入式港池的码头平面布置采用突堤式布置,可以充分地利用岸线布置更多的泊位。共可形成岸线 41 km、规划码头泊位 90 个。另按照来港的船型大小,将港池划分为 -20 m、-15 m、-10 m 不同水深的三部分,即东港池、中港池和西港池。

2) 深水航道规划方案

为避免对已建成的长江口深水航道的影响,规划的深水航道选择在长江口深水外航道的北侧 12 km 处,规划外航道轴线位置为 N31°12′42″。航道与港池相接的口门处航段,走向 N123°,长 6 km;靠外海处航段,走向 N90°,长 12.75 km;航道底宽 500 m,底高程 -20 m,边坡 1∶30～1∶40,航道总长为 18.75 km。设计船型以 1.8 万 TEU 集装箱船为主,船长 400 m、船宽 60 m、满载吃水 16.0 m。

3) 进出港池的长江航道

北港航道尚未开发利用,但已列入《长江口航道发展规划》和《长江经济带综合立体交通走廊规划(2014—2020 年)》,2010 年 8 月交通运输部批复的北港航道规划尺度为 10 m 水深、300 m 宽度、满足 3 万吨级集装箱船(吃水 11 m)乘潮通航、兼顾 5 万吨级散货船减载乘潮通航。

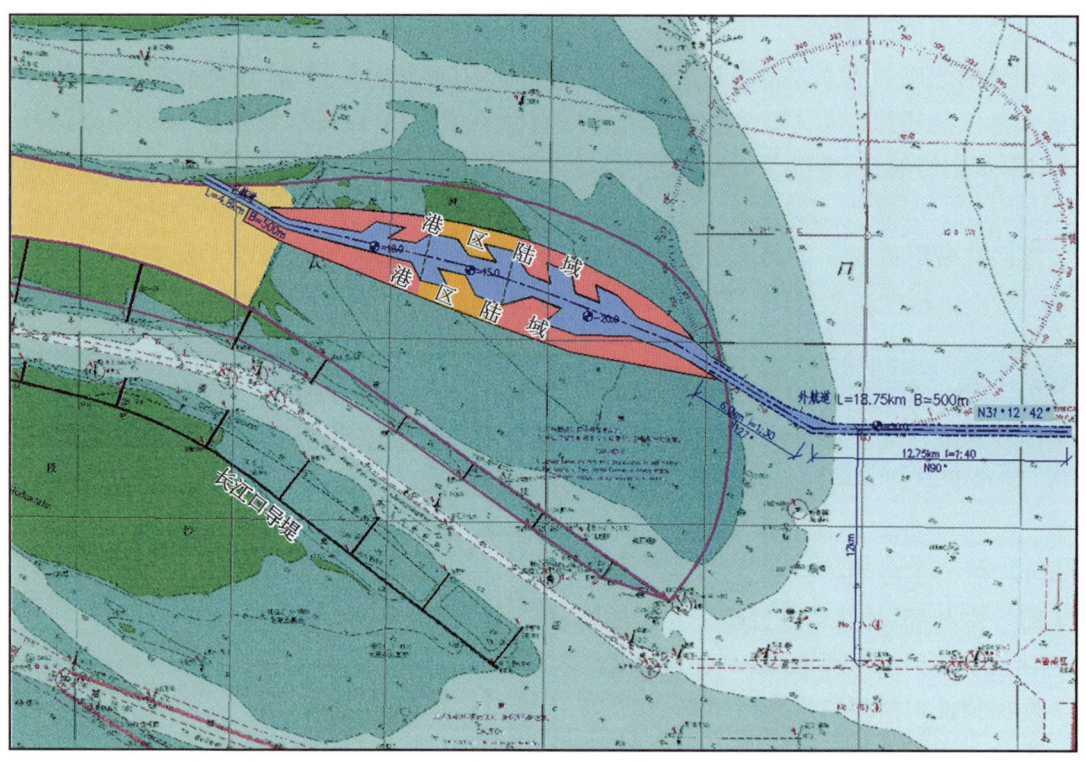

图 5　横沙新港总平面布置图

表 1　横沙新港规划指标一览表

项　目		指　标
港区面积规划	陆域面积（km²）	48
	水域面积（km²）	36
	总面积（km²）	84
岸线总长（km）		41
泊位数（个）		90
外航道	航道宽度（m）	500
	航道水深（m）	－20
	总长（km）	18.75
	航道疏浚量（亿 m³）	1.18
港区各港池	东港池 长/水深（km/m）	11.3／－20
	中港池 长/水深（km/m）	4.2／－15
	西港池 长/水深（km/m）	9.4／－10
	总长（km）	24.9
	港池疏浚量（亿 m³）	4.79

5 关键技术的研究

本工程是上海继洋山深水港后又一个特大型的外海港口工程,地处长江口外的开敞海域,建设条件具有其特殊性和复杂性。最大的挑战是20 m深水航道的泥沙回淤问题,也是课题关键的技术问题。由于口外海域的基础资料较少,目前只能借助于南京水利科学研究院和上海河口海岸科学研究中心两家科研单位的数学模型研究成果,另对交通运输部长江口航道管理局提供的长江口深水外航道W4～W5段开挖后(2010—2015年)逐月的水深变化观测资料,进行初步的分析,以此来深化对规划中关键技术问题的研究。

5.1 泥沙回淤问题浅析

(1) 港池的泥沙回淤属于纳潮回淤,和进出港池的纳潮量、口门处含沙量有关。本次规划的港池口门位置设在外海含沙量较低的海域,已避开了拦门沙;为防止东北向浪掀沙作用,口门位置按东南向延伸至−5～−8 m处,并设置挡沙堤,以减少港池的泥沙回淤。

(2) 深水航道选择在口外含沙量较低、海床较稳定的深水区,避开拦门沙,减少航道开挖后的泥沙回淤。

(3) 外航道位于开敞式淤泥质海岸,由于大风天期间,波浪显著增强,水体含沙量急剧增大,使航道在短时间内形成泥沙骤淤,以浮泥形式出现。参考长江口深水外航道台风期的实际情况,近6年间(2010—2015年)对长江口影响较明显的热带气旋过程共17次,不同路径、强度的台风对外航道骤淤的影响差别极大。以2015年9号台风"灿鸿"为例,台风过后外航道的浮泥厚度由内向外大致呈递减趋势,外航道转弯段X段浮泥厚度为3 m,以外各段均在1.8 m以下,深水区在0.8 m以下。

5.2 模型试验研究成果

(1) 南京水利科学研究院《波浪、潮流、泥沙及台风等极端环境条件对建港、航道的影响及关键技术研究》建立了包括长江口杭州湾在内的平面二维潮流泥沙数学模型,研究了横沙港区方案形成后对

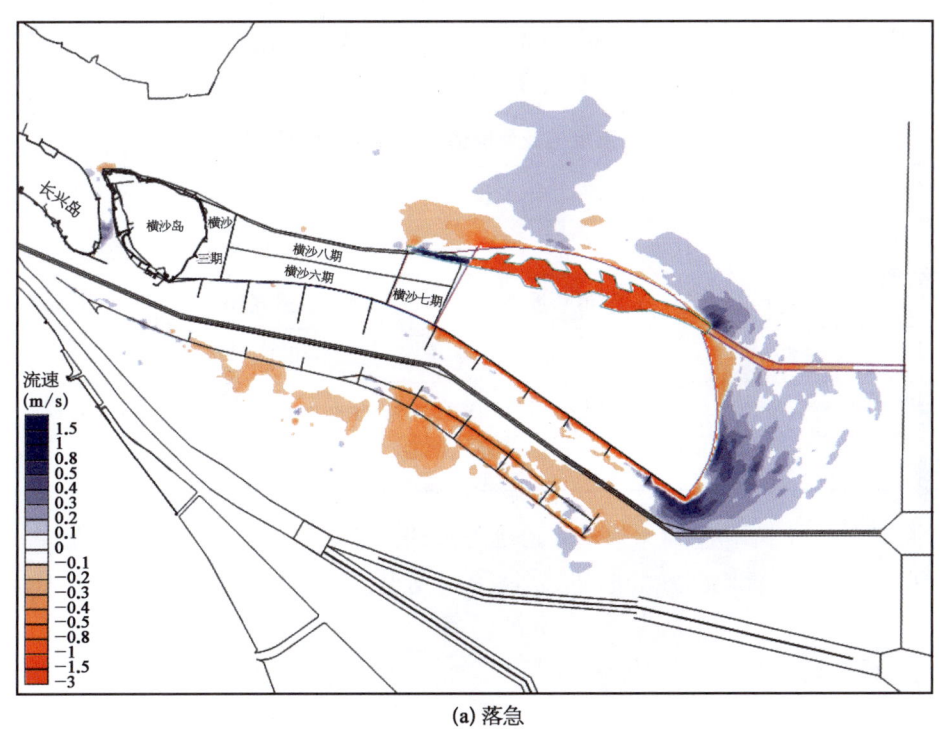

(a) 落急

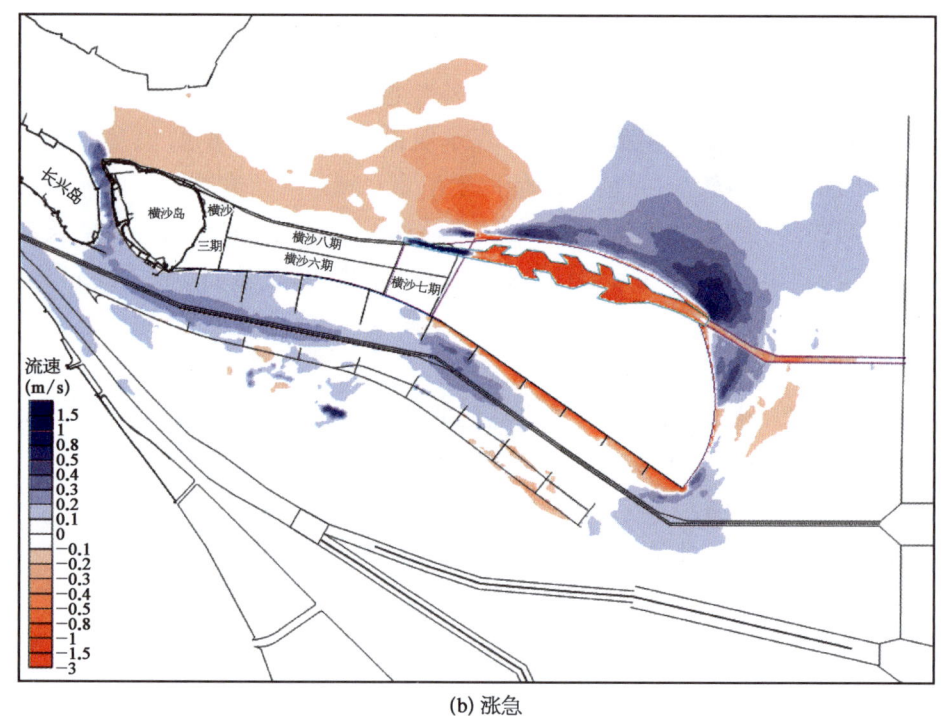

(b) 涨急

图 6　新港建设后周边落急、涨急流速变化分布图

相邻水域的水动力影响,并进行了回淤分析。

① 新港建设后的流场变化。横沙新港方案形成后,即圈围和港区均形成后,相对本底方案的涨、落急流速在一定范围内发生一定程度的变化。

② 外航道及口门横流。港池口门至 10 m 等深线处,受航道开挖作用,旋转流性质不强,涨、落潮横流基本在 0.3 m/s 左右;10 m 等深线以外处,流速旋转流特性强,最大横流在 0.4～0.7 m/s。

③ 回淤预测。结合潮流和泥沙场模拟情况,利用经验公式对港池、航道正常天气下的回淤进行分析估算,并对一次大风过程航道骤淤进行了估算。

表 2　横沙新港港池及外航道回淤强度与回淤量统计

	港池面积(亿 m²)		年回淤强度(m/a)	年回淤量(万 m³)
港池	0.36		0.38	1380.86
航道	底标高(m)	航道长度(km)	年回淤强度(m/a)	年回淤量(万 m³)
	－20	18.75	0.50	470.32
航道外段（骤淤）	底标高(m)	航道长度(km)	年回淤强度(m/a)	年回淤量(万 m³)
	－20	17.9	0.55	492.3

(2) 上海河口海岸科学研究中心《横沙大道延伸和浅滩成陆对长江口深水航道影响和对策研究》报告中,除对现有方案进行潮流泥沙场的研究外,另根据模拟结果提出了口门布置的优化方案,并进行了对比。

① 新港建设后的流场变化。根据模拟结果,横沙新港建设后,与现状条件相比,周边潮流场的涨、落急流速相对变化情况如图 7 所示。

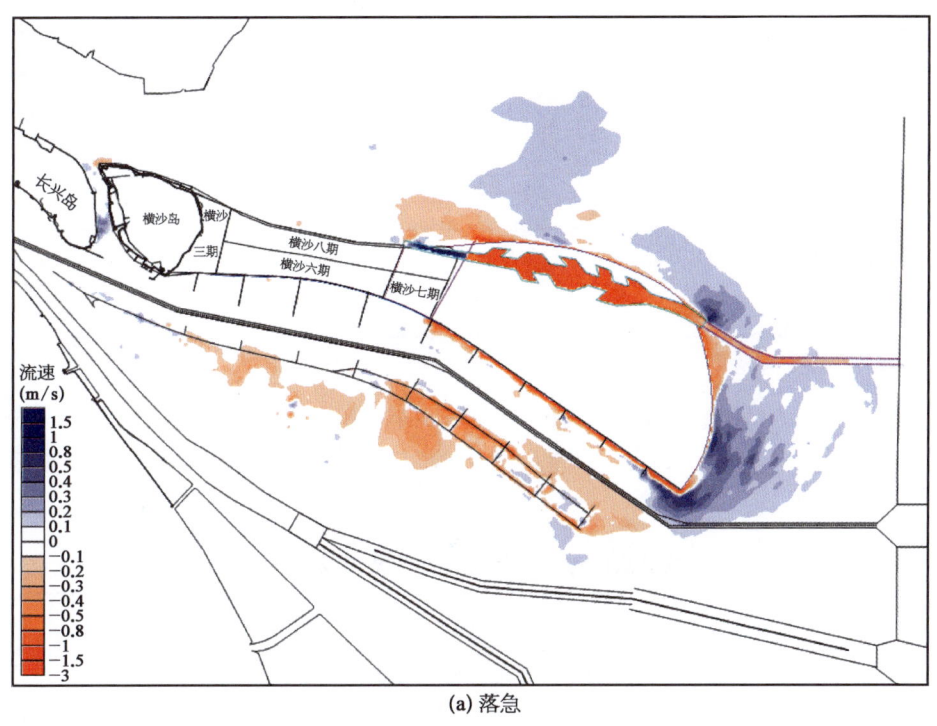

(a) 落急

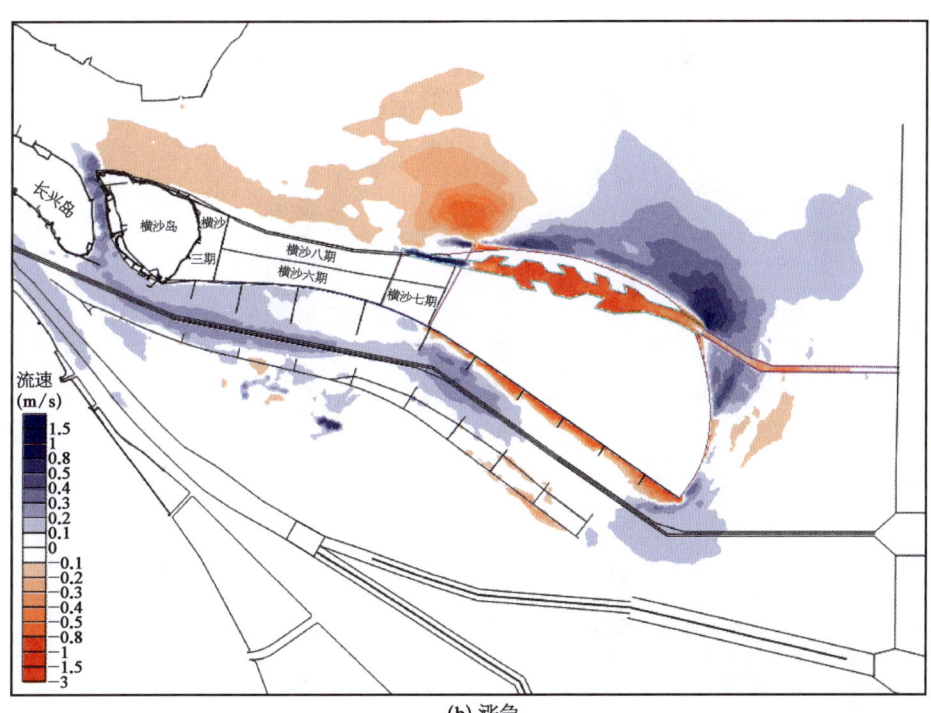

(b) 涨急

图 7 新港建设后周边落急、涨急流速变化分布图

② 外航道及口门横流。

表3 外航道及口门横流 (m/s)

方案	位置	口门	5 m	6 m	10 m	12 m	15 m	18 m	20 m
原方案	落潮最大横流	0.55	0.76	0.84	0.75	0.77	0.84	0.82	0.84
	涨潮最大横流	0.17	0.17	0.47	0.36	0.46	0.47	0.53	0.58
优化方案	落潮最大横流	0.34	0.36	0.56	0.80	0.79	0.82	0.84	0.85
	涨潮最大横流	0.16	0.16	0.27	0.36	0.51	0.53	0.54	0.60

注：优化方案考虑将外航道口门延伸至-8 m等深线位置。

③ 回淤预测。由含沙量场分布的模拟结果来看，横沙新港北侧的高含沙量区对航道口门有一定影响，口门延伸后可减轻该影响。原方案及优化方案下，通常天气回淤量及大风期骤淤量见表4和表5。

表4 方案实施后的港区及外航道年回淤量及年平均淤积统计

方案	港区			外航道		
	年回淤总量(m^3)	平均淤积强度(m)	最大淤积强度(m)	年回淤总量(m^3)	平均淤积强度(m)	最大淤积强度(m)
原方案	1.361×10^7	0.31	1.03	306069	0.03	0.31
优化方案	1.073×10^7	0.24	0.87	209917	0.02	0.16

表5 方案实施后的港区及外航道骤淤统计

方案	港区			外航道		
	一次回淤总量(m^3)	平均淤积强度(m)	最大淤积强度(m)	一次回淤总量(m^3)	平均淤积强度(m)	最大淤积强度(m)
原方案	5.59×10^6	0.13	0.83	7.30×10^6	0.72	2.41
优化方案	4.47×10^6	0.10	0.65	4.56×10^6	0.45	1.88

5.3 长江口深水外航道段开挖后水深变化观测资料分析

本次规划的-20 m深水航道位于长江口外航道的北侧12 km，属于同一类海域，水文、潮流、泥沙和波浪条件基本类似；航道开挖后的水深变化、回淤情况，对规划的深水航道有借鉴作用。长江口深水外航道W4～W5段长度18 km，宽度350～400 m，开挖从-11.5 m到-13.5 m，从2010年1月开挖以来至今有连续6年逐月的观测资料。

表6 长江口深水外航道段(2010—2015)冲淤量统计

D3.5段 (X～Y～Z段)	枯水期(12月—次年7月)	每年平均冲刷量329万m^3、冲刷强度0.63 m
	洪水期(7月—12月)	每年平均淤积量487万m^3、淤积强度0.94 m
	全年	每年平均淤积量158万m^3、淤积强度0.30 m 每年维护挖泥量118万m^3

(续表)

D3.6 段	枯水期(12月—次年7月)	每年平均冲刷量 201 万 m^3、冲刷强度 0.67 m
	洪水期(7月—12月)	每年平均淤积量 371 万 m^3、淤积强度 1.23 m
	全年	每年平均淤积量 169 万 m^3、淤积强度 0.56 m 每年维护挖泥量 122 万 m^3
D3.5(X~Z 段) + D3.6 段	枯水期(12月—次年7月)	每年平均冲刷量 530 万 m^3、冲刷强度 0.65 m
	洪水期(7月—12月)	每年平均淤积量 858 万 m^3、淤积强度 1.04 m
	全年	每年平均淤积量 327 万 m^3、淤积强度 0.40 m 每年维护挖泥量 240 万 m^3

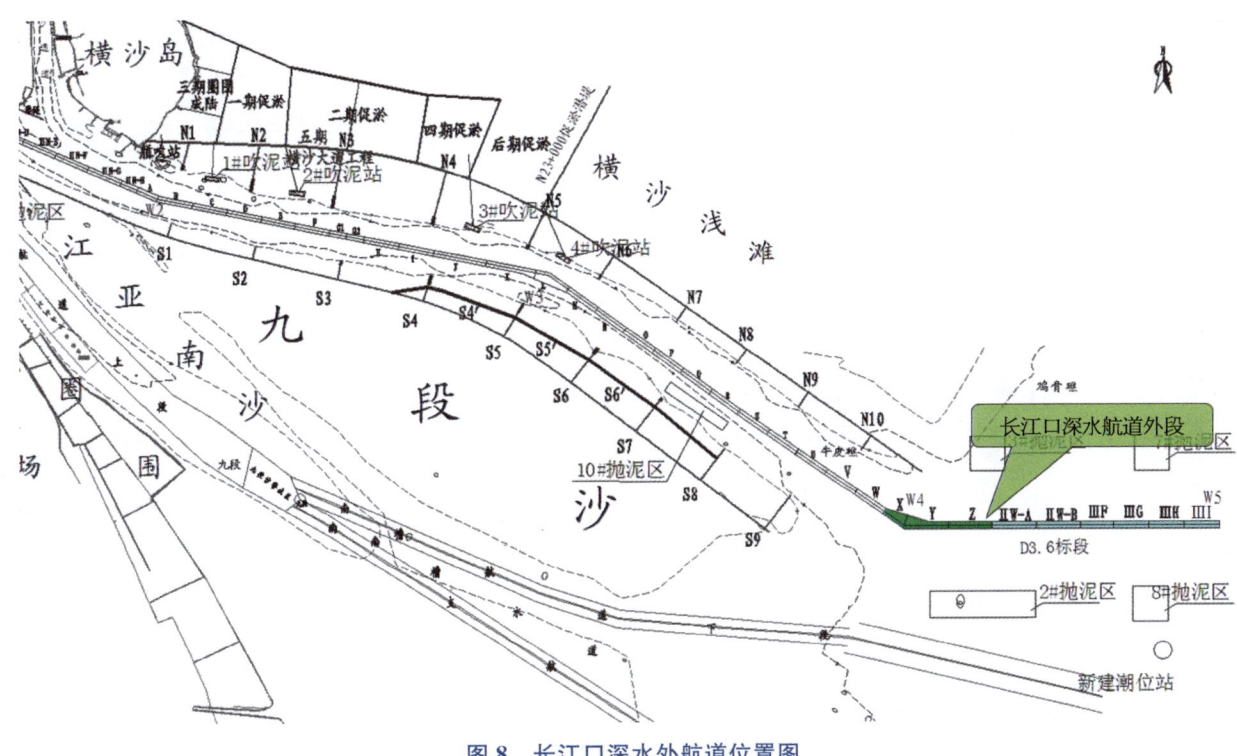

图 8　长江口深水外航道位置图

长江口深水外航道开挖后的水深变化特点初步分析如下：

(1) 外航道开挖后水深较为稳定，回淤量较小，每年平均淤积量为 327 万 m^3，淤积强度 0.4 m；每年维护挖泥量较小，每年平均 240 万 m^3，本段航道开挖后维护较容易。

(2) 航道的年内冲淤变化来看，枯水期略有冲刷，平均每年冲刷量为 530 万 m^3、冲刷强度为 0.65 m；洪水期略有淤积，平均每年淤积量为 858 万 m^3、淤积强度为 1.04 m，冲淤幅度较小，0.65~1.04 m。年内最大的淤积主要是 7—8 月台风引起(期间台风情况见表 6)。

(3) 航道开挖成槽率较高，开挖后近一年时间内回淤较小，呈冲刷状态。

(4) 长江口外航道开挖后回淤主要发生在近岸段(D3.5 段)，淤强 0.56 m，远大于外海段(D3.6 段，淤强 0.3 m)，近 2 倍。

横沙新港规划的深水航道与长江口外航道相距不远，除设计水深、宽度有所差异外，属同类海域，引起泥沙回淤的因素在规划的深水航道也是使用的，可以用于预测规划的深水航道开挖后的回淤情况。根据长江口外深水外航道开挖以及每年维护的情况来看:水深稳定、回淤量不大,每年维护挖泥量较小。参照国内类似的连云港 30 万 t 深水航道的开挖成功和洋山港 16 m 深水航道的使用情况,可以说明横沙新港规划的 20 m 深水航道可挖性较好、回淤量预计是可以接受的,在技术上也是可行的。

6 结论与展望

6.1 主要结论

(1)横沙东滩具有良好的区位优势,具有土地资源、港口岸线和深水航道资源的优势,是江海联运理想的运输枢纽。

(2)按照 2040 年横沙深水新港货物吞吐量规模预测为 39000 万 t 的要求,总平面布置分别规划了挖入式港池、20 m 深水航道和进出港池的长江航道。

(3)挖入式港池方案具有水域平稳、航行安全、回淤少、施工条件好、投资少、工期短、装卸作业天数多、对环境影响小等特点,其关键技术问题主要是泥沙回淤,本次规划的港池口门位置设在外海含沙量较低的海域,已避开了拦门沙;为防止东北向浪掀沙作用、减少港池的泥沙回淤,口门处沿东南向设置挡沙堤。

(4)规划的 20 m 深水航道选择在长江口外含沙量较低的深水区,避开拦门沙、减小泥沙回淤。外航道轴线位置为 N31°12′42″,在已开挖的长江口深水外航道北侧 12 km 处。此海域为海床稳定、冲淤变化小、含沙量低的淤泥质海岸,泥沙回淤主要在口门处的近岸段,以波浪掀沙为主,外海段回淤较小。全年以 7—8 月台风淤积最大,呈现以台风为主的淤积特征。据长江口深水外航道 W4~W5 段的开挖维护情况来看,回淤量不大,回淤强度为 0.4 m,每年平均回淤量为 327 万 m^3。参照国内类似的连云港 30 万 t 深水航道的开挖成功和洋山港 16 m 深水航道的使用情况等;可以说明横沙新港规划的 20 m 深水航道可挖性较好、回淤不会太大,在技术上是可行的。

(5)进出港池的长江航道选择利用北港下段水道,总体河势顺直微弯,处在弯段凹岸,呈冲刷态势,有利于减少进出港池的泥沙。近期随着北港上段一系列整治、圈围工程实施,增强了北港下段的河势稳定。利用尚未开发的北港水道作为进出港池的长江航道,也是符合长江口航道发展规划的。

6.2 展望

本工程是上海市继洋山深水港后又一个特大型的外海工程,地处长江口外的开敞海域,建设条件具有一定的特殊性和复杂性。规划的横沙新港的基础资料极其缺少,有的资料年限太旧,随着长江口深水航道开挖和南北导堤建设,河口边界条件已发生较大变化,资料对现状的代表性较不理想、使用也受到限制。建议下阶段结合规划的工程地点,进一步开展观测和勘察工作、进一步开展模型试验工作、进一步完善规划方案。因此,也希望得到上海市和国家各部门的帮助和支持。

上海横沙新港规划方案研究

薛晓晓,周玉华,刘晓玲,曹凤帅

(中交水运规划设计院,北京 100007)

[摘要] 基于长江口横沙浅滩的区位条件和资源条件,论证了依托横沙浅滩开发建设大型深水港区的可行性,分析了港区运输的经济性。根据长江口演变规律、波浪、潮流等自然条件,分析了横沙深水新港区规划方案,包括港区和进港航道的布置、功能分区、岸线规划、占地面积和吞吐能力等,同时提出了港区分期实施计划。

[关键词] 横沙新港;选址;规划;挖入式港池;分期

1 前言

上海港地处我国长江经济带和沿海经济带的交汇点,拥有长江入海口和黄金海岸线中部的区位优势,是我国沿海主要港口和集装箱干线港之一,同时也是国家综合运输体系的重要枢纽和长三角地区现代物流中心的组成部分,肩负着上海建设国际经济、金融、贸易、航运四大中心的重任。

依托长江黄金水道,上海港为腹地经济社会的发展提供了重要支撑,但目前上海港的发展也遇到了吞吐能力饱和、深水岸线不足、土地资源短缺、市内交通紧张、港城矛盾加剧的困境。随着国家"一带一路"倡议和长江经济带战略的颁布实施,上海港急需拓展新的发展空间,以顺应中国经济发展和世界航运发展的新要求。

上海横沙浅滩地处我国海岸线与长江黄金水道的交叉点,通江达海,航道资源优势明显,南贴长江口北槽深水航道,北靠北港规划航道,西接长江黄金水道,东临东海 10～20 m 深水区域,既能满足船舶大型化发展趋势,又可为长江及内河船舶提供服务,实现江海联运的零距离对接,大大降低江海转运的成本,进一步提升长江黄金水道的价值。因此,横沙深水新港是上海港拓展新空间的绝佳之地。

2 建港条件分析

2.1 自然条件

2.1.1 风浪

长江口地区属于亚热带季风气候区,据历史资料记载,平均每年受台风影响 2.1 次,风向以偏北风为主,大风持续时间约为 2～3 d。横沙浅滩海域以风浪为主,常浪向为 NNE 向,次常浪向为 SE 和 N 向,实测最大波高在 3～3.5 m。由于横沙新港区布置为挖入式港池,施工和码头运营天数几乎不受外界风浪条件的影响。

2.1.2 潮流

长江口海域潮汐属不规则半日潮,受长江径流影响,落潮历时大于涨潮历时,分别为 7 h 15 min

和 5 h 10 min，平均潮差 2.6 m，最大潮差 4.5 m。北港和北槽之间海域潮流基本呈东西向往复流，而在 −10～−20 m 海域潮流具有旋转特性。北港水道口 −5 m 水深处，表层涨落潮平均流速分别为 94 cm/s 和 147 cm/s，北槽水道口表层涨落潮平均流速分别为 118 cm/s 和 179 cm/s。根据相关研究，依托横沙浅滩布置挖入式港池对北港和北槽的水动力影响较小。

2.1.3 泥沙

横沙浅滩海域水体含沙量主要是由于长江流域下泄泥沙的扩散和波浪作用下滩槽泥沙交换引起的。泥沙分布基本特征为：北港、北槽口门附近以及横沙浅滩 −5 m 以浅的区域，平均含沙量在 0.5～1.0 kg/m³；水深 −5～−10 m 区域含沙量明显降低，平均含沙量降至 0.5 kg/m³ 以下；−15 m 以东区域悬沙浓度极低。随着长江下泄泥沙的持续减少以及横沙浅滩大片被圈围，滩槽泥沙交换强度将得到抑制，对横沙浅滩区港池和航道开挖后的减淤非常有利。

2.1.4 浅滩稳定性

近年来，横沙浅滩趋于稳定，年冲淤变化在 ±20 cm 内，冲淤相对平衡，不存在大冲大淤现象，横沙浅滩 −5 m 等深线内面积多年保持在约 300 km²。横沙浅滩东部 −10 m 等深线海域内，随着水深增加冲淤变幅沿程变小，一般在 ±10～±20 cm/a；而在 −10～−20 m 海域，存在一条近南北向"冲刷走廊"；在 −20 m 以外海床地形冲淤已基本上不受入海径流的影响。横沙浅滩及附近海床的稳定性，为建设大型港区提供了十分有利的条件。

2.1.5 工程地质

横沙浅滩表层沉积物以细砂和粉砂质砂等粗颗粒为主，含量泥不足 20%。在规划的深水航道海底表层沉积物以细颗粒为主，含泥量在 50% 以上，为淤泥质海岸。另外，根据勘探资料，本区均为第四纪全新世近代冲海—滨海相的粘散堆积物，无岩基出露，属软土地基，可挖性较好。长江口区域地震烈度为七级，港区工程地质条件良好。

2.2 资源条件

（1）土地资源。横沙岛位于长江口北港水道和南港北槽之间，是由长江下泄泥沙不断沉积形成的冲积岛，现面积约 51 km²。横沙岛东侧为大型水下浅滩，以 N23 护滩浅堤为界，西侧为横沙东滩，面积约为 110 km²，主要作为上海市耕地占补平衡用地；东侧为横沙浅滩，面积约为 370 km²，处于自然状态，滩面高程为 +1.6～−5 m，滩面地形总体呈现北高南低状态（图 1）。广阔的土地资源将为上海国际航运中心的发展提供战略储备。

（2）航道资源。横沙浅滩南侧紧邻长江深水航道，北侧靠近长江口北港航道，东侧与外海 20 m 水深的国际航路仅十几 km，具备建设 20 m 深水航道的条件。新横沙的开发，将进一步优化上海城市总体布局，弥补上海与长江中上游地区中转沟通的不足，引领江、浙两翼和长江流域经济的协同发展。

（3）岸线资源。新横沙濒江临海，可规划形成近 60 km 码头岸线，为上海港提供极为宝贵的深水岸线储备，使其成为继浦东新区之后一个新的经济增长点，为上海"四个中心"战略目标的实现提供强有力的支撑。

（4）泥沙资源。目前长江口深水航道年疏浚量为 0.8 亿～1.0 亿 m³，随着北港和南槽航道的规划实施，长江口地区疏浚量将非常可观。横沙东滩成陆可综合利用长江口航道整治疏浚土，避免弃土污染海洋和河口水域，将产生巨大的经济效益、社会效益和生态效益。

综上分析，横沙浅滩具有明显的区位优势和良好的建港条件。

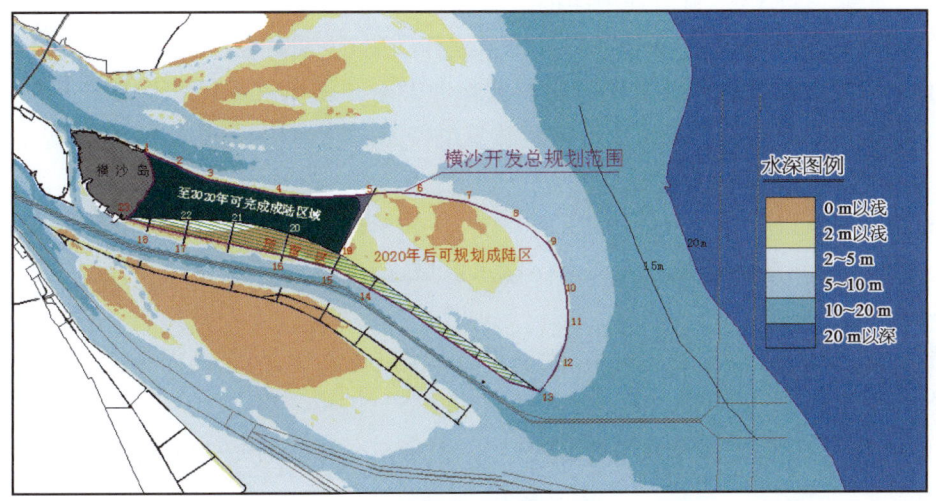

图 1 横沙浅滩范围示意图

3 港区运输经济性分析

从上海港目前的发展来看,长江水运已经成为上海港主要的集疏运方式之一。尤其是上海港大力实施长江战略,江海联运集装箱业务增量显著,近年来集装箱江海联运比例达到 15% 左右。

横沙浅滩港址濒江临海,可方便实现江海运输的零距离对接,是上海港拓展江海联运功能的绝佳之地。将长江沿线现状集装箱、铁矿石运输路径与经由横沙新港进行中转的运输路径进行比较,计算各路径必要运费率见表 1。可以看出,不论是集装箱还是铁矿石江海联运,经由横沙新港的运输路径必要运费率均低于现状运输路径,经济性更好,同时,通过横沙新港进行中转对运输时间的节约也是非常可观的。

表 1 横沙新港集装箱、铁矿石江海联运经济性比较

集装箱必要运费率比较		铁矿石必要运费率比较	
运输路径	必要运费率(元/TEU)	运输路径	必要运费率(元/t)
经横沙新港中转	4108.36	经横沙新港中转	192.32
经太仓港、洋山港中转	4603.81	经宁波—舟山港、苏州港中转	224.7

注:① 进行集装箱必要运费率比较时,运输起讫点分别选择为武汉港、鹿特丹港;内河集装箱船型选择 300 TEU 集装箱船,干线集装箱船型选择 18000 TEU 集装箱船。
② 进行铁矿石必要运费率比较时,运输起讫点分别选择为武汉港、图巴朗港;内河铁矿石运输船型选择 5000 DWT 散货船,干线铁矿石运输船型选择 40 万 DWT 散货船。
③ 实际计算过程中,船舶营运基本参数、海运运费参数根据各代表船型实际运营情况、相关标准规范以及市场情况进行取值。

4 港区规划方案

4.1 规划方案

港区规划重点考虑以下几个原则:① 协调性原则:与国家规划、长江流域规划、长三角地区港口规划、上海城市规划、上海自贸区规划、产业规划、综合交通体系、海洋功能区划等紧密衔接;② 合理性原则:深水深用、浅水浅用,结合地形、地貌,合理利用岸线、土地等资源,满足腹地经济快速发展和吞吐量增长的需求;③ 集约化原则:黑白货物分家、功能划分明确,布局紧凑,实现集约化发展;④ 适应性原则:"统筹规划、分期实施",便于分期开发和快速实施,充分适应港口、临港工业的发展需要;⑤ 环

境友好型原则：注重生态保护，自然环境与港口发展有机结合，形成绿色港区。

横沙浅滩东侧直接面向外海，受长江口外海风浪作用明显，同时存在南北向水沙输移带，因此，横沙东侧建港宜采用挖入式港池布置。口门的设置除考虑避开强风浪作用和保证充足的纳潮量外，还应避开拦门沙的作用范围和长江入海水沙南偏输移的特点，需设置一定的防沙堤，使进港航道直接从口外－10 m水深区域进入港内掩护区。

港区的布置主要从以下几个方面考虑：

(1) 港区位置：尽可能利用横沙浅滩南侧深水区域，减少港池开挖量，同时远离横沙北侧生态湿地区，保护环境。

(2) 进港航道：与涨落潮流夹角较小，位于北槽深水航道北侧，呈东西向布置，不影响北槽深水航道的繁忙运输。

(3) 人工运河：上游形成长江驳船进出的口门，但考虑到陆上开挖人工运河的建设成本，口门尽可能南移减少投资。

(4) 集疏运设施：集装箱以公路集疏运为主，南侧紧邻横沙大道，依托条件较好，方便近期起步工程的建设。

(5) 功能分区：南侧水深条件较好，集装箱岸线呈顺岸布置，便于船舶进出和装卸作业，通用作业区可形成独立的小港池，减少船舶之间的相互干扰。

(6) 江海联运：内河转运区可布置于港区中部突堤，通过突堤堆场实现江海转运无缝对接。

总体布置规划方案如图2所示。其中以横沙大道为依托，充分利用横沙东滩南侧现有深水区域，减小港池航道的开挖量，最终形成港区总面积约115 km^2，陆域面积约58 km^2，岸线长度60 km。其中：以人工运河为界，南区形成U形港池，岸线顺直水深条件较好，可考虑布置集装箱作业区；北区形成反E形港池，可形成通用件杂和散货作业区。

由于南侧口门紧邻长江口主航道，为减少横沙新港区进港船舶对主航道船舶的影响，本次规划进港航道与长江口主航道平行，呈东西向布置，口门至－20 m等深线的距离约22 km。

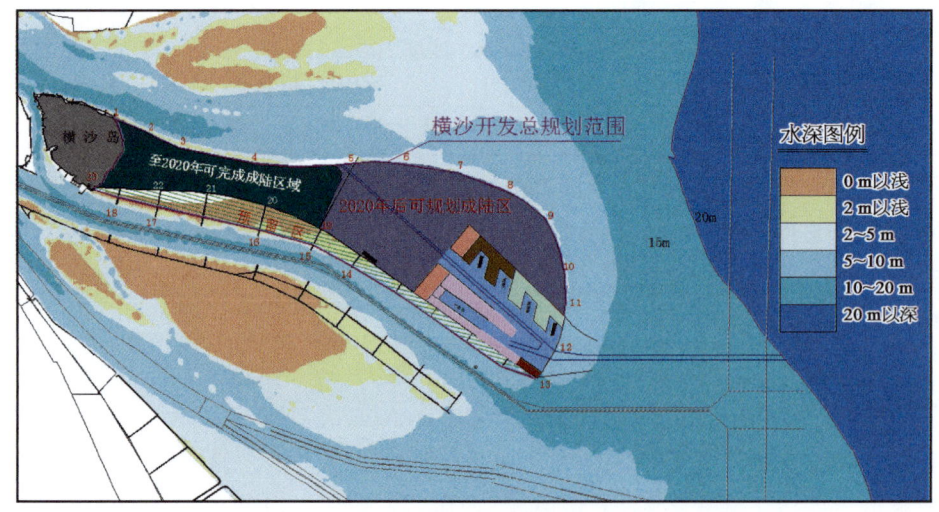

图2　横沙港规划方案

4.2 分期实施

横沙深水新港区整体开发工程量大、投资高，本着"统筹规划、分期实施"的原则，综合考虑经济发展需求、自然条件、工程建设代价、集疏运依托条件等，针对南线方案，提出"自西向东"和"自南向北"

两种开发思路：

(1) 思路一："自西向东"基本结合现状地形条件,逐步向深水区域发展,后方紧邻城区,依托条件较好,而且可以实现黑白货物分家,但近期集装箱和通用作业区两点同时起步,初期建设和运营费用较大。

(2) 思路二："自南向北"可依托横沙大道,港区近期建设区集中,便于初期运营和管理,但通用件杂或散货作业区占用一定的顺直岸线,远期为实现功能区集约化发展,需进行通用作业区的改造和搬迁。

未来深水新港的分期建设方案应结合后方横沙东滩吹填造陆、集疏运通道的建设时序,进行深入研究。

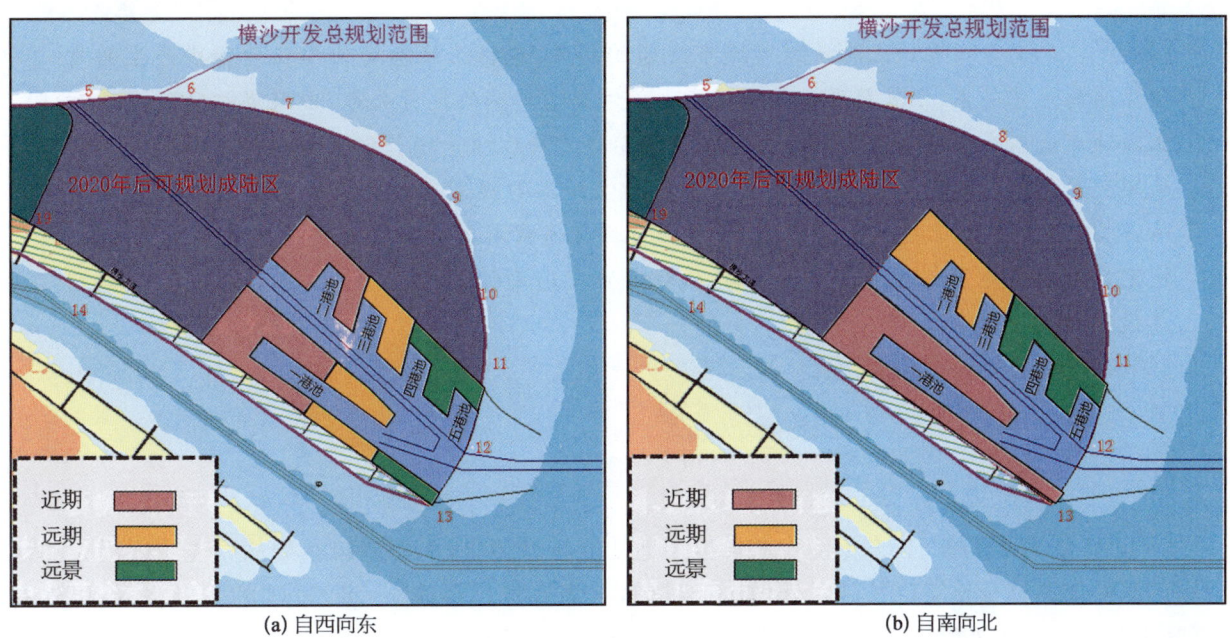

图 3　分期实施设想示意图

5　结语

上海横沙是一个集区位、土地、岸线、航道等优势资源于一身的区域,深水新港的开发可进一步加强上海与江、浙及长江中上游地区的联系,推动长三角地区经济的协同发展和上海国际航运中心的建设步伐。本文初步根据横沙浅滩的自然条件、工程建设代价、运输经济性、集疏运依托条件等因素对港区规划建设提出了初步的构想。为促进项目的顺利实施,后续还应结合港区的功能定位、人工运河设置、吹填造陆时序、临港工业区布置、集疏运通道建设及对周边环境的影响等方面开展深入研究。

参考文献

[1] 包起帆,江霞.上海港面临的挑战和未来发展之路[J].中国工程科学,2013,15(6):35-40.
[2] 程泽坤,邵荣顺.依托横沙浅滩开发大型深水港区的技术可能性[J].中国工程科学,2013,15(6):41-47.
[3] 吴澎,王海霞,蔡艳君.上海港深水新港区初步规划[J].中国工程科学,2013,15(6):48-60.
[4] 楼飞,季岚,陈中,等.长江口横沙深水港选址及可维护性探讨[J].中国工程科学,2013,15(6):108-112.

上海港口规划布局对城市交通的影响研究

薛美根,王祥

(上海市城乡建设和交通发展研究院,上海 200040)

[摘要] 研究分析现状上海港口对城市交通的影响,包括上海港货物吞吐量和所产生的货运交通的定量关系、集装箱吞吐量和所产生集卡交通车辆的定量关系,以及港口货运交通对上海城市道路交通所产生的影响。分析未来港口货物吞吐量增长以及港口规划布局调整对城市交通所产生的影响,重点研究分析横沙新空间港口规划后对上海城市交通所产生的影响,包括横沙新空间港口规划后可能产生的货运交通需求总量及空间分布、横沙新空间港口规划后对周边地区交通所产生的影响,从对城市交通影响的角度分析未来横沙新空间规划建设港口的可行性。

[关键词] 港口;城市交通;横沙深水港

1 前言

20世纪80年代以来,随着上海中心城区用地功能转型调整,上海港口布局从原先主要沿黄浦江两岸逐渐外移调整至长江口及其以外地区。目前,上海港口已形成"一港八区"的发展格局,以外高桥、洋山等为代表的外海港区成为运输重点,成为满足上海港长远发展需要的核心力量。港口布局的总体调整,对优化上海城市空间布局、减少城市交通拥堵、改善交通出行环境等发挥了重要作用。

尽管上海港整体布局不断进行优化调整,集疏运体系中水水中转比例在不断提升,但是,由于上海港腹地主要集中于江浙沪等长三角地区,处于公路合理经济的运输范围内,长期以来,上海港陆路集疏运还是主要依赖公路运输,港口大型集卡车对上海城市交通带来很大影响。一方面港口所产生的货运交通带来了城市交通的拥堵问题,如受外高桥和洋山港区周边公路集装箱运输影响,外环线的东段和北段、G1501上海绕城高速北段以及外环隧道严重拥堵;另一方面大型集卡对公路路面损坏严重,同时还带来噪声和环境污染、交通事故等一系列问题。

上海新一轮总体规划即《上海市城市总体规划(2016—2040)》已编制完成,规划提出上海城市的发展目标是"建设卓越的全球城市",2040年将上海建设成为国际经济、金融、贸易、航运、科技创新中心和国际文化大都市。新一轮总体规划提出要积极实施海洋战略、统筹区域资源开发,科学利用杭州湾、东海等战略性海域资源推动城市功能向海域拓展,实现陆域与海洋资源的融合、协调发展。规划提出为应对未来发展的不确定性,对发展潜力大的战略地区应为重大城市事件选址或重大战略性项目预留空间,加强功能导向研究和规划储备。规划提出在现有港口布局基础上,逐步调整黄浦江沿线货运码头功能,合理布局内河港区,加强横沙岛等海洋战略资源的保护利用。规划提出要发挥长江黄金水道优势,突出江海联运,优化集疏运结构,提高水水中转比例。

2014年,由市科委组织开展了"上海城市发展新空间和深水新港战略研究",提出了将横沙东滩地区吹田成陆所产生的新增陆地区域作为上海港口未来发展的战略储备,充分利用长江黄金水道,发展江海联运,规划预留上海深水新港的设想。研究提出了横沙新空间和深水新港的交通发展战略目标和配套交通设施规划设想。结合横沙深水新港总体规划布局设想,基于横沙新空间和深水新港交通发展战略目标及配套交通设施的规划布局,进一步深化研究横沙深水新港规划对上海城市交通的影响,从对道路交通影响的角度论证横沙深水新港规划的可行性,是新横沙成陆开发和深水新港建设可行性的关键技术之一。

2 上海现状港口布局对城市交通的影响

2.1 上海港产生的道路交通通需求

1)上海港货运吞吐量与货车交通量之间的关系

2014年,上海港全港货物吞吐量7.55亿t,日均206.8万t,日均货车产生量约3.5万车次,折算为当量小汽车约13.8万辆,港口单位货运吞吐量货车产生率分别约为1.7车次/百万t和6.67 pcu/百万t。

2014年,上海港集装箱吞吐量3529万TEU,日均9.67万TEU,日均集卡产生量约3.4万车次(占75%),折算为当量小汽车约13.6万辆(占84%),反映了港区产生的货运交通主要是集卡车。港口单位集装箱吞吐量集卡车产生率分别约为3.5自然车次/10万TEU和14 pcu/10万TEU。

表1 上海港货运吞吐量与所产生的货车交通量

港口货运吞吐量			日均货车交通量		日均货车产生率	
总量	全年	7.55亿t	自然车次	3.5万辆	自然车次	1.7辆/百万t
	日均	206.8万t			换算当量小汽车	6.67辆/百万t
集装箱	全年	3529万TEU	换算当量小汽车	13.8万辆	集卡车次	3.5辆/10万TUE
	日均	9.67万TEU			换算当量小汽车	14辆/10万TEU

上海港区集卡车辆产生率与港区集疏运体系有很大关系,陆路集疏运比较越高,单位吞吐量的集卡车产生率越高,反之若水水中转比例越高,单位吞吐量的集卡产生率越低。外高桥港区公路集疏运比例约为60%,日均集卡车产生率约为3900辆自然车次/万TEU(换算当量小汽车约1.56辆/TEU),小洋山港区公路集疏运比例约40%,日均集卡车产生率约为2860自然车次/万TEU(换算当量小汽车约1.14辆/TEU)。

2)上海港货车交通产生量分布

根据调查,上海港区所产生的货运交通主要来自外高桥港区和洋山港区,其中外高桥港区所产生

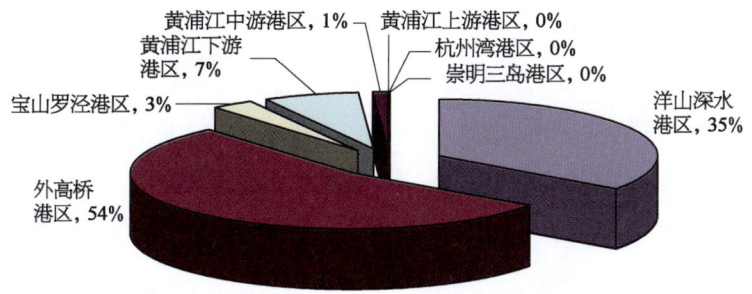

图1 上海港各港区货运交通产生量构成

的货运交通占比超过 50%，是上海港区货运交通主要的产生地。

3) 上海港货车交通主要流向分布

上海港所产生的集疏运货运交通中，上海本市约占三分之二，长三角地区约占三分之一，其中上海北部地区和江苏方向是上海港货运集疏运交通的主流向。外高桥港区货运车辆主要流向宝山地区、江苏方向，其中上海本地约占 71%，江苏方向约占 22%；洋山港区货运车辆主要流向外高桥地区、宝山地区、江苏方向，其中上海本地货车约占 62%，江苏方向约占 28%。

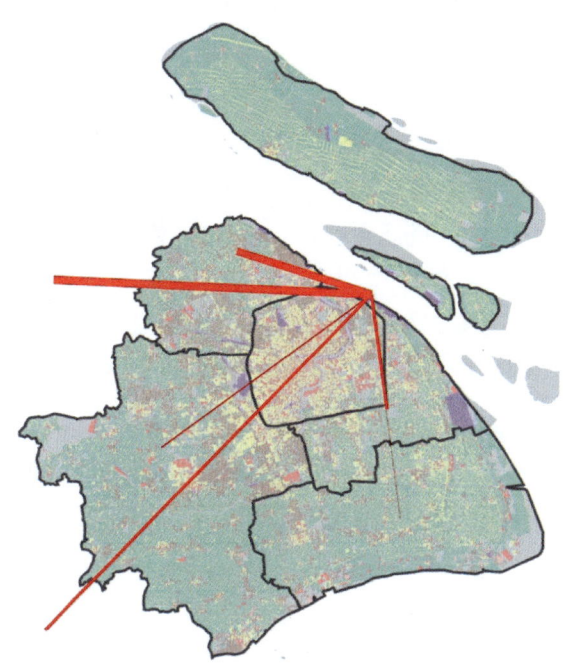

图 2　外高桥港区货运交通流向分布

图 3　洋山港区货运交通流向分布

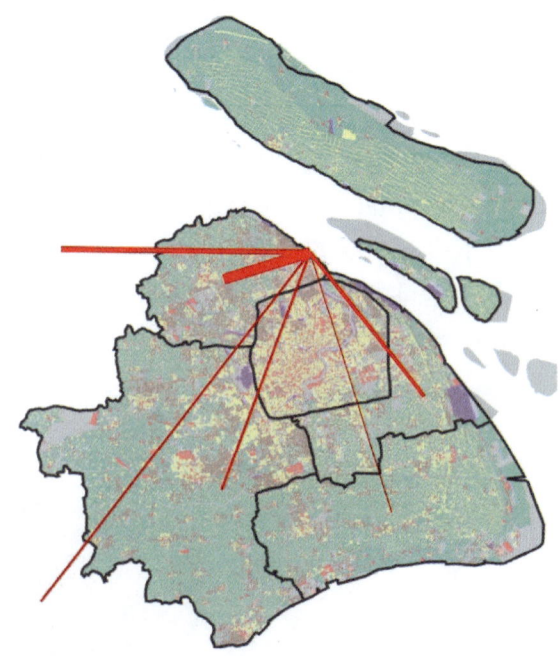

图 4　宝山港区货运交通流向分布

2.2 上海港货运交通对城市交通的影响

1) 上海港货车交通在路网上的分布

外环线(尤其是东北外环)、郊环线(尤其是郊环东段和北段)是上海港货运车辆主要集散道路。港区货运集疏运通道也是上海市域主要客车交通通道,港区货运交通与城市客运交通产生交织。

从各港区货运集疏运分布来看,上海外环线的货运交通主要来自外高桥港区。

图5 现状上海港货车交通在全市路网上的分布

图6 现状上海高(快)速路网交通流量分布

图7 现状外高桥港区货车交通在全市路网上的分布

图8 现状洋山港区货车交通在全市路网上的分布

2) 主要道路上海港区货车交通构成

外高桥港区和洋山港区的货物运输主要通过外环线集散。外环全线由上海港区货物运输产生的交通量占所有交通量的17.3%,郊环全线港区货运交通占13.3%;拥堵最为严重的外环北段和西段,由上海港区货物运输产生的交通量占总交通量的25.9%和8.2%;外环隧道由上海港区货物运输产生的交通量占总交通量的45.4%;郊环东段由上海港区货物运输产生的交通量占总交通量的27.4%。

3) 主要道路交通拥堵情况

与上海港货运集疏运相关的外环线全线、外环隧道、徐浦大桥、郊环线北段和东段、沪芦高速(外环—东海大道)、沪昆高速(郊环—亭枫高速)和军工路(殷行路—翔殷路)等路段的道路交通压力均较大。拥堵最为严重的路段为外环线北段和西段,其道路交通量分别为约16.8万pcu/d和约23.9万

表 2　现状上海港产生货车交通量在主要道路上的分布

道　路	路　段	自然车占比	换算当量小汽车占比
外环线	外环隧道	22.3%	45.4%
	北　段	33.7%	25.9%
	西　段	5.7%	8.2%
	南　段	8.3%	4.7%
	东　段	2.6%	7.6%
郊环线	北　段	0.12%	0.8%
	西　段	—	—
	东　段	3.8%	27.4%
	南　段	0.8%	17.6%
沪芦高速	郊环—S32	18.1%	45.6%
	S32—申江路高架	1.0%	2.9%
	申江路高架—外环	0.9%	2.94%
军工路	逸仙路—殷行路	4.0%	33.9%
	殷行路—翔殷路	0.6%	4.2%
	翔殷路—周家嘴路	0.5%	0.8%

pcu/d,饱和度均超过 1,外环隧道全天 24 小时道路交通量约为 16.5 万 pcu,饱和度达到 1.2。郊环东段道路交通量为 11.4 万 pcu/d,饱和度约为 0.8。

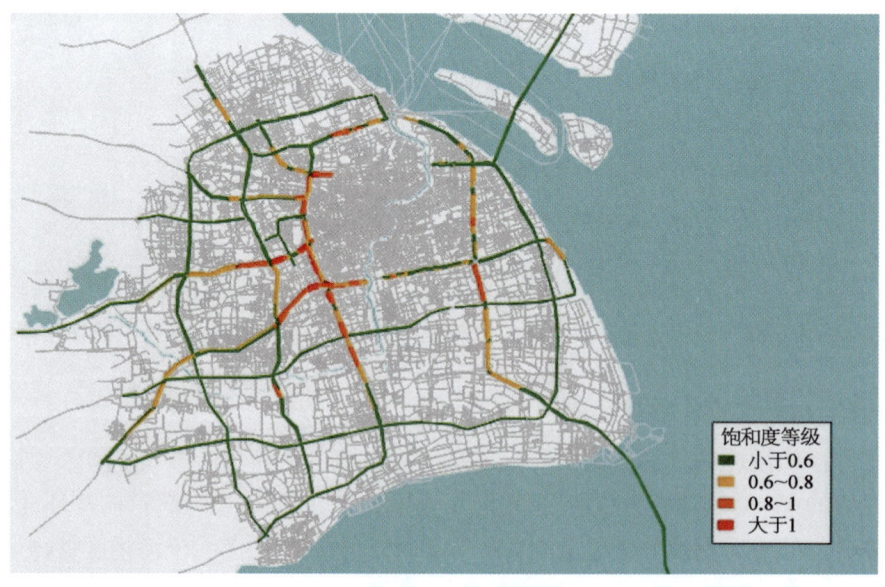

图 9　上海港货运交通行驶道路现状拥堵情况分布

4) 港区周边交通拥堵情况

外高桥港区货运交通总量约为 1.9 万辆,折合成当量小汽车为 7.5 万辆,以集卡车为主,占总量的 98% 以上。外环线北段、东段以及外环隧道的交通流量较大,饱和度均超过 1.0,交通拥堵严重。其中,外环线北段的道路交通流量中由外高桥港区产生的货车流量达到 3.5 万 pcu/d,占总流量的 20.8%;外环线东段的道路交通流量中由外高桥港区产生的货车流量约 5.9 万 pcu/d,占总流量的 40.6%;外环隧道的道路交通流量中由外高桥港区产生的货车流量约 5.9 万 pcu/d,占总流量的 35.9%。外高桥港区的集卡货物运输为外环隧道贡献了接近一半的道路交通需求,是导致外环线交通拥堵的主要症结所在。

图 10　外高桥港区周边道路拥堵情况

3　上海未来港口布局对城市交通的影响预判

3.1　港区按照既有规划实施后对城市交通的影响

1) 上海港现有规划情况

根据上海港近期建设规划,黄浦江港区将实施搬迁,其中集装箱搬迁至罗泾港区,件杂货搬迁至外高桥八期,同时建成洋山港四期。按照现有港区的设计能力,2025 年上海港件杂货吞吐量约 4900 万 t(其中外高桥将新增 2200 万 t 件杂货),集装箱吞吐量约 3900 万 TEU(其中外高桥维持现状,新增集装箱吞吐量由洋山区承担,外高桥和洋山港区各承担 50% 的集装箱量)。

2) 现有港区规划实施后对道路交通的影响

在维持现有的集疏运比例的情况下,预计上海港 2025 年日均将产生货车约 4.36 万辆(换算当量小汽车 16.3 万辆),其中集卡车约 3.46 万辆(换算当量小汽车约 13.8 万辆)。由于郊环沿江隧道建成,港区(尤其是外高桥港区)一部分货车(约 40%)将转向郊环隧道,外环隧道货运车将有所减少,但仍然有近 60% 的港区货车仍将经由外环至上海北部地区(这与宝山区外不周边地区工业及仓储用地分布有关)。

由于原黄浦江件杂货转移至外高桥八期,外高桥港区产生的货运车交通大幅度增长,由于件杂货大多需要进入宝山区和江苏地区,尽管郊环沿江隧道起到一定分流作用,但经外环隧道的港区货运交通仍然有一定增长。因此,尽管郊环沿江隧道建成对上海港区的货运交通产生分流,但对外环线尤其是外环隧道的交通仍然产生很大影响。

外高桥件杂货带来大型货运车辆的增长,对外高桥周边地区道路将带来重大影响;外环线(尤其是北外环)仍然将有部分港区货运车辆行驶,对外环交通仍然将产生影响,但外环北段高峰时段饱和度有所降低;洋山港区新增集卡车相当一部分仍然需要通过外环、郊环到达上海北部地区。

图11 按照即有规划上海港2025年产生的货车交通分布

图12 上海港按照即有规划2025年上海路网高峰运行情况

3.2 横沙深水港规划布局对城市交通的影响

根据上海港集装箱吞吐量增长预测,预计远期(2040年)上海港集装箱吞吐量约6900万TEU。由于外高桥现有吞吐量已超过设计能力,因此外高桥远期仍然维持现状规模(约1650万TEU),新增吞吐量由洋山港区和横沙深水新港承担。小洋山港区维持现有规划将承担2250万TEU,其余新增吞吐量由横沙深水新港承担。根据《上海城市发展新空间和深水新港战略研究》提出的交通发展战略目标,横沙深水新港公路集疏运比例不宜超过20%(现状洋山港公路集疏运比例的一半)。预计上海港远期日均将产生货车将低于5.4万辆(换算当量小汽车约20万辆),其中集卡将低于约4.6万辆(换算当量小汽车约18.3万辆)。根据公路集疏运不高于20%的交通战略目标,横沙深水新港未来产生的货运交通量不到1万辆(换算当量小汽车约3.6万辆)。

图13 远景年上海港货运交通流量分布预判

图14 远景年横沙港周边地区道路交通运行状况预判

根据横沙新空间交通发展战略规划,横山深水新港20%以下的公路集疏运交通将通过新的越江通道来提供集疏运,规划提出延伸申嘉湖高速公路(S32)至横沙深水新港区。横沙港区产生的陆路货运交通主要至宝山和江苏地区,由于2040年宝山区用地功能的转换调整,宝山区郊环以南地区将整体转换为以居住和商业为主,成为上海主城区的组成部分,现状工业、货运仓储等用地将全面转型,货运交通将进一步外移至郊环以北地区,因此,未来上海港区产生的货运交通将主要通过郊环隧道进出宝山区和江苏南部地区。郊环隧道的建成和S32东延伸至横沙深水港区后将为上海港区的集疏运提供保障,按照低于20%公路集疏运的交通战略目标控制下,横沙深水新港规划对上海城市交通(主要是浦东和宝山地区)将不会产生太大影响。

4　主要结论建议

(1) 外高桥港区是造成目前上海外环(尤其是外环隧道和北外环)货运交通量很大、交通十分拥堵的最主要原因。

(2) 郊环沿江隧道建成后对上海港区公路集疏运发挥了重要作用,但由于高速公路收费,外环隧道和北外环仍然承担了相当一部分港区货运交通。

(3) 若规划横沙港区按照低于20%的公路集疏运和高于80%的水水中转比例进行规划控制,由于郊环隧道的建设和S32的延伸提升了浦东地区集疏运通道的整体容量,横沙深水新港规划对上海道路交通基本不会产生太大影响。

长江黄金水道运输格局与横沙深水新港江海直转经济性分析

刘晓玲,吴澎,曹凤帅,王桃,刘健

(中交水运规划设计院,北京 100007)

[摘要] 本文介绍了长江黄金水道干线及支流、主要港口的发展现状及规划情况,总结了长江黄金水道集装箱和铁矿石运输格局,探讨了长江黄金水道江海联运发展趋势,重点分析了集装箱和铁矿石在横沙深水新港进行中转的经济性。

[关键词] 长江黄金水道;横沙深水新港;江海直转

1 长江干线、支流航道现状与规划

1.1 干线航道现状与规划

1) 长江干线航道建设现状

随着经济社会的发展,国家对内河航运的重视上升到新的高度。发展长江等内河水运已上升为我国的国家战略。近年来,长江干线航道整治工作有力推进,长江干线航道通过能力得到较大程度的提高。长江黄金水道已成为沿江地区经济社会发展的重要支撑。

长江干线航道上起云南水富,下至长江入海口,全长 2838 km,可分上、中、下游航道三部分。上游航道包括:宜宾合江门～重庆羊角滩段,目前航道技术等级为Ⅲ级;重庆羊角滩～宜昌下临江坪段,目前航道技术等级为Ⅱ级。中游航道指宜昌下临江坪至武汉长江大桥段,目前航道技术等级为Ⅱ级,根据河道特性可分为宜昌～枝城、枝城～城陵矶、城陵矶～武汉段。长江中游历来是枯水期长江航道养护的重中之重。下游航道指武汉长江大桥至浏河口段,目前航道等级为Ⅰ级。

《长江干线航道总体规划纲要》中确定的 2020 年规划目标为:水富至宜宾段航道由 -1.8 m 提高到 -2.7 m;宜宾至重庆段航道水深 -2.7 m,可结合枢纽建设情况,将航道标准提高到 1 级,相应适当提高航道水深;重庆至宜昌段,重庆至涪陵段航道水深 -3.5 m,涪陵至宜昌段航道水深 -4.5 m,进一步改善三峡库尾和三峡至葛洲坝两坝间航道条件;宜昌至城陵矶段航道水深由 -3.2 m 提高到 -3.5 m;城陵矶至武汉段航道水深由 -3.5 m 提高到 -3.7 m;武汉至安庆段航道水深由 -4 m 提高到 -4.5 m;安庆至芜湖段航道水深由 -5 m 提高到 -6 m;芜湖至南京段航道水深维持 -7.5 m;南京至太仓段航道水深由 -10.5 m 提高到 -12.5 m;太仓至长江口段航道水深 -12.5 m,保障长江口 -12.5 m 深水航道长期稳定运行。

从 2016 年长江干线各段计划养护水深与 2020 年规划目标的对比来看,目前,除了南京至太仓段航道尚未达到 2020 年规划目标以外,其他航段均已经提前达到了 2020 年的规划目标。

2）长江干线航道货运量发展现状

长江承担了全国80%左右的内河水运量。"十五"时期特别是"十一五"时期以来，随着我国国民经济的快速发展和经济结构的深刻调整，长江干线内、外贸运量迅猛增长。2015年长江干线货运量达到21.8亿t，同比增长5.8%，自2005年首次超过密西西比河和莱茵河成为世界上运量最大、运输最繁忙的通航河流以来，长江已连续多年蝉联世界内河第一位。

图1 近年来长江干线货运量发展趋势

3）长江干线航道建设规划

2014年9月，国务院发布《关于依托黄金水道推动长江经济带发展的指导意见》及《长江经济带综合立体交通走廊规划》，明确要求提升长江黄金水道功能，加快推进长江干线航道系统治理，整治浚深下游航道，有效缓解中上游瓶颈，改善支流通航条件，优化港口功能布局，加强集疏运体系建设，发展江海联运和干支直达运输，打造畅通、高效、平安、绿色的黄金水道。其中，长江干线下游重点实施12.5 m深水航道延伸至南京工程；中游重点实施荆江河段航道整治工程，加强航道工程模型试验研究；上游重点研究实施重庆至宜宾段航道整治工程。

结合目前在、拟建项目，预计到2020年长江干线通航水平将再上一个新的台阶。其中，长江上游宜宾至重庆段航道最低维护水深将由目前的2.7 m提高至3.5 m，全年通航2000吨级船舶；重庆至涪陵段航道最低维护水深3.5 m，积极开展4.5 m水深航道建设研究工作，航宽由100 m提高到150 m；涪陵至宜昌段航道最低维护水深4.5 m，航宽由140 m提高至150 m，并进一步改善三峡库尾和三峡至葛洲坝两坝间航道条件。长江中游宜昌至城陵矶段航道最低维护水深将提高到4.0 m以上；城陵矶至武汉段航道最低维护水深由3.7 m提高至4.5 m，航宽由80 m提高至150 m；武汉至安庆段实现6.0 m航道水深初步贯通，万吨级船舶常年直达武汉。长江下游安庆至芜湖段航道最低维护水深从现在的6.0 m提高至7.0 m，芜湖至南京段航道水深实现10.5 m初步贯通，南京至浏河口段实现12.5 m深水航道贯通，5万吨级海轮常年直达南京。

1.2 支流航道现状与规划

根据《全国内河航道与港口布局规划》，长江水系高等级航道布局方案为"一横一网十线"，其中"十线"包括岷江、嘉陵江、乌江、湘江、沅水、汉江、江汉运河、赣江、信江、合裕线等。

（1）岷江。岷江是四川省航运"一横两纵"水运进出川的主通道之一，主要通航河段为岷江下段乐山至宜宾河段，通航里程162 km，现状航道等级标准为Ⅳ级，可通航500吨级船舶。

根据《四川省内河水运发展规划（修编2011—2030年）》（送审稿），岷江（乐山～宜宾段）以航运为主，按Ⅲ级航道标准，采用梯级渠化与航道整治相结合的开发方式。岷江近期采取建设老木孔、东风岩、犍为和龙溪口4座梯级，渠化航道81 km；整治龙溪口枢纽至宜宾段航道81 km。远期在条件具备后建设古柏和喜捷场梯级。

岷江（彭山～乐山段）以发电、航运为主，通过渠化，结合岷江上游紫坪铺等水利枢纽工程的实施，规划该段 115 km 航道等级为Ⅳ级。规划 2020 年前建成板桥、汉阳、虎渡溪和汤坝航电枢纽，形成 70 km Ⅳ级航道；2020 年以后安排其他建设任务，形成 115 km Ⅳ级航道。

（2）嘉陵江。嘉陵江是连接川、陕、甘、渝三省一市的重要水路通道，是我国第一条即将实现全江渠化的重要内河。嘉陵江广元至重庆段规划相互衔接共 16 级梯级，待全部梯级建成后，嘉陵江将变成一条水流平缓，通航拖载量大，达到Ⅳ级、Ⅲ级通航标准的高等级航道。

（3）乌江。乌江是贵州省北上长江的主要支流，乌江干流自乌江渡至涪陵河口段航道规划为全国内河高等级航道。乌江渡以下规划建设 6 座梯级枢纽，近年来，通过水利枢纽开发建设与航道整治工程相结合，乌江航道的通航条件得到了明显改善。其中乌江干线贵州省境内全线达到Ⅳ级通航标准，重庆市境内彭水～银盘段达到Ⅳ级通航标准、银盘～涪陵河口段达到Ⅲ级通航标准。预计 2016 年年底随着沙坨、思林等枢纽通航设施投入运营，乌江航道将实现全线贯通。目前乌江航道等级提升工作受到国家和省级部门的高度关注，正在推进阶段，计划将乌江航道等级提升至Ⅲ级。

（4）湘江。湘江发源于广西境内，流经湖南省的永州、衡阳、株洲、湘潭、长沙至湘阴县濠河口注入洞庭湖，汇合沅水、资水、澧水等河流，经城陵矶注入长江。目前湘江 2000 吨级一期工程已经竣工，株洲～城陵矶段达到 2000 吨级通航标准。随着二期工程的竣工，大源渡航电枢纽和株洲航电枢纽将各新建一座 2000 吨级标准二线船闸，2000 吨级航道将进一步向上游延伸至衡阳蒸水河口。

根据规划，湘江干流苹岛至长沙河段，规划布置上下梯级水位相互衔接的潇湘、浯溪、归阳、近尾洲、土谷塘、大源渡、株洲和长沙共 8 个梯级，分别达到规划的Ⅲ(3)、Ⅲ(2)、Ⅱ(3)级航道标准，其中苹岛至松柏达到Ⅲ(3)级航道标准，松柏至衡阳达到Ⅲ(2)级航道标准，衡阳至长沙达到Ⅱ(3)级航道标准；长沙以下河段，规划以航道整治与流量调节相结合的措施，达到规划的Ⅱ(3)级航道标准。

（5）沅水。沅水作为长江一级支流，是国家规划全国高等级航道布局规划中的一线，沟通了贵州省凯里、锦屏和湖南省怀化、湘西、常德等重要市县，是黔东南、大湘西地区通往长江的重要水运通道。沅水干流凯里以下共规划 18 个梯级，其中贵州省境内 8 个、湖南省境内 10 梯级。2013 年，湖南省水利部门规划沅江三板溪至常德 667 km 为Ⅳ航道标准，常德到鲇鱼口 192 km 为Ⅲ级航道标准。

沅水是贵州规划重点推进的出省水运主要通道，近期已开工建设沅水旁海、平寨航电枢纽，"十三五"初期还将重点打通三板溪枢纽以下 500 吨级航道。沅水航道也是湖南省水运规划近期提出"一圈两带"（环洞庭湖圈、湘江、沅水）中的建设重点。2015 年湖南境内沅水浦市至常德航运建设工程已开工，沅水洪江至浦市、金紫至洪江航运建设项目拟于"十三五"期间开工。

（6）汉江。受南水北调中线工程的影响，汉江中下游航道通航等级降低。为恢复汉江航道 500 吨级通航标准，国家自 2010 年 3 月启动汉江中下游航道整治工程，其中丹江口至襄阳 117 km 河段和襄阳至兴隆 267 km 河段按 500 吨级航道标准整治，兴隆至汉川长 190 km 河段按 1000 吨级航道标准整治，2014 年 6 月完工。

根据规划，汉江将建设夹河、孤山、雅口、新集、碾盘山五级枢纽，总投资近 200 亿元，计划"十三五"期末全部建成。汉江五级枢纽项目建成后，将与已建成的丹江口、崔家营、王甫洲、兴隆四级枢纽一起，形成 1000 吨级汉江航道。

（7）江汉运河。江汉运河作为新中国第一条运河，沟通长江中游和汉江中游航运，为限制性Ⅲ级航道，通航 1000 吨级货船和一顶二单排双列 1000 吨级船队。进口位于湖北省荆州市龙洲垸，途经湖北省荆门市沙洋县，在湖北省潜江市高石碑镇汇入汉江，全长 67.22 km。2009 年 11 月开工，2014 年

9月26日正式通航。航道水深至少3.2 m,底宽60 m,弯曲半径480 m。

(8) 赣江。赣江是长江的第七大支流,是江西省最大的河流,西源章水、东源贡水在赣州合并称赣江。目前,赣江南昌至湖口段航道达到Ⅱ级标准,2000吨级船舶全年可由长江经九江直达南昌。根据江西省规划,"十三五"期,赣江将重点建设井冈山航电枢纽、新干航电枢纽、龙头山水电枢纽、万安枢纽二线船闸等项目,全线达到Ⅲ级以上航道标准,1000吨级船舶可以从赣州直达九江。

(9) 信江。信江发源于浙赣两省交界,干流自东向西流向,流经上饶、铅山、弋阳、贵溪、鹰潭、余江、余干等县市,在余干县境分为两支注入鄱阳湖。根据江西省规划,"十三五"期,信江将重点建设八字嘴航电枢纽、双港航运枢纽等项目,达到Ⅲ级航道标准。

《关于依托黄金水道推动长江经济带发展的指导意见》及《长江经济带综合立体交通走廊规划》也明确提出要重点改善通航条件,积极推进航道整治和梯级渠化,提高支流航道等级,形成与长江干线有机衔接的支线网络。加快信江、赣江、江汉运河、汉江、沅水、湘江、乌江、岷江等高等级航道建设,研究论证合裕线、嘉陵江高等级航道建设和金沙江攀枝花至水富段航运资源开发。随着各主要支流航道梯级渠化的实施,长江支流通航水平将进一步提升,长江水系一干多支、干支直达的大能力、低成本航道网络将日趋完善。江海联运的航道基础设施水平将进一步稳步提高。

2 长江沿线主要港口现状与规划

2.1 主要港口概况

长江下游拥有南京、镇江、苏州、南通、常州、江阴、扬州、泰州八大港口,发展规模可与沿海港口相提并论,尤其是苏州港2015年完成货物吞吐量在全国沿海规模以上港口中居第四位;中上游已也形成重庆、岳阳、九江、芜湖等亿吨大港。

根据《全国内河航道与港口布局规划》,除长江下游八港外,长江沿线布局有泸州港、重庆港、宜昌港、荆州港、武汉港、黄石港、长沙港、岳阳港、南昌港、九江港、芜湖港、安庆港、马鞍山港、合肥港、湖州港、嘉兴内河港等16个内河主要港口。

2015年,长江沿线16个内河主要港口共完成货物吞吐量108382万t,其中集装箱吞吐量472万TEU,同比分别增长9.0%、11.6%,"十二五"期年均分别增长6.8%、19.0%。

2.2 主要港口现状与规划

1) 泸州港

泸州港地处长江、沱江、赤水河等干支流交汇处,川滇黔渝结合部。泸州港码头泊位主要分布在长江干线两岸,另外赤水河、永宁河和沱江也有少量简易码头。2015年泸州港完成货物吞吐量3247万t,其中集装箱吞吐量42万TEU,同比分别增长3.6%、31.3%,"十二五"期年均分别增长12.9%、43.1%。分货类来看,煤炭、矿建材料等是主要货种。

根据《泸州港总体规划》,泸州港是全国内河主要港口和区域综合运输体系的重要组成部分,是四川省及西南部分地区对外物资交流的重要口岸,是腹地资源开发、产业布局和经济发展的重要支撑,是泸州市建设港口城市、发展临港工业和港口经济的重要依托。随着腹地经济社会发展和港口功能的逐步拓展,泸州港将发展成为以能源、原材料、工业产品和集装箱运输为主,具备装卸存储、中转换装、临港工业、运输组织、现代物流等功能的综合性港口。

规划泸州港岸线包括长江段王爷庙至九层岩137 km航道两岸岸线;赤水河泸州市境内约63 km航道两岸岸线。规划利用各类岸线总长约44890 m,其中宜港岸线39485 m,城市生活、渔业、保护区等其他岸线共5405 m。宜港岸线中已利用9566 m,规划期内拟新开发利用宜港岸线9419 m,预留宜

图 2　近年来泸州港货物吞吐量、集装箱吞吐量变化趋势

港岸线 20500 m。在规划宜港岸线中，包括长江深水岸线 39485 m，具有发展 100 万 TEU 以上吞吐能力的岸线 4 段（龙溪口、反则子、李子坝和旦沟），总长 6200 m，可以支撑建设 400 万 TEU 的港口规模。

2）重庆港

重庆港地处我国中西结合部，是长江上游最大的内河主枢纽港。2015 年重庆港完成货物吞吐量 15735 万 t，其中集装箱吞吐量 101 万 TEU，同比分别增长 7.4%、0%，"十二五"期年均分别增长 10.2%、12.5%。分货类来看，煤炭、金属矿石、矿建材料、水泥、化工原料及制品、钢铁等是重庆港主要作业货种。

根据《重庆港总体规划》（批复），重庆港是全国内河主要港口和区域综合运输体系的重要组成部分，是重庆市建设长江上游地区经济中心和航运中心的重要基础，是重庆市建设统筹城乡综合配套改革试验区和两路寸滩保税港区的重要依托，是我国西南部分地区对外交流的重要门户。

根据《重庆港总体规划》，到 2020 年重庆港货物吞吐量将达到 2.02 亿 t。规划将重庆港划分为主城、万州、涪陵、江津、永川、合川、奉节、武隆、丰都、忠县、云阳、巫山、巫溪、彭水、酉阳、开州区、铜梁、潼南、綦江 20 个港区。

图 3　近年来重庆港货物吞吐量、集装箱吞吐量变化趋势

3）宜昌港

宜昌港地处长江中、上游的分界点，是长江中、上游的重要水运中转枢纽港。得天独厚的地理位置，蕴量丰富的客货资源，三峡工程建设开发的重大机遇，确立了宜昌港在长江黄金水道上的枢纽地位，并在保障三峡通航中发挥着特殊的中转作用。2015 年宜昌港完成货物吞吐量 719 万 t，其中集装

箱吞吐量13万TEU,同比分别增长12.5%、0%,"十二五"期年均分别增长-2.5%、21.1%。分货类来看,煤炭、水泥、化工原料及制品等是主要作业货种。

图4 近年来宜昌港货物吞吐量、集装箱吞吐量变化趋势

根据《宜昌港总体规划(2005—2020年)》,宜昌港功能定位为:宜昌市港口是全国内河主要港口之一,是长江中上游地区重要的交通枢纽和中转港,是宜昌市及渝东、鄂西地区对外物资交流的重要口岸,是宜昌市经济社会发展和水上旅游客运发展的重要依托。宜昌港规划岸线104.8 km,划分为主城、秭归、兴山、宜都、枝江和长阳6个港区。

4) 岳阳港

岳阳港地处长江中游南岸、洞庭湖畔,是湖南省唯一的临江港口,江湖河流水系四通八达,是湖南省水路进出长江的必经之地,是湖南省发展外向型经济的重要平台。近年来,在国家鼓励内河政策和地方经济社会发展的带动下,岳阳港实现了跨越式发展。2015年岳阳港完成货物吞吐量13144万t,其中集装箱吞吐量24万TEU,同比分别增长9.3%、9.1%,"十二五"期年均分别增长10.0%、14.9%。分货类来看,矿建材料、煤炭、金属矿石、集装箱等为岳阳港主要作业货种。

图5 近年来岳阳港货物吞吐量、集装箱吞吐量变化趋势

根据《岳阳港总体规划(2010—2030年)》,岳阳港功能定位为:岳阳港是区域综合运输体系的重要枢纽、长江流域和湖南省重要的外贸口岸,是湖南和岳阳对外开放、引导产业布局的重要基础,是岳阳市实施"以港兴市"战略的重要依托。岳阳港划分为岳阳楼、七里山、城陵矶、道仁矶4个重要港区和陆城、君山、湘阴、汨罗、岳阳县、华容、临湘7个一般港区。其中城陵矶港区是岳阳港的核心港区,是以集装箱、件杂货、大宗散货和粮食为主,兼有修造船的大型铁公水联运的综合性港区。预测2020

年、2030年岳阳港货物吞吐量将分别达到15200万t、20010万t。

5）武汉港

武汉港地处长江中游,在国家中部崛起战略、长江黄金水道和武汉航运中心建设中地位极为重要。在湖北省"两圈一带"战略的带动下,武汉港的建设和发展步伐明显加快,规模化、专业化、现代化港区建设成为重点,老港区城市化改造与新港区开发同步进行。2015年武汉港完成货物吞吐量8455万t,其中集装箱吞吐量106万TEU,同比分别增长3.8%、5.0%,"十二五"期年均分别增长5.0%、10.3%。分货类来看,金属矿石、矿建材料、非金属矿石、钢铁、煤炭等为主要作业货种。

根据《武汉港总体规划（修编）》,武汉港功能定位为:全国内河主要港口和武汉全国综合交通运输枢纽的重要组成部分,是武汉长江中游航运中心的主要载体和核心组成部分,是武汉城市圈经济社会发展、产业布局、建设"两型社会"综合改革配套试验区的重要依托,是武汉城市圈进一步发挥区位优势和增强辐射带动作用的重要战略资源。

图6　近年来武汉港货物吞吐量、集装箱吞吐量变化趋势

武汉港共规划生产性泊位422个,可形成通过能力2.51亿t。预测2015年、2020年武汉港吞吐量将分别达到1.205亿t、1.6亿t。

6）黄石港

黄石港位于长江中游南岸的黄石市,是长江湖北段东南的门户和水陆交通枢纽。2015年黄石港完成货物吞吐量3643万t,其中集装箱吞吐量3万TEU,同比分别增长48.5%、0%,"十二五"期年均分别增长17.8%、12.0%。分货类来看,煤炭、金属矿石、矿建材料、水泥是黄石港主要作业货种。

根据《黄石港总体规划（2006—2020年）》,2020年黄石港货物吞吐量将达到2081万t,其中集装箱吞吐量为14万TEU。

7）九江港

九江港是江西省最大的水运码头港口。面对复杂严峻的国内外经济形势,九江港紧紧围绕深入推进沿江开放开发、昌九一体化和决战工业一万亿的目标,港口吞吐量实现迅猛增长。2015年九江港完成货物吞吐量10425万t,其中集装箱吞吐量25万TEU,同比分别增长29.7%、13.6%,"十二五"期年均分别增长25.9%、15.8%。分货类来看,煤炭、金属矿石、矿建材料、水泥、集装箱等是九江港的主要作业货种。

根据《九江港总体规划（2012—2030年）》,规划九江港港口岸线134.79 km,其中长江岸段84.19 km,

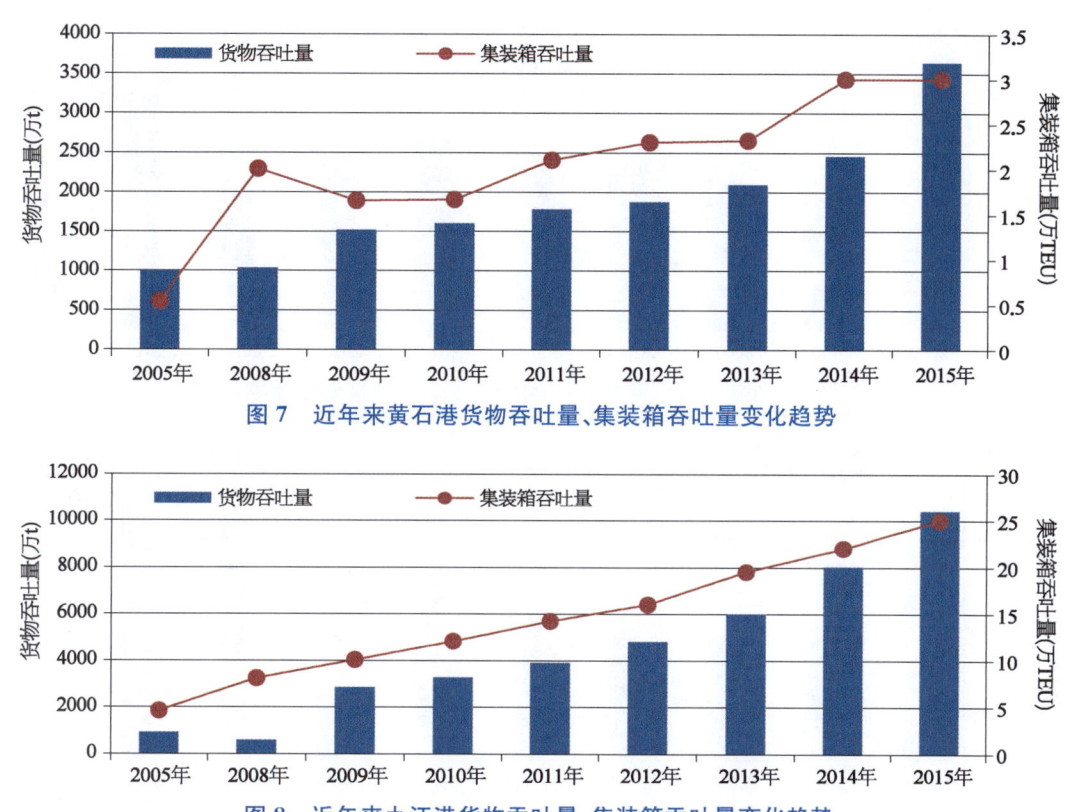

图7 近年来黄石港货物吞吐量、集装箱吞吐量变化趋势

图8 近年来九江港货物吞吐量、集装箱吞吐量变化趋势

鄱阳湖区50.6 km。预测九江港吞吐量总规模在2020年、2030年将分别达到2.68亿t和3.22亿t。规划将九江港划分为长江沿线港区和鄱阳湖区港区两大类,其中,长江沿线港区包括瑞昌港区、城西港区、城东港区、湖口港区、彭泽港区五个港区,鄱阳湖区港区包括湖口湖区港区、都昌港区、庐山湖区港区、星子港区、德安港区、共青城港区、永修港区、西海港区、武宁港区九个港区。其中长江沿线港区吞吐量规模在2020年、2030年将分别达到1.73亿t和2.4亿t,以煤炭和金属矿石为主的大宗干散货占主导地位;鄱阳湖港区吞吐量分别为9500万t和8200万t,以砂石等矿建材料居主导的干散货占主导地位。

8)安庆港

安庆港地处皖鄂赣三省交界处,被誉为"皖西南咽喉"。2015年安庆港完成货物吞吐量4002万t,其中集装箱吞吐量5万TEU,同比分别增长27.6%、0%,"十二五"期年均分别增长7.3%、27.2%。分货类来看,水泥、矿建材料、煤炭是安庆港主要作业货种。

根据《安庆港总体规划(2005—2020年)》,安庆港划分为7个港区,将发展成为以能源、原材料和集装箱运输为主,兼顾旅游客运,具备装卸存储、中转换装、运输组织、临港开发等功能,并逐步拓展现代物流等功能的综合性港口。其中,中心港区是安庆港主要港区之一,规划形成生产性泊位39个,港口年通过能力2152万t,集装箱年通过能力6.35万TEU。

9)芜湖港

芜湖港地处青弋江、运漕河与长江汇合处,是安徽省重要的水陆交通枢纽。芜湖港是长江第一大煤炭能源中转港和安徽省最大的外贸、集装箱主枢纽港。2015年芜湖港完成货物吞吐量12009万t,其中集装箱吞吐量50万TEU,同比分别增长10.7%、25.0%,"十二五"期年均分别增长12.7%、29.0%。分货类来看,煤炭、矿建材料、水泥、非金属矿石、集装箱是芜湖港的主要作业货种。

根据《芜湖港总体规划(2016—2030年)》,芜湖港发展定位为:全国内河主要港口,是长江中下游

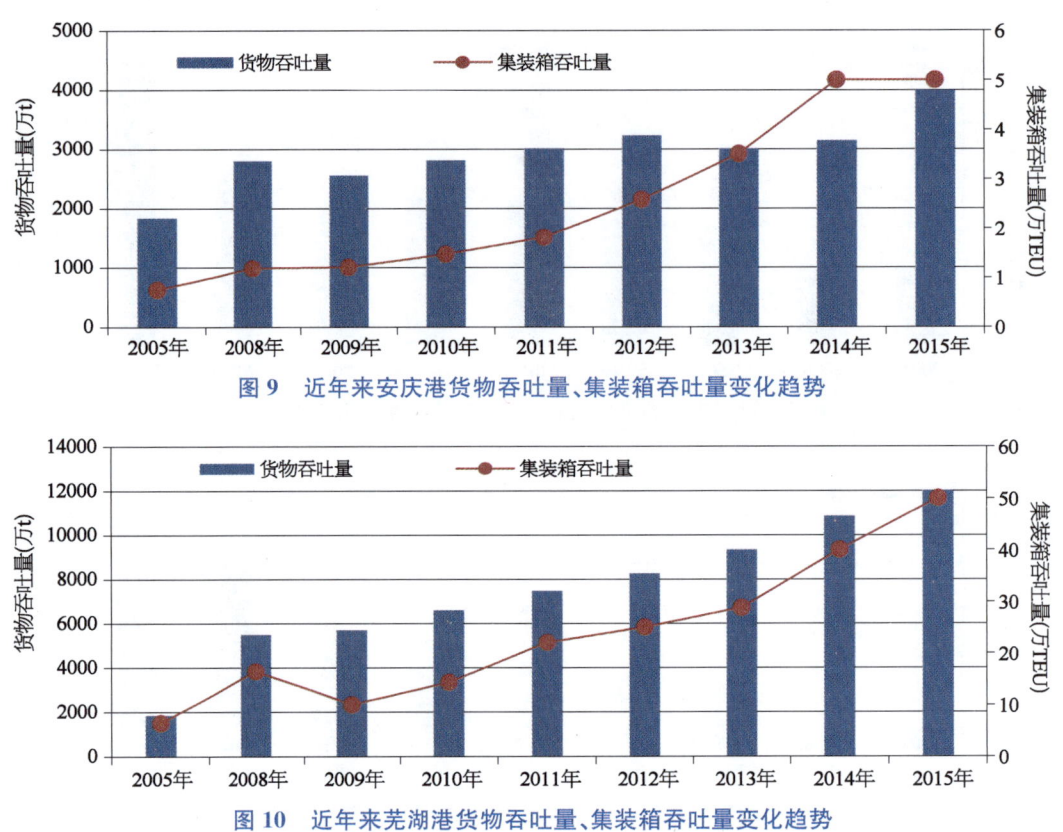

图9 近年来安庆港货物吞吐量、集装箱吞吐量变化趋势

图10 近年来芜湖港货物吞吐量、集装箱吞吐量变化趋势

综合交通运输体系的重要枢纽,皖江港口群的核心;是皖江城市带承接产业转移的重要依托,芜湖市及皖东南地区经济发展、沿江产业布局的重要支撑,安徽省对外贸易的重要口岸;是皖江现代物流和现代航运服务发展的重要平台。规划将芜湖港长江岸线段划分为9个港区:即北岸的高沟港区、二坝港区、裕溪口港区和南岸的荻港港区、新港港区、三山港区、滨江港区、朱家桥港区、东梁山港区;长江支流部分基本按行政区域划分为5个港区,即无为支流港区、繁昌支流港区、南陵港区、湾沚港区、清水港区。共规划各类生产性泊位315个,港口年通过能力达3.3亿 t。

10) 马鞍山港

马鞍山港位于长江中下游南岸的马鞍山市,地处安徽省中部东端,与江苏省交界。马鞍山港是一个以服务于钢铁、电力工业为主,并为马鞍山市及皖东、皖中地区内外物资运输服务的多功能综合港口。

伴随着马钢原料厂码头、二电厂码头、金星码头等货主专用码头的相继投产,特别是1999年外贸码头的投产,马鞍山港迎来了快速发展的契机。2000年以来,马鞍山港货物吞吐量迅猛增长,几乎是每两年上一个台阶。2015年马鞍山港完成货物吞吐量9205万 t,其中集装箱吞吐量19万 TEU,同比分别增长13.6%、72.7%,"十二五"期年均分别增长13.8%、36.6%。分货类来看,金属矿石、非金属矿石、钢材、煤炭、水泥、矿建材料、集装箱等是马鞍山港的主要作业货种。

根据《马鞍山港总体规划(2016—2030年)》,马鞍山港功能定位为:马鞍山港是全国内河主要港口,是区域综合运输体系的重要组成部分和皖江江海直达运输的枢纽港;是皖江城市带承接产业转移的重要依托,马鞍山市及皖东地区经济发展、沿江产业布局的重要支撑,安徽省对外贸易的重要口岸;是皖江现代物流的重要平台。马鞍山港规划港口岸线总长65786 m,其中长江货运岸线35626 m,规

图 11 近年来马鞍山港货物吞吐量、集装箱吞吐量发展趋势

划将长江码头划分为 8 个港区：北岸的郑蒲港区、乌江港区和南岸的慈湖港区、中心港区、人头矶港区、采石矶港区、太平府港区、江心洲港区；长江支流部分按行政区域划分为 4 个港区：当涂港区、博望港区、和县港区、含山港区。根据规划，规划期内共建设 173 个泊位（含支持保障泊位），其中长江港区共建设 94 个泊位，新增货物通过能力 9360 万 t、140 万 TEU；支流港区共建设 79 个泊位，新增货物通过能力 3230 万 t。

根据规划，上述各港均将进一步扩大港口规模。江海联运的港口基础设施水平将不断提高。同时，随着长江沿线港口集疏运体系进一步完善，长江水运向内陆纵深腹地进一步拓展，服务于沿线经济社会发展的范围将进一步拓宽；随着长江航道渠化、浚深工作有序推进，长江水运的优势将更加突出，吸引潜在运输需求向水运转移，内河水运在长江沿线地区各种交通运输方式中所占比重将进一步提高，长江水运能力和实际运输量将继续保持增长态势。

3 长江黄金水道集装箱运输格局分析

3.1 长江黄金水道集装箱运输发展现状

集装箱是长江水运的重要货类，自 1976 年集装箱运输形式引入长江水运以来，集装箱运输优势逐渐显现，装卸作业和运输专业化水平不断提升，长江集装箱运输发展势如破竹。目前，长江干线从事集装箱运输业务的规模以上港口已达到 24 个，2015 年完成集装箱吞吐量合计 1568 万 TEU，近 10 年来年均增长 26%。

从运输格局来看，长江集装箱运输主要集中在长江下游港口。其中，2015 年长江下游八港完成集装箱吞吐量 1070 万 TEU，占长江干线集装箱吞吐总量的比重达到 68.2%。长江中上游港口集装箱运输业务后来居上、逐步崛起，在长江沿线集装箱运输中所占比重不断提高。未来，在长江经济带和内河水运国家战略的引领下，长江沿线地区集装箱生成量进一步增加，长江航道等级不断提升，干支联动网络体系逐步形成，江海联运进一步发展，长江集装箱运输规模将存在很大的增长空间。其中中上游地区随着工业化进程的推进，经济社会发展空间更大，由此将带动中上游港口集装箱运输业务产生更大的增幅，成为推动长江集装箱运输增长的重要力量。

从运输航线来看，长江集装箱运输由起步时期的内贸航线演变为支线运输和内贸航线协调发展的局面。从集装箱航线挂靠港的选择来看，长江集装箱运输已经形成以上海港为龙头，以长江下游苏州港和南京港等、长江中游武汉港、长江上游重庆港为区域性中心，以其他喂给港为补充的发展格局。

3.2 长江集装箱江海联运现状分析

在集装箱运输规模经济继续驱动集装箱船大型化进程的背景下，大型集装箱船通常选择在少数几个货源充足的大型干线枢纽港挂靠,其他港口以支线形式与干线港连接,形成"轴辐式"网络体系。长江沿线尤其是中上游地区,受航道深度制约及江船、海船标准体系各异等因素的影响,与沿海或其他国家和地区港口之间的集装箱运输只能通过支线经由上海港等长江下游港口中转,江海联运成为长江沿线内外贸集装箱运输的主要形式。随着长江沿线集装箱运输规模的不断扩大,江海联运在长江集装箱运输体系中的地位和作用将不断增强。

长江集装箱江海联运包括外贸和内贸两部分。外贸江海联运主要经由上海港中转。近年来,随着长江流域对外开放水平的提升,长江外贸集装箱江海联运量呈现快速增长态势。2014年上海港长江外贸内支线运量达到481万TEU,同比增长11.9%;除长江下游八港外,长江沿线其他港口的外贸内支线运量达到241万TEU,同比增长19.3%。上海港除承担长江中上游港口的外贸内支线中转以外,也是长江下游八港(包括南京港、镇江港、苏州港、南通港、常州港、江阴港、扬州港、泰州港)内支线运输的主要枢纽港。

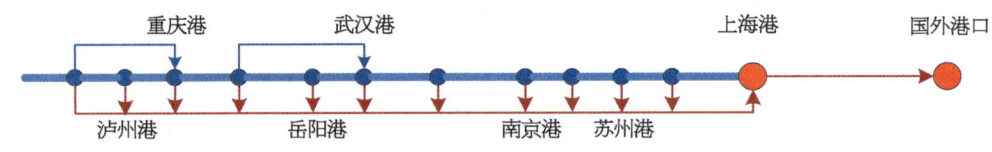

图 12　长江外贸集装箱江海联运模式

长江内贸集装箱江海联运主要经由上海港和太仓港等下游港口中转。随着长江口航道等级提升的有序推进,12.5 m航道延伸至南京港,为内贸集装箱干线船挂靠长江下游港口、更接近长江沿线腹地创造了有利条件,直接带动长江中上游经由下游港口中转的内贸集装箱量出现快速增长。2014年除长江下游八港,长江沿线其他港口完成内贸集装箱吞吐量合计185万TEU,同比增长32.1%,除了上述港口之间交流以外,其余均需在上海港和太仓港等下游港口中转。综合考虑长江下游港口在上海港的内贸集装箱中转量,2014年上海港长江内贸支线运量约70万TEU,太仓港长江内贸支线运量约130万TEU。

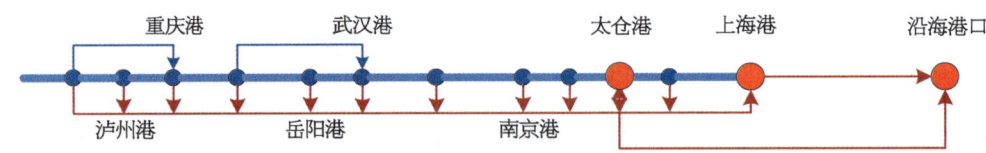

图 13　长江内贸集装箱江海联运模式

可以看出,上海港在长江内外贸集装箱江海联运体系中均发挥了重要作用,且上海港在长江集装箱江海联运体系中的地位十分稳固。其中,外贸集装箱江海联运主要集中在外高桥港区和洋山港区,由于大部分内河集装箱船无法直接靠泊洋山港区,外高桥港区开通了到洋山港区的穿梭巴士,构建起长江外贸内支线与洋山港区外贸干线之间的联系。内贸集装箱江海联运主要集中在黄浦江下游张华浜、军工路作业区。但近年来,上海港发展空间有限,有意在太仓港战略布局集装箱码头,将外高桥港区承接的来自长江沿线的外贸内支线集装箱运输逐渐转移至太仓港,在太仓港经由穿梭巴士直接运抵洋山港区。太仓港在长江集装箱江海联运,尤其是内贸集装箱江海联运方面的地位快速提升,已发展成为长江沿线主要的内贸集装箱枢纽港。

在长江集装箱江海联运快速发展的同时,也存在着不可忽略的问题,大部分长江内支线集装箱船无法直接挂靠洋山港区,经过穿梭巴士在外高桥港区或太仓港进行二次中转无形之中增加了社会成本,也加重了交通和环境负担。

4 长江黄金水道铁矿石运输格局分析

4.1 长江黄金水道铁矿石运输发展现状

长江沿线地区是我国钢铁工业较为集中的地区之一,分布着宝钢、武钢、马钢、涟钢、沙钢、重钢、攀钢、成钢等一大批大型钢铁企业。

考虑到我国铁矿石产量有限,进口铁矿石是沿江地区钢铁生产的主要原材料来源,长江水运又是铁矿石进口的主要运输方式。2015年长江沿线港口完成铁矿石吞吐量合计39960万t,同比增长1.9%,主要集中在长江下游八港、马鞍山港、芜湖港、九江港、黄石港、武汉港、岳阳港、重庆港等距离大型钢厂较近的港口。

4.2 长江铁矿石江海联运现状分析

从外贸进口铁矿石运输格局来看,除了长江下游八港具备小型铁矿石进口运输船舶或减载后的铁矿石进口运输船舶挂靠的条件以外,长江沿线其余港口由于水深的限制,不具备直接挂靠外贸铁矿石进口船舶的条件,因而江海联运是长江铁矿石运输的主要方式。

外贸进口的铁矿石主要通过长江口外宁波—舟山港或外海减载平台一程接卸或减载,上海港、苏州港、南通港等长江下游港口接卸减载后的一程船,或直接接卸二程船舶,然后通过三程运输中转至长江中上游港口。

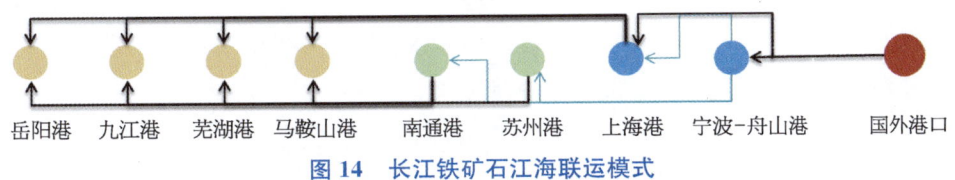

图14 长江铁矿石江海联运模式

5 横沙深水新港运输经济性分析

5.1 长江集装箱江海联运发展趋势

1)长江经济带国家战略实施对江海联运进一步发展产生需求

长江集装箱江海联运的发展直接取决于长江流域经济社会发展趋势。目前,长江经济带已经上升为国家战略,成为2015年我国三大重点实施战略之一,长江经济带的开发建设被提高到前所未有的高度。国家战略的逐步推进,将推动长江经济带内部产业和基础设施的衔接、市场的统一和要素的自由流动,形成强大发展的新合力。届时,整个长江经济带的经济体量、经济增速、经济结构和协同发展的能力均将进一步增强,尤其是长江中上游地区经济发展潜力将逐步释放,经济发展的空间更大,后劲更足。集装箱作为安全、高效、便捷的运输方式,无论是在长江经济带既有适箱货源市场的开拓、适箱货装箱比例的提高还是在新增货源的挖掘方面,仍存在较为广阔的空间,为长江集装箱江海联运的进一步发展提供了基础支撑。

2)长江沿线集装箱运输基础设施建设为江海联运发展创造条件

长江航道等级提升和沿江规模化、专业化集装箱港区的建设与发展为长江集装箱江海联运的发展创造了基础条件。目前,发展长江内河航运已经上升为国家战略,长江干线航道治理已经全面启动,支线梯级渠化也在积极推进,三峡新通道建设正在开展前期研究,长江电子航道图正式运行,制约长江航道发展的瓶颈将逐步攻克,长江航道软硬件设施将进一步加强,为长江建立江海联运、干支联动的运输体系创造了基础条件。港口方面,长江沿线规模化、专业化集装箱港区建设热潮袭来,长江中上游地区规模化集装箱港区也先后建成,重庆的九龙坡港区、寸滩港区、武汉的阳逻新港区占据发展先机,对推动重庆港和武汉港集装箱业务的发展意义重大。同时,长江沿线港口规划也为集装箱业务的发展留足了空间,大部分港口均规划有集装箱专业化作业区,长江沿线主要港口(除下游八港)规划集装箱通过能力合计超过1000万TEU/a。

3) 集装箱船大型化趋势推动长江集装箱江海联运进程

集装箱船舶大型化进程持续推进,推动了远洋集装箱运输"轴幅式"网络的形成与培育,也将推动长江集装箱江海联运一体化发展的进程。虽然航运业自金融危机以来一直处于低迷,但丝毫没有阻挡世界船舶大型化的步伐,对规模经济的不懈追求促使船舶不断朝大型化方向发展,集装箱船大型化趋势尤为明显。从20世纪90年代初,世界集装箱船队最大集装箱船载箱量仅为4814 TEU,发展到21世纪初期,世界集装箱船队最大集装箱船载箱量达到9600 TEU,到如今,马士基航运3E级18330 TEU集装箱船已投入使用,是1990年最大集装箱船型的3.8倍,是第一代集装箱船的26倍多。另外,多艘2.2万TEU超大型集装箱船正在建设中,2.4万TEU集装箱船呼之欲出。

综合来看,长江经济带国家战略的实施对长江集装箱江海联运产生的需求将长期保持在较高的区间,长江航道等级提升、干支联动为提高适箱货水运比重、挖掘适箱货源提供了雄厚的硬件支持,沿江港口集装箱规模化、专业化发展为提高集装箱作业水平、充分发挥集装箱运输优势创造了条件,船舶大型化发展趋势推动了江海联运格局的快速培育,也决定了长江集装箱江海联运格局的长期存在,长江集装箱江海联运仍面临着广阔的发展空间,但发展格局有待进一步优化。同时集装箱船大型化的发展也对发展江海联运的港区具备靠泊更大集装箱船型的能力提出了更高要求。

5.2 横沙深水新港集装箱江海联运经济性分析

5.2.1 上海港现有港区发展集装箱江海联运的优势与不足

从长三角港口群各港集装箱内外贸支线运输发展情况来看,江海联运已成为长三角港口群集装箱吞吐量增长的重要动力。各港均意识到了长江集装箱江海联运发展的潜力,纷纷跃跃欲试开辟江海联运市场。

上海港凭借独特的地理区位和国际航运中心的建设,连续多年保持全球集装箱第一港的地位;宁波—舟山港后来居上,集装箱吞吐量实现快速增长,2015年位居全球第四、仅次于深圳港;长江下游八港借力长江口航道整治与等级提升的机遇,依托更靠近腹地的有利区位,内贸集装箱吞吐量实现较大幅度增长。

但从发展集装箱江海联运尤其是外贸长距离航线集装箱江海联运的经济性来讲,上海港具有长三角港口群内其他港口无法比拟的优势:第一,上海港地处长江与沿海黄金岸线的交汇点,地理位置十分优越;第二,上海港享有上海国际航运中心的政策优势,且腹地广阔;第三,上海港航线密度大,覆盖度高;第四,在上海港中转最接近外贸干线航线,可减少多次倒运带来的成本,节约船舶运输费用。

然而,上海港自身发展江海联运也存在着一些问题:第一,上海港现状已开发港区深水航道资源不足、深水岸线资源缺乏,难以充分适应船舶大型化发展的趋势;第二,大部分长江内支线集装箱船无法直接挂靠洋山港区,经过穿梭巴士在外高桥港区或太仓港进行二次中转无形之中增加了社会成本,延长了运输时间,也加重了交通和环境负担。

5.2.2 横沙深水新港开发的优势与经济性

开发横沙深水新港是解决上海港集装箱运输发展,也是进一步优化长江集装箱江海联运体系的最佳途径。横沙浅滩港址位于我国"黄金海岸"和"黄金水道"交汇处,距离国际习惯航线近,距离外海

—20 m 深水区只有 17 km。出海进江、江海转运极为方便,是国内、国际市场的极佳接轨点,其既可为 6000~1.8 万 TEU 集装箱船提供大型深水泊位服务,又可为各类长江内河集装箱支线船提供服务,能够更方便快捷地实现江海联运的零距离对接,满足国家发展战略需求。

将现状运输路径与经由横沙深水新港进行中转的路径进行比较,计算各路径必要运费率。

1) 挂靠港口选取

假设集装箱运输的起讫点分别为武汉港和鹿特丹港。根据航道水深情况及港口靠泊能力,内河集装箱船型选择 300 TEU 箱位集装箱船,干线集装箱船型选择 18000 TEU 箱位集装箱船。

2) 营运基本参数选取

结合 300 TEU、18000 TEU 集装箱船实际运营情况,确定实际营运率、折旧年限、船舶配员等营运基本参数。

3) 海运运费参数选取

船舶在营运过程中会产生各种费用,包括船员工资及附加费、折旧费、修理费、保险费、燃润料费、港口使费及管理费等。这里根据船舶实际营运情况、相关标准规范对各项费用进行取值,各项费用选取标准如下。

船员工资及附加费:参考大型集运航运企业工资及福利标准,一般平均船员工资为 20 万元/a;年折旧费:船舶按直线折旧法折旧,残值为船舶原值的 5%;年修理费:取船舶造价的 10%;年保险费:取船舶造价的 1%;年燃油费:燃油费的计算需要细分为船舶航行和停泊时重油、柴油的消耗。从船舶资料中搜集到船舶的主机功率以及《船用柴油机燃油消耗率测定方法》,本次计算取燃油消耗率为 120 t/d。根据现行价格取费,燃料油价格取 2000 元/t;年润料费:取燃料费的 8%;物料费及其他:取工资、折旧、修理、燃润料费合计的 10%;港口使费及管理费:根据有关数据整理,航线一个航次装卸两港的港口使费及管理费占直接费用的 12%。

4) 经济性比较

结合现状燃油、船舶价格等基本参数,装/卸价格按 200 元/TEU 考虑,计算各路径必要运费率见表 1。

表 1 横沙深水新港集装箱江海联运经济性比较

运输路径	必要运费率(元/TEU)
经横沙深水新港中转	4108.36
经洋山港中转	4140.16
经太仓港、洋山港中转	4603.81

由计算结果可以看出,相对于现状直接经由洋山港中转和经由太仓港然后通过水上巴士运至洋山港中转的运输格局,直接经由横沙深水新港进行集装箱中转经济性更佳。另外,由于中转次数减少而带来的集装箱运输时间的节约也是非常可观的。

5.3 横沙深水新港铁矿石江海联运经济性分析

同理,将现状铁矿石运输路径与经由横沙深水新港进行中转的路径进行比较。

1) 挂靠港口选取

假设铁矿石运输的起讫点分别为武汉港和图巴朗港,根据航道水深情况及港口靠泊能力,内河铁矿石运输船型选择 5000 DWT 散货船,干线铁矿石运输船型选择 40 万 DWT 散货船。

2）营运基本参数选取

结合 5000 DWT、40 万 DWT 散货船实际运营情况，确定实际营运率、折旧年限、船舶配员等营运基本参数。

3）海运运费参数选取

船舶在营运过程中会产生各种费用，包括船员工资及附加费、折旧费、修理费、保险费、燃润料费、港口使费及管理费等。这里根据船舶实际营运情况、相关标准规范对各项费用进行取值，各项费用选取标准为：船员工资及附加费：参考大型散运企业工资及福利标准，一般平均船员工资为 20 万元/a；年折旧费：船舶按直线折旧法折旧，残值为船舶原值的 5%；年修理费：取船舶造价的 10%；年保险费：取船舶造价的 1%；年燃油费：燃油费的计算需要细分为船舶航行和停泊时重油、柴油的消耗。从船舶资料中搜集到船舶的主机功率以及《船用柴油机燃油消耗率测定方法》，本次计算取燃油消耗率为 90 t/d。根据现行价格取费，燃料油价格取 2000 元/t；年润料费：取燃料费的 8%；物料费及其他：取工资、折旧、修理、燃润料费合计的 10%；港口使费及管理费：根据有关数据整理，航线一个航次装卸两港的港口使费及管理费占直接费用的 12%。

4）经济性比较

结合现状燃油、船舶价格等基本参数，装/卸价格按 15 元/t 考虑，计算得出各路径必要运费率见表 2。

表 2　横沙深水新港铁矿石江海联运经济性比较

运输路径	必要运费率(元/t)
经横沙深水新港中转	192.32
经宁波—舟山港、苏州港中转	224.7

由计算结果可以看出，相对于现状经由宁波—舟山港一程接卸然后经由苏州港二程中转的铁矿石运输格局，外贸铁矿石经由横沙深水新港进行江海联运经济性更佳，同时，通过横沙深水新港进行外贸铁矿石中转对运输时间的节约也相当可观。

上海横沙深水港集装箱江海直转价值研究

史济辰，俞灵

（中交第三航务工程勘察设计院，上海 200032）

[摘要] 横沙岛位于长兴岛下游、长江口深水航道北侧，具有"面向大海有两侧航道，背靠陆地有一片浅滩"的资源优势。尤其是深水岸线资源十分丰富，−20 m 深水岸线长达约 11.3 km，这为横沙岛建设大型深水泊位创造了有利条件，同时对于有效缓解上海市面临的城市空间紧张、优质岸线匮乏等问题具有重要意义。因此，结合前序研究结果，本文着眼于横沙集装箱江海直转价值研究，通过定量测算并对比分析长江下、中、上三个地区不同港口分别到横沙港、洋山港的水运成本，指出横沙港转运集装箱具有突出的成本优势，为加快推进横沙深水港项目立项提供参考。

[关键词] 横沙深水港；集装箱；江海直转

1 引言

集装箱是上海港主营货种之一，且吞吐量一直保持领先的增长优势。上海港集装箱运输主要以水水转运为主，并依托四通八达的国际航线，形成了直达欧美、非洲、大洋洲等众多国家和地区的运输网络。近年来，随着国家长江深水航道整治工程的深入推进，良好的水路运输条件进一步加深了长江中上游地区与上海港的互联互通，使长江中上游地区成为上海港主要内陆腹地。在"一带一路"、长江经济带等支撑我国中西部地区经济发展的顶层战略推动下，长江中上游地区经济崛起所带来的大量外贸集装箱运输需求，将为上海港集装箱发展注入新的活力。

然而，目前上海市正面临着土地资源短缺、城市发展空间不足等问题，上海正在将与城市发展存在较大冲突的黄浦江港区逐渐搬迁，届时其港口运输业务急需寻找替代空间。此外，随着上海洋山深水港四期集装箱码头的建成投产，小洋山港区除了北侧岸线可以开发较小等级泊位外，大型集装箱泊位可开发利用空间已基本用完，面对长江中上游地区大量集装箱中转运输需求，横沙深水港开展集装箱业务的需求较大。

2 横沙岛建港概述

横沙岛位于长兴岛下游、长江口深水航道北侧，与上海港外高桥港区相距约 60 km，与洋山港区相距约 100 km。总体来看，横沙具有"面向大海有两侧航道，背靠陆地有一片浅滩"的资源优势。

横沙土地资源优势明显。横沙两滩，除横沙东滩已批准促淤围垦 112 km²（已成陆 17.3 km²）外，在其东侧的横沙浅滩约有 296 km² 以及南侧坝田区 72 km² 尚未进行吹填成陆。横沙两滩完成吹填后，最终可形成约 480 km² 的新生土地资源，加上横沙本岛共约 530 km²，相当于浦东新区的规模。此外,横沙具有丰富的岸线资源,北侧有 40 km 以上岸线资源、紧贴北港航道,其中 14 km 以上为－10 m 深水岸线,其余为－7 m 左右深水岸线,随着北港航道整治规划实施,岸线水深将不断增加;南侧有长约 50 km 的深水岸线资源,紧邻长江口北槽－12.5 m 深水航道。

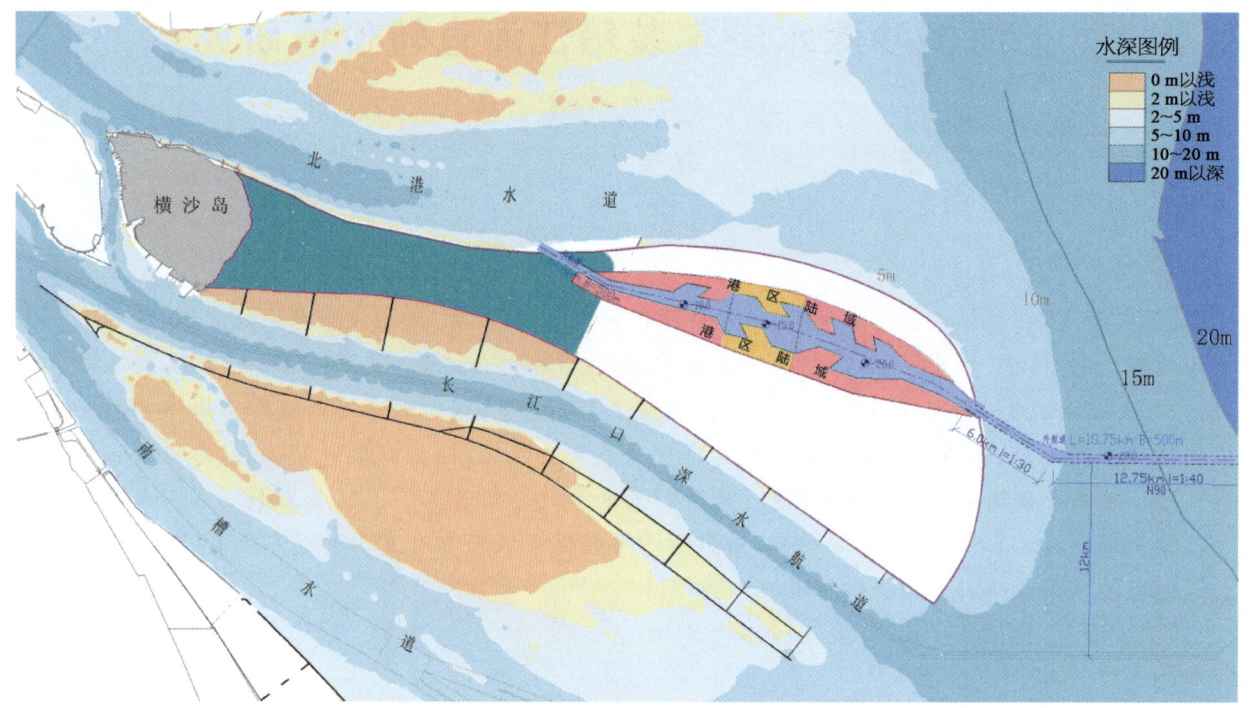

图 1　横沙岛土地资源优势

充足的土地资源以及丰富的岸线资源使横沙具备建设超大型集装箱船远洋运输网络重要节点、江海运输的重要换装节点的潜力,能够成为解决上海市土地资源紧缺、优质岸线匮乏、航道资源紧张等问题的有效手段,从而为上海新一轮发展提供战略布局空间。

3　长江外贸集装箱江海联运现状分析

目前,我国长江沿线地区尤其是中上游地区,受到航道深度、江船和海船标准体系的影响,与其他国家或地区港口之间的集装箱运输只能通过支线经由上海港等下游港口中转,江海联运成为长江沿线外贸集装箱运输的主要形式。近年来,随着长江流域对外开放水平的提升,尤其在"一带一路"、长江经济带等顶层战略推动下,长江外贸集装箱将呈现快速增长的态势,未来江海联运在长江集装箱运输体系中的地位和作用将不断加强。

上海港作为长江外贸集装箱中转枢纽,其外贸集装箱江海联运主要集中在外高桥港区和洋山港区,由于洋山港区无法直接停靠长江航区的集装箱船,故长江沿线地区外贸集装箱在上海港内部存在转港运输情况,主要是外高桥港区开通到洋山港的"穿梭巴士",以搭建起长江外贸内支线与洋山港区外贸干线之间的联系。近年来,随着上海港外贸集装箱吞吐量的快速增长,外高桥港区面临严重的集装箱压港现象。为此,上海港将原由外高桥港区集拼的长江中上游地区集装箱中转业务,全部调整至太仓港集拼,再通过 8 h 一班的太仓港至洋山港的"太仓快航"转运至洋山港,以缓解外高桥港区的运营压力。由此,洋山港区已形成以外高桥、共青码头、太仓港、独山码头通过穿梭巴士、共青巴士、太仓快航、独山快航等方式对接洋山港区进行中转的网络系统。

从货源地来看,长江外贸集装箱江海联运运输路径基本可以归纳为:长江中上游地区来的外贸集装箱全部先运往太仓港进行集拼,在通过太仓港的"太仓快线"运往洋山港,而南京及以下部分地区外贸集装箱直接运往上海港。

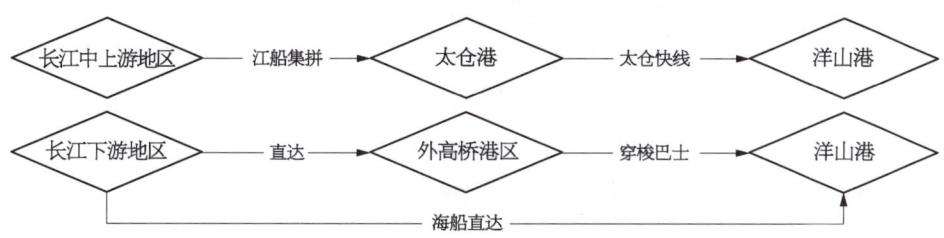

图 2　长江外贸集装箱江海联运模式

4　基于横沙港的长江外贸集装箱江海联运体系演化趋势

根据中华人民共和国海事局《船舶与海上设施法定检验规则——内河船舶法定检验技术规则》的所划定的航区范围,横沙岛处于长江 A 级航区,长江中上游内的小船可以直接停靠,因此横沙港区的建设有望改变长江外贸集装箱运输格局。

横沙港开通后,长江内支线外贸集装箱运输系统变化主要体现在运输路径和运输船型上,就目前情况来看,长江中上游地区的外贸集装箱需采用江船先运往太仓港进行集拼,再通过太仓快线采用海船运往洋山港。长江下游地区外贸集装箱运往洋山港则主要有两条运输路径:一是先采用江船运往外高桥港区,再通过穿梭巴士运往洋山港;二是采用海船直接运往洋山港。随着横沙港的投产运营,江船可以直接停靠横沙港区而无须换成海船到洋山港区,因此,可以节约一程中转运输和一次装卸成本。

横沙港形成初期,鉴于其规模尚未形成,集装箱吸引力不足,长江外贸集装箱集疏运结构预计较为复杂,但随着横沙港影响力的逐步提高,以及货主对于集装箱运输成本的高度关注,长江外贸集装箱运输将逐步发展成为以直达横沙港为主的集散结构。远期来看,如果上海城市进一步扩张,外高桥港区也将面临搬迁的可能,长江外贸集装箱最终可能形成以横沙港和洋山港区并存的运输结构,其中:长江中上游地区的外贸集装箱将维持"在太仓港进行集拼再转运洋山港"和"直达横沙港进行集拼运输"的两种运输结构,而直达横沙港集拼将成为主要方式;而长江下游地区外贸集装箱运输将主要形成以"采用海船运往洋山港"和"采用江船运往横沙港"的运输模式,从运输成本来看将以采用江船到横沙港运输为主。

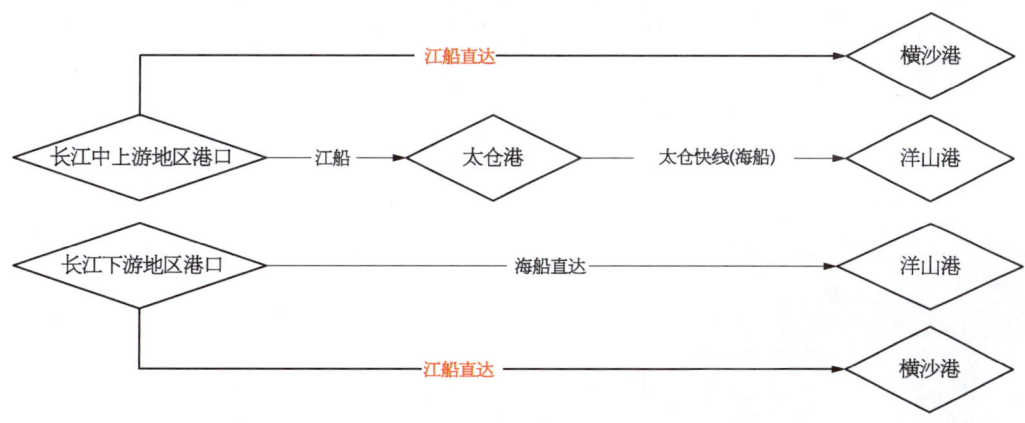

图 3　横沙港开通后长江外贸集装箱运输结构示意图
注:线型粗细代表所占比重大小。

5 横沙港外贸集装箱江海直转水运成本分析

横沙港开通后集装箱江海直转价值主要体现在中转所产生的港口成本以及江海船水运成本上。具体来看,长江中上游地区的外贸集装箱运往洋山港和横沙港的运输费用差距主要体现在:一是在太仓港中转所产生的二次装卸费;二是在太仓港中转所引起的江船换海船运费差距。而长江下游地区的外贸集装箱运往洋山港和横沙港的运输费用差距则主要体现为:一是由江船或海船直达各港区的运费差距;二是在外高桥港区中转所引发的二次装卸费;三是在外高桥港区中转所引起的江船换ATB船的运费差距。不同运输线路的费用构成归纳见表1。

表1 长江外贸集装箱在不同运输方式下的运输费用构成

序号	运输路径	二次装卸成本	海船运输成本	江船运输成本	备注
1	长江中上游地区→太仓港→洋山港	√	√	√	
2	长江中上游地区→横沙港	×	×	√	
3	长江下游地区→外高桥港区→洋山港	√	×	√	穿梭巴士
4	长江下游地区→洋山港	×	√	×	
5	长江下游地区→横沙港	×	×	√	

注:本表的成本构成以长江外贸集装箱运输的最优方式汇总。

根据调研了解,长江沿线地区外贸集装箱船平均船型为232 TEU,而洋山直达集装箱船平均船型为330 TEU,如太仓到洋山直达集装箱船为260~360 TEU,南京到洋山港最大集装箱船为600 TEU、嘉兴独山码头到洋山港为373 TEU等。因此,为简化计算过程,本报告仅以重庆港作为长江上游地区的代表港、武汉港作为长江中游地区的代表港、以南京港作为长江下游地区的代表港,测算不同航线最优船型的运输成本,具体测算结果见表2~4。

表2 长江上游地区外贸集装箱不同路径水运成本测算

长江上游地区(重庆港)			
方 案	①	②	
目 的 港	横沙港	洋山港	
运输方式	直达	先到太仓港	再到洋山港
船 型	江船 200 TEU	江船 200 TEU	海船 358 TEU
基础数据			
距离(km)	1980	1920	150
年运营天数(d)	300	300	300
年载箱量(TEU)	9105.73	9264.10	54952.24
在港停泊及装卸作业时间(d)	0.99	1.03	1.26
往返航行时间(d)	4.28	4.15	0.31
往返航次总时间(d)	5.27	5.18	1.56
年航次数(次)	56.91	57.90	191.87

(续表)

	长江上游地区（重庆港）		
	基础数据		
净吨(t)	2062	2062	2530
人数(人)	15	15	25
船价(万元)	1060	1060	2960
耗油量(t)	1218.83	1202.46	977.16
	运输费用		
燃料费(万元)	426.59	420.86	342.01
润料费(万元)	34.13	33.67	27.36
物料费(万元)	4.00	4.00	4.00
除装卸费外的港口其他费用(万元)	25.82	26.27	106.80
工资(万元)	90.00	90.00	300.00
折旧费(万元)	47.70	47.70	133.20
修理费(万元)	68.90	68.90	192.40
船舶保险费(万元)	10.60	10.60	29.60
总费用(万元)	707.74	701.99	1135.36
单位成本(元/TEU)	777.24	757.76	206.61

经测算，来自长江上游地区外贸集装箱，以重庆港为起运港，直达横沙港的江船运输成本约为777元/TEU，转运至洋山港的运输成本约为963元/TEU，并由直达太仓港的江船运输成本756元/TEU和经太仓港中转的海船运输成本206元/TEU两部分组成。由此可推算出，横沙港开通后，长江上游地区外贸集装箱经长江内河终到横沙港的水运成本相比于洋山港节约186元/TEU。

表3　长江中游地区外贸集装箱不同路径水运成本测算

	长江中游地区（武汉港）		
方　　案	①	②	
目 的 港	横沙港	洋山港	
运输方式	直达	先到太仓港	再到洋山港
船　　型	江船 200 TEU	江船 128 TEU	海船 358 TEU
	基础数据		
距离(km)	950	890	150
年运营天数(d)	300	300	300
年载箱量(TEU)	20271.05	14214.92	68690.29
在港停泊及装卸作业时间(d)	0.90	0.70	1.26
往返航次时间(d)	2.06	2.00	0.31
往返航次总时间(d)	2.96	2.70	1.56

(续表)

	长江中游地区（武汉港）		
	基础数据		
年航次数（次）	101.36	111.05	191.87
净吨（t）	2062	993	2530
人数（人）	15	12	25
船价（万元）	1060	750	2960
耗油量（t）	1041.49	733.81	977.16
	运输费用		
燃料费（万元）	364.52	256.83	342.01
润料费（万元）	29.16	20.55	27.36
物料费（万元）	4.00	4.00	4.00
除装卸费外的港口其他费用（万元）	45.98	24.26	106.80
工资（万元）	120.00	96.00	300.00
折旧费（万元）	47.70	33.75	133.20
修理费（万元）	68.90	0.27	192.40
船舶保险费（万元）	106.00	75.00	296.00
总费用（万元）	786.26	510.66	1401.76
单位成本（元/TEU）	387.87	359.24	204.07

经测算，来自长江中游地区外贸集装箱，以武汉港为起运港，直达横沙港的江船运输成本约为387元/TEU，转运至洋山港的运输成本约为563元/TEU，并由直达太仓港的江船运输成本359元/TEU和经太仓港中转的海船运输成本204元/TEU两部分组成。由此可推算出，横沙港开通后，长江中游地区外贸集装箱经长江内河终到横沙港的水运成本相比于洋山港节约176元/TEU。

表4　长江下游地区外贸集装箱不同路径水运成本测算

	长江下游地区（南京港）			
方　案	①	②		③
目的港	横沙港	洋山港		洋山港
运输方式	直达	先到外高桥	再到洋山港	直达
船　型	江船200	江船200	ATB	海船400
	基础数据			
距离（km）	370	320	105	425
年运营天数（d）	300	300	300	300
年载箱量（TEU）	36371.94	38924.17	76008.62	53707.42
在港停泊及装卸作业时间（d）	0.85	0.85	1.17	1.37
往返航次时间（d）	0.80	0.69	0.21	0.87

(续表)

	长江下游地区(南京港)			
	基础数据			
往返航次总时间(d)	1.65	1.54	1.38	2.23
年航次数(次)	181.86	194.62	217.17	134.27
净吨(t)	2062	2062	2588	2976
人数(人)	15	15	20	25
船价(万元)	1060	1060	3150	4200
耗油量(t)	727.82	673.63	447.72	1575.62
	运输费用			
燃料费(万元)	254.74	235.77	156.70	551.47
润料费(万元)	20.38	18.86	12.54	44.12
物料费(万元)	4.00	4.00	4.00	4.00
除装卸费外的港口其他费用(万元)	20.62	22.07	30.91	21.98
工资(万元)	120.00	120.00	200.00	300.00
折旧费(万元)	47.70	47.70	141.75	189.00
修理费(万元)	68.90	68.90	204.75	273.00
船舶保险费(万元)	106.00	106.00	315.00	420.00
总费用(万元)	642.34	623.31	1065.65	1803.56
单位成本(元/TEU)	176.60	160.13	140.20	335.81

经测算,来自长江下游地区外贸集装箱,以南京港为起运港,直达横沙港的江船运输成本约为176元/TEU,直达洋山港的海船运输成本约为335元/TEU,而转运至洋山港的运输成本约为300元/TEU,并由直达外高桥港区的江船运输成本160元/TEU和经外高桥中转的海船运输成本140元/TEU两部分组成。事实上,在外高桥中转还需增加一次港口转运费,因此,南京以下主要是海船直达运输。横沙港开通后,长江下游地区外贸集装箱经长江内河直达横沙港的水运成本相比于洋山港节约160元/TEU。

6 结论

目前,长江沿线地区集装箱"船到船"装卸成本约为170元/TEU(包括折旧70元/TEU和运营成本100元/TEU),因此,结合上述研究,长江上游地区外贸集装箱(重庆港始发)运至横沙港的综合转运成本相比于洋山港节约356元/TEU;长江中游地区外贸集装箱(武汉港始发)运至横沙港的综合转运成本相比于洋山港节约346元/TEU;长江下游地区外贸集装箱(南京港始发)直达横沙港的综合转运成本相比于洋山港节约160元/TEU。

表5 综合转运成本节约 (元/TEU)

项 目	长江上游地区(重庆港)	长江中游地区(武汉港)	长江下游地区(南京港)
水运成本节约	186	176	160
综合转运成本节约	356	346	160

上海横沙深水新港江海直转港区总体布置研究

薛晓晓，曹凤帅，刘晓玲

（中交水运规划设计院，北京 100007）

[摘要] 江海联运是水水中转的重要组成部分，具有降低货物运输成本、缓解公路运输压力等优势，是国内外水路运输的发展方向。上海横沙浅滩位于我国"黄金海岸"和"黄金水道"交汇处，是上海港拓展新发展空间，实现江海直转的绝佳之地。本文通过国内外案例分析，总结了不同江海联运港区布置模式的特点，提出了江海直转港区总体布置建议，并对上海横沙深水新港的总体布置进行了研究。

[关键词] 江海直转；港口；总体布置

1 引言

江海联运因能够打通内河运输和海洋运输两个独立的运输体系，是一种具有可持续发展优势的运输方式，可有效降低单位运输费用，减少货物损耗，缓解公路压力，节省运输时间，是国内外水路运输的重要发展方向。

在交通运输部发布的《水运"十三五"发展规划》中指出"构建通江达海干支衔接的航道体系"和"优化运输组织，完善江海联运"是"十三五"期间水运发展的主要任务。

广义上，江海联运包括江海中转和江海直达运输两种，其中江海中转是采用两种运输工具（船舶）在江海联运枢纽进行换装作业，实现江海联运；江海直达是采用江海两用船，直接将货物从始发港运送至目的港，实现内河港口和沿海港口的无缝衔接，可最大限度发挥江海联运的优势。

上海横沙浅滩地处我国海岸线与长江黄金水道的交叉点，通江达海，航道资源优势明显，南贴长江口北槽深水航道，北靠北港规划航道，西接长江黄金水道，东临东海 10～20 m 深水区域，既能满足船舶大型化发展趋势，又可为长江及内河船舶提供服务，实现江海联运的零距离对接，大大降低江海转运的成本，进一步提升长江黄金水道的价值，具体位置如图 1 所示。

本文在分析国内外江海联运港区总体布置特点的基础上，结合横沙浅滩的自然条件，对上海横沙深水新港实现江海直转的总体布置方案进行了分析研究。

2 江海联运港区平面布置

2.1 水水中转港口布置形式

文献中根据水水联运的具体衔接方式，将其分为共用机械（或前沿作业地带）模式和共用堆场模式，具体见表 1。

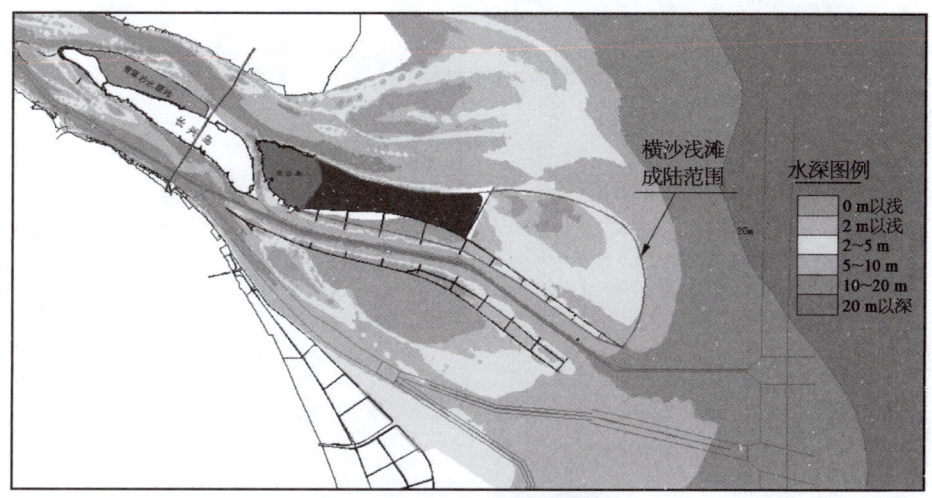

图 1　横沙浅滩地理位置图

表 1　水水中转港口布置形式

共用机械或前沿作业地带模式	共用堆场模式
水上过驳平台形式	顺岸布置形式
码头前沿过驳形式	挖入布置形式
T 型泊位过驳形式	后方布置形式

江海联运是水水中转的重要组成部分。其中水上过驳平台形式是将大小船停靠在水上平台两侧,利用平台上的机械进行货物换装;码头前沿过驳是大小船依次停靠在同一泊位上,利用码头前沿装卸机械实现不同船舶的换装要求。本文结合国内外已建港口工程实例对上述几种主要布置形式进行重点分析。

2.2　江海联运港口布置

1) 上海港外高桥港区

上海外高桥港区位于长江口南岸吴淞口下游,是上海国际航运中心的重要组成部分,包括高桥咀和五号沟两个作业区。目前,外一期至六期工程已投入运营,形成码头岸线长度约 6 km,建设 19 个大型现代化集装箱泊位,码头设计通过能力达 1200 万 TEU。外高桥集装箱码头的投入使用,将长江、沿海、远近洋的集装箱运输有机地连接起来。

外高桥集装箱港区作为江海联运的节点,总体上采用栈桥式顺岸布置,为满足长江驳船转运需求,在外四期和外五期工程码头端部内侧规划了 180～200 m,码头前沿宽度为 30 m 的长江驳船水水中转装卸作业区(图 2),开创了全新的现代集装箱港区功能横断面布置模式。

2) 上海洋山深水港

上海洋山深水港区位于浙江嵊泗县境内大小洋山海域,结合南、北岛屿链自然地形条件,规划形成单通道顺岸式港区。其中:南港区依托大洋山岛,为远景预留发展区;北港区则依托小洋山岛,自西向东呈"一"字布置,分为小洋山西港区、小洋山港区、小洋山中港区和小洋山东港区,岸线长度约 13 km。洋山深水港区是国际远洋集装箱班轮的主靠港,开创了我国在远离大陆孤岛上建港的先河。

目前,受外海风浪条件影响,洋山港通过"穿梭巴士"将洋山港区中转箱运至外高桥或太仓码头,

图 2　上海外高桥港区江海联运 T 形泊位过驳形式

再由停泊在专门装卸区域的江船运至沿江各目的港,实现江海联运。在总体设计上,洋山港区采用顺岸布置形式,其中:一至三期工程形成 16 个大型集装箱泊位,年设计吞吐能力达 930 万 TEU,通过在顺直岸线上停靠不同等级的船舶,共用堆场进行换装(图 3),缺少江海中转专用泊位。另外,为缓解"穿梭巴士"运力紧张的局面,正在研究由江海直达船运至洋山港区,但由于船舶种类纷杂,江海直达船的标准化将成为今后发展的研究重点。

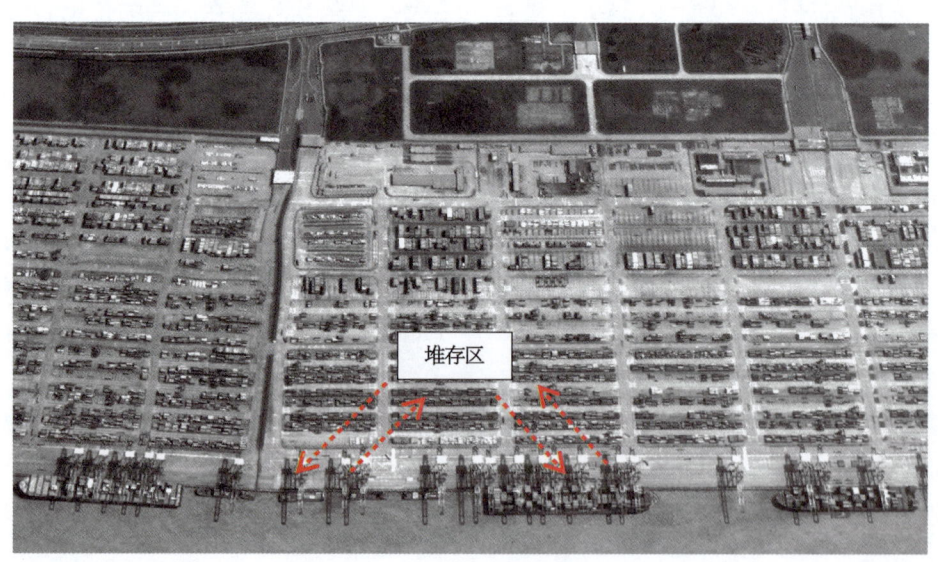

图 3　上海洋山深水港江海联运顺岸布置形式

3) 广州港南沙港区

广州港南沙港区位于珠江出海口,是广州港大力发展集装箱运输的重点港区。目前,南沙港区已建南沙一至三期工程,共建设 16 个大型集装箱泊位,采用顺岸布置形式,岸线长度约 6 km。

广州港以南沙港区为中心,通过"穿梭巴士"连接广东、广西各主要公共驳船快线,实现海河联运。南沙一期工程设置专用的内河集装箱船泊位,岸线长 420 m。随着南沙港区的大规模开发,为满足内河驳船的转运需求,在南沙二期工程南侧布置挖入式港池,港池长度 880 m,宽度 200 m,可布置 24 个驳船泊位和其他支持系统泊位(图 4)。另外,远期将开挖航道,与龙穴南水道相连,航道宽度 100 m,驳船可由东侧口门或西侧航道进出港池,从而实现驳船分流。

4) 鹿特丹港

鹿特丹港是位于莱茵河和马斯河交汇处,是典型的河口港,被誉为"1 000 km 传送带"的莱茵河和其他内河航道,构成了四通八达的水路运输网,特丹港 80% 的货物不在荷兰,大量的货物通过内陆运输网进行中转运往荷兰和欧洲的目的地。因此,除拥有优越的地理位置、良好的水深条件及高效的港口管理模式外,莱茵河完善的集疏运网络使鹿特丹港形成以水路为主,公路为辅的低碳、高效的综合运输体系,为国际航运中心的建设提供重要支撑。

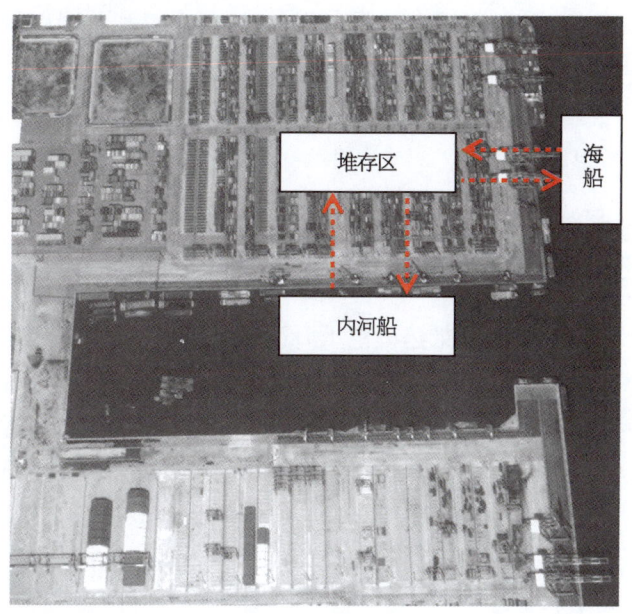

图 4　广州南沙港区江海联运挖入式布置形式

鹿特丹港以新航道为主轴,多采用挖入式港池,分布于主航道两侧,港区总面积超 100 km²,岸线长约 42 km,自东向西形成 7 个港区,水深从 6.8 m 到 22 m,可满足从内河驳船到 50 多万 t 的特大油轮等各类船舶的通航。其中:欧罗波特港区干散货作业区采用了后方布置形式,内河驳船与海船仅共用堆存区,不共用航道和装卸机械,是一种比较高效、安全的布置形式,适用于吨位级别差别较大的船舶换装(图 5)。

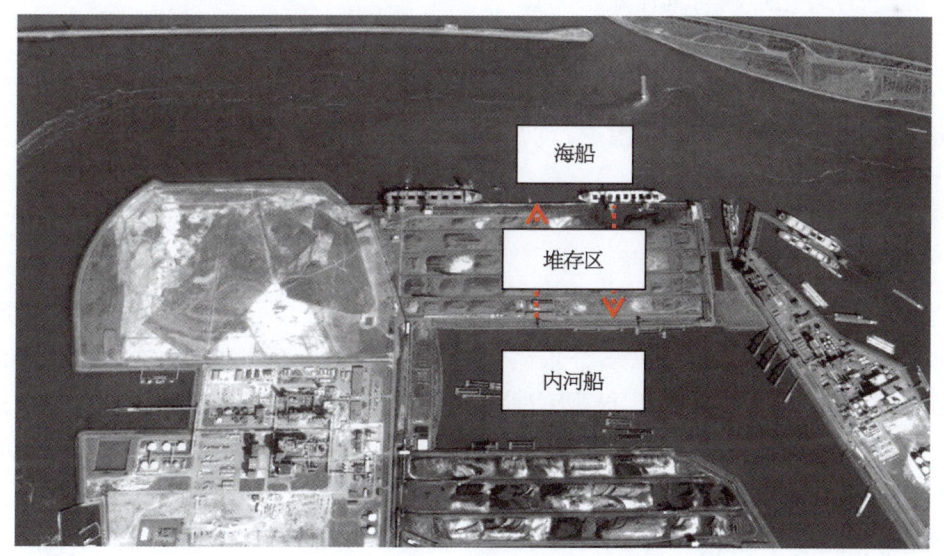

图 5　鹿特丹港欧罗波特港区江海联运后方布置形式

2.3　江海直转港口布置建议

由于内河船舶抗风浪性能较差,无法在沿海航区航行,因此江海直转港区在平面布置中应做到以下几点:

(1) 内河航道应与港区水域直接衔接,航道选线及口门设置应满足内河驳船的航行安全。

（2）内河转运区要有独立空间，应有利于船舶操作、靠离泊作业，实现深水岸线资源的合理利用，为远期发展留有弹性空间。

（3）陆域总体布置上尽量降低陆域转运距离，同时完善江海转运装卸工艺的设置，方便港内的交通组织。

（4）水域总体布置上应有利于维持港区水深条件，减少淤积，节约港口的生产运营成本。

3　上海港发展面临的瓶颈

长江经济带建设已上升为国家战略，依托长江黄金水道建设中国经济新支撑带，提高长江经济带发展能级，成为新形势下中国经济发展的重点。上海港位于长江航道和中国沿海航道的交汇点，是重要的枢纽港。多年来，上海港吞吐量总体保持较快增长态势。然而，随着腹地经济社会发展不断出现的新形势和新变化，上海港可持续发展所面临的瓶颈问题也日益凸显。主要体现在以下几个方面。

1）深水航道、岸线及陆域资源严重缺乏，制约可持续发展

航运方面，伴随着国际航运的发展，船舶大型化趋势显著。集装箱船、干散货船、油船作为大宗货的主要承担者，大型化趋势尤为明显。18000 TEU 集装箱船吃水达 16 m，40 万吨级散货船吃水达 23 m，45 万 t 油船吃水达 24.5 m。而上海港目前缺乏 20 m 以上的超深水航道，难以适应船舶大型化发展的要求和趋势，将对上海港国际航运中心的地位产生挑战。同时，上海港也受到土地资源不足的掣肘，上海港建设和上海国际航运中心的发展急需拓展新的空间资源。

2）集疏运方式单一，港城发展矛盾加剧

上海港集装箱集疏运系统以公路为主，水路次之，铁路集疏运比极低。以公路为主的港口集疏运模式，既加重了城市环境污染，又加重了港区周边道路的交通拥堵，港口与城市之间在交通和环境上的矛盾加剧。

3）无法实现长江内河运输与远洋航运的直转

上海港位于长江的龙头，但受长江口深水航道的限制，大型船舶无法直接驶入，而洋山港位于长江口外 72 km 的岛屿上，超出了内河船舶的航行区域。大部分长江集装箱船无法直接挂靠洋山港区，需经过穿梭巴士在外高桥港区或太仓港进行二次中转，增加了运输成本，同时也加重了交通和环境负担。

4　上海横沙深水新港总体布置

4.1　横沙深水新港功能定位

横沙浅滩位于我国"黄金海岸"和"黄金水道"交汇处，距离国际习惯航线近，距离外海−20 m 深水区只有十余 km，出海进江、江海转运极为方便，是上海港拓展新发展空间的绝佳之地。在不背离长三角地区港口群布局规划和上海港总体规划的基础上，上海深水新港需要在能力、规模、功能、管理体制和运作模式上与国际接轨，发展成为国际航运中心的重要组成部分，推动国家建设上海国际航运中心战略的实施，进一步提升上海港的国际竞争优势。在具体功能上，上海横沙深水新港可重点拓展三大功能：超大型（2 万 TEU 级以上）集装箱船远洋运输网络中的重要节点，能源、原材料等重要战略物资的国家储备基地，江海运输的重要换装节点。

4.2　横沙深水新港总体规划

横沙深水新港位于新横沙东侧，为规避长江口外海风浪作用和拦门沙的影响，采用挖入式港池，东侧口门设置一定的防沙堤，使进港航道直接从口外−10 m 水深区域进入港内掩护区。同时，为实

现横沙新港区江海直转功能,满足内河驳船航行安全,规划与北港航道相连的人工运河口门应尽量靠近横沙东滩上游 N23 浅堤区域,人工运河的总长约 17 km。

横沙深水新港以横沙大道为依托,充分利用东滩南侧深水区域,规划形成港区总面积约 80 km²,岸线长度约 48 km。港区平面布置以人工运河为界形成南、北两个区域,其中:南区形成 U 形港池,岸线顺直且水深条件较好,可布置为集装箱作业区,为满足江海直转运输需求,考虑中间突堤布置内河转运区,通过顺岸布置或后方布置形式,实现江海中转换装;北区形成反 E 形港池,可规划通用泊位和预留发展区,采用挖入式布置形式实现港区江海直转功能(图 6)。

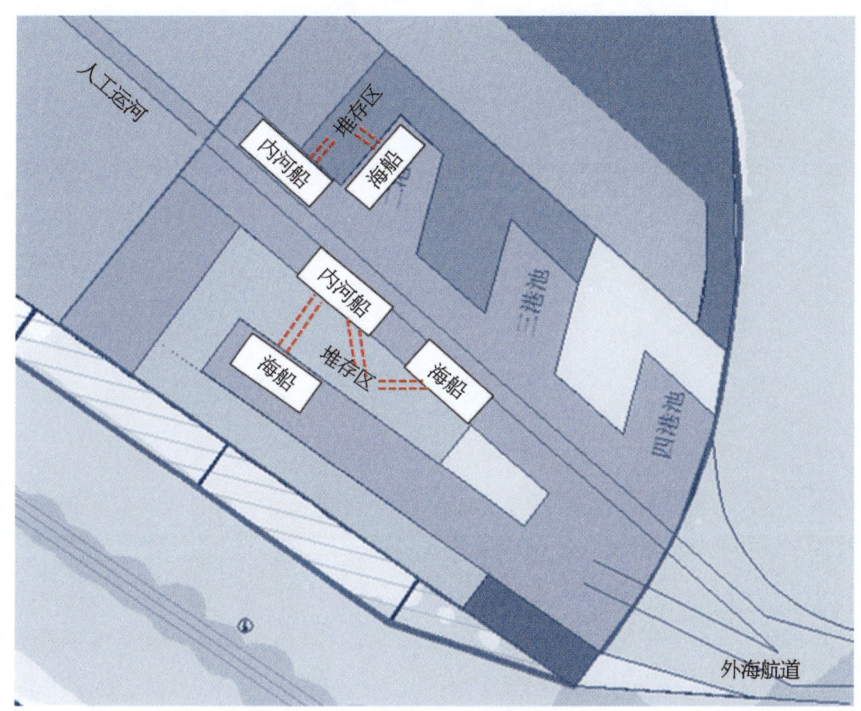

图 6　上海横沙深水新港江海直转布置示意图

5　结论

上海港位于我国长江经济带与沿海经济带的交汇处,通江达海,为腹地区域经济的发展发挥了重要作用,但随着港口、城市的快速发展,上海港也面临了港口吞吐能力饱和、深水岸线不足、市内交通拥堵的困境。为降低江海转运成本,实现江海联运的零距离对接,进一步构建绿色、低碳、可持续发展的综合运输体系,横沙深水新港具有明显的区位和资源优势。

本文借鉴国内外江海联运港口布置形式,对横沙新港的港池形态进行初步研究,后续应结合横沙浅滩造陆时序,进一步优化港区总平面布置,推动人工航道的规划建设,努力提高江海直转比例,从而缓解公路集疏运压力和环境污染等问题。

参考文献

[1]　汪振华,张瑗媛.水水联运节点的码头布置形式研究[J].港口经济,2014(2):8-10.
[2]　包起帆,吴澎.上海港外高桥港区现代集装箱码头建设集成创新技术[J].中国工程科学,2014,8(2):7-17.
[3]　程泽坤,田佐臣.上海国际航运中心洋山深水港区平面布置方案[J].中国港湾建设,2007(5):31-35.

[4] 陈继红,朱磊.洋山深水港集装箱"水水中转"集疏运模式与对策[J].水运工程,2012(1):34-38.
[5] 李亚鹏.浙江省集装箱海河联运发展对策研究[D].浙江:浙江海洋学院,2014.
[6] 覃杰.广州港南沙港区三期工程江海联运码头开发方案研究[D].天津:天津大学,2010.
[7] 李娟,刘伟,李文娟.鹿特丹港"转变运输方式"计划及借鉴[J].水运管理,2013,35(12):35-37.
[8] 卢长利,周溪召.鹿特丹港与莱茵河航运联动发展经验[J].经济地理,2006,26:283-284.
[9] 包起帆,江霞.上海港面临的挑战和未来发展之路[J].中国工程科学,2013,15(6):35-40.
[10] 吴澎,王海霞,蔡艳君.上海港深水新港区初步规划[J].中国工程科学,2013,15(6):48-52,60.

新形势下横沙深水新港货运需求分析

吴澎,刘晓玲,王海霞,曹凤帅,王桃,刘健

(中交水运规划设计院,北京 100007)

[摘要] 本文简要分析了航运总体发展趋势,度长江流域地区的相关规划进行了解读,分析了新形势下长江经济带发展战略对上海港提出的新要求,给出了横沙深水新港货物吞吐量预测。

[关键词] 横沙深水新港;货运需求

1 航运发展趋势分析

1.1 总体发展趋势

在全球经济和世界贸易步入一个长期复杂的再平衡调整进程中,随着我国经济发展进入新常态,航运业呈现出近期发展仍不乐观、中期充满希望、远期看好的趋势。

1) 近期航运发展趋势

近期看,国际国内需求都缺乏立竿见影的增长动力,供大于求的局面还会持续一个阶段,消化过剩运力仍然是主要矛盾。

集装箱运输方面:世界经济整体复苏进程放缓导致货运需求增长缓慢,集装箱运输需求也随之放缓,2015 年全球集装箱海运量为 1.78 亿 TEU,同比增长 3.68%,相对于 2014 年下降 1.86%。

而从运力供给来看,2015 年面临大型集装箱船集中交付,运力供给激增,集装箱运输市场运力规模继续扩大,全球集装箱总运力达到 2186.8 万 TEU,增速高达 7.06%。班轮公司运力投放速度远高于集装箱运输需求增速,快速扩张的运力与缓慢增长的运量形成了鲜明的对比。且主干航线、次干航线、近洋航线运力升级,船舶进一步朝大型化方向发展。

干散货运输方面:2015 年全球干散货海运量约 47 亿 t,同比增幅不超过 1%,跌至 2010 年以来的新低点。从几大主要干散货类来看,铁矿石方面,处于经济新常态下的中国钢铁消费已进入峰值弧顶区,带动全球铁矿石海运贸易量增长大幅放缓;煤炭方面,中国能源结构调整导致煤炭消费量出现下降,煤炭进口量大幅减少,全球煤炭海运贸易量出现负增长;粮食方面,增幅有限;小宗货贸易量小幅度增长。

从运力供给看,虽然交付量减少和拆解量增加导致运力增长有所减缓,但全球干散货运力增长仍将超过需求增幅,国际干散货海运市场仍将低迷前行。

2) 中期航运发展趋势

中期看,欧美发达经济体经济总量企稳回升,会带动国际运输需求增长;国内基础设施建设逐步趋向稳定;国内供给侧改革和创新驱动会促进国内外消费和集装箱运输;能源需求依然旺盛,石油运

输基本稳定,油气运输会增长;国际邮轮需求稳步增长。

3) 远期航运发展趋势

远期看,除国内航运需求逐步稳定之外,随着"一带一路"倡议深入推进,会激发沿路沿线国家建设、消费和进出口增长,海运增长的"一带一路"因素会扮演越来越重的角色。

1.2 我国水运行业发展趋势分析

1.2.1 水运需求发展趋势

1) 运输需求增速总体放缓

2015年,全球海运量需求增速放缓,仅维持约1%增长,增幅跌至2010年以来的新低点。分货种看,铁矿石海运贸易量增速大幅放缓、煤炭海运贸易量呈负增长、粮食贸易量增幅有限。国际、国内煤、矿等大宗干散货海运量增幅持续下降。

在我国经济增长方式转变、工业化由中期向中后期推进、城镇化持续发展、外需增长放缓的形势下,我国沿海港口货物吞吐量高速增长的黄金期已过,"十三五"期间将由快速增长阶段转入中低速个位数增长阶段,呈现货物吞吐量净增量、年均增速"双下降"的趋势。内河水运量也将由"十二五"的两位数增长转入"中高速"增长。

2) 货类结构稳中有变

"十三五"期及以后,控制过剩产能、改造提升传统产业、大力发展新兴产业、深入推进供给侧改革是我国产业发展的重心。由此将直接影响水路货运量生成结构,导致能源、原材料运输需求趋于缓慢增长,且在沿海港口货物吞吐总量中的比重将继续下降;集装箱运输需求继续保持总体增长;LNG等新兴能源、重大件、滚装汽车、液体化工等需求成为新兴增长点。

3) 各区域增长态势差异化

"十二五"期间,环渤海、长三角、东南沿海、珠三角、西南沿海港口群货物吞吐量年均增速分别为10.1%、7.9%、10.4%、6.3%、11.5%,其中环渤海、东南沿海、西南沿海港口群吞吐量增速均高于全国沿海平均水平,而长三角、珠三角港口群吞吐量增速低于全国沿海平均水平。受各区域所处的经济社会发展阶段和产业结构层次等多重因素的影响,各区域港口吞吐量增长态势已经开始呈现差异化的特征。

从今后各区域经济社会发展趋势来看,预计长三角、珠三角港口群海运需求总量规模将继续维持高位,但增速略低于全国;环渤海地区港口仍有稳定增长空间;东南沿海、西南沿海港口群将继续保持较快增长;长江流域中上游地区港口吞吐量也将保持较快增速。

1.2.2 沿海港口发展趋势

1) 发展方式转变

沿海港口将由"大港"向"强港"转变,为适应沿海大型港口转型升级的要求,港口发展方式会有实质性转变。具体表现为四个方面:一是港口吞吐量增速放缓,新兴货类和邮轮发展将带动总体增长;二是将以优化码头结构为主线,推进码头能力的调整;三是以港口为核心的产业链延伸,注重各主要功能区区域融合,对物流、商贸、航运的功能要求更高;四是航运中心建设仍然是"十三五"期沿海港口提升能力和国际竞争力的内容和方向。

2) 发展动力转型

港口的发展动力在逐步发生改变,由原来的单纯依靠资源投入向依靠市场与创新,依靠科技、管理和服务,依靠制度和政策突破转变。第一,市场与创新驱动港口发展,主要是由过去资源投入转向市场创新的驱动,深度释放沿海港口发展活力;第二,科技、管理和服务创新将重塑沿海发展动力;第三,围绕自贸区建设的制度创新和政府创新会有实质性效果。

3) 战略地位强化

现代物流是新时期港口发展的核心竞争力。港口作为现代物流的重要节点,依托一流的港口基础设施、先进的信息技术和有效的协调组织,实现整体物流运作组织的一体化,是当今港口服务创新转型的重要方向,港口在整个物流体系中的地位不断提升。同时,随着"一带一路"倡议的实施,沿海港口在国家全方位对外开放战略中的地位也将提升,"十三五"期间是沿海港口功能全面延伸的关键期。

1.2.3 内河水运发展趋势

内河水运是我国综合运输体系和水资源综合利用的重要组成部分,具有运能大、占地少、能耗低、污染小、安全可靠等特点,是实现经济社会可持续发展的重要战略资源。近年来随着一批规划文件的陆续出台,内河水运在经济社会中的战略地位进一步确立。2011年国务院发布《关于加快长江等内河水运发展的意见》,标志着内河发展水运发展正式上升为国家战略;2013年交通运输部发布《加快推进长江等内河水运发展行动方案(2013—2020年)》,明确加快推进长江等内河水运发展的总体思路的目标;2014年国务院发布《关于珠江—西江经济带发展规划的批复》,标志着珠江—西江经济带正式上升为国家战略;2014年国务院发布《关于依托黄金水道推动长江经济带发展的指导意见》,指出将长江经济带建设成为具有全球影响力的内河经济带、东中西互动合作的协调发展带、沿海沿江沿边全面推进的对内对外开放带和生态文明建设的先行示范带。

国外先进地区的发展经验表明,重视内河水运发展是经济社会发展到一定阶段的必然产物。在当前转方式、调结构、促发展的新形势下,随着"一带一路"、长江经济带及"珠江—西江经济带"战略的实施,我国内河水运迎来加快发展的战略机遇期。

根据相关规划,内河水运发展将围绕畅通、绿色、平安、高效的思路,加快发展。重点建设畅通的高等级航道,加快发展内河规模化港区,加快长江干线系统治理。

2 新形势下长江经济带发展战略对上海港的要求

长江经济带包含云南、贵州、四川、重庆、湖北、湖南、江西、安徽、江苏、浙江、上海九省二市,面积超过 200 万 km^2,2015 年实现 GDP 合计 305195 亿元,占全国的 45.1%。

长江经济带覆盖范围广袤、发展水平差异较大。总体来看,长江三角洲地区经济发展水平最高,在全国都占有重要地位;长江中上游地区总体经济基础较为薄弱,经济规模较小,但经济发展速度较快,在国家"一带一路"和长江经济带战略的推进下,长江中上游地区经济社会发展仍存在较大空间,对外开放水平将进一步提高。

近两年,为了更好地践行长江经济带国家战略,《长江三角洲城市群发展规划》《长江中游城市群发展规划》《成渝城市群发展规划》陆续颁布,提出了新形势下的发展方向,对作为长江经济带龙头的上海港提出了新的要求。

2.1 《长江三角洲城市群发展规划》

长三角城市群在上海市、江苏省、浙江省、安徽省范围内,由以上海为核心、联系紧密的多个城市组成,主要分布于国家"两横三纵"城市化格局的优化开发和重点开发区域。长三角城市群是我国经济最具活力、开放程度最高、创新能力最强、吸纳外来人口最多的区域之一,是"一带一路"与长江经济带的重要交汇地带,在国家现代化建设大局和全方位开放格局中具有举足轻重的战略地位。2016年6月国家发改委发布《长江三角洲城市群发展规划》,明确了长三角城市群的总体定位、空间格局、产业发展方向。

1) 总体定位

将长江三角洲打造成最具经济活力的资源配置中心、具有全球影响力的科技创新高地、全球重要的现代服务业和先进制造业中心，亚太地区重要国际门户、全国新一轮改革开放排头兵、美丽中国建设示范区。

2) 空间格局

构建"一核五圈四带"的网络化空间格局，发挥上海龙头带动的核心作用和区域中心城市的辐射带动作用，依托交通运输网络培育形成多级多类发展轴线，推动南京都市圈、杭州都市圈、合肥都市圈、苏锡常都市圈、宁波都市圈的同城化发展，强化沿海发展带、沿江发展带、沪宁合杭甬发展带、沪杭金发展带的聚合发展，构建"一核五圈四带"的网络化空间格局。

3) 产业发展方向

(1) 强化主导产业链关键领域创新。以产业转型升级需求为导向，聚焦电子信息、装备制造、钢铁、石化、汽车、纺织服装等产业集群发展和产业链关键环节创新，改造提升传统产业，大力发展金融、商贸、物流、文化创意等现代服务业，加强科技创新、组织创新和商业模式创新，提升主导产业核心竞争力。

(2) 依托优势创新链培育新兴产业。积极利用创新资源和创新成果培育发展新兴产业，加强个性服务、增值内容、解决方案等商业模式创新，积极稳妥发展互联网金融、跨境电子商务、供应链物流等新业态，推动创新优势加快转化为产业优势和竞争优势。

2.2 《长江中游城市群发展规划》

长江中游城市群是以武汉城市圈、环长株潭城市群、环鄱阳湖城市群为主体形成的特大型城市群，承东启西、连南接北，是长江经济带三大跨区域城市群支撑之一，也是实施促进中部地区崛起战略、全方位深化改革开放和推进新型城镇化的重点区域，在我国区域发展格局中占有重要地位。2015年4月国务院批复《长江中游城市群发展规划》，明确了长江中游城市群的总体定位、发展格局、产业发展方向。

1) 总体定位

立足长江中游城市群发展实际，提出了打造中国经济新增长极、中西部新型城镇化先行区、内陆开放合作示范区、"两型"社会建设引领区的战略定位。

2) 发展格局

(1) 构建多中心协调发展格局。强化武汉、长沙、南昌的中心城市地位，合理控制人口规模和城镇建设用地面积，进一步增强要素集聚、科技创新和服务功能，提升现代化、国际化水平，完善合作工作推进制度和利益协调机制，引领带动武汉城市圈、环长株潭城市群、环鄱阳湖城市群协调互动发展。

(2) 强化发展轴线功能。依托沿江、沪昆和京广、京九、二广"两横三纵"重点发展轴线，形成沿线大中城市和小城镇合理分工、联动发展的格局，建成特色鲜明、布局合理、生态良好的现代产业密集带、新型城镇连绵带和生态文明示范带。

3) 产业发展方向

推进产业协同发展。依托产业基础，发挥比较优势，强化分工协作，联合开展科技创新，加快产业转型升级，淘汰落后过剩产能，共同承接产业转移，不断提升产业和产品竞争力，打造一批有较强竞争力的优势产业基地，构建具有区域特色的现代产业体系。

2.3 《成渝城市群发展规划》

成渝城市群以2011年获批的"成渝经济区区域规划"为依托，横跨四川省和重庆市，以成都、重庆两城市为核心，包括四川省内11个城市以及重庆整个地区。成渝城市群是我国自然资源富集区之一，已形成以汽车摩托车、化工医药、冶金、机电、能源、旅游等为支柱的经济体系，是西部地区重要的经济中心。2016年5月国家发改委和住建部联合印发《成渝城市群发展规划》，成渝地区成为继京津冀、长江中游城市群之后，第三个发布规划的国家级城市群。《规划》中明确了成渝城市群的总体定位、空间格局和产业发展方向。

1）总体定位

立足西南、辐射西北、面向欧亚，打造成全国重要的现代产业基地、西部创新驱动先导区、内陆开放型经济战略高地、统筹城乡发展示范区、美丽中国的新行区。

2）空间格局

将构建"一轴两带、双核三区"的空间发展格局，即发挥重庆和成都双核带动功能，重点建设成渝发展主轴、沿长江和成德绵乐城市带，促进川南、南遂广、达万城镇密集区加快发展。同时，促进川渝毗邻地区合作发展，在川渝毗邻地区率先打破行政壁垒，加快推进医疗、教育、社保等公共服务对接。

3）产业发展方向

成渝城市群将重点布局优势产业集群，做好产业转移承接，共建产业园区。在支持重点园区发展上，控制园区数量、提升园区质量，做大做强国家级和省级经济开发区、高新技术产业开发区、综合保税区、出口加工区等重点园区，建设一批产值千亿百亿级园区。

2.4 小结

随着长江三角洲、长江中游、成渝城市群发展规划的实施，沿江经济社会将实现进一步发展，工业化发展进一步推进，对外开放水平进一步提升，由此产生的长江水运需求也将进一步增多。

从区域发展均衡性来看，长江三角洲、长江中游、成渝城市群本轮规划惠及范围更广，长江经济带发展也将更加均衡，货物生成也更加均衡，相对不发达地区的货物生成量增加将更为明显。

从产业发展层次来看，长江三角洲、长江中游、成渝城市群产业发展均以改造提升传统产业、大力发展战略性新兴产业为目标，由此集装箱的运输需求将快速增长。

3 横沙深水新港吞吐量水平预测

3.1 预测思路

结合横沙深水新港的功能定位，主要对集装箱、石油、天然气及制品、煤炭、金属矿石等货类分别进行预测。

主要预测思路为：首先，逐个货类分析长江经济带运输需求、长三角港口群发展形势以及上海港在长三角港口群中的地位，以横沙深水新港的建设为前提，预测上海港吞吐量；其次，结合横沙深水新港的定位，平衡上海港不同港区之间的功能分工，预测横沙深水新港吞吐量。

3.2 分货类吞吐量预测

3.2.1 集装箱

1）上海港集装箱运输现状

上海港集装箱运输在全国乃至全世界都占有举足轻重的地位。上海港集装箱吞吐量自1994年超过100万TEU以来，集装箱业务发展步入快车道，吞吐量一年一个台阶，到2001年已超过600万TEU。之后，随着我国加入WTO，对外开放力度扩大以及国内经济快速增长，集装箱业务进入新的发展阶段,增速和增量双双保持在较高水平。2008 年,上海港集装箱吞吐量增长至 2800 万 TEU,2001—2008 年年均增长率达到 23.6%、年均增幅 300 万 TEU。2009 年,受国际金融危机的冲击,集装箱吞吐量出现较大下滑,回落至 2500 万 TEU。2010 年即恢复增长,完成集装箱吞吐量 2907 万 TEU,并首次跃居世界第一。2014 年,上海港集装箱吞吐量已达到 3529 万 TEU,连续五年排名世界第一,但增长速度相对于前几年大幅回落,由高速增长转为温和增长。

分航线来看,上海港形成了国际航线、内支线、内贸航线协同发展的格局。

国际航线占主导,枢纽港地位稳固。目前,全球 20 大船公司全部进驻上海,全球 12 个航区都有航线分布,远洋航线通达欧洲、美洲、大洋洲等地区港口,近海航线通达日本和东南亚主要港口,上海港每月集装箱航班密度近 2200 班。2014 年上海港完成国际航线集装箱吞吐量 2575 万 TEU,占上海港集装箱吞吐总量的 73.0%,占全国沿海港口国际航线集装箱吞吐总量的 25.2%。其中,日韩航线 453 万 TEU、美国航线 455 万 TEU、欧洲航线 463 万 TEU,分别占上海港国际航线吞吐量的 17.6%、17.7%、18.0%。

内支线运输规模庞大。上海港位于长江黄金水道和沿海黄金岸线交汇处,占据通江、达海的有利区位优势,加之上港集团长江战略的推动,上海港长期维持长江沿线集装箱运输主要中转港的地位,同时优越的集装箱运输条件和高密度的集装箱班轮航线,吸引了大量沿海集装箱前来中转。2014 年上海港完成内支线集装箱吞吐量 464 万 TEU,同比增长 5.2%,占全港集装箱吞吐总量的 13.1%,占全国沿海内支线集装箱吞吐总量的比重达到 31.6%。

内贸集装箱运输快速发展。在国内外经济形势的影响下,全国内贸集装箱发展势头迅猛。上海港作为重要的内贸集装箱港口,2014 年完成内贸集装箱吞吐量 489 万 TEU,近 10 年年均增长 9.1%,占全港集装箱吞吐总量的 13.9%,占全国沿海内贸集装箱吞吐总量的比重为 7.6%。

表 1　上海港典型年份吞吐量航线构成

航　　线	2005 年		2010 年		2014 年	
	绝对量（万 TEU）	比　例	绝对量（万 TEU）	比　例	绝对量（万 TEU）	比　例
总吞吐量	1809	100.0%	2907	100.0%	3529	100.0%
国际航线	1403	77.6%	2200	75.7%	2575	73.0%
内 支 线	155	8.6%	330	11.4%	464	13.1%
内贸航线	251	13.9%	377	13.0%	489	13.9%

2）长三角港口群集装箱运输竞争环境

上海港是国内八大集装箱干线港之一,也是世界第一集装箱大港。2014 年上海港完成集装箱吞吐量 3529 万 TEU,占长三角港口群的比重高达 49.4%。历年来,上海港集装箱吞吐量都稳居长三角港口群第一、全国第一,近年来也已连续蝉联世界第一,上海港不论在长三角港口群还是全国集装箱运输体系中都起到了龙头地位和作用。从长三角港口群内部来看,长三角港口群多年来早已形成了以上海国际航运中心为龙头、干线港为主、支线港和喂给港为支撑,干支结合的外贸和内贸集装箱运输系统。

从外贸集装箱运输竞争形势来看,上海港主要面临着来自宁波—舟山港的竞争。2014 年宁波—舟山港完成国际航线集装箱吞吐量 1600 万 TEU,占长三角港口群国际航线集装箱吞吐总量的比重达到 35.8%。根据规划,宁波—舟山港将继续扩大集装箱通过能力,预计待现状在建、拟建集装箱泊位全部达产后,宁波—舟山港集装箱通过能力将达到1885万TEU/a,最大泊位可靠泊20万吨级集装箱船。宁波—舟山港通过能力和靠泊船型的快速提升,将使得其对浙江地区外贸集装箱生成量和长江中上游城市水水中转量的吸引力逐渐增强,宁波—舟山港与上海港就外贸集装箱运输的竞争也将愈发激烈。

从国际中转集装箱竞争形势来看,上海港主要面临着宁波—舟山港等国内大规模集装箱干线港和新加坡港、釜山港等国际集装箱大港的竞争,在国际贸易发展趋势放缓,发展前景充满不确定性的背景下,增速放缓的集装箱货源使得世界集装箱大港之间对于国际中转箱量越来越重视。

从内贸集装箱运输竞争形势来看,上海港主要面临着宁波—舟山港、苏州港、南京港等邻近港口的竞争。2014年,4个港口分别完成内贸集装箱吞吐量489万TEU、223万TEU、262万TEU、205万TEU,合计占长三角港口群内贸集装箱吞吐总量的68.9%。内贸集装箱运输代表船型较小,对泊位水深要求较低,随着长江干线航道等级和能力的进一步提升,长江沿线地区港口特别是长江下游通航等级较高的港口,内贸直达集装箱运量显著增加。因此,在内贸集装箱运输方面,上海港所面临的竞争对手将逐渐增多。

3)上海港、横沙深水新港集装箱吞吐量预测

外贸国际航线集装箱方面,2014年长江经济带外贸集装箱生成量约4240万TEU,预计未来在国际贸易总体形势、国内经济结构调整、外贸政策以及进出口平衡性变化等因素的影响下,我国外贸商品结构将逐步优化升级,外贸集装箱生成量的增长速度将长期低于进出口金额的发展水平,预测2020年、2030年、2040年长江经济带外贸集装箱生成量将分别达到5200万TEU、6400万TEU、6900万TEU。

表2 腹地外贸集装箱生成系数预测表

指标	2014年实际	2020年预测	2030年预测	2040年预测
外贸进出口总额(亿美元)	17580	27500	39000	45000
适箱货金额比例(%)	80	81	83	85
适箱货金额(亿美元)	14064	22275	32300	38300
水运方式比例(%)	65.4	61	58	56
水运适箱货金额(亿美元)	9198	13588	18700	21450
综合生成系数(万t/亿美元)	3.5	2.9	2.5	2.3
水运适箱货重量(万t)	32192	39404	46900	49270
装箱比(%)	78	80	83	85
平均箱重(t/TEU)	8.7	8.6	8.3	8.1
集装箱重箱数(万TEU)	2886	3666	4670	5180
重箱比例(%)	68	70	73	75
集装箱生成量(万TEU)	4240	5200	6400	6900

假设深水新港在2030年能建成并投入使用,则2030年后,上海港集装箱运输能力的限制将进一步解除,深水新港为上海港发展集装箱运输提供新的载体和更广阔的空间,上海港凭借运输经济性,在长江经济带外贸集装箱运输市场中的份额将有所提升,预计2030年、2040年上海港外贸国际航线集装箱吞吐量将分别达到2930万～3640万TEU和3100万～3920万TEU。

表3 腹地外贸集装箱生成量地区分布 (万TEU)

地　区		2014年实际	2020年预测	2030年预测	2040年预测
长江三角洲	上　海	650	750	850	850
	江　苏	1390	1620	1900	2000
	浙　江	1730	2030	2350	2450
	长江三角洲小计	3770	4400	5100	5300
长江中上游		470	800	1300	1600
生成量总计		4240	5200	6400	6900

国际集装箱中转也是上海港外贸集装箱吞吐量的重要组成部分，2008年，上海港完成国际中转集装箱吞吐量为158万TEU；受金融危机的影响国际中转箱量下滑，2009年中转量下滑至143.3万TEU，2011年上海港国际中转箱量保持继续增长，达到156.6万TEU，基本回升至金融危机之前的水平。2004—2011年上海港国际中转集装箱量年均增长率达到27.8%。2012年上海港国际中转量完成178.9万TEU，同比增长14.2%；2013年，国际中转量完成236万TEU，同比增长31.9%；2014年进一步增长至250万TEU。预计未来上海港吸引国际中转集装箱的实力将进一步增强，预计2030年、2040年将分别达到470万～630万TEU和570万～850万TEU。

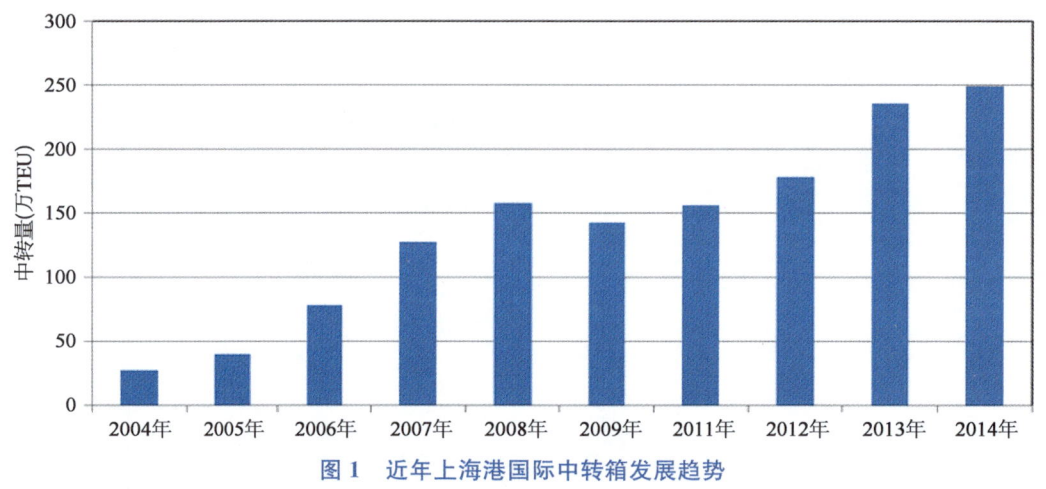

图1 近年上海港国际中转箱发展趋势

外贸内支线集装箱方面，上海港内支线集装箱吞吐量主要来自长江沿线港口和江苏省邻近沿海港口。2014年上海港内支线集装箱吞吐量为464万TEU。根据对长江经济带外贸集装箱生成量和上海港在内支线运输市场中的市场份额，考虑长江航道等级和能力提升对集装箱运输发展的正向促动作用以及沿线港口集装箱发展规划，预计2030年、2040年上海港外贸内支线集装箱吞吐量将分别达到620万～820万TEU、770万～1000万TEU。

内贸集装箱方面，上海港内贸集装箱运输主要服务于长三角地区和部分长江中上游地区内贸水水中转需求。2014年上海港内贸集装箱吞吐量为489万TEU，同比略有下降。从发展趋势来看，上海港内贸集装箱吞吐量的发展有赖于国内宏观经济和贸易形势的发展及长江经济带产业结构差异性的变化，并同内贸集装箱运输发展的外部环境密切相关。考虑长江三角洲等直接腹地中转需求和长江沿线其他港口内贸支线运输需求，预计2030年、2040年上海港内贸集装箱吞吐量分别为780万～910万TEU和860万～1130万TEU。

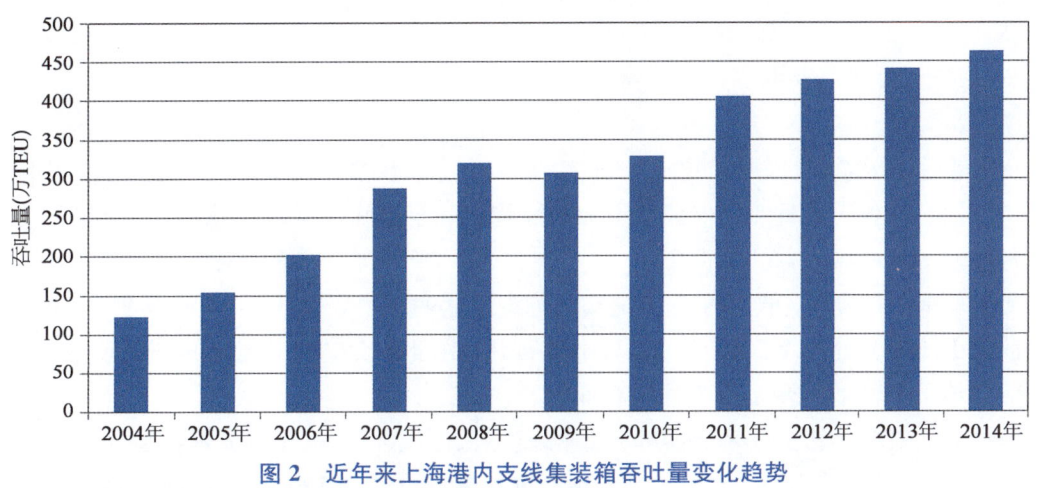

图2 近年来上海港内支线集装箱吞吐量变化趋势

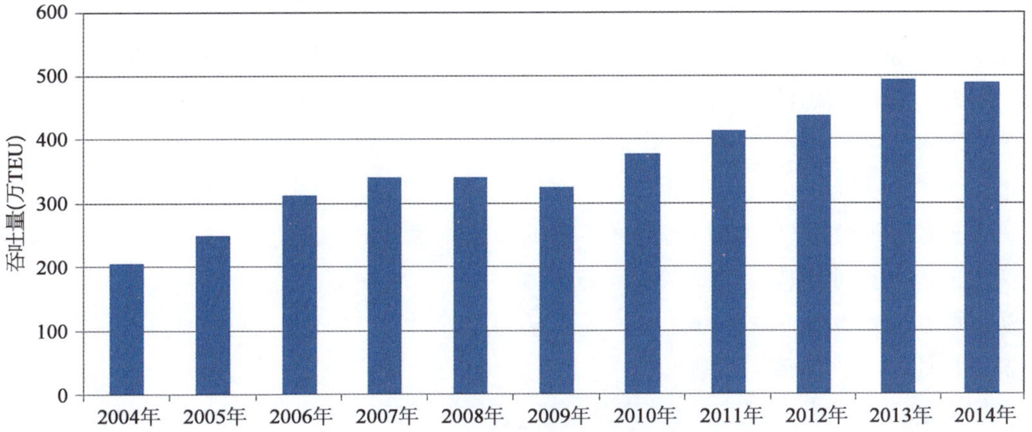

图3 近年来上海港内贸集装箱吞吐量变化趋势

综合预测2030年、2040年上海港集装箱总吞吐量将分别达到4800万～6000万TEU和5300万～6900万TEU。

表4 上海港集装箱吞吐量预测　　　　　　　　　　　　　　　　　　　　　（万TEU）

年 份	方 案	合 计	国际航线		内支线	内贸航线
			国际中转	其 他		
2030年	低方案	4800	470	2930	620	780
	高方案	6000	630	3640	820	910
2040年	低方案	5300	570	3100	770	860
	高方案	6900	850	3920	1000	1130

从上海港现状港区布局来看，目前上海港外贸集装箱运输主要集中在外高桥港区和洋山港区，内贸集装箱运输主要集中在黄浦江港区，其中张华浜、军工路作业区集装箱量计划转移至罗泾港区。结合2014年上海港集装箱吞吐量完成情况，上海港现状集装箱码头实际作业能力合计约3500万TEU，综合考虑洋山四期的建设以及黄浦江港区功能转移的可能性和时间安排，预测2030年以后上海港现状港区能够承担的集装箱吞吐量在3900万TEU左右，产生的缺口主要由横沙深水

新港承担。因此,预测2030年、2040年横沙深水新港集装箱吞吐量分别为900万～2100万TEU、1400万～3000万TEU。

3.2.2 石油、天然气及制品

1) 原油

(1) 上海港原油运输现状。长江经济带原油运输已基本形成了以宁波—舟山港、日照港、青岛港接卸后,再转甬沪宁、鲁宁及日照至仪征管道和沿江管道输至沿江炼厂的运输模式,少部分采用二程、三程水水转运。上海港原油吞吐量很小,一直维持在300万～500万t的水平。

(2) 腹地原油供需现状。长江经济带是我国炼油工业的主要聚集区之一,截至2015年年底,长江经济带原油加工能力合计约1.5亿t。其中,中国石化、中国石油在沿江地区共拥有炼油企业12家,原油加工能力约1.3亿t,其余主要为地炼企业。

沿江炼厂原油资源供给主要来自四部分:本地生产、区域外调入、国内海洋油调入以及外贸进口。

胜利油田原油:通过鲁宁管线输入,进入本区域的配置量约为1300万t,占胜利油田年供油量的47%左右。

其他陆上油田原油:本区域石油资源匮乏,主要集中在江苏油田、江汉油田、华东油田和河南油田,规模普遍较小,这些油田约有400万t左右的原油进入本区域内炼厂。

国内海洋石油:主要来自中海油生产的国内近海原油,由水路运输,进入本区域中石化炼厂的海洋油配置量约为600万t。

外贸进口原油:外贸进口原油是本地区主要的原油配置方式,主要通过海运方式运输,满足国内原油不足产生的巨大原油供应缺口。

(3) 腹地原油运输格局。随着管道集疏运体系的完善,长江经济带内已形成了以水运和管道联运为主的外贸进口原油运输体系。

从未来管道能力上来看,日照—仪征原油管道设计能力4000万t/a;甬沪宁原油管道年输油能力4300万t/a,其中上海方向为2300万t/a,南京方向为2000万t/a;大榭岛—镇海原油管道复线设计能力3600万t/a;仪征—长岭原油管道设计输油能力2100万t/a,仪征—长岭复线设计输油能力2000万t/a;仪征—扬子原油管道设计输油能力1500万t/a;册子岛—白沙湾—漕泾管线设计输油能力2000万t/a;中缅原油管道设计输油能力2200万t/a;鲁宁管线也将从青岛港调入部分原油。

从码头适应能力上来看,日照—仪征原油管道配套一期30万吨级码头工程已于2011年正式投入运营,设计通过能力2000万t/a,30万吨级原油码头扩建工程已通过竣工验收,设计通过能力1850万t/a,二期工程正在建设中,设计通过能力1750万t/a;青岛港现有二期、三期两座原油码头,分别为20万吨级、30万吨级,设计通过能力合计3500万t/a,董家口港区原油码头一期工程也已建成,设计通过能力1880万t/a;宁波—舟山港现有原油码头设计通过能力合计14592万t/a,其中,20万吨级以上泊位8个,设计通过能力合计12519万t/a,同时,舟山群岛新区黄泽山石油中转储运工程正在建设之中,设计通过能力合计1800万t/a;连云港港也将结合石化项目的建设配套建设30万吨级原油码头,设计通过能力1800万t/a。

总体来看,港口的通过能力和配套原油管道的输油能力能够满足未来长江经济带内原油运输需求,区域内原油输转体系将更为完善。

(4) 横沙深水新港原油吞吐量预测。考虑我国炼油产业发展形势,预计未来长江经济带九省二市炼油能力增长将十分有限,现状宁波—舟山港、日照港等主要接卸港口的原油接卸能力和配套管道能力能够满足未来可以预见的需求,因而上海港在区域原油运输体系中的作用主要是补充和完善。

为保障国家原油储备地区的多元化和供应的经济性、安全性,建议横沙深水新港充分发挥原油储备的作用。现状宁波—舟山港周边已建、在建、拟建石油储备项目包括舟山国家一期战略石油储备库、镇海国家一期战略石油储备库、册子岛商业石油储备库、大榭岛商业石油储备库等,若完全建成则石油储备总规模将超过 2800 万 t。借鉴宁波—舟山港国家原油战略储备和商业储备的发展经验,预测上海深水新港原油储备规模为 500 万～1000 万 t,按 1 年周转 1 次计算,由此产生的原油吞吐量为 1000 万～2000 万 t。

2)LNG

目前,上海港 LNG 码头包括外高桥五号沟作业区 1 座、洋山港区 1 座。随着国家能源结构调整逐步推进以及对环保的要求约来越高,煤炭在一次能源消费中的比重将逐步降低,LNG 作为相对清洁的能源,近年来需求越来越大。沿江地区经济的发展对 LNG 的需求集中在民用气、工业用气、汽车和船舶用气等多个方面,也将形成较大规模,规划横沙新港主要发展 LNG 江海中转的功能,由此产生的 LNG 吞吐量规模为 1000 万～2000 万 t。

综上,预测横沙深水新港石油、天然气及制品吞吐量为 2000 万～4000 万 t。

3.2.3 其他

其他货类吞吐量主要来自横沙新区自身产业发展的需求。根据产业规划初步设想(表 5),上海横沙新区将发展以海洋工程装备、航空设备及配套、环保、数控机床、再制造、发电及输变电设备、大型物流装备及工程机械为主的临港工业体系。考虑到这些产业的原材料和产品市场均位于横沙岛外,因此,临港工业的发展将对钢铁等原材料以及重大件设备等产成品产生较为巨大的运输需求。

表 5 横沙新区临港工业发展设想

产业类型	发展方向
海洋工程装备	重点发展高技术含量、高附加价值的海洋工程装备制造业,建设高端海洋装备制造基地,培育发展大型高性能海洋工程辅助船的关键设备的研制、再制造与维修改造项目,以及海洋功能装备关键配套装置等
航空设备及配套	以生产和研发大型客机发动机等关键零部件为核心,积极发展相关零部件的研发、维修及相关服务配套产业;推动"极微、极精"核心零部件的制造和加工产业集群化、规模化发展
环保、数控机床、再制造	大力发展大型、精密、高速数控装备的数控系统及功能部件;发展发动机、变速器和相关零部件的再制造产业
发电及输变电设备	大力发展核电设备产业;发展输变电电成套设备产业,注重传统电网改造升级所需设备、各种新能源电力并网发电及传输设备、新材料或高效能传输设备等的研制
大型物流装备及工程机械	大力发展大型物流装备和工程机械的研制;培育大型成套设备建设;加快大型施工机械的研制

另外,横沙新区自身的建设和发展也会对矿建材料、水泥、粮食等物资产生较大的需求,这种需求的大小会随着建设规模变化。

综合考虑临港工业的发展和横沙新区开发建设、经济社会发展的需求,预计 2030 年、2040 年横沙深水新港其他货类吞吐量分别为 2000 万～3500 万 t、4000 万～5000 万 t。

综上,预测 2030 年横沙深水新港货物吞吐量为 13000 万～28500 万 t;2040 年横沙深水新港货物吞吐量为 20000 万～39000 万 t,见表 6。

表6 2030年、2040年横沙深水新港货物吞吐量规模预测

货 类	2030年		2040年	
	低方案	高方案	低方案	高方案
集装箱(万TEU)	900	2100	1400	3000
原油(万t)	1000	2000	1000	2000
LNG(万t)	1000	2000	1000	2000
其他(万t)	2000	3500	4000	5000
合计(万t)	13000	28500	20000	39000

在指导港口规划建设时,考虑到适度超前性,以高方案为规划的基础。2030年、2040年高方案横沙深水新港货物吞吐量结构见表7、表8。

表7 2030年高方案横沙深水新港货物吞吐量结构

货 类	合 计	其中江海联运吞吐量	进 港	其中外贸	出 港	其中外贸
集装箱(万TEU)	2100	1200	1050	900	1050	900
原油(万t)	2000		1000	1000	1000	
LNG(万t)	2000	2000	1000	1000	1000	
其他(万t)	3500		2500	1000	1000	400
合计(万t)	28500	14000	15000	12000	13500	9400

表8 2040年高方案横沙深水新港货物吞吐量结构

货 类	合 计	其中江海联运吞吐量	进 港	其中外贸	出 港	其中外贸
集装箱(万TEU)	3000	1600	1500	1300	1500	1300
原油(万t)	2000		1000	1000	1000	
LNG(万t)	2000	2000	1000	1000	1000	
其他(万t)	5000		3300	1300	1700	700
合计(万t)	39000	18000	20300	16300	18700	13700

横沙深水新港突发溢油对长江口水源地影响和对策研究

徐健[1]，夏雪瑾[2]，冯文静[2]，李琦[1]，陆东燕[3]

[1 上海碧波水务设计研发中心，上海 201508；
2 上海市水务（海洋）规划设计研究院，上海 201103；
3 上海市青浦区水务建设工程质量安全监督站，上海 200233]

[摘要] 本文探讨建立了长江口水源地突发水污染事故模拟模型，开展了新横沙成陆开发和深水新港建设条件下多情景的突发水污染事故模拟，分析了横沙深水新港突发溢油对长江口水源地的影响，并针对长江口水源地应对突发水污染事故提出对策建议。

[关键词] 横沙；长江口；水源地；溢油；对策

1 引言

新横沙位于横沙岛以东、长江口北港和北槽之间，该区域拥有独特的区位、岸线、航道、滩涂和泥沙资源优势，是上海新一轮开发重点关注区域。新横沙距离青草沙、东风西沙和陈行水源地较近，其中青草沙水源地位于南北港分汊口、长兴岛西北侧，是上海市最大的饮用水水源地，供水人口已达到1300万。研究新横沙成陆开发和深水新港建设对长江口水源地影响，提出应对突发水污染事故的对策措施，对保障上海供水安全具有重要意义。

2 长江口水源地布局

长江口分布有青草沙水库、东风西沙水库和陈行水库3大饮用水水源地，长江口水源地现状格局如图1所示。

青草沙水源地（水库）位于长江口江心，南北港分流口下方，由长兴岛西侧的中央沙和北侧的青草沙以及北小泓、东北小泓等滩涂和水域构成，水库库容4.35亿 m^3，建设总面积约 70 km^2，工程设计总规模719万 m^3/d，在咸潮期最长可确保68 d连续供水。陈行水源地（水库）位于长江口南支南岸宝山罗泾镇，西接宝钢水库，东邻罗泾港区。水源地由2座取水泵站、1座调蓄水库和2台输水泵站组成。取水泵站规模分别为160万 m^3/d 和430万 m^3/d，调蓄水库库容约960万 m^3，输水泵站规模分别为40万 m^3/d 和166万 m^3/d。水库面积约133.6万 m^2，设计最高水位7.25 m，最低水位0.50 m，常水位5.50 m，经过扩容改造后陈行水库有效库容为950万 m^3。东风西沙水库工程位于长江口南支上段，崇明岛西南侧。上口与白茆沙北水道相接，下游出口与庙港口门相邻。水库由东风西沙与崇明岛之间的夹泓形成，库体呈狭长形，上宽下窄，呈西北—东南轴向，库体面积约3.74 km^2，近期水库最小调蓄库容为478.5万 m^3，远期水库最小调蓄库容为890.2万 m^3。工程设计近期供水规模21.5万 m^3/d，远期供水规模40万 m^3/d，配套输水泵站规模40万 m^3/d。

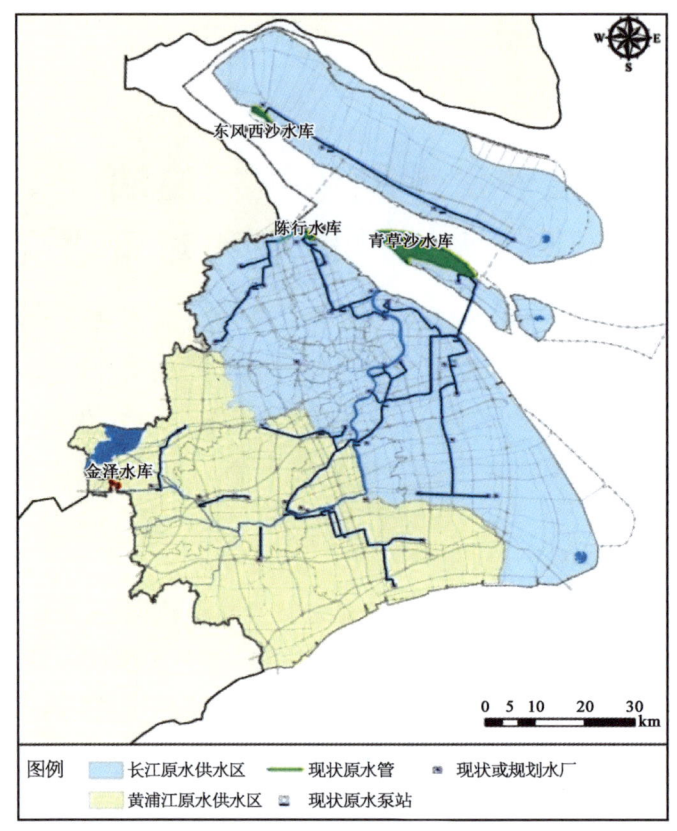

图 1　长江口水源地现状格局示意图

3　建立长江口水源地突发水污染事故模拟模型

为建立基于 Web-GIS 的长江口水源地突发污染预警系统平台,在收集、调查、整合利用长江口地形、工况、气象、水文等数据信息的基础上,研发了气象、海洋、水文、环境等实时数据与三维水动力模型的数据交换接口,建立了长江口杭州湾三维水动力模型。通过引进消化吸收美国 ASA 开发的溢油 OilMap 专业模型软件系统,研究了 OilMap 模型的原理机理、基本方程和数值计算方法,以及水动力模型与 OilMap 模型无缝链接的数据交换接口,建立了长江口水源地突发污染预警模型。

3.1　长江口水动力模型

利用开源三维水动力与输沙模型-ECOMSED,建立长江口杭州湾大范围海域三维流场自动预报模型,为溢油模型和化学品模型提供流场条件,实现流场计算与 NetCDF 格式转换的无缝耦合,便于突发污染预警系统的集成开发。

水动力模型研究范围包含长江口杭州湾大范围水体,长江上游边界取在江阴,海域东边界为东经 123°,南边界在北纬 29°30′,北边界在江苏吕四港以北北纬 32°15′,如图 2 所示。网格数 146×131,垂向分为 6 层,计算时间步长为 10 s。

3.2　溢油模型

溢油事故的模拟预测应用美国应用科学协会(ASA)开发的 OilMap 模型,该模型在美国本土、中东以及欧洲等地区得以广泛应用,在溢油风险分析、应急处置等方面已有较为深入的应用。OilMap 模型包括油膜轨迹计算模块、概率计算模块等,如图 3 所示。用户可以通过选择预测、溯源两种模式,分别对油品溢漏轨迹进行预测、追溯模拟。

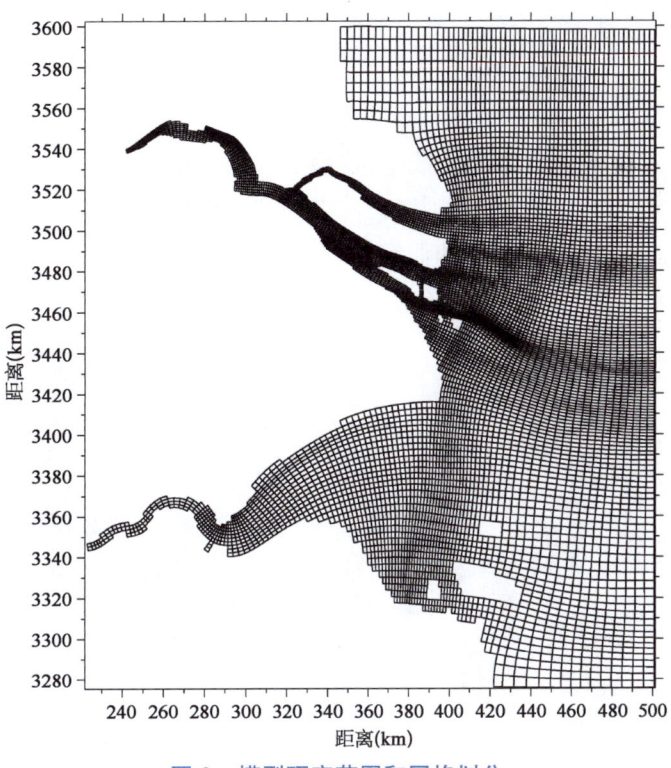

图 2　模型研究范围和网格划分

OilMap 模型中溢油最初用一系列的溢油点表示,每个溢油点平均表示溢油总量的一部分。通过溢油点模拟溢油在风场和流场的作用下,伴随随机扰动分散作用的平流输送。同时,可模拟油品所发生蒸发、扩散、进入水体、乳化以及吸附到岸边的情况。OilMap 模型可快速模拟围油栏使用的效果,为溢油事件的应急处置提供决策支撑。

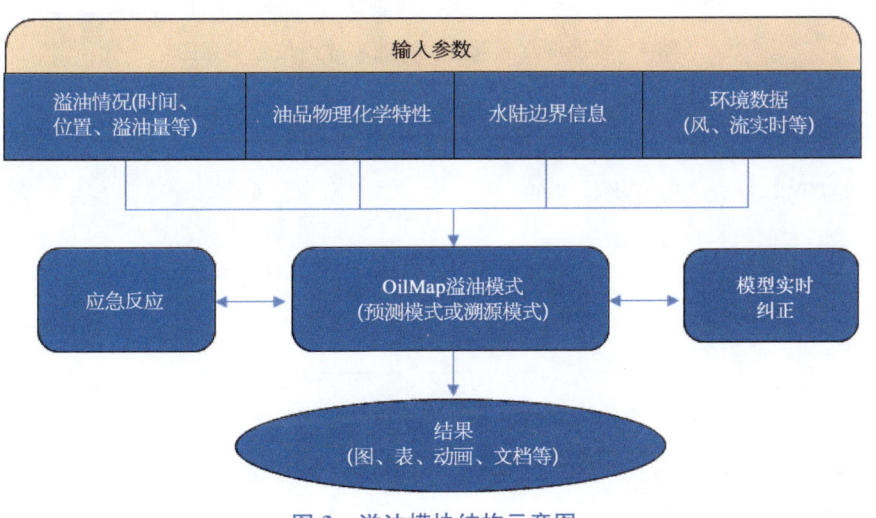

图 3　溢油模块结构示意图

4　横沙深水新港突发溢油对长江口水源地影响

根据横沙深水新港建设对长江口水源地风险识别结果,分析 LNG 装卸码头和石油储备库等固定源和船舶事故移动源引发的突发溢油事故对长江口水源地的影响。采用长江口水源地突发水污染事故模拟模型,开展横沙深水新港突发溢油事故的案例多情景模拟计算分析。

4.1 方案设计

1)固定源

根据横沙深水新港平面布置方案和功能定位,假定在横沙深水新港出口处发生突发溢油事故,位置示意图如图 4 所示。在方案选取时,分别考虑涨潮期和落潮期,风场考虑采用全球预报系统原预报风场、假定恒定不利常态风场(5.5 m/s)和假定恒定不利风向风场(10 m/s)时发生溢油事故模拟,共设置 6 个方案,详见表 1。

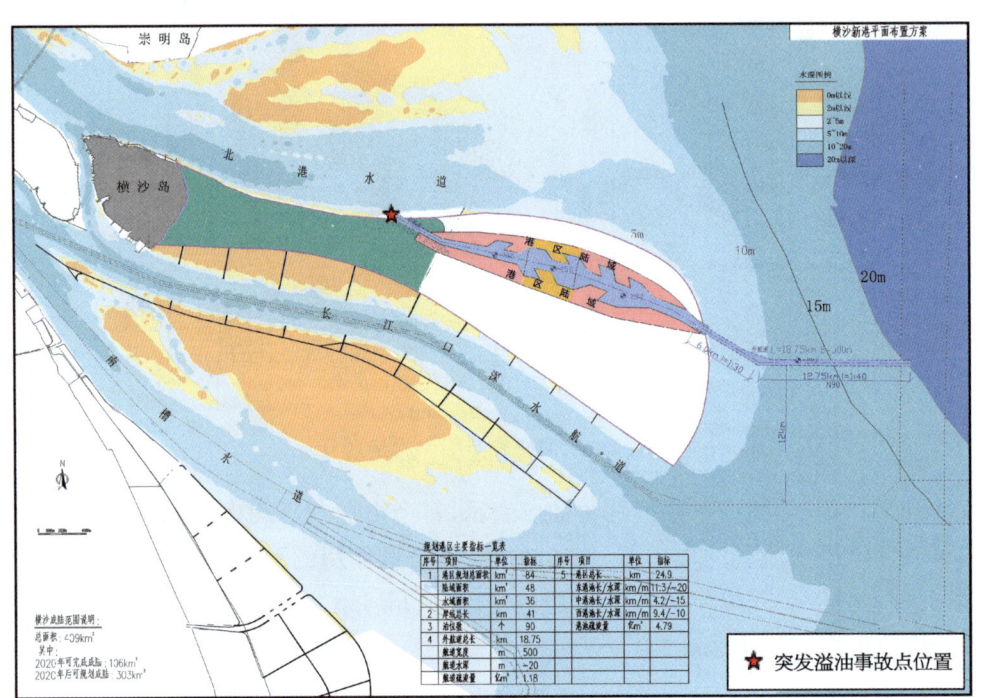

图 4　横沙深水新港突发溢油事故点位置示意图

表 1　横沙深水新港固定源突发溢油事故方案表

编号	计算方案名称	开始时间	模拟时长	风　场	溢　油	计算期大通平均流量(m³/s)
方案一	涨潮原预报风场	2016 年 6 月 17 日 12 点	108 h	全球原预报风场	1500 t 原油	49400
方案二	涨潮恒定东南风常态风场	2016 年 6 月 17 日 12 点	108 h	5.5 m/s 东南风	1500 t 原油	49400
方案三	涨潮恒定东南风不利风场	2016 年 6 月 17 日 12 点	108 h	10 m/s 东南风	1500 t 原油	49400
方案四	落潮原预报风场	2016 年 6 月 17 日 18 点	108 h	全球原预报风场	1500 t 原油	49400
方案五	落潮恒定东南风常态风场	2016 年 6 月 17 日 18 点	108 h	5.5 m/s 东南风	1500 t 原油	49400
方案六	落潮恒定东南风不利风场	2016 年 6 月 17 日 18 点	108 h	10 m/s 东南风	1500 t 原油	49400

2)移动源

以 2016 年 7 月 13 日,实际发生的长江常熟附近水域溢油为例,进行实际风速和流场条件下的模拟,横沙深水新港移动源突发溢油事故方案见表2。

表2 横沙深水新港移动源突发溢油事故方案表

编 号	计算方案名称	开始时间	模拟时长	风 场	溢油量	大通流量
方案七	713 常熟溢油	2016年7月13日2点	72 h	全球原预报风场	1000 t	69800 m³/s

4.2 横沙深水新港突发溢油对长江口水源地影响分析

在方案一假定情况下,溢油上溯5.8 km后转向往北进入江苏海域。在方案二假定情况下,溢油上溯5.9 km后转向往北进入江苏海域。在方案三假定情况下,溢油上溯7.4 km后往北进入江苏海域,最终吸附在江苏南通岸边。在方案四假定情况下,溢油先是随着落潮流往外海方向,并继续往东北方向迁移扩散。在方案五假定情况下,溢油先是随着落潮流往外海方向,并受潮流和风场的共同影响在崇明东部海域往东北方向迁移扩散。在方案六假定情况下,溢油先是随着落潮流往外海方向,并受潮流和风场的共同影响,逐渐向江苏海域迁移扩散。在假定的六个方案情况下,横沙深水新港突发溢油未对长江口水源地造成影响。方案一～方案六溢油轨迹线如图5所示。

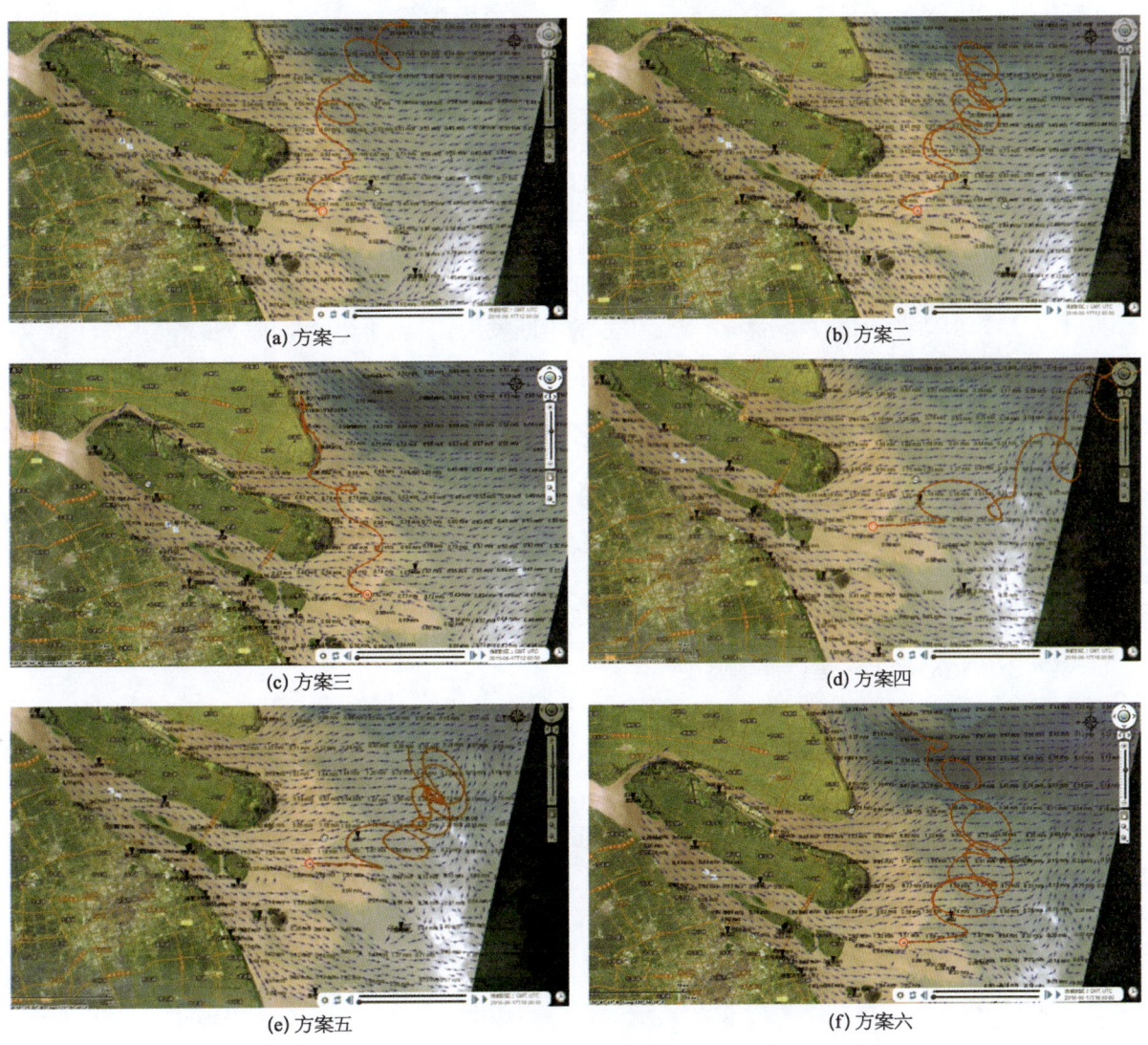

图5 方案一～方案六溢油轨迹线示意图

方案七 713 常熟溢油事故发生后,溢油沿着南支进入南港,之后进入南槽和北槽,部分被吸附在长江南岸、九段沙、横沙岛等岸边,对陈行水库、九段沙湿地等影响较大。溢油轨迹线如图 6 所示。

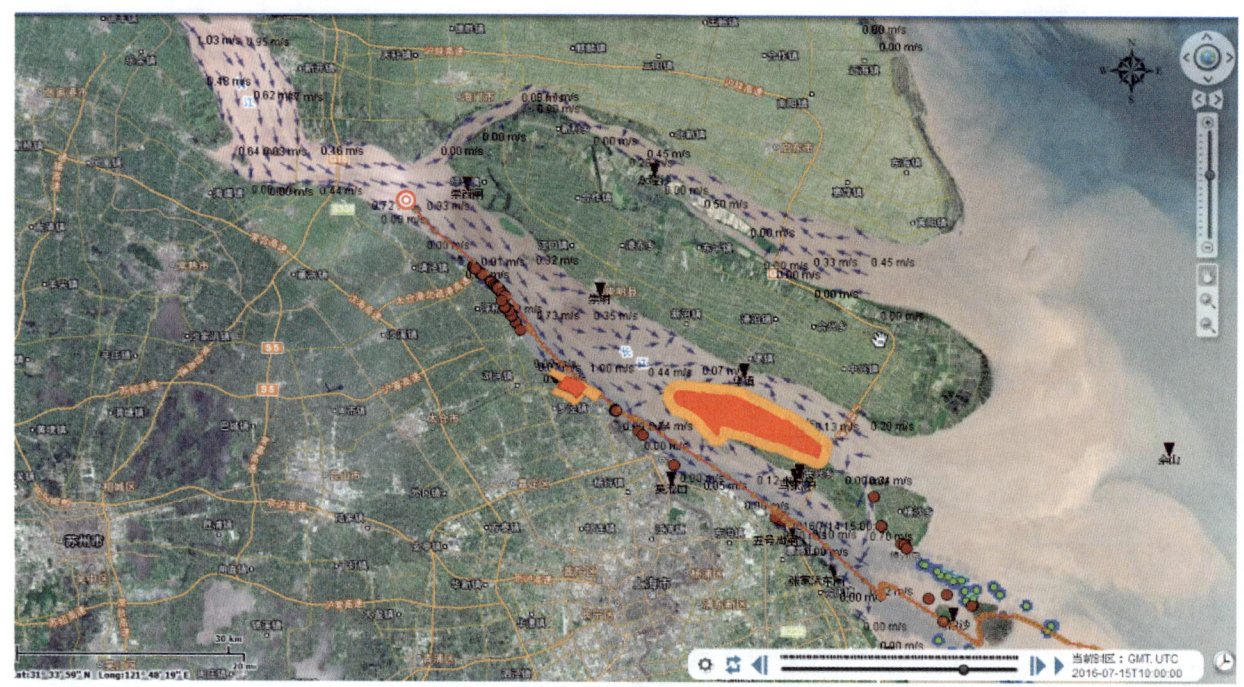

图 6　方案七 713 常熟溢油轨迹线示意图

根据横沙深水新港突发溢油对长江口水源地影响初步分析结果,在汛期横沙深水新港固定源突发溢油未对长江口水源地造成影响。713 常熟溢油事故,对陈行水库、九段沙湿地等敏感区域产生影响。随着横沙深水新港的建设和上海市航运中心的不断发展,船舶通行量将进一步增长,长江口水源地周边船舶事故引起的移动源环境风险将随之加大。

5　长江口水源地应对突发水污染事故的对策措施

5.1　加强船舶航运安全管理,防止突发性水污染事故发生

一是分类分级修订船舶及其设施、设备的相关环保标准,依法强制报废超过使用年限的船舶。

二是加强船舶污染处理系统建设;对航行于我国水域的国际航线船舶,要实施压载水交换或安装压载水灭活处理系统。

三是实施危化品水上适运性评估制度。

四是推动长江危险化学品运输企业转型升级,严格航运市场准入管理。

五是加强航运警示标建设和通航安全管理,进一步优化航道航线。

5.2　更加注重主动防范风险,发挥工程性措施防控水质效益

一是加强长江口水源地取水口设置防油拦污设施建设。为了提高长江口水源地安全取水和避污引清能力,有必要在取水口及岸边水闸引水口周围一定区域设置防拦油污设施,有效防止水上漂浮物或油污进入水库取水蓄水系统。

二是加强输水口泵站安装应急处理装置建设。借鉴国内外应急处置突发性水污染事件的净水效果和成功经验,在输水口泵站安装粉末活性炭投加装置,可有效缓解突发性水污染事件的污染影响和原水中典型致臭味物质含量的上升。

5.3 更加注重应急能力建设,完善水源地安全应急保障体系

一是着力健全应急组织体系,提高组织保障能力。按照"谁主管,谁负责"原则,各自承担相关工作;要加强应急抢险物资装备的储备、补充、更新、维护保养,以满足突发事件应急抢险需要;保障政府资金投入支持,加强通信技术与信息技术融合应用。

二是着力完善应急处置预案,提高应急响应能力。为提高长江口水源地风险防范能力、供水保障能力和应急处置能力,针对水源地易遭受突发水污染事故水质安全风险,以健全完善长江口水源地突发水污染事件应对工作机制,不断完善适用于长江口水源地突发事件的应急处置预案。

参考文献

[1] 陈吉余,蒋雪中,何青.长江河口发育的新阶段、上海城市发展的新空间[J].中国工程科,2013,15(6):20-24.
[2] 季岚,龚鸿锋,楼飞.长江口横沙通道通航功能定位的初步研究[J].水运工程,2010(12):104-108.
[3] 江霞.横沙深水新港或将美梦成真[J].中国港口,2016(5):22-25.
[4] 薛美根,王祥,逄莹.横沙新陆域开发的交通发展战略研究[J].交通与运输,2015(4):7-9.
[5] 楼飞,季岚,陈中,等.长江口横沙深水港选址及可维护性探讨[J].中国工程科学,2013(6):108-112.
[6] 陈荣昌,等.基于OILMAP模型的胶州湾溢油风险研究[J].中国水运,2011(12):42-43.
[7] 李涛,李筠,陈俊峰.基于OILMAP模型的洋浦港溢油风险研究[J].交通节能与环保,2012(3):88-89.

波浪、潮流及台风等不利条件对横沙建港泥沙回淤关键技术研究

窦希萍,曹民雄,徐群,罗小峰,王红川,路川藤

(南京水利科学研究院,南京 210024)

[摘要] 本文以横沙港区建港条件为研究背景,建立了二维潮流泥沙数学模型,模型验证良好。在此基础上,研究了横沙横沙港区的建港条件。研究表明,横沙港区的建设对周边水域的影响主要集中在南北港分流口以下区域;港区外航道10 m等深线以浅水域,横流值较小,10 m等深线以深水域,横流值较大;港池水域平均回淤强度0.33~0.38 m/a;外航道平均回淤强度约0.50~0.57 m/a。一次大风过程,外航道骤淤强度0.55~0.63 m/a。

[关键词] 长江口;横沙港区;NHRI_RECO_CS;数学模型;建港条件

1 前言

在上海现有的滩涂资源中,横沙东滩是一个集"区位、土地、岸线、航道"等众多优势资源于一身的区域。其南贴长江口北槽12.5 m深水航道,北靠北港航道(规划10 m航道),东临东海,经吹填成陆可新增土地约480 km²(72万亩),可新增深水岸线100 km以上,并且依托东接外海深水区的优势,可建设大型挖入式港区,实现20 m深水港的突破。

横沙的开发可在较大程度上缓解目前上海城市发展面临的诸多问题,如可解决上海土地瓶颈,增加城市竞争力;可突破上海港水深和岸线制约,提升上海港口竞争力,奠定国际航运中心建设基础。此外,在长江入海泥沙日益减少的情况下,长江疏浚土资源依然可为横沙成陆提供丰富的泥沙资源,同时还缓解了目前疏浚土处理面临的诸多问题。

本文主要研究横沙新陆域建设大型挖入式港池的可行性,为横沙新港区建港可行性提出优化建议。

2 数学模型的建立

本次数值模拟采用南京水利科学研究院编制的《南科院河口海岸潮流泥沙数值模拟系统》(NHRI_RECO_CS V2012.1),该软件系统的编制符合《海岸与河口潮流泥沙模拟技术规程》(JTS/T 231—2—2010)及相关现行行业标准的规定,2012年取得国家软件著作权登记(软著登字第0433442号),2013年通过中国工程建设标准化协会水运专业委员会组织的软件鉴定,并纳入"水运工程计算机软件登记"(目录号:KY-2013-01)。

2.1 二维浅水控制方程

在笛卡尔直角坐标系下,根据静压和势流假定,沿垂向平均的二维潮流基本方程可表述为如下

形式：

$$\frac{\partial z}{\partial t} + \frac{\partial(Hu)}{\partial x} + \frac{\partial(Hv)}{\partial y} = 0 \tag{1}$$

$$\frac{\partial u}{\partial t} + u\frac{\partial u}{\partial x} + v\frac{\partial u}{\partial y} + g\frac{\partial z}{\partial x} - fv + g\frac{u\sqrt{u^2+v^2}}{C^2 h} = N_x\frac{\partial^2 u}{\partial^2 x} + N_y\frac{\partial^2 u}{\partial^2 y} \tag{2}$$

$$\frac{\partial v}{\partial t} + u\frac{\partial v}{\partial x} + v\frac{\partial v}{\partial y} + g\frac{\partial z}{\partial y} + fu + g\frac{v\sqrt{u^2+v^2}}{C^2 h} = N_x\frac{\partial^2 v}{\partial^2 x} + N_y\frac{\partial^2 v}{\partial^2 y} \tag{3}$$

$$\frac{\partial S}{\partial t} + u\frac{\partial S}{\partial x} + v\frac{\partial S}{\partial y} = \frac{\partial}{\partial x}\left(D_x\frac{\partial v}{\partial x}\right) + \frac{\partial}{\partial x}\left(D_y\frac{\partial v}{\partial x}\right) + \frac{F_s}{h+z} \tag{4}$$

式中：z 为潮位；h 为水深；H 为总水深，$H=h+z$；u、v 为流速矢量 V 沿 x、y 方向的速度分量；t 为时间；f 为科氏系数（$f=2w\sin\varphi$，w 是地球自转的角速度，φ 是所在地区的纬度）；g 为重力加速度；C 为谢才系数；N_x、N_y 为 x、y 向水流紊动黏性系数；S 为含沙量；D_x、D_y 为 x、y 方向泥沙扩散系数；F_s 为泥沙源汇函数。

2.2 基本方程的离散及求解

方程(1～4)垂向积分变成二维形式，写成向量形式：

$$\frac{\partial U}{\partial t} + \nabla E = M + \nabla E^d \tag{5}$$

式中：

$$U = (H, Hu, Hv, HS)^T$$

$$E = (F, G), \text{其中 } F = \begin{Bmatrix} Hu \\ Hu^2 + gH^2/2 \\ Huv \\ HuS \end{Bmatrix}, G = \begin{Bmatrix} Hv \\ Huv \\ Hv^2 + gH^2/2 \\ HvS \end{Bmatrix}$$

水流运动方程的紊动扩散项：

$$E^d = (F^d, G^d), \text{其中 } F^d = \begin{Bmatrix} 0 \\ \varepsilon_x H\partial u/\partial x \\ \varepsilon_x H\partial v/\partial x \\ k_x H\partial S/\partial x \end{Bmatrix}, G^d = \begin{Bmatrix} 0 \\ \varepsilon_y H\partial u/\partial y \\ \varepsilon_y H\partial v/\partial y \\ k_y H\partial S/\partial y \end{Bmatrix}$$

源项 M 表示为：

$$M = M_o + M_f = \begin{Bmatrix} 0 \\ gH(M_{ox} + M_{fx}) + fv \\ gH(M_{oy} + M_{fy}) - fu \\ -\alpha w(S - S_*) \end{Bmatrix}$$

式中：M_{ox}、M_{oy} 分别是 x、y 方向的河床底部高程变化；M_{fx}、M_{fy} 分别是 x、y 方向的底摩擦项；α 为泥沙沉降概率；w 为泥沙沉降速度；S_* 为挟沙力。

将第 i 号控制元记为 Ω_i，在 Ω_i 上对向量式的基本方程组进行积分，并利用 Green 公式将面积分化为线积分,得：

$$\frac{\partial}{\partial t}\int_{\Omega_i} U\mathrm{d}\Omega_i + \oint_{\partial\Omega_i}(E\cdot\bar{n}_i - E^d\cdot\bar{n}_i)\mathrm{d}l = \int_{\Omega_i} S\mathrm{d}\Omega_i$$

即
$$\frac{\partial}{\partial t}\int_{\Omega_i} U\mathrm{d}\Omega_i + \oint_{\partial\Omega_i} E\cdot\bar{n}_i\mathrm{d}l = \int_{\Omega_i} S\mathrm{d}\Omega_i - \oint_{\partial\Omega_i} E^d\cdot\bar{n}_i\mathrm{d}l \tag{6}$$

式中：$\mathrm{d}\Omega_i$ 为面积分微元；$\mathrm{d}l$ 为线积分微元；$\bar{n}_i = (n_{ix}, n_{iy}) = (\cos\theta, \sin\theta)$，$n_{ix}$，$n_{iy}$ 分别代表第 i 号控制元边界单元单位外法向向量 x、y 方向的分量。方程分为四项：第一项为时变项，第二项为水平对流项，第三项为底坡项，第四项为水平扩散项。

2.3 模型范围

为更好地模拟横沙东滩及其周邻水域，本次模型包括整个长江口和杭州湾在内，如图 1 所示。长江潮区界位于安徽大通，大通以上水域水位基本不受潮波影响，作为模型的上边界；长江口外－50 m 等深线处受径流影响可忽略不计，作为模型外边界，模型东西向总长 700 多 km。模型北至江苏盐城港附近，南至浙江宁波，南北向接近 600 km。

模型长江口江阴至口外－20 m 等深线范围内地形采用 2011 年实测地形，江阴以上至大通地形采用概化地形，其余地形采用最新海图拼接。

模型采用三角形网格，共计划分单元 138281 个，节点总数 70587，网格边长平均 150 m 左右，工程区最小网格 38 m。

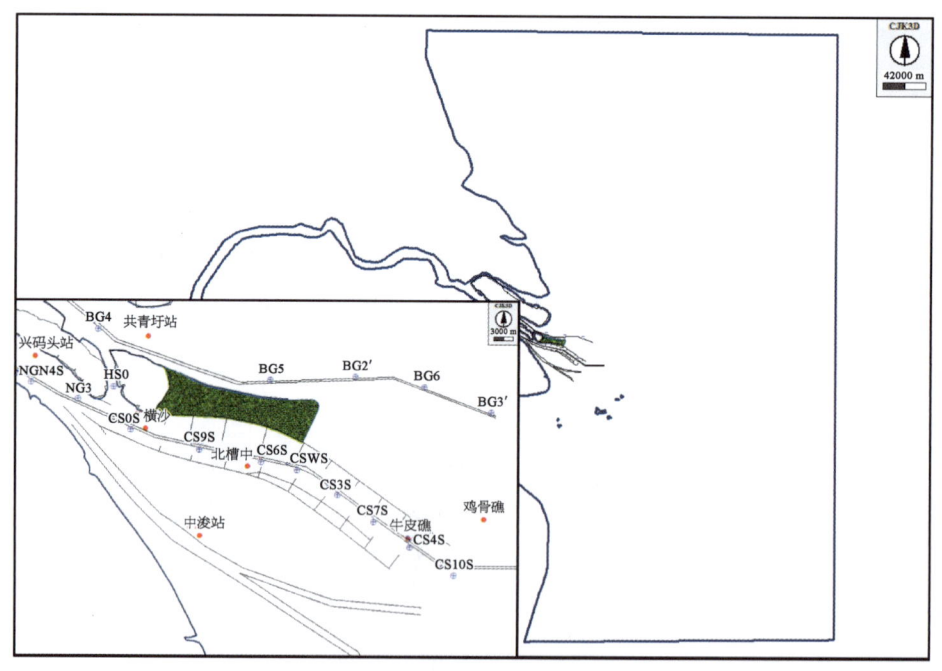

图 1　长江口整体模型网格示意图

2.4 模型验证

模型采用 2015 年 7 月 30 日—8 月 3 日长江口实测同步水文资料进行验证，具体潮位站点及水文测验垂线位置如图 1 所示。

由于本次水文测验期间部分测点分两个潮同步开展，模型模拟了 2015 年 7 月 30 日—8 月 3 日

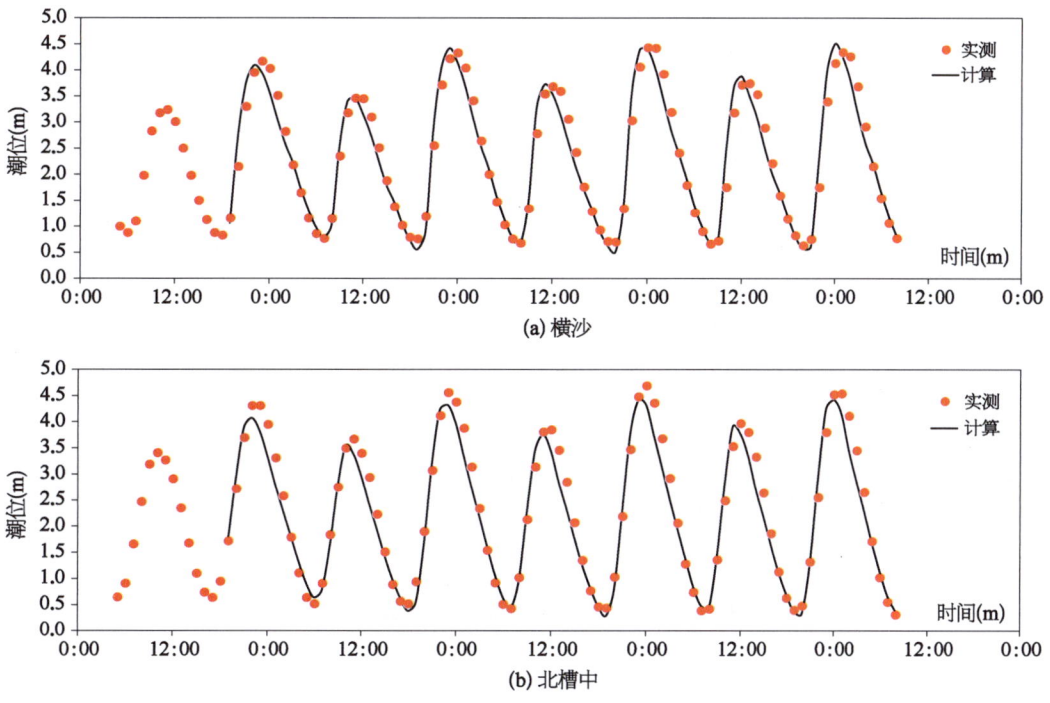

图 2　长江口潮位过程验证

共计 5 天的潮流过程，分别验证水位过程和潮流过程。图 2 给出了潮位过程验证，各站模型计算潮位过程与实测值吻合较好，高低潮位误差基本控制在 10 cm 以内，相位误差也均小于 30 min。图 3 给出了流速流向过程验证，总体来说，涨落急流速峰值和相位过程均得到了较好的模拟。图 4 给出了长江口沿程各垂线的含沙量过程验证，各站平均含沙量偏差基本在 20% 以内，满足规程要求。说明该模型可以较好地复演长江口潮波及潮流过程，可进一步预测工程引起的水动力场变化。

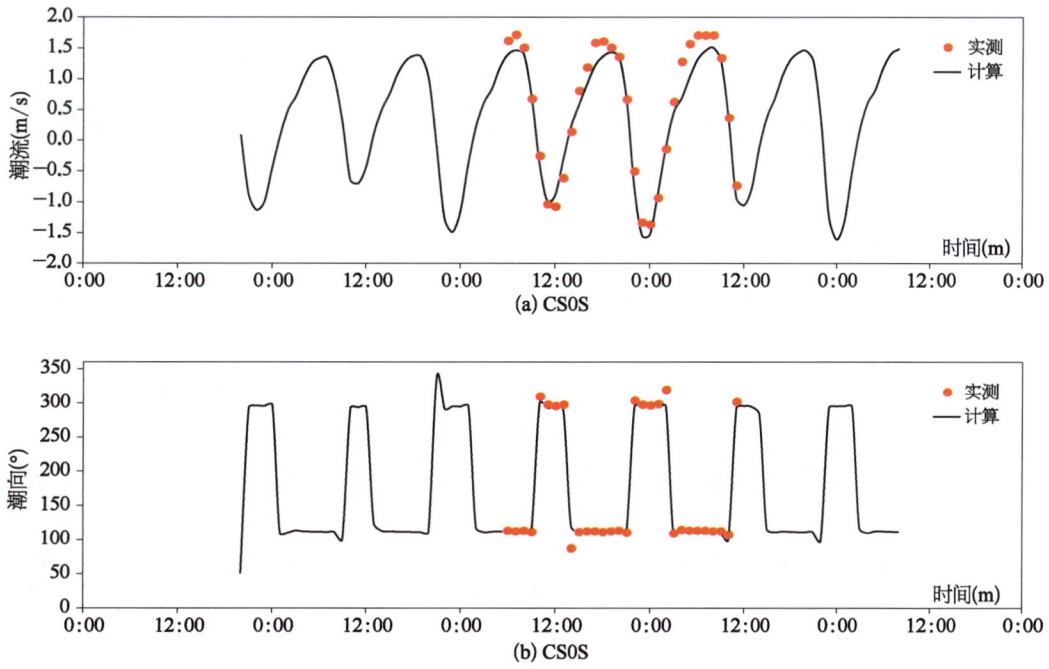

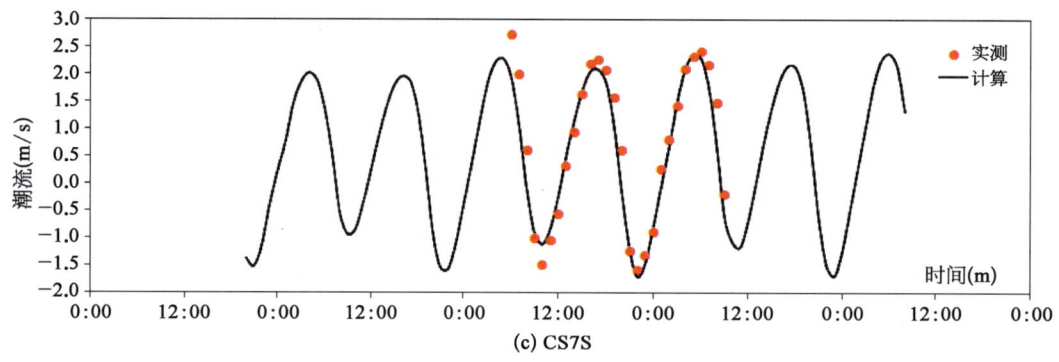

(c) CS7S

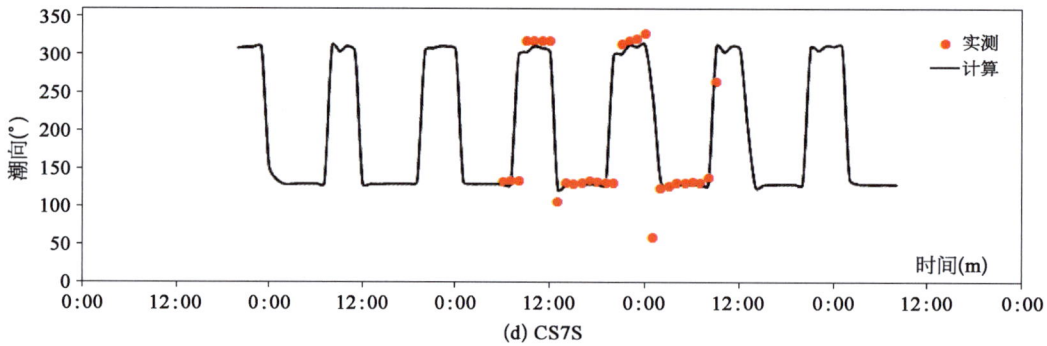

(d) CS7S

图 3　长江口流速流向过程验证

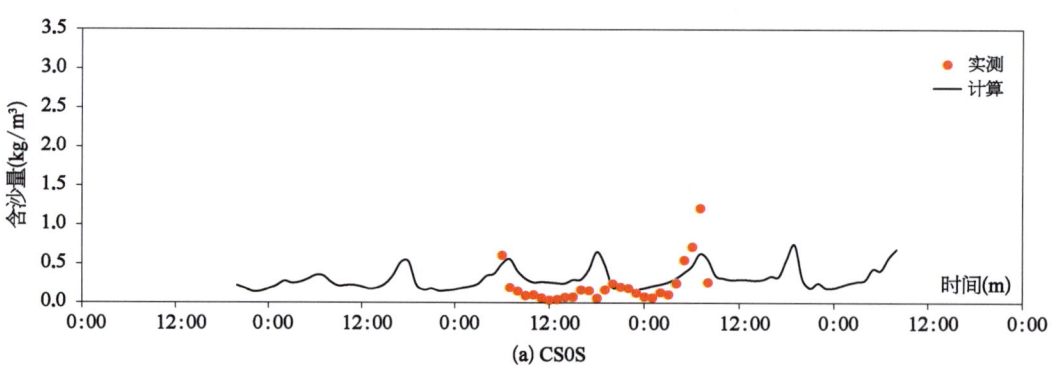

(a) CS0S

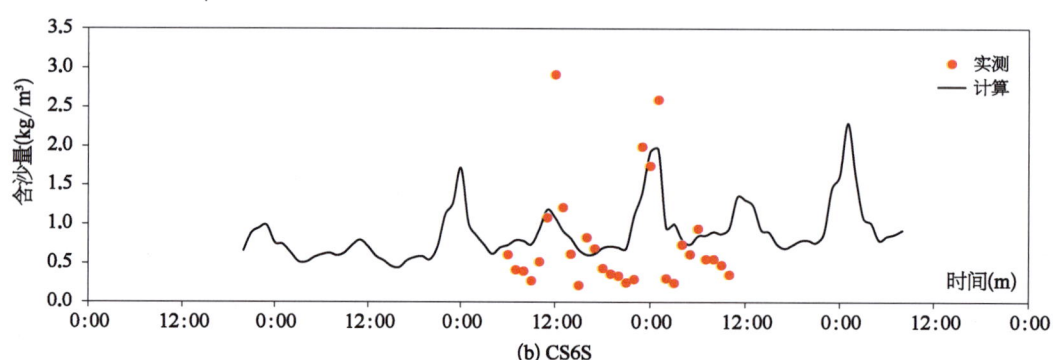

(b) CS6S

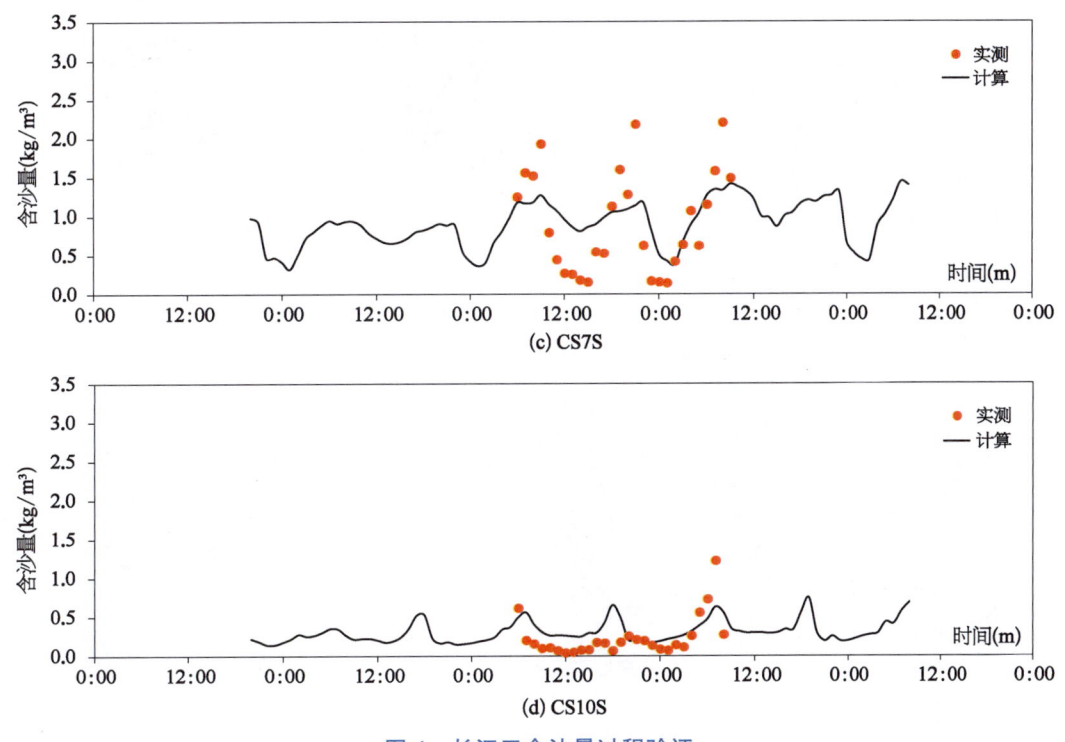

图 4　长江口含沙量过程验证

3　方案介绍

横沙新陆域成陆范围主要设置依据有以下几点：

（1）充分发挥横沙东滩东侧直接面临外海 20 m 深水区的优势。

（2）充分考虑与长江口 12.5 m 深水主航道和北港规划 10 m 航道的对接。

（3）充分考虑与国际航线的对接。

（4）充分考虑横沙东滩现有滩地水深条件、风浪条件、水沙输移特征。

（5）港区内考虑大小船舶、不同流向船舶分离运营模式，充分突出水水中转、直转优势。

（6）考虑土地资源合理节约利用。

（7）考虑港区、航道、内河水系、生态环境的充分融合。

（8）为横沙后续发展预留区域（如口外设置人工岛）。

横沙港区布置方案分为南港区和北港区两个方案，如图 5 所示。

4　横沙港区方案水动力影响分析

4.1　新陆域实施后潮量变化

为了更好地分析工程实施后对周邻水域的影响，潮量及分流比分析主要采用工程邻近的南、北港断面，南、北槽上断面和南、北槽下断面，以及北港下断面，长江口的分流比断面位置如图 6 所示。

横沙新陆域形成前后各汊道断面潮量变化如图 7 所示。横沙 N1、S1 港区方案实施后，受港区的作用，北港涨落潮量均有所减小，净潮量增大，相应的南港断面涨落潮量增大，净潮量减小。北槽上断面落潮量减小，涨潮量增加，变化幅度都相对较小，北槽下断面涨落潮量亦有所增大，变

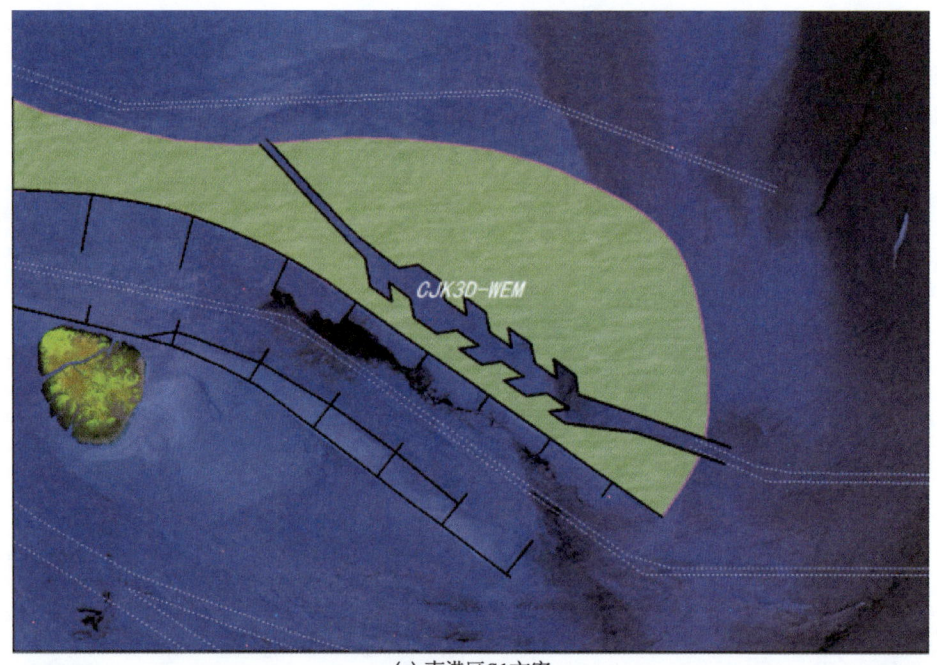

(a) 南港区S1方案

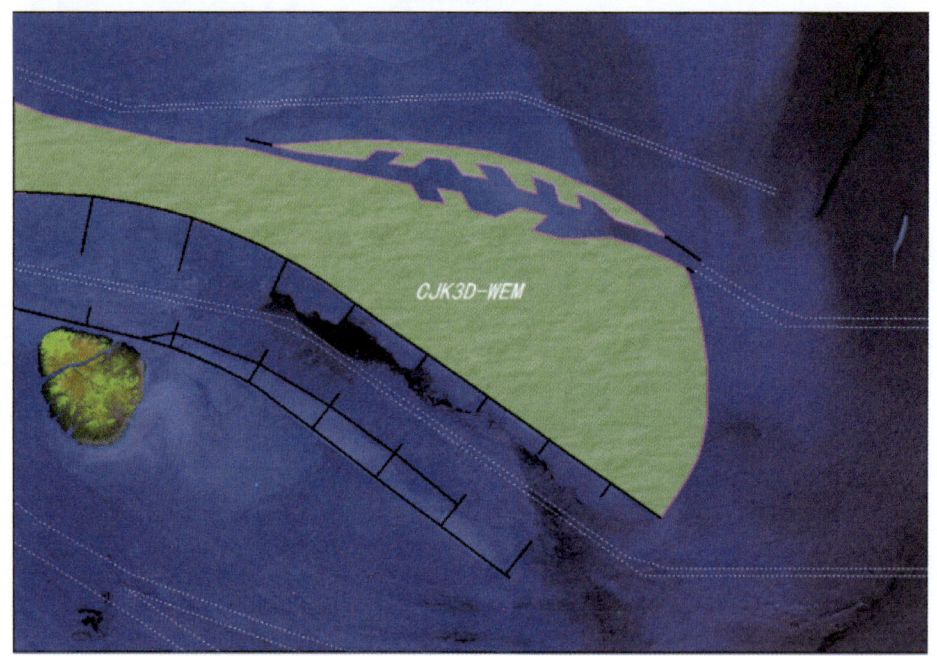

(b) 北港区N1方案

图5 横沙港区总平面布置方案

化幅度相对较小,北槽下断面涨潮量增量较大,分别约为1.12亿 m^3、1.24亿 m^3,落潮量变化相对较小。

4.2 横沙新陆域实施后分流比变化

横沙N1、S1港区方案实施后北港上断面的分流比分别减小0.36%、0.16%,北槽下断面的分流比减小了0.05%、0.04%,与横沙新陆域方案相比有所下降。与横沙新陆域方案相比有所恢复,分析与港池方案及支航道促进了水流交换有一定关系。

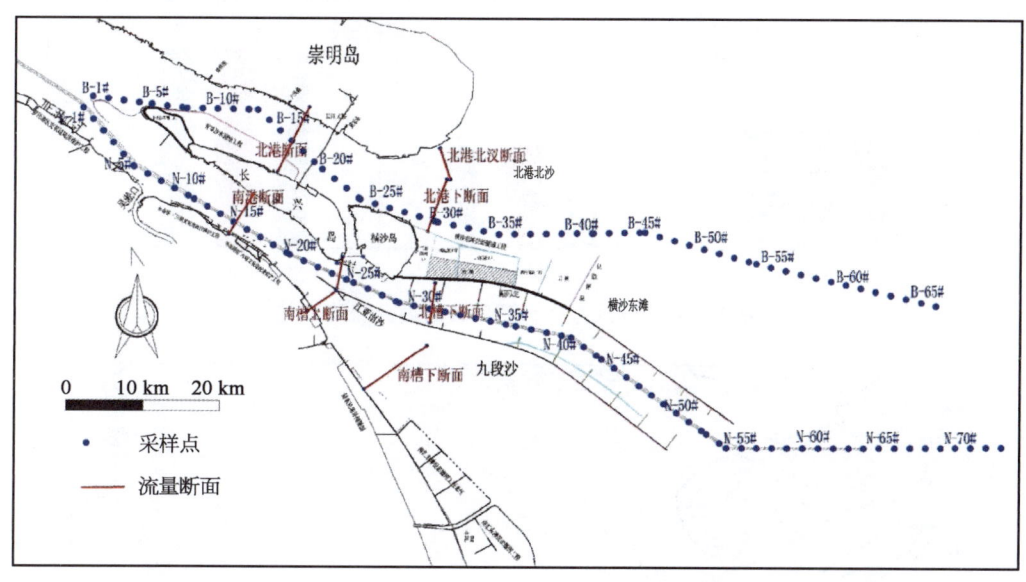

图 6　长江口分流比断面及分析采样点布置

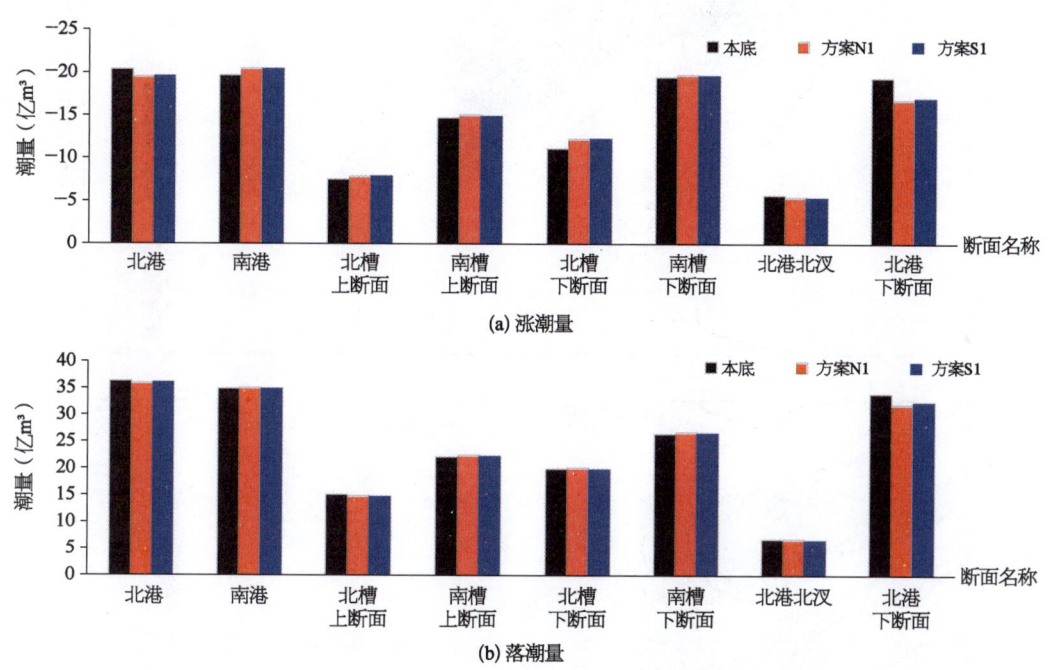

图 7　横沙港区方案长江口各断面潮量变化

4.3　横沙新陆域实施后流场变化

横沙港区工程前后涨落急流速差值变化如图 9 和图 10 所示。

从落急流速差值图中可以看出,横沙港区方案对动力场的影响区域主要集中在北港河段以及南港、北槽区段,对其他河段的影响较弱。

从涨落急流速变化分析可以看出,N1、S1 方案实施后南港河段、北槽中上段涨落急流速均有不同程度增加,大部分区段流速增加幅度约 5～15 cm/s,北槽下段涨急流速略有增加、落急流速略有减小；北港沿程涨落急流速除了北港下段(横沙新陆域对应区段)略有增加,其余区段减小,涨急流速影响范围大于落急流速。

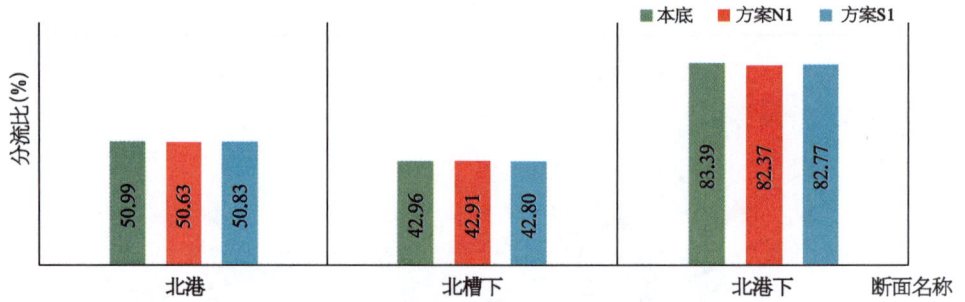

图 8　横沙港区方案长江口各断面分流比变化

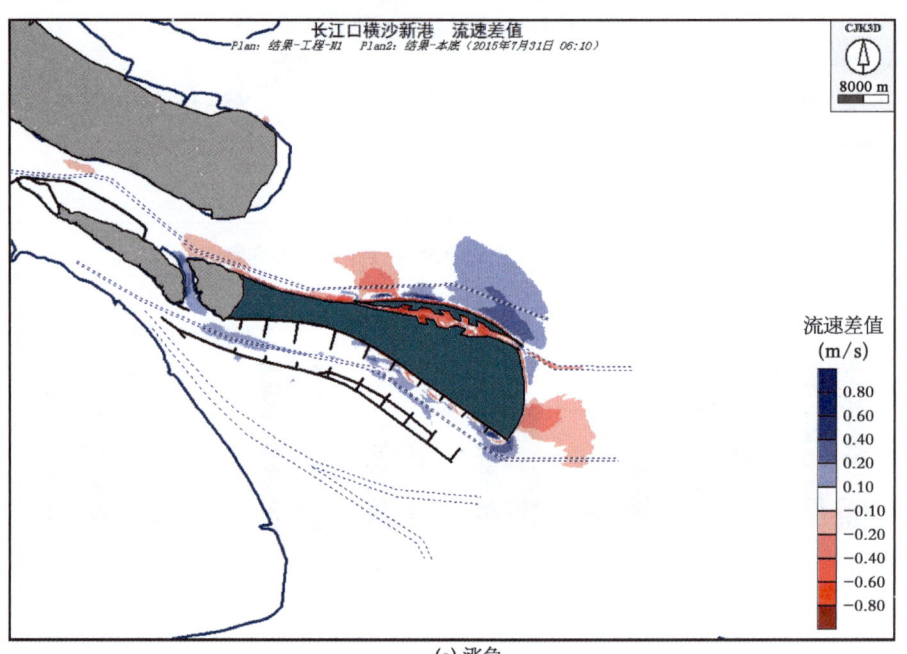

(a) 涨急

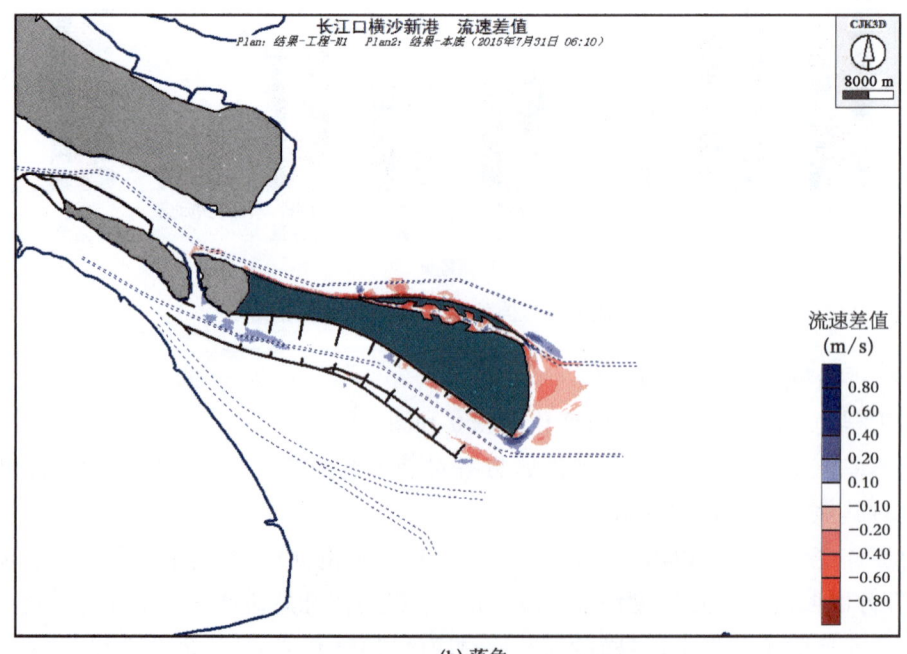

(b) 落急

图 9　方案 N1 形成后涨落急流速差值

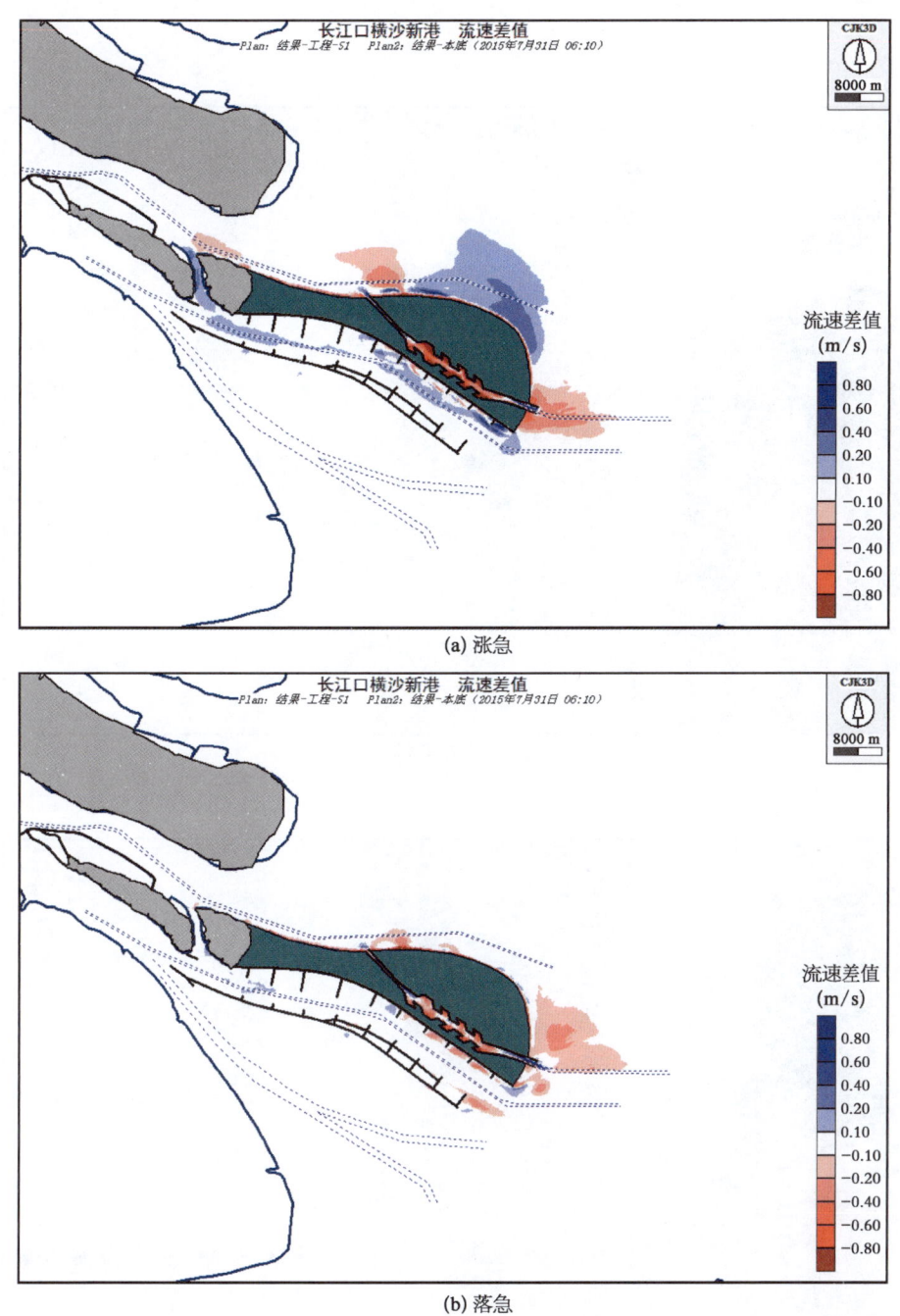

图 10 方案 S1 形成后涨落急流速差值

总体来说,横沙南、北港区方案实施后对周邻水域的流场主要集中在南北港以及北槽河段。

4.4 支航道横流分析

图 11 为横沙南北方案支航道横流矢量图,表 1 和表 2 为横流值统计。对于北方案,支航道 10 m 等深线以前水域,受航道挖槽作用,水流往复流特性较强,10 m 等深线以深水域水流旋转流特性强,由表 1 知,北方案 10 m 以前水域横流最大值小于 0.40 m/s,10 m 以深水域,横流值基本大于 0.40 m/s。对于南方案,10 m 等深线以前水域,水流往复流特性较强,10 m 等深线以深水域水流旋转流特性强,由表 1 知,除口门处个别点,横流值小于 0.40 m/s,其他各点横流值均大于 0.40 m/s。

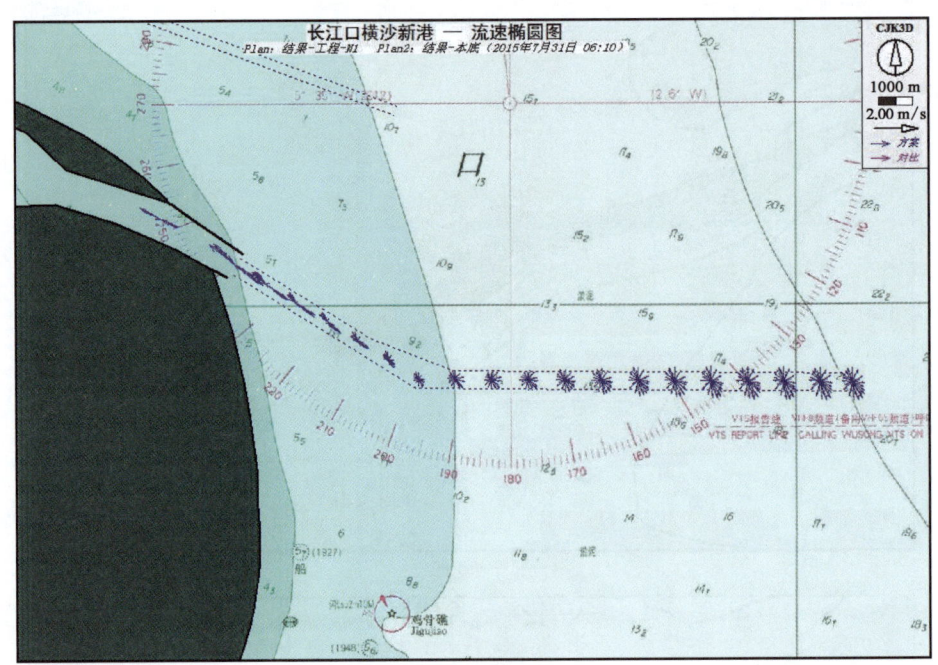

(a) 方案N1

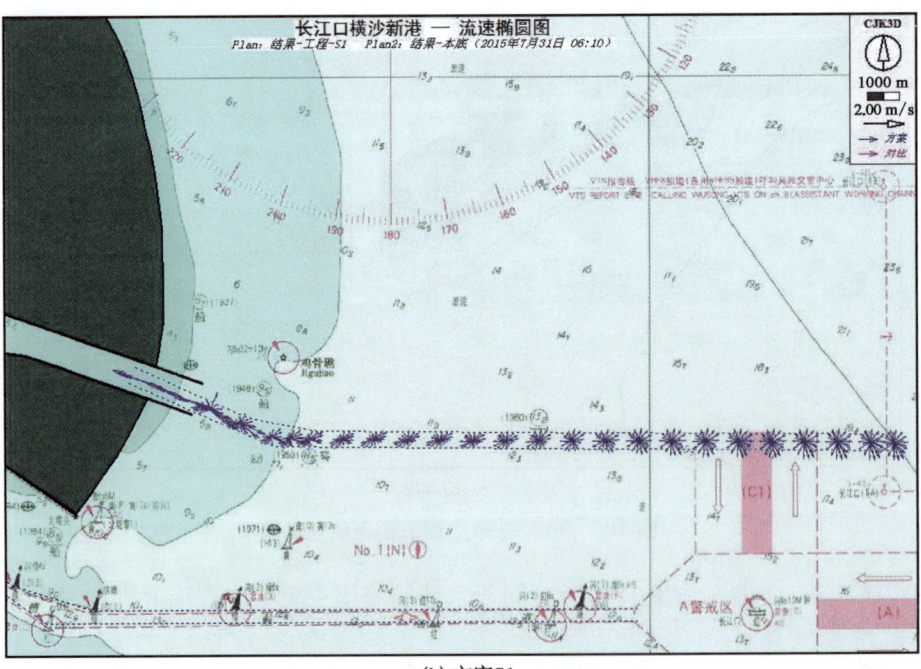

(b) 方案S1

图11　横沙南北方案支航道横流矢量图

表 1　方案 N1 实施后涨落潮航道最大横流值统计　　　（流速：m/s；流向：°）

方案-N1	位　　置	横流值			最大横流流向
		涨　潮	落　潮	最大值	
N1-1	口门内	0.16	0.13	0.16	294
N1-2	5 m 线	0.37	0.14	0.37	317
N1-3	距口门 2 km	0.26	0.14	0.26	324
N1-4	距口门 3 km	0.29	0.14	0.29	331
N1-5	距口门 4 km	0.28	0.19	0.28	336
N1-6	距口门 5 km	0.29	0.21	0.29	339
N1-7	距口门 6 km	0.31	0.28	0.31	353
N1-8	距口门 7 km	0.26	0.25	0.26	352
N1-9	10 m 线	0.40	0.40	0.40	359
N1-10	距口门 9 km	0.36	0.41	0.41	6
N1-11	距口门 10 km	0.42	0.47	0.47	191
N1-12	距口门 11 km	0.50	0.55	0.55	357
N1-13	距口门 12 km	0.55	0.62	0.62	1
N1-14	距口门 13 km	0.63	0.69	0.69	358
N1-15	距口门 14 km	0.62	0.74	0.74	359
N1-16	距口门 15 km	0.68	0.82	0.82	358
N1-17	距口门 16 km	0.68	0.85	0.85	356
N1-18	距口门 17 km	0.68	0.86	0.86	356
N1-19	距口门 18 km	0.67	0.87	0.87	357

表 2　方案 S1 实施后涨落潮航道最大横流值统计　　　（流速：m/s；流向：°）

方案-S1	位　　置	横流值			最大横流流向
		涨　潮	落　潮	最大值	
S1-1	口门	0.16	0.07	0.16	290
S1-2	5 m 线	0.10	0.10	0.10	284
S1-3	距口门 2 km	0.78	0.95	0.95	7
S1-4	距口门 3 km	0.44	0.57	0.57	194
S1-5	距口门 4 km	0.52	0.57	0.57	223
S1-6	10 m 线	0.46	0.45	0.46	204
S1-7	距口门 5 km	0.45	0.43	0.45	213
S1-8	距口门 6 km	0.46	0.43	0.46	207
S1-9	距口门 7 km	0.39	0.48	0.48	207
S1-10	距口门 8 km	0.41	0.44	0.44	5

(续表)

方案-S1	位　置	横流值			最大横流流向
		涨　潮	落　潮	最大值	
S1-11	距口门 9 km	0.41	0.46	0.46	4
S1-12	距口门 10 km	0.42	0.41	0.42	346
S1-13	距口门 11 km	0.47	0.48	0.48	4
S1-14	距口门 12 km	0.53	0.55	0.55	10
S1-15	距口门 13 km	0.58	0.58	0.58	10
S1-16	距口门 14 km	0.57	0.60	0.60	8
S1-17	距口门 15 km	0.63	0.67	0.67	190
S1-18	距口门 16 km	0.67	0.72	0.72	190
S1-19	距口门 17 km	0.73	0.78	0.78	192
S1-20	距口门 18 km	0.74	0.80	0.80	190
S1-21	距口门 19 km	0.77	0.83	0.83	191
S1-22	距口门 20 km	0.76	0.87	0.87	193
S1-23	距口门 21 km	0.78	0.90	0.90	192
S1-24	距口门 22 km	0.78	0.91	0.91	192
S1-25	距口门 23 km	0.78	0.91	0.91	191

5　横沙港区回淤分析

泥沙回淤是挖入式港池建设必须考虑的问题之一,合理预测挖入式港池的回淤强度和回淤量,对于港口运营具有重要的参加意义,也是评价工程方案合理与否的关键因素,下面将在已经建立并经过验证的潮流泥沙数学模型的基础上,计算方案回淤强度和回淤量。

5.1　挖入式港池回淤公式

根据已有的研究成果,挖入式港池回淤应包括回流淤积、涨落潮引起的泥沙淤积和异重流淤积,其中以涨落潮引起的淤积为主。关于挖入式港池回淤计算,目前尚缺公认成熟的计算方法,本次研究采用《海港水文规范》(JTS 145—2013)附录 N—淤泥质海岸港池的淤积计算公式。

按《海港水文规范》(JTS 145—2013)附录,对基本处于冲淤平衡状态的淤泥质浅滩水域中开挖的港池,其年淤积强度可采用刘家驹提出的环抱式港口港池淤积计算公式:

$$P = (1+\Psi)\frac{K_0(1+\alpha)\omega S_1 t}{\gamma_0}\left[1-\left(\frac{d_1}{d_2}\right)^3\right]\exp\left[\frac{1}{2}\left(\frac{A}{A_0}\right)^{1/3}\right] \quad (7)$$

式中: Ψ 为推移质淤厚与悬移质淤厚的比值; P 为港池淤积强度(m); ω 为细颗粒泥沙的絮凝沉降速度(m/s),取 0.00045 m/s; S_1 为港池含沙量(kg/m³),采用数模计算结果; t 为淤积历时(s); γ_0 为淤积物的干密度(kg/m³); K_0 为经验常数,取值 0.14~0.17; d_1、d_2 分别代表浅滩平均水深和港池开挖后的水深(m),工程前取自然滩面水深,工程后按照设计底标高; A、A_0 分别代表浅滩水域面积和港内总水域面积(m²)。

以往一些大型港口港池（如天津新港、连云港等）的回淤情况表明，对港池内水深相同的港池，靠近口门处回淤强度大，港池末端回淤强度明显减小。具体计算中采用式(7)进行分区计算，计算公式如下：

$$P_i = (1+\Psi) \frac{K_0(1+\alpha)\omega S_i t}{\gamma_0} \left[1 - \left(\frac{d_1}{d_{2(i)}}\right)^3\right] \exp\left[\frac{1}{2}\left(\frac{A_i}{A_{0(i)}}\right)^{1/3}\right] \quad (8)$$

$$S_{i+1} = S_i - \frac{(A_{0(i)} - A_i)P_i \gamma_0}{\left[A_0 - \sum_{i=1}^n A_{0(i)}\right] \Delta H \cdot N} \quad (i = 1, 2, 3, \cdots) \quad (9)$$

式中：ΔH 为平均潮差；N 为淤积历时 t 内的潮数。

计算过程中将每个挖入式港池划分为若干单元，先根据口门含沙量计算出口门回流区单元的回淤强度 P_1，然后计算下一单元的含沙量，进港含沙量经过上一单元落淤后的即为下一单元含沙量，以此类推直至计算到最后一个单元。

其中计算口门区单元需考虑口门内外区的水流交换，α 可取值 0.3~0.5，港内单元则取值 0。

5.2 航道回淤公式

《海港水文规范》中给出了淤泥质海岸航道的淤积计算公式，即刘家驹公式。公式适用范围"泥沙中值粒径小于 0.05 mm 的淤泥质海岸"，根据多年来长江口北槽地区泥沙粒径统计分析，河床质泥沙中值粒径一般在 0.02~0.05，悬移质泥沙中值粒径一般在 0.007~0.009。

刘家驹公式：

$$P_1 = \frac{\omega S_1 t}{\gamma_0} \left\{ K_1\left[1 - \left(\frac{d_1}{d_2}\right)^3\right] \sin\theta + K_2\left[1 - \frac{1}{2}\frac{d_1}{d_2}\left(1 + \frac{d_1}{d_2}\right)\right] \cos\theta \right\} \quad (10)$$

式中：P_1 为航道底面的淤积强度(m)；ω 为细颗粒泥沙的絮凝沉降速度(m/s)；S_1 为相应于平均水深 d_1 的浅滩水域平均含沙量(kg/m³)；t 为淤积历时(s)；γ_0 为淤积物的干密度(kg/m³)；K_1、K_2 分别为横流和顺流淤积系数，在缺少现场资料情况下，可分别取值 0.35、0.13；d_1、d_2 分别代表浅滩平均水深和航道开挖后的水深(m)；θ 为航道走向与水流流向之间的夹角(°)。

刘家驹公式中对航道回淤量起确定作用的主要是滩槽高差比及沿程含沙量分布。

对于絮凝沉速，规范中指出"在海水情况下，细颗粒泥沙絮凝团块的当量粒径在 0.015~0.03 mm 的范围内，其相应沉降速度在 0.1~0.6 mm/s，一般可取 ω 为 0.4~0.5 mm/s"，本次计算选取 0.00045 m/s。

淤积物的干容重按照公式 $\gamma_0 = 1750 D_{50}^{0.183}$ 进行计算。

各疏浚单元的航道走向与水流流向之间的夹角由潮流数学模型提取。

沿程各个疏浚单元含沙量根据模型计算结果。

d_1 为航道邻近浅滩水深，d_2 为航道开挖后水深，按照设计−20.0 m 考虑。上述所有水深数据计算时均同时考虑加上平均中潮位 2.0 m。

5.3 泥沙回淤计算分析

根据数学模型计算得到的水流和含沙量计算结果，分别对港池和航道采用不同泥沙回淤公式进行了估算，估算结果见表 3 和表 4。

根据本次计算结果，总体来说，由于港池口门位于−5 m 以外水域，本底含沙量较低，工程实施后，港区内平均含沙量相对较低，N1 方案港池水域平均回淤强度 0.38 m/a，年回淤量 1380.9 万 m³；

S1方案港池水域平均回淤强度0.33 m/a,年回淤量1181万 m³。

支航道,N1方案进港航道平均回淤强度0.50 m/a,年回淤量470万 m³;S1方案进港航道平均回淤强度0.57 m/a,年回淤量633万 m³。

各方案整个横沙港区港池及航道回淤总量1700万～1900万 m³/a。由于本阶段仍处于工程规划阶段,根据已有的研究经验,挖入式港池的回淤总量与港池水域面积关系极大。总体来说,横沙挖入式港池的泥沙回淤强度相对不大。

表3 横沙港区港池回淤强度与回淤量统计

方案名称	港尺面积(亿 m²)	年回淤强度(m/a)	年回淤量(万 m³)
N1	0.36	0.38	1380.86
S1	0.36	0.33	1180.99

表4 横沙建港方案支航道回淤强度与回淤量统计

方案名称	底标高(m)	航道长度(km)	年回淤强度(m/a)	年回淤量(万 m³)
N1	−20	18.75	0.50	470.32
S1	−20	22.2	0.57	632.85

5.4 航道骤淤分析

5.4.1 风浪流底沙输移公式

在大风天情况下,泥沙运动形式以底沙输运为主,本次研究中采用罗肇森的风、浪、流共同作用下近底沙输沙率公式:

$$q_{sb} = \frac{K_b}{C_0} \frac{\gamma_s \gamma}{\gamma_s - \gamma} (u_{b\max} - u_c) \frac{u_b^2 V_m}{g\omega} \sin\theta \tag{11}$$

式中:q_{sb}为近底泥沙单宽输沙率;C_0为无量纲谢才系数;γ_s、γ分别为泥沙和水的重度;V_m为波浪传质速度u_t、潮流速度u_d和风吹流速度u_w的合成速度,其他符号同前。

$$u_t = \frac{1}{2}\pi^2 \frac{h^2}{LT}\left[1 + 57.04\left(\frac{H}{L}\right)^{2.21}\right]\frac{1}{\sinh^2 \frac{2\pi H}{L}} \tag{12}$$

$$u_w = 0.03W \tag{13}$$

式中:W为风速;u_d取数学模型计算的平均流速;θ为V_m方向与计算区域(港池或航道)轴向的夹角;K_b为综合系数,可由下式计算:

$$K_b = (0.12 \sim 0.18)d^{0.365} \tag{14}$$

式中:K_b计算值大于0.10时,取0.10;d为泥沙粒径(mm)。

u_{bmzx}、u_b分别为波浪垂线平均的最大轨道速度和平均轨道速度可用下式计算:

$$u_b = \frac{2h}{T}\left[1 + 4.263\left(\frac{H}{L}\right)^{1.692}\right]\frac{1}{\sinh \frac{2\pi H}{L}} \tag{15}$$

$$u_{b\max}=\frac{\pi}{2}u_b \tag{16}$$

其中：h、T、L、H 分别为波高、周期、波长和水深；u_c、ω 分别为泥沙起动流速和泥沙沉降速度，采用下式计算：

$$u_c=\left(\frac{H}{d}\right)^{0.14}\left(17.6\frac{\gamma_s-\gamma}{\gamma}d+6.05\times10^{-7}\frac{10+H}{d^{0.72}}\right)^{1/2} \tag{17}$$

$$\omega=\sqrt{\left(13.95\frac{\nu}{d}\right)^2+1.09\frac{\gamma_s-\gamma}{\gamma}gd}-13.95\frac{\nu}{d} \tag{18}$$

式中：ν 为水的运动黏滞系数。

5.4.2 骤淤量

考虑一次大风过程，中风7级风作用0.5 d，大风10级风作用0.5 d，最后中风7级风作用0.5 d。风后，N1方案进港航道骤淤强度0.55 m/a，骤淤量492.3万 m³；S1方案进港航道骤淤强度0.61 m/a，骤淤量677.1万 m³。

表5 横沙外航道一次大风过程骤淤量

方案名称	底标高(m)	航道长度(km)	年回淤强度(m/a)	年回淤量(万 m³)
N1	−20	17.9	0.55	492.3
S1	−20	22.2	0.61	677.1

6 结论

(1) 建立了包括长江口杭州湾在内的平面二维潮流泥沙数学模型，模型验证相似性良好，可较好地复演长江口水沙运动。在此基础上研究了横沙港区方案形成后对相邻水域的水动力影响。

(2) 横沙港区方案实施后分流比变化均在1%以内，工程的影响范围主要在南北港分流口以下的工程附近区域。总体而言，横沙港区方案实施后对长江口总体格局未产生明显不利影响。

(3) 横沙港区方案实施后，南港河段、北槽中上段涨落急流速均有不同程度增加，北槽下段涨、落急流速略有减小5~10 cm/s；北槽深水航道除下段流速略有减小，其余区段无不利影响。

(4) 港区方案外航道10 m等深线内，横流值较小，10 m等深线外水域旋转流特征明显。

(5) 各方案工程实施后港池水域平均回淤强度0.33~0.38 m/a；外航道平均回淤强度0.50~0.57 m/a。一次大风过程，外航道骤淤强度0.55~0.63 m/a。

参考文献

[1] 罗小峰.新水沙条件下横沙浅滩成陆的关键技术研究[R].南京：南京水利科学研究院，2017.
[2] 陈吉余,蒋雪中,何青.上海海洋城和深水大港建设的展望[J].中国工程科学，2013,15(6)：11-13.
[3] 包起帆,江霞.上海港面临的挑战和未来发展之路[J].中国工程科学，2013,15(6)：35-40.
[4] 虞志英,张志林,金镠,等.长江口横沙浅滩挖入式港池与入海航道区域海床稳定性分析[J].华东师范大学学报（自然科学版），2013(4)：55-71.
[5] 邵荣顺,施雄彪,俞灵.上海新港建设必要性的初步论证[J].华东师范大学学报（自然科学版），2013(4)：10-16.
[6] 程泽坤,邵荣顺.依托横沙浅滩开发大型深水港区的技术可能性[J].中国工程科学，2013,15(6)：41-47.

波浪、潮流、泥沙及台风等极端环境条件对横沙新港航道影响及关键技术研究

吴华林,顾峰峰,王巍,贾晓,沈淇

(上海河口海岸科学研究中心,上海 201201)

[摘要] 横沙新港外航道位于长江口外,水域开敞,易受到波浪台风、寒潮等极端天气作用,需要重点关注航道骤淤影响,根据资料统计其毗邻的长江口 12.5 m 深水航道工程每年的航道骤淤量为 201 万~1454 万 m³。本文利用三维潮流泥沙、气象及波浪数学模型,开展极端环境条件对新港航道的影响研究分析。研究结果显示,极端天气条件对港池及外航道均有一定的影响,其中外航道的回淤量主要以极端天气下的骤淤为主,一次台风的平均淤积强度可以达到 0.45~0.75 m;港池内的平均淤积强度较小,为 0.10~0.13 m,与之紧邻的 12.5 m 深水航道的骤淤强度相当;且从长期来看,随着横沙新港建设布置方案的进一步优化,以及近年来进入河口区域泥沙的逐步减少的大趋势,极端环境对新港航道建设的骤淤影响将进一步降低。

[关键词] 极端环境;横沙新港;航道;骤淤

1 前言

横沙新港外航道位于长江口外(图 1),水域开敞,水深条件约 20 m,紧邻横沙浅滩。长江口是一个易受极端环境条件影响的区域,大风过程易在长江口北槽深水航道内形成浮泥,其厚度可达 2~2.5 m,由此造成的大风骤淤量在 201 万~1454 万 m³/a(10~20 km 长度内)。因此,除了航道常规回淤原因研究外,开展风浪等极端环境条件对 20 m 深水新港外海航道的影响研究是十分必要的。

2 长江口风浪特征及航道骤淤情况

长江口航道骤淤主要受极端天气(台风、寒潮等)、波浪等的影响,因此为了分析非常态天气过程对航道回淤的影响,首先要对长江口水域的风况及波浪条件做一个综合分析。

2.1 台风过程

自 2010 年以来,长江口深水航道发生骤淤十余次,主要发生在汛期台风期间。

除个别台风,如 2012 年苏拉达维海葵三个较强台风连续作用之外,其他台风的路径均呈现出典型的东侧过境现象。

2.2 寒潮过程

我国气象部门规定:冷空气侵入造成的降温,一天内达到 10℃以上,而且最低气温在 5℃以

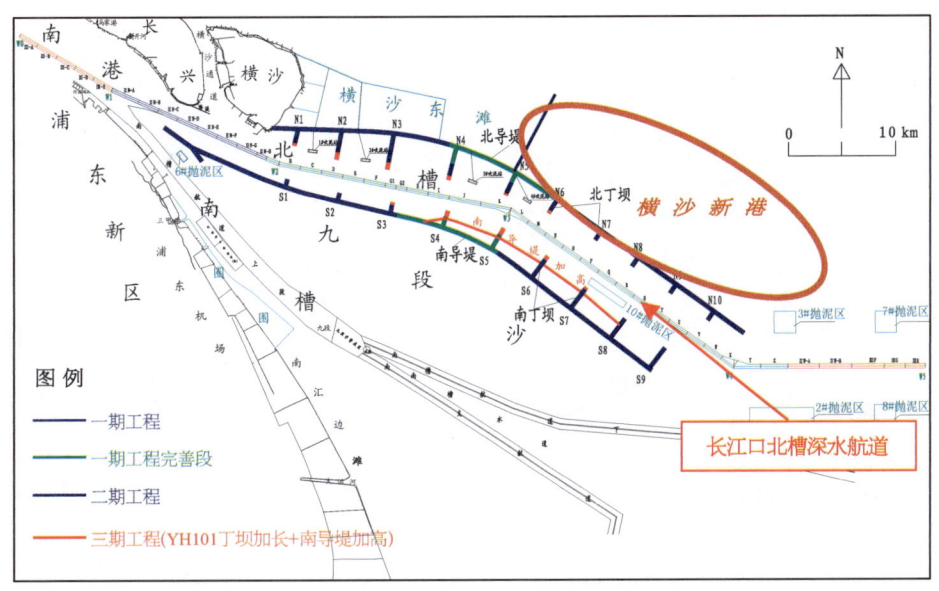

图 1 长江口深水航道与横沙新港的位置示意图

下,则称此冷空气爆发过程为一次寒潮过程。对长江口而言,寒潮引起的危害主要是寒潮大风造成的灾害,风向一般为 N~NW 向,其强度主要取决于风力和大风持续的时间。近年来,2010 年 11 月和 2012 年 10 月的寒潮大风在长江口均引起较为明显的骤淤,2012 年 10 月寒潮的风场图如图 2 所示。

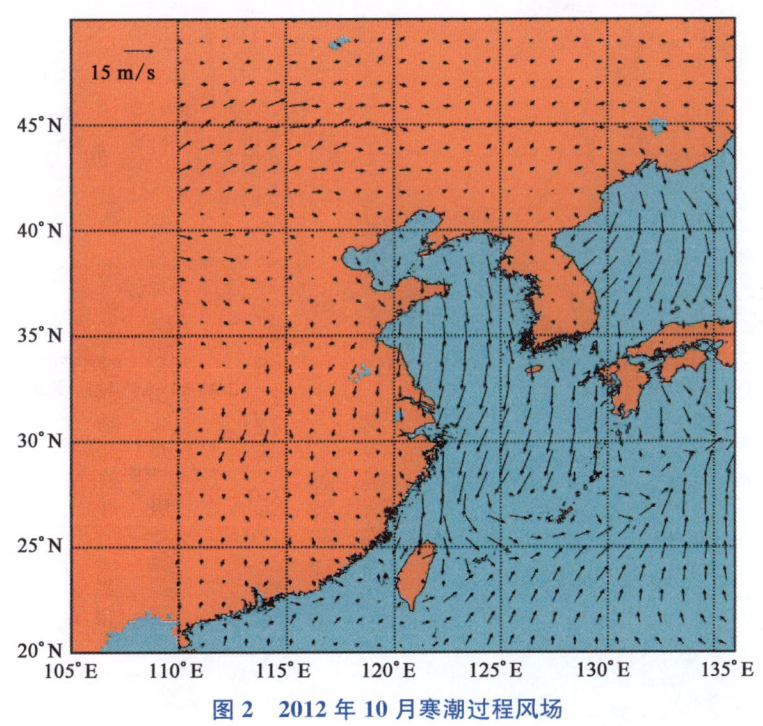

图 2 2012 年 10 月寒潮过程风场

2.3 极端天气过程中的波浪特征

为获取长时间序列的长江口水域的水文、气象资料,2005 年交通运输部长江口航道管理局在长江口水域建立了长江口水文、泥沙、波浪自动监测系统(图 3)。

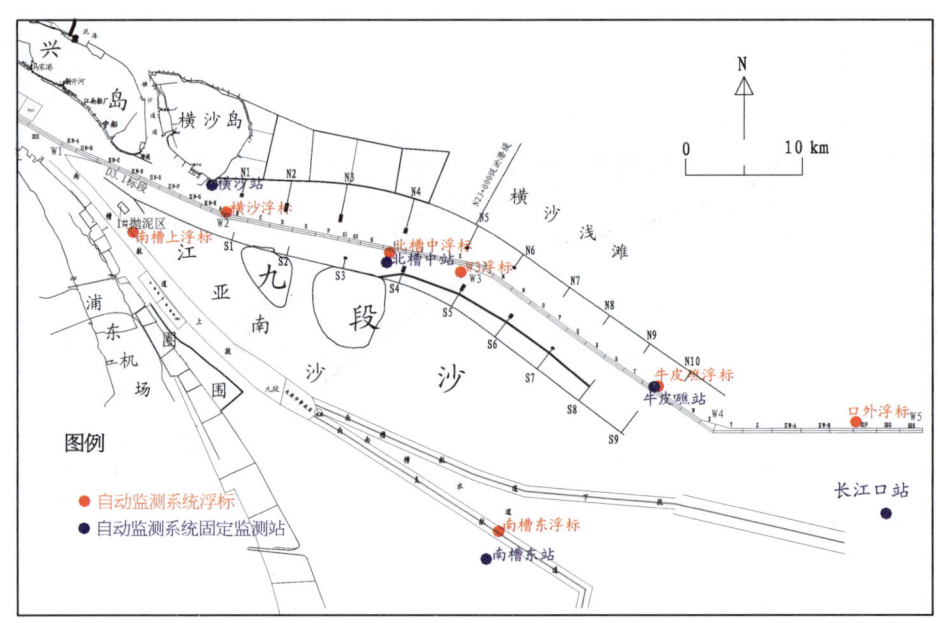

图 3　长江口水文、泥沙、波浪自动监测系统站点布置示意图

收集整理几次典型台风期间牛皮礁站、长江口站、南槽东站三个站点的实测波高资料,如图 4 所示。从波高图可以看出:

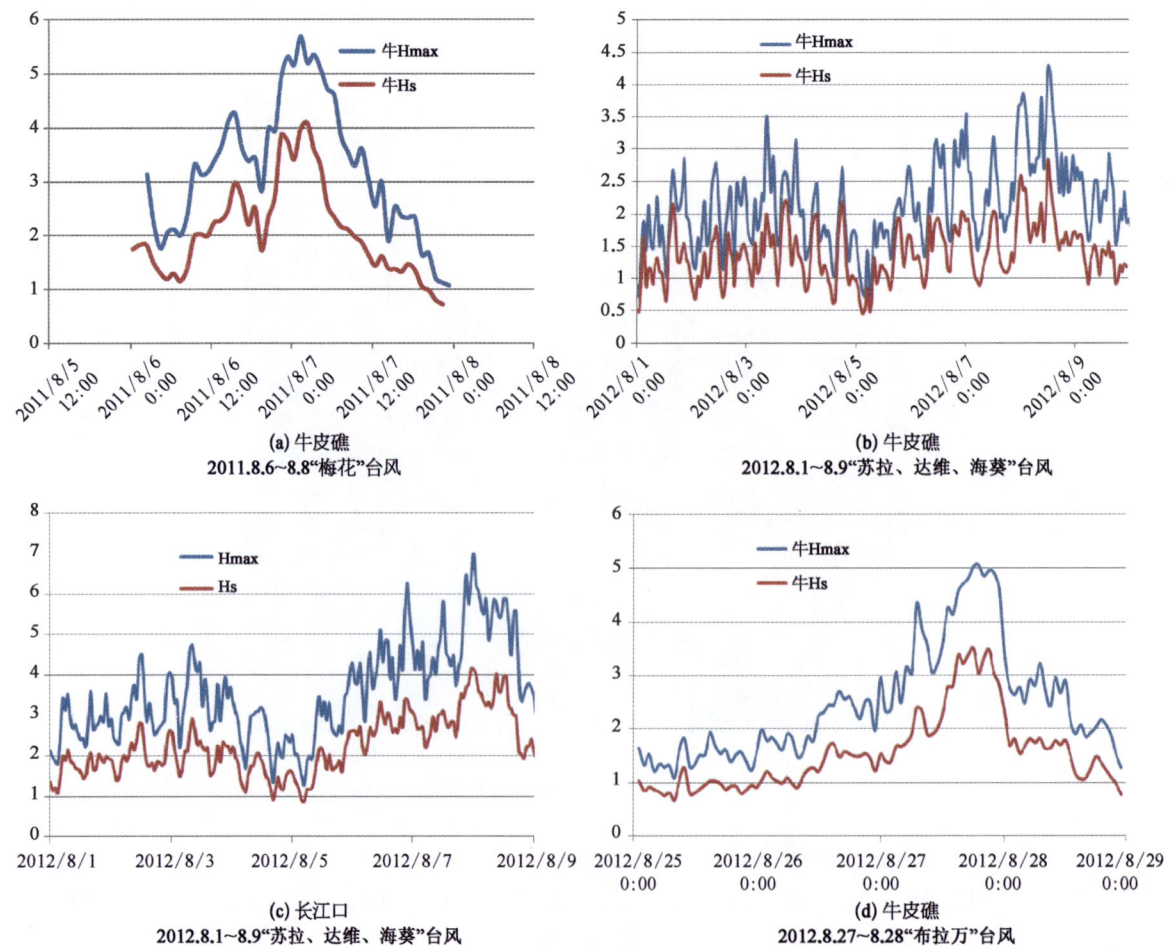

(a) 牛皮礁　2011.8.6~8.8"梅花"台风

(b) 牛皮礁　2012.8.1~8.9"苏拉、达维、海葵"台风

(c) 长江口　2012.8.1~8.9"苏拉、达维、海葵"台风

(d) 牛皮礁　2012.8.27~8.28"布拉万"台风

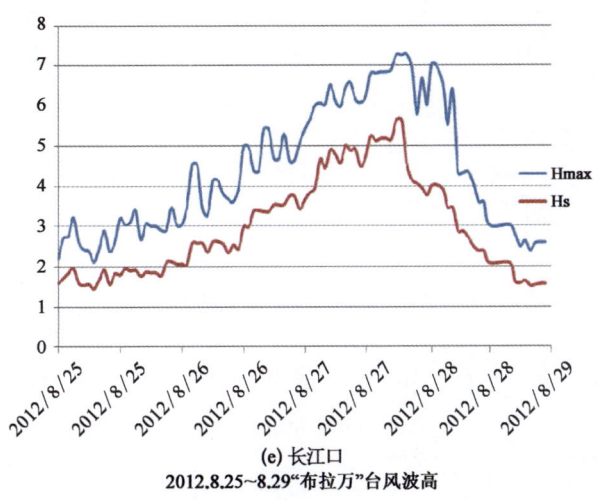

(e) 长江口
2012.8.25~8.29"布拉万"台风波高

图4 几次典型台风期间的实测波高过程

(1) 在台风期间波高明显大于非台风期间。
(2) 不同台风过程持续的时间也不一样,时间短时只有 1~2 d,时间长的可达 4~5 d。
(3) 不同台风强度,引起的波高、波周期大小也不一样。

2.4 长江口 12.5 m 航道骤淤的基本情况

长江口航道发生严重骤淤事件早已有之,1983 年长江口南槽铜沙 7 m 航槽 25 km 范围内因第 10 号台风侵袭全线淤浅,次年改走北槽航道至今;1986 年第 15 号台风使北槽航道 16 km 范围内发生了骤淤,最大淤积厚度达 0.6 m。

根据统计资料,以北槽航道为主、1998 年开工建设的长江口 12.5 m 深水航道工程 2010—2015 年的回淤总量年均为 8218 万 m^3,其中常态航道回淤年均为 7278 万 m^3,非常态航道骤淤年均为 940 万 m^3。历年骤淤量的详细统计数据见表 1。

表1 12.5 m 航道常态和非常态回淤估算结果 （万 m^3）

年　份	回淤总量	常态回淤量	非常态骤淤量
2010	8015	7088	927
2011	8546	7341	1205
2012	10080	8626	1454
2013	8106	7905	201
2014	7621	6568	1053
2015	6243	5444	799
平均	**8102**	**7162**	**940**

年骤淤量和当年台风及寒潮发生的频次、强度有很大关系,自 2010 年以来,历次发生的骤淤量统计见表 2。

表 2　长江口深水航道骤淤量统计　　　　　　　　　　　　　　　　　　　　（万 m³）

年　份	名　　称	影响长江口区时段	骤淤量	全年合计
2010 年	圆规	2010 年 9 月 1 日—2 日	92	974
	玛瑙	2010 年 9 月 5 日—6 日		
	10 月和 11 月寒潮	2010 年 10 月 20 日—31 日	882	
2011 年	米雷	2011 年 6 月 25 日—26 日	482	1209
	梅花	2011 年 8 月 6 日—8 日	727	
2012 年	苏拉	2012 年 8 月 2 日	412	1454
	达维	2012 年 8 月 2 日		
	海葵	2012 年 8 月 5 日—8 日		
	布拉万	2012 年 8 月 27 日—28 日	1042	
	天秤	2012 年 8 月 29 日—30 日		
	三巴	2012 年 9 月 16 日—17 日		
	10 月寒潮	2012 年 10 月 17 日—18 日		
2013 年	菲特、丹娜丝	2013 年 10 月 6 日—8 日	201	201
2014 年	浣熊	2014 年 7 月 7 日—10 日	223	1053
	娜基莉	2014 年 7 月 31 日—8 月 3 日	248	
	黄蜂	2014 年 10 月 11 日—13 日	582	
2015 年	灿鸿	2015 年 7 月 9 日—13 日	799	799

3　数学模型介绍

本项目开展的数模计算主要基于上海河口海岸科学研究中心自主开发的水沙盐二\三维数值模型—SWEM2D\3D。SWEM2D\3D 模型的特点是基于无结构网格和有限体积离散,具有很好的复杂边界适应能力和守恒性,另外对于流场计算采用了欧拉—拉格朗日法追踪,理论上具有无条件稳定的特征,计算效率较高,可以满足复杂岸线区域的研究需要。水沙模型的介绍参见本专著《横沙大道延伸和浅滩成陆对长江口深水航道影响和对策研究》一文中的相关章节。

3.1　波浪场计算方法

波浪计算采用 SWAN 模型,作为第三代浅水海浪模型,SWAN 模型可以认为是第三代深水海浪模型的拓展模型。其基本控制方程与原理与 WAM 模型完全一致,且在深水域使用了相同的源项,包括风能输入、海浪成长、白帽耗散及四波相互作用;而在浅水域中,源项补充了包括底摩阻损耗、三波相互作用和水深引起的破碎等。SWAN 模型的最大优势在于引入最新的源函数公式及计算方法,考虑较为全面且准确,其中风能输入的计算较为完善。

风是海浪的主要驱动因素,但是风-浪作用机理较为复杂,目前为止还没有完善的理论计算公式。在目前关于风能输入的研究中,主要根据 Phillips 共振理论和 Miles 切流不稳定理论采用相应的经验公式。

在第三代海浪模型——WAM模型的改进过程中，Janssen等引入的拟线性耦合的气海边界层假定，其考虑了风浪成长过程中海面粗糙度的增加过程。其后，Snyder等为第三代海浪模型引入了Miles—Phillips（切流不稳定—共振）机制使其更加合理。

3.2 台风条件下的长江口12.5 m航道骤淤量情况及验证

为了预测工程方案实施后航道受台风骤淤的影响，选取典型的台风条件，进行工程方案实施条件下的航道回淤预测。这里选取台风路径离长江口较近，且是近5年来对长江口深水航道影响较大的一次典型台风"灿鸿"作为计算条件。

3.2.1 灿鸿台风期间风浪和淤积过程

2015年第9号超强台风"灿鸿"于2015年6月30日20时在西北太平洋洋面上生成，7月1日下午9时，日本气象厅将其升格为热带风暴，并命名为灿鸿。7月11日16时40分，"灿鸿"以强台风级别在浙江省舟山朱家尖登陆，登陆时中心附近最大风力有14级，风速45 m/s，属于强台风级。11日晚擦过上海近海一路北上，于7月11日半夜跃过上海同纬度的近海北上，强度开始减弱，12日台风对上海的影响基本结束。灿鸿台风期间牛皮礁最大波高达到5 m，有效波高超过3.5 m。灿鸿台风后北槽出现大量浮泥，台风作用时段航道回淤量骤增，达799万 m³。

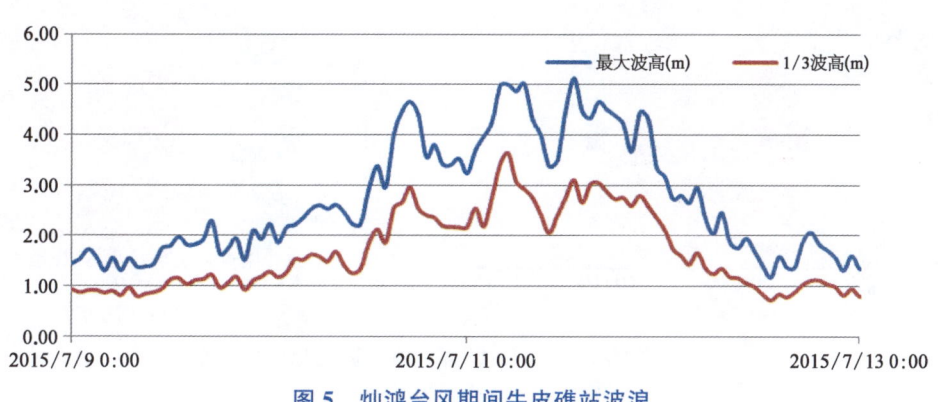

图5 灿鸿台风期间牛皮礁站波浪

3.2.2 验证条件

本次计算采用的风浪模型基于中尺度气象模型WRF及第三代波浪模型SWAN，反演台风"灿鸿"影响期间长江口水域风场、浪场变化情况。长江口牛皮礁平台风速计算结果验证结果如图6所示，波浪验证结果如图7所示，验证结果良好，满足工程方案的计算要求。

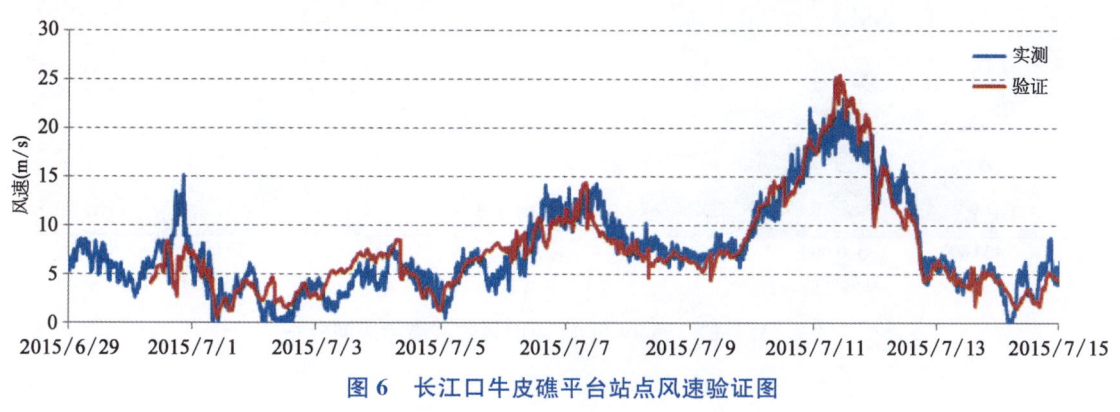

图6 长江口牛皮礁平台站点风速验证图

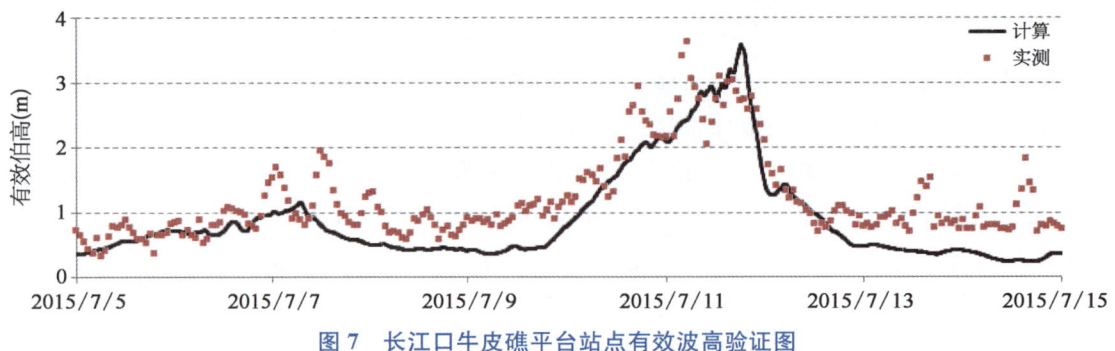

图 7　长江口牛皮礁平台站点有效波高验证图

选取两个时刻的有效波高及周期分布如图 8 和图 9 所示。

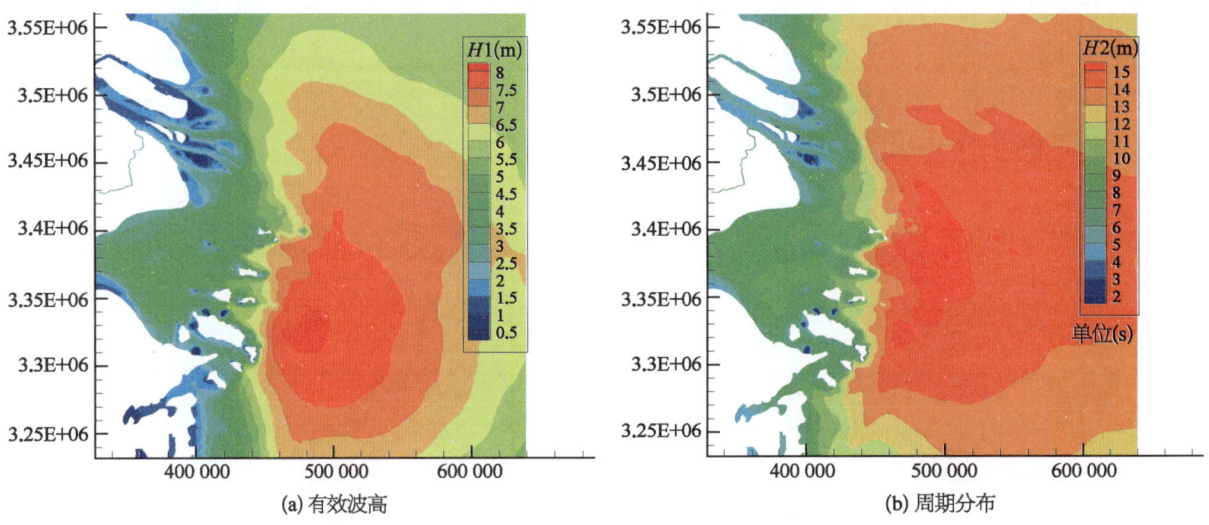

(a) 有效波高　　(b) 周期分布

图 8　计算的 7 月 11 日 13 点的有效波高和周期分布

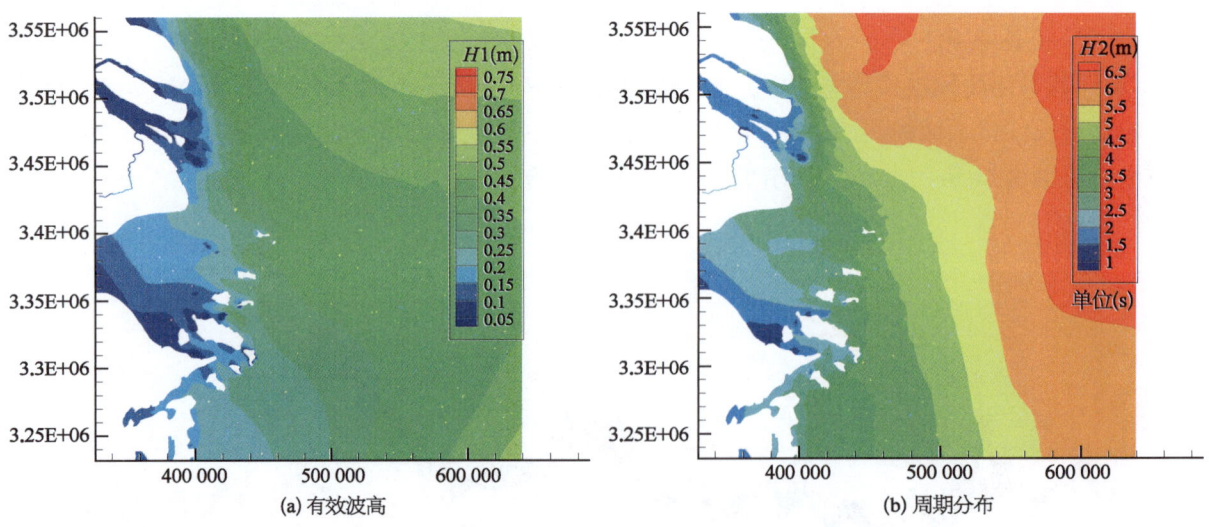

(a) 有效波高　　(b) 周期分布

图 9　计算的 7 月 14 日 11 点的有效波高和周期分布

3.2.3 台风条件下的航道回淤量验证

"灿鸿"作用下北槽12.5 m深水航道的骤淤量计算与实测值验证如图10和表3所示。

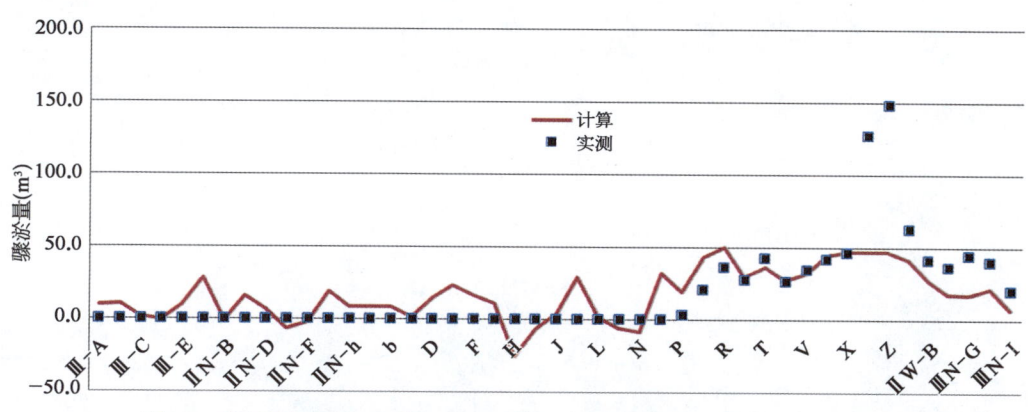

图10 "灿鸿"作用下北槽12.5 m深水航道的骤淤量计算与实测值比较

表3 "灿鸿"作用下北槽12.5 m深水航道的骤淤量计算与实测误差统计

实测(万 m³)	验证(万 m³)	误差(%)
799	765	−4.2

4 极端条件下航道稳定性、维护可行性研究

4.1 方案说明

通过中交第三航务工程勘察设计院的前期研究,初步选定的横沙新港规划方案为方案F4,并在方案F4的基础上略微调整提出方案F8,具体方案设置见表4的说明和图11。

表4 方 案 说 明

方案编号	说　　明
本底(bend)	现状地形,横沙七期、八期均成陆;先不考虑北港整治工程
方案F4(gc01)	港区布置于整个横沙成陆范围的北侧,占地总面积84 km²,其中陆域面积48 km²,分南北两侧布置。中间为港池水域(底高程由东向西分别取−20 m、−15 m、−10 m)。外航道口门位于东侧31°14′N附近−5 m等深线处,宽800 m,口门轴线方位为N127°;外航道呈折线布置,底高程−20 m,宽500 m,总长18 km
方案F8(zx02)	港区陆域、港池、进港航道等布置均与方案F4(gc01)一致。外航道口门位于圈围堤东侧−8 m等深线处,宽800 m,堤身高程由圈围堤处的−8 m递减至堤尾处的0 m

4.2 对航道淤积的影响计算

采用典型台风"灿鸿"作为计算条件,计算得到的横沙新港港区及外航道的骤淤量见表5,统计区域如图12所示。

从计算结果可知:外航道的回淤以极端天气下的骤淤为主,一次台风的平均淤积强度可以达到0.45~0.75 m,港池内的平均淤积强度较小为0.10~0.13 m,口外航道的回淤量易受台风等极端天气的影响。

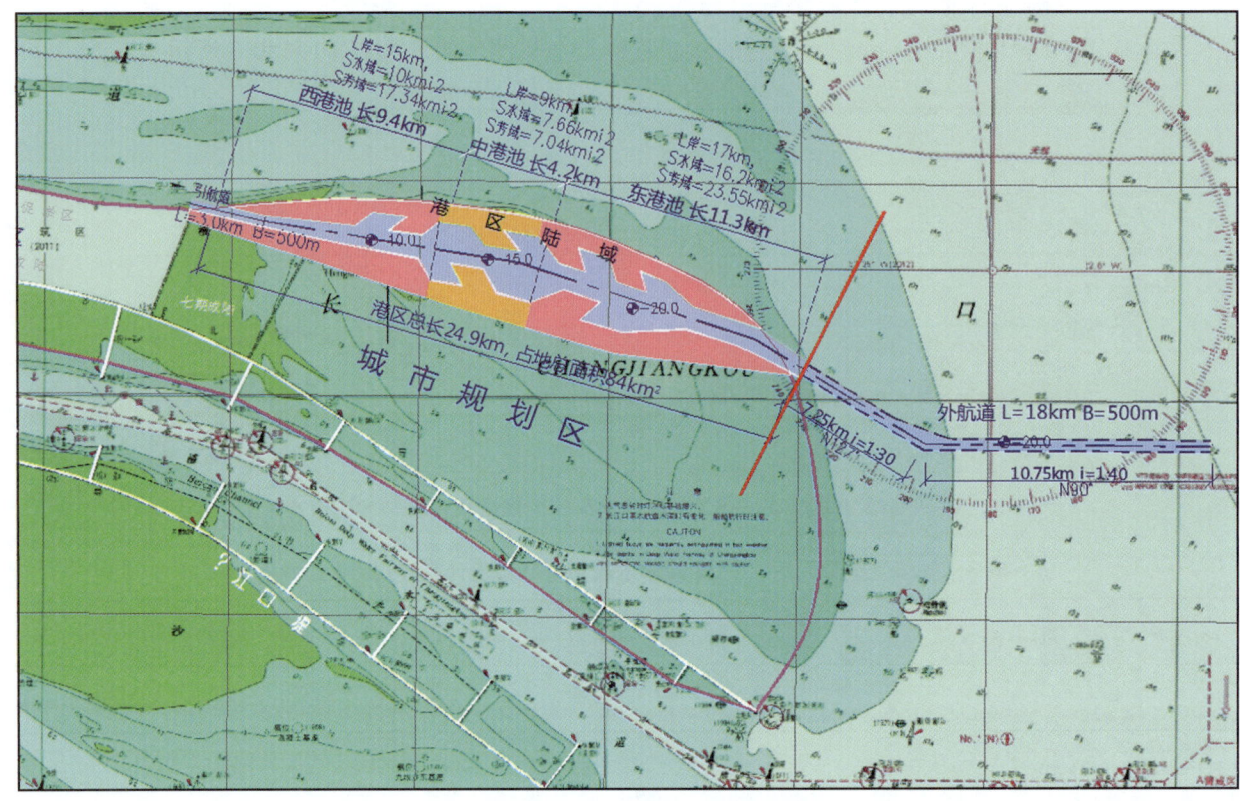

图 11　方案 F4(gc01)

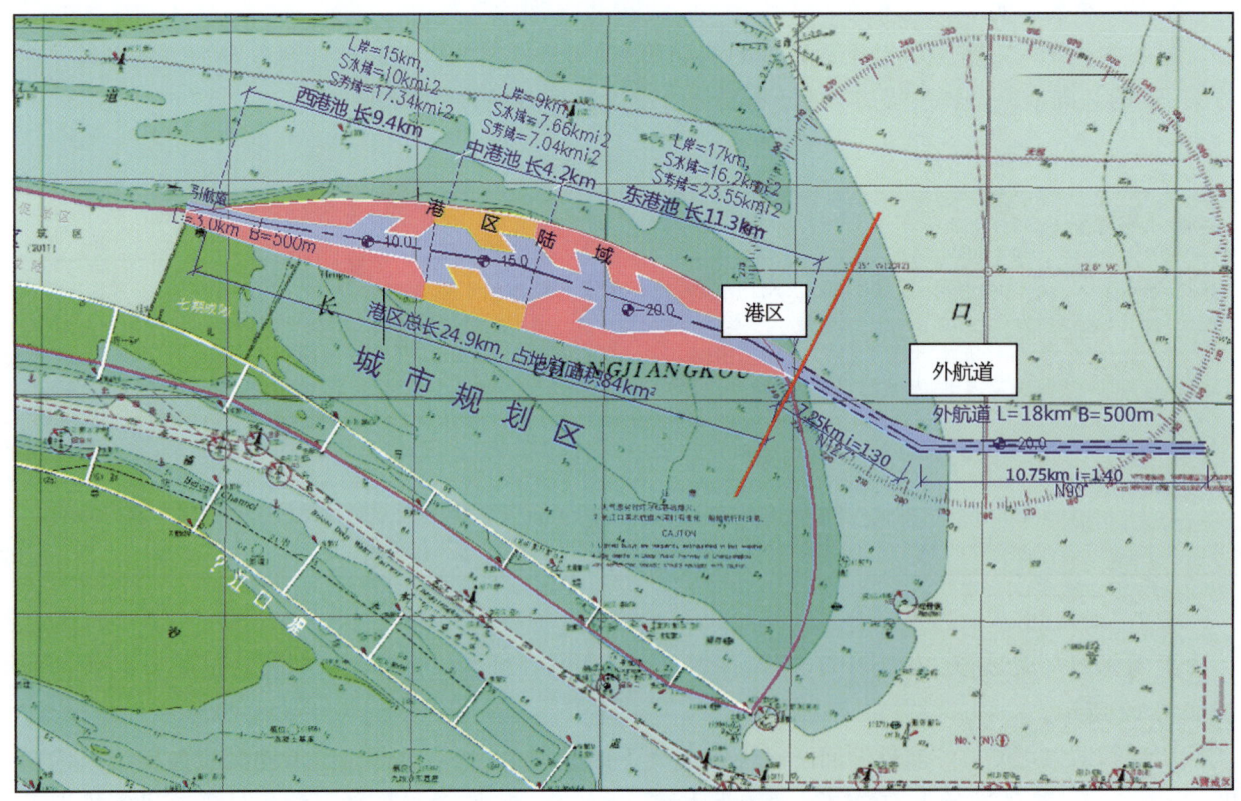

图 12　港区及外航道的分隔

表5 方案实施后的骤淤积统计

方　案	港　区			外航道		
	一次回淤总量(m^3)	平均淤积强度(m)	最大淤积强度(m)	一次回淤总量(m^3)	平均淤积强度(m)	最大淤积强度(m)
方案F4(gc01)	5.59E+06	0.13	0.83	7.30E+06	0.72	2.41
方案F8(zx02)	4.47E+06	0.10	0.65	4.56E+06	0.45	1.88

5　结论

(1) 根据资料分析可知,横沙新港航道位于长江口,该区域水域开敞,易受到波浪、台风、寒潮等极端天气作用,其毗邻的长江口12.5 m深水航道常年发生航道骤淤,骤淤总量在201万~1454万 m^3,因此,预计横沙新港建设的航道也会受到一定程度的极端环境条件按的影响。

(2) 本研究建立了基于极端环境条件对新港航道影响的三维泥沙数模计算研究,并结合中尺度气象模型WRF及第三代波浪模型SWAN,反演了台风"灿鸿"影响期间长江口水域风场、浪场变化情况。以长江口牛皮礁平台风速、波浪进行验证,验证结果良好,满足工程方案的计算要求。

(3) 计算结果表明极端天气条件下的泥沙骤淤对港池及外航道均有一定的影响,其中外航道受极端天气下的骤淤影响略大,一次台风的平均淤积强度可以达到0.45~0.75 m;港池内的平均淤积强度较小,为0.10~0.13 m。

(4) 从长期来看,随着横沙新港建设布置方案的进一步优化,以及近年来进入河口区域泥沙的逐步减少的大趋势,极端环境对新港航道建设的骤淤影响将进一步降低。

参考文献

[1] 贾晓.长江口非常态天气过程对航道回淤影响研究报告(R).上海:上海河口海岸科学研究中心,2016.

[2] 长江口航道管理局.2010—2017年海大和达华测图船方及冲淤方量汇总报表[R].上海:长江口航道管理局,2017.

[3] Wan Yuanyang. Multiscale physical processes of fine sediment in an estuary[M]. The Netherlands:CRC Press,2015.

[4] 顾峰峰.长江口三维水沙数值模拟系统介绍[A]//2014年中国环境影响评价研讨会[C].武汉,2014.

[5] Qi Dingman, Ma Gangfeng, Gu Fengfeng, et al. An unstructured grid hydrodynamic and sediment transport model for Changjiang Estuary[J]. Journal of Hydrodynamics,2010,22(5):1015-1021.

[6] Peter A. E. M. Janssen. Quasi-linear theory of wind-wave generation applied to wave forecasting[J]. Journal of Physical Oceanography,1991,21:1631-1642.

第4章 数学模型和物理模型研究

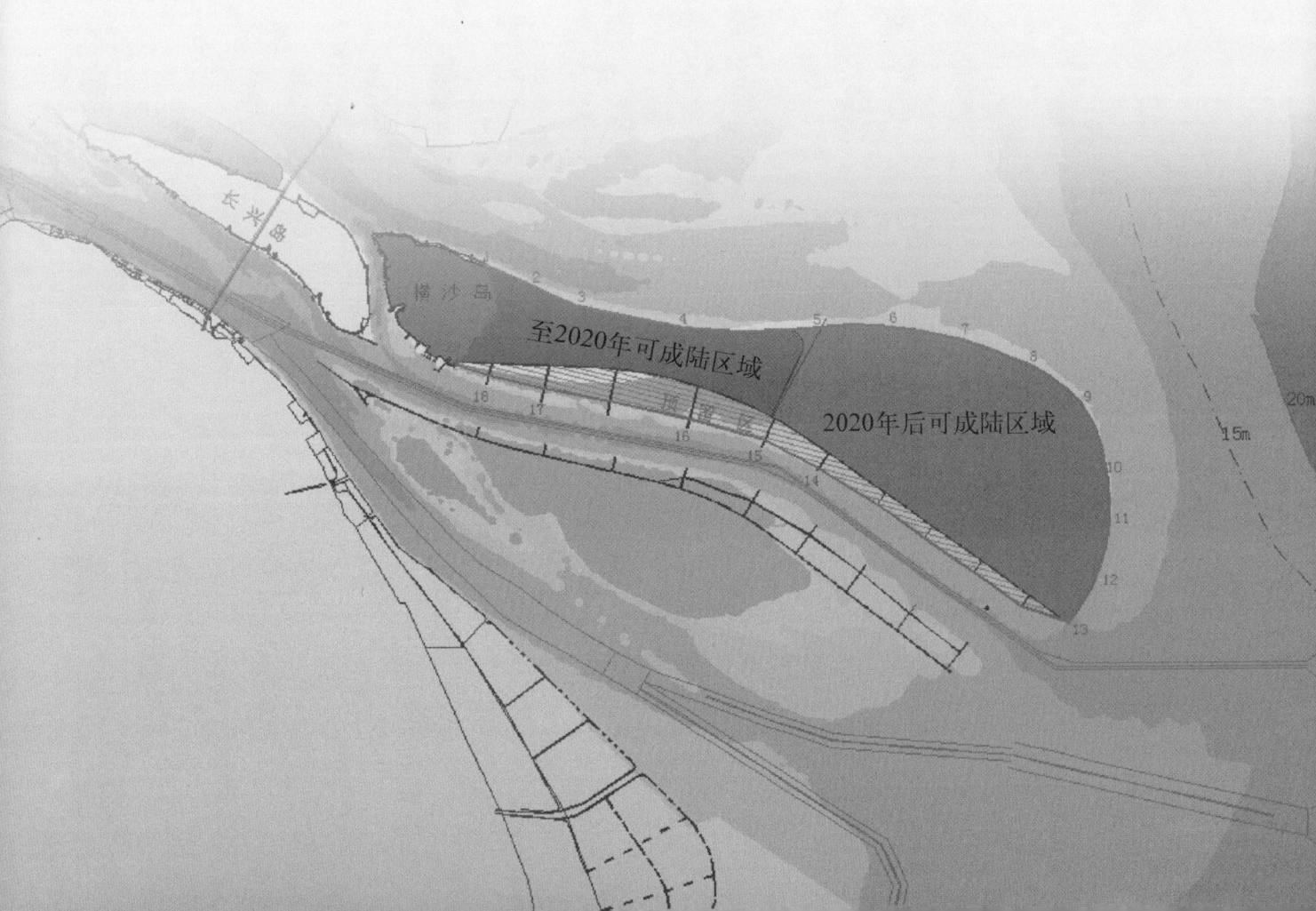

波浪和潮流泥沙数学模型

中交上海航道勘察设计研究院

子课题组组长： 周　海（教授级高工）
子课题副组长： 季　岚（教授级高工）
子课题执笔人： 曹慧江（高级工程师）
主要参加人员： 曹慧江（高级工程师）　　王大伟（工程师）
　　　　　　　　　熊志强（工程师）　　　　宋晓波（工程师）

- 波浪数学模型
- 潮流泥沙数学模型的建立
- 潮流泥沙数学模型计算——成陆方案
- 潮流泥沙数学模型计算——建港方案

1 前言

横沙东滩为北槽及北港之间的大型濒海沙洲，东侧直接面向外海开阔海域，该区域是北港与北槽间涨落潮水沙的主要交换区域，风浪、径潮流动力强劲，水沙运动复杂。

为研究新横沙成陆和建港的条件及可行性，中交上海航道勘察设计研究院分别构建了波浪数学模型和三维潮流泥沙数学模型。其中，大范围的波浪场推算主要基于 SWAN 波浪数学模型，分别推算了现状条件下和成陆工程实施后横沙及其周边大范围的波浪场分布特征；潮流泥沙场计算主要基于中交上海航道勘察设计研究院 SHIWM-3D 数值模式，建立了本次计算三维潮流泥沙数学模型，分别计算横沙浅滩成陆后和建港后周边的水沙动力场变化，研究分析对长江口河势、周边航道、周边保护区域的影响和自身港区的可维护性，为横沙陆域形成、港区和进港航道的平面方案布设提供依据。

2 波浪数学模型

2.1 模型建立

本次采用 SWAN 波浪数学模型推算了长江口大范围波浪场。该模型由荷兰 Delft 理工大学在第三代海浪模型 WAM 的基础上发展起来，用于计算由风生成的随机短峰波在沿海地区或内陆水域中的传播，可以模拟近岸海域复杂地形上波浪传播的多种变形情况，在国内已成功应用于海岸、河口及近海水域的波浪预报。

波浪模型的计算范围约为 240 km×240 km，包括整个长江口水域（图 1）。不同颜色的线框代表不同浪向的计算范围，英文字母表示入射边界位置。模型采用三角形网格（图 2），较好地拟合了工程

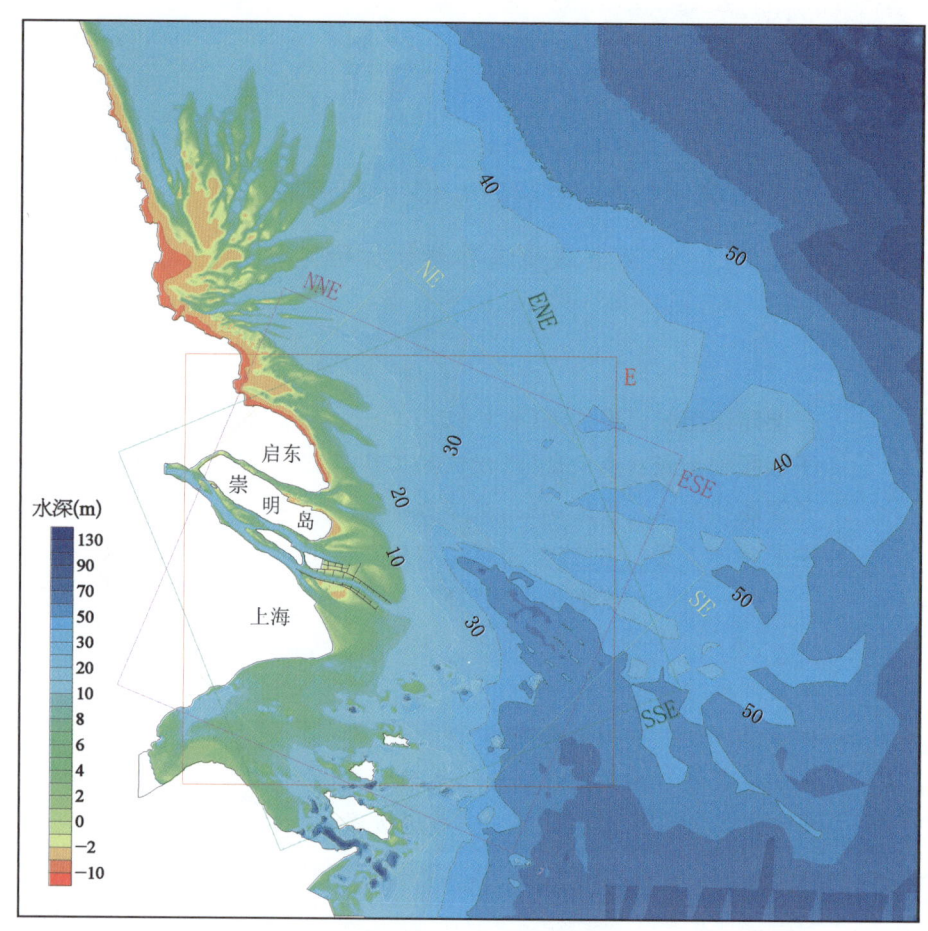

图 1　模型计算范围示意图

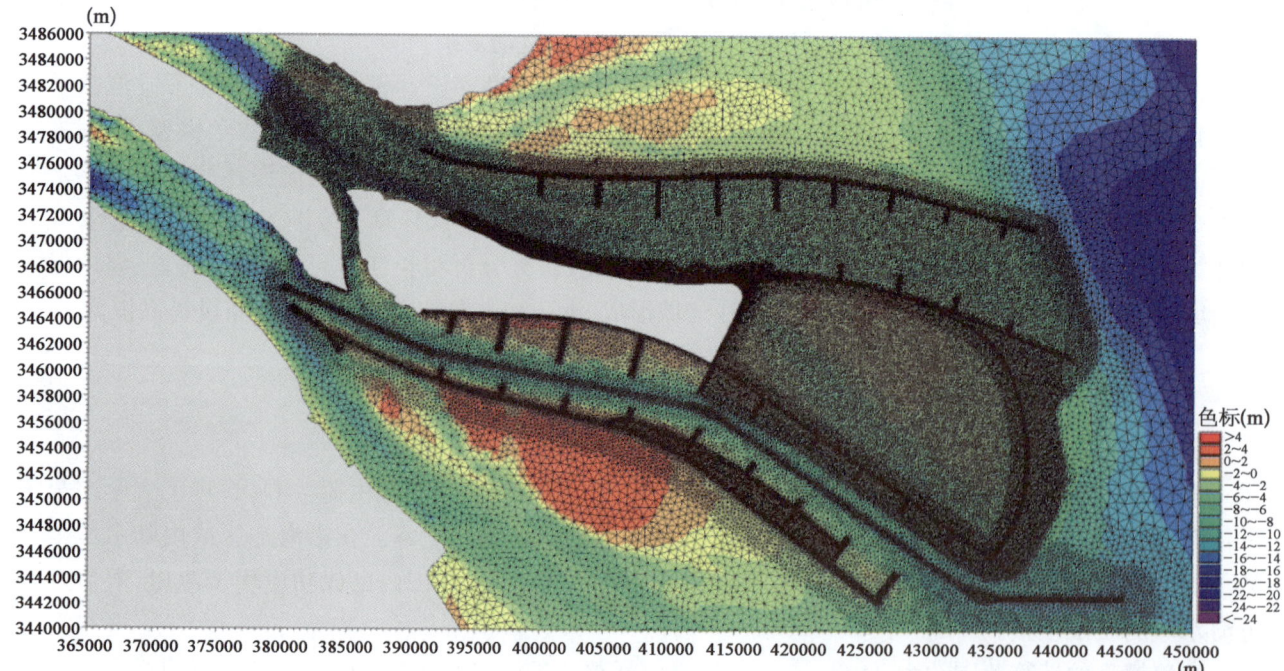

图 2　网格剖分图

海域岸线、长江口深水航道工程、横沙东滩促淤圈围工程及拟建横沙成陆工程，工程区局部加密，充分体现了长江口水下地形的变化，网格步长最小为 20 m，网格单元数目约为 23 万。

2.2 模型验证

采用 2014 年第 12 号台风"娜基莉"过境期间的风浪场进行验证。图 3 为横沙五期监测站的波浪观测点位置示意图。其中测点 P1 代表近岸波高，测点 P3 代表大浮标。

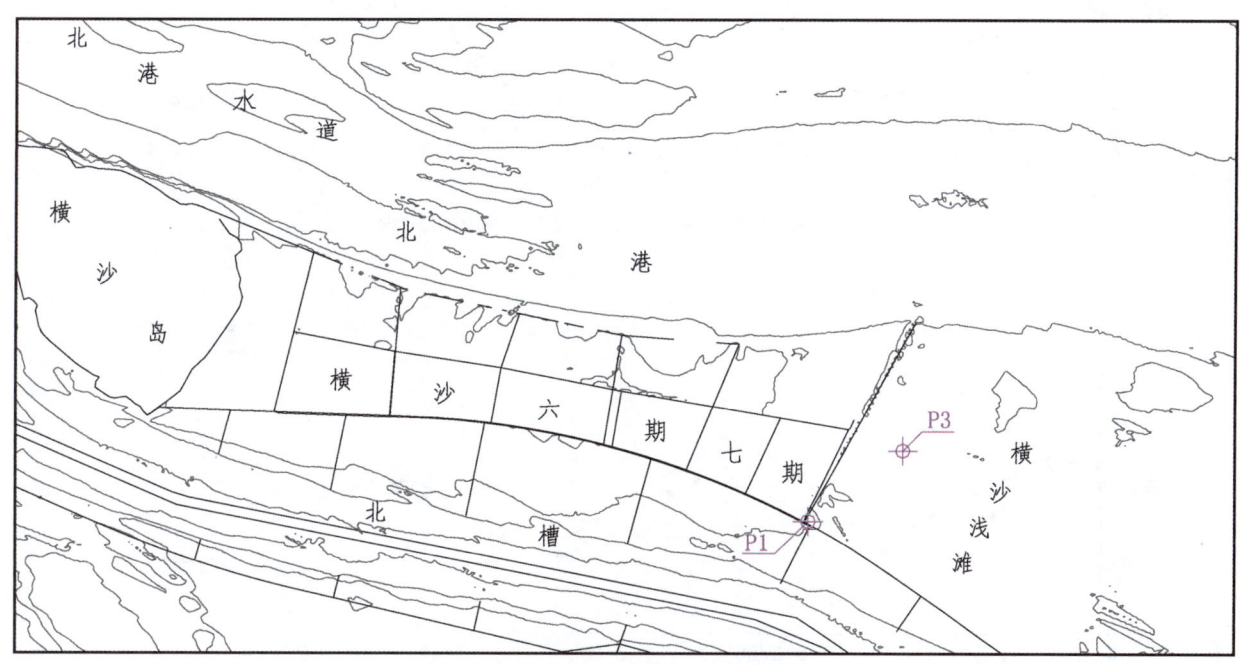

图 3　波浪观测点位置示意图

风场采用 WRF 模型来计算。图 4 为 WRF 模型计算风速与实测风速的验证过程线。可以看出，计算风速变化趋势与实测资料基本一致。

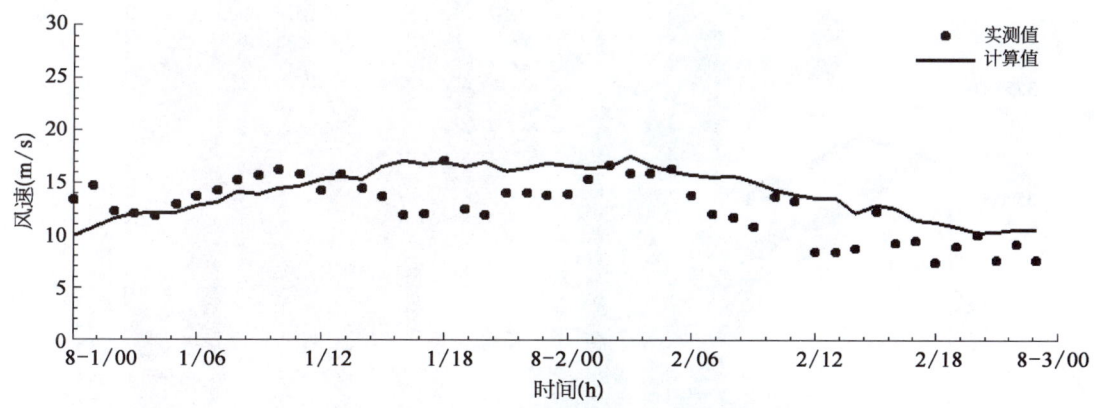

图 4　WRF 模型计算风速与实测风速比较

图 5 和图 6 分别为测点 P1 和 P3 的实测有效波高验证过程线。图 7 为某时刻的计算有效波高分布示意图。由于测波点水深较浅，其波高受潮位影响显著。从验证结果来看，测点 P1 和 P3 的计算有效波高变化过程与实测值吻合较好，平均偏差约为 6.6%～9.3%。

总体上看，波浪模型的计算精度基本满足工程方案计算的要求。

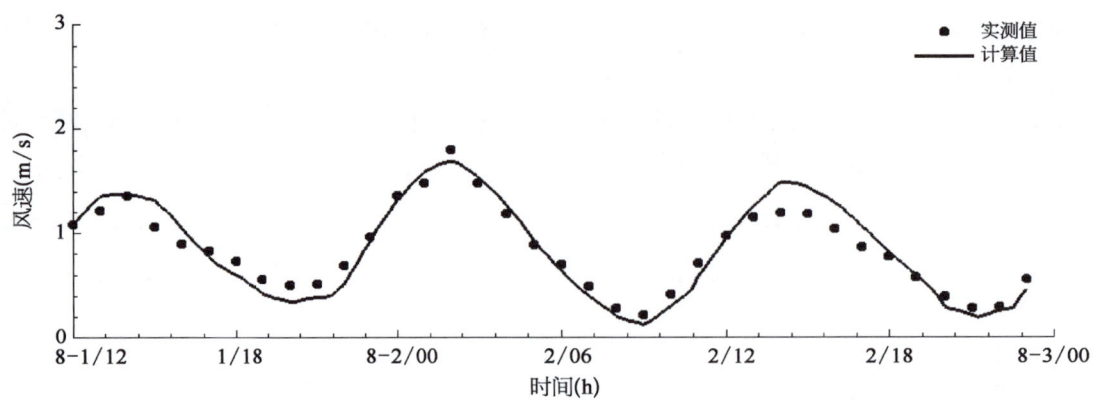

图 5　测点 P1 的计算有效波高与实测值的比较

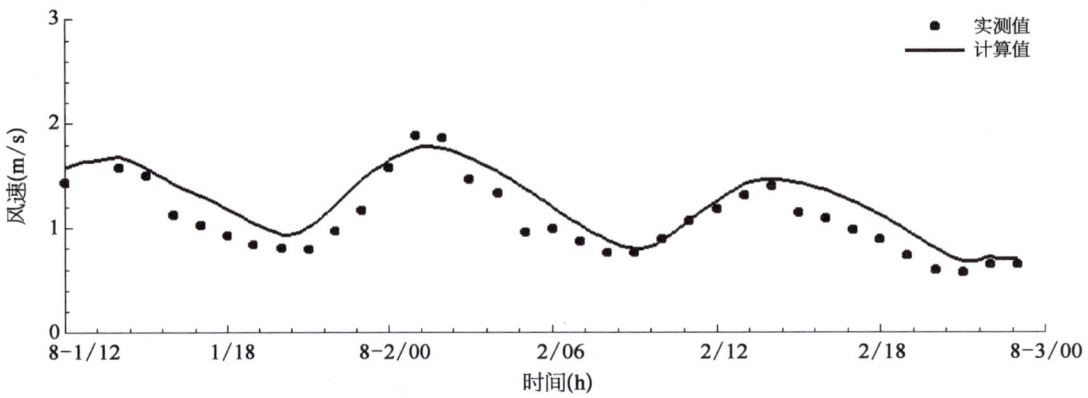

图 6　测点 P3 的计算有效波高与实测值的比较

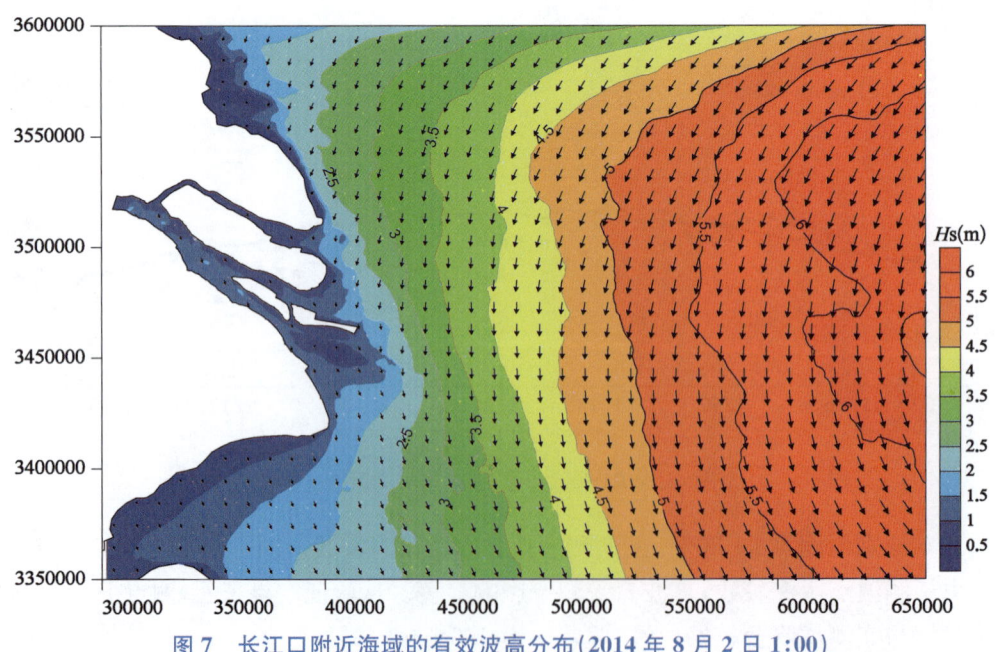

图 7　长江口附近海域的有效波高分布（2014 年 8 月 2 日 1:00）

2.3 计算方案

本底方案：2015 年 8 月长江口河势现状，其中横沙八期促淤圈围工程按建成考虑。

工况：在本底基础上，增加成陆方案。

2.4 波浪计算点布置

图 8 为波浪计算点位置示意图。其中北港水道波浪计算点为 N1～N13，横沙浅滩东侧波浪计算点为 E1～E7，北槽北侧边滩波浪计算点为 S1～S12。

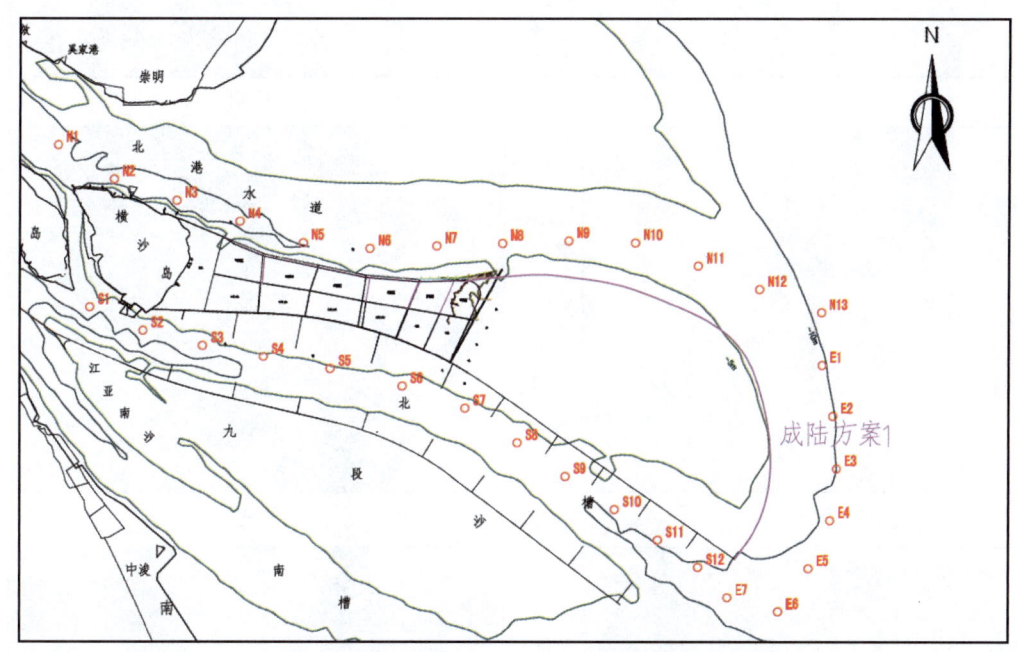

图 8　波浪计算方案平面布置及计算点位置示意图

2.5 计算条件及计算组次

根据长江口风、浪资料统计，对工程海域产生重要影响的浪向主要为 NNE～SSE 向。具体计算组次见表 1。

表 1　设计波要素计算组次

位　　置	波浪计算点	波浪推算标准
北港水道	N1～N13	常风天(6.9 m/s)+平均水位(2.0 m)； 6 级风上限(13.8 m/s)+平均水位(2.0 m)
横沙浅滩东侧	E1～E7	
北槽北侧边滩	S1～S12	

2.6 波浪推算计算结果

2.6.1 大范围波浪场分布特征

图 9 为本底方案的常风天主要浪向(NNE～ESE)的 $H_{13\%}$ 波高分。图 10 为对应的 6 级风上限条件下的 $H_{13\%}$ 波高分布。由图可见，长江口地区的波浪外海大、近岸小，拟建成陆区域波浪出现明显衰减。

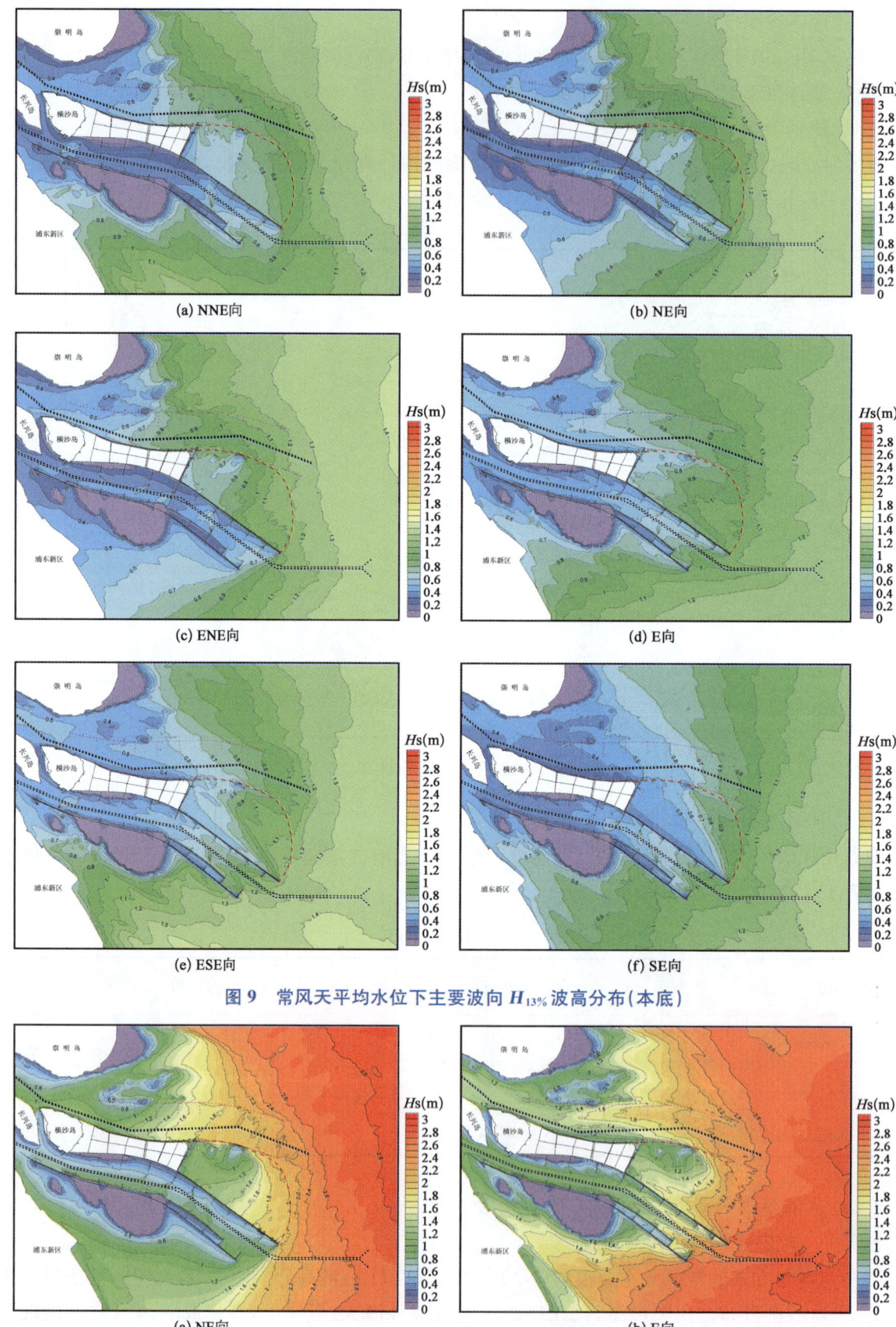

图9 常风天平均水位下主要波向 $H_{13\%}$ 波高分布(本底)

图10 6级风+平均水位下主要波向 $H_{13\%}$ 波高分布(本底)

各波浪计算点的具体计算结果见表2。

表2 工程前各区域最大 $H_{13\%}$ 波高分布特征

区 域	常风天		6级风上限	
	Hs(m)	控制波向	Hs(m)	控制波向
北港水道上段	0.5～0.6	E	1.2～1.4	E
北港水道中段	0.6～1.0	NE～ENE	1.4～2.0	NE～ENE
北港水道下段	1.0～1.3	NE～ENE	2.0～2.6	ENE～E
横沙浅滩东侧	1.3～1.4	ENE～E	2.5～2.8	ENE～E
北槽北侧边滩	0.5～1.2	E～ESE	1.0～2.5	E～ESE

从计算结果来看，北港水道主要受 NE～ENE～E 向浪控制，常风天最大 $H_{13\%}$ 波高基本在 1.0 m 以内，6级风上限条件下最大 $H_{13\%}$ 波高基本在 2.2 m 以内；横沙浅滩东侧水域主要受 ENE～E 向浪控制，常风天最大 $H_{13\%}$ 波高在 1.3～1.4 m，6级风上限条件下最大 $H_{13\%}$ 波高在 2.5～2.8 m；北槽北侧边滩水域主要受 E～ESE 向浪控制，常风天最大 $H_{13\%}$ 波高在 0.5～1.2 m，6级风上限条件下最大 $H_{13\%}$ 波高在 1.0～2.5 m。

2.6.2 成陆工程实施前后的波浪场变化

从计算结果来看，成陆工程实施后，横沙浅滩成陆后，引起东侧水域波能集中，波高有所增加，但对北港水道、北槽波浪基本无影响。常风天条件下，横沙浅滩东侧水域 $H_{13\%}$ 波高增加 0.07～0.13 m，增幅 5.2%～10.1%。6级风上限条件下，横沙浅滩东侧水域 $H_{13\%}$ 波高增加 0.04～0.06 m，增幅 1.4%～2.4%。

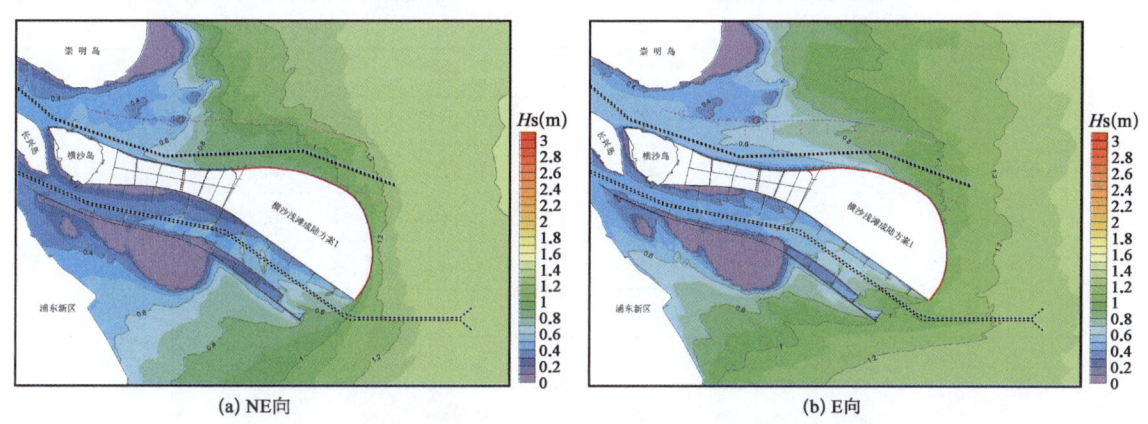

图11 常风天平均水位下主要波向 $H_{13\%}$ 波高分布（工程后）

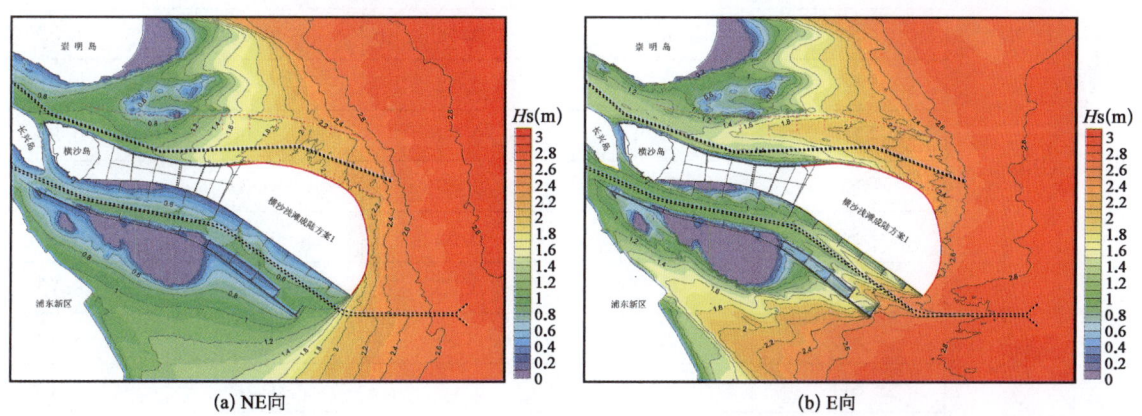

图12 6级风+平均水位下主要波向 $H_{13\%}$ 波高分布（工程后）

表 3 常风天工程前后计算点最大 $H_{13\%}$ 波高变化

区 域	计算点	工程前(m)	工程后(m)	偏差(m)	相对偏差
北港水道上段	N1	0.55	0.55	0.00	−0.1%
	N2	0.55	0.56	0.00	0.4%
	N3	0.56	0.56	0.00	0.0%
	N4	0.57	0.57	0.00	−0.2%
北港水道中段	N5	0.68	0.68	0.00	−0.1%
	N6	0.79	0.79	0.00	0.0%
	N7	0.89	0.89	0.00	0.3%
	N8	0.94	0.93	−0.01	−0.6%
	N9	0.96	0.96	0.00	−0.4%
北港水道下段	N10	1.00	1.00	0.00	−0.4%
	N11	1.06	1.06	0.00	−0.3%
	N12	1.21	1.20	0.00	−0.1%
	N13	1.29	1.29	0.00	0.1%
横沙浅滩东侧	E1	1.27	1.34	0.07	5.2%
	E2	1.31	1.42	0.11	8.6%
	E3	1.35	1.46	0.11	8.1%
	E4	1.35	1.47	0.12	8.8%
	E5	1.31	1.44	0.13	10.1%
	E6	1.32	1.45	0.13	9.8%
	E7	1.26	1.34	0.08	6.6%
北槽北侧边滩	S1	0.46	0.45	−0.01	−1.9%
	S2	0.52	0.48	−0.04	−8.0%
	S3	0.46	0.45	−0.01	−1.6%
	S4	0.46	0.46	0.00	−1.0%
	S5	0.50	0.49	0.00	−0.9%
	S6	0.54	0.54	0.00	−0.8%
	S7	0.61	0.59	−0.02	−3.1%
	S8	0.70	0.68	−0.02	−3.6%
	S9	0.74	0.72	−0.03	−3.7%
	S10	0.88	0.85	−0.03	−3.4%
	S11	1.06	1.08	0.02	2.1%
	S12	1.16	1.21	0.05	4.7%

表 4　6 级风上限工程前后计算点最大 $H_{13\%}$ 波高变化

区　　域	计算点	工程前(m)	工况 1(m)	偏差(m)	相对偏差
北港水道上段	N1	1.35	1.36	0.01	1.0%
	N2	1.28	1.31	0.03	2.2%
	N3	1.35	1.39	0.04	2.7%
	N4	1.38	1.43	0.05	3.8%
北港水道中段	N5	1.37	1.40	0.03	2.2%
	N6	1.59	1.59	0.00	0.0%
	N7	1.83	1.83	0.00	0.0%
	N8	1.97	1.97	0.00	0.0%
	N9	2.01	2.01	0.00	0.0%
北港水道下段	N10	2.10	2.13	0.03	1.5%
	N11	2.21	2.23	0.02	1.0%
	N12	2.36	2.36	0.00	0.0%
	N13	2.57	2.59	0.02	0.9%
横沙浅滩东侧	E1	2.55	2.61	0.06	2.2%
	E2	2.63	2.70	0.06	2.4%
	E3	2.66	2.73	0.06	2.4%
	E4	2.72	2.77	0.05	1.8%
	E5	2.75	2.81	0.06	2.2%
	E6	2.67	2.71	0.04	1.4%
	E7	2.46	2.50	0.04	1.8%
北槽北侧边滩	S1	1.05	1.07	0.02	1.7%
	S2	1.04	1.06	0.02	1.6%
	S3	1.03	1.04	0.01	1.2%
	S4	1.01	1.03	0.02	1.5%
	S5	1.07	1.08	0.01	1.2%
	S6	1.15	1.16	0.01	0.5%
	S7	1.29	1.30	0.01	0.9%
	S8	1.41	1.42	0.01	0.6%
	S9	1.56	1.57	0.01	0.5%
	S10	1.78	1.79	0.01	0.7%
	S11	2.08	2.12	0.04	1.7%
	S12	2.47	2.49	0.02	0.9%

表 5　工程前后各区域最大 $H_{13\%}$ 波高变化

区　域	常况下		6 级风上限	
	工程前	工程后	工程前	工程后
北港水道上段	0.5～0.6 m	基本一致	1.3～1.4 m	基本一致
北港水道中段	0.6～1.0 m	基本一致	1.4～2.0 m	基本一致
北港水道下段	1.0～1.3 m	基本一致	2.1～2.6 m	基本一致
横沙浅滩东侧	1.3～1.4 m	增加 0.07～0.13 m，增幅 5.2%～10.1%	2.5～2.8 m	增加 0.04～0.06 m，增幅 1.4%～2.4%
北槽北侧边滩	0.5～1.2 m	基本一致	1.0～2.5 m	基本一致

3　潮流泥沙数学模型的建立

基于 SHIWM-3D 数值模式建立了本次计算三维潮流泥沙数学模型分析横沙浅滩成陆后对长江口水动力的影响。

模型主要特点及功能如下：

（1）数值模型水平方向采用非正交曲线网格，垂直方向采用 σ 坐标，计算网格可细致刻画河口区域较为复杂的岸线及水深地形。

（2）垂向湍流闭合方案采用 Mellor-Yamada2.5 阶湍流闭合方程。

（3）泥沙的平流过程计算采用 HSIMT-TVD 算法，可有效提高计算的精度和稳定性。

（4）根据泥沙粒径、泥沙浓度、水体温度和盐度等条件计算泥沙沉降速度，准确刻画河口泥沙的垂向运动特征。

（5）模型中考虑了盐度、泥沙浓度等对水体密度的影响，使模型能够较好地考虑盐度、泥沙浓度造成的斜压力影响。

3.1　模型基本方程

在流体不可压缩、Boussinesq 和静力近似下，引入水平非正交曲线和垂向 σ 坐标系：$\xi = \xi(x,y), \eta = \eta(x,y), \sigma = \dfrac{z-\zeta}{H+\zeta}$。河口海岸海洋控制方程组（包括动量、连续、温度、盐度和密度方程）为：

$$\frac{\partial DJu_1}{\partial t} + \frac{\partial DJ\hat{U}u_1}{\partial \xi} + \frac{\partial DJ\hat{V}u_1}{\partial \eta} + \frac{\partial J\omega u_1}{\partial \sigma} - Dh_2\hat{V}\left[v_1\frac{\partial}{\partial \xi}\left(\frac{J}{h_1}\right) - u_1\frac{\partial}{\partial \eta}\left(\frac{J}{h_2}\right) + Jf\right] - Dh_2u_1v_1\frac{\partial}{\partial \xi}\left(\frac{h_3}{h_1h_2}\right)$$

$$= -h_2gD\frac{\partial \zeta}{\partial \xi} + \frac{gh_2D}{\rho_o}\frac{\partial D}{\partial \xi}\int_\sigma^0 \sigma\frac{\partial \rho}{\partial \sigma}d\sigma - \frac{gh_2D^2}{\rho_o}\frac{\partial}{\partial \xi}\int_\sigma^0 \rho d\sigma + \frac{1}{D}\frac{\partial}{\partial \sigma}\left(K_m\frac{\partial Ju_1}{\partial \sigma}\right) + DJF_x \quad (1)$$

$$\frac{\partial DJv_1}{\partial t} + \frac{\partial DJ\hat{U}v_1}{\partial \xi} + \frac{\partial DJ\hat{V}v_1}{\partial \eta} + \frac{\partial J\omega v_1}{\partial \sigma} + Dh_1\hat{U}\left[v_1\frac{\partial}{\partial \xi}\left(\frac{J}{h_1}\right) - u_1\frac{\partial}{\partial \eta}\left(\frac{J}{h_2}\right) + Jf\right] - Dh_1u_1v_1\frac{\partial}{\partial \eta}\left(\frac{h_3}{h_1h_2}\right)$$

$$= -h_1gD\frac{\partial \zeta}{\partial \eta} + \frac{gh_1D}{\rho_o}\frac{\partial D}{\partial \eta}\int_\sigma^0 \sigma\frac{\partial \rho}{\partial \sigma}d\sigma - \frac{gh_1D^2}{\rho_o}\frac{\partial}{\partial \eta}\int_\sigma^0 \rho d\sigma + \frac{1}{D}\frac{\partial}{\partial \sigma}\left(K_m\frac{\partial Jv_1}{\partial \sigma}\right) + DJF_y \quad (2)$$

$$\frac{\partial \zeta}{\partial t}+\frac{1}{J}\left[\frac{\partial}{\partial \xi}(DJ\hat{U})+\frac{\partial}{\partial \eta}(DJ\hat{V})\right]+\frac{\partial \omega}{\partial \sigma}=0 \tag{3}$$

$$\frac{\partial JD\theta}{\partial t}+\frac{\partial JD\hat{U}\theta}{\partial \xi}+\frac{\partial JD\hat{V}\theta}{\partial \eta}+\frac{\partial J\omega\theta}{\partial \sigma}=\frac{1}{D}\frac{\partial}{\partial \sigma}\left(K_h\frac{\partial J\theta}{\partial \sigma}\right)+DJF_\theta \tag{4}$$

$$\frac{\partial JDs}{\partial t}+\frac{\partial JD\hat{U}s}{\partial \xi}+\frac{\partial JD\hat{V}s}{\partial \eta}+\frac{\partial J\omega s}{\partial \sigma}=\frac{1}{D}\frac{\partial}{\partial \sigma}\left(K_h\frac{\partial Js}{\partial \sigma}\right)+DJF_s \tag{5}$$

3.2 计算范围及网格划分

模型计算范围上游起自大通,下游至绿华山以东约 250 km,北至大丰港附近,南侧包括整个杭州湾。为了准确反映工程区的潮流场,模型网格很好地拟合了深水航道工程及长江口自然岸线,并在工程区局部加密,工程附近网格空间步长最小约为 20 m(图 13),计算网格单元为 741×755,垂线分 10 层。

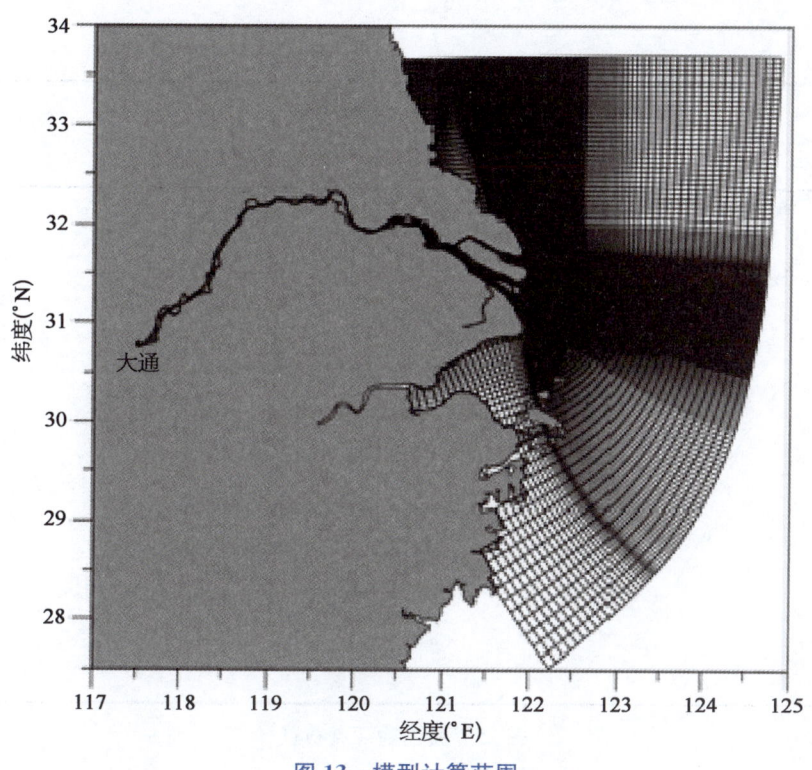

图 13 模型计算范围

3.3 计算水文地形资料

1) 地形资料

模型率定验证地形:采用 2015 年 8 月长江口大范围水深测图及大范围杭州湾地形测图。

模型方案计算地形:采用 2013 年 2 月、2016 年 2 月长江口定期测图替换。

2) 水文资料

2015 年 7 月长江口洪季大潮同步流速、流向、潮位观测资料。测点位置如图 14、图 15 所示。

3.4 模型计算参数

1) 糙率系数

采用曼宁糙率系数用于模型计算。从外海至口内依次渐变,不同区域取值不同,糙率取值在 0.011～0.015。

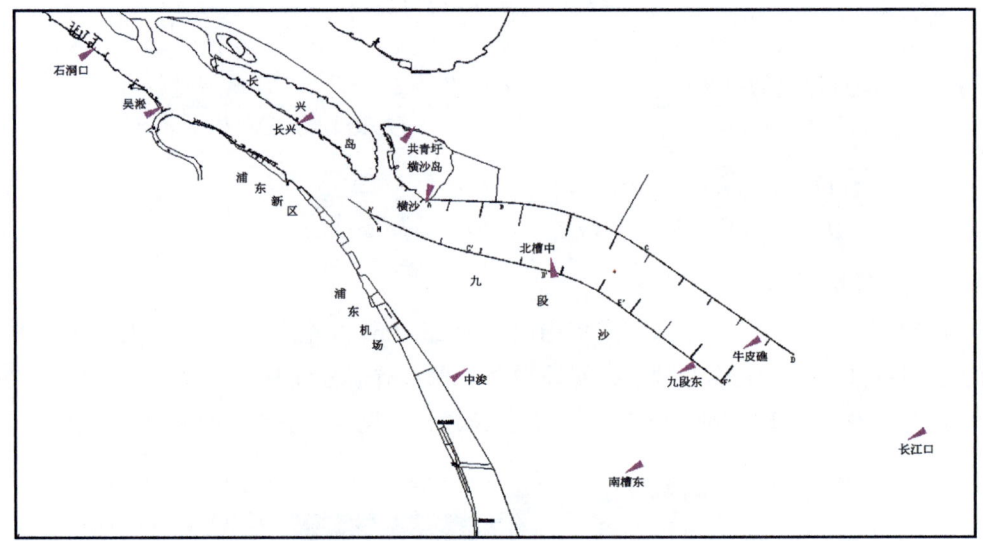

图 14 潮位验证点布置

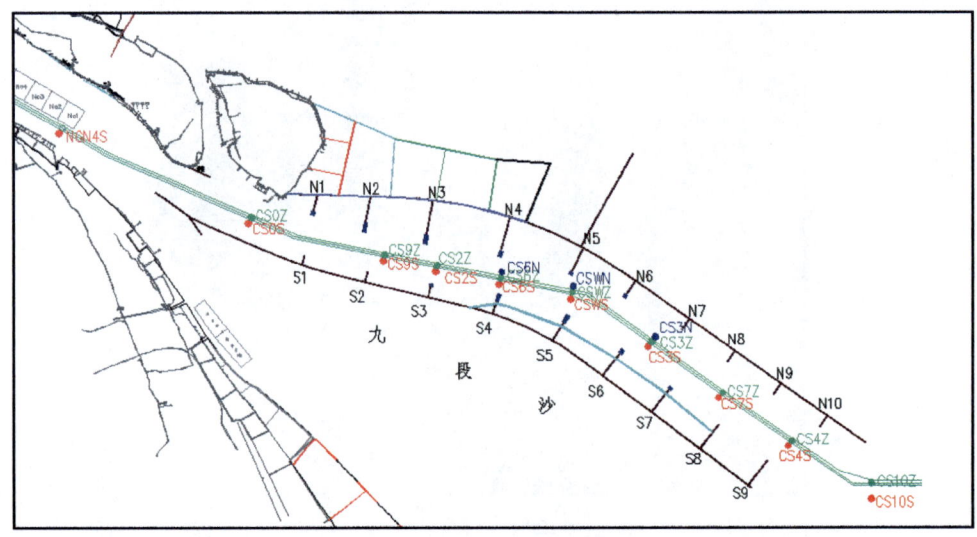

图 15 流速验证点布置

2) 时间步长

根据模型网格大小、水深条件动态调整模型计算时间步长,使 CFL 数小于 4,满足模型稳定的要求,计算时步长取 10 s。

3) 干湿边界处理

对计算区域内滩地干湿过程,采用网格冻结方法处理,当某点水深小于 0.005 m 时,令该网格点为干点,滩地干出,不参与水动力计算,当某点水深大于 0.005 m 但小于 0.05 m 时,令该处流速为零,该网格点仅参与水流连续方程的计算,当该处水深大于 0.1 m 时,该网格点参与计算,潮水上滩。

3.5 潮流模型验证及率定

图 16 为 2015 年 7 月潮位站的计算潮位值与实测资料的对比过程线。从验证结果来看,各站的计算值与实测值吻合良好,潮周期平均相对误差均在 10% 以内。

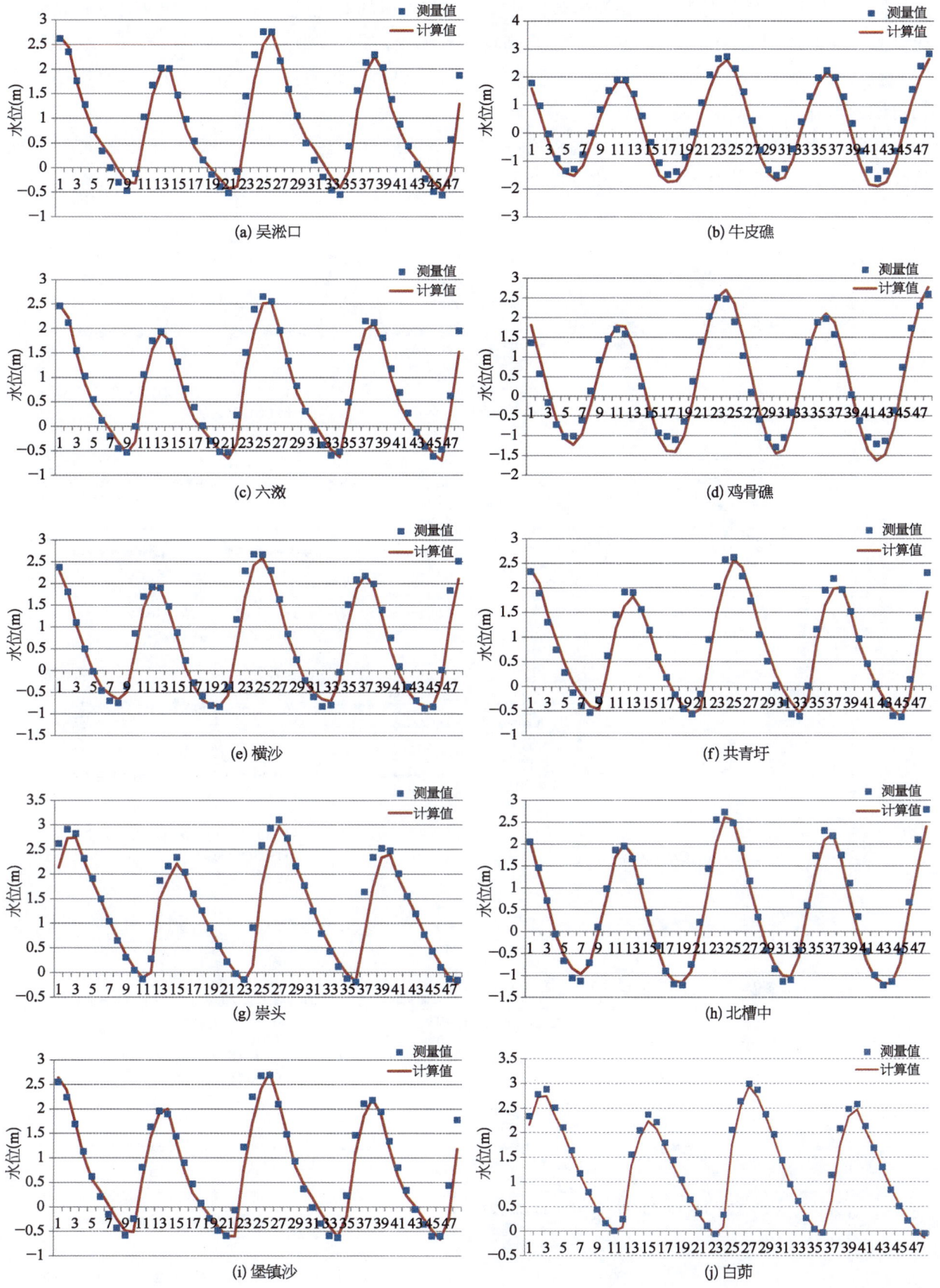

图 16　潮位验证

图17为2015年7月各测点站流速流向计算值与实测值的对比过程线。2015年7月的资料中流速观测点覆盖范围大，在南港、北港、南槽、北槽均布有测点，对于模型的计算精度很有利。从模型率定和验证结果来看，各站的计算值与实测值吻合良好，特别是南北槽分流口附近各汊道，潮周期平均相对误差均在10%以内。

长江口水域潮流属不规则半日浅海潮流，口外为旋转流，口内受岸线约束变为往复流，同时受径流作用，一般涨潮流小于落潮流，涨潮历时小于落潮历时。

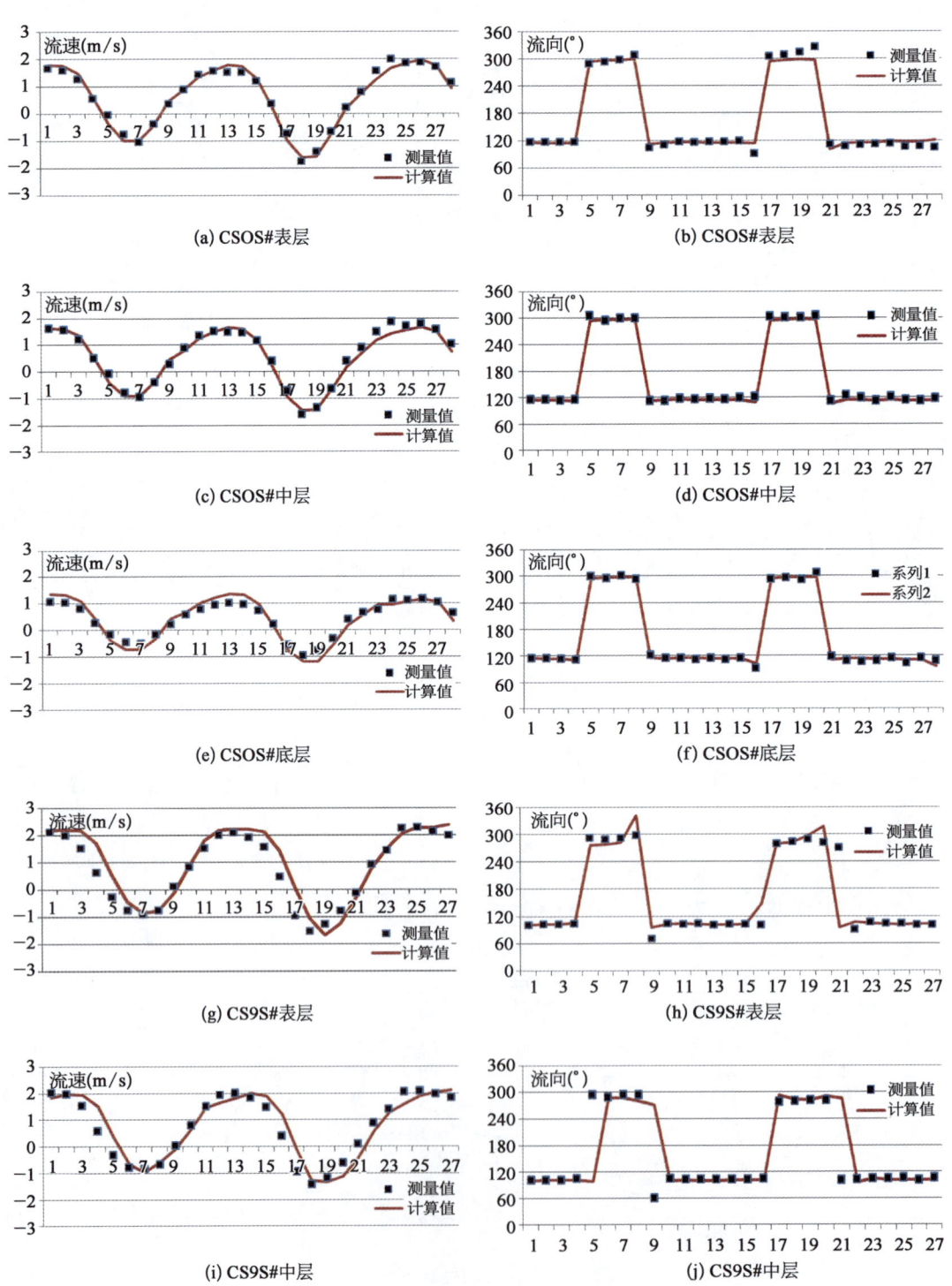

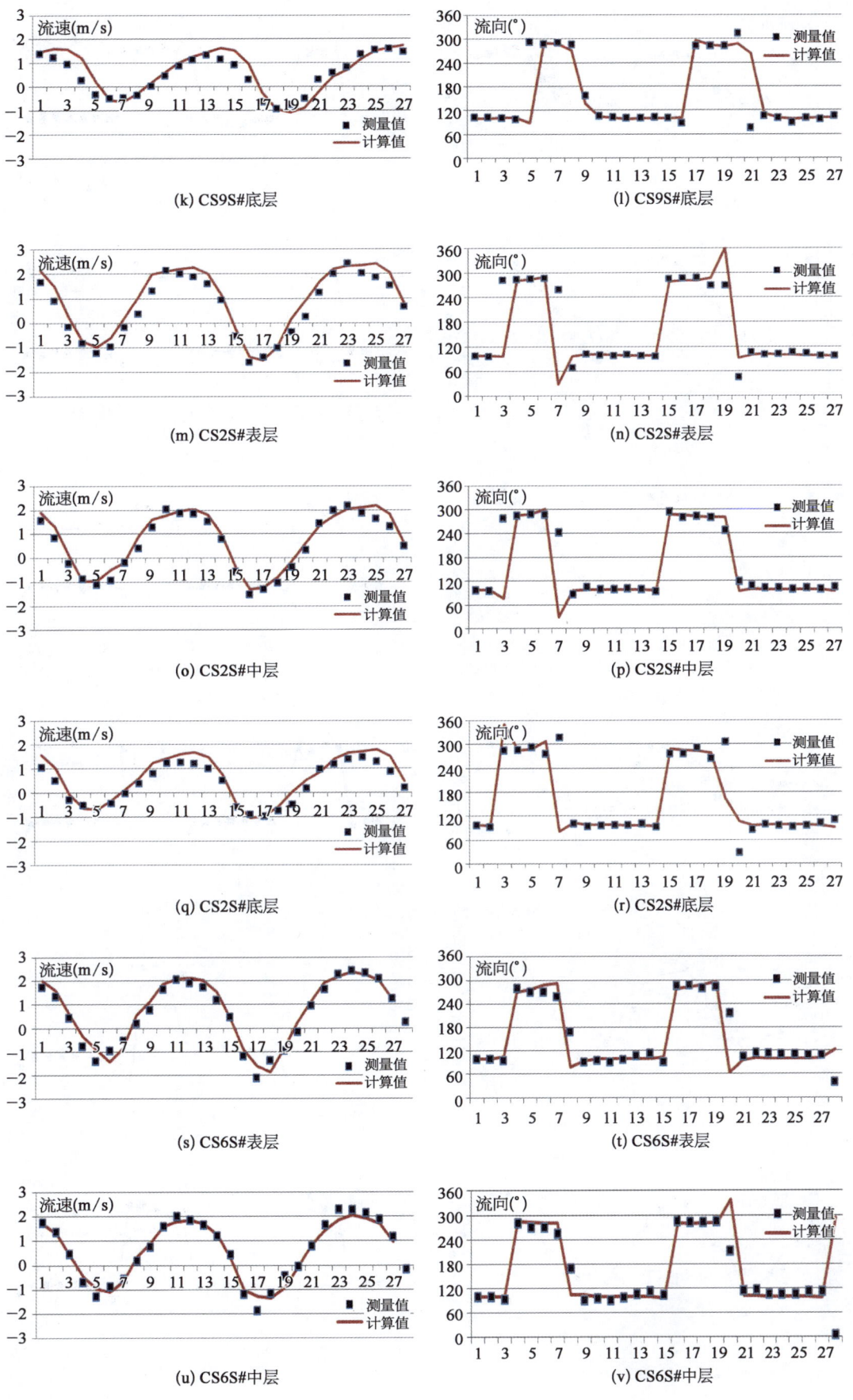

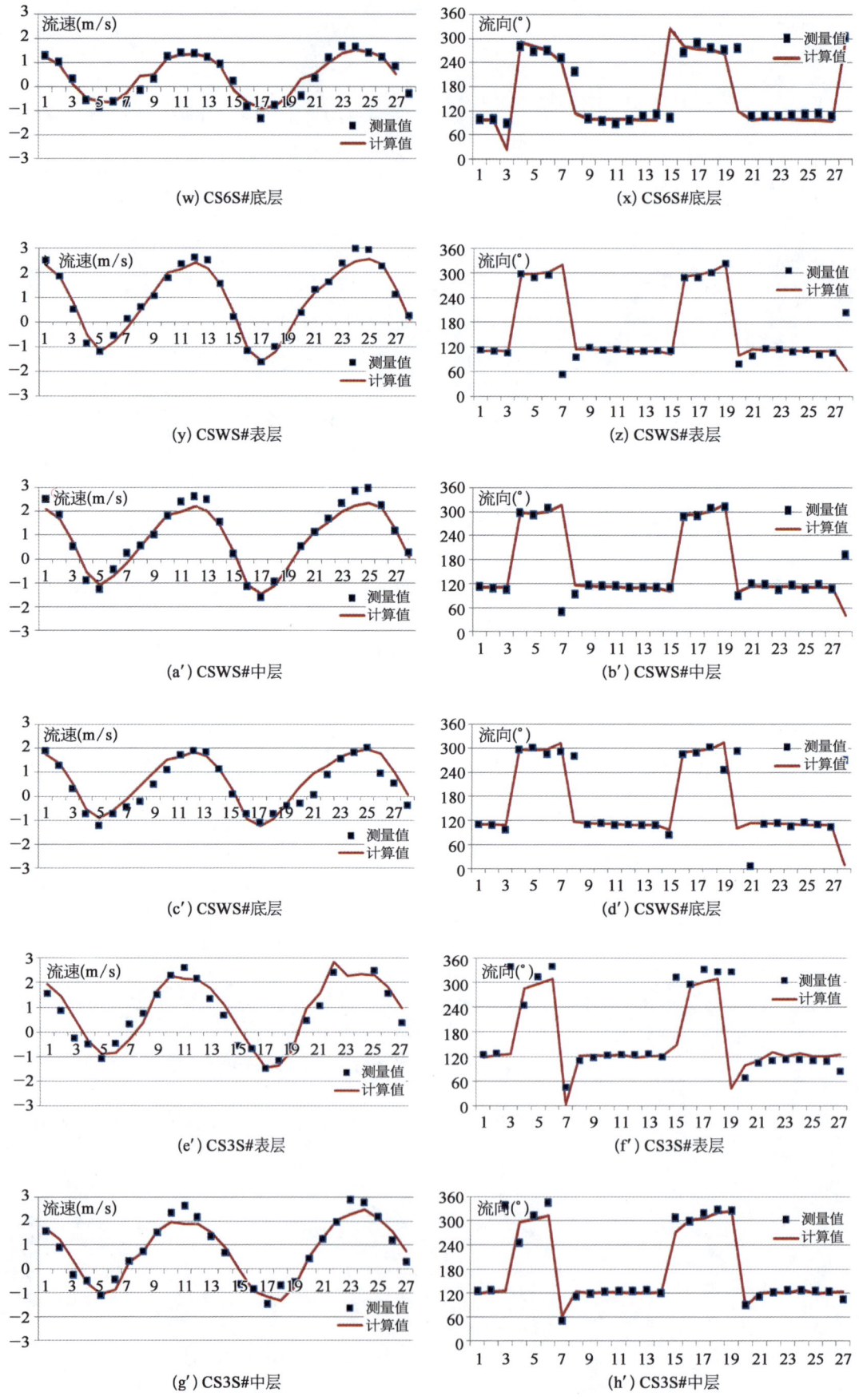

(w) CS6S#底层　　(x) CS6S#底层
(y) CSWS#表层　　(z) CSWS#表层
(a') CSWS#中层　　(b') CSWS#中层
(c') CSWS#底层　　(d') CSWS#底层
(e') CS3S#表层　　(f') CS3S#表层
(g') CS3S#中层　　(h') CS3S#中层

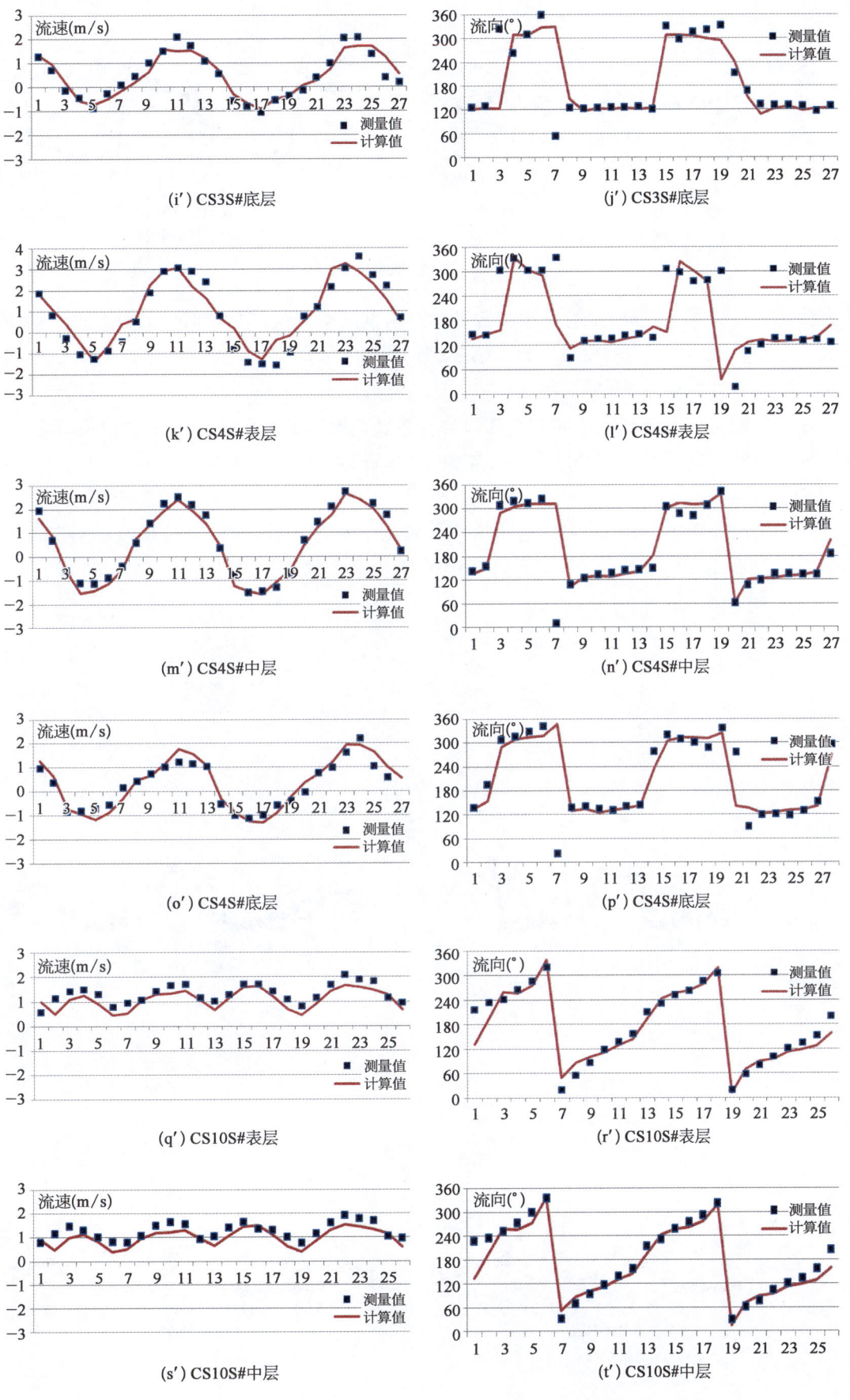

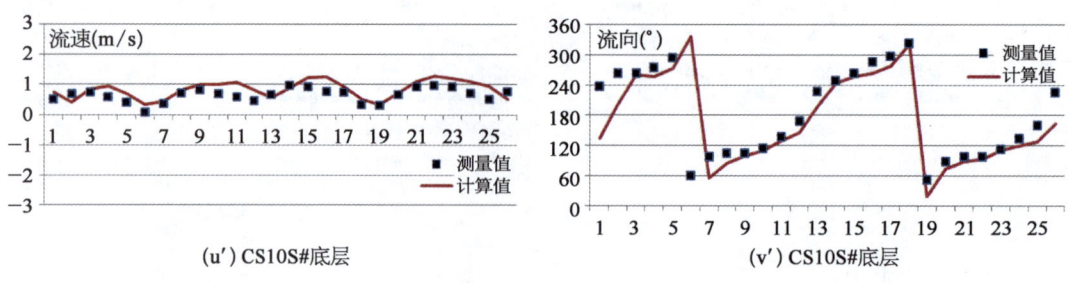

图 17 流速、流向验证

从上面的计算结果来看,模型的率定与验证计算精度基本符合《海岸与河口潮流泥沙模拟技术规程》(JTS/T 231—2—2010)中的要求,可以满足工程计算的要求。

3.6 泥沙模型验证与率定

在已建好的潮流模型基础上增加对长江口含沙量及北槽回淤的验证。本次含沙量率定采用潮流率定时同期的含沙量资料;回淤量采用 2015 年洪、枯季资料分别进行率定。

1) 含沙量率定

含沙量率定图如图 18 所示。从模型计算值与实测值对比来看,含沙量过程及趋势基本一致,潮段平均偏差在 20% 以内,符合《海岸与河口潮流模拟技术规程》(JTS/T 231—2—2010)的精度控制要求。

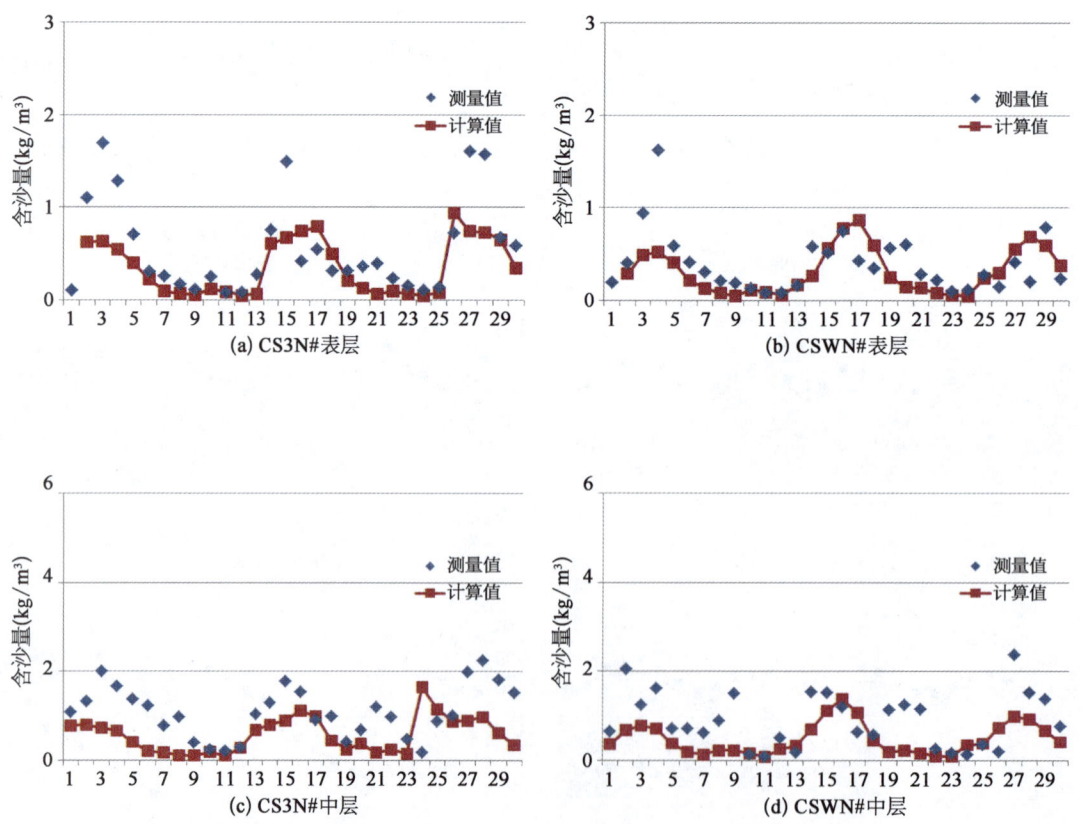

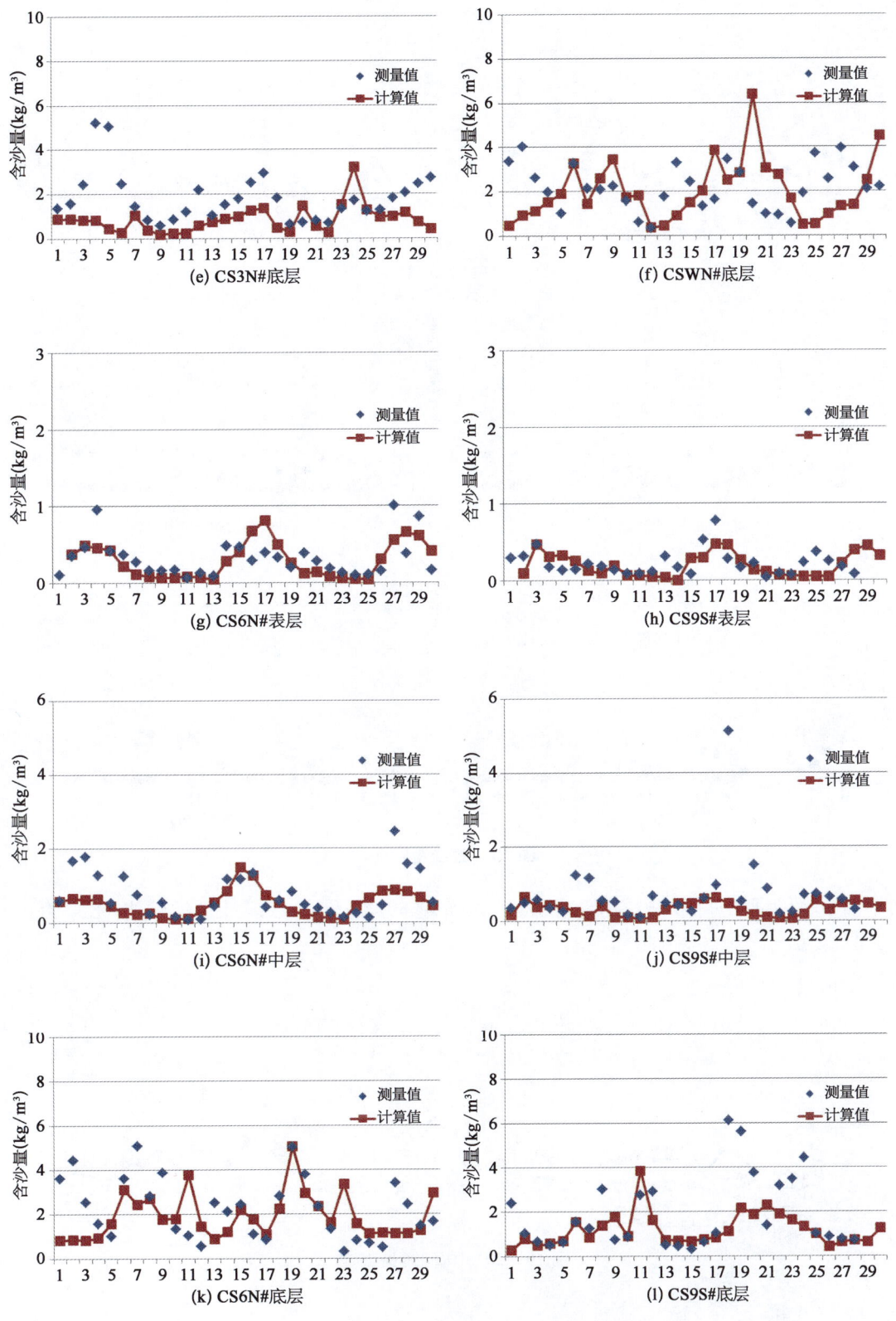

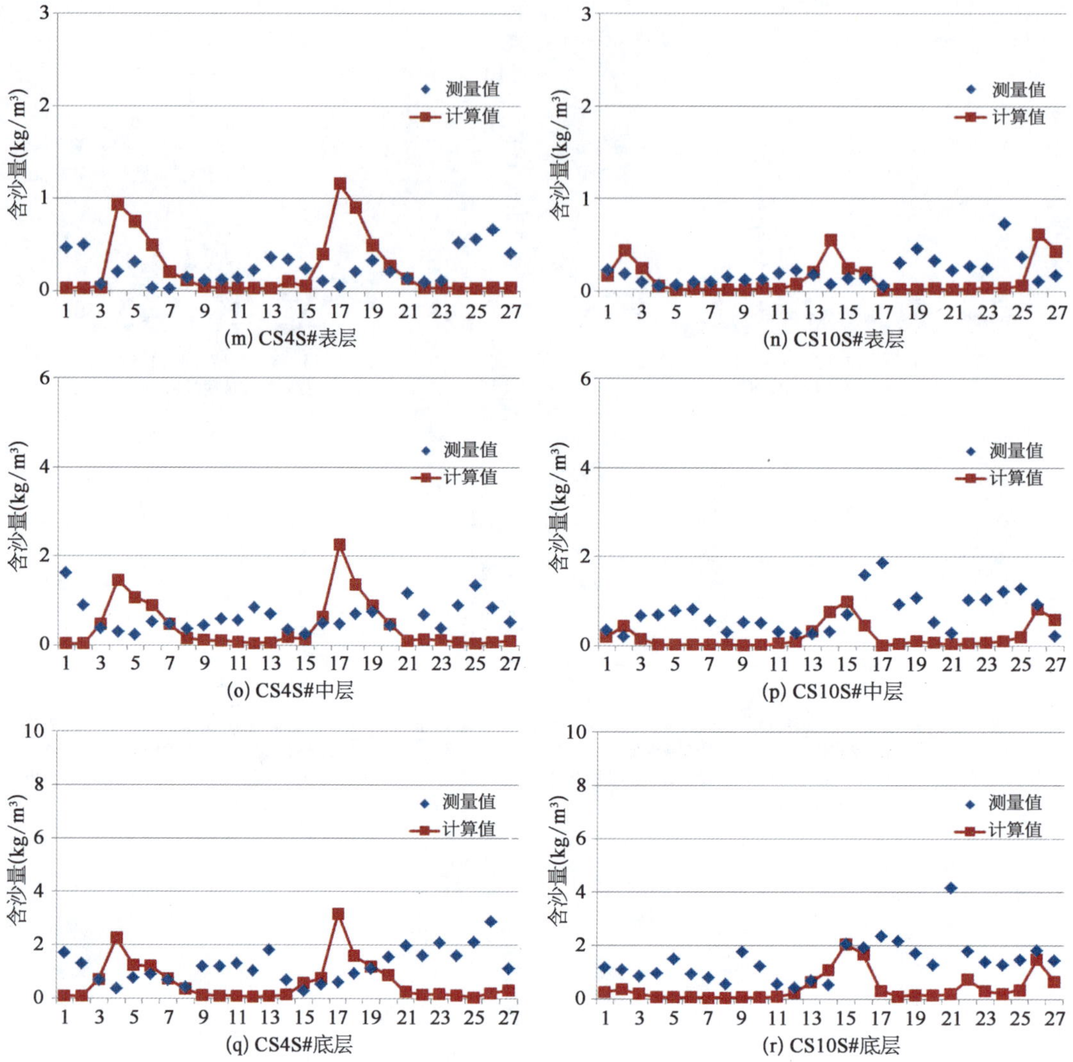

图 18 含沙量验证

全年回淤量验证图如图 19 所示,实测全年回淤量 6603 万 m³,数模计算值约为 6843 万 m³,误差约为＋3.6%。

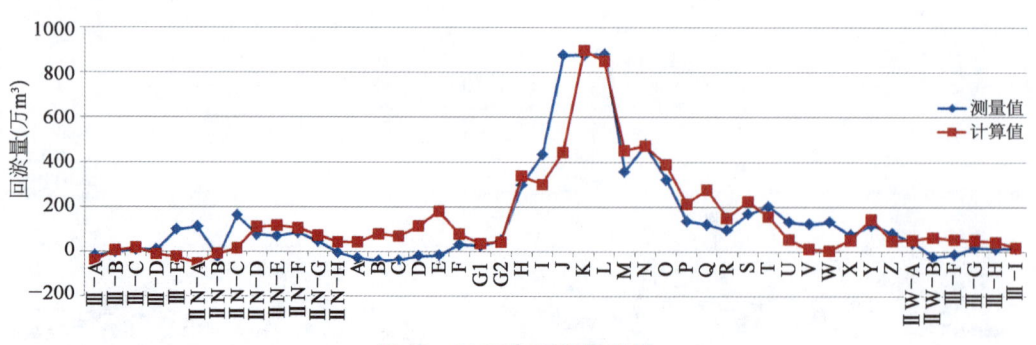

图 19 2015 年回淤量率定

2) 回淤量率定

全年回淤量验证图如图 19 所示,实测全年回淤量 6603 万 m³,数模计算值约为 6843 万 m³,误差约为＋3.6%。

4 潮流泥沙数学模型计算——成陆方案

4.1 横沙成陆计算方案及采点布置

方案布设与科委项目第一阶段研究中的布设方案基本一致,以横沙浅滩滩面形态为主,兼顾北港规划整治工程布设,同时调整了与横沙八期工程的衔接布设。总成陆面积 299 km²。

为分析方案实施后对南槽、北槽、北港、长兴水道及横沙水道水流的影响,于北槽航道内沿各疏浚单元布置 46 个采样点(编号:Ⅲ-A~Ⅲ-H),于北港航道布置 14 个采样点(编号:BG1~BG4),于南槽航道布置 22 个采点(编号:NC1~NC22),南港布置 6 个采样点(编号:NG1~NG6),于青草沙水库大堤外侧前沿程布置 7 个采点(编号:C1~C7)。

为分析方案前后对南港、北港,南槽及北槽的潮量的潮量的影响,布置了 4 个流量断面。

模型计算方案及采点布置如图 20 和图 21 所示。

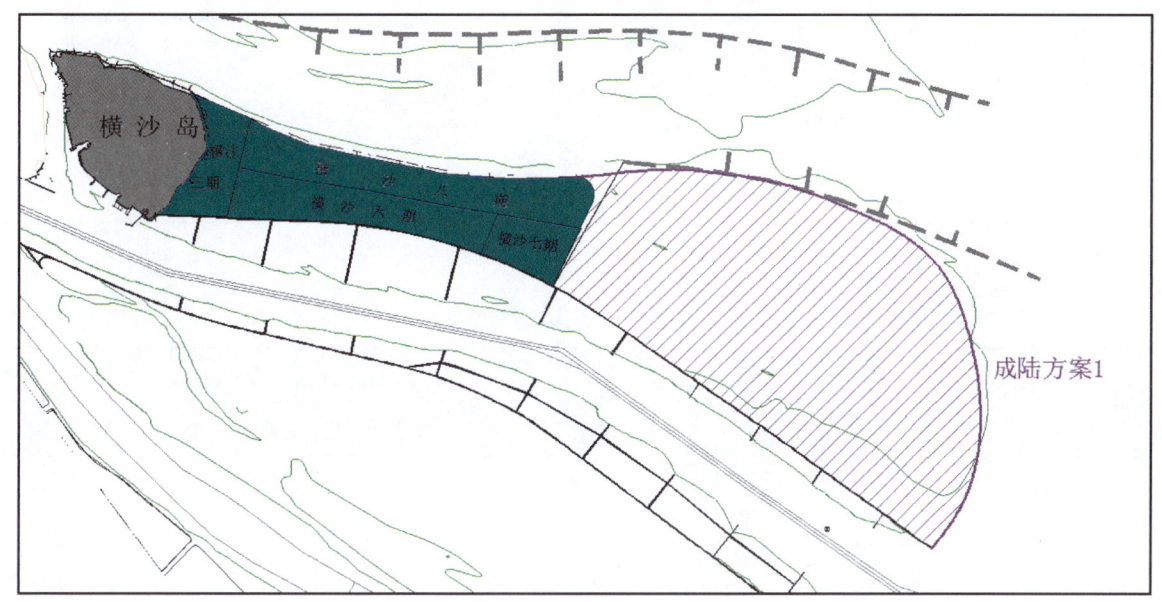

图 20 横沙成陆方案布置

4.2 横沙成陆对周边影响分析

横沙东滩是横沙岛东侧的大型水下浅滩,也是长江口门三大拦门沙浅滩之一,是北港与北槽的主要水沙交换区域。本次布置的横沙不同成陆方案减小了滩槽泥沙交换,束窄了过水断面,对周边汊道及工程会产生一定的影响,潮流、泥沙型研究主要成果如下。

4.2.1 对长江口河势格局影响

1) 纳潮量变化

横沙东滩新陆域成陆后,增加了上下游河槽阻力,减小了纳潮容积及过水断面面积,也在一定程度上减小了长江口纳潮量。对周边汊道分流也会产生不同程度的影响。

工程对长江口纳潮量的影响主要集中在横沙新陆域两侧的北港下段及北槽河段,其中对涨潮潮量的影响较为明显,工程后一个潮周期内涨潮量的变幅大于 10%,而落潮量的变化均较小,落潮量变幅基本在 3% 以内。由于本次模型计算为定床模型计算,没有考虑工程后地形的调整,对潮量的影响会偏大,工程后各汊道潮量的变化会随着地形的调整有所恢复。

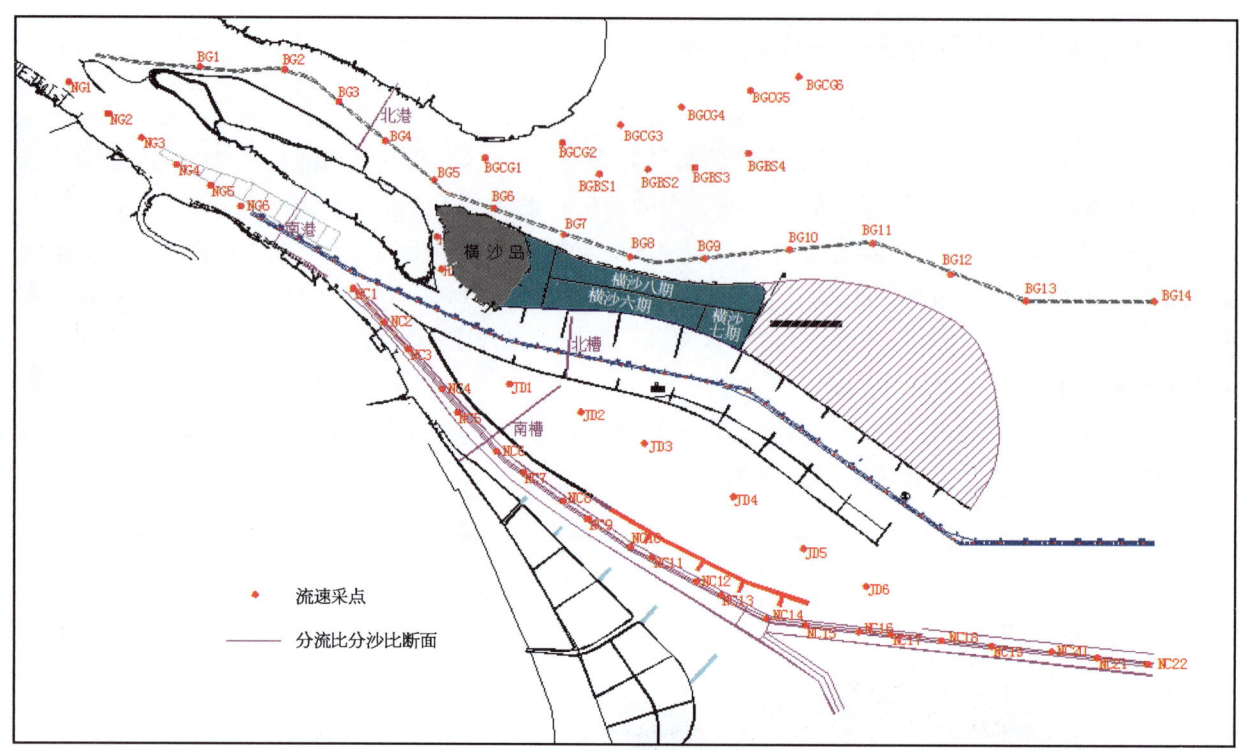

图 21 横沙成陆方案采点、断面布置

表 6 方案前后涨、落潮潮量变化

断　面	落　潮		涨　潮	
	方案前(亿 m³)	方案后变化量	方案前(亿 m³)	方案后变化量
北　槽	19.5	0.5%	10.5	21.9%
南　槽	23.6	2.6%	20.7	1.1%
北　港	37.8	0.1%	14.4	−10.7%
南　港	33.5	1.1%	19.7	10.8%

2) 分流比变化

横沙新陆域整体成陆后,北港涨、落潮分流比均有所减小,南港则有所增加;北槽涨潮分流比略有增加,而落潮分流比略有减小。分流比整体变幅不大,其中落潮分流的调整幅度在1%以内,而涨潮分流的调整幅度在2.5%以内。可见横沙新陆域方案实施后对长江口的分流格局影响不大。

表 7 方案前后主要断面落潮分流比变化

断　面	本　底	落　潮	本　底	涨　潮
北　槽	45.2%	−0.5%	33.8%	2.3%
南　槽	54.8%	0.5%	66.2%	−2.3%
北　港	53.0%	−0.3%	42.3%	−2.6%
南　港	47.0%	0.3%	57.7%	2.6%

4.2.2 对长江口周边航道的影响

图 22 给出了方案实施后涨、落急时刻流场矢量图。

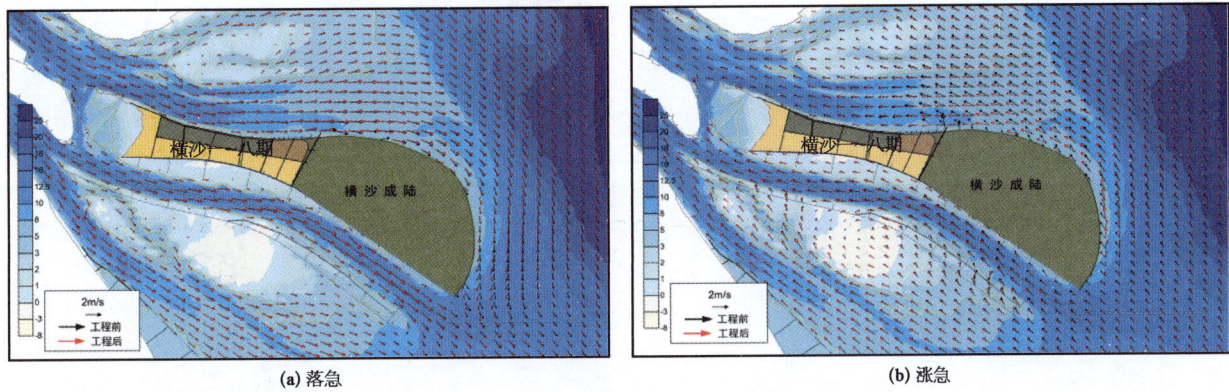

图 22　方案实施后涨落急流场图

图 23 给出了方案实施后涨、落潮最大流速变化图。

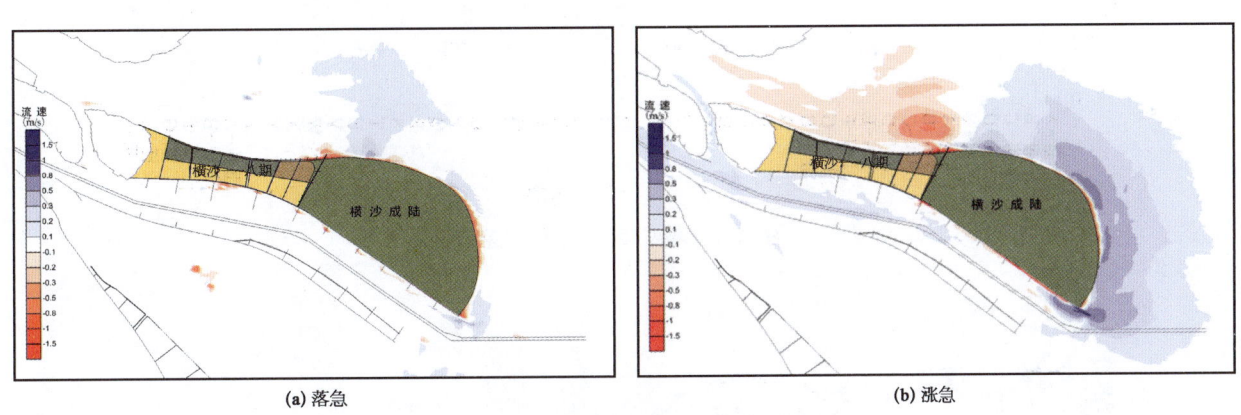

图 23　方案实施后涨落急流速变化图

横沙成陆方案实施后，大范围流场没有变化，变化主要集中在北港下段及横沙东滩外侧。方案后，由于北港整治工程归顺水流，北港下段旋转流性质转变为往复流；横沙东滩外海侧旋转流特性也有所减弱；北槽口外水流变化较小，仍为旋转流，北槽内涨潮时由南向北的横向流也有所减弱，涨潮流向与航道夹角减小。

从涨、落急流速变化图中可以看出，北槽中上段（包含目前回淤困难段）涨落急流速以增加为主，有利于航道水深的维护。北槽下段流速由于阻力增大，涨落潮动力略有减弱，流速有所减小；北港拦门沙以上河段流速略有减小，但该处水深相对较深，北港拦门沙浅段流速以增加为主；横沙通道流速有所增加；工程对其他水域流速影响不大。

1) 方案对北槽航道影响

方案实施后，北槽落潮流速变化较小；涨潮流速变化较大，口门处（P～U）单元流速减小 0.02～0.08 m/s，P 单元以上流速增加 0.05～0.25 m/s（图 24）。

北槽中上低流速历时减小 1～2 h；口门处（P～U）低流速历时增加 0.25～0.75 h（图 25）。

2) 方案对南槽航道影响

方案实施后，南槽落潮流速变化较小，变幅在 0.05 m/s 内；涨潮流速进口段略有增加，增幅在 0.02～0.10 m/s（图 26）。

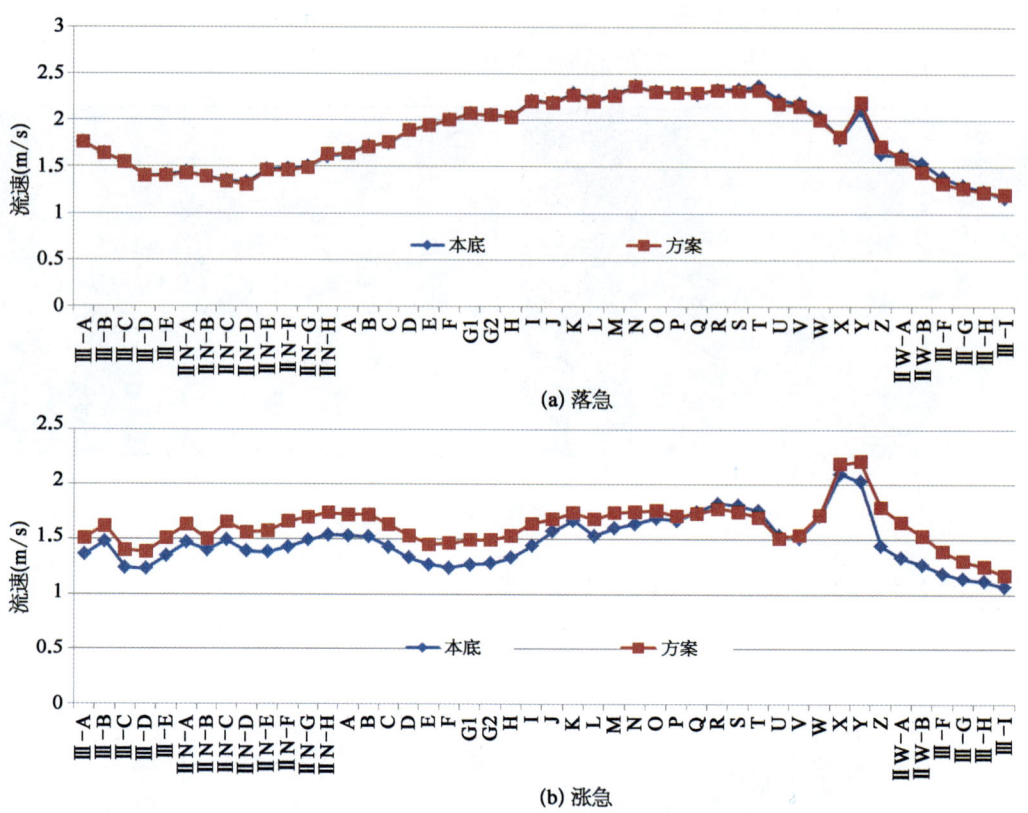

(a) 落急

(b) 涨急

图 24　方案后北槽航道涨、落急流速沿程分布

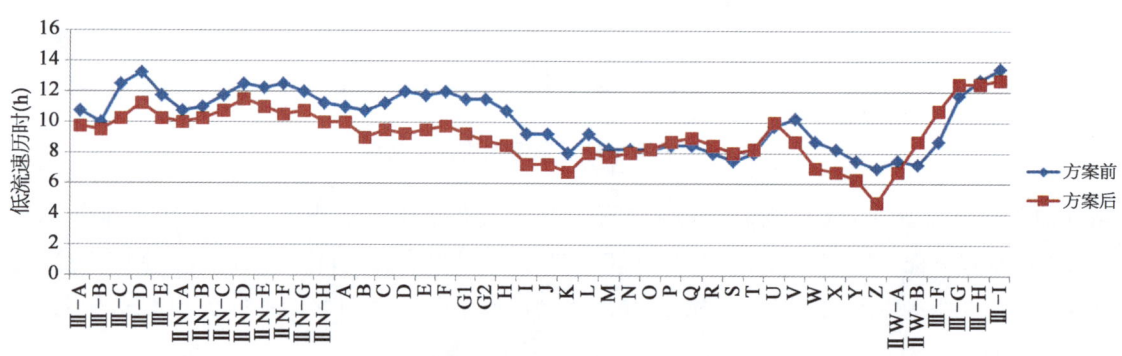

图 25　方案后北槽航道流速历时沿程分布

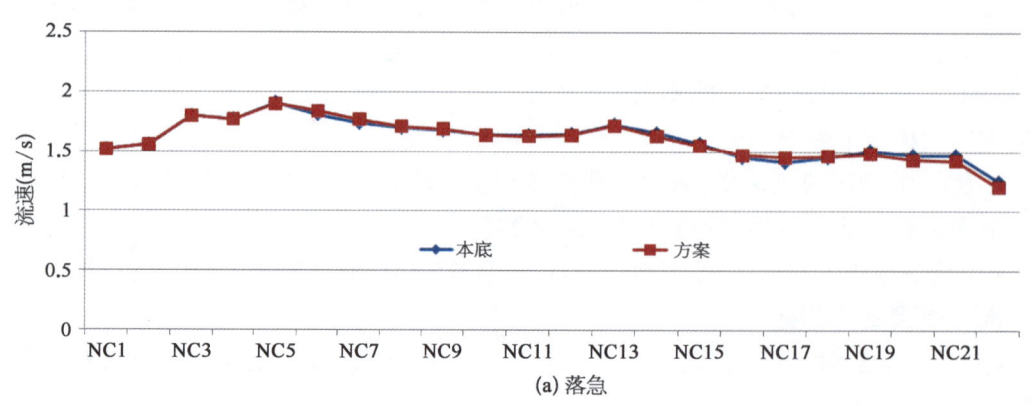

(a) 落急

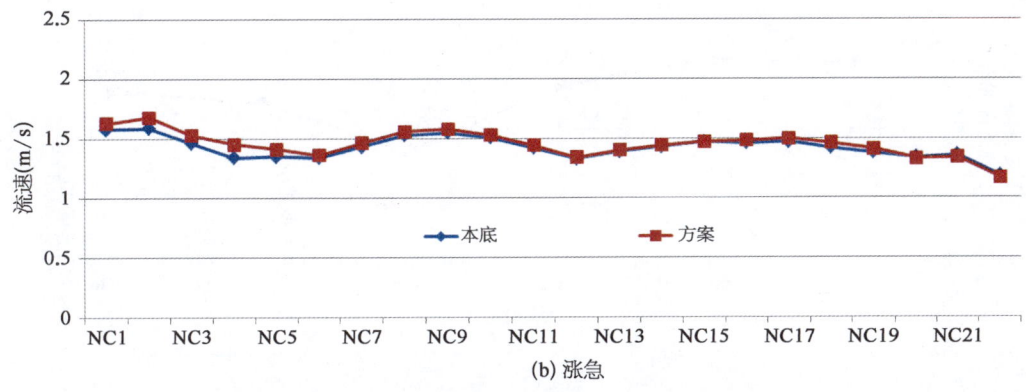

(b) 涨急

图 26　方案后南槽航道涨、落急流速沿程分布

3) 方案对北港航道影响

方案实施后,北港涨、落潮流速变化趋势一致,BG10 以上流速均有所减小,落潮流速减小 0.02~0.10 m/s,涨潮流速减小 0.02~0.25 m/s,BG10 以下均有所增加,落潮流速增加 0.02~0.10 m/s,涨潮流速增加 0.10~0.60 m/s(图 27)。

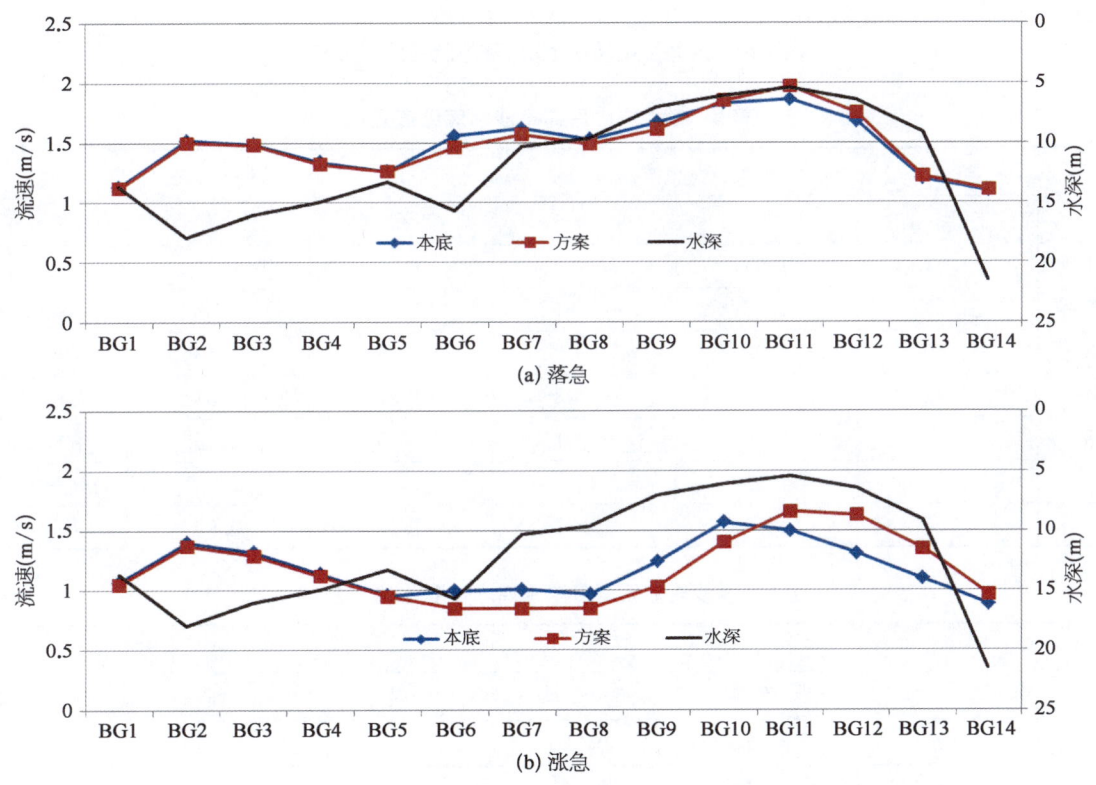

图 27　方案后北港航道涨、落急流速沿程分布

4) 方案对南港航道影响

方案实施后,南港流速变化较小,涨潮流速增加 0.10~0.20 m/s(图 28)。

4.2.3　对青草沙水源地影响

于青草沙水源地沿堤取 7 个采点,统计流速、水位见表 8 和表 9。

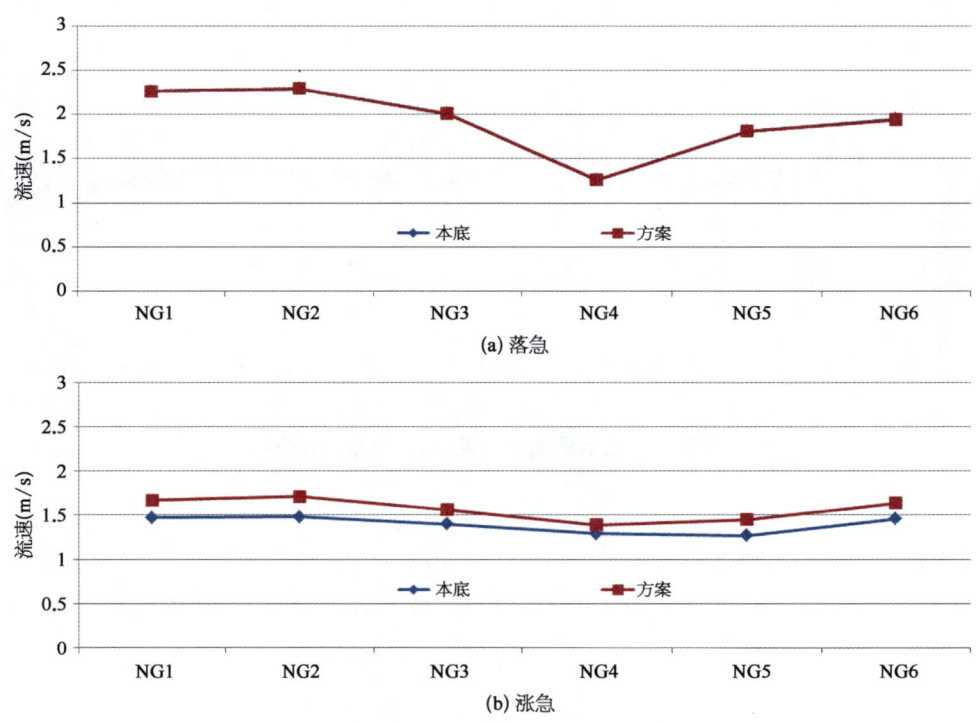

图28 方案后南港航道涨、落急流速沿程分布

表8 横沙成陆后青草沙水库流速变化 (m/s)

采点	落 急			涨 急		
	工程前	工程后	变 幅	工程前	工程后	变 幅
C1	1.54	1.54	0	1.21	1.16	−0.05
C2	1.53	1.52	−0.01	1.46	1.38	−0.08
C3	1.39	1.39	0	1.48	1.43	−0.05
C4	0.79	0.76	−0.03	1.37	1.31	−0.06
C5	1.17	1.16	−0.01	1.19	1.15	−0.04
C6	1.53	1.53	0	1.2	1.13	−0.07
C7	1.55	1.53	−0.02	1.08	0.99	−0.09

表9 横沙成陆后青草沙水库水位变化(85基面) (m)

采点	高 水 位			低 水 位		
	工程前	工程后	变 幅	工程前	工程后	变 幅
C1	3.25	3.27	0.02	−0.49	−0.46	0.03
C2	3.11	3.14	0.03	−0.53	−0.5	0.03
C3	3	3.02	0.02	−0.58	−0.54	0.04
C4	2.94	2.94	0	−0.59	−0.57	0.02
C5	2.86	2.86	0	−0.58	−0.56	0.02
C6	2.78	2.78	0	−0.59	−0.57	0.02
C7	2.69	2.69	0	−0.6	−0.57	0.03

图 29　青草沙水源地采样点布置示意图

横沙成陆实施后,青草沙水源地取水口涨、落急流速变化较小,落潮流速减小 0.01～0.03 m/s,涨潮流速减小 0.04～0.09 m/s;高低水位均有所抬高,高水位抬高 0～0.02 m,低水位抬高 0.02～0.04 m。

4.2.4　方案对长江口水位影响

表 10 给出了横沙成陆方案后长江口主要潮位站高低潮位变化情况。长江口水位主要以抬高为主,高水位抬高 5～20 cm,低水位抬高 2～5 cm。

表 10　方案后长江口主要潮位站潮位变化　　　　　　　　　　（m）

区　域	潮位站点	本　底		方案后	
		高　潮	低　潮	高　潮	低　潮
北　槽	横　沙	4.48	0.45	**0.19**	**0.02**
	北槽中	4.49	0.14	**0.23**	**0.04**
	牛皮礁	4.56	−0.50	**0.16**	**0.04**
南　槽	九段东	4.65	−0.68	**0.14**	**0.05**
	南槽东	4.67	−0.68	**0.13**	**0.03**
	中　浚	4.48	−0.08	**0.21**	**0.02**
南　港	长　兴	4.48	0.74	**0.15**	**0.01**
	吴　淞	4.40	0.95	**0.09**	**0.03**
北　港	共青圩	4.23	0.80	**0.01**	**0.02**
	六　滧	4.34	0.87	**0.03**	**0.03**
	堡　镇	4.35	0.96	**0.07**	**0.03**

4.2.5　结论

(1) 横沙成陆方案对总体河势格局影响不大,落潮分流的调整幅度在 1‰以内,而涨潮分流的调整幅度在 2.5% 以内。

(2) 横沙成陆方案对流场影响整体上来说主要集中在工程区域,主要包括北港中下段、北槽、北港上段;南港和南槽的影响略小;圈围方案对由北槽中下段往北的涨潮流的截断作用较为明显。北槽中上段的涨潮流的强度增加,且北港的中上段涨落潮流均有所减小,其流场变化导致的河势变化和航道回淤影响需要泥沙模型进一步研究。

(3) 横沙成陆方案对青草沙水源地影响较小,流速减小在 0.10 m/s 内;高低水位略有抬高。

(4) 横沙成陆方案后,长江口水位略有抬高。

5 潮流泥沙数学模型计算——建港方案

5.1 横沙建港方案计算组次及采点布置

按照口门外伸至口外 8 m、10 m、12 m 等深线布置 3 个方案。

沿港内航道每隔 2 km 布置一个采样点(编号:H1~H11),口门及口外航道每隔 2 km 布置一个采样点(编号:H12~H17),共 17 个采样点;于每个港区布置一个采样点(编号:G1~G4)。

具体布置如图 30 所示。

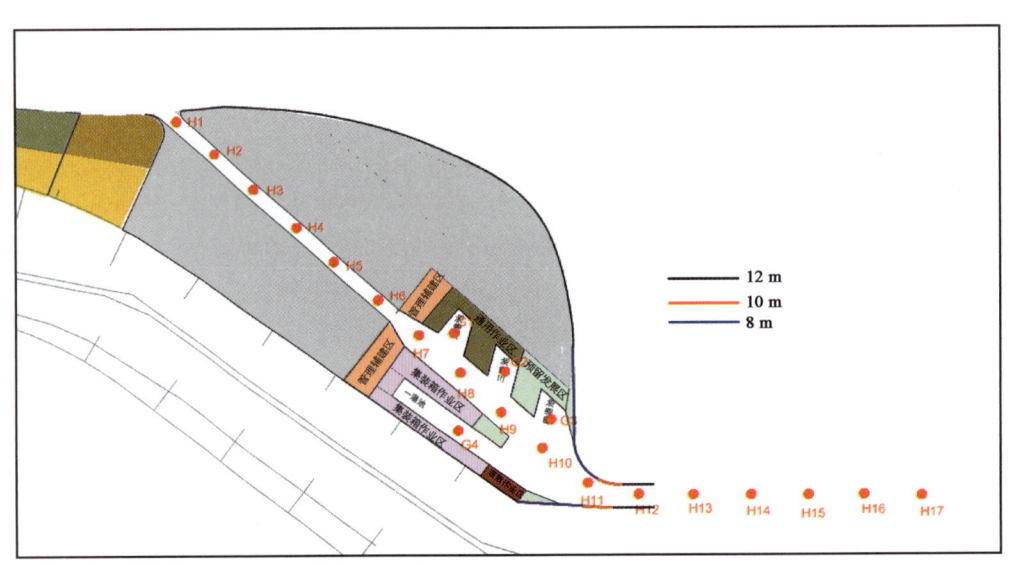

图 30　平面方案及采样点布置

5.2 横沙建港对周边影响分析

5.2.1 横沙建港方案水沙条件分析

1) 流场分析

图 31~图 36 给出三组不同口门方案涨、落急流速分布图;图 37 和图 38 给出三组不同口门方案后,航道沿程涨落急流速沿程分布情况;图 39 和图 40 给出三组不同口门方案后,港区采点涨落急流速沿程分布情况。

(1) 人工运河(H1~H6)。由于三方案区别仅口门外延长度不同,对上游的人工运河影响较小,三组港区方案实施后,人工运河内(H1~H6)涨、落急流速基本相当,运河内的涨落潮流向与运河走向一致,落急流速为 1.9~2.4 m/s,涨急流速为 1.9~2.1 m/s。其中,人工运河上口端(与北港交界区)流速较大,航道流速过大可能不利于船舶的通航安全,下阶段对方案进行优化;运河内沿程流速平缓,涨、落急流速均在 2.0~2.1 m/s。

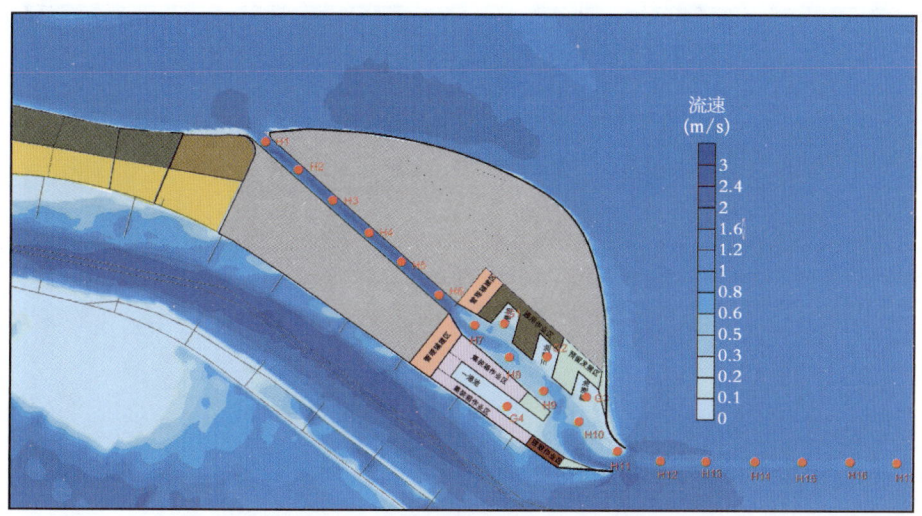

图 31　口门外伸至 8 m 线方案落急流速分布

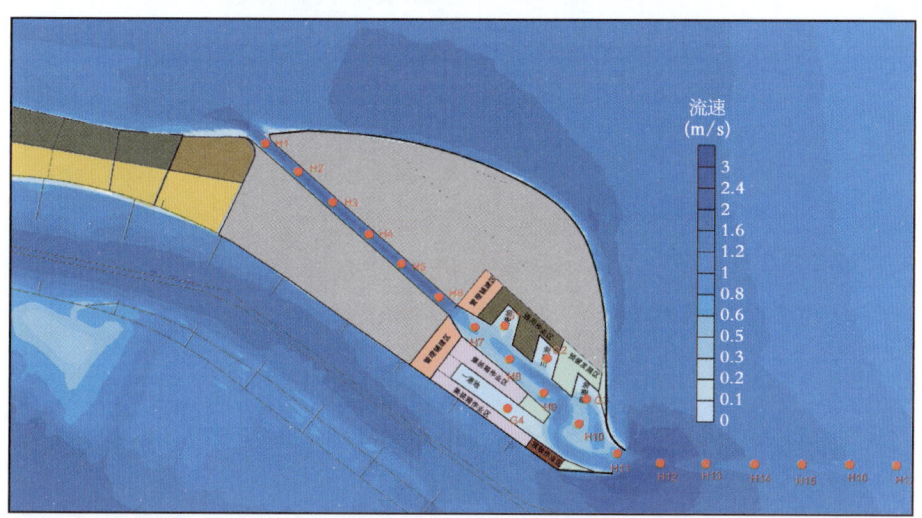

图 32　口门外伸至 8 m 线方案涨急流速分布

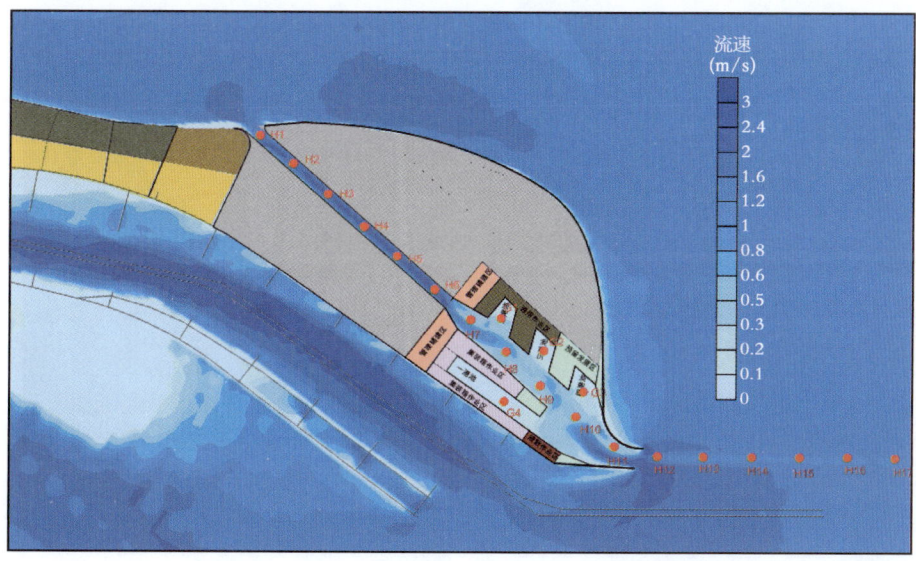

图 33　口门外伸至 10 m 线方案落急流速分布

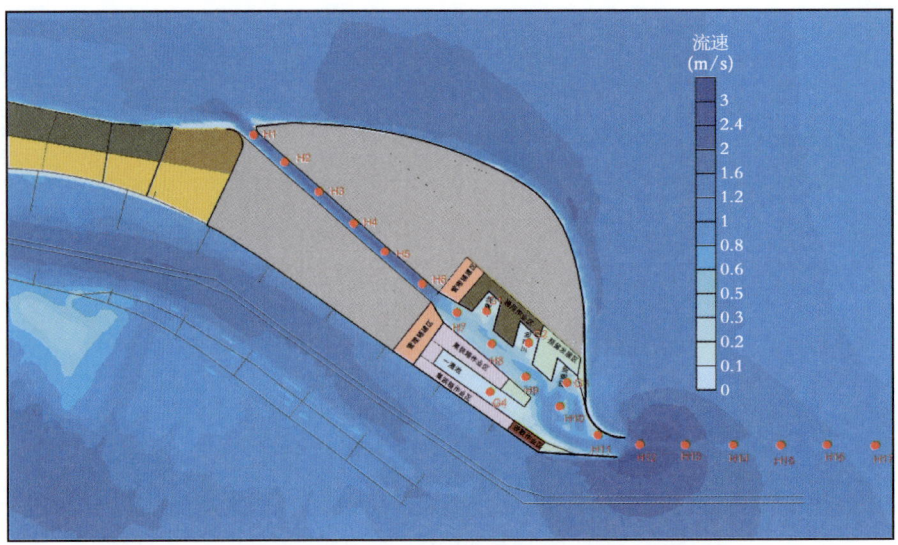

图 34　口门外伸至 10 m 线方案涨急流速分布

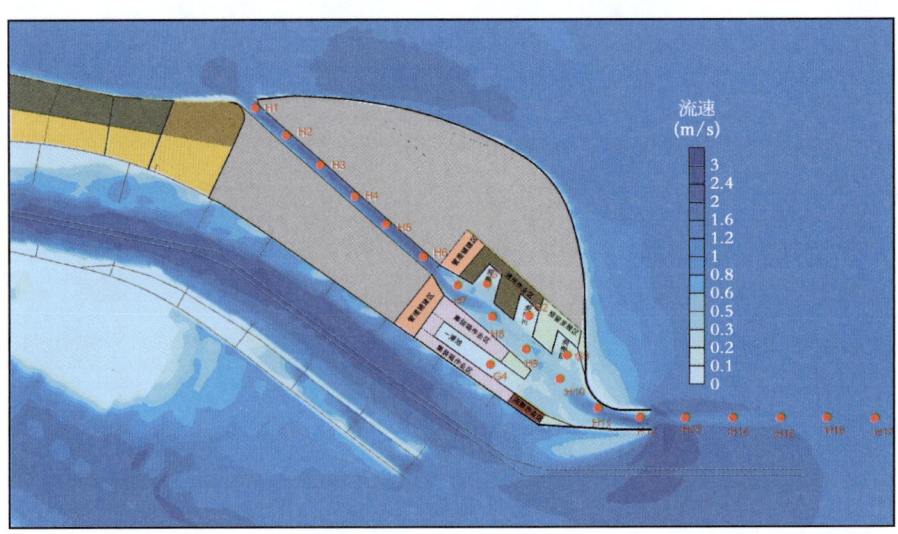

图 35　口门外伸至 12 m 线方案落急流速分布

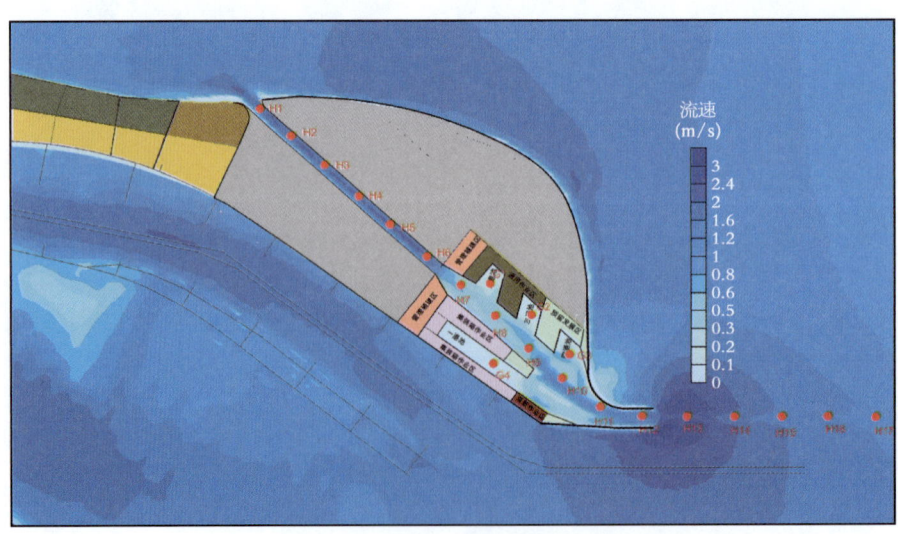

图 36　口门外伸至 12 m 线方案涨急流速分布

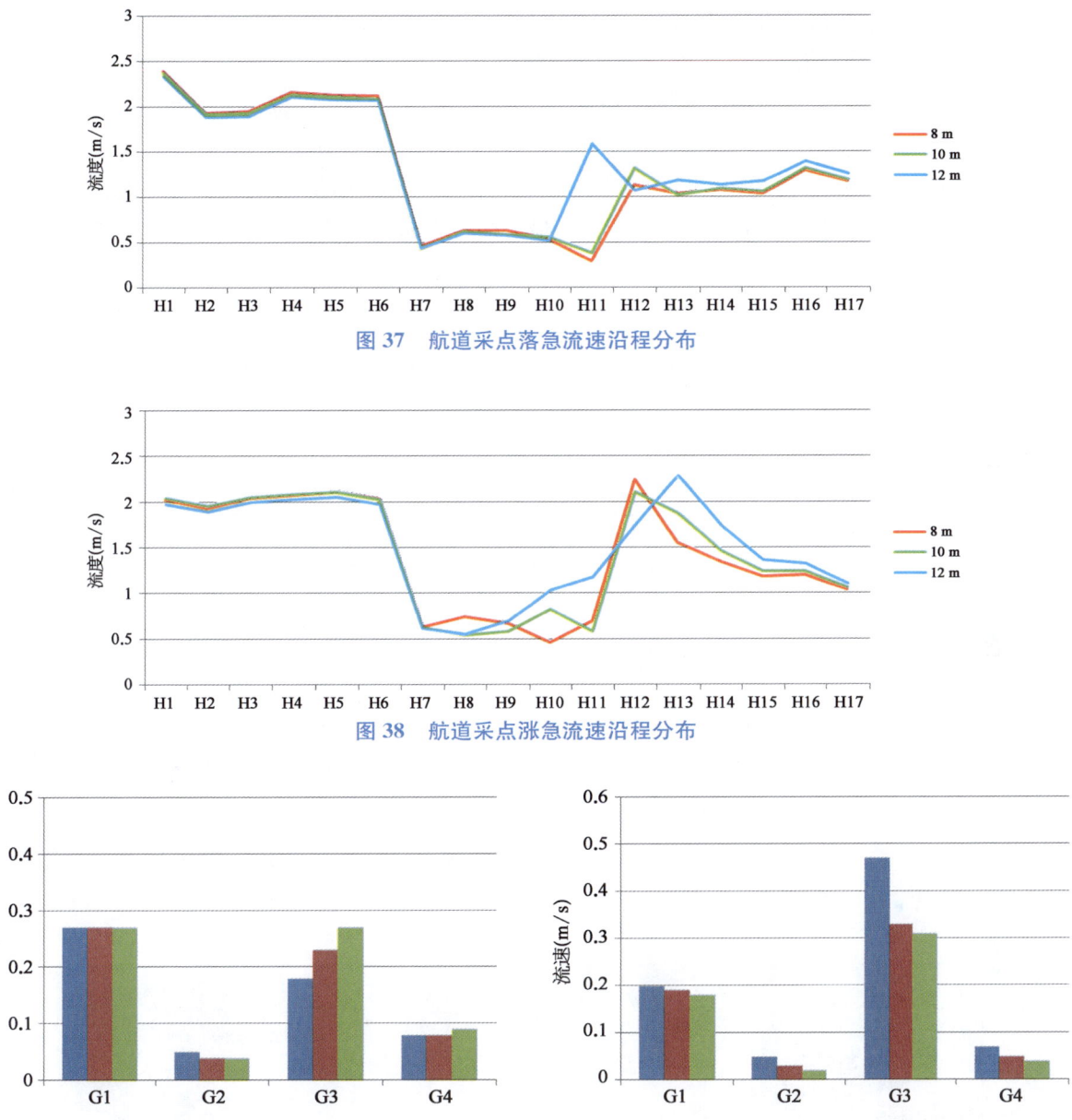

图 37　航道采点落急流速沿程分布

图 38　航道采点涨急流速沿程分布

图 39　港区采点落急流速

图 40　港区采点涨急流速

(2) 港区支航道(H7～H10)。三口门方案实施后,港区内支航道涨、落急流速总体较小。口门 8 m 线方案后,该区域采点落急流速在 0.47～0.64 m/s,涨急流速在 0.47～0.75 m/s;10 m 线方案后,该区域采点落急流速在 0.44～0.62 m/s,涨急流速在 0.55～0.83 m/s;12 m 线方案后,该区域采点落急流速在 0.45～0.61 m/s,涨急流速在 0.56～1.02 m/s;三方案落急流速基本相当,口门外延至 12 m 等深线方案涨急流速最大,口门外延至 8 m 等深线方案涨急流速最小。

(3) 港池内(G1～G4)。三口门方案实施后,港池内流速均较小,涨、落急流速均小于 0.5 m/s。

(4) 口门处(H11～H13)。三口门方案实施后,该区段流速略有差别。口门 8 m 线方案后,该区域采点落急流速在 0.3～1.14 m/s,涨急流速在 0.7～2.25 m/s;10 m 线方案后,该区域采点落急流速在 0.39～1.33 m/s,涨急流速在 0.6～2.11 m/s;12 m 线方案后,该区域采点落急流速在 1.08～1.59 m/s,涨急流速在 1.18～2.30 m/s。

（5）口外深水航道区（H14～H17）。口门 8 m 线方案后，该区域采点落急流速在 1.09～1.3 m/s，涨急流速在 1.05～1.35 m/s；10 m 线方案后，该区域采点落急流速在 1.07～1.33 m/s，涨急流速在 1.07～1.47 m/s；12 m 线方案后，该区域采点落急流速在 1.14～1.4 m/s，涨急流速在 1.11～1.74 m/s。

由于口外航道以旋转流为主，统计口门处最大横流见下表，8 m 方案最大横流不超过 0.62 m/s；10 m 方案最大横流不超过 0.64 m/s；12 m 方案最大横流不超过 0.69 m/s。

表 11　三口门方案最大横流统计　　　　　　　　　　　　　　　　（m/s）

口门位置采点	8 m 方案	10 m 方案	12 m 方案
H14	0.46	0.46	0.59
H15	0.54	0.61	0.60
H16	0.57	0.60	0.64
H17	0.62	0.64	0.69

2）含沙量场分析

横沙深水新港建成后，由于来沙量减小，港区内的含沙量普遍较低，全潮平均含沙量基本在 1.0 kg/m³ 以内。

其中：人工运河区域，受北港拦门沙段高含沙量区域泥沙上溯扩散进入人口运河口门影响，含沙量水平相对较高，含沙量在 0.6～0.8 kg/m³；进入港区后，全潮平均含沙量基本维持在 0.1～0.4 kg/m³；口外航道含沙量在 0.3～0.5 kg/m³。

由于口门 12 m 方案外延最长，口外含沙量最低，涨潮流进入港区水体含沙量相比其余两个方案较低，该方案整个港区的含沙量水平最低。

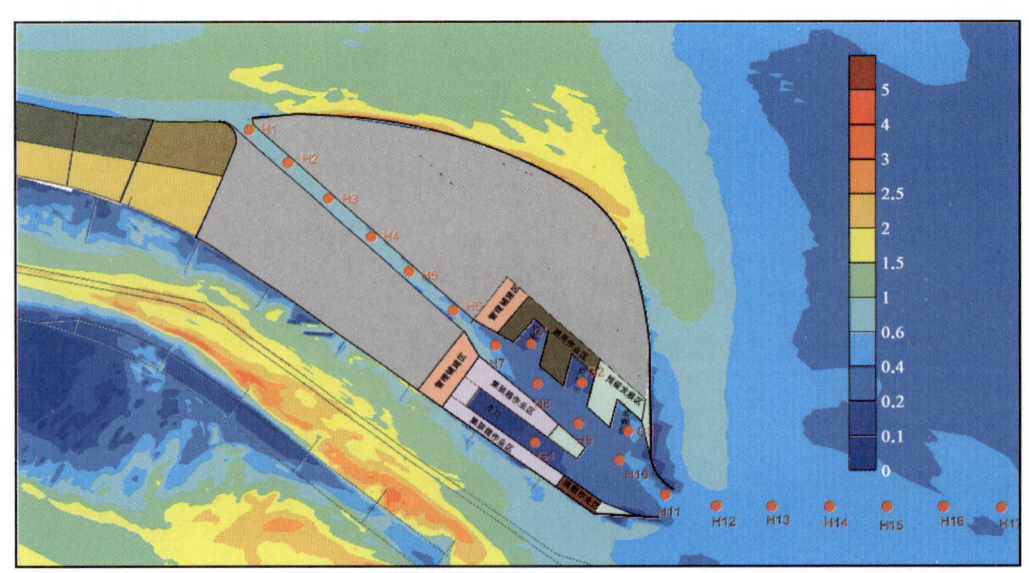

图 41　口门外伸至 8 m 线方案全潮平均含沙量分布（底层）

3）回淤强度分析

取洪、枯季平均潮型及上游流量，各计算 15 d 大、中、小潮型，折算全年淤强。

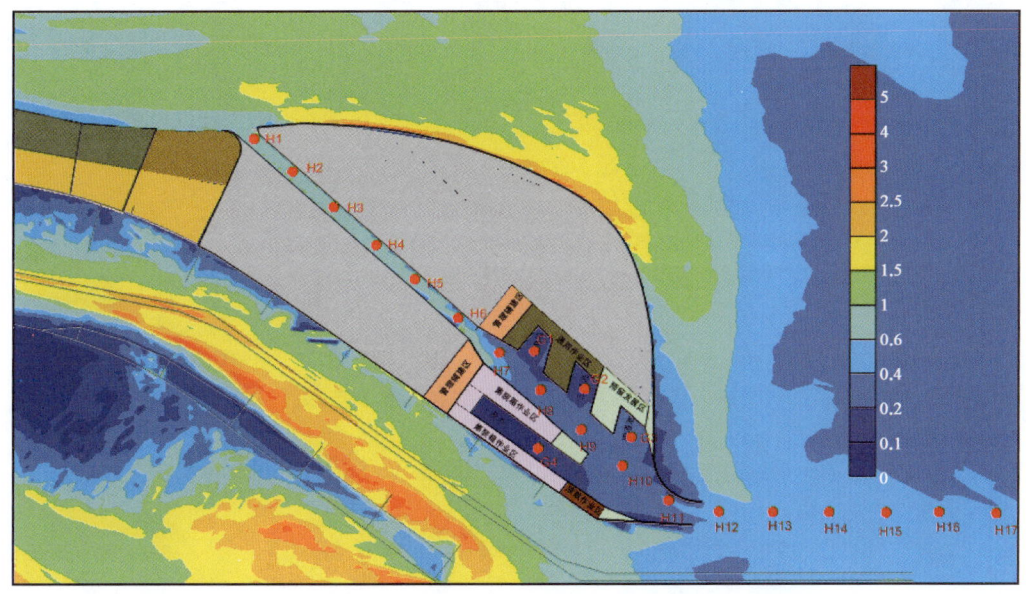

图 42　口门外伸至 10 m 线方案全潮平均含沙量分布（底层）

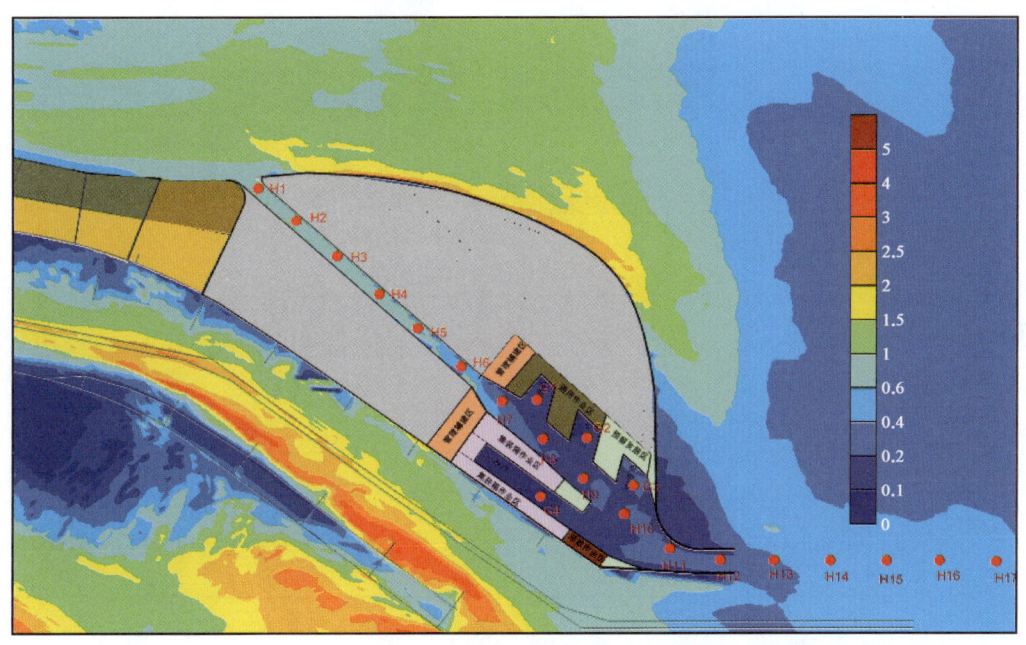

图 43　口门外伸至 12 m 线方案全潮平均含沙量分布（底层）

港区总体回淤强度较低，8 m 口门方案实施后，人工运河内航道区域沿程淤强为 0.3～0.6 m/a，平均淤强约 0.45 m/a；港区内航道沿程淤强为 0.23～0.59 m/a，平均淤强约 0.41 m/a；港池内平均含沙量相对较低，淤强为 0.16～0.38 m/a，平均淤强约 0.27 m/a；口门处沿程淤强在 0.10～0.56 m/a，平均淤强为 0.33 m/a；口外段航道沿程淤强为 0.16～0.53 m/a，平均淤强为 0.35 m/a。

三方案相比：12 m 方案回淤强度最小，10 m 方案次之，8 m 方案回淤强度相对最大。从港区航道、口门年回淤强度分布来看，年回淤强度基本在 0.6 m/a 内，回淤强度不大。

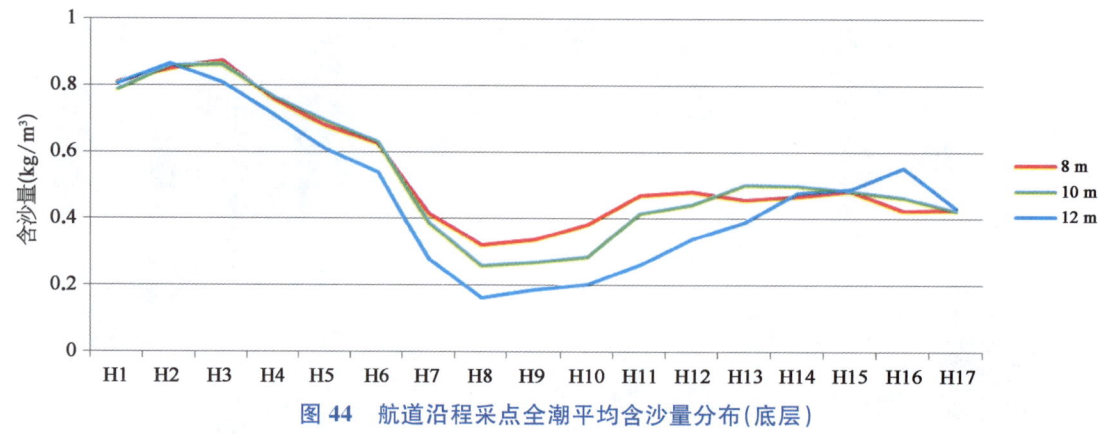

图 44　航道沿程采点全潮平均含沙量分布(底层)

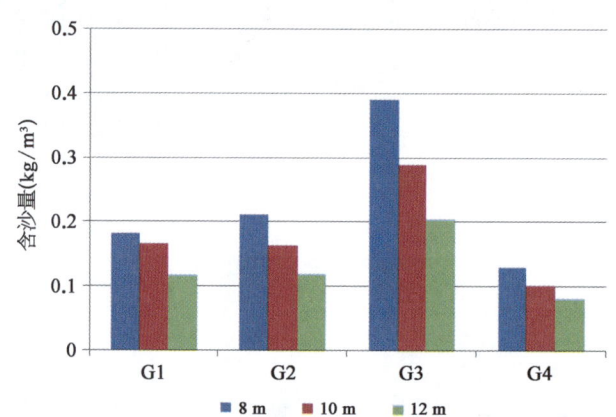

图 45　港区采点全潮平均含沙量分布

表 12　各方案区段回淤强度统计　　　　　　　　　　　　　　　　　　　　　　(m/a)

区　　　域	8 m方案	10 m方案	12 m方案
人工运河(H1～H6)	0.31～0.62	0.32～0.60	0.28～0.57
港区航道(H7～H10)	0.23～0.59	0.22～0.57	0.14～0.46
港池内(G1～G4)	0.16～0.38	0.13～0.31	0.08～0.26
口门处(H11～H13)	0.10～0.56	0.10～0.55	0.09～0.49
口外航道(H14～H17)	0.16～0.53	0.15～0.53	0.16～0.54

5.2.2　横沙建港方案对北槽深水航道回淤影响

方案前,北槽全年回淤量为6843万 m^3,方案后,北槽航道全年回淤量增加103万 m^3,增加幅度为1.5%。

5.2.3　结论

(1) 从港区航道、口门流速分布来看:港池泊位内总体流速不超过1.0 m/s,航道内流速不超过2.3 m/s,对于局部港池与航道连接水域存在回流区,但流速总体不大,应注意港池航道的顺接。

(2) 从港区航道、口门含沙量分布来看,由于港区受岸线控制,基本处于半封闭状态,港区航道含沙量水平不高,底层平均含沙量基本在1 kg/m^3内。

(3) 从港区航道、口门年回淤强度分布来看,年回淤强度基本在0.6 m/a内,回淤强度不大。

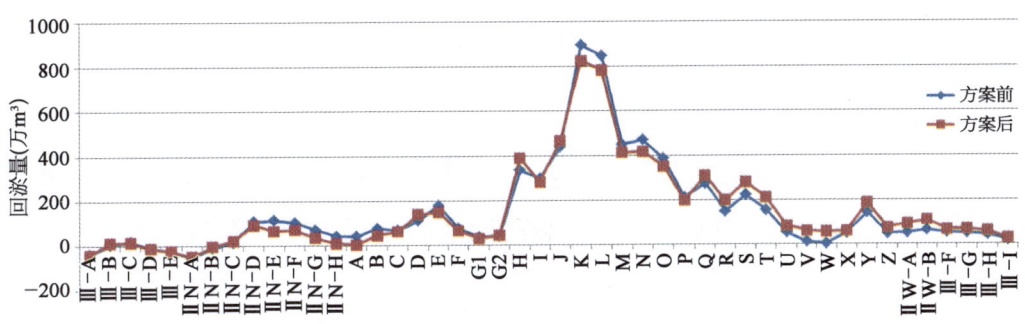

图 46　方案前后北槽深水航道回淤沿程变化

(4) 港区东侧口门在 8～12 m 水深区域布设，所产生的港区回淤影响差异不大，相比而言 12 m 方案回淤强度最小，10 m 方案次之，8 m 方案回淤强度相对最大。但是港区口门设置在较深水区，对横沙东滩东侧南北向水流交换的影响增大，口外航道横流增加。方案推荐需考虑横流、回淤，以及台风天气波浪条件等其他因素综合确定。

(5) 从港区方案对北槽航道影响来看，建港方案实施后，北槽深水航道年回淤量增加约 103 万 m³，增幅约为 1.5%。

横沙大道延伸和浅滩成陆对长江口深水航道的影响和对策研究

上海河口海岸科学研究中心

子课题组组长：吴华林（研究员、总工程师）
技术负责人：戚定满（副主任、研究员）
子课题执笔人：李文正（副处长、高级工程师）
　　　　　　顾峰峰（副研究员）
　　　　　　贾　晓（副研究员）
主要参加人员：王　巍（副研究员）
　　　　　　万远扬（副研究员）
　　　　　　沈　淇（副研究员）
　　　　　　孔令双（研究员）

- 水沙数学模型的建立
- 极端条件下数学模型的改进
- 极端条件下航道稳定性、维护可行性研究

1 前言

1.1 项目概况

当前上海资源的承载能力与城市发展对资源的需求之间的矛盾比较突出，在此情况下，目前上海城市发展的思路是资源约束条件下的转型发展，严格控制人口规模和建设用地规模，实现建设用地负增长，做到生态空间只增不减，建设用地只减不增。这样的发展思路针对目前状态下的上海城市发展是切实可行和有效的，但从前瞻的、长远的角度看，上海有必要寻求新的土地资源，形成新的城市发展空间。

2013年在上海市科委支持下，由陈吉余院士领衔，华东师范大学国际航运物流研究院包起帆、郑伟安院长与国内众多专家一起，联合全国和上海相关研究机构、企业、部门，共同组成了研究团队，立项开展了"上海城市发展新空间和深水新港战略研究"，于2015年5月结题。课题组在原有9家单位组成的研究团队基础上，在研究经费不变的情况下，为了更好地从各个层面开展课题研究，主动邀请了南京水科院、上海发改院、上海规划院、上海环科院、上海建交院、上海水务院等专业科研单位共同参与，为课题的研究增添了力量。

在研究过程中，课题组充分发挥了科研人员的积极性和创造性，通过产学研用结合，利用课题组综合优势，对新横沙的发展战略和空间布局、上海深水新港的建设进行了初步研究，研究结论认为：新

横沙的成陆开发和深水新港的建设将为上海创新驱动、转型发展的中长期发展战略提供发展空间,为上海、长三角地区、长江流域乃至全国的经济社会可持续发展培育了战略新支点。

课题研究引起了国家相关部委和上海市相关部门的极大关注,韩正书记、杨雄市长等领导对课题组递交的报告给予了五次批示,有关部委多次召开有关横沙开发的专题会议,新横沙已成为未来上海市发展空间和深水新港的重要选项。

在近3年对新横沙成陆开发和深水新港建设的战略研究过程中,国家和上海的经济发展形势发生了很大变化,尽管课题组与时俱进,对课题研究内容做了调整和拓展,但仍有大量的问题需要进一步开展深入研究。

课题组通过大量的调研和科学论证后认为,横沙成陆开发将为上海城市新增480 km²的土地资源,城市空间的拓展有利于提高上海城市的资源承载能力,能够有效缓解上海城市资源紧缺的矛盾。新横沙的开发利用有利于上海创新驱动、转型发展战略的实施,有利于上海产业布局的置换和新产业的发展,有利于上海老城区改造和城市布局的调整,有利于提高上海城市土地的利用价值,有利于上海城市生态环境的改善和优化。对于上述观点,社会各方的认识并未一致,特别是新横沙吹填成陆的必要性和可行性有待深入研究。

研究认为,上海应该抓住"一带一路"、长江经济带、自贸试验区三大战略交汇于新横沙的历时机遇,谋划通过上海港的发展带动整个上海的发展,开展新横沙成陆开发和深水新港建设可行性关键技术的研究。

通过新课题的建立,有条件把前几年开展的关于上海城市发展新空间和深水新港的研究从战略层面深化为可行性关键技术层面,以问题导向,以解决关键技术着手,进一步从港航专业、环境生态、工程技术与管理科学角度深化新横沙的成陆开发和深水新港建设可行性关键技术的研究。

本课题的价值和特色在于:通过产学研用结合,充分发挥课题组在多学科高层次的综合优势,在关键技术研究中采用数理统计、数值模拟、现场观测等技术和方法,集合相关的国内专家学者、政府管理人员和企业高管的意见,对新横沙成陆开发和深水新港建设可行性、功能定位、空间布局、生态影响、航道稳定与整治关键技术及起步工程进行研究。

针对已经结束的"上海城市发展新空间和深水新港战略研究"过程中各方面提出来的问题,领导决策中的疑虑问题,课题研究中尚未解决的新问题,课题组将整合各方在城市规划、城市管理、产业经济、现代物流、港口航运、河口海岸、环境生态等领域的团队优势,研究新横沙成陆开发和深水新港建设可行性关键技术。

本课题研究是《新横沙成陆开发和深水新港建设可行性关键技术研究》的子课题六(《波浪、潮流、泥沙及台风等极端环境条件对建港、航道的影响及关键技术研究》)中的专题三《波浪、潮流、泥沙及台风等极端环境条件对横沙深水新港航道影响及关键技术研究》。

1.2 研究的必要性

长江口是一个易受极端环境条件影响的区域("莫拉克"台风期间的最大波高过程如图1所示),大风过程易在长江口北槽深水航道内形成浮泥,其厚度可达2~2.5 m(图2),由此造成的大风骤淤量在200万~1000万 m³/a(10~20 km长度内)。

横沙新港外航道位于长江口外,水域开敞,水深条件约20 m,紧邻横沙浅滩,易受到波浪台风、寒潮等极端天气作用,需要重点关注航道骤淤影响。

因此,开展风浪等极端环境条件对20 m深水新港外海航道的影响研究十分必要。

1.3 研究依据

(1)《内河航道与港口水流泥沙模拟技术规程》(JTJ 232—1998)。

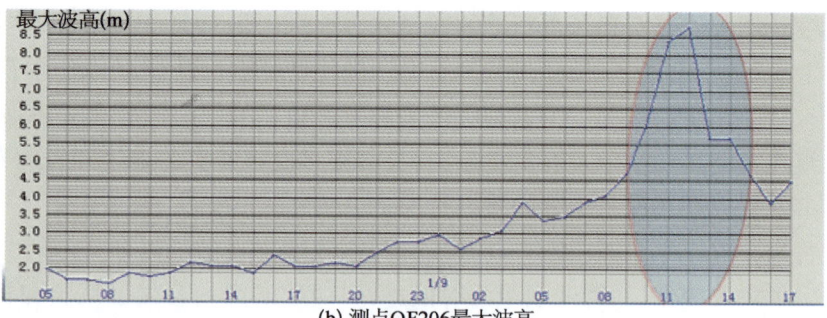

(a) 长江口波浪测点QF206位置　　　　　(b) 测点QF206最大波高

图1　"莫拉克"期间长江口波浪影响示意图

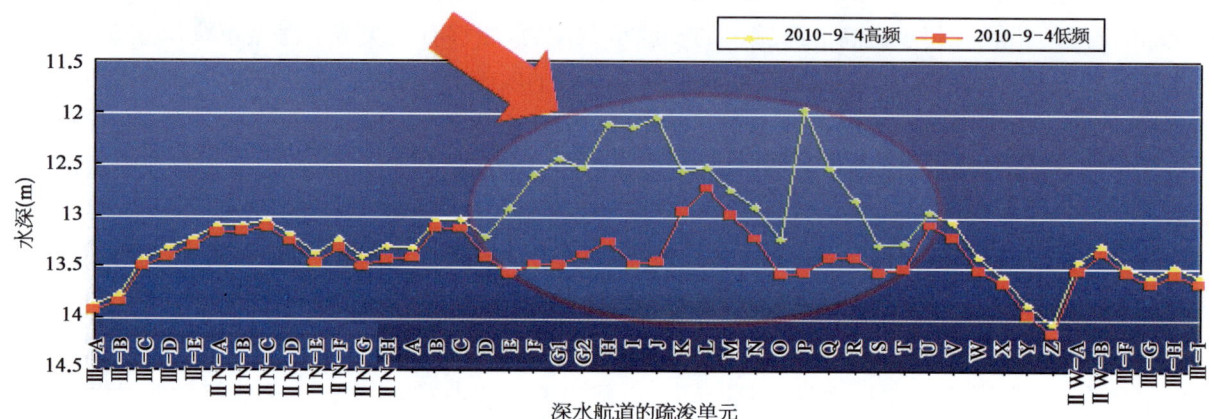

图2　"莫拉克"期间长江口深水航道浮泥分布示意图

(2)《海岸与河口潮流泥沙模拟技术规范》(JTS/T 231—2—2010)。

(3)《海港水文规范》(JTS 145—2013)。

(4)《内河航道与港口水文规范》(JTJ 214—2000)。

(5)《航道整治工程技术规范》(JTJ 312—2003)。

(6)《内河通航标准》(GB 50139—2004)。

(7)《水运工程测量规范》(JTS 131—2012)。

2　水沙数学模型的建立

本项目开展的数模计算主要基于上海河口海岸科学研究中心自主开发的水沙盐三维数值模型——SWEM3D。SWEM3D模型的特点是基于无结构网格和有限体积离散,具有很好的复杂边界适应能力和守恒性,另外对于流场计算采用了欧拉—拉格朗日法追踪,理论上具有无条件稳定的特征,计算效率较高,可以满足复杂岸线区域的研究需要。

2.1　控制方程

模型采用的水动力三维控制方程如下：

$$\frac{\partial \eta}{\partial t}+\nabla \cdot \vec{Q}=0 \quad \vec{Q}=\int_{-k}^{\eta}\vec{U}\mathrm{d}z \tag{1}$$

$$\begin{aligned}\frac{\mathrm{d}}{\mathrm{d}t}(D\vec{U})=&-\frac{D}{\rho_0}\nabla p_\mathrm{a}-gD\nabla\eta-\frac{gD^2}{\rho_0}\int_\sigma^0\left[\nabla\rho-\frac{\sigma'}{D}\frac{\partial\rho}{\partial\sigma'}\nabla D\right]\mathrm{d}\sigma'-D\vec{f}\times\vec{U}\\ &+\nabla\cdot[DA_\mathrm{H}(\nabla\vec{U}+\nabla^\mathrm{T}\vec{U})]+\frac{\partial}{\partial\sigma}\left(\frac{A_\mathrm{V}}{D}\frac{\partial\vec{U}}{\partial\sigma}\right)\end{aligned} \tag{2}$$

$$\frac{\mathrm{d}}{\mathrm{d}t}(DS) = \nabla \cdot (DK_H \nabla S) + \frac{\partial}{\partial \sigma}\left(\frac{K_V}{D}\frac{\partial S}{\partial \sigma}\right) \tag{3}$$

$$\frac{\mathrm{d}}{\mathrm{d}t}(DT) = \nabla \cdot (DK_H \nabla T) + \frac{\partial}{\partial \sigma}\left(\frac{K_V}{D}\frac{\partial T}{\partial \sigma}\right) + D\frac{\dot{Q}}{\rho_0 C_p} \tag{4}$$

$$\rho = \rho(S, T) \tag{5}$$

式中：η 为自由水面；$\vec{U}=(u, v)$ 为流速矢量；$\vec{f}$ 为柯氏力参数；ρ_0 为参考密度；ρ 为水的密度；P_a 为自由水面的大气压强；A_V、A_H 分别为水平涡黏系数、垂直涡黏系数；S 为盐度；T 为温度；K_H、K_V 分别为水平扩散系数、垂直扩散系数；$\dot{Q}$ 为太阳辐射吸收率($\mathrm{W \cdot m^{-2}}$)；C_p 为水体比热[$\mathrm{J/(kg \cdot K)}$]；算子 $\nabla=\left(\frac{\partial}{\partial x}, \frac{\partial}{\partial y}\right)$；$\sigma = \frac{z-\eta}{H+\eta} = \frac{z-\eta}{D}$。

σ 坐标系的垂向流速方程为

$$\omega = w - \vec{U} \cdot \nabla(\sigma D + \eta) - \frac{\partial(\sigma D + \eta)}{\partial t} \tag{6}$$

式中：w 为 z 坐标系下的垂向流速。

Smagorinsky 亚格湍流模型(1963)得到水平涡黏系数 A_H 和水平扩散系数 K_H，定义如下：

$$A_H = c_H \delta a \left[\left(\frac{\partial u}{\partial x}\right)^2 + \frac{1}{2}\left(\frac{\partial v}{\partial x} + \frac{\partial u}{\partial y}\right)^2 + \left(\frac{\partial v}{\partial y}\right)^2\right] \tag{7}$$

为使上述方程收敛，应给出垂向边界条件。在水面，引入风应力使得动量方程的边界条件收敛：

$$\rho_0 A_V \frac{1}{D}\left(\frac{\partial u}{\partial \sigma}, \frac{\partial v}{\partial \sigma}\right) = (\tau_{W_x}, \tau_{W_y}) \quad \sigma = 0 \tag{8}$$

水面风应力由下式得到

$$(\tau_{W_x}, \tau_{W_y}) = \rho_a C_{DS} |\vec{W}|(W_x, W_y) \tag{9}$$

式中：ρ_a 为空气密度；C_{DS} 为风拖曳系数；$\vec{W}(x, y)$ 为水面以上 10 m 处的风速，$|\vec{W}|$ 为其量值，W_x、W_y 为其分量。拖曳系数 C_{DS} 可由下式计算得出：

$$C_{DS} = 10^{-3}(0.61 + 0.063|\vec{W}|) \quad 6 \leqslant |\vec{W}| \leqslant 50 \tag{10}$$

当风速量值超出范围时，C_{DS} 为一常量。

水底摩阻应力由下式所示：

$$\rho_0 A_V \frac{1}{D}\left(\frac{\partial u}{\partial \sigma}, \frac{\partial v}{\partial \sigma}\right) = (\tau_{bx}, \tau_{by}) \quad \sigma = -1 \tag{11}$$

底部应力由下列二次方程给出：

$$(\tau_{bx}, \tau_{by}) = \rho_a C_{Db}\sqrt{u_b^2 + v_b^2}(u_b, v_b) \tag{12}$$

假定边界，且流速呈对数分布，底部拖曳系数 C_{Db} 可由下式得到：

$$C_{Db} = \max\left\{\left(\frac{\kappa}{\ln(\delta_b/z_0)}\right)^2, C_{Db\min}\right\} \tag{13}$$

式中：von Karman 常数 $\kappa=0.4$；$z_0=k_s/30$，k_s 为局部底摩阻；δ_b 为底部计算网格的半厚；$C_{Db\min}$ 通常取值为 0.0025。

三维无结构网格变量分配情况如图 3 所示。另外，紊流模型采用了两个模块，即目前较为流行和成熟的 k-kl 紊流模型计算模块以及零方程模式，将这两个模块直接引入到本模型中来，不在这里详细累述。

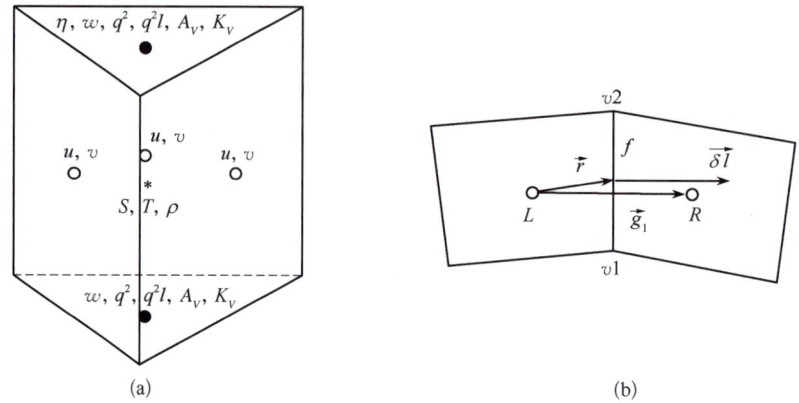

图 3 SWEM3D 模型的无结构网格变量分配示意图

2.2 控制方程的离散及计算流程

方程离散主要采用时间上半隐式，空间上差分，其中对流项利用欧拉—拉格朗日追踪法求解，具体离散方程如下：

$$\delta A_i \frac{\eta_i^{n+1}-\eta_i^n}{\Delta t}+\sum_{f_i}\sum_k \delta\sigma_k \overrightarrow{\delta l_{f_i}} \cdot [(1-\theta)\overrightarrow{q_{(f_i,k)}^n}+\theta\overrightarrow{q_{(f_i,k)}^{n+1}}]=0 \tag{14}$$

$$\begin{aligned}\frac{\overrightarrow{q_{(j,k)}^{n+1}}-\overrightarrow{q_{(j,k)}^n}}{\Delta t}=&-\frac{D_j}{\rho_0}\nabla(P_a^n)_j-D_jg\nabla[(1-\theta)\eta_j^n+\theta\eta_j^{n+1}]-B_H[\vec{q}_{(j,k)}]\\&+\vec{f}_j\times\overrightarrow{q_{(j,k)}^n}+D_H[\vec{q}_{(j,k)}]\\&+\frac{1}{D_j^2\delta\sigma_k}\left\{(A_V)_{[j,t(k)]}^n\frac{\partial\overrightarrow{q^{n+1}}}{\partial\sigma}\bigg|_{[j,t(k)]}-(A_V)_{[j,b(k)]}^n\frac{\partial\overrightarrow{q^{n+1}}}{\partial\sigma}\bigg|_{[j,b(k)]}\right\}\end{aligned} \tag{15}$$

垂向流速一般由连续方程（16）计算得出。

$$\frac{\partial\eta}{\partial t}+\nabla\cdot\vec{q}+\frac{\partial\omega}{\partial\sigma}=0 \tag{16}$$

用有限体积法离散上述方程，可得：

$$\omega_{i,k}^{n+1}=\omega_{i,k-1}^{n+1}-\frac{\delta\sigma_k}{\delta A_i}\sum_{f_i}D_{f_i}\vec{U}_{(f_i,k)}\cdot\overrightarrow{\delta l_{f_i}}+\delta\sigma_k\frac{\eta^{n+1}-\eta^n}{\Delta t} \tag{17}$$

上述方程的边界条件为：

$$当\ \sigma=0, \omega=0; \tag{18}$$

$$当\ \sigma=-1, \omega=0。 \tag{19}$$

第一步：计算预估流场 $\vec{q}^*$。

$$\frac{\vec{q}^{*}_{(j,k)}-\vec{q}^{b}_{(j,k)}}{\Delta t}=-\frac{D_j}{\rho_0}\nabla(P_a^n)_j-D_jg\nabla\eta_j^n-B_H(\vec{q}_{j,k})+D_j\vec{f}_j\times\vec{U}^n_{(j,k)}$$
$$+D_H(\vec{q}_{j,k})+\frac{1}{D^2\delta\sigma_k}\left\{(A_V)^n_{[j,t(k)]}\frac{\partial\vec{q}^{*}}{\partial\sigma}\bigg|_{[j,t(k)]}-(A_V)^n_{[j,b(k)]}\frac{\partial\vec{q}^{*}}{\partial\sigma}\bigg|_{[j,b(k)]}\right\}$$
(20)

上述方程式可写成：
$$\underline{A}_j\cdot\underline{Q}^{*}_j=-D_jg\nabla\eta_j^n+\underline{F}_j \tag{21}$$

式中：$\underline{A}_j$ 为三对角矩阵；$\underline{F}_j$ 包含所有的常数项；$\underline{Q}^{*}_j$ 的定义如下：
$$\underline{Q}^{*}_j=[\vec{q}^{*}_{(j,1)},\vec{q}^{*}_{(j,2)},\cdots,\vec{q}^{*}_{(j,nvrt-1)}] \tag{22}$$

代入水面及水底的边界条件，上述方程可以精确求解。

第二步：水位方程隐式计算。

由方程(15~20)，可以得到：
$$\vec{q}'_{(j,k)}=-\theta D_jg\nabla\eta_j'+\frac{1}{D_j^2\delta\sigma_k}\left\{(A_V)^n_{[j,t(k)]}\frac{\vec{q}'_{(j,k+1)}-\vec{q}'_{(j,k)}}{\partial\sigma_{t(k)}}\right.$$
$$\left.-(A_V)^n_{[j,b(k)]}\frac{\vec{q}'_{(j,k)}-\vec{q}'_{(j,k-1)}}{\partial\sigma_{b(k)}}\right\} \tag{23}$$

式中：$\vec{q}'=\vec{q}^{n+1}-\vec{q}^{*}$；$\eta'=\eta^{n+1}-\eta^n$。

上述方程式可以写成：
$$\underline{A}_j\cdot\underline{Q}'_j=-\theta D_jg\nabla\eta_j^n\underline{I} \tag{24}$$

式中：$\underline{I}$ 为单位矩阵。

方程(14)可以写成：
$$\delta A_i\frac{\eta_i'}{\Delta t}+\sum_{f_i}\sum_k\delta\sigma_k\vec{\delta l}_{f_i}\cdot[\theta\vec{q}'_{(f_i,k)}+\theta\vec{q}^{*}_{(f_i,k)}+(1-\theta)\vec{q}^n_{(f_i,k)}]=0 \tag{25}$$

或者
$$\delta A_i\frac{\eta_i'}{\Delta t}+\sum_{f_i}\theta\vec{\delta l}_{f_i}\underline{\delta\sigma}\cdot\underline{Q}'_{f_i}=Rm_i \tag{26}$$

式中：$\underline{\delta\sigma}=(\delta\sigma_2,\delta\sigma_3,\cdots,\delta\sigma_{nvrt-1})$；$Rm_i=-\sum_{f_i}\sum_k\delta\sigma_k\vec{\delta l}_{f_i}\cdot[\theta\vec{q}^{*}_{(f_i,k)}+(1-\theta)\vec{q}^n_{(f_i,k)}]$。

将式(24)代入式(26)，可得：
$$\delta A_i\frac{\eta_i'}{\Delta t}+\sum_{f_i}\theta^2 D_{f_i}g\vec{\delta l}_{f_i}\cdot\underline{\delta\sigma}\cdot\underline{A}^{-1}_{f_i}\underline{I}\nabla\eta'_{f_i}=Rm_i \tag{27}$$

水位余量的梯度可由下式得出：
$$\vec{gl}_{f_i}\cdot\nabla\eta'_{f_i}\approx\vec{g l}_{f_i}\cdot(\eta'^R-\eta'^L)\vec{g^l} \tag{28}$$

由此，可以得出下述方程式：
$$\left[\frac{\delta A_i}{\Delta t}+\theta^2\sum_{f_i}P_{f_i}\right]\eta_i'-\theta^2\sum_{f_i}(P_{f_i}\eta'_{cf})=Rm_i \tag{29}$$

式中：$P_{f_i} = gD_{f_i} \vec{\delta l_{f_i}} \cdot \vec{g^l} \underline{\delta\sigma} \cdot \underline{A_{f_i}^{-1}} \cdot \underline{I}$。

显然，上述方程的系数矩阵是对称、正定的，因此可以使用有效的稀疏矩阵。

第三步：水位、流量的更新。

$$\eta_i^{n+1} = \eta_i^n + \eta_i', \quad D_i = \eta_i^{n+1} + h_i, \quad Q_j^{n+1} = Q_j^* - \theta \underline{A_j^{-1}} \cdot \underline{I} D_j g \nabla \eta_j' \tag{30}$$

2.3 泥沙数学模型模块介绍

考虑研究区域的悬沙及底沙运动特性，建立工程水域全沙数值模型，分别按悬沙及底沙控制方程进行控制。

2.3.1 悬沙控制方程

悬沙输移是由对流扩散方程决定的，悬沙输移方程则提供平衡状态下的泥沙浓度，模式用沿水深平均的悬沙浓度由下式决定：

$$C_S = \frac{1}{H} \int_0^H c(\zeta) \mathrm{d}\zeta \tag{31}$$

式中：$c(\zeta)$ 为悬沙浓度的垂向分布；ζ 为垂向上的坐标。悬沙对流扩散方程可以表达为：

$$\frac{\partial hC_S}{\partial t} + \frac{\partial}{\partial x}\left[huC_S - \varepsilon h \frac{\partial C_S}{\partial x}\right] + \frac{\partial}{\partial y}\left[hvC_S - \varepsilon h \frac{\partial C_S}{\partial y}\right] = F_S \tag{32}$$

式中：ε 为 x 和 y 方向的泥沙扩散系数，通常取同一值；F_S 为泥沙源汇函数或床面冲淤函数，由下式确定：

$$F_S = \omega_s(\alpha_2 S - \alpha_1 S_*) \tag{33}$$

式中：α_1 为泥沙冲刷概率；α_2 为泥沙淤积概率；ω_s 为悬沙沉速；S_* 为水体挟沙力，一般采用经验公式或半理论方法确定，这里参照窦国仁公式且只考虑水流作用，水流挟沙力计算公式可表示为：

$$S_{c*} = \alpha \frac{\gamma \gamma_s}{\gamma_s - \gamma} \frac{u^3}{C^2 h \omega_s} \tag{34}$$

式中：S_{c*} 为水流挟沙力；γ, γ_s 分别为水流和泥沙容重；C 为谢才系数；u 为水流速度；h 为水深；α 为待定参数。

床面泥沙的交换将导致床面高程的变化，在忽略推移质输沙的情况下，床面变化直接决定于泥沙的淤积通量和起悬通量，可由下式计算：

$$\gamma' \frac{\partial z_b}{\partial t} = F_s \tag{35}$$

式中：z_b 为河床高程；γ' 为泥沙干容重，一般来说，表层淤泥的干容重主要与淤积物的粒径有关，可近似由下式计算：

$$\gamma' = 1750 d_{50}^{0.183} \tag{36}$$

式中：γ' 为表层淤积物干容重（kg/m³）；d_{50} 为淤积物中值粒径（mm）。

河床变化方程：

$$(1 - \varepsilon_{\text{por}}) \frac{\partial Z_b}{\partial t} = (E - D) \tag{37}$$

式中：D 为沉降通量；E 为上扬通量；ε_{por} 为孔隙率。

2.3.2 推移质输沙控制方程

根据窦国仁推移质不平衡输沙方程式为：

$$\frac{\partial (HN)}{\partial t}+\frac{\partial (HNv_x)}{\partial x}+\frac{\partial (HNv_x)}{\partial y}+\alpha_b\omega_b(N-N^*)=0 \tag{38}$$

式中：N 为单元体积内推移质泥沙量；v_x 和 v_y 为流速分量；α_b 为推移质沉降系数；ω_b 为推移质颗粒沉速；N^* 可由下式确定：

$$N^*=\frac{q_b^*}{Hv} \tag{39}$$

式中：q_b^* 为推移质在单位时间内的单宽输沙能力，其用窦国仁公式可以由下式给定：

$$q_b^*=\frac{k_2}{c^2}\frac{\gamma\gamma_s}{\gamma_s-\gamma}m\frac{(u^2+v^2)^{3/2}}{\omega_b} \tag{40}$$

$$m=\begin{cases}\sqrt{u^2+v^2}-V_k & V_k\leqslant\sqrt{u^2+v^2}\\ 0 & V_k>\sqrt{u^2+v^2}\end{cases}$$

式中：V_k 为推移质颗粒的临界起动流速。

由推移质引起的河床变形方程为：

$$\gamma_0\frac{\partial\eta_b}{\partial t}=\alpha_b\omega_b(N-N^*) \tag{41}$$

所以，由悬移质和推移质引起的河床冲淤厚度为

$$\eta=z_b+\eta_b \tag{42}$$

式中：η_b 为推移质引起的冲淤厚度。

2.3.3 泥沙初始条件和边界条件

泥沙初始场给定恒定值，初步选定 0.08 kg/m³。

边界悬沙根据当地的饱和含沙量来给定，出口边界悬沙含沙量纵向梯度为零。

进口边界推移质输沙率根据当地输沙率饱和值来给定，出口边界输沙率纵向梯度为零。

2.4 初始条件

三维计算采用热启动方式，以减少计算量，计算域内的潮位、流速初始场由二维潮流大模型给出，并插值赋值到三维潮流模型计算区域内，流速场初始垂线分布按对数分布经验公式分配。

2.5 参数选取

干滩最小水深取为 0.01 m。

水平向大涡模拟计算参数取值 $c_H=0.1$。

计算时间步长 20 s，追踪分步长为 2~20 步。

垂向涡黏系数取值按经验公式选取，以减少紊流方程带来的计算量：$\varepsilon=ku_*\sigma H(1-\sigma)$；其中，$k$ 为卡门系数；u_* 为近底摩阻流速；σ 为垂线分层相对高度。

最小计算网格尺度初步设定为 5~10 m,最小网格主要分布在工程建筑物附近。

2.6 横沙深水新港三维数学模型的建立

2.6.1 模型计算范围

本次数学模型采用局部加密的非结构网格,图 4 为本次模型计算采用的大范围网格及局部加密网格示意图,横沙深水新港水域局部网格密度达 50 m。模型的地形插值结果(图 4)能较好地反映出工程河段的水下地形的分布特征。

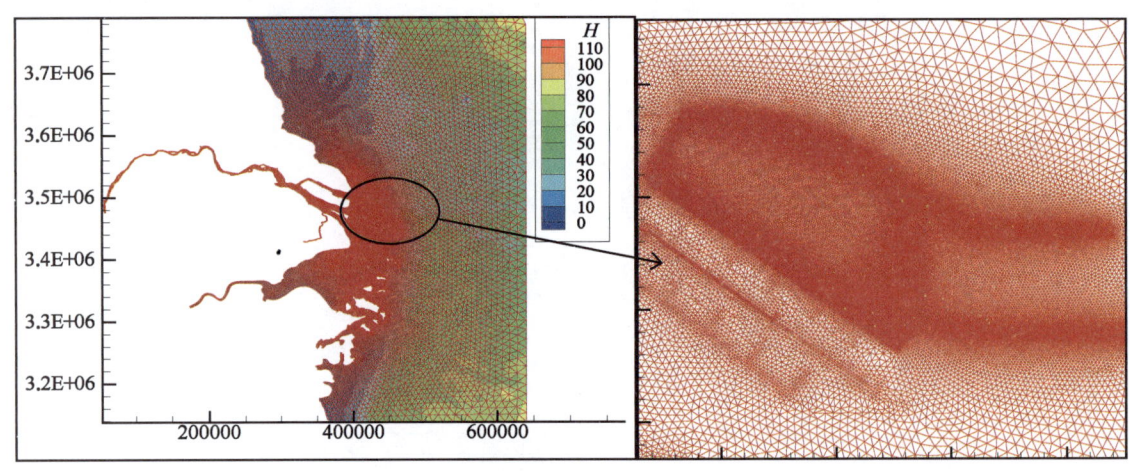

图 4 模型计算网格

2.6.2 模型验证

模型验证选取 2012 年 8 月水文测量资料。其中潮位测站位置和固定水文测点位置如图 5 所示。潮位、流速、含沙量及盐度验证如图 6~图 27 所示。

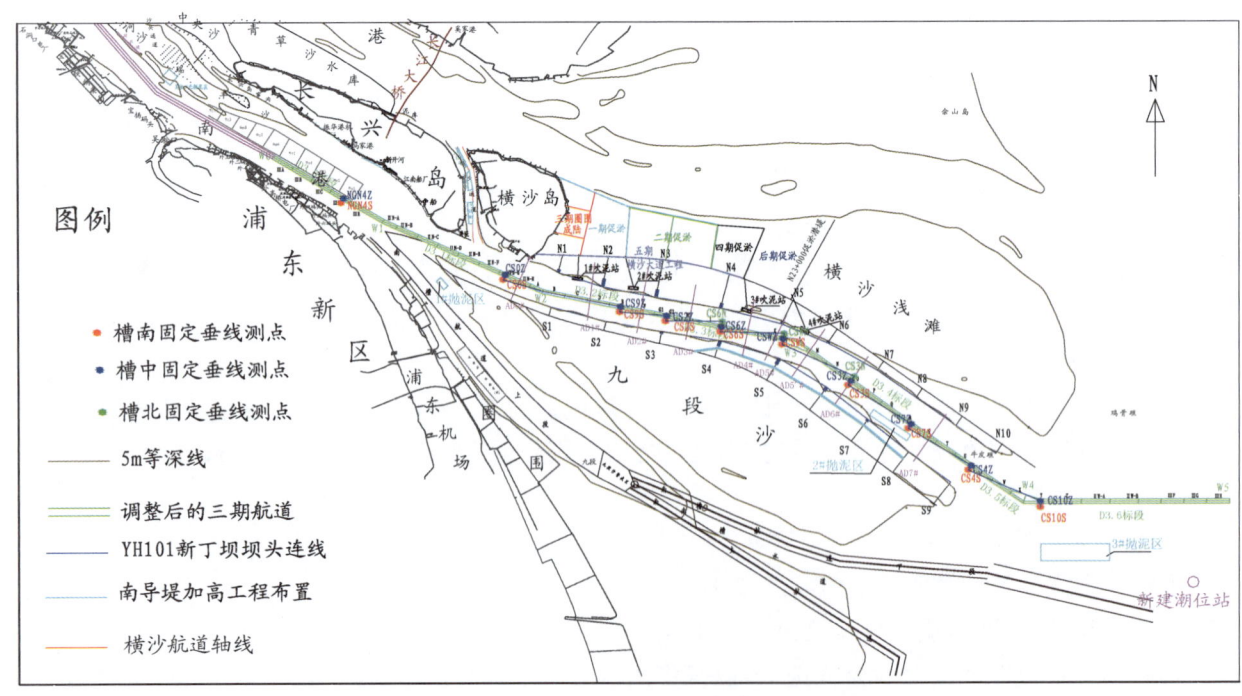

图 5 长江口北槽航道主要工程布置及水文测点图

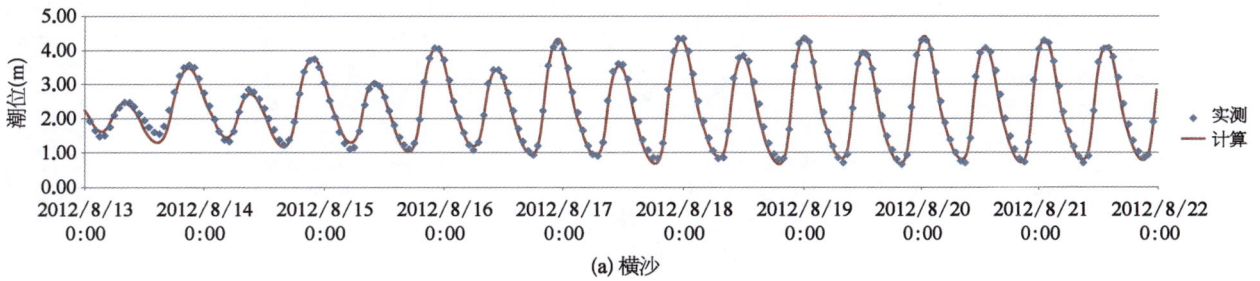
(a) 横沙

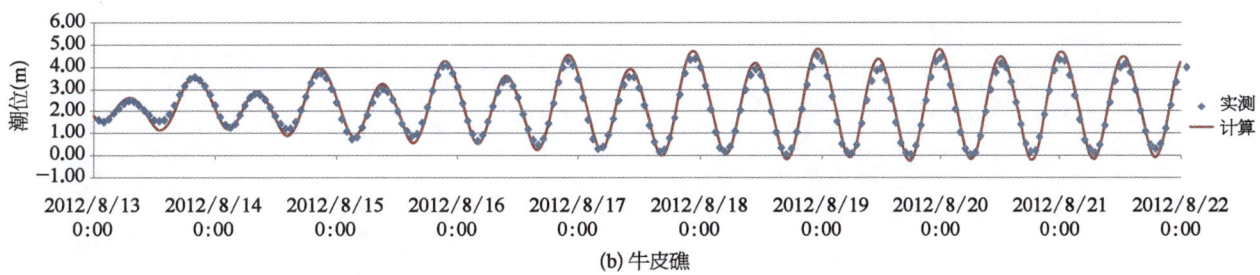
(b) 牛皮礁

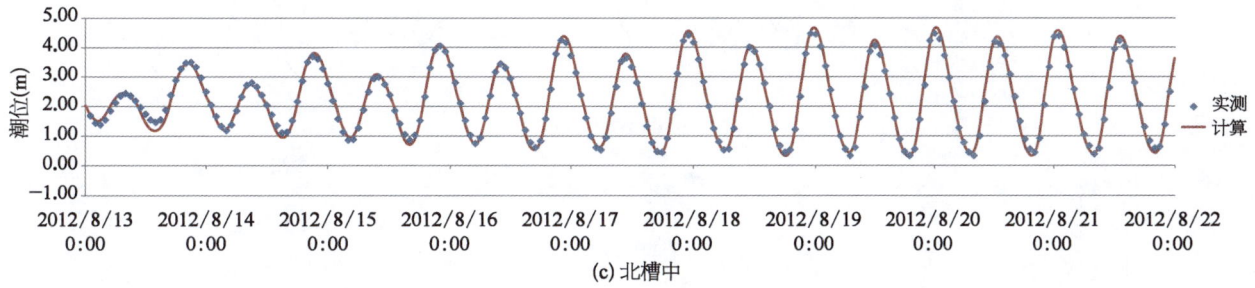
(c) 北槽中

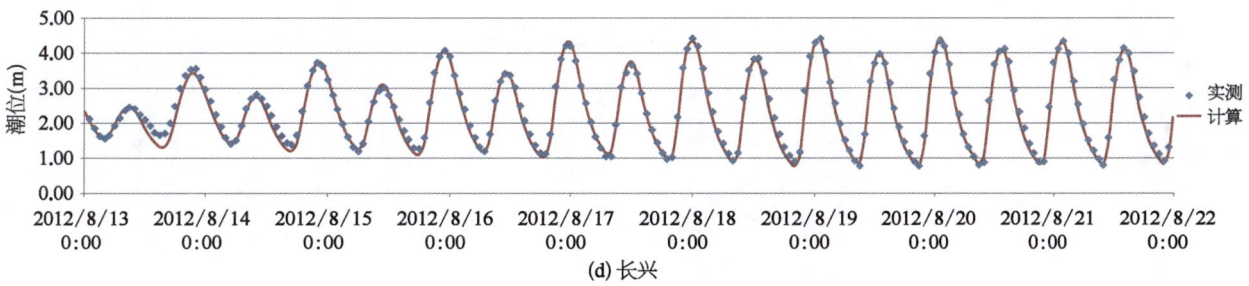
(d) 长兴

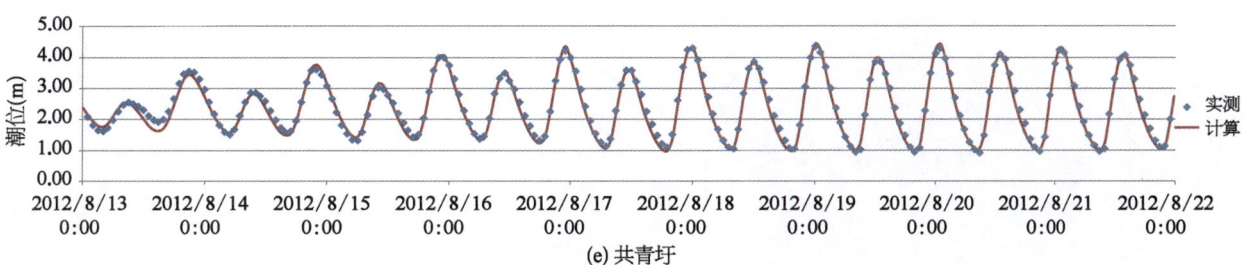
(e) 共青圩

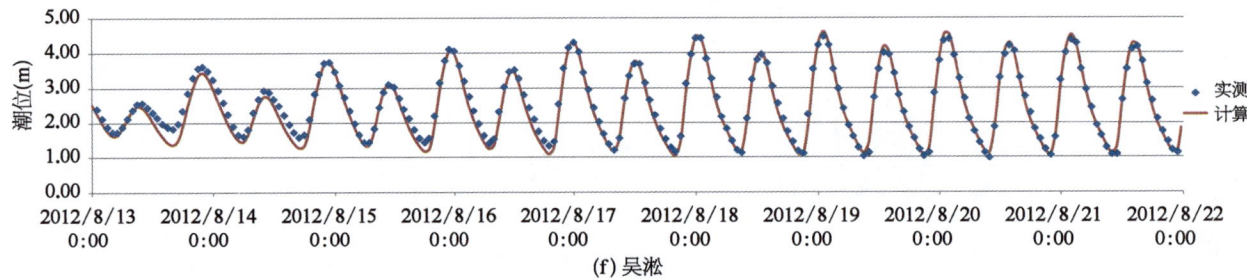

(f) 吴淞

图 6 潮位过程验证

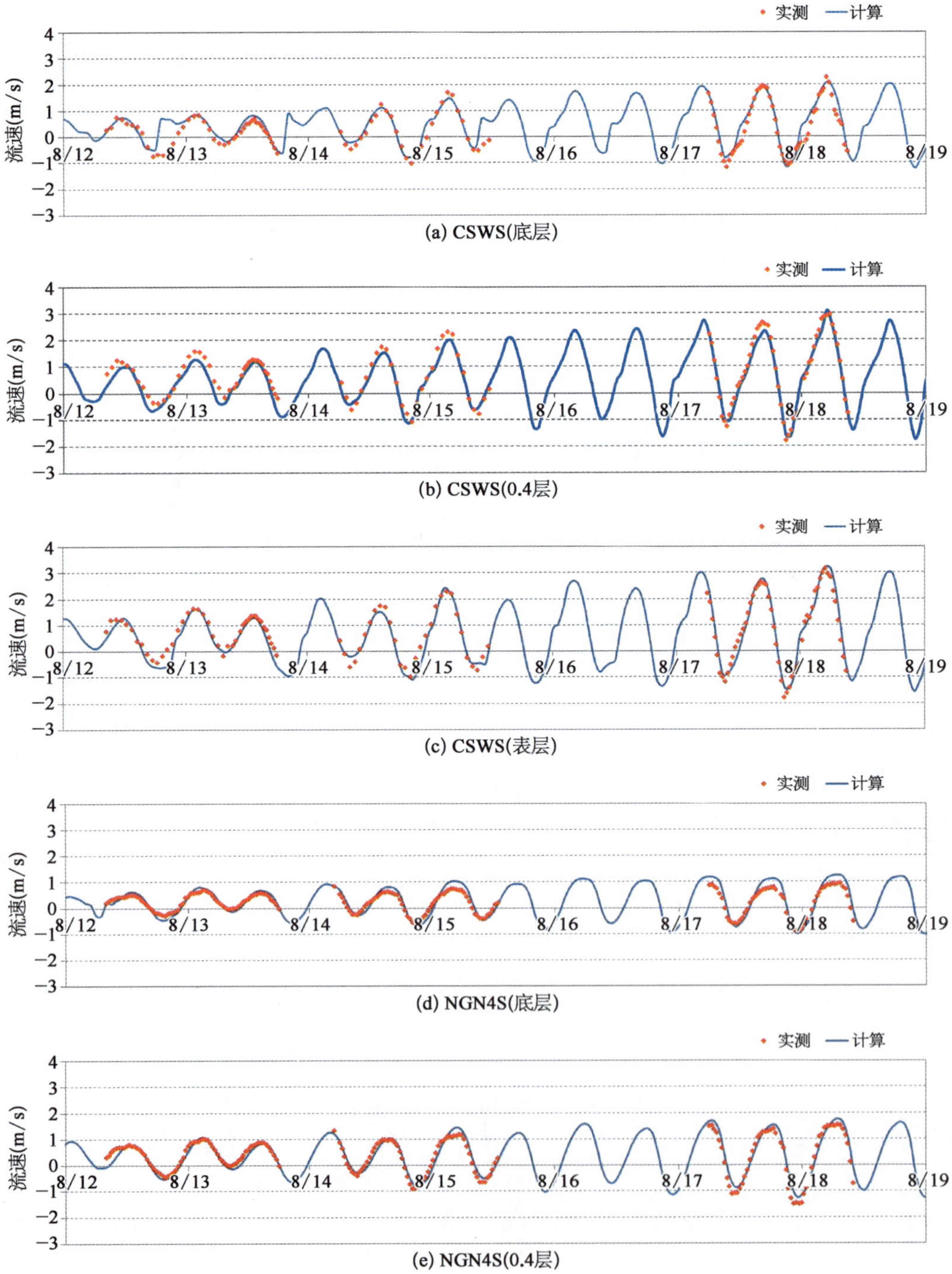

(a) CSWS(底层)

(b) CSWS(0.4层)

(c) CSWS(表层)

(d) NGN4S(底层)

(e) NGN4S(0.4层)

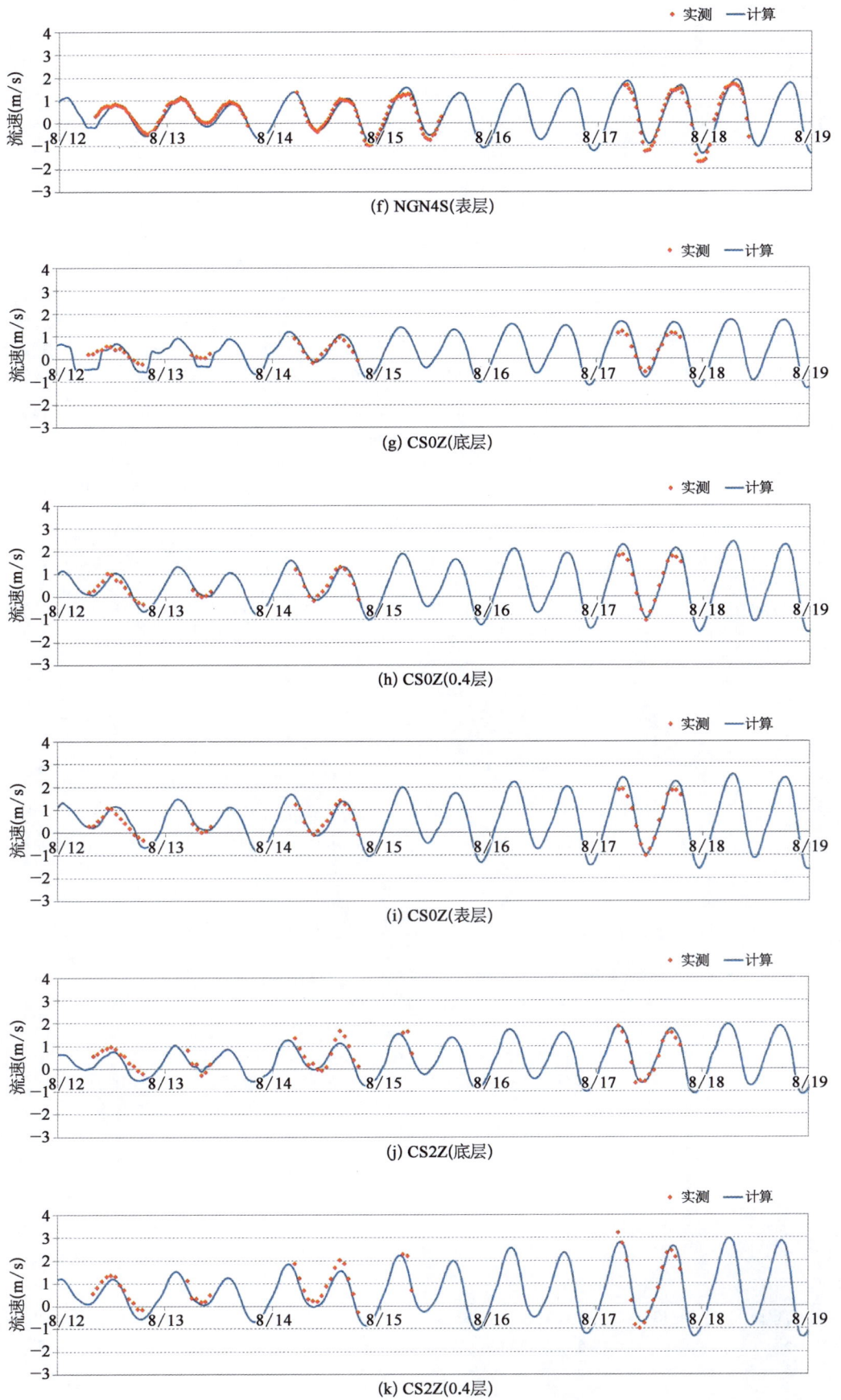

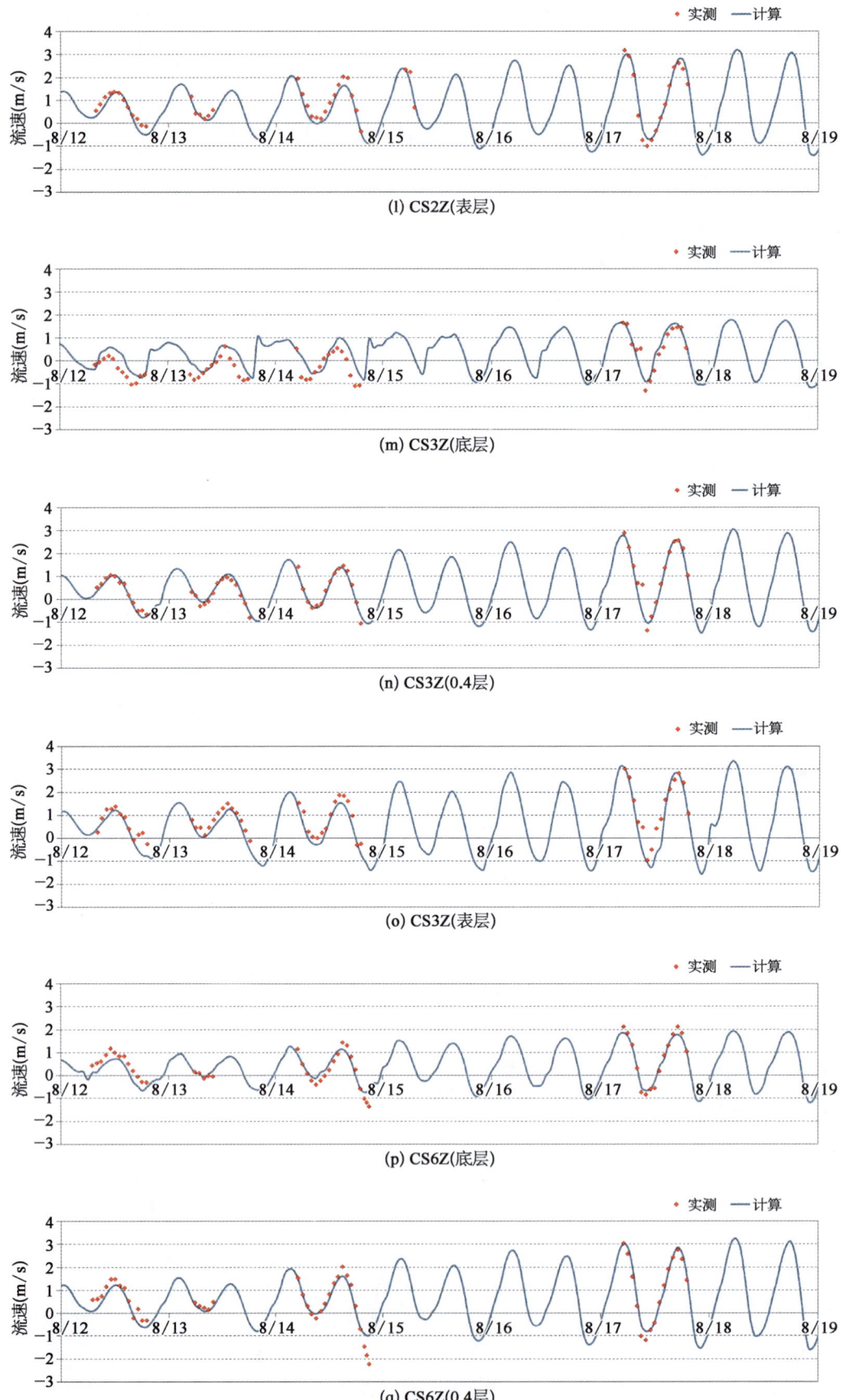

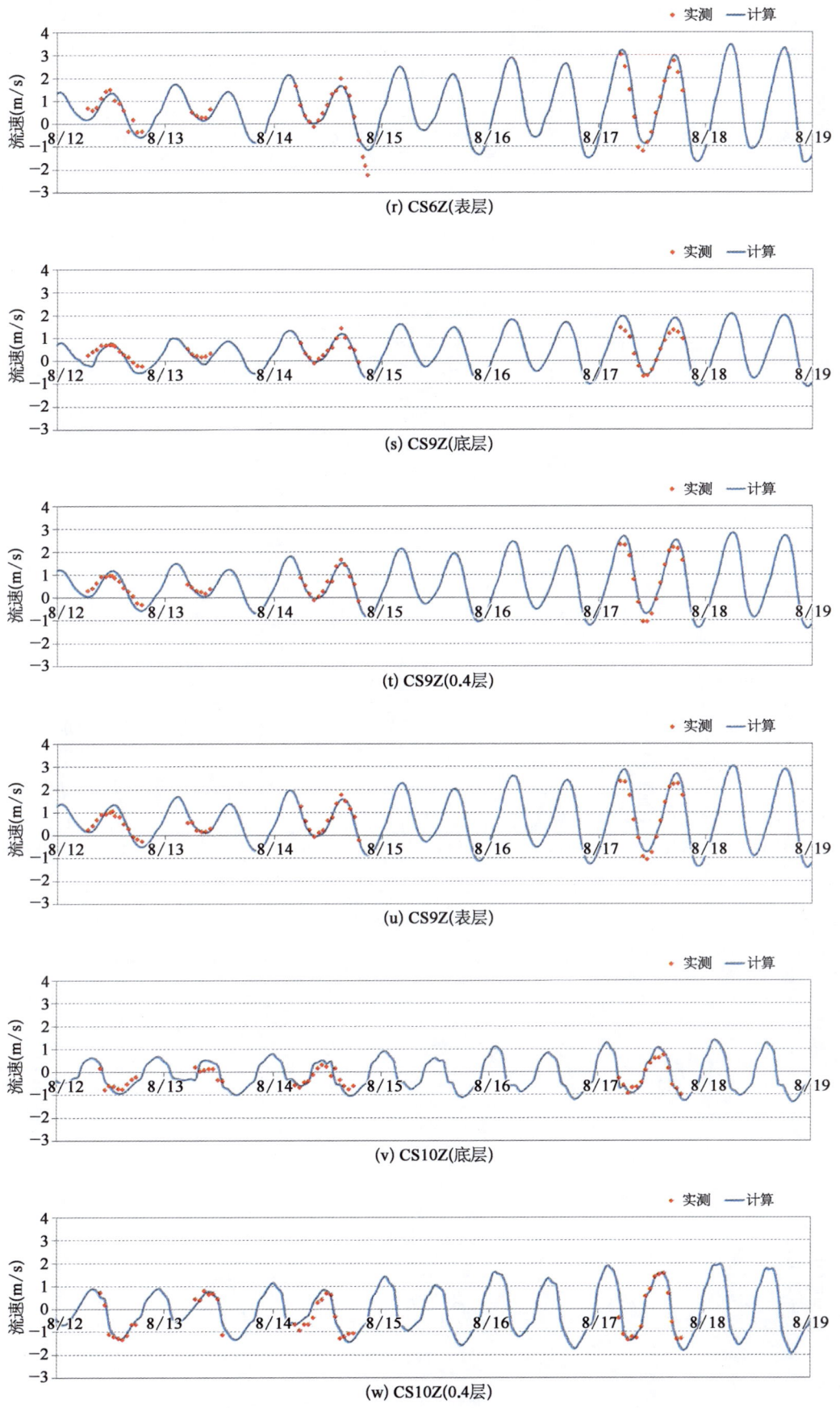

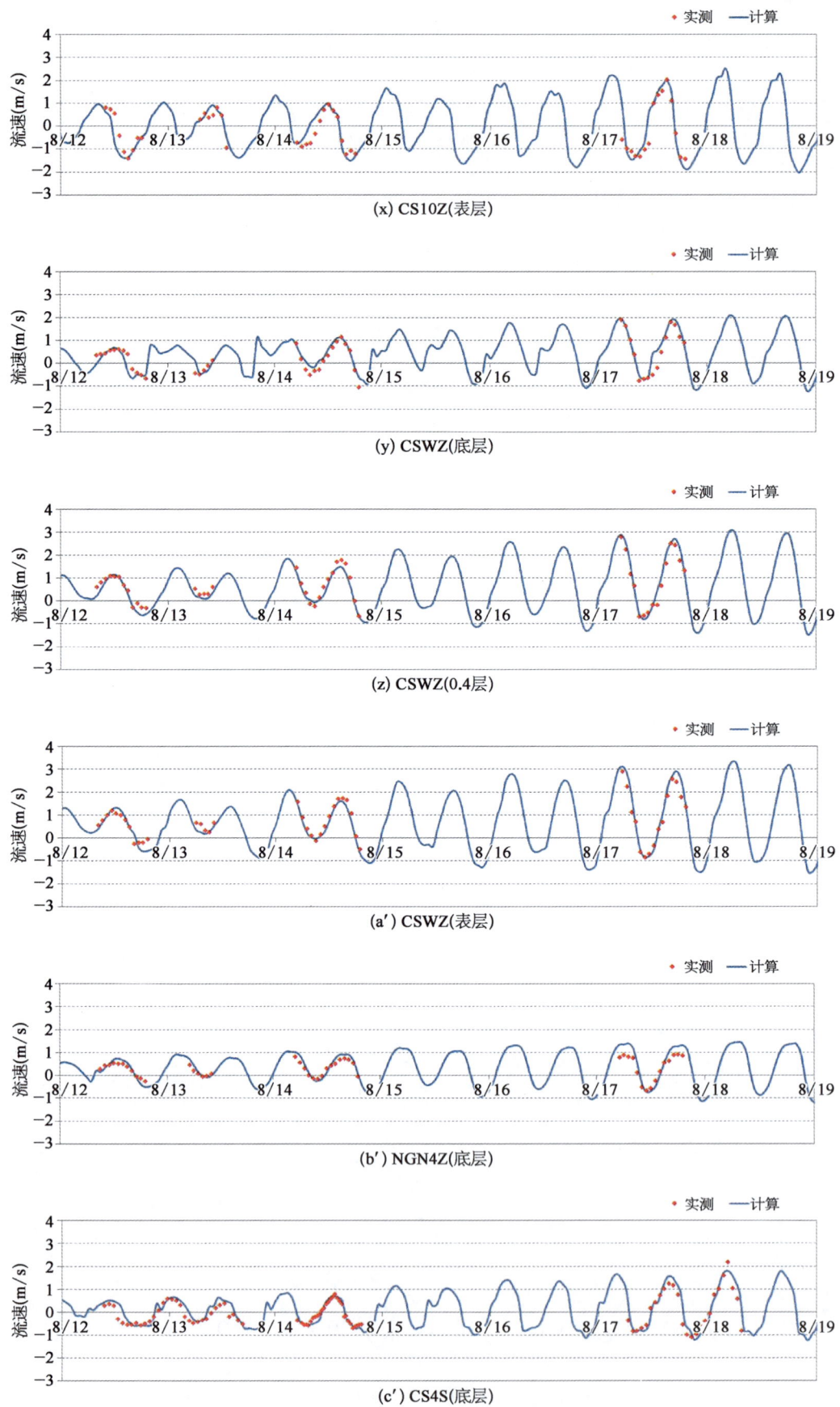

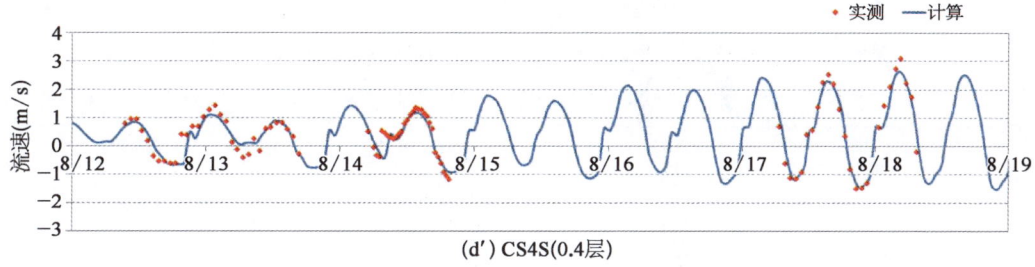
(d′) CS4S(0.4层)

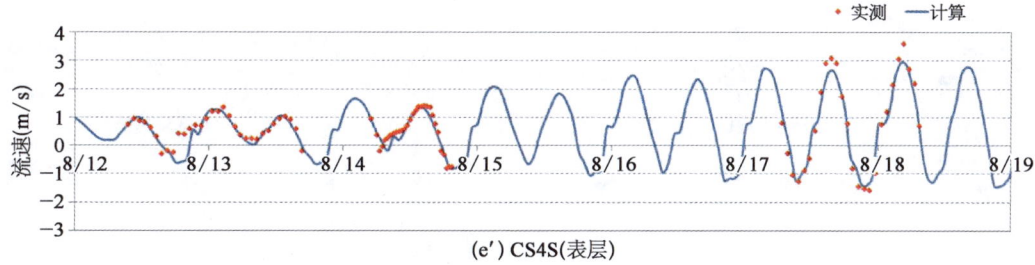
(e′) CS4S(表层)

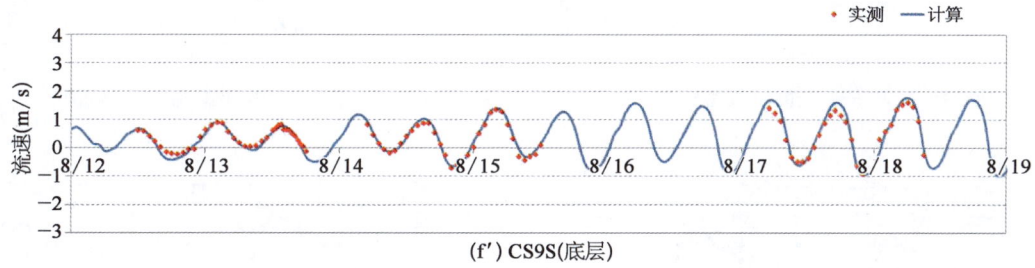
(f′) CS9S(底层)

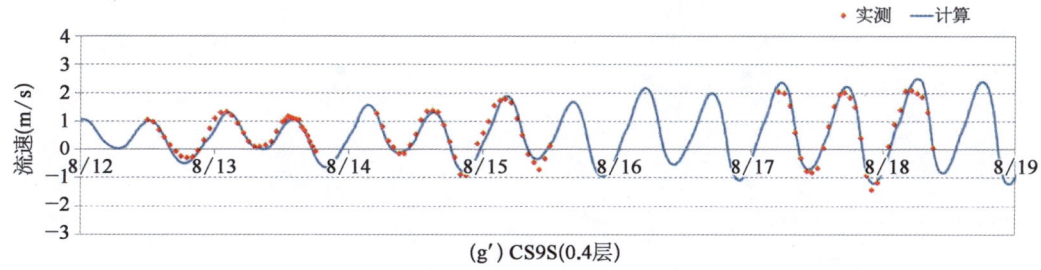
(g′) CS9S(0.4层)

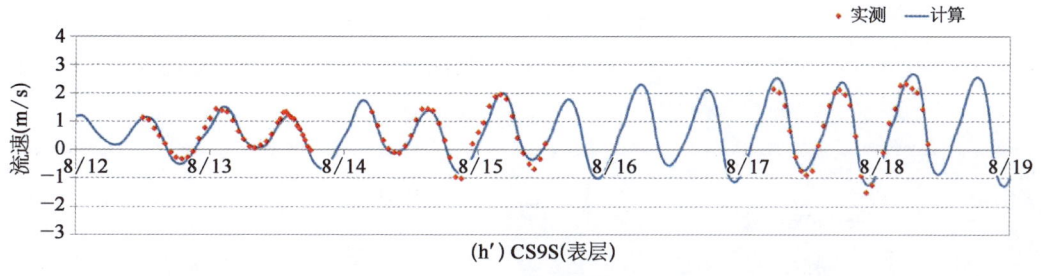
(h′) CS9S(表层)

图 7　流速过程验证

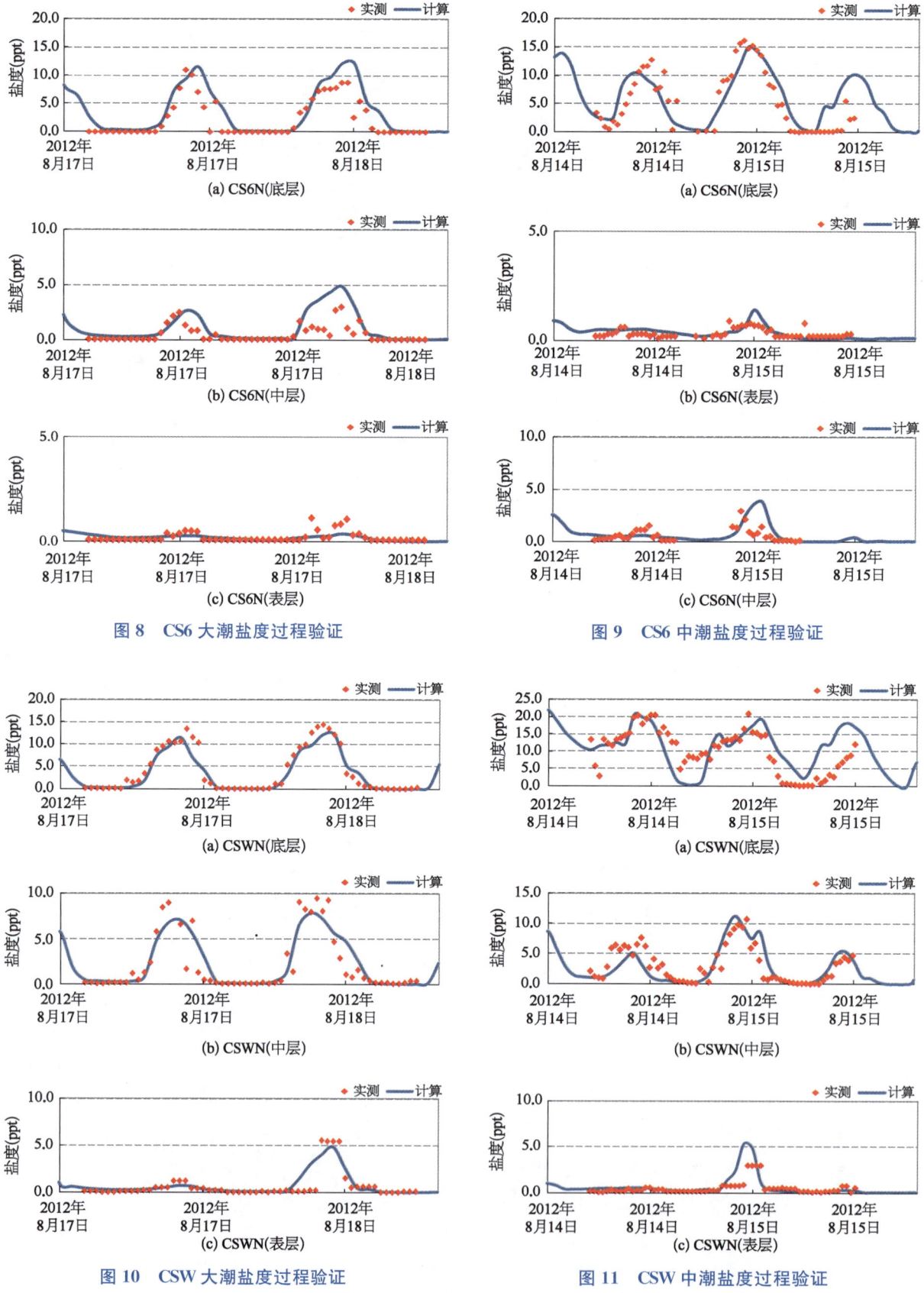

图 8　CS6 大潮盐度过程验证

图 9　CS6 中潮盐度过程验证

图 10　CSW 大潮盐度过程验证

图 11　CSW 中潮盐度过程验证

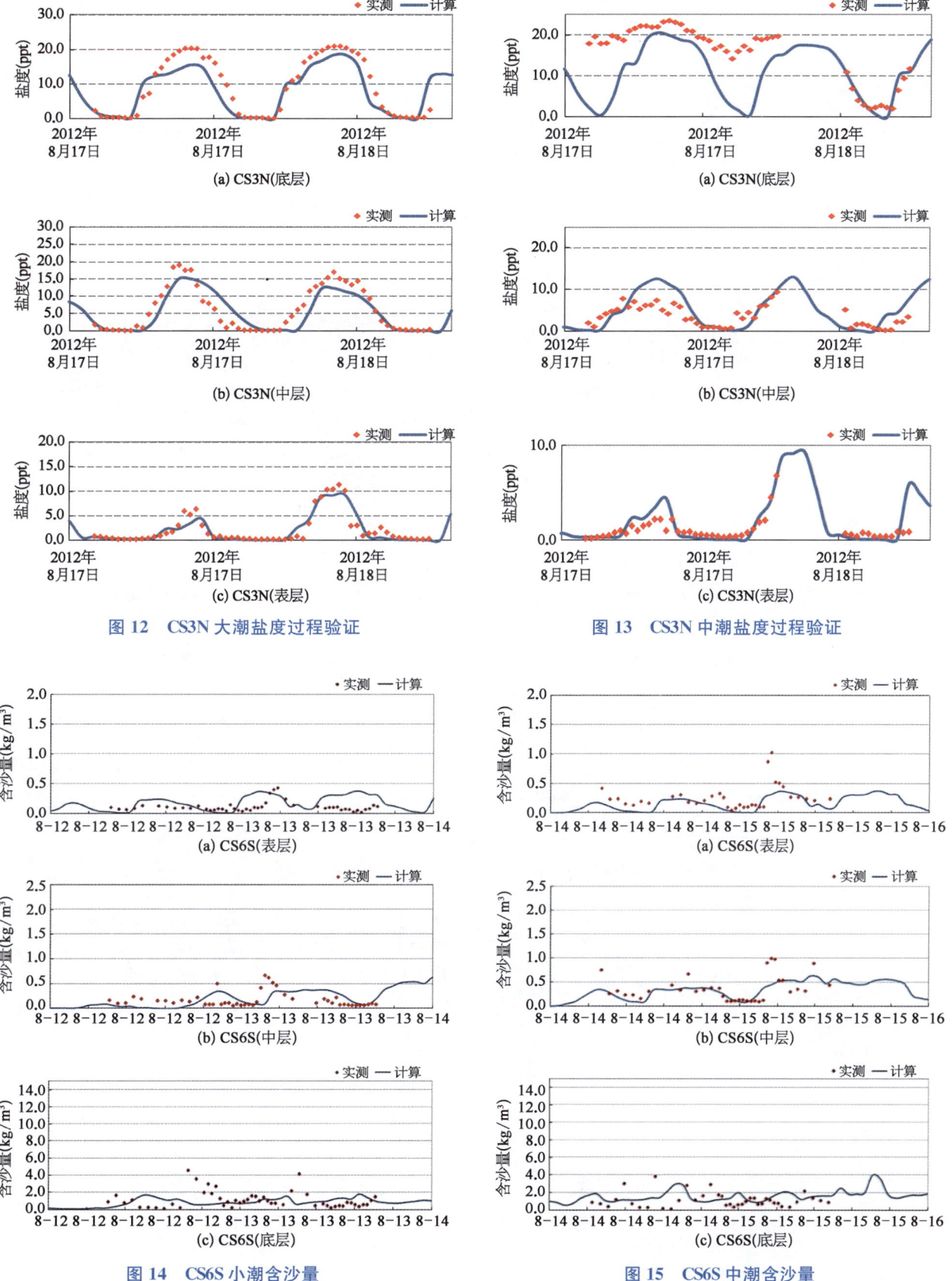

图 12　CS3N 大潮盐度过程验证

图 13　CS3N 中潮盐度过程验证

图 14　CS6S 小潮含沙量

图 15　CS6S 中潮含沙量

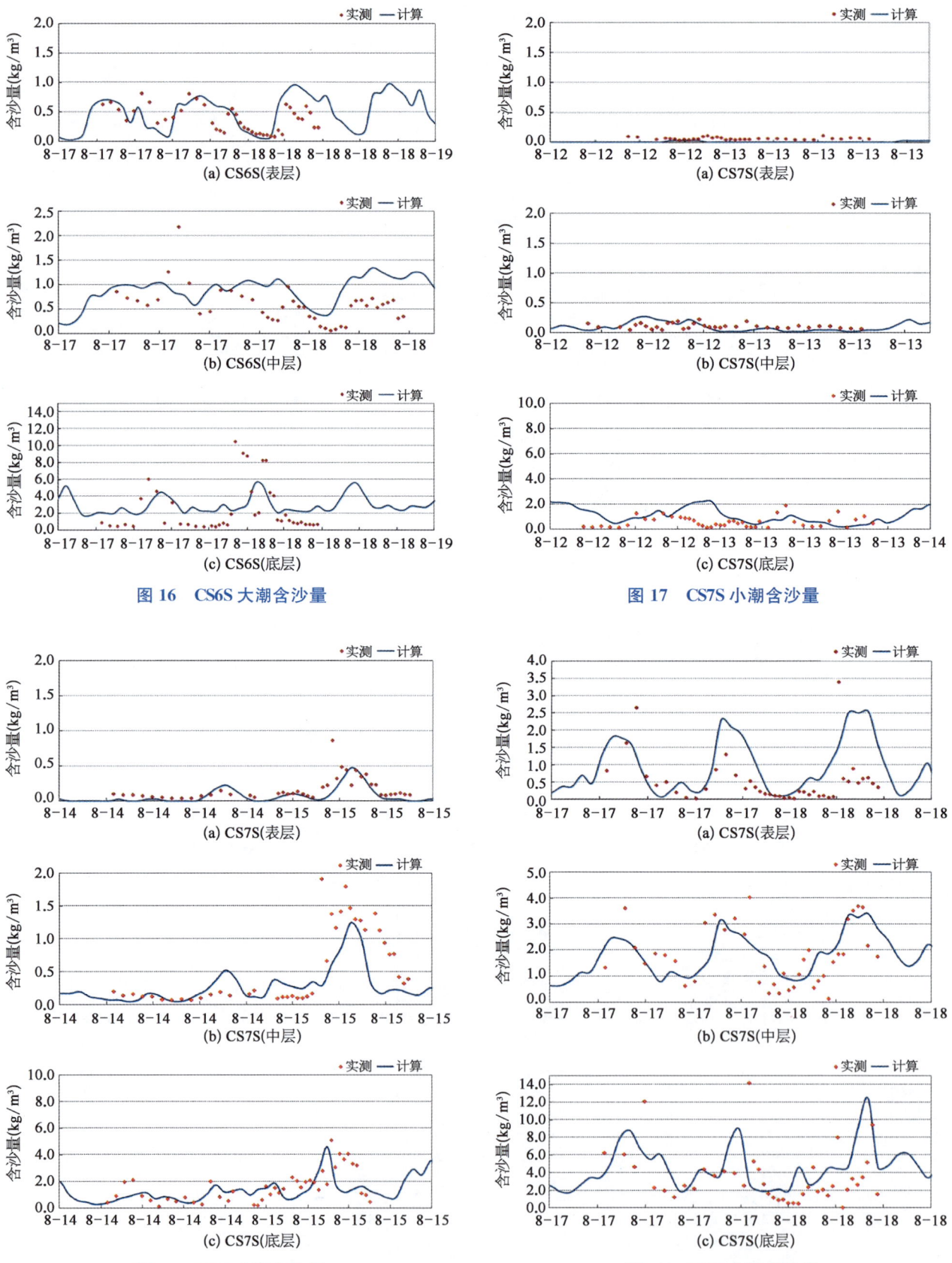

图 16　CS6S 大潮含沙量

图 17　CS7S 小潮含沙量

图 18　CS7S 中潮含沙量

图 19　CS7S 大潮含沙量

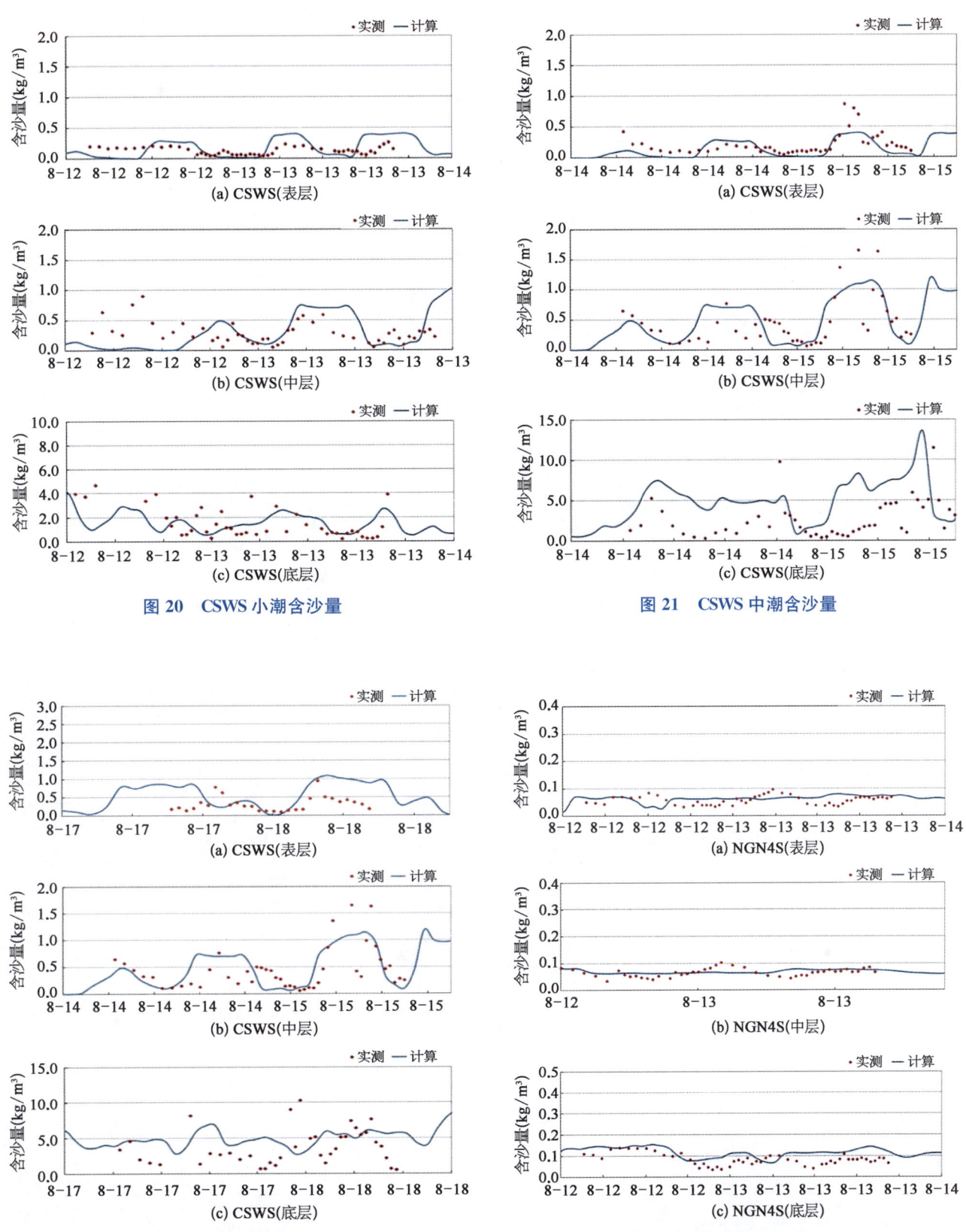

图 20　CSWS 小潮含沙量

图 21　CSWS 中潮含沙量

图 22　CSWS 大潮含沙量

图 23　NGN4S 小潮含沙量

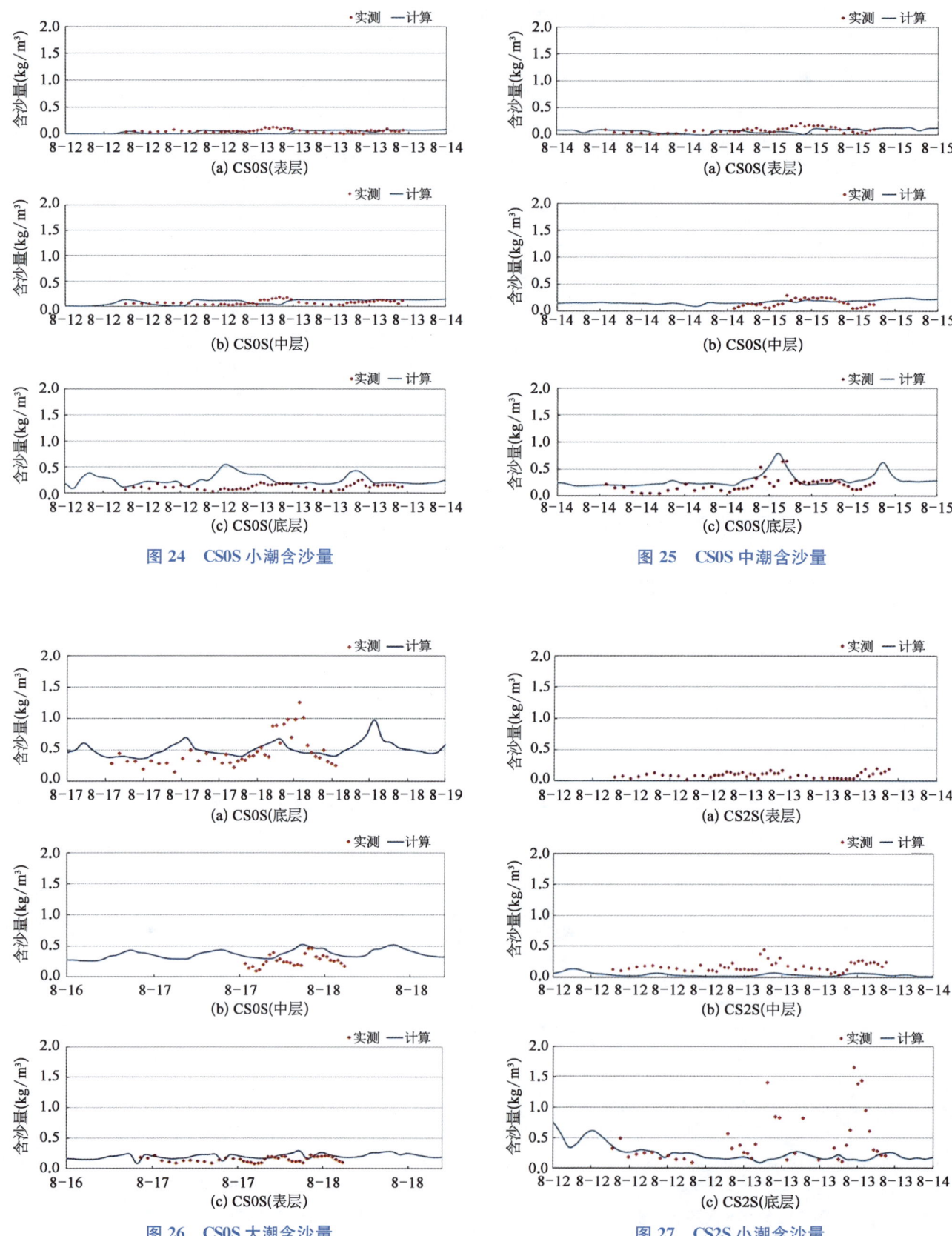

图 24　CS0S 小潮含沙量

图 25　CS0S 中潮含沙量

图 26　CS0S 大潮含沙量

图 27　CS2S 小潮含沙量

从模型验证成果来看,计算结果符合《海岸与河口潮流泥沙模拟技术规程》(JTS/T 231—2—2010)精度控制要求,可以满足工程应用的要求。

3 极端条件下数学模型的改进

长江口段位于北亚热带风季风区,冬季受北方冷高压控制,盛行偏北风,兼且受到寒潮影响;夏季受太平洋副热带高压控制,盛行偏南风,又常遭受热带气旋的影响和侵袭。春秋两季风向交替变化,风向的季节性变化十分明显。10月—次年2月的常风向为偏北向(NW～NNE),3—9月的常风向为偏东南向(ESE～SSE)。

3.1 文献资料的分析

本次风速资料分析基于周边其他气象站的资料,相关气象站及水文站的位置如图28所示。

图28 长江口附近相关气象站及水文站

1) 崇明气象站风速

崇明气象站位于崇明岛南侧,对该站1960—1980年连续21年的分方向年极值风速统计分析,得出的不同方向重现期风速列于表1。

表1 崇明气象站重现期风速* (m/s)

重现期	N	NE	E	SE	S	SW	W	NW
50年	16.3	15.4	18.9	18.5	16.4	12.2	15.0	16.1
25年	15.5	14.4	17.3	17.2	15.4	11.5	14.3	15.4
5年	13.4	11.8	13.3	13.9	12.6	9.7	12.5	13.6

* 风速未订正。

2) 浦东机场站风速

浦东机场气象交换站位于南槽中段长江南岸,对浦东机场气象站分方向年极值风速分析得出16

个方位的重现期风速值列于表 2。

表 2 浦东机场气象站重现期风速* (m/s)

重现期	NNW	N	NNE	E	ESE	SE	SSE	S
50 年	19.8	22.2	23.4	22.4	23.4	23.8	18.4	15.6
25 年	17.8	20.8	21.3	20.7	21.0	21.6	17.3	14.5
5 年	15.1	15.8	15.9	15.0	15.3	16.1	14.6	13.0
2 年	13.4	13.0	12.6	11.8	11.8	12.4	12.4	11.8

* 风速未订正。

3) 嵊泗气象站风速

嵊泗气象站位于长江口外,对嵊泗气象站分方向年极值风速分析得出 16 个方位的重现期风速值列于表 3。

表 3 嵊泗气象站重现期风速* (m/s)

重现期	NNW	N	NNE	E	ESE	SE	SSE	S
50 年	23.0	24.7	28.8	27.0	27.6	28.1	25.4	25.4
25 年	22.1	23.9	27.2	24.6	25.0	25.9	24.4	24.4
5 年	19.8	21.8	22.8	18.8	18.5	20.2	21.3	21.3
2 年	17.9	20.1	19.4	15.0	14.6	16.3	19.0	19.0

* 风速未订正。

4) 大戢山气象站风速

在南汇海域以东的大戢山设有国家海洋局大戢山海洋水文站。该测站位于海中孤岛上,四周海面开阔,所测风速风向能代表拟建长江口南槽口外的 N～SE 向的风速。文献利用大戢山站 1978—2001 年连续 24 年的实测风速年极值系列为样本进行频率分析,采得到 E(ESE)方向的 50 年一遇重现期的设计风速为 27.29 m/s。

5) 芦潮港站及滩浒站风速

文献统计分析了芦潮港站和滩浒站重现期风速,见表 4。

表 4 芦潮港站和滩浒站重现期风速* (m/s)

统计因素	风速	N	NE	E	SE	S	SW	W	NW
芦潮港站	20 年	23.6	22.6	22.1	25.8	25.4	20.3	18.0	24.0
	50 年	26.3	25.6	24.8	28.8	28.4	23.0	20.1	27.1
滩浒站	20 年	25.6	27.0	24.4	25.1	24.4	20.1	19.9	23.2
	50 年	28.3	30.1	27.6	27.2	26.5	22.4	22.3	25.1

* 风速已订正。

6) 临港新城港区临时站风速

临港新城东港区 2005 年 4 月至 2006 年 3 月一年期间风速风向观测记录,分析一年内各向风速极值见表 5。

表 5　临港新城港区临时站一年内风速极值* (m/s)

N	NNE	NE	ENE	E	ESE	SE	SSE
10.6	10.6	9.9	12.1	20.3	21.1	17.3	14
S	SSW	SW	WSW	W	WNW	NW	NNW
11.2	9.7	7.6	8.6	8	9.6	11.9	8.2

* 风速已订正至海面 10 m 高度。

3.2 所有方向的设计风速

通过对上述气象站和海洋站的风速资料分析可以看出,各站点风速自内陆至口外沿程总体呈递增趋势。根据工程具体情况,本次研究中工程水域四面开敞,与嵊泗站位置相似,故采用嵊泗站的重现期风速,偏西向风速参考浦东机场风速做适当修正。

表 6　工程水域江面重现期风速(海面 10 m) (m/s)

重现期	W WNW	NW NNW	N	NNE NE	ENE E	ESE SE	SSE S
50 年	32.2	31.6	27.5	25.5	25.7	25.9	25.7
20 年	27.5	28.1	25.8	24.0	22.8	23.6	24.0
10 年	23.8	25.3	24.4	22.7	20.6	21.7	22.5
5 年	20.2	22.3	22.8	21.2	18.3	19.6	20.8
2 年	15.5	17.2	20.2	18.7	15.6	16.5	18.8
1 年	12.8	15.5	19.2	17.8	13.4	14.8	17.4

3.3 台风的路径特征

自 2010 年针对长江口深水航道发生骤淤开展详细统计以来,主要发生骤淤十余次,其中由于或者部分由于寒潮引起的骤淤仅两次,骤淤主要发生在汛期台风期间。

除却特别台风,如 2012 年苏拉达维海葵三个较强台风连续作用之外,其他台风的路径均呈现出典型的东侧过境现象。能够对长江口地区产生较为明显影响的台风,在长江口南侧登陆以及登陆后西侧过境的台风数量更多,但是此类台风在长江口三期工程完工后均没有产生骤淤。

3.4 骤淤期间的波浪场概述

3.4.1 灿鸿台风期间风浪和淤积过程

以 2015 年超强台风灿鸿为例:灿鸿于 2015 年 6 月 30 日 20 时在西北太平洋洋面上生成,2015 年 7 月 1 日下午 9 时,日本气象厅将其升格为热带风暴,并命名为灿鸿。2015 年 7 月 11 日 16 时 40 分,"灿鸿"以强台风级别在浙江省舟山朱家尖登陆,登陆时中心附近最大风力有 14 级,风速 45 m/s,属于强台风级。台风"灿鸿"11 日下午在浙江舟山登陆后,11 日晚擦过上海近海一路北上。"灿鸿"于 7 月 11 日半夜跃过上海同纬度的近海北上,强度开始减弱,12 日台风对上海的影响基本结束。这次台风给上海带来了明显的风雨影响,从 10 号起到 12 日早晨的 6 点,上海市普降暴雨。市区也一度出现了 8~10 级的大风。长江口区及沿江沿海地区阵风 10~11 级,沿海海面达 12 级风。灿鸿台风期间牛皮礁最大波高达到 5 m,有效波高超过 3.5 m(图 29)。

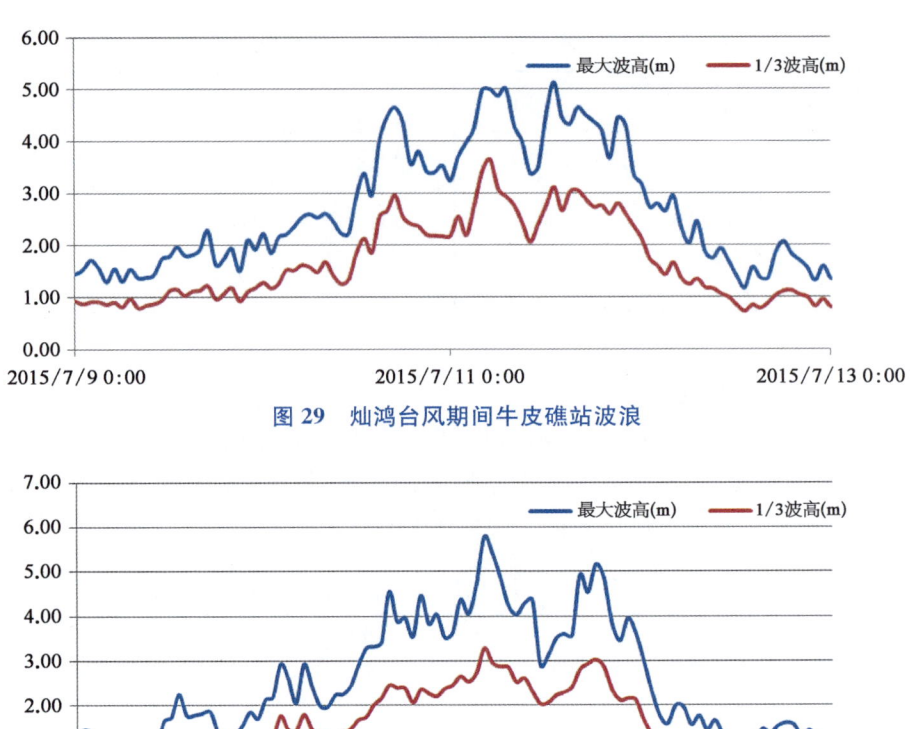

图 29　灿鸿台风期间牛皮礁站波浪

图 30　灿鸿台风期间南槽东站波浪

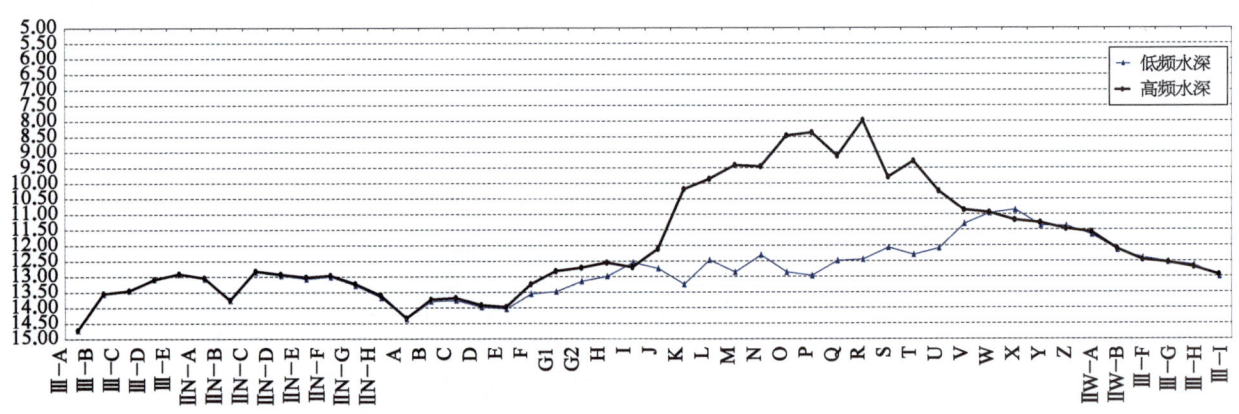

图 31　7 月 13 日高低频水深（达华测图）

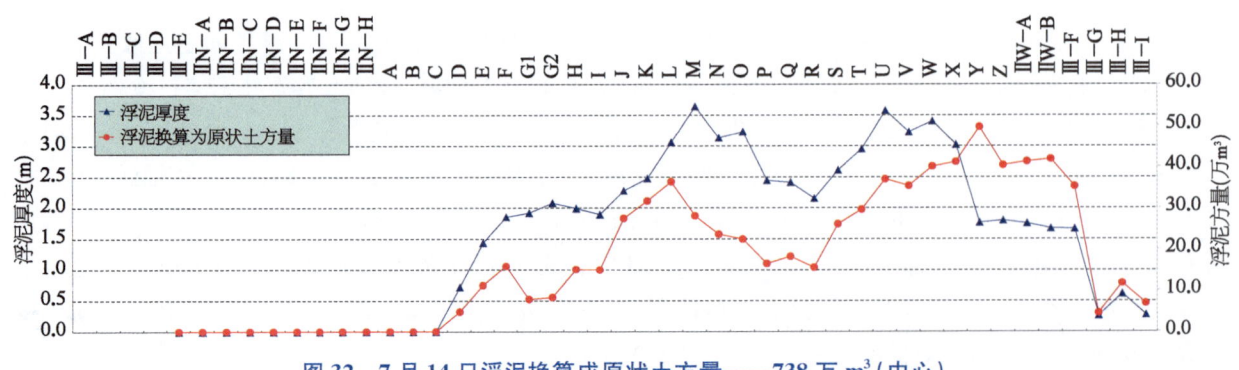

图 32　7 月 14 日浮泥换算成原状土方量——738 万 m³（中心）

灿鸿台风后北槽出现大量浮泥,台风作用时段航道回淤量骤增。达华 7 月 7 日—7 月 25 日,回淤量 910 万 m³,6 月 23 日—7 月 25 日,回淤量 1645 万 m³。7 月 13 日是阴历五月二十八,小潮。基于达华 7 月 13 日高低频测图,换算成浮泥方量约为 2917 万 m³(S5~S9 丁坝之间),如图 31 所示。根据上海河口海岸科学研究中心 7 月 14 日的测量结果,浮泥换算成原状土方量约为 738 万 m³,如图 32 所示。

3.4.2 历次发生骤淤期间的平均有效波高

以牛皮礁测站为例,长江口地区历史骤淤的波浪统计参数见表 7。

表 7　长江口牛皮礁测站历史骤淤期间的波浪统计参数

骤淤期间 天气过程	风的历时 (h)	浪的历时 (h)	期间 平均有效波高 (m)	期间 平均周期 (s)	管理局 骤淤量 (万 m³)
201007 圆规	/	/	/	/	92
201009 玛瑙	/	/	/	/	
2010 年 10 月寒潮	33	/	/	/	882
201105 米雷	27	/	/	/	484
201109 梅花	35	79	1.79	5.41	727
201209 苏拉	23	226	1.39	4.4	413
201210 达维					
201211 海葵	99				
201215 布拉万	33	95	1.55	5.02	1042
201214 天秤					
201216 三巴	53	55	1.56	4.91	
2012 年 10 月寒潮	30	79	1.15	4.82	
201323 菲特 201324 丹纳斯	132	166	1.29	4.95	201
201408 浣熊	22	65	1.55	5.96	223
201412 娜基莉	56	70	1.82	5	248
201418 巴蓬	79	79	1.36	4.98	582
201419 黄蜂	102	104	1.74	5.26	
201509 灿鸿	64	84	1.85	5.3	799

实际上,受长江口周边浅滩地形影响,以及长江口深水航道导堤影响,能够传播进入北槽的波浪基本呈东向。因历史数据无波向资料,统计了 2015 年汛期座底系统测量的北槽 TUS 点的波高和波向数据,TUS 位置如图 33 所示。

2015 年,长江口历次发生的骤淤过程,波浪统计参数见表 8。

可见无论是东侧过境台风,还是其他路径的台风,其最终传播至长江口附近,尤其是北槽内的波浪,总体呈偏东向。波高较大的风浪过程,如"灿鸿"和"天鹅",其波向均为正东向。

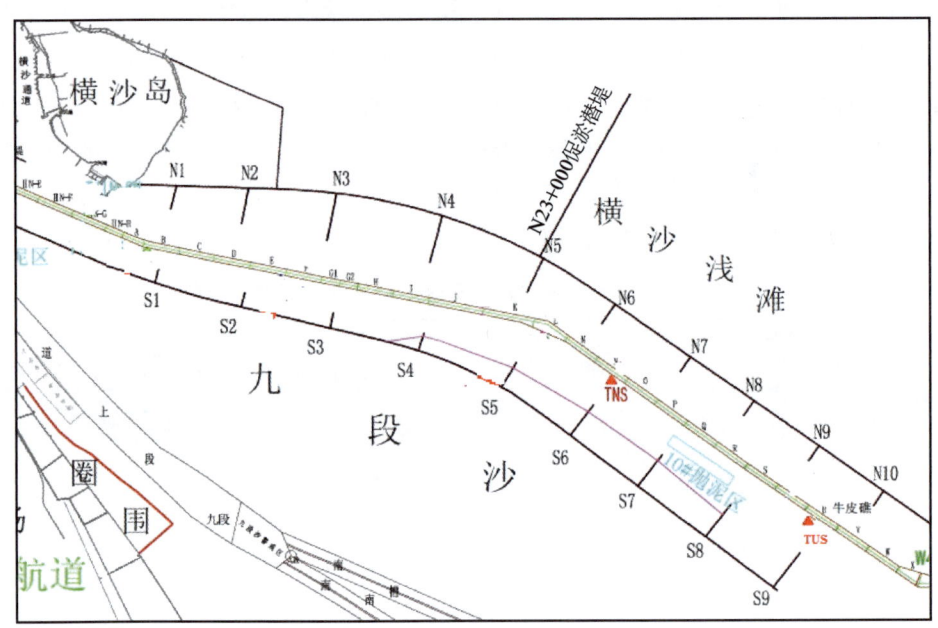

图 33 现场观测站点布置示意图

表 8 长江口 TUS 测点 2015 年风浪过程统计参数

台风编号和名称	最大波高 (m)	最大周期 (s)	主波向 (°&dir)	持续时间 ($H_s > 1.0$ m) (h)	牛皮礁最大风速 (m/s)	潮型
201509 灿鸿	2.48	5.45	82 (E)	116	15.5	小潮
201511 浪卡	1.92	6.12	120 (ESE)	7	10.7	大潮
201512 哈洛拉	1.20	5.27	128 (ESE)	5	10.2	中潮
201513 苏迪罗	1.94	7.25	117 (ESE)	85	11.5	小潮
201515 天鹅	2.13	5.36	90 (E)	91	/	小潮
201521 杜鹃	1.63	4.15	20 (NNE)	10	/	大潮

另一个需要指出的典型风浪过程是寒潮过程,是长江口地区另外一个较为典型的风浪过程,其在 2010 年和 2012 年均产生过明显骤淤。以 2012 年强寒潮为例,其风场图如图 34 所示。

实际上,对长江口影响明显的两次寒潮的风向均偏 NNE 向,故选取 NNE 向为能够影响长江口骤淤的典型寒潮代表方向。

3.5 采用的概化计算风场及说明

根据分析,选取两个典型背景风浪场:

(1) 东向来浪的风浪场,可采用东向恒定风场驱动,风速取 13.4 m/s。

(2) 北向来浪的风浪场,可采用北向恒定风场驱动,风速取 19.2 m/s。

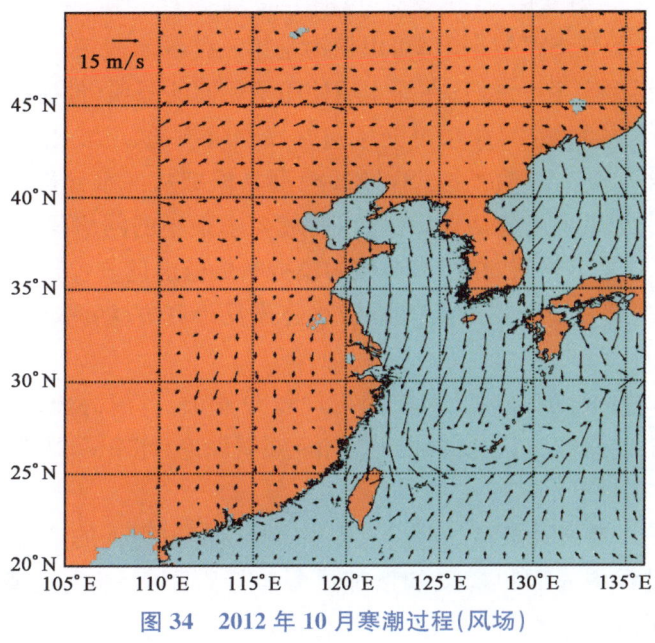

图 34 2012 年 10 月寒潮过程（风场）

计算波高与牛皮礁站以及 TUS 站点对比分析，如不合理再做适当调整。

3.6 波浪场计算方法

SWAN 模型采用与 WAM 模型相同的方程及源汇项，在算法上做了改进并且加入了额外的浅水控制项。SWAN 模型对不同水深的适应性较好，且较为全面的考虑了包括能量输入、损耗和非线性相互作用等在内的一系列源汇项；模型以不规则谱型的方向谱表示真实海浪的随机性特征，模拟结果更接近真实海浪。SWAN 模型采用动谱平衡方程描述风浪生成及其在近岸区的演化过程。在直角坐标系中，动谱平衡方程可表示为：

$$\frac{\partial}{\partial t}N + \frac{\partial}{\partial x}C_x N + \frac{\partial}{\partial y}C_y N + \frac{\partial}{\partial \sigma}C_\sigma N + \frac{\partial}{\partial \theta}C_\theta N = \frac{S}{\sigma} \tag{43}$$

SWAN 模型采用全隐式有限差分格式，无条件稳定，允许较大的时间步长。波作用平衡方程离散格式如下：

$$\left(\frac{N^{i_t,n} - N^{i_t-1,n}}{\Delta t}\right)_{i_x,i_y,i_\sigma,i_\theta} + \left[\frac{(c_x N)_{i_x} - (c_x N)_{i_x-1}}{\Delta x}\right]^{i_t,n}_{i_y,i_\sigma,i_\theta} + \left[\frac{(c_y N)_{i_y} - (c_y N)_{i_y-1}}{\Delta y}\right]^{i_t,n}_{i_x,i_\sigma,i_\theta} +$$
$$\left[\frac{(1-\nu)(c_\sigma N)_{i_\sigma+1} + 2\nu(c_\sigma N)_{i_\sigma} - (1+\nu)(c_\sigma N)_{i_\sigma-1}}{2\Delta\sigma}\right]^{i_t,n}_{i_x,i_y,i_\theta} + \tag{44}$$
$$\left[\frac{(1-\eta)(c_\theta N)_{i_\theta+1} + 2\eta(c_\theta N)_{i_\theta} - (1+\eta)(c_\theta N)_{i_\theta-1}}{2\Delta\theta}\right]^{i_t,n}_{i_x,i_y,i_\sigma} = \left[\frac{S}{\sigma}\right]^{i_t,n^*}_{i_x,i_y,i_\sigma}$$

以上两式中：$N = E/\sigma$，为波作用密度变量；i_t 为时间层标号；i_x、i_y、i_σ、i_θ 分别为 x、y、σ、θ 向的网格编号；Δt、Δx、Δy、$\Delta \sigma$、$\Delta \theta$ 分别是时间步长、xy 坐标空间步长、谱空间相对频率步长、方向分布的步长；ν、$\eta \in [0,1]$，两个系数的取值决定了谱空间的差分格式是偏于迎风格式还是中心格式，即决定在谱空间和方向空间的数据离散格式和收敛性强弱。计算时采用一次迭代四次扫描技术。

SWAN 模型在对波浪成长的谱型没有任何先验限制的条件下，求解了动谱能量平衡方程。此方程表达了波浪的空间传播、折射变形、浅化效应、风浪生成、能量耗散和非线性波相互作用。

作为第三代浅水海浪模型,SWAN模型可以认为是第三代深水海浪模型的拓展模型。其基本控制方程与原理与 WAM 模型完全一致,且在深水域使用了相同的源项,包括风能输入、海浪成长、白帽耗散及四波相互作用;而在浅水域中,源项补充了包括底摩阻损耗、三波相互作用和水深引起的破碎等。WAM 模型用于海洋尺度的波浪模拟;SWAN 模型是模拟从深水到破碎带附近的波浪。WAM 模型在空间域和频谱域采用显示差分格式,对浅水海域要求很小的网格尺度,故不适用于近海水域;而 SWAN 模型采用全隐式差分格式,在浅水海域的模拟中更稳定且节省时间。

SWAN 模型的最大优势在于引入最新的源函数公式及计算方法,考虑较为全面且准确,其中风能输入的计算较为完善。

风是海浪的主要驱动因素,但是风—浪作用机理较为复杂,目前为止还没有完善的理论计算公式。在目前关于风能输入的研究中,主要根据 Phillips 共振理论和 Miles 切流不稳定理论采用相应的经验公式。

在第三代海浪模型——WAM 模型的改进过程中,Janssen 等引入的拟线性耦合的气海边界层假定,其考虑了风浪成长过程中海面粗糙度的增加过程。其后,Snyder 等为第三代海浪模型引入了 Miles—Phillips(切流不稳定—共振)机制使其更加合理。

SWAN 模型采用了与 WAM 模型相同的风能输入形式,其包含线性增长项和指数增长项:

$$S_{in}(\sigma,\theta) = A + BE(\sigma,\theta) \tag{45}$$

式中:A 为 Phillips 线性增长项;BE 为 Miles 指数增长项。线性增长项在风浪成长初期占主要作用,风浪成长后期主要由指数增长决定。

需要说明的是,SWAN 模型输入的为海拔 10 m 处的风速,而在计算中需要使用摩阻风速 U_*。参考 WAM cycle3(即 Komen 格式)中,两风速转化关系如下:

$$U_*^2 = C_D U_{10}^2 \tag{46}$$

C_D 为拖曳力系数,可以表达为

$$C_D(U_{10}) = \begin{cases} 1.2875 \times 10^{-3} & U_{10} < 7.5 \text{ m/s} \\ (0.8 + 0.065 \times U_{10}) \times 10^{-3} & U_{10} \geq 7.5 \text{ m/s} \end{cases} \tag{47}$$

在 WAM Cycle4(即 Janssen 格式)表达形式中,U_* 的计算过程积分在源项中。

增长系数有很多表达方式,这里只介绍最普遍使用的几种格式。

Phillips 线性增长系数,源于 Cavaleri、Malanotte-Rizzoli(1981) 和 Tolman(1992) 的研究,其采用一个滤波参数来消除低于 Pierson-Moskowitz 频率的波浪的成长。

$$A = \frac{1.5 \times 10^{-3}}{2\pi g^2} \{U_* \max[0,\cos(\theta-\theta_w)]\}^4 H, \tag{48}$$

$$H = \exp[-(\sigma/\sigma_{PM}^*)^{-4}], \quad \sigma_{PM}^* = \frac{0.13g}{28U_*}2\pi$$

式中:θ_w 为波向;H 为滤波参数;σ_{PM}^* 为完全成长海况下的由摩阻风速表达的谱峰频率。

指数增长项有两种可用的表达方式,一种基于 Komen 的研究,其为 U_*/c_{ph} 的函数。

$$B = \max\left\{0, 0.25\frac{\rho_a}{\rho_w}\left[28\frac{U_*}{c_{ph}}\cos(\theta-\theta_w) - 1\right]\right\}\sigma \tag{49}$$

式中：c_{ph} 为相位速度；ρ_a 和 ρ_w 分别为大气和海水的密度。这种表达方式亦被用于 WAM Cycle3。

第二种表达方式基于 Janssen 的研究，其基于拟线性风浪理论，表达式为：

$$B = \beta \frac{\rho_a}{\rho_w} \left[\frac{U_*}{c_{ph}}\right]^2 \max[0, \cos(\theta - \theta_w)]^2 \sigma \tag{50}$$

式中：β 为 Miles 常数。根据 Janssen 的研究，这个参数根据无因次临界高度 λ 确定。

$$\begin{cases} \beta = \dfrac{1.2}{\kappa^2} \lambda \ln^4 \lambda & \lambda \leqslant 1 \\ \lambda = \dfrac{gz_e}{c_{ph}^2} e^r & r = \kappa c / |U_* \cos(\theta - \theta_w)| \end{cases} \tag{51}$$

式中：$\kappa = 0.41$，为 Von Karman 常数；z_e 为有效水面粗糙度参数。如果 $\lambda > 1$，则 $\beta = 0$。同时，Janssen 假定垂向风剖面为：

$$U(z) = \frac{U_*}{\kappa} \ln\left(\frac{z + z_e - z_0}{z_e}\right) \tag{52}$$

式中：$U(z)$ 是海拔高度 z 处的风速；z_0 是粗糙长度。有效粗糙长度 z_e 取决于 z_0 和海况。

$$z_e = \frac{z_0}{\sqrt{1 - \dfrac{|\vec{\tau}_w|}{|\vec{\tau}|}}}, \quad z_0 = \vec{\alpha}\frac{U_*^2}{g} \tag{53}$$

后一方程类似于 Charnock 关系，其中 $\vec{\alpha}$ 等于 0.01。

波应力可以表达为

$$\vec{\tau}_w = \rho_w \int_0^{2\pi} \int_0^{\infty} \sigma B E(\sigma, \theta) \frac{\vec{k}}{k} d\sigma d\theta \tag{54}$$

3.7 波浪场计算结果

以 2 m 和 4 m 潮位为例，E 向来浪的波浪场分别如图 35 和图 36 所示。

以 2 m 和 4 m 潮位为例，NNE 向来浪的波浪场分别如图 37 和图 38 所示。

由图 39 可见，计算结果基本合理，能够在一定程度上代表台风引起的背景波浪场。

寒潮期间，长江口深水航道仅在 2010 年和 2012 年发生骤淤，期间波高相对较小，均在 1～2 m，计算波高值偏大，达到 2.6～3.1 m。

3.8 波流共同作用下的底部切应力

在河口海岸地区，波流相互作用直接影响着泥沙的起悬、掺混和输运，"波浪掀沙，潮流输沙"是河口海岸泥沙运动的普遍现象。在波流共同作用下，各物理量值及其分布会有很大的不同，波浪的作用将使流速梯度增大，湍动增强，使床面应力较之单独水流情况下有明显增大，Fredsoe & Deigaard (1992)曾详细分析了波流作用下的边界层结构、流速分布、涡动黏性系数的变化。同时，波流的相互作用还与波浪特性有关系。G. Voulgaris & S. Wallbridge 等人(1995)曾对波流共同作用模型做过深入研究，指出当波周期很小时，波流相互作用减小，可作线性处理，随着波周期的增大，波流作用也逐渐增强，波流相互作用呈现非线性特征。

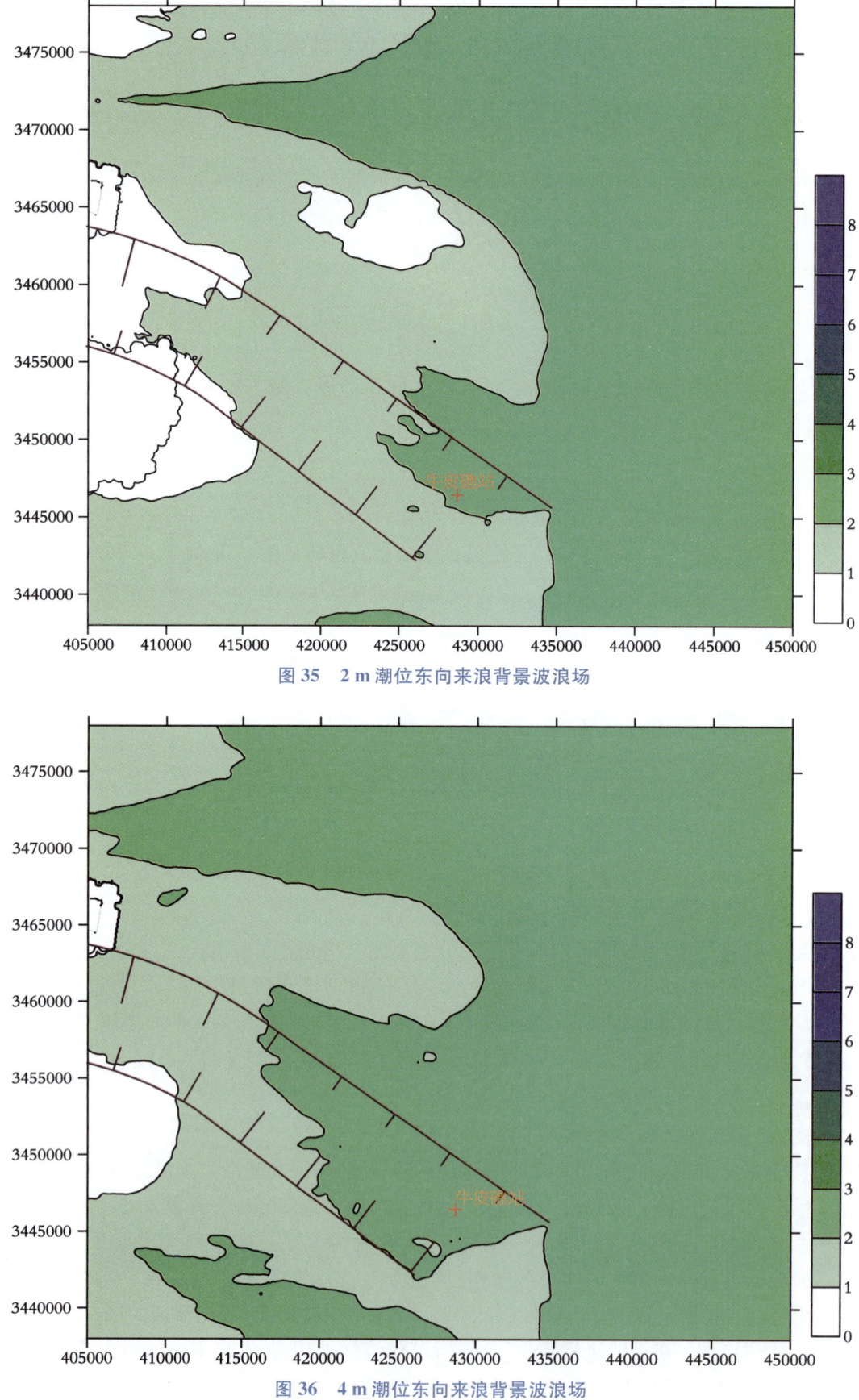

图35　2 m潮位东向来浪背景波浪场

图36　4 m潮位东向来浪背景波浪场

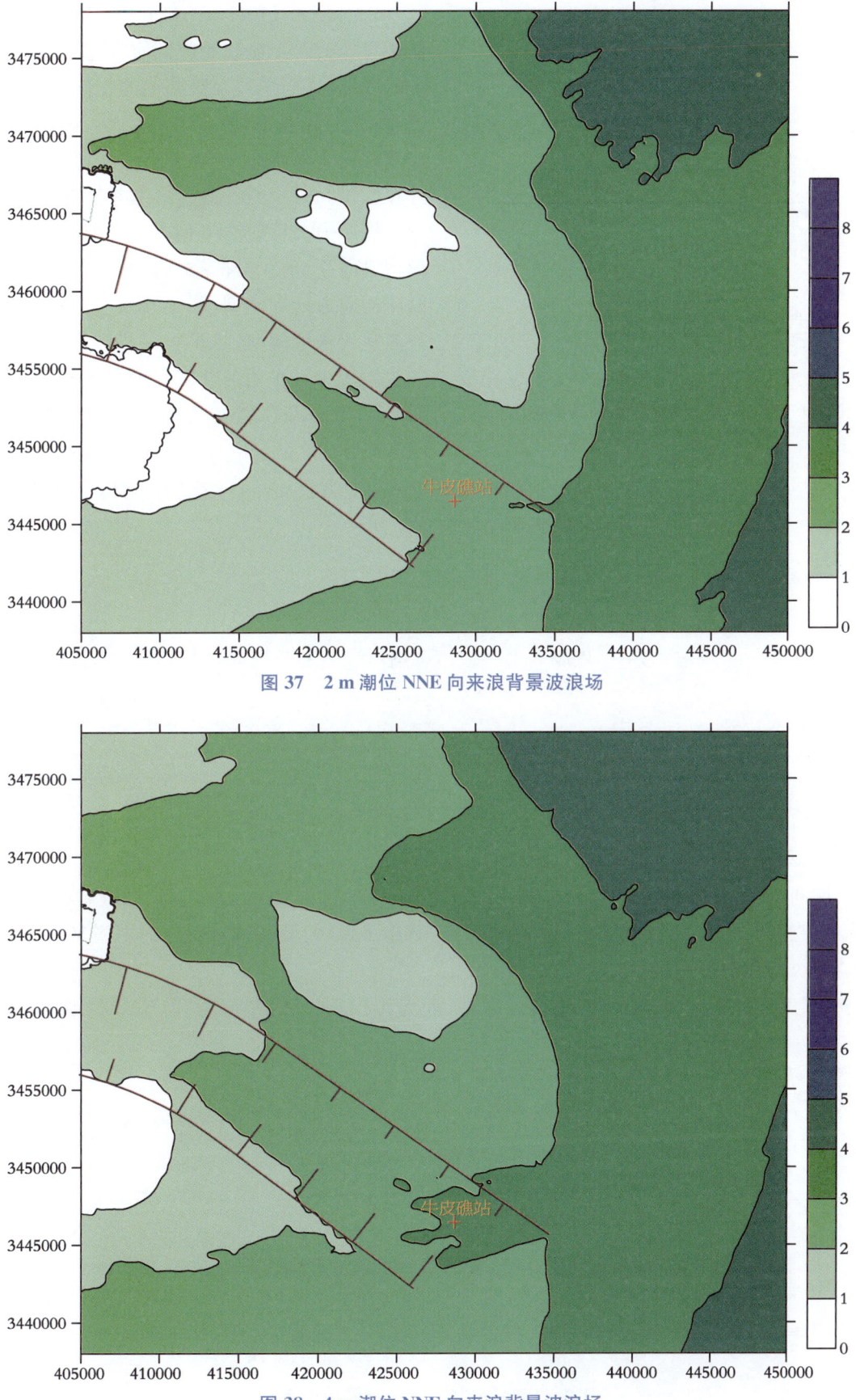

图 37　2 m 潮位 NNE 向来浪背景波浪场

图 38　4 m 潮位 NNE 向来浪背景波浪场

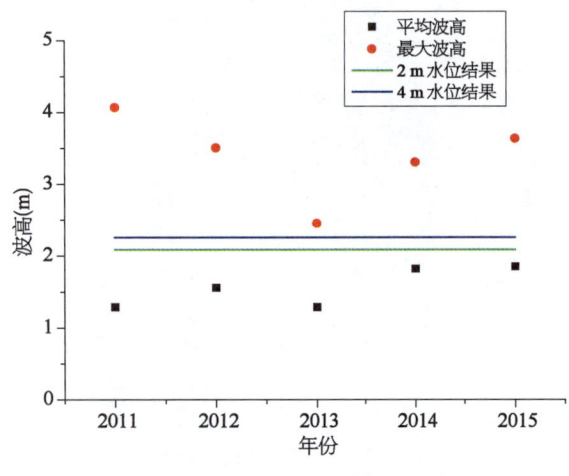

图39 近5年发生骤淤的台风波高统计参数和本次计算结果对比

L. Jing & Peter V. Ridd(1996)指出波流相互作用将导致两个显著效应：① 引起了涡动黏性系数的变化，进而导致水流结构的变化；② 增加了水流紊动，引起底部切应力的增加。床面应力的增加直接决定着泥沙起动量的增加，因此当有波浪存在时，就必须计及波浪作用，考虑波流共同作用下的切应力。目前波流相互作用和波流边界层的模拟已经受到许多学者的重视，提出了许多实用的床面应力计算模型，归纳起来主要有两类，一是波流迭代求解模型；二是直接将波流分量相加，并考虑波流相互作用的非线性得到的模型。下面对SWEM2D—SED里集成的Soulsby模型做一个深入介绍。

Soulsby通过将单独流场和单独波浪场情况下的床面应力叠加，同时考虑波流相互之间非线性的作用，得到一个计算波流共同作用下的床面应力公式。

单独流场情况：$\tau_c = \rho C_D U^2$，摩阻系数 $C_D = \left[k / \ln\left(\dfrac{z}{z_0}\right) \right]^2$，$z_0 = \dfrac{k_N}{30} = \dfrac{2.5 d_{50}}{30}$。

单独波浪场情况：$\tau_w = \dfrac{1}{2} \rho f_w U_w^2$，其中，$U_w$ 为波浪边界层处水质点运动速度；f_w 为波浪摩阻系数，$f_w = 1.39 (A/z_0)^{-0.52}$，式中 $A = \dfrac{U_w T}{2\pi}$（T 为波浪周期）。

波流共同作用下的平均床面应力：$\dfrac{\tau_{wc}}{\tau_c} = 1 + 1.2 \left[\dfrac{\tau_w}{\tau_w + \tau_c} \right]^{3.2}$。

3.9 航道骤淤验证

台风期间，根据有关台风预报资料，利用 MIKE 和 SWAN 的波浪模块进行长江口波浪场的预测，根据波浪要素，利用计算平台的潮流和泥沙模块的耦合计算，并最终预测航道的回淤量及主要分布。"莫拉克"台风的北槽骤淤积验证如图40所示。

目前该计算模块已经正常运转，但鉴于泥沙、潮流、波浪耦合的复杂性，仍在探索、实践检验的过程中。

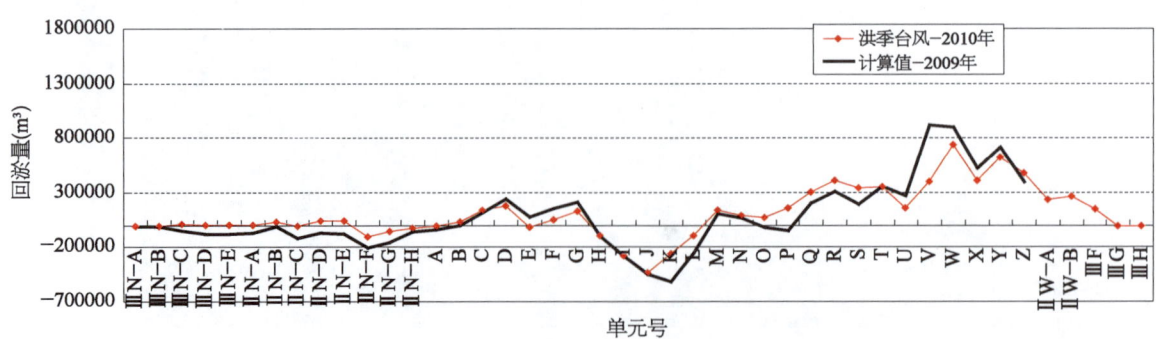

图40 "莫拉克"台风的北槽骤淤积验证

4 极端条件下航道稳定性、维护可行性研究

4.1 方案说明

通过中交第三航务工程勘察设计院的前期研究,初步选定的横沙新港规划方案为方案 F4,并在方案 F4 的基础上略微调整提出方案 F8,具体方案设置见表 4 的说明和图 41。

表 9 方案说明

方案编号	说 明
本底(bend)	现状地形,横沙七期、八期均成陆;先不考虑北港整治工程
方案 F4(gc01)	港区布置于整个横沙成陆范围的北侧,占地总面积 84 km²,其中陆域面积 48 km²,分南北两侧布置。中间为港池水域(底高程由东至西分别取 −20 m、−15 m、−10 m)。外航道口门位于东侧 31°14′N 附近 −5 m 等深线处,宽 800 m,口门轴线方位为 N127°;外航道呈折线布置,底高程 −20 m,宽 500 m,总长 18 km
方案 F8(zx02)	港区陆域、港池、进港航道等布置均与方案 F4(gc01)一致。外航道口门位于圈围堤东侧 −8 m 等深线处,宽 800 m,堤身高程由圈围堤处的 −8 m 递减至堤尾处的 0 m

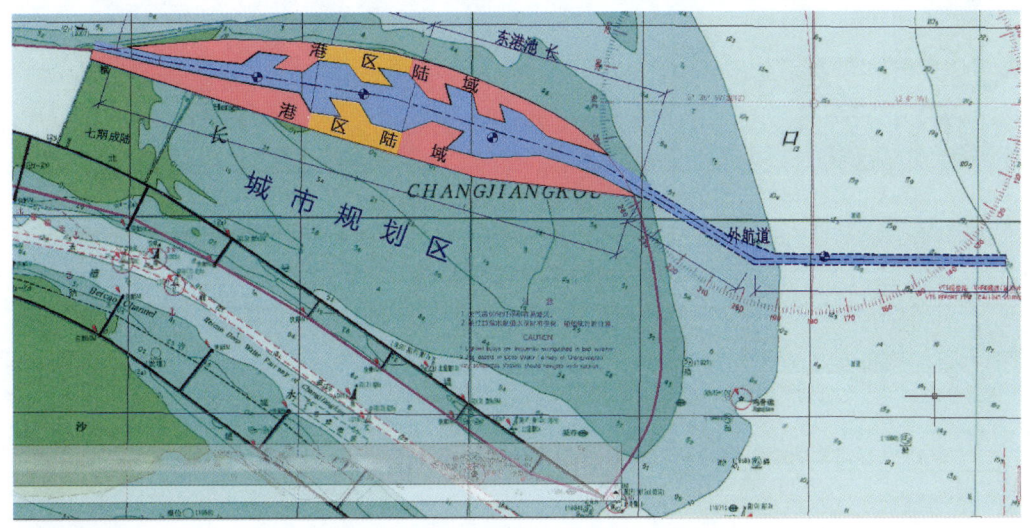

图 41 方案 F4(gc01)

4.2 对航道淤积的影响计算

计算条件:以东向来浪的风浪场,可采用东向恒定风场驱动,风速取 13.4 m/s,发生风浪为大潮期间,浪影响历时 90 h。

计算得到的港区及外航道的骤淤量参见表 10。

外航道的回淤以极端天气下的骤淤为主,一次台风的平均淤积强度可达 0.45～0.75 m,港池内的平均淤积强度较小,为 0.10～0.13 m,口外航道的回淤量易受台风等极端天气的影响。

5 结论

通过上述计算分析,可以得到以下初步结论:

1) 圈围方案的论证分析结论

(1) 圈围方案对流场影响整体上来说主要集中在工程区域,对南槽、青草沙水库等区域的影响较

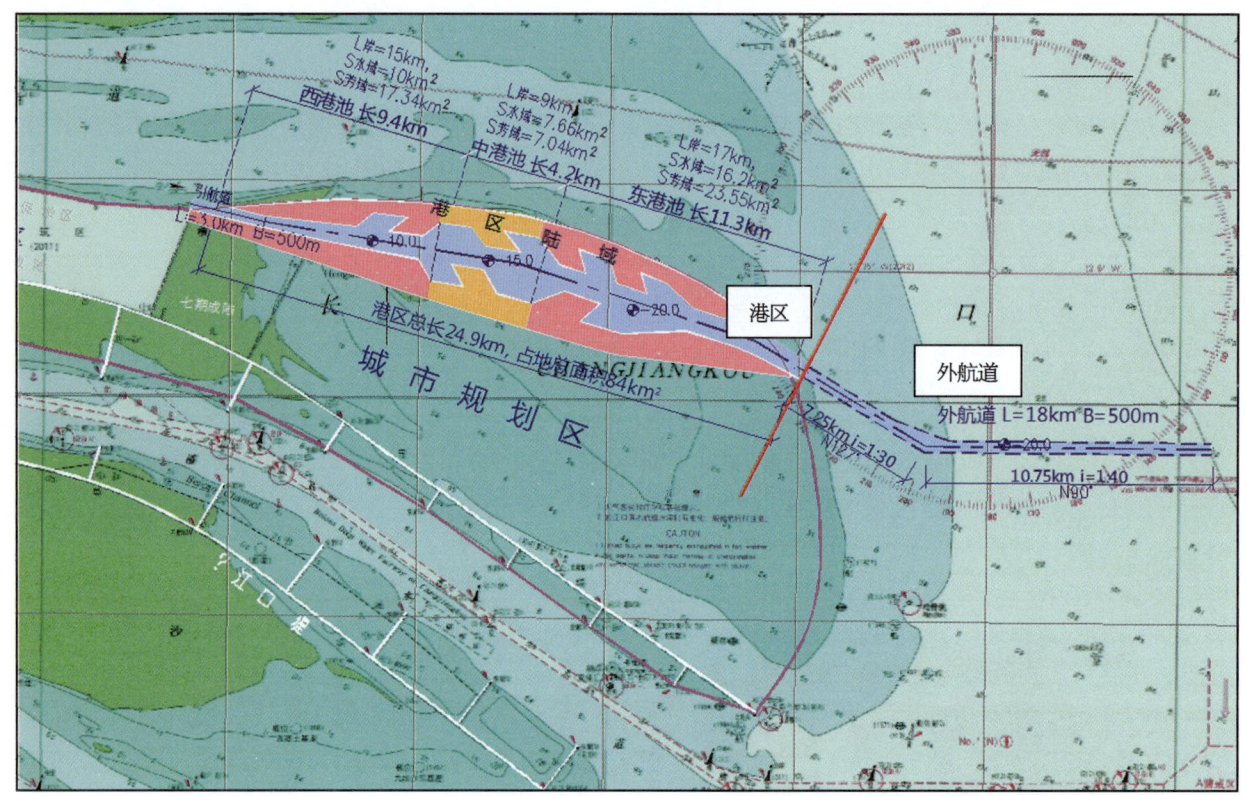

图 42　港区及外航道的分隔

表 10　方案实施后的骤淤积统计

方　案	港　区			外航道		
	一次回淤总量（m³）	平均淤积强度（m）	最大淤积强度（m）	一次回淤总量（m³）	平均淤积强度（m）	最大淤积强度（m）
方案 F4(gc01)	5.59×10^6	0.13	0.83	7.30×10^6	0.72	2.41
方案 F8(zx02)	4.47×10^6	0.10	0.65	4.56×10^6	0.45	1.88

小；北槽和北港的局部涨潮动力有所增加，但增幅有限。

（2）北槽航道的回淤量从定性分析上来看呈增加的趋势，目前条件下增幅为 2.9％，整体上呈现中上段回淤量增加和中下段回淤量减小的趋势。

2）港区方案的论证分析结论

（1）在圈围成陆的基础上实施深水港工程方案对于周边水域的影响小于圈围成陆方案的影响，即单独实施建港工程对周边水域的流场影响较小。

（2）目前的计算结果显示口外航道所在位置的横流略大，由于往外延伸的顺流堤可以起到减弱圈围堤沿堤流的强度的作用，因此，可以综合考虑减弱沿堤流和外航道横流来进一步优化深水港布置方案。

（3）方案优化思路主要考虑：适当往口外延伸顺堤至 8 m 等深线位置，以实现减小口门处局部横流的目的，延伸前后的计算结果参见表 11 和表 12。

表 11　涨急横流值统计

位　置	涨潮最大横流值(m/s)		
	bend	gc01	zx02
N-koumen	0.93	0.17	0.16
N−5 m	0.92	0.17	0.16
N−6 m	0.81	0.47	0.27
N−10 m	0.54	0.36	0.36
N−12 m	0.62	0.46	0.51
N−15 m	0.56	0.47	0.53
N−18 m	0.55	0.53	0.54
N−20 m	0.59	0.58	0.60

表 12　落急横流值统计

位　置	落潮最大横流值(m/s)		
	bend	gc01	zx02
N-koumen	1.59	0.55	0.34
N−5 m	1.55	0.76	0.36
N−6 m	1.39	0.84	0.56
N−10 m	1.31	0.75	0.80
N−12 m	1.24	0.77	0.79
N−15 m	1.05	0.84	0.82
N−18 m	0.95	0.82	0.84
N−20 m	0.81	0.84	0.85

另外，口门处顺堤外延起到减小出口航道及港区的常态回淤量的作用：口外顺堤外延方案实施前后的航道及港区回淤量及淤积强度统计参见表 13。

表 13　优化方案实施后的港区及外航道年回淤量及年平均淤积强度统计

方　案	港　区			外航道		
	年回淤总量（m³）	平均淤积强度(m)	最大淤积强度(m)	年回淤总量（m³）	平均淤积强度(m)	最大淤积强度(m)
方案 F4(gc01)	1.361×10⁷	0.31	1.03	306069	0.03	0.31
方案 F8(zx02)	1.073×10⁷	0.24	0.87	209917	0.02	0.16

顺堤外延方案的港区及航道的常态回淤量分别为 1073 万～1361 万 m³/a，以及 20 万～31 万 m³/a，平均淤积强度分别为 0.24～0.31 m/a，以及 0.02～0.03 m/a，其中常态回淤分布以港区为主，外航道量较小。

口门外顺堤外延基本可以实现顺流和挡沙的优化目的，减少港区及外航道的回淤量，因此随着河势变化及周边工程的实施影响,建议在后续研究对口外顺堤延长的位置(延伸至-5 m 或是-8 m 等深线)进行进一步的研究论证。

(4) 极端天气条件下的骤淤对港池及外航道均有一定的影响,其中外航道的回淤量主要以极端天气下的骤淤为主,一次台风的平均淤积强度可以达到 0.45～0.75 m,港池内的平均淤积强度较小,为 0.10～0.13 m,参见表 14。

表 14 方案实施后的骤淤积统计

方案	港区			外航道		
	一次回淤总量(m^3)	平均淤积强度(m)	最大淤积强度(m)	一次回淤总量(m^3)	平均淤积强度(m)	最大淤积强度(m)
方案 F4(gc01)	5.59×10^6	0.13	0.83	7.30×10^6	0.72	2.41
方案 F8(zx02)	4.47×10^6	0.10	0.65	4.56×10^6	0.45	1.88

参考文献

[1] 河海大学海岸及海洋工程研究所.浦东机场外侧滩涂促淤圈围工程波浪数值模拟[R].南京:河海大学海岸及海洋工程研究所,2010.

[2] 上海水利工程设计研究院.临港地区新建海堤风暴潮防御能力评估研究报告[R].上海:上海水利工程设计研究院,2010.

[3] Peter A. E. M. Janssen. Quasi-linear Theory of wind-wave generation applied to wave forecasting[J]. Journal of Physical Oceanography,1991,21:1631-1642.

[4] Cavaleri L,P Malanotte-Rizzoli. Wind wave prediction in shallow water:Theory and applications[J]. J Geophys,1981,86(C11):10961-10973.

[5] Tolman H L. A third-generation model for wind waves on slowly varying, unsteady, and inhomogeneous depth and currents[J]. Journal of Physical Oceanography,1991,21(6):782-797.

长江口横沙浅滩成陆物理模型水动力试验研究报告

南京水利科学研究院

院　　长：张建云（院长、工程院院士）
总工程师：窦希萍（院总工、教授级高工）
主管所长：陆永军（所长、教授级高工）
项目负责：窦希萍（教授级高工）
　　　　　曹民雄（教授级高工）
主要参加人员：赵晓冬（教授级高工）　　徐　群（教授级高工）
　　　　　　　马进荣（教授级高工）　　王红川（教授级高工）
　　　　　　　罗小峰（教授级高工）　　韩玉芳（教授级高工）
　　　　　　　路川藤（高级工程师）　　张新周（教授级高工）

- 长江口演变特征和水沙特性
- 物理模型设计
- 水流验证
- 物理模型试验结果分析

1 概述

1.1 研究背景

在上海现有的滩涂资源中，横沙东滩是一个集"区位、土地、岸线、航道"等众多优势资源于一身的区域。其南贴长江口北槽 12.5 m 深水航道，北靠北港航道（规划 10 m 航道），东临东海，经吹填成陆可新增土地约 480 km^2（72 万亩），可新增深水岸线 100 多km，并且依托东接外海深水区的优势，可建设大型挖入式港区，实现 20 m 深水港的突破。

横沙的开发可在较大程度上缓解目前上海城市发展面临的诸多问题，如：可解决上海土地瓶颈，增加城市竞争力；可突破上海港水深和岸线制约，提升上海港口竞争力，奠定国际航运中心建设基础。此外，在长江入海泥沙日益减少的情况下，长江疏浚土资源依然可为横沙成陆提供丰富的泥沙资源，同时还缓解了目前疏浚土处理面临的诸多问题。

本子课题从横沙成陆的规模以及成陆建港条件等角度出发，重点分析横沙成陆建港与长江口河势格局的关系、对周边相关涉水工程的影响。

1.2 研究依据

1.2.1 有关文件及行业标准

(1)《长江口综合整治开发规划要点报告》(2004 年修订版),水利部长江水利委员会,2005 年 2 月。

(2)《长江干线航道总体规划纲要》,交通运输部,2009 年 5 月。

(3)《长江口航道发展规划》,交通运输部长江口航道管理局,2010 年 8 月。

(4)《长江干线航道建设规划(2011—2015 年)》,交通运输部长江航道局,2011 年 1 月。

(5)《上海市滩涂资源开发利用与保护"十二五"规划》,上海市水务(海洋)局,2009 年 12 月。

(6)《全国河口海岸滩涂开发管理规划》,水利部规划计划司,2013 年 11 月。

1.2.2 基础资料

(1) 长江口历次水文测验资料(长江口航道管理局组织测量)、大通水文站水沙资料、长江口主要潮位站资料,以及长江口水文、泥沙、波浪自动监测系统数据等。

(2) 长江口历次水下地形监测资料(长江口航道管理局组织测量)、部分数字化海图等。

(3) 有关涉水工程建设信息以及其他相关的实测资料和数据等。

1.3 质量标准

(1)《海岸与河口潮流泥沙模拟技术规程》(JTS/T 231—2—2010),中华人民共和国交通运输部发布,2010 年 5 月。

(2)《质量手册 QM - NHRI - 2012》(按照 GB/T 19001—2008,ISO 9001:2008 标准),南京水利科学研究院,2012 年 9 月。

1.4 主要研究内容

建立长江口整体物理模型,研究横沙东滩圈围工程对周边水域水动力影响。

2 长江口演变特征和水沙特性

随着 1958 年以来长江口航道治理研究工作的有序开展,对长江口自然规律的研究也取得了一些有价值的认识。在已有研究成果的基础上,本章简要总结长江口水动力、泥沙运动特征以及总体河势格局演变。

2.1 长江口河势格局

2.1.1 三级分汊四口入海格局

近 2000 年,长江河口的发育模式呈单向演变性质,代表了长江口演变的总趋势,主要有以下几个变化特征:① 河口不断在向外延伸、束窄,上游段江面束狭,河槽加深;② 由于潮波传播方向及柯氏力的作用等原因,泥沙循东偏南方向输移出口;③ 北岸沙岛并岸,南岸边滩推展,河口向南偏转。

1842 年时,长江口主要还是南、北二支一级分汊,北港呈现为南港的一条涨潮槽属性,上口 5 m 等深线未与南支贯通。1860 年前后,北港上口冲开,1954 年后北槽形成,北港和北槽相继发展为两条新的以落潮流作用为主的新入海水道。至此,长江口形成了三级分汊四口入海的河势格局。

洪水对长江口河床演变的影响非常明显。长江口新的入海汊道均是在大洪水期间,强大的落潮水流冲开已有涨潮槽上口而形成的。北港正式形成于 19 世纪 60 年代的大洪水时期;北槽正式形成于 1954 年特大洪水。

伴随长江口三级分汊四口入海河势格局的形成,长江口的边界条件也发生了巨大变化。一是横

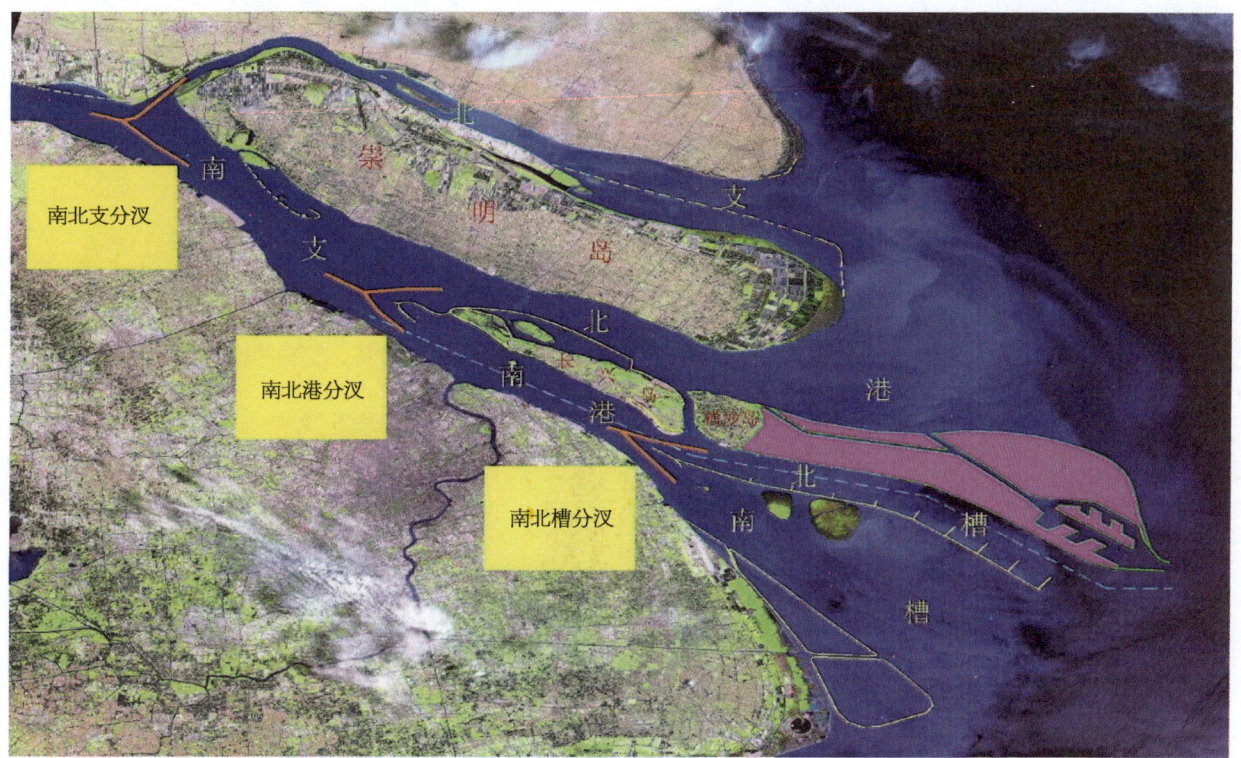

图1　长江口三级分汊四口入海总体格局

沙、长兴两岛出水成岛,南北两港间形成固定边界;二是徐六泾河段在20世纪60年代初北岸江心砂经过人工围垦并靠北岸,使江面宽度由13 km缩窄到5.8 km,形成了能基本控制落潮主流进入南支上段稳定性的准节点河段。

在具备了上述重要的稳定边界条件下,长江口"三级分汊、四口入海"的基本格局将长期稳定,不可能再次出现重大、明显的兴衰变化。例如,1958年以来,南北港分汊口虽发生过二次剧烈变化,但南、北港分流、分沙比均保持在各50%左右,并无明显增减趋势。

2.1.2　主汊道分流分沙状况

1) 南、北支

南北支为长江口第一级分汊,南支为主汊。1998年以来,南支分流比继续保持在95%以上,分沙比变化不大。

2) 南、北港

南北港为长江口的第二级分汊。现场实测资料表明,1998年以来,尤其2007年新浏河沙护滩及南沙头通道潜堤工程、中央沙圈围及青草沙水库工程实施后,南、北港的分流比和分沙比总体上仍在50%左右,各测次结果因测验期间的径潮流差异存在一定的波动,其波动幅度未超出历史变化范围(图2)。

3) 南、北槽

南北槽为长江口的第三级分汊。1998年长江口深水航道治理工程开工以来,北槽入口段落潮分流比总体呈减小趋势(图3)。至2011年2月,北槽下断面落潮分流比为42.24%。可以认为,北槽仍是一条有发展潜力的汊道,北槽已出现的进口分流比的变化总体上是正常的、可以接受的。

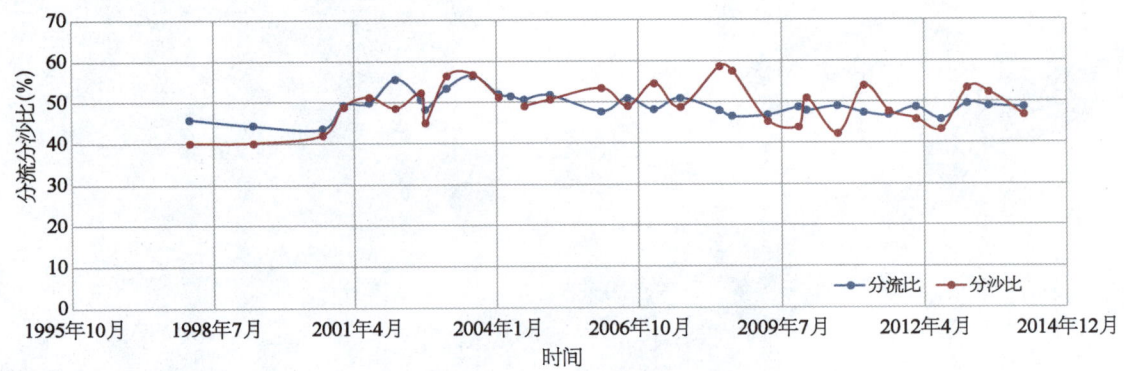

图 2　近年来长江口南港落潮分流分沙比变化

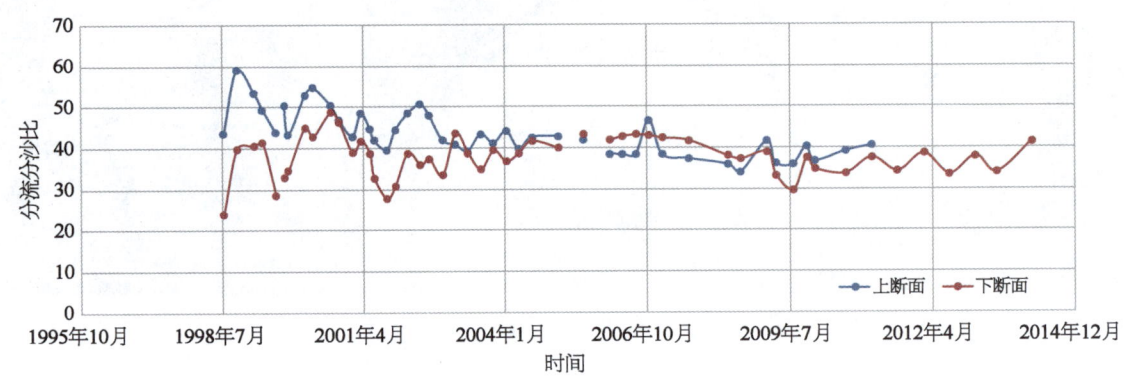

图 3　近年来北槽落潮分流比变化

2.2　长江口近期主要人类活动

长江口两岸为冲积平原,历史上河道两岸无天然节点控制。近百年来,为防御水害在两岸陆续修筑的海塘工程以及因经济发展需要实施的两岸边滩圈围工程、码头工程等,形成了多处较稳定的岸段,起到了束水导流、稳定河势的作用。特别是 1958 年徐六泾人工节点的形成对河势起到了较好的控制作用。

尤其近期(主要指 1998 年以来),随着我国经济的高速发展,对河口地区的开发强度迅速增大,长江口水域实施了大量涉水工程,河道岸线边界条件的人工控制作用越来越强。如图 4 所示,已建涉水工程主要包括长江口深水航道治理工程、新浏河沙护滩及南沙头通道潜堤工程、中央沙圈围及青草沙水库工程、促淤圈围与吹填工程、港口码头工程、桥梁工程、人工采砂活动等。其中促淤圈围工程包括:徐六泾河段北岸围垦工程、东风西沙圈围工程、常熟边滩圈围、横沙东滩促淤圈围工程、南汇嘴人工半岛、长兴岛北沿滩涂促淤圈围工程、浦东机场外侧促淤圈围工程。人工采砂包括瑞丰沙采砂及白茆沙采砂等。这些人类活动对河口河势及水沙变化等均产生了明显影响。具体阐述如下。

1) 长江口深水航道治理工程

长江口深水航道治理工程位于南港—北槽河段,工程平面位置见。工程分三期实施,采用整治与疏浚相结合的方式,实现 12.5 m 的航道水深目标。一、二期工程(1998—2004 年)累计建造了长约 48 km 的南导堤、49 km 的北导堤和总长约 30 km 的 19 座丁坝。三期工程以疏浚为主,于 2006 年开工,2008 年 12 月—2009 年 11 月分别实施了 YH101 减淤工程(延长北侧 N1~N6 丁坝和南侧 S3~S7 丁坝,累计加长 4621 m)和南导堤加高工程(在 S3~S8 南坝田间新建一座长约 21 km 的防沙堤)。此外,长江口深水航道治理一、二、三期工程共累计完成约 3.2 亿 m³ 的基建性疏浚量。

第 4 章 数学模型和物理模型研究

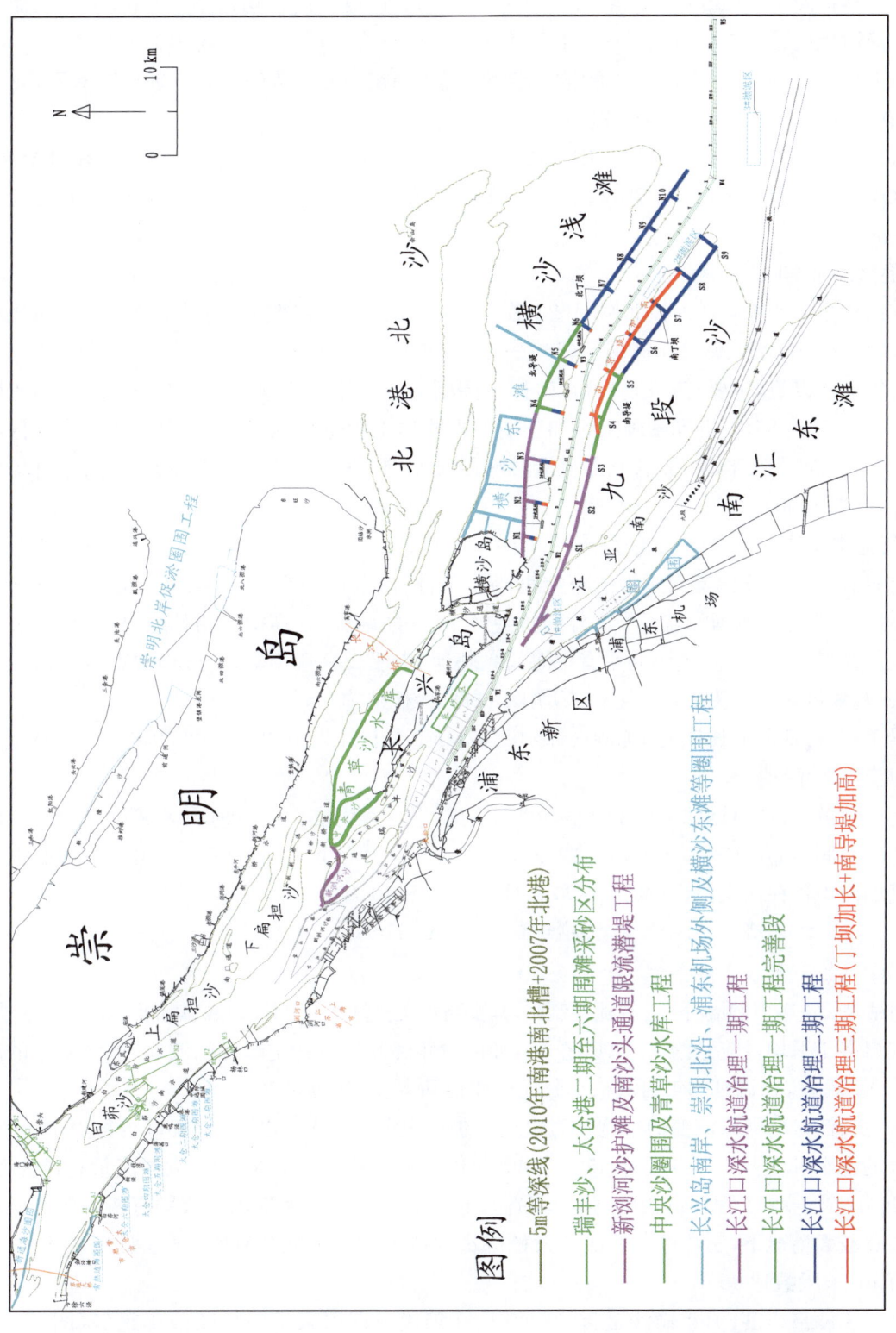

图 4 长江口近期主要涉水工程布置示意图

2) 新浏河沙护滩及南沙头通道潜堤工程

新浏河沙护滩及南沙头通道限流潜堤工程位于长江口南北港分汊口水域。于 2007 年 9 月开工，其中新浏河沙护滩工程(长约 8610 m)于 2008 年 8 月完成(堤顶高程均达到 2.0 m，吴淞基面)，南沙头通道限流潜堤(长约 2390 m)于 2009 年 2 月完成。此外，2010 年 9 月起还实施了长江口 12.5 m 深水航道向上延伸(三期航道上口至太仓港区)工程，其中新浏河沙护滩南堤向下游延伸 2.7 km。

3) 中央沙圈围及青草沙水库工程

该工程位于南北港分汊口河段。中央沙圈围工程于 2006 年 11 月开工，2007 年 5 月全部完工。青草沙水库于 2007 年 11 月开工建设，2009 年 1 月完成主龙口合龙，2009 年 7 月环库大堤连成一体(总长约 48 km)。

4) 促淤圈围与吹填工程

南支河段主要有徐六泾河段北岸围垦工程(2007 年以后，主要指新通海沙圈围工程)、东风西沙圈围工程(2001—2002 年)、常熟边滩圈围(2007—2008 年)。

南北港河段以下，主要有：① 横沙东滩促淤圈围工程。始于 2000 年，其中一、二、三和四期促淤工程基本于 2008 年完成，五期圈围工程和三期围内吹填工程也分别于 2009、2010 年开工，目前尚在建设中；② 南汇嘴人工半岛；③ 长兴岛北沿滩涂促淤圈围工程(2007—2008 年)；④ 浦东机场外侧促淤圈围工程(2008 年至今)。

5) 其他主要涉水工程

港口码头工程：① 南支南岸沿线有宝钢码头、石洞口电厂码头、美孚码头、远太国际城码头等；② 南港南岸主要有上海国际航运中心外高桥港区 1～6 期码头、外高桥造船基地码头、外高桥发电厂码头以及打捞局码头等；③ 南港北岸有中海长兴基地、中船长兴造船基地、振华重工等大型工业基地港口码头、马家港客运码头等。以上码头均采用高桩梁板结构。

桥梁工程，包括苏通长江大桥(2003—2008 年)和上海长江大桥(2005—2009 年)。

6) 人工采砂活动

据有关报道，长江口近期主要采砂区域为南港瑞丰沙和南支白茆沙河段区域。其中南港瑞丰沙采砂主要的时间为 2000—2005 年，采砂量为 5000 万～6000 万 m³。而 2003—2006 年期间，太仓港二期至六期围滩工程在南支白茆沙河段区域累计采砂约 5140 万 m³。

2.3 长江口的动力及泥沙运动特性

2.3.1 上游来水来沙条件

大通站是长江中下游最后一个径流控制站，其实测水文资料基本可代表长江口的流域来水、来沙变化。

长江口多年平均径流量约为 9000 亿 m³，径流量年际间虽有一定幅度的波动，但无明显的趋势性变化(图 5)。而且，径流量的年内洪枯季分配规律也基本没变(图 6)。

洪水对长江口的河床演变的影响较为明显。统计表明，1950 年以来，长江口约每隔 10～15 年有一次较大的洪水过程。2010 年是继 1998、1999 年以来最大的一次洪水过程，大通流量超过 6 万 m³/s 天数达 36 d。受三峡工程水量调度(削峰填谷)的影响，长江发生大洪水的级别有所降低。但在流域洪季降雨量较大情况下，三峡进入长江口大径流量的持续时间可能会有所延长，如 2010 年大通流量超过 6 万 m³/s 天数达 36 d。

长江口来沙量丰富，但年输沙量自 20 世纪 80 年代中期以来呈明显的减小趋势(图 7)。尤其，2006 年平均输沙量仅为 0.85 亿 t，创下了 1950 年以来的最低纪录。2009 年，大通站的年平均输沙量也仅为 1.11 亿 t(表 1)。

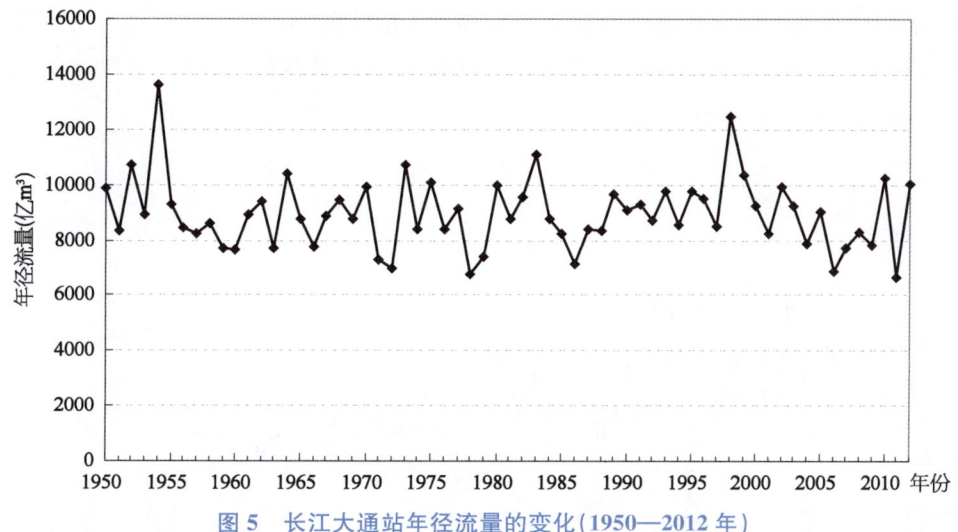

图 5　长江大通站年径流量的变化(1950—2012 年)

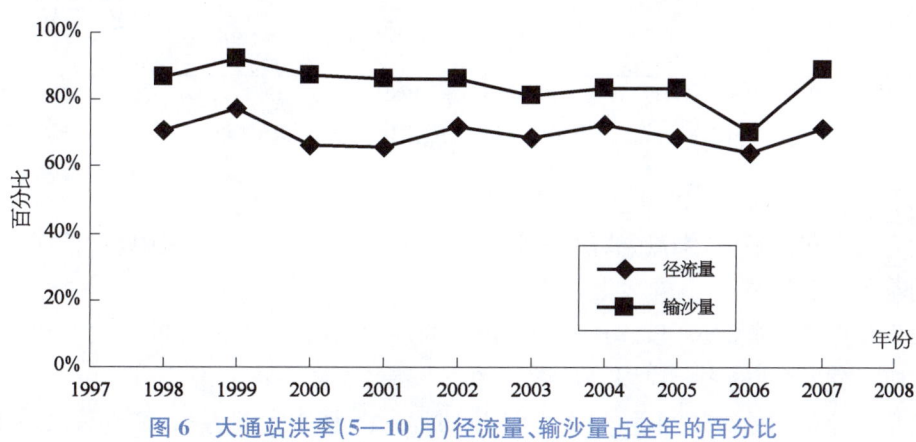

图 6　大通站洪季(5—10 月)径流量、输沙量占全年的百分比

表 1　1998 年以来大通站来水、来沙的年际变化

年　份	年输沙量(亿 t)	年径流量(亿 m³)	年平均含沙量(kg/m³)	年平均中值粒径(mm)
1998	4.01	12440	0.32	—
1999	3.17	10370	0.31	—
2000	3.39	9266	0.37	0.008
2001	2.76	8250	0.33	0.008
2002	2.75	9926	0.28	0.012
2003	2.06	9248	0.22	0.010
2004	1.47	7884	0.19	0.008
2005	2.16	9011	0.24	0.008
2006	0.85	6886	0.12	0.008
2007	1.38	7708	0.18	0.013
2008	1.30	8291	0.16	0.012
2009	1.11	7819	0.14	0.010

注：数据来源于《中国河流泥沙公报》。

长江来沙量的减小与近年来长江流域的水土保持、植被固沙、人工取沙和高坝拦沙（葛洲坝工程、三峡工程）有直接关系。未来一段时间内，长江上游还将建设一定数量的水库、大坝工程，加之人工挖沙的影响等，流域来沙仍会有进一步减少的可能。

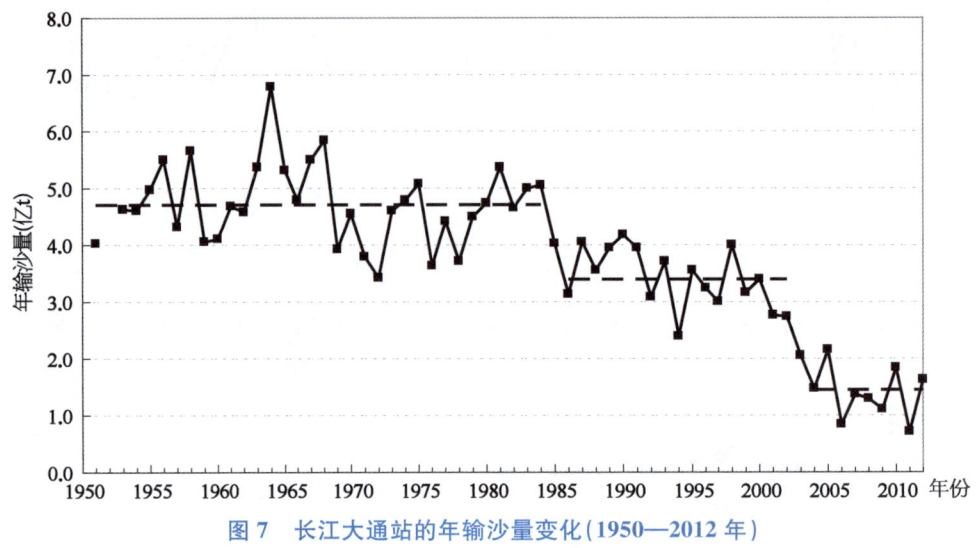

图7　长江大通站的年输沙量变化（1950—2012年）

2.3.2　河口水动力特性

河口水动力因素包括径流、潮流、波浪、风和盐水楔异重流等。这些因素中，对长江口河床演变起到主要作用的是径流和潮流。

长江口属大径流、中等潮差河口。径流和潮流两股动力在时，空范围内的复杂变化及相互消长作用，是导致长江口复杂演变的主要原因。长江口水动力特性主要概述如下。

长江口潮量大。口门处总进潮量，枯季小潮为13亿 m^3，枯季大潮为39亿 m^3；洪季小潮为16亿 m^3，洪季大潮为53亿 m^3。口外潮汐为正规半日潮，口内潮汐变为非正规半日浅海潮。潮波在河口内传播过程中发生变形，沿程高、低潮位增加、潮差减小、涨潮历时缩短、落潮历时增长。

长江口在有固定岸线的口内潮流方向以往复流为主，口外为顺时针旋转流。由于河宽较大，口内、外均存在涨、落潮流路分歧现象。涨、落潮主流路分歧是宽浅河段中形成落潮主槽和涨潮副槽的重要原因，也是长江口形成分汊河型及呈现周期性演变规律在动力条件方面的重要原因。

南、北支两汊中，北支分流比不足5％。南、北港潮量及径流分配比较稳定，大体上"五五开"。南、北槽落潮量分配比：北槽落潮量自20世纪60年代的30％左右至90年代治理工程前与南槽基本相当。这说明自然条件下北槽处于不断发展过程中。

2.3.3　泥沙运动特性

长江口泥沙主要来自长江流域。流域来沙经沿程分选，至长江口主要以悬移方式输运入海，较粗部分沉积在口外三角洲；细颗粒则被带到外海。在河口地区水动力条件下，咸、淡水交汇，形成河口环流系统并产生细颗粒泥沙絮凝沉降。

长江水体多年平均含沙量约为 0.5 kg/m^3，由于水量大，多年平均年输沙总量约4亿 t。长江口南支水域水体含沙量总体上与上游来沙关系密切，呈洪季大、枯季小的变化特点。但口外水体含沙量则更易受风浪和潮流动力条件控制，表现为枯（冬）季大、洪（夏）季小；大潮大、小潮小；大潮涨潮含沙量明显大于落潮。

同级汊道相比，北支含沙量高于南支，北港高于南港，南槽高于北槽。

自然条件下,长江入海各汊道(北支、北港、北槽、南槽)的局部区段均相对稳定地存在水深浅于其相邻上、下河段的拦门沙。其原因主要是:河道的急剧展宽,减小了输沙入海的水流动力,河床变形调整,形成了多条以巨大浅滩作边界的泄流汊道。河口汊道内径、潮流两股强大动力交汇,盐淡水混合,垂向密度梯度的存在,在盐水入侵区形成了上层水流净向海,下层水流净向陆的"垂向环流"。滞流点附近含沙量出现较大垂直梯度,相对水深 0.5 m 以下含沙量急剧增大。上游径流引起的泥沙下泄输移与外海潮汐动力及盐度梯度引起的一定时段内的上溯输移形成汊道内泥沙净输移的滞沙点,为其附近最大混浊带的形成提供了物质来源。另外,细颗粒泥沙絮凝沉降是最大混浊带形成的又一重要原因。最大混浊带的位置随洪枯季和大小潮而上下摆动。摆动范围即汊道内拦门沙的滩顶位置。

拦门沙滩顶位置受控于洪季滞流点摆动范围,拦门沙滩顶高程长期稳定。以不足 10 m 水深的滩长计,北港、北槽和南槽的拦门沙纵向长度依次为 60 km、69 km 和 74 km。拦门沙河段的泥沙十分活跃,含沙量高,为长江向外海输沙的"转运站"。

2.4 长江口近期演变

2.4.1 拦门沙河段

长江口拦门沙区域是横亘于口门河段的大片浅水区,该区域在涨落潮流交汇和盐淡水混合结构作用下,形成河口最大浑浊带,大片泥沙滞留沉积,成为通海航道的瓶颈区域。

拦门沙浅于 10 m 水深的滩长的多年平均值,在北港为 43.8 km,最浅滩顶水深为 5.1 m 左右;北槽滩长为 56.2 km,在深水航道治理工程前,最浅点水深为 6.1 m;南槽拦门沙滩长为 71.6 km,目前滩顶最浅水深为 5.0 m 左右。

各拦门沙滩顶变化,年变幅甚小,季节性变化明显,表现为洪淤枯冲。而拦门沙两侧的崇明东滩、横沙浅滩、九段沙及南汇边滩,还受风浪显著作用,冬季在寒潮大风和夏秋受台风影响下,冲刷滩面引起滩槽泥沙强烈交换,为含沙浓度最高的浑浊带所在,亦是北槽航道主要泥沙来源地,滩面沉积物粗化明显,河槽地形复杂多变,年际冲淤变幅最大一般可达到 1~2 m,年内季节变幅基本在 1 m 以内,

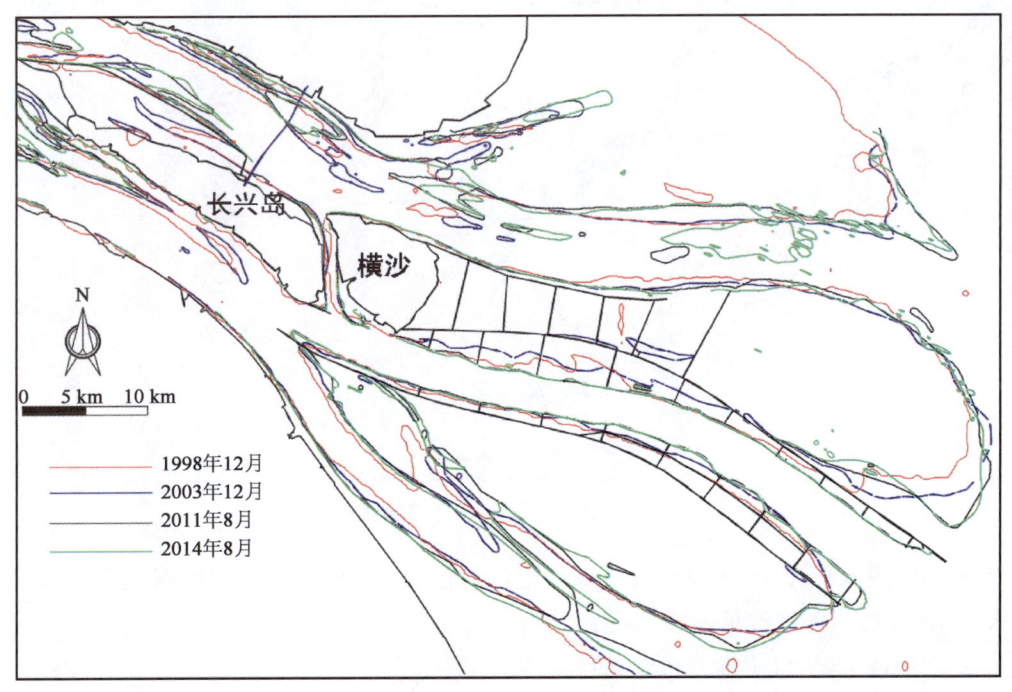

图 8　近年来横沙浅滩水域 5 m 等深线平面变化

上、下段时冲时淤，存在交替变化。

1998 年长江口深水航道治理工程实施后，北槽拦门沙区段 12.5 m 航槽已经贯通。南槽受深水航道工程、南汇东滩圈围等周边涉水工程的影响，上段主槽河床冲刷下延，下段拦门沙缩短淤高。北港拦门沙尚处于自然状态，其河槽形态、滩顶水深等变化均不大。各拦门沙滩顶高程的年变幅较小，季节性变化特征仍为洪淤枯冲。由于长江口拦门沙区段分布着大量浅滩，在风浪和潮流作用下，滩槽泥沙交换频繁，为拦门沙河段提供了丰富的泥沙来源，同时也大大减弱了流域来沙的减少对该区域产生的影响。近年伴随着流域泥沙下泄量明显减少，海域泥沙相对有所加大，对冲淤变幅亦带来影响，应引起注意。

2.4.2 口外区域

拦门沙浅滩向海便进入河口口外海滨区，即为水下三角洲的范围，面积约 10 000 km²，其上端为河口拦门沙滩顶，下界水深为 30~50 m。

长江口水下三角洲的冲淤变化与长江流域下泄入海沙量相关，也与波浪作用和口外潮流作用所引起的泥沙扩散能力相关。

20 世纪 90 年代以前，长江每年下泄泥沙量达 4 亿 t 以上，泥沙入海后扩散沉积，三角洲不断淤积外涨（图 9）。各汊道淤涨速率与出口泥沙量的分配和口外淤积环境有关。淤涨外伸速率最大的南汇嘴—南槽口，该区为长江口泥沙主要聚集区（泥库），泥沙交换十分频繁，成为长江口悬浮泥沙的中转站，既是长江入海泥沙向口外输送的泥沙"汇"，也是涨潮输入河口、杭州湾以及闽浙沿岸泥质带的泥沙"源"。因其兼具向长江河口随潮搬运泥沙的功效，在长江入海泥沙日趋减少的今天，长江口水下三角洲前缘潮滩仍处于缓慢淤涨状态，"泥库"可能在其中扮演着重要的角色。

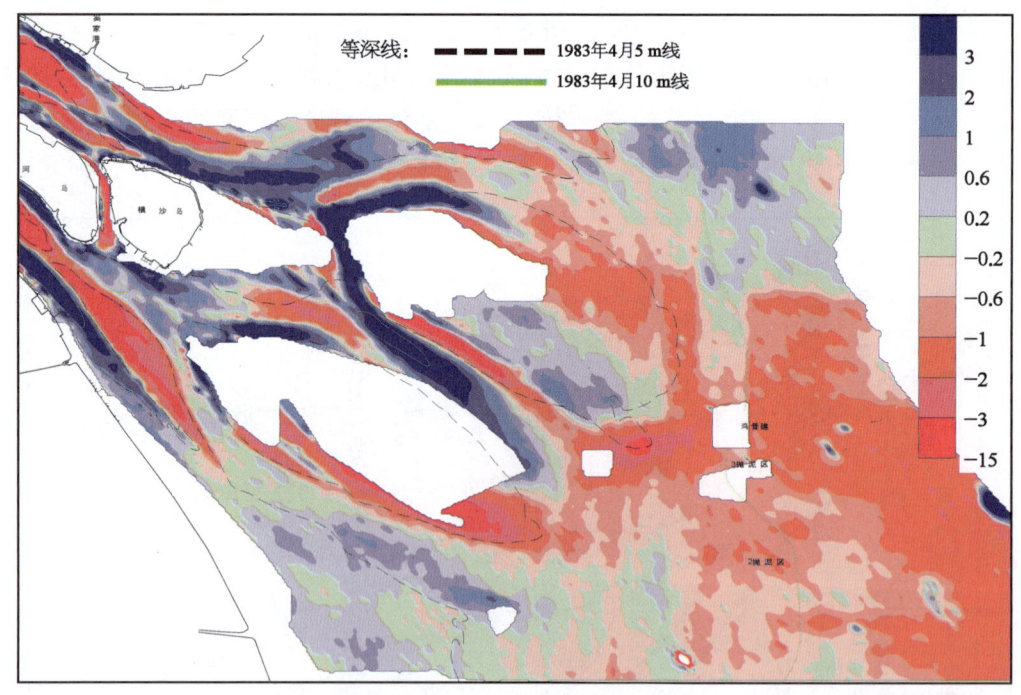

图 9　1973—1983 年长江口冲淤图

1998 年深水航道工程以来，随着长江流域入海泥沙的减少，水下三角洲冲刷强度得到加大，但当上游出现大洪水年份，入海泥沙量的增加，仍会带来水下三角洲的明显淤积。

2002—2010 年，随着长江上游来沙量持续减少，同时受大洪水影响较小，对口门外海域冲淤带来影响，其中在北港、北槽口外 5 m 至 10 m 区海域出现普遍冲刷（图 10），尤其是北槽口外潮流扩散最为强烈,近年海床冲刷明显,使北槽深水航道出口畅通,12.5 m水深维护较为稳定,口门附近10 m以外才出现局部淤积。在口外两侧5 m以内的浅滩区,如横沙浅滩、九段沙和南汇东滩则以滩面淤高为主,但滩面面积受外海冲刷影响,淤涨不明显。

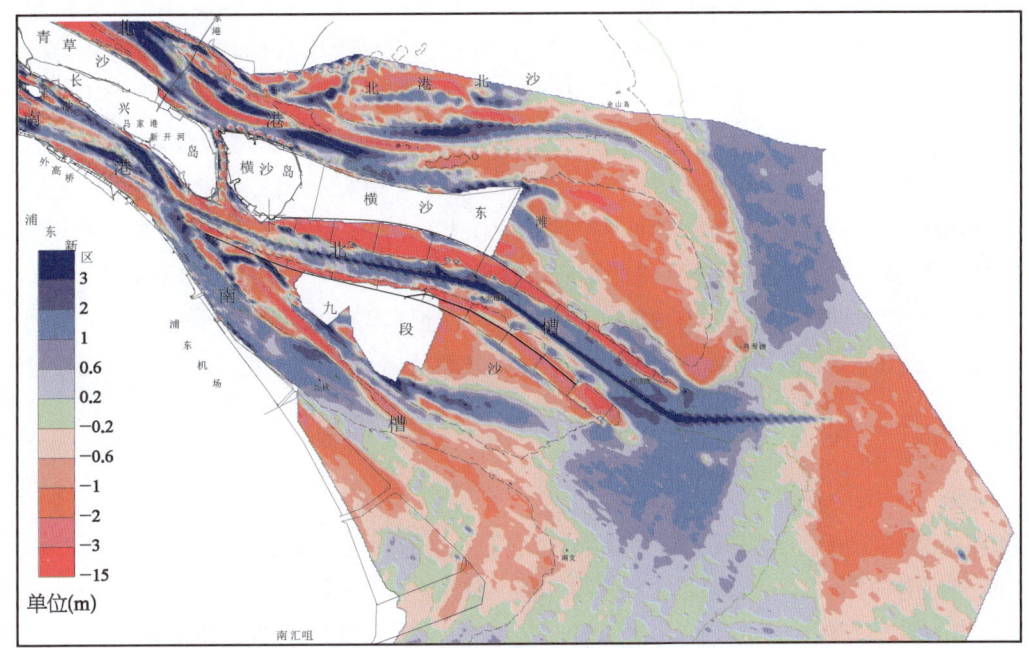

图10　2002—2010年长江口冲淤图

2010—2015年,长江口外海床继续冲刷,北槽上半段冲刷明显,下半段基本处于冲淤平衡状态,北港拦门沙呈淤积趋势,深水区有所冲刷。在口外两侧5 m以内的浅滩区,横沙浅滩有冲有淤,但以略冲为主,九段沙以滩面淤高为主。

总之,口外水域在流域大幅减沙影响下,淤积趋势减缓,部分区域出现冲刷,北槽口外5～10 m水

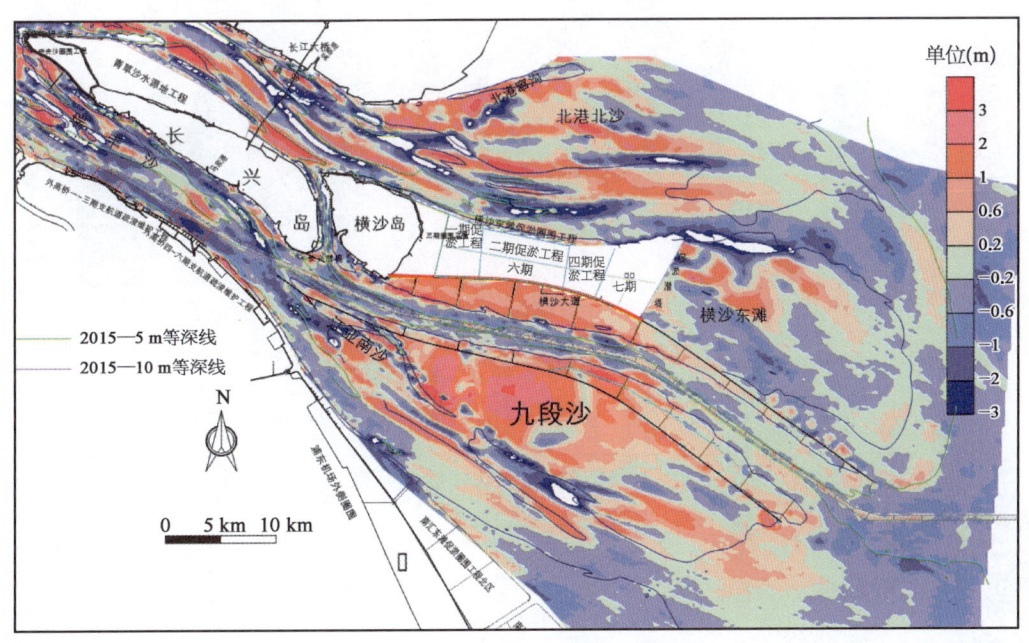

图11　2010—2015年长江口冲淤图

深区局部水域冲刷明显,口门内外浅滩的滩槽泥沙交换和口外水域水沙环境变化对口内河槽冲淤和航道回淤的影响将日益增强。

2.5 长江口总体河势变化特征

(1) 近年来长江口总体河势基本稳定,而且长江口大规模的人工工程对稳定长江口河势起到了重要作用,近十年来没有发生大的切滩和新沙洲生成,长江口"三级分汊、四口入海"的总体格局将稳定存在。

(2) 横沙东滩周邻河势状况总体如下:南港河段瑞丰沙下沙体冲刷消失,中下段河槽向宽浅型发展,深泓相应有所北偏;北港上段水深优良,主槽微弯程度有所加剧,下段拦门沙水深较浅;北槽处于长江口深水航道治理工程的影响范围内,坝田淤积、深槽冲刷,12.5 m航槽已经贯通;南槽上段及口门段冲刷、水深增大,拦门沙浅段缩短淤浅;北支水深条件相对较差,但深泓稳定性加强,河槽仍在束窄。

(3) 在拦门沙河段,受其特殊水沙环境的影响,流域来沙的变化尚未显现在地形变化上,其中北槽及南槽主槽容积的扩大更多来自长江口深水航道治理工程、南汇东滩促淤圈围等周边涉水工程的影响。

(4) 在口外,长江下泄泥沙的减少,使得水下三角洲部分区域呈现出由淤积转为冲刷的特征。

3 物理模型设计

3.1 模型范围及边界

本次物理模型采用南京水利科学研究院的长江口整体物理模型,模型水平比尺 1∶2000,垂直比尺 1∶150。模型范围如图 12 所示,模型上边界为长江口潮区界(安徽大通),通过扭曲水道连接至天生港附近,模型南边界至南汇咀附近,北边界位于北支口的启东咀,外海有效地形至 −30 m 等深线处。

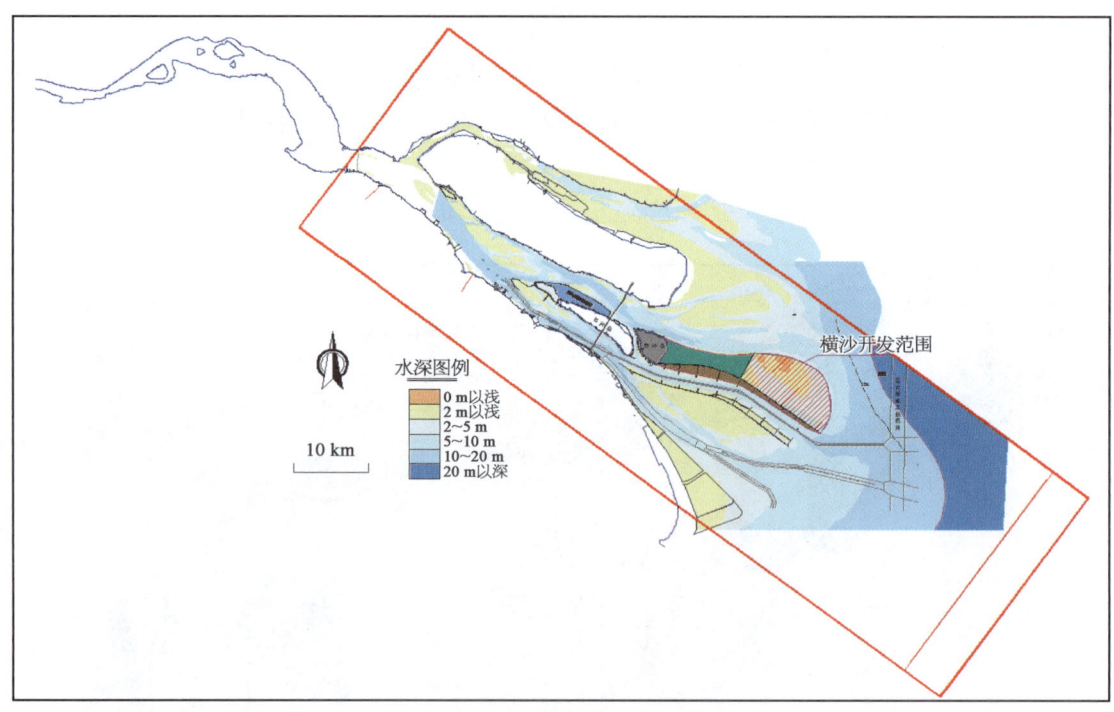

图 12 长江口整体物理模型示意

3.2 模型设计

3.2.1 基本方程

连续方程:
$$\frac{\partial \zeta}{\partial t} + \frac{\partial}{\partial x}[(h+\zeta)u] + \frac{\partial}{\partial y}[(h+\zeta)v] = 0$$

运动方程：
$$\frac{\partial u}{\partial t}+u\frac{\partial u}{\partial x}+v\frac{\partial u}{\partial y}+g\frac{\partial \zeta}{\partial x}+\frac{gu\sqrt{u^2+v^2}}{C^2(\zeta+h)}=0$$

$$\frac{\partial v}{\partial t}+u\frac{\partial v}{\partial x}+v\frac{\partial v}{\partial y}+g\frac{\partial \zeta}{\partial y}+\frac{gv\sqrt{u^2+v^2}}{C^2(\zeta+h)}=0$$

式中：ζ 为潮位；h 为水深；t 为时间；g 为重力加速度，$g=9.8\text{ m/s}^2$；$u=\frac{1}{h+\zeta}\int_{-h}^{\zeta}u\mathrm{d}z$，$v=\frac{1}{h+\zeta}\int_{-h}^{\zeta}v\mathrm{d}z$，分别为 x、y 方向垂线平均流速；C 为谢才系数，$C=\frac{1}{n}(h+\zeta)^{\frac{1}{6}}$；$n$ 为曼宁系数。

3.2.2 水流相似

潮汐河口模型试验主要遵循重力相似和阻力相似，由此可推导出各相似比尺表达式。设模型水平比尺为 λ_L，垂直比尺为 λ_H。

潮汐水流运动相似条件如下：

重力相似：$\lambda_v=\lambda_H^{1/2}$；

阻力相似：$\lambda_C=\left(\dfrac{\lambda_L}{\lambda_H}\right)^{1/2}$ 或 $\lambda_n=\dfrac{\lambda_H^{2/3}}{\lambda_L^{1/2}}$；

水流连续相似：$\lambda_{t1}=\dfrac{\lambda_L}{\lambda_v}$，$\lambda_Q=\lambda_v\lambda_H\lambda_L$。

式中：λ_L 为水平比尺；λ_H 为垂直比尺；λ_{t1} 为水流时间比尺。

3.2.3 模型相似比尺

根据上述相似条件，模型设计的各种相似比尺见表2。

表 2 模型相似比尺

比尺名称		计算值	采用值
基本比尺	平面比尺 λ_L		2000
	垂直比尺 λ_H		150
模型变率	$\xi=\lambda_L/\lambda_H$	13.33	13.33
导出比尺	流速比尺 λ_v	12.25	12.25
	糙率比尺 λ_n	0.63	0.63
	水流时间比尺 λ_{t1}	163.3	163.3
	泥沙沉速比尺 λ_ω	0.919	0.617
	起动流速比尺 λ_{vk}	12.25	
	流量比尺 λ_Q	3674000	3674000

3.3 模型仪器设备

1）生潮设备

模型的试验控制系统在 Windows 平台上采用 VB 语言编程实现模型控制与数据处理的一体化过程，通过友好的动态汉化图示界面，为试验者提供直观、简便的操作向导和丰富快捷的处理。

采用变频技术对潮汐控制系统控制，使潮水箱的控制潮型与给定值之间绝对误差平均缩小到 0.3 mm 以内，实现水量的闭环控制如图 13 和图 14 所示。

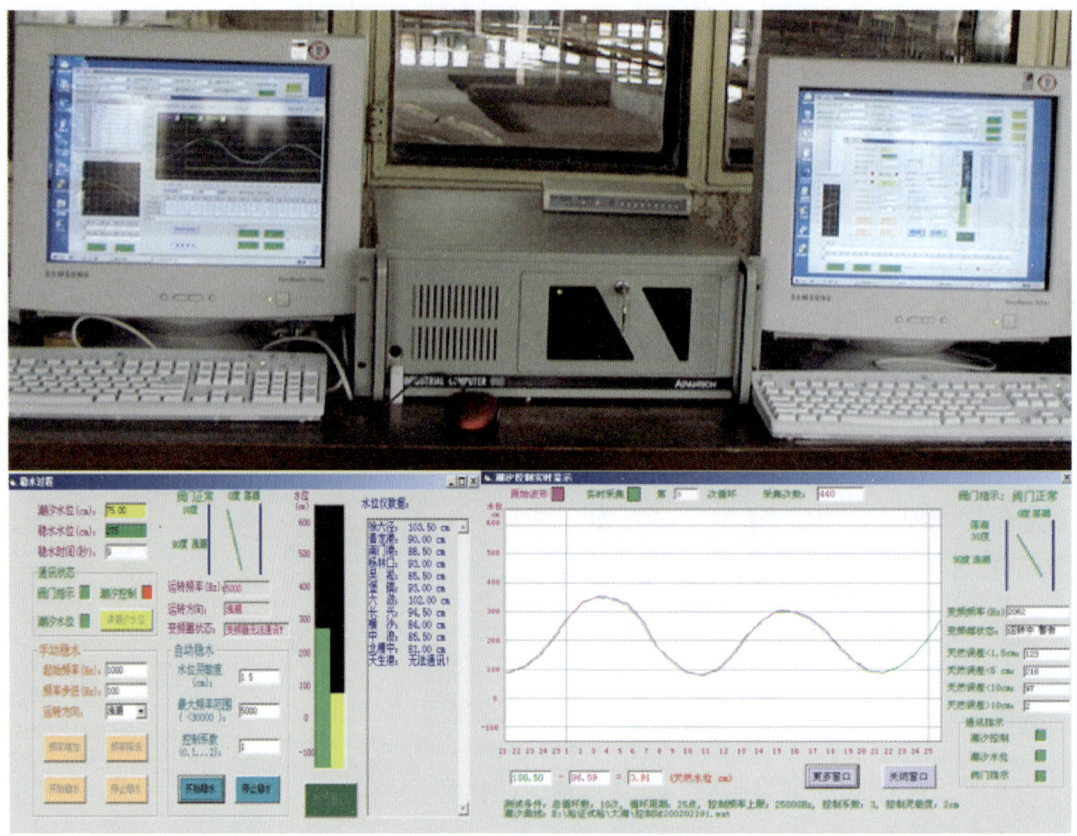

图 13　生潮设备控制界面

图 14　潮水箱图

2) 往复流双向泵系统

由变频器精确控制的往复流双向泵系统,能够保证模型开边界具有足够的涨落潮流量,同时,往复流双向泵系统可以调节模型流场、流向等因模型尺度问题而无法解决的天然流场问题,如图 15 所示。

图 15　双向泵系统

3) 水位仪、流速仪

该模型采用的水位仪、流速仪等量测仪器均在仪器仪表上实现了数字化信号的转换和传输,仅用单一的通信线路与主控室计算机相连,即可下达指令和采集数据,不仅可以节约大量电缆等材料,而且运行的故障率低,检查和维护都十分方便。

模型水位测量采用瑞士进口的超声波非接触式水位仪,分辨率能达到 0.1 mm(相当于现场 1.5 cm,能够满足试验要求),如图 16 所示。

定点流速测量采用日本 KNEK 公司生产的电磁流速仪。电磁流速仪基于导电性流体在磁场中运动时所产生的感应电势来量测流体的瞬时流速,直杆探头可测量纵向和横向的流速变化,实现流速大小和方向的同时测定。电磁流速仪的主要组成设备包括计算机处理系统、数据采集系统、数据转换系统和探头四个部分,数据以 Excel 形式存储在电脑上,便于分析,如图 17 和图 18 所示。

4) 流场测量系统

大范围的流场则通过流场实时测量系统(VDMS),该系统是南京水利科学研究院基于粒子图像测速技术(PIV)技术中的粒子跟踪测速技术(PTV)研制开发的大范围同步测速系统,广泛应用于水工模型、河工模型和港工模型等试验系统中表面流速场的测量。该系统可实现对大范围的非恒定流试验表面流场的实时测量,快速方便地得到模型试验范围研究区域内的流场、断面流速分布以及单个或多个测点的流速矢量变化过程,如图 19 所示。

图 16　超声波水位仪图

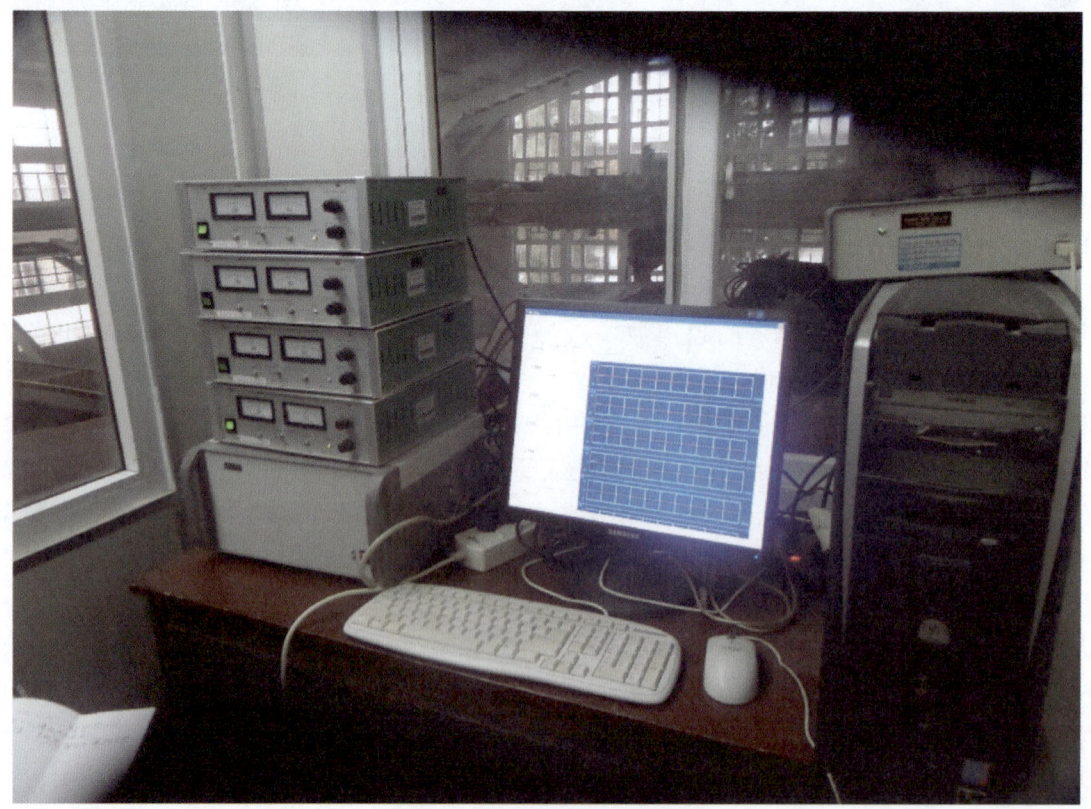

图 17　电磁流速仪操作界面图

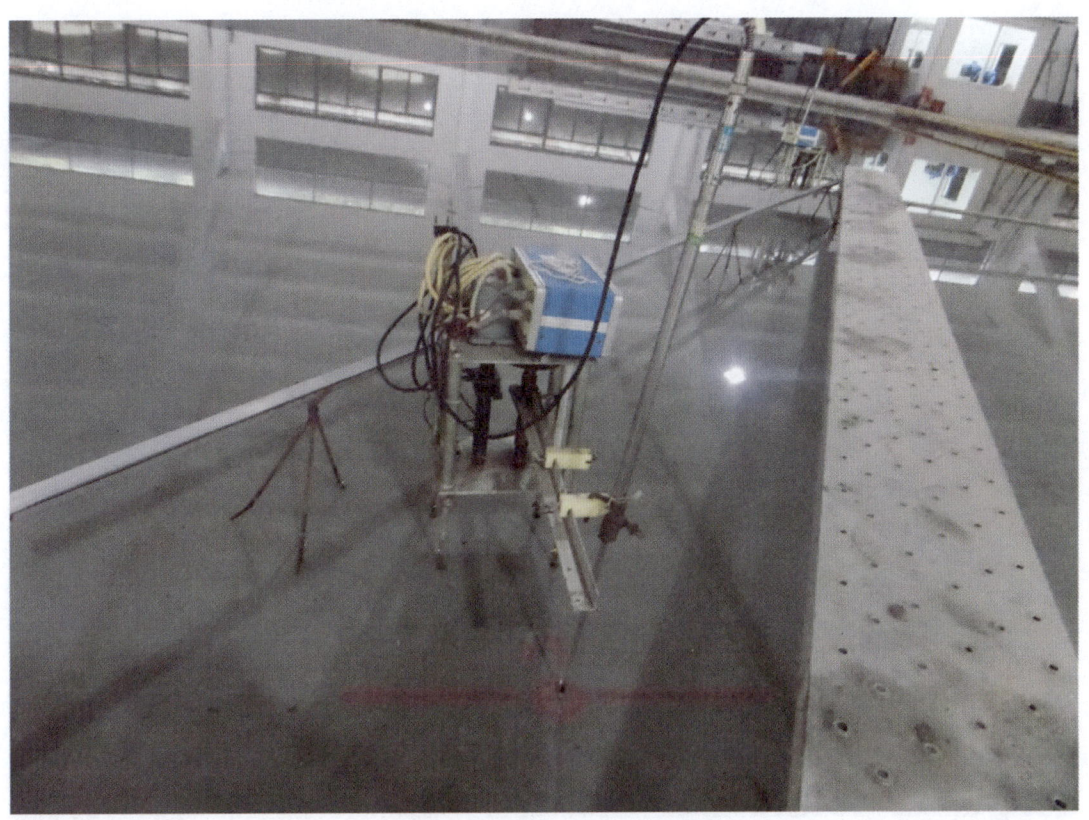

图 18　电磁流速仪使用效果图

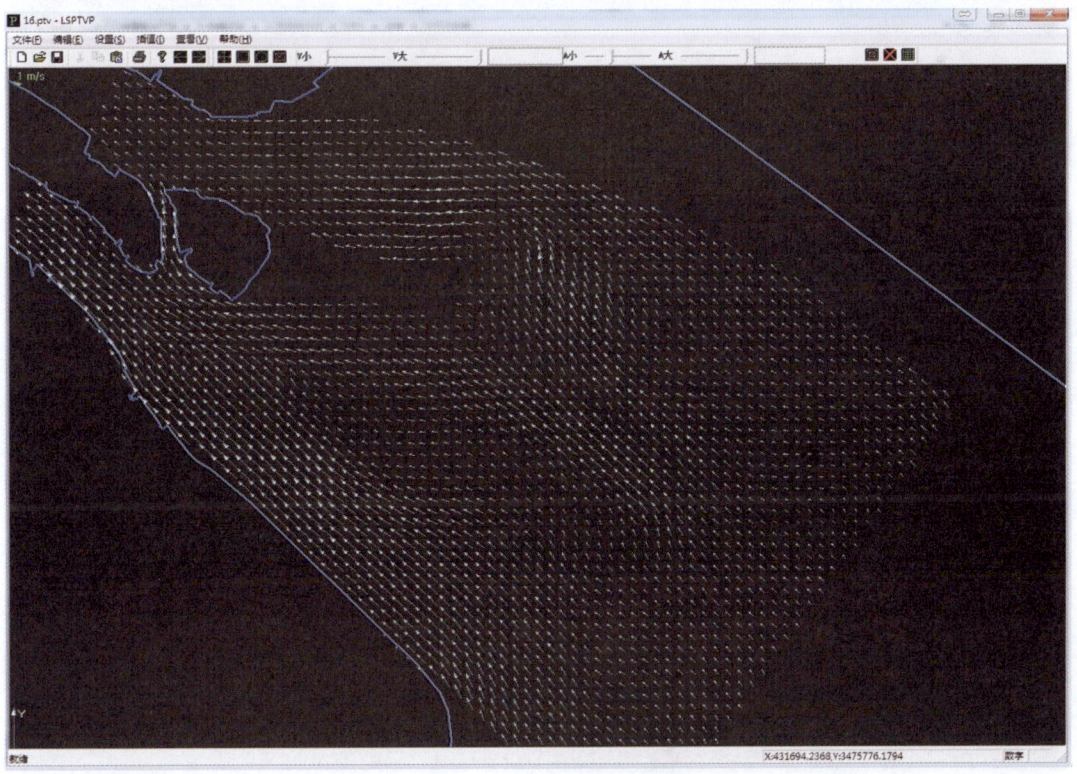

图 19　VDMS 系统操作界面

(a) 现场制作1

(b) 现场制作2

(c) 现场制作3

图 20 模型定床部分制作

3.4 模型制作

模型设计和比尺确定之后开始制作模型,即根据最新的水下地形图 2016 年 8 月地形制模,基面均统一到吴淞基面。

模型制作包括水下地形的制作和边界的定位。水下地形和岸线边界的几何相似是保证模型与原型相似的基本条件,其准确性直接影响试验成果的质量(图 20)。

模型地形高程偏差控制在 ± 1 mm(相当于原型 ± 15 cm)之内,平面偏差不超过 3 cm。

4 水流验证

4.1 验证试验条件

验证是物理模型试验的关键。通过流场验证,可以判断物理模型是否具有模拟实际潮流运动的能力。本次试验徐六泾以下地形采用 2016 年 08 月长江口实测地形,徐六泾至天生港采用 2013 年地形,天生港以上采用扭曲水道连接至大通。水流验证时间为 2016 年 7 月 21 日 11:00—22 日 11:00 大潮全潮。图 21 为模型验证点位置示意图。

4.2 水流验证试验结果

图 22 为潮位过程验证,表 3 为潮位误差统计,潮位过程验证结果表明,高低潮位偏差均在 0.10 m 之内,相位偏差不超过 0.5 h,满足规范要求。图 23 为潮流流速流向过程验证,表 4 为潮流误差统计。潮流验证结果表明,各测点涨落急流速大小偏差基本都在 10% 之内,相位偏差不超过 0.5 h。图 24 为北槽口外和南槽口外旋转流流向验证,NCH9#、CS10# 点旋转流流向偏差在 15°之内,满足规范要求。潮位和潮流验证结果表明模型相似性良好,说明模型具有复演长江口潮流运动的能力。

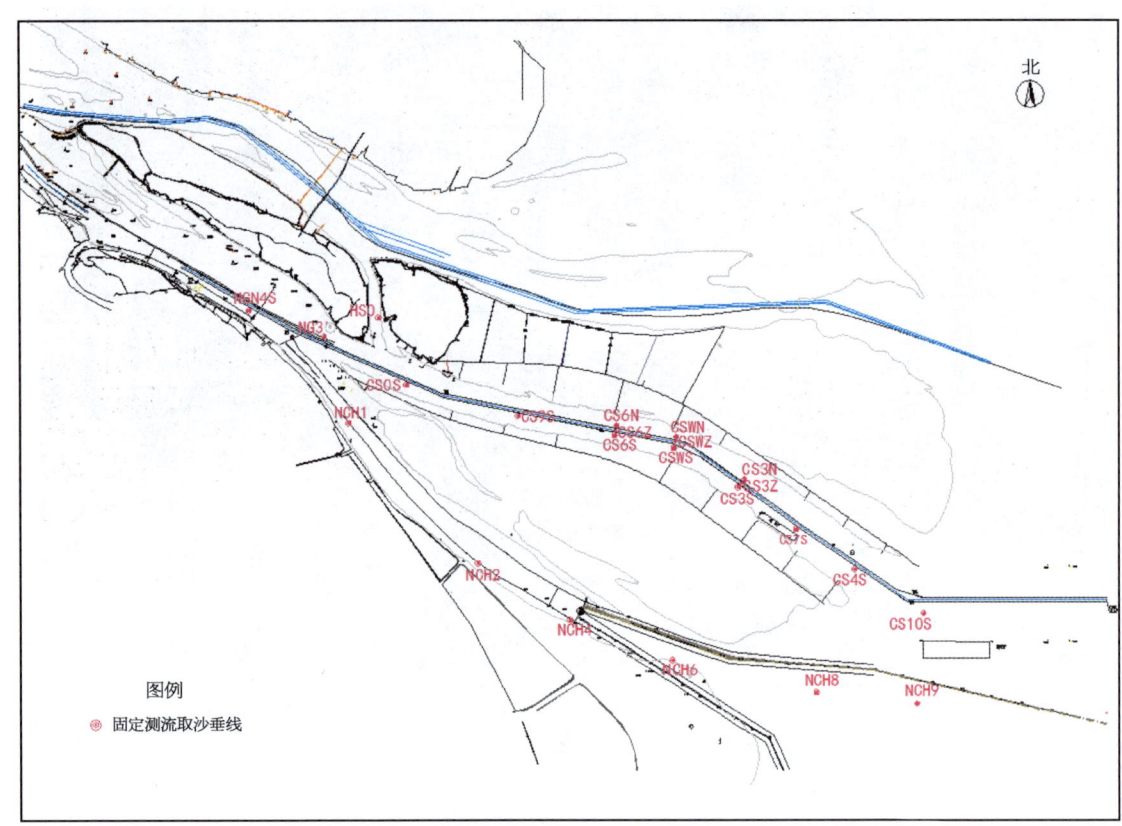

图 21　模型验证站示意图

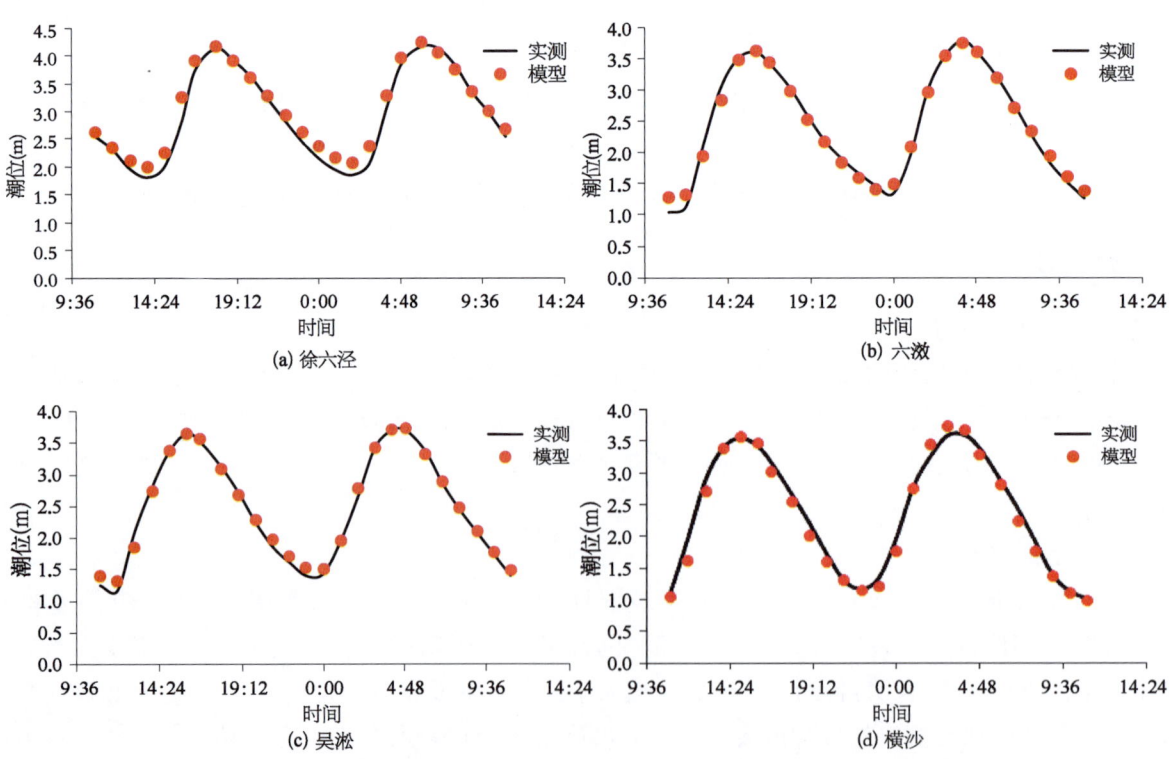

(a) 徐六泾　　(b) 六滧

(c) 吴淞　　(d) 横沙

(e) 中浚

(f) 牛皮礁

图 22 潮位过程验证

(a) NGN4

(b) CS0

(c) CSW

(d) CS7

(e) CS10

(f) NCH1

(g) NCH2

(h) NCH4

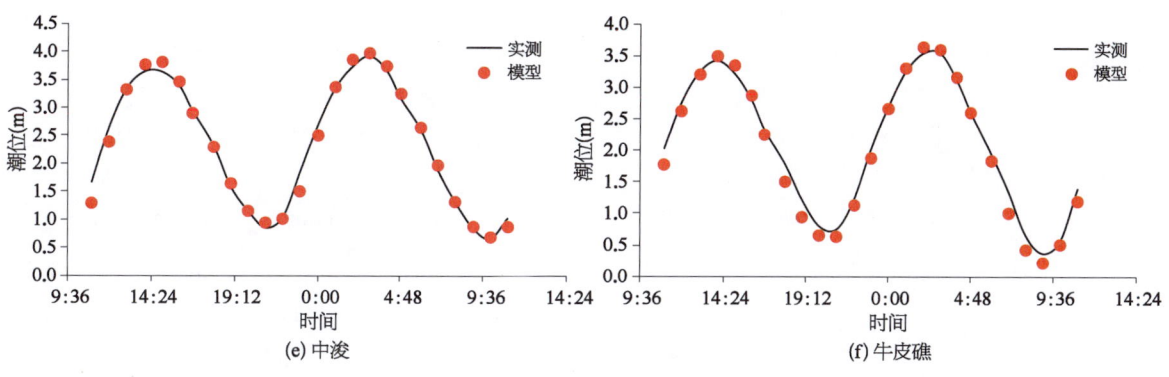

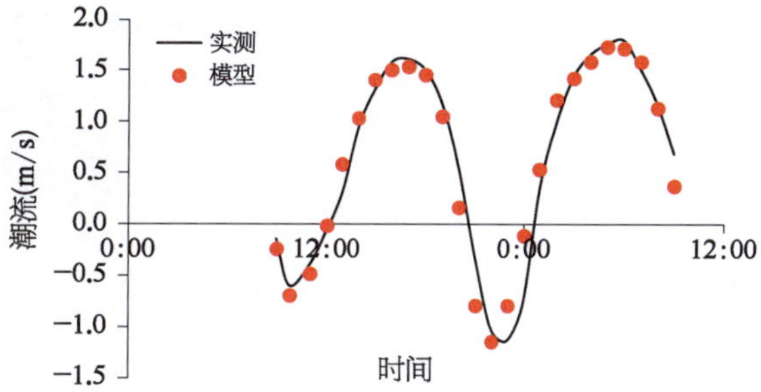

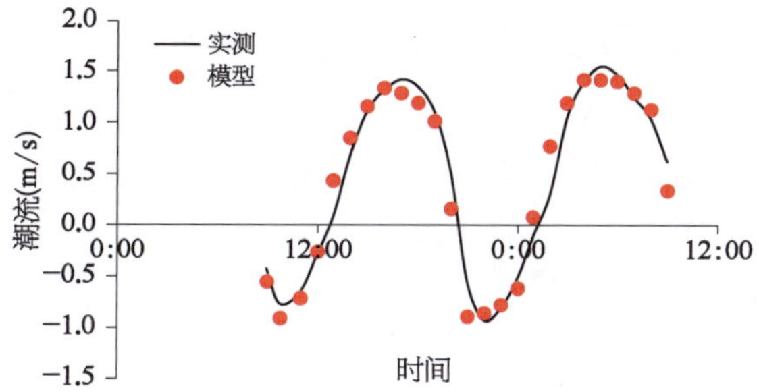

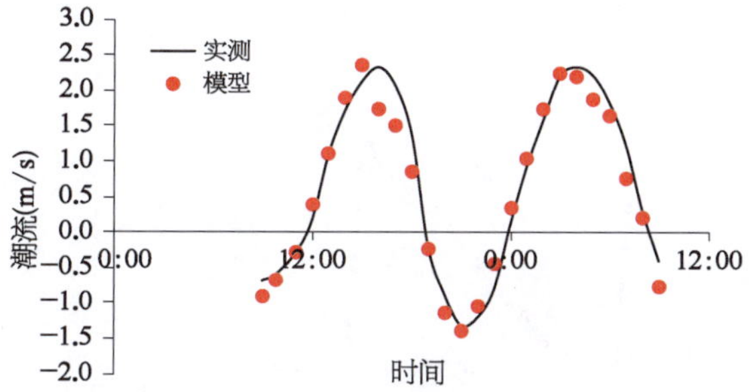

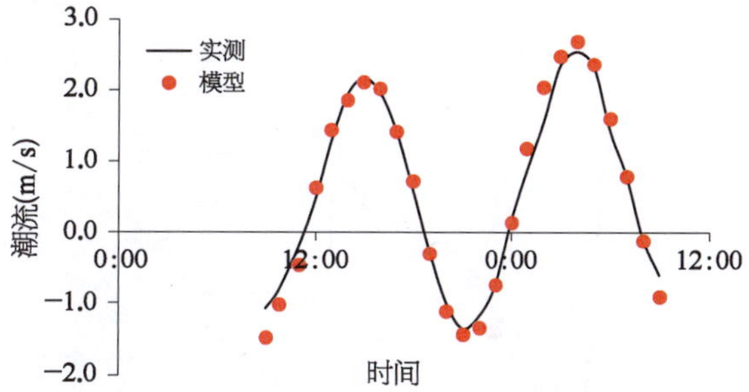

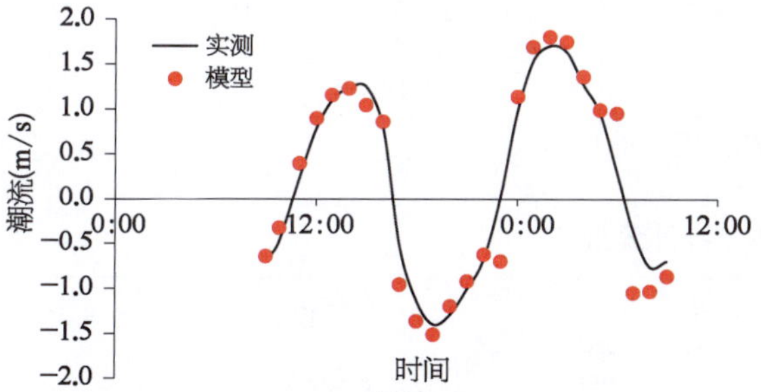

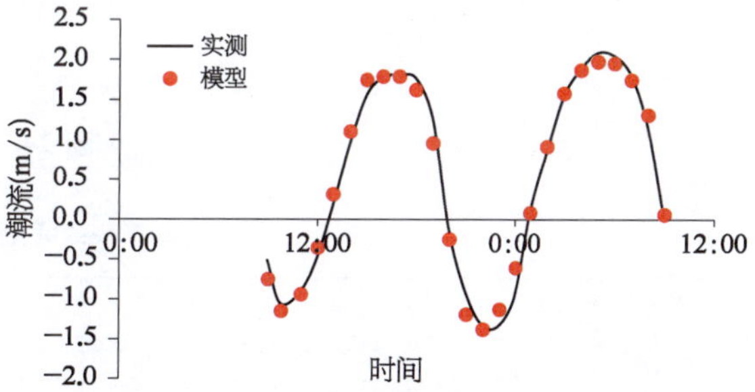

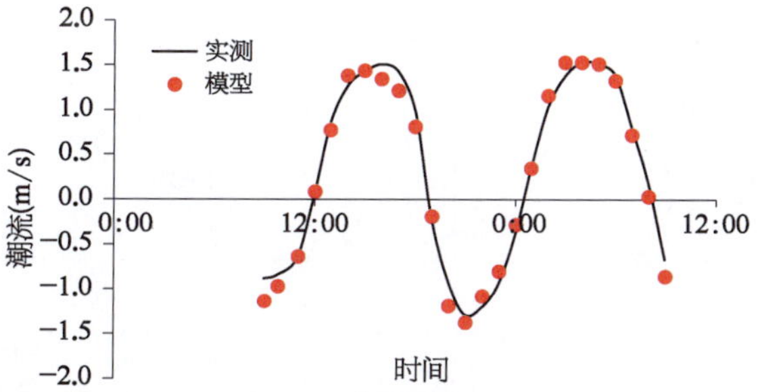

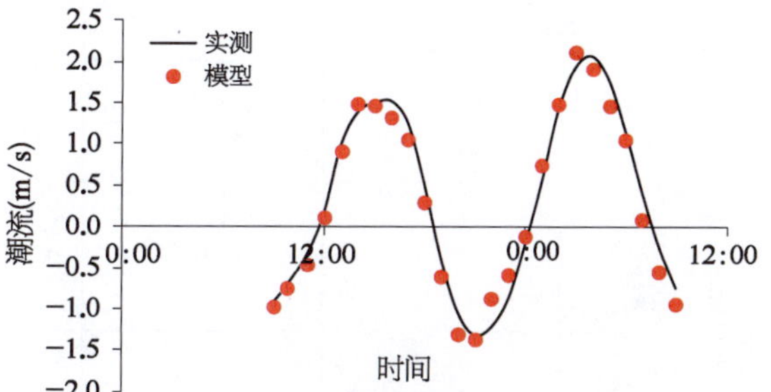

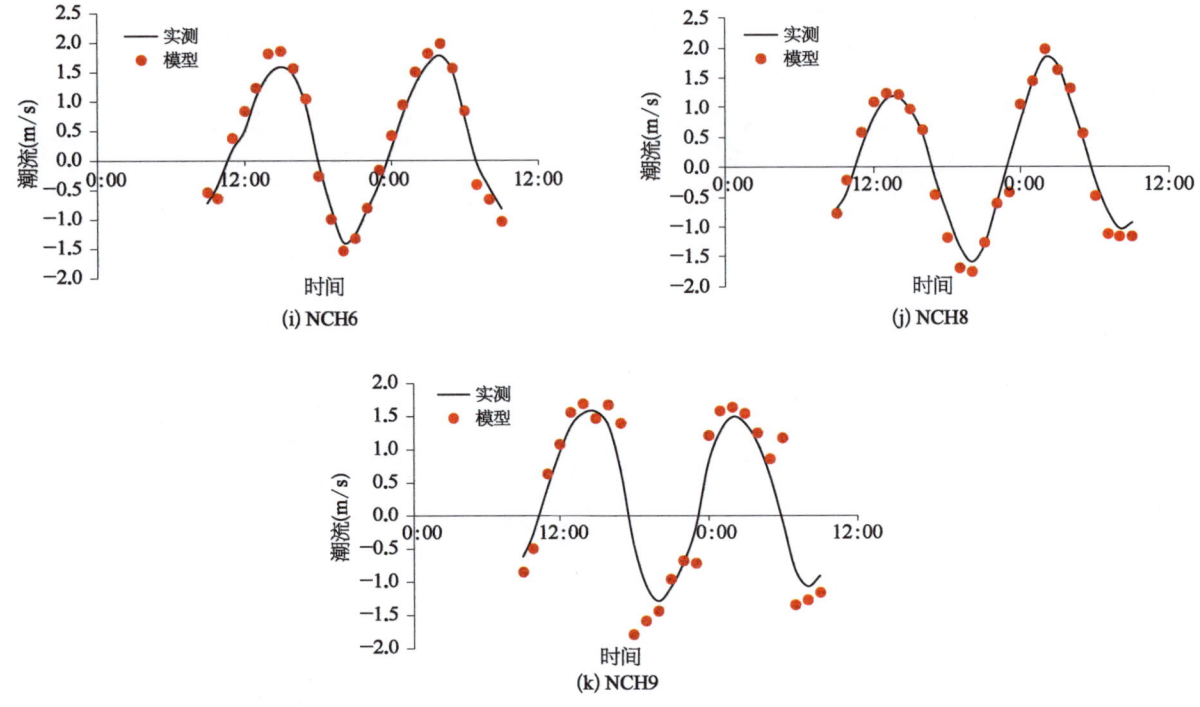

图 23 潮流验证

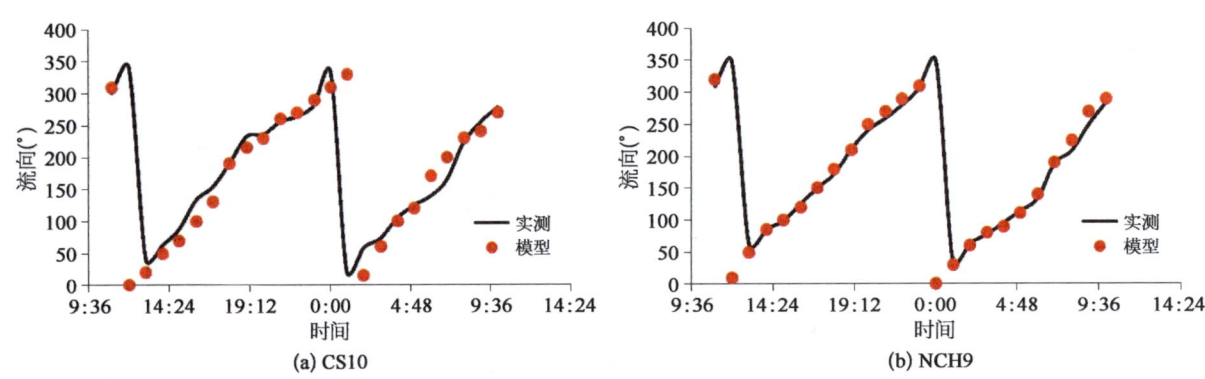

图 24 旋转流验证

表 3 高低潮位值误差统计分析

名称	高潮位			低潮位		
	实测值(m)	模型值(m)	误差(%)	实测值(m)	模型值(m)	误差(%)
徐六泾	4.24	4.15	−0.09	2.00	1.92	−0.08
六滧	3.74	3.78	0.04	1.27	1.17	−0.10
吴淞	3.74	3.69	−0.05	1.33	1.22	−0.11
横沙	3.74	3.59	−0.15	0.98	1.01	0.03
中浚	3.99	3.92	−0.07	0.70	0.66	−0.04
牛皮礁	3.65	3.57	−0.08	0.23	0.34	0.11

表 4　潮流验证误差统计分析

名　称	涨潮平均流速			落潮平均流速		
	实测值(m/s)	计算值(m/s)	误差(%)	实测值(m/s)	计算值(m/s)	误差(%)
NGN4	−0.70	−0.63	−9.84	0.97	1.02	4.72
CS0	−0.54	−0.56	4.64	1.18	1.20	1.87
CS6	−0.80	−0.76	−5.54	1.31	1.31	0.36
CS7	−0.89	−0.82	−7.66	1.56	1.46	−6.76
CS10	−0.93	−0.82	−11.51	1.18	1.05	−10.74
NCH1	−0.87	−0.86	−1.21	1.30	1.30	0.46
NCH2	−0.86	−0.81	−5.36	1.01	1.04	3.22
NCH4	−0.78	−0.72	−7.69	1.10	1.19	7.68
NCH6	−0.78	−0.69	−11.02	1.26	1.12	−10.86
NCH8	−0.95	−0.86	−9.25	1.14	1.03	−9.45
NCH9	−1.13	−1.05	−7.38	1.32	1.23	−6.92

5　物理模型试验结果分析

5.1　试验方案

5.1.1　布置原则

横沙新陆域成陆范围主要设置依据有以下几点：

（1）考虑现有沙体形态和滩涂水深，基本以5 m等深线区域为主。

（2）与已在建和即将建设的横沙圈围七期、八期工程的衔接。

（3）结合已建的北槽深水航道北导堤和规划的北港航道南导堤位置。

（4）考虑上海城市总体规划中海洋空间区划在该区域的布设思路。

5.1.2　横沙新陆域平面布置方案

方案布设与科委项目第一阶段研究中的布设方案基本一致，以横沙浅滩滩面形态为主，兼顾北港规划整治工程布设，同时调整了与横沙八期工程的衔接布设，总成陆面积299 km²（图25）。

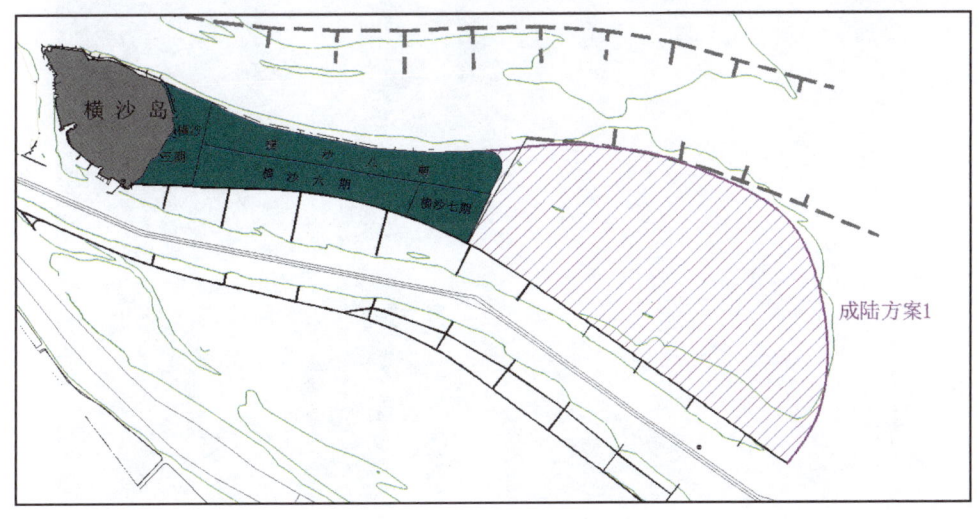

图 25　横沙新陆域开发方案

5.2 流场变化分析

图 26~图 33 为横沙东滩围垦前后,工程附近流迹线变化。图 34~图 37 为工程前后涨落急流场图。

工程前,外海涨潮水流越过横沙东滩向上游运动,受 N23 潜堤的阻挡作用,一部分水流绕过堤头进入北港向上游运动,另一部分水流越过潜堤向上游运动。落潮时,水位较低,落潮水流在 N23 潜堤的作用下,相当一部分水流绕过潜堤进入横沙东滩,进而向外海运动,横沙东滩的落潮水流相对平顺。

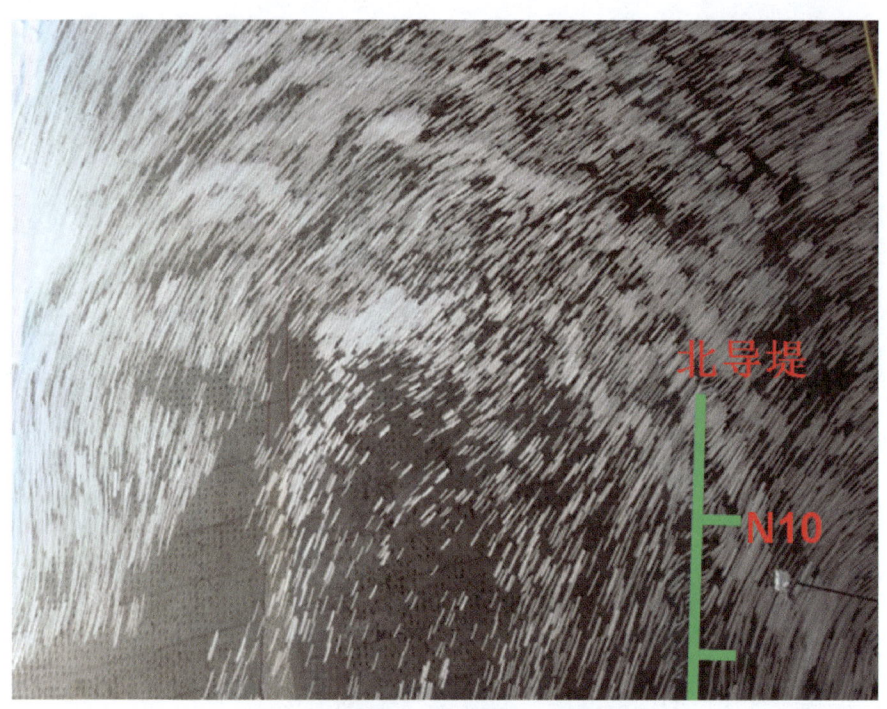

图 26 本底横沙东滩外侧涨潮流迹线

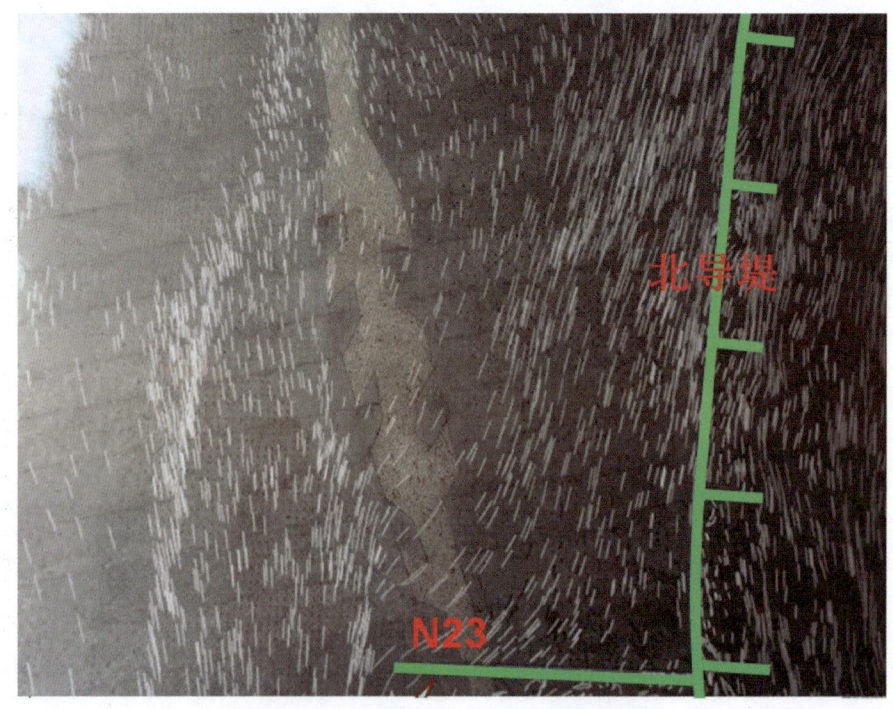

图 27 本底横沙东滩南北侧涨潮流迹线

方案实施后,由图 30~图 33 知,受围垦区的影响,原涨潮越滩水流绕过围垦区,直接进入北港拦门沙区域,向上游运动,落潮时,水流沿围垦堤线向下游运动。

从工程前后流迹线看,围垦区东侧水流流态变化较大。

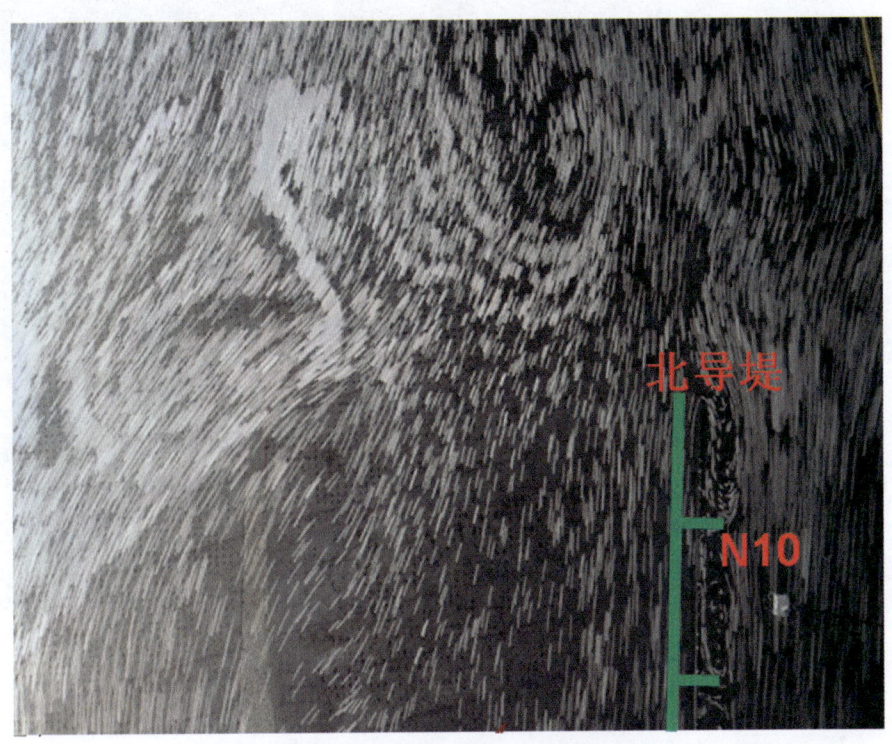

图 28　本底横沙东滩外侧落潮流迹线

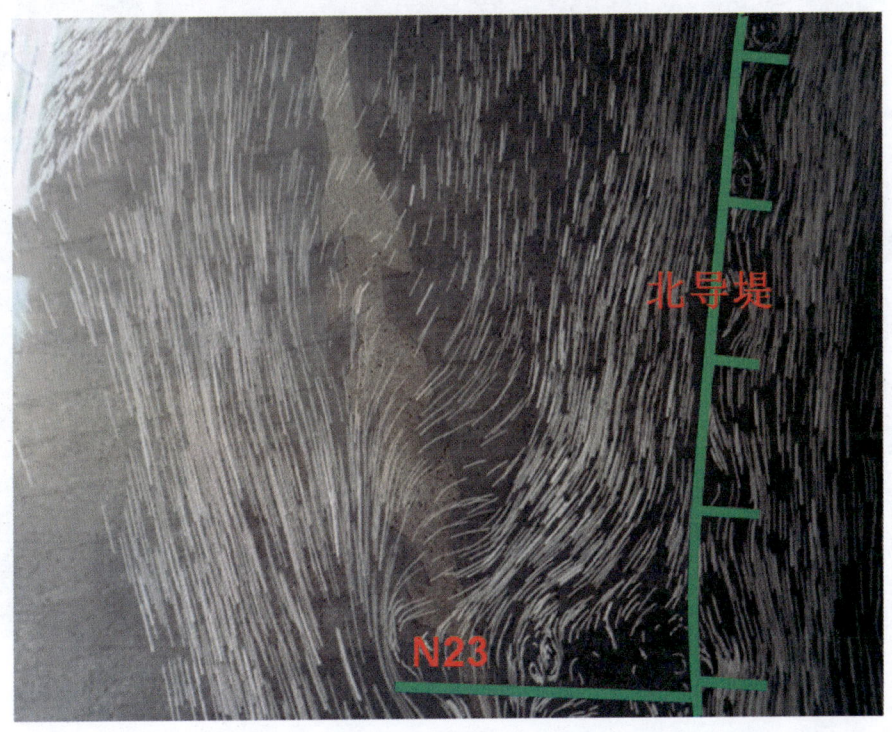

图 29　本底横沙东滩南北侧落潮流迹线

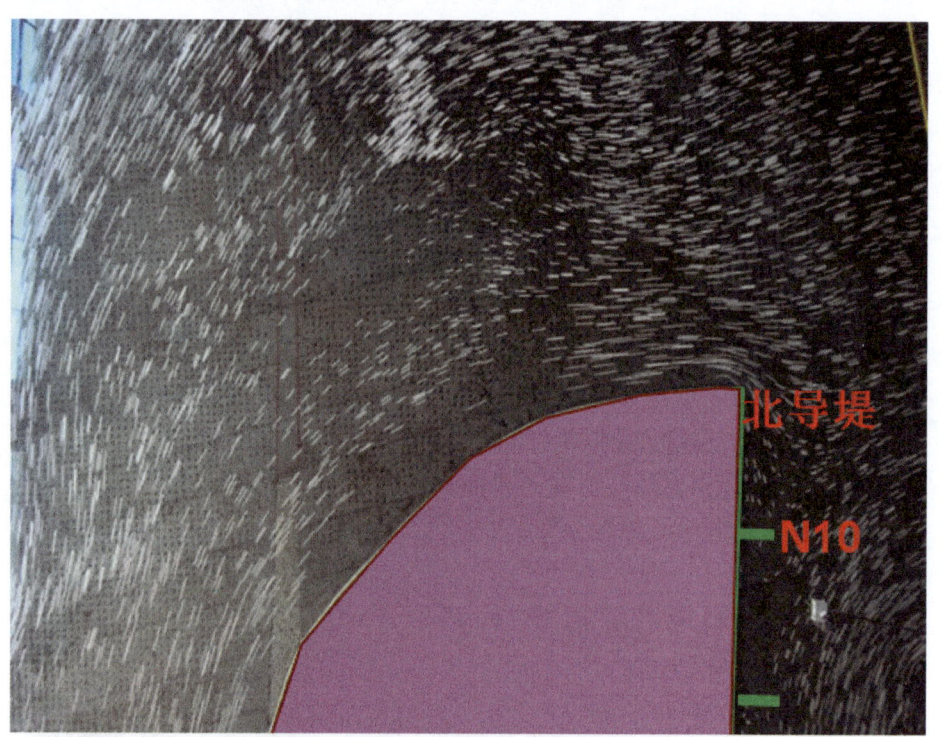

图 30　方案后横沙东滩外侧涨潮流迹线

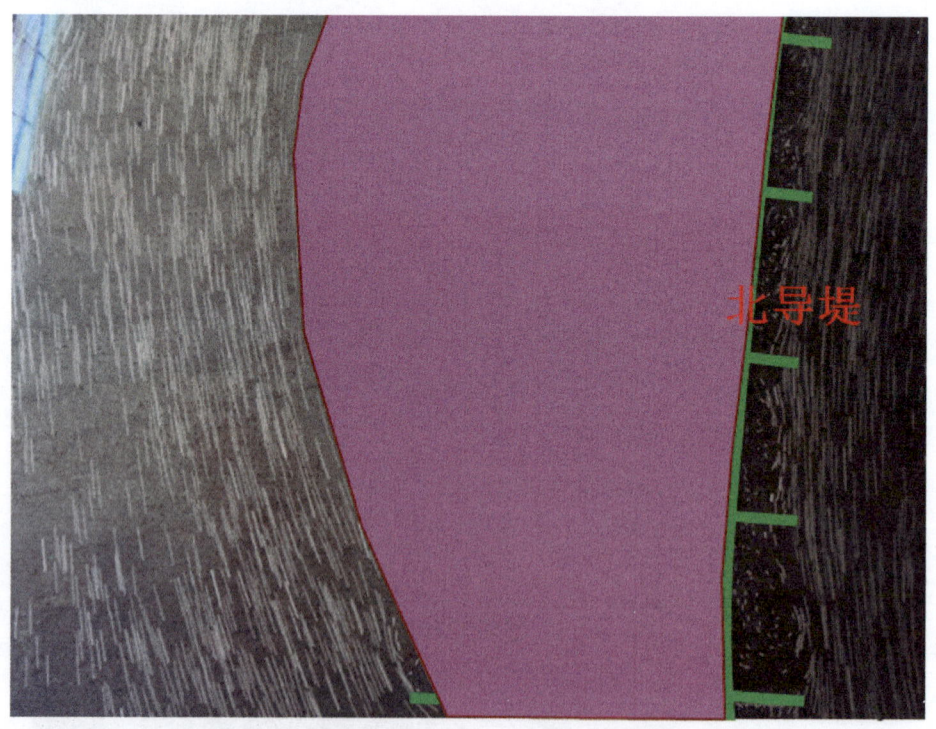

图 31　方案后横沙东滩南北侧涨潮流迹线

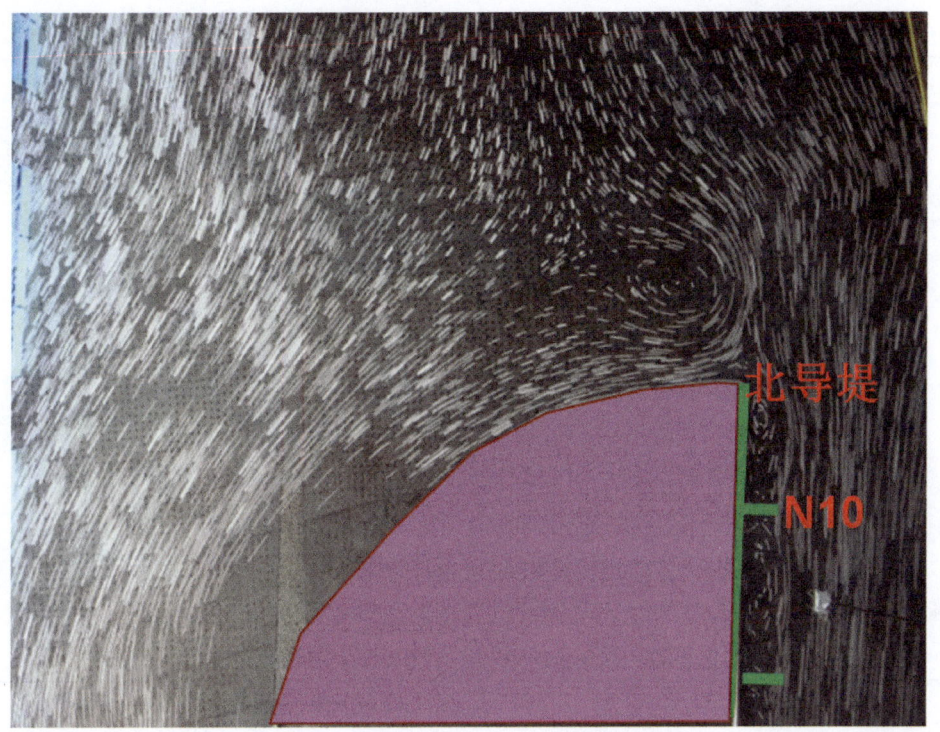

图 32　方案后横沙东滩南外侧落潮流迹线

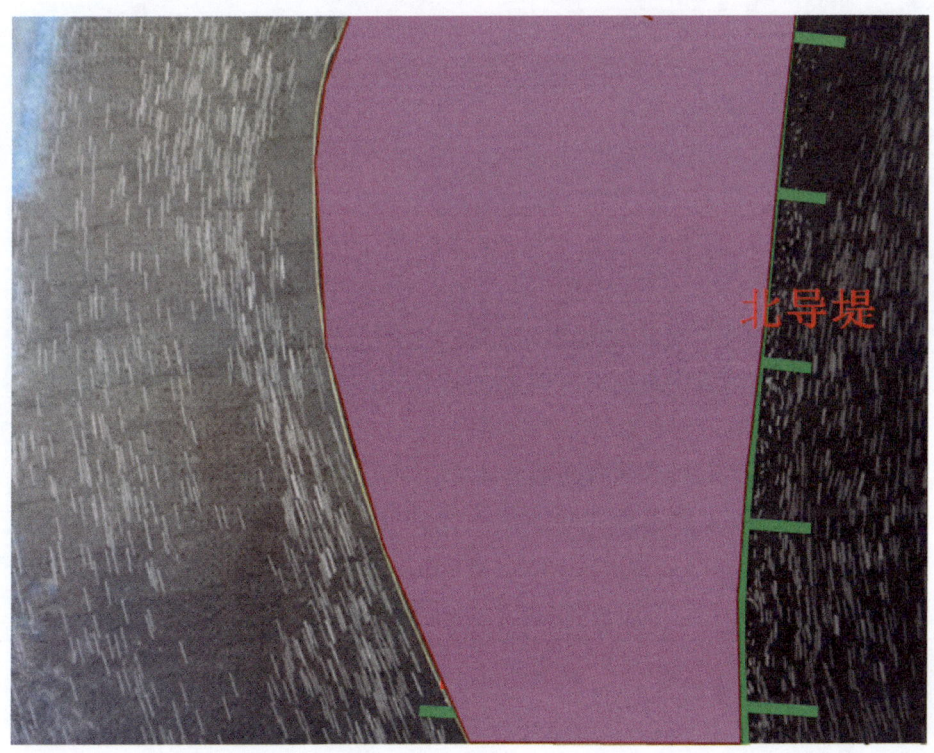

图 33　方案后横沙东滩南北侧落潮流迹线

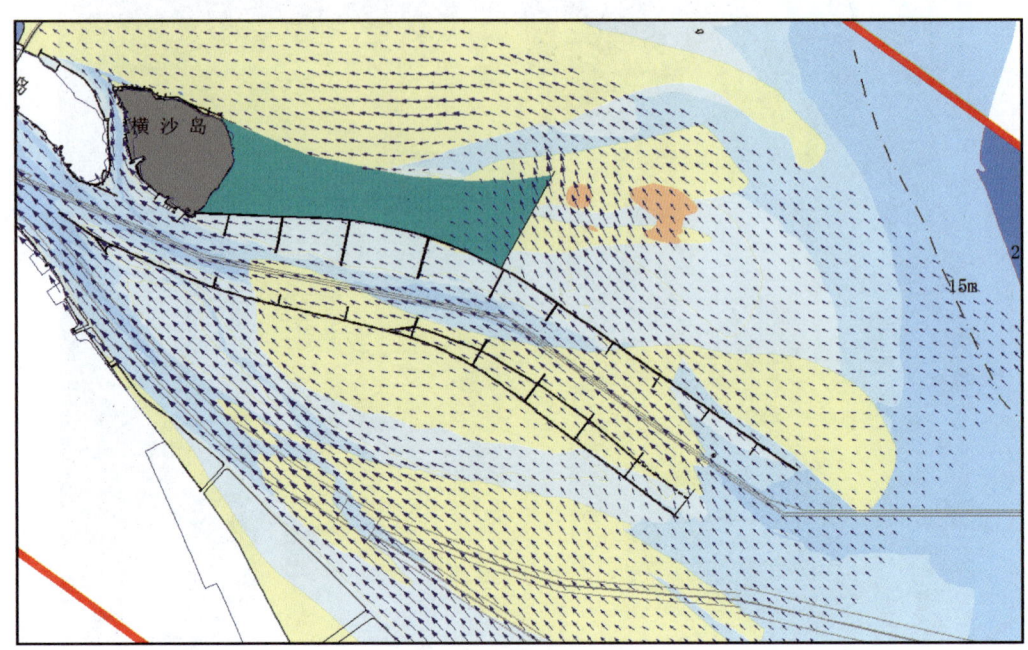

图34 本底涨急流场

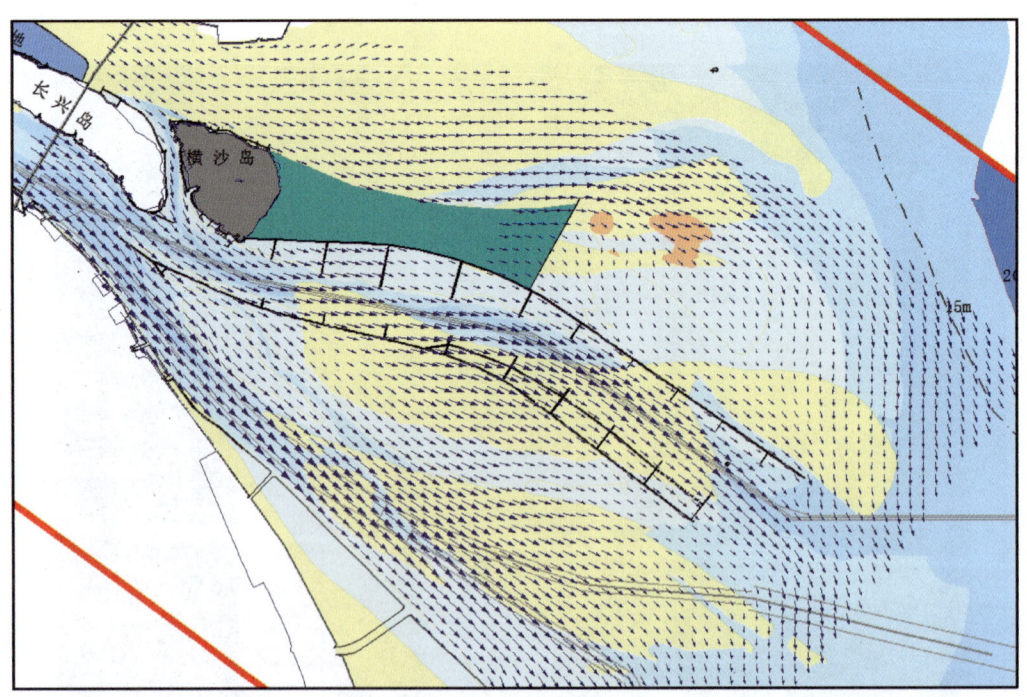

图35 本底落急流场

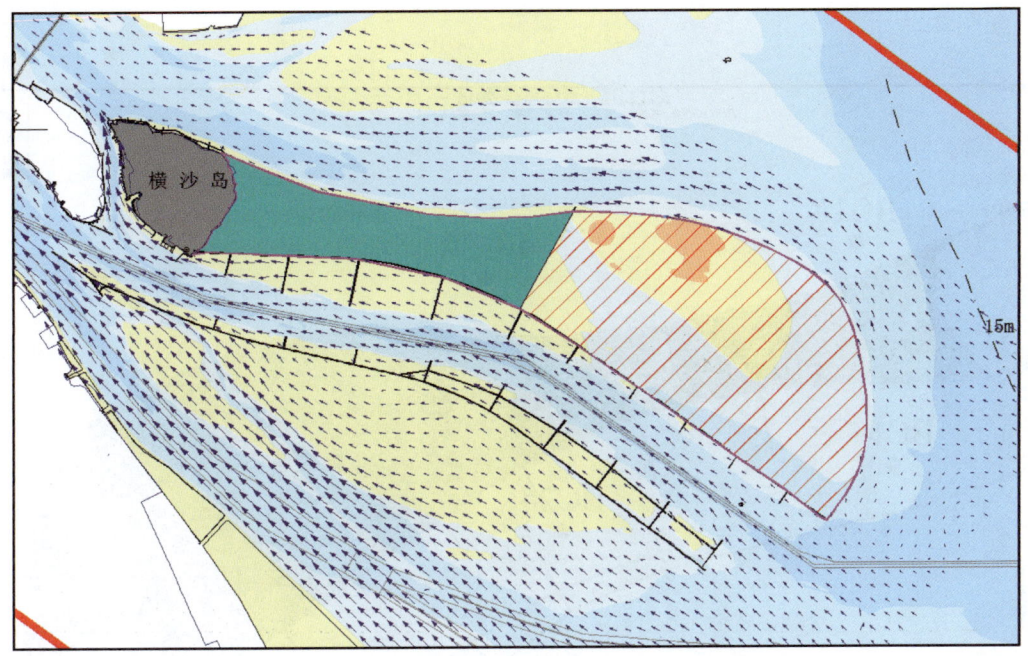

图 36　工程后涨急流场

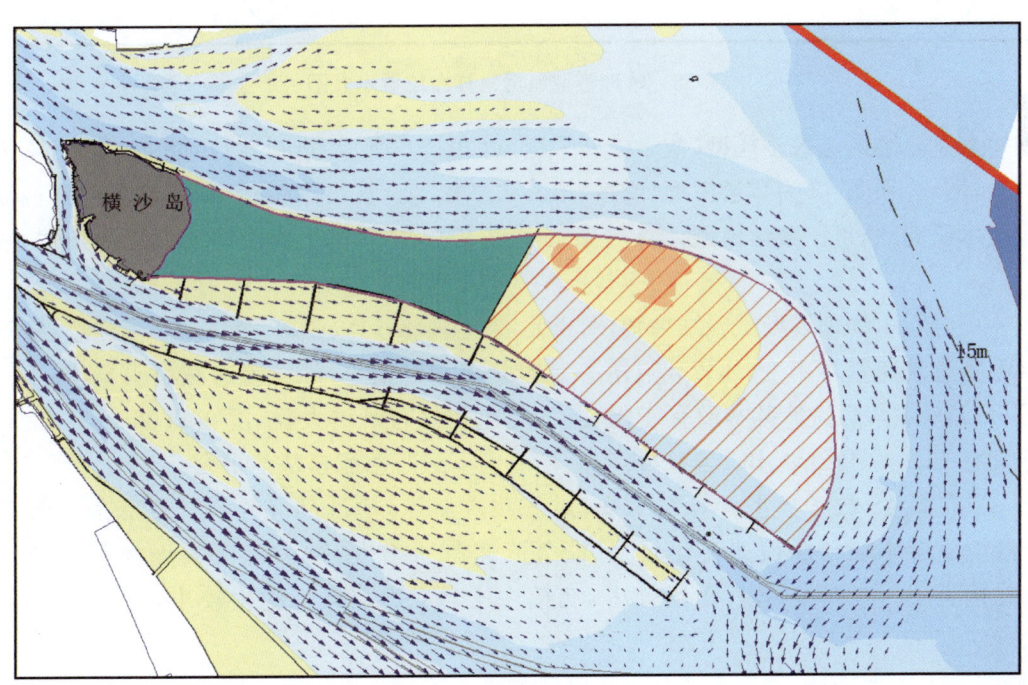

图 37　工程后落急流场

5.3 航道采样点流速分析

为分析横沙东滩圈围工程对北港航道及北槽航道的流速影响,在二航道设置 4 个流速采样点,采样点位置如图 38 所示。

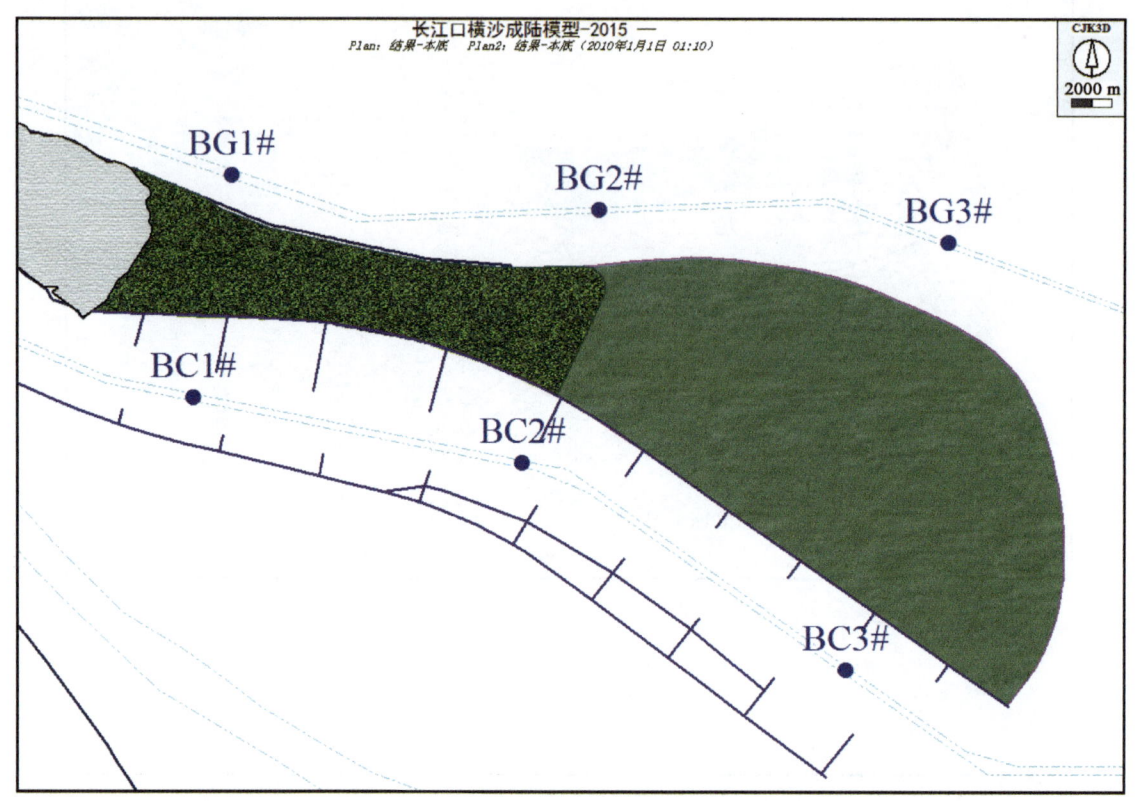

图 38 物理模型航道采样点位置示意图

物理模型试验结果与数学模型(数学模型采样点如图 39 所示)进行对比,图 40 和图 41 为物理模型试验结果,图 42 和图 43 为数学模型计算结果。数学模型计算结果引用《新水沙条件下横沙浅滩成陆的关键技术研究》结果。数学模型计算边界条件为大潮,物理模型为中等偏大潮汐条件,两者有所差别。

由图 40 和图 41 物理模型试验结果知,对于北港航道 BG1#、BG2#、BG3#采样点,横沙岛北侧 BG1#点涨落急流速基本不变,BG2#点落急流速变化相对较小,涨急流速减小明显,减小幅度约为 0.08 m/s,BG3#点落急流速基本没有变化,涨急流速变化有所增大,幅度在 0.05 m/s 之内,幅度微小。对于北槽 BC1#、BC2#、BC3#采样点,北槽上中下涨落急流速基本不变。

由图 42 和图 43 数学模型计算结果知,对于北港航道,横沙岛北侧采样点涨落急流速变化不大,拦门沙上下游水域落急流速变化较小,涨急流速有所增大,增大幅度大于物理模型。对于北槽航道,北槽上中下游落急流速变化较小,北槽中上段,涨急流速变化较小,出口处涨急流速有所增大。

总体来说,方案实施后,物理模型与数学模型采样点流速变化趋势一致,由于试验潮型不同,流速变化幅度有所差异。

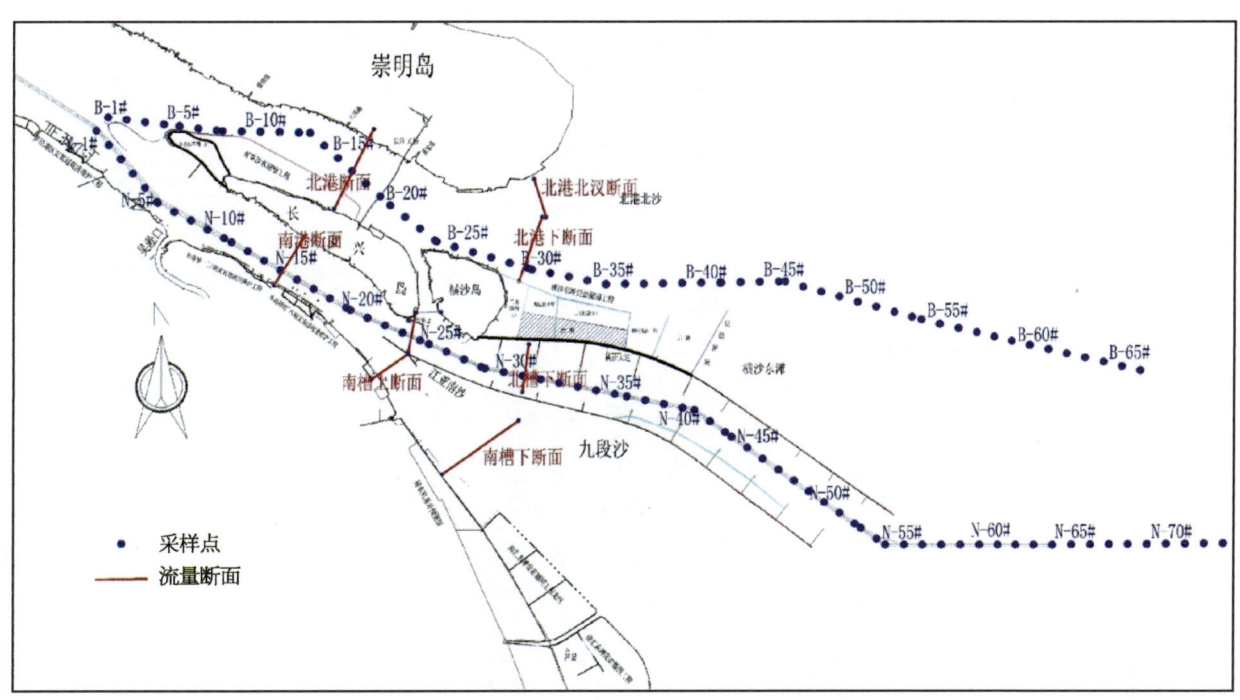

图 39　数学模型航道采样点位置示意图

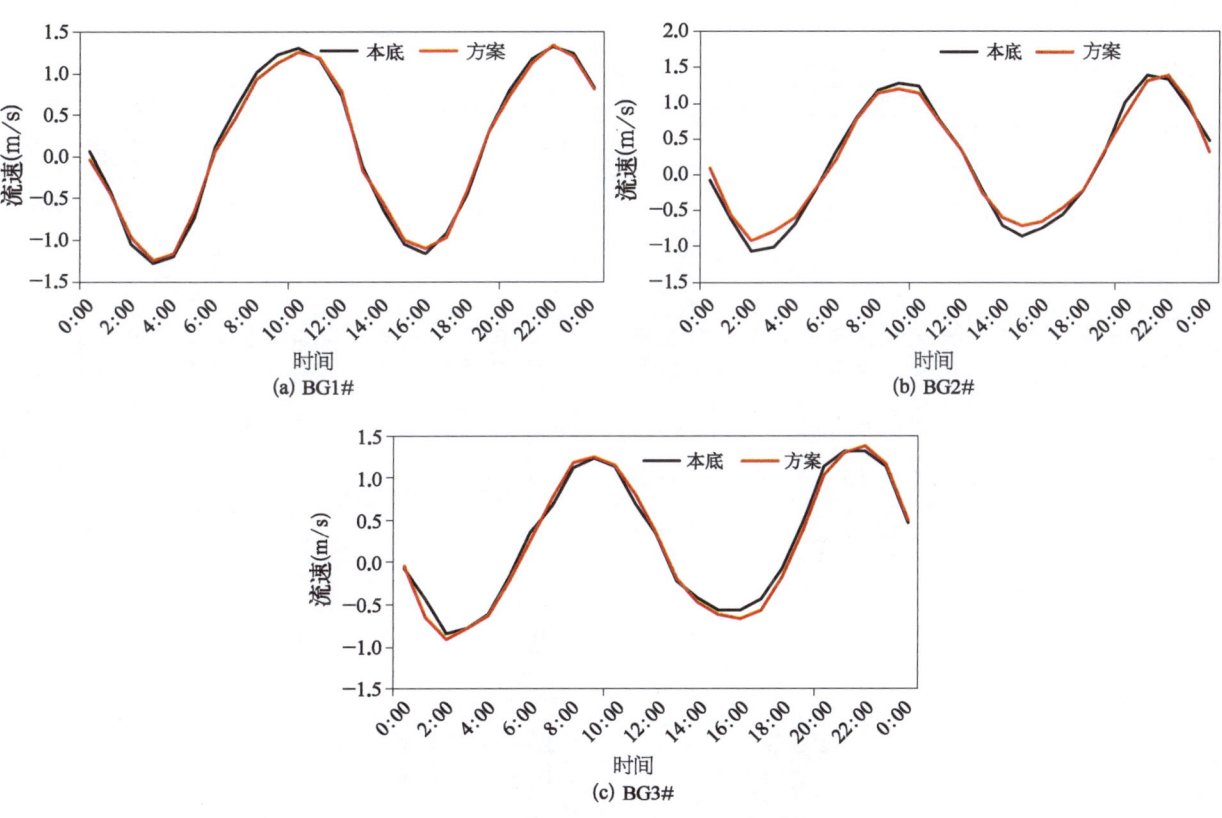

图 40　物理模型北港航道采样点流速变化

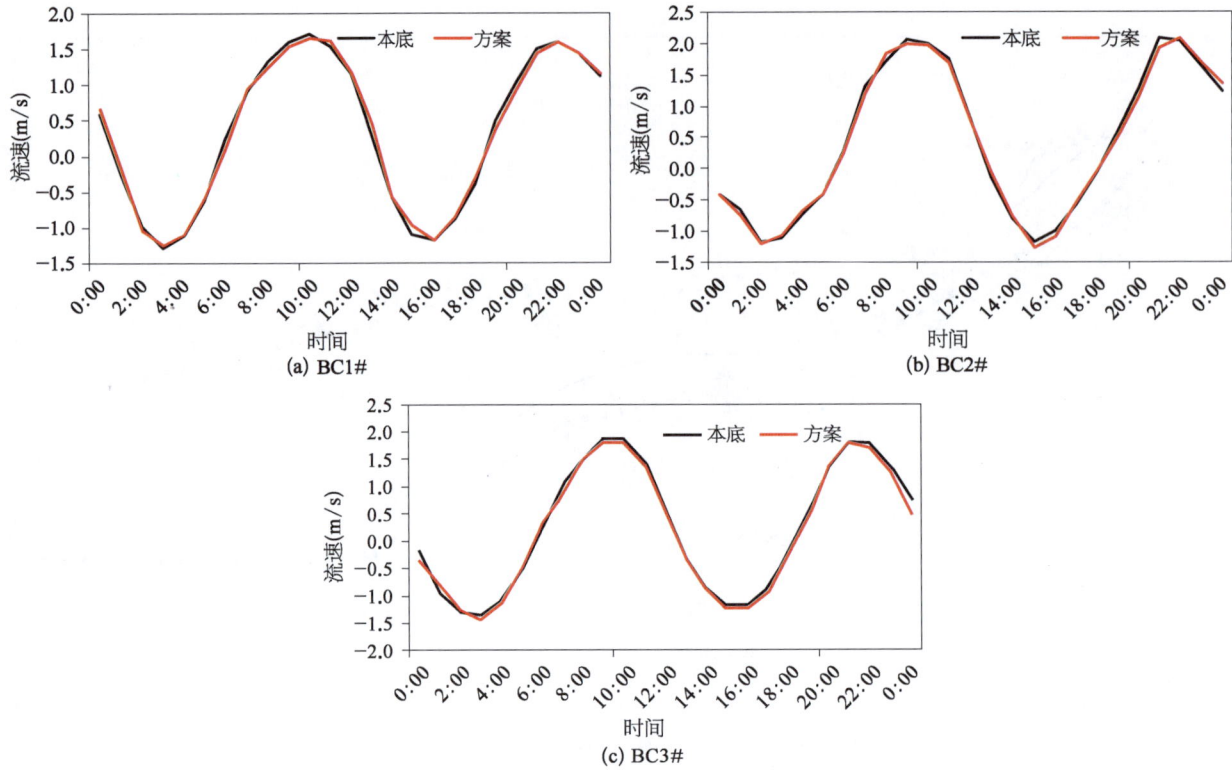

图 41　物理模型北槽航道采样点流速变化

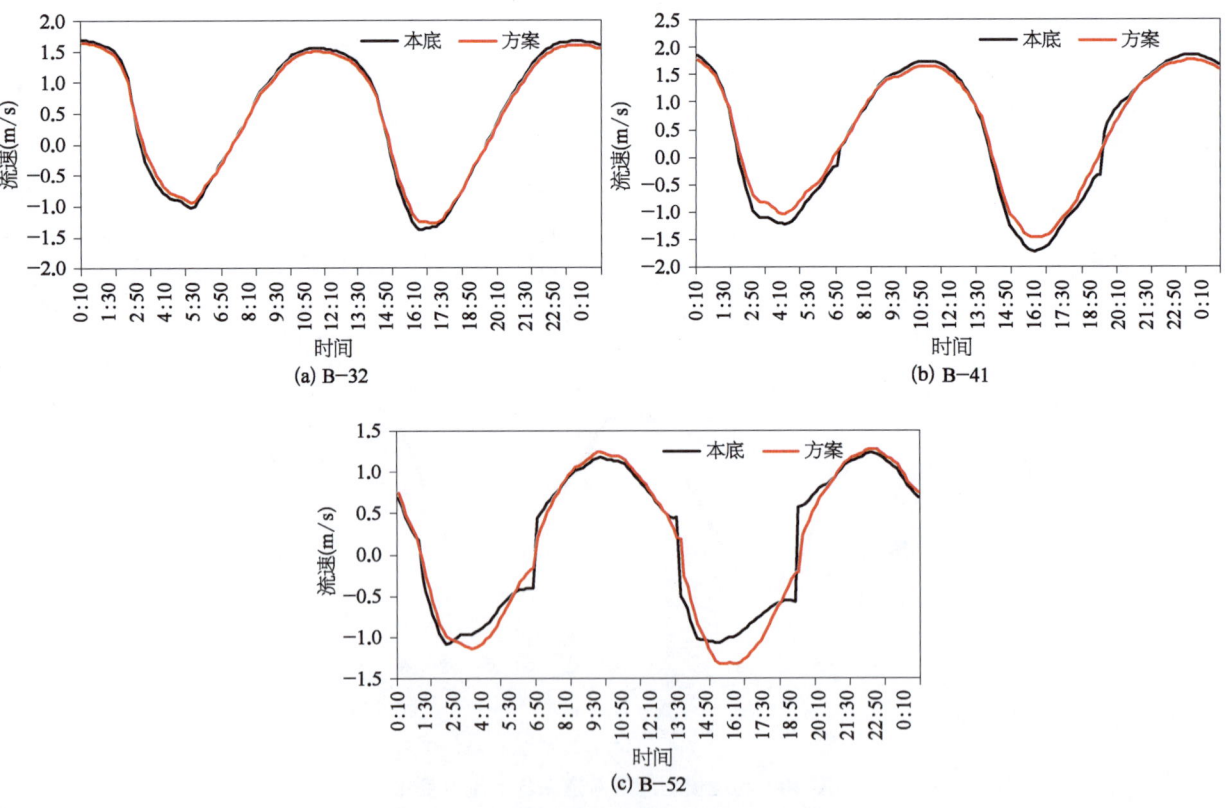

图 42　数学模型北港航道采样点流速变化

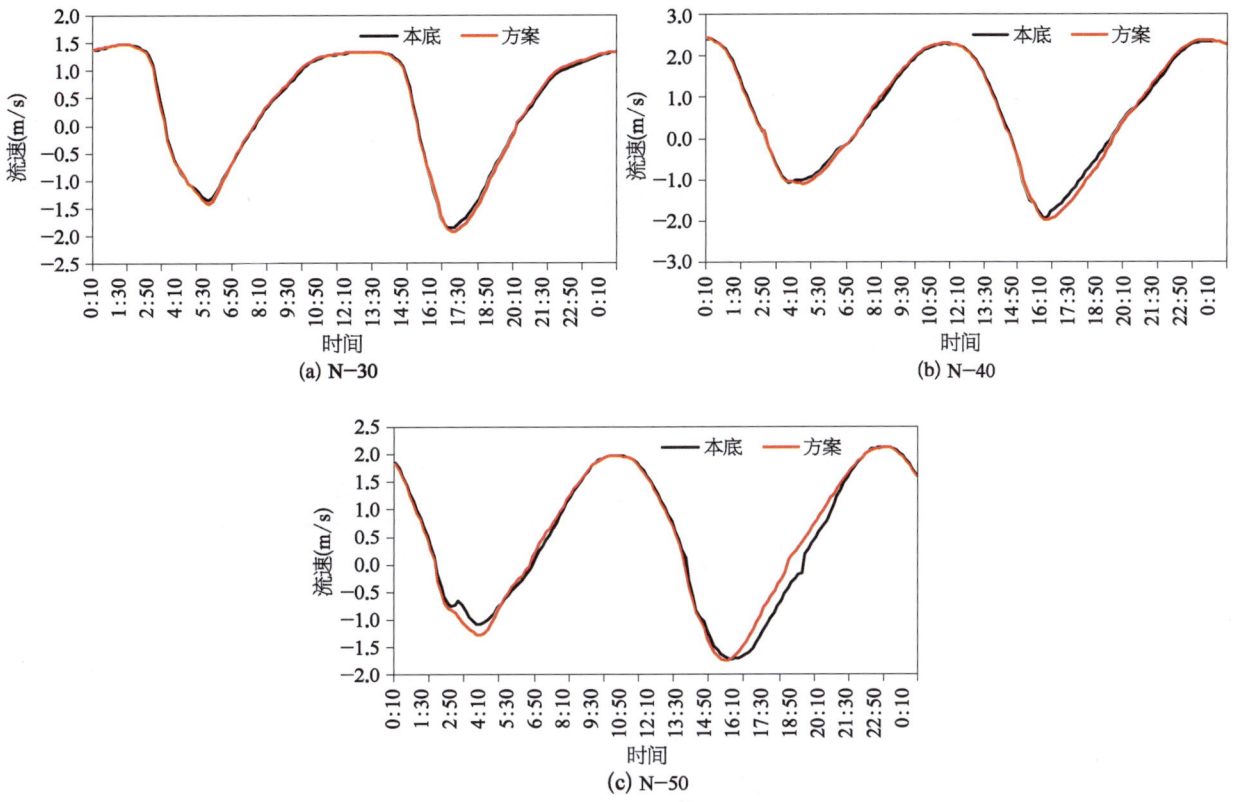

图 43 数学模型北槽航道采样点流速变化

6 结论与建议

6.1 结论

本阶段物理模型试验研究内容较为简易,主要结论如下:

(1) 基于物理模型相似准则,建立了长江口整体物理模型,利用 2016 年 8 月长江口实测水文测验对模型进行验证,验证结果良好。

(2) 横沙东滩圈围工程实施后,围垦区东侧水流流态变化相对较大。工程前,外海涨潮水流越过横沙东滩向上游运动,工程后,受围垦区的影响,原涨潮越滩水流绕过围垦区,直接进入北港拦门沙区域,向上游运动。落潮时,水流在 N23 潜堤的作用下,相当一部分水流绕过潜堤进入横沙东滩,进而向外海运动,方案实施后,落潮水流沿围垦堤线向下游运动。

(3) 横沙东滩圈围工程实施后,对于北港航道,横沙岛北侧涨落急流速变化不大,拦门沙上下游水域落急流速变化较小,涨急流速有所增大。对于北槽航道,北槽涨落急流速变化较小。通过与前期数学模型计算结果对比分析,物理模型与数学模型航道采样点流速变化趋势一致。

6.2 建议

本阶段物理模型仅研究横沙东滩圈围工程实施后的水动力变化,建议后续开展动床物理模型研究泥沙问题。